Zur Anwendbarkeit inhaltlicher Glaubhaftigkeitsmerkmale bei Zeugenaussagen unterschiedlichen Wahrheitsgehaltes

Europäische Hochschulschriften

Publications Universitaires Européennes
European University Studies

Reihe VI
Psychologie

Série VI Series VI
Psychologie
Psychology

Bd./Vol. 675

PETER LANG
Frankfurt am Main · Berlin · Bern · Bruxelles · New York · Oxford · Wien

Susanna Niehaus

Zur Anwendbarkeit inhaltlicher Glaubhaftigkeitsmerkmale bei Zeugenaussagen unterschiedlichen Wahrheitsgehaltes

Eine Simulationsstudie mit kindlichen Verkehrsunfallopfern

PETER LANG
Europäischer Verlag der Wissenschaften

Die Deutsche Bibliothek - CIP-Einheitsaufnahme

Niehaus, Susanna:

Zur Anwendbarkeit inhaltlicher Glaubhaftigkeitsmerkmale bei Zeugenaussagen unterschiedlichen Wahrheitsgehaltes : eine Simulationsstudie mit kindlichen Verkehrsunfallopfern / Susanna Niehaus. - Frankfurt am Main ; Berlin ; Bern ; Bruxelles ; New York ; Oxford ; Wien : Lang, 2001
(Europäische Hochschulschriften : Reihe 6, Psychologie ; Bd. 675)
Zugl.: Osnabrück, Univ., Diss., 2000
ISBN 3-631-36940-9

D 700
ISSN 0531-7347
ISBN 3-631-36940-9

www.peterlang.de

VORWORT

Die Anfertigung der vorliegenden Arbeit wurde durch ein Stipendium der Universität Osnabrück ermöglicht. Die erfolgreiche Durchführung eines vierwöchigen Trainingsprogramms als Grundlage einer wissenschaftlich fundierten Datenerhebung wurde zudem durch einen großzügigen finanziellen Zuschuß der Hans Mühlenhoff - Stiftung möglich. Diesen beiden Förderern gilt mein Dank.

Neben finanzieller Unterstützung war für das Gelingen des Projektes soziale und fachliche Unterstützung unabdingbar. All diesen Menschen möchte ich von Herzen danken:

Herrn Prof. Dr. Rogner, ohne dessen Zuspruch ich diese umfangreiche Studie wohl gar nicht erst in Angriff genommen hätte und der mir nicht nur wichtige methodische Hinweise gab, sondern mich durch sein Vertrauen in meine Kompetenz gerade in kritischen Phasen der bisweilen anstrengenden Untersuchung stärkte,

Ursula Niehaus, die mir auch ansonsten stets die unbedingte Bereitschaft zur Unterstützung signalisierte und mir damit Sicherheit verschaffte, für die tatkräftige Mithilfe bei der Transkription zahlreicher Interviews,

Andreas Krause, der mir in arbeitsintensiven Phasen den Rücken freihielt, für die alltägliche Unterstützung bei Rechnerproblemen und Diskussionsbedarf,

Herrn Dr. Höfer für seine umfangreiche Beratung während der schwierigen Phase des Beurteilertrainings,

den Trainingsteilnehmern, die ihren Humor und ihre hohe Bereitschaft zum Mitdenken und Mitarbeiten auch über mehrere anstrengende Wochen nicht verloren und mir danach „richtig gefehlt haben",

Anni Helms und meinen Freunden Silke Wiese, Andreas Dinkel, Beate Exner und Haidi Karstens für ihre soziale Unterstützung in Phasen chronischer Gestreßtheit und bisweilen übler Laune,

allen Lehrern, Krankenpflegekräften und Ärzten, die in den beteiligten Schulen und Krankenhäusern freiwillig und tatkräftig die Durchführung der Studie ermöglichten, sowie

last but not least allen Kindern, die bei den Interviews aktiv, motiviert und phantasievoll mitmachten.

Einen großen Motivationsschub habe ich ferner auf dem Kongreß der Fachgruppe Rechtspsychologie der Deutschen Gesellschaft für Psychologie im September 1999 erhalten. Durch die zahlreichen positiven Rückmeldungen nach meinem Vortrag, bei dem wesentliche Ergebnisse der vorliegenden Arbeit vorgestellt wurden, sind meine Lust auf eine weitere wissenschaftliche Tätigkeit und die Motivation zur raschen Fertigstellung der Arbeit wesentlich gesteigert worden.

INHALT

Terminologische Vorbemerkungen

In der einschlägigen Literatur liest man oftmals Begriffe wie *Glaubwürdigkeitskriterium*, *Glaubhaftigkeitskriterium*, *Realkennzeichen* oder *Realitätskriterium*. Greuel et al. (1998) wenden mit Recht ein, der Begriff des *Kriteriums* lege die Interpretation nahe, daß[1] das Vorliegen oder Nicht-Vorliegen eines solchen Merkmals bereits eine Unterscheidung zwischen einer glaubhaften und einer nicht glaubhaften Zeugenaussage erlaube. Daß dies nicht der Fall ist, sondern daß auch Aussagen, die nicht erlebnisbegründet sind, solche Merkmale enthalten können, wird deutlich, wenn man einen Blick auf die Ergebnisse aussagepsychologischer Forschung wirft.

Greuel et al. (1998, S. 27) geben zudem zu bedenken, daß die psychologische Begutachtung von Zeugenaussagen nicht zum Ziel haben könne, Angaben über die Faktizität eines Sachverhaltes zu machen. Es sei lediglich möglich herauszufinden, ob Zeugenaussagen einen Erlebnishintergrund hätten. Die Rekonstruktion eines *realen* Sachverhaltes obliege allein der Beurteilung des Gerichts.

Es soll daher im folgenden für den Bereich der forensischen Begutachtung der Begriff des *Glaubhaftigkeitsmerkmals* verwendet werden, welcher keinen Realitäts- oder Exklusivitätsanspruch hat. Für den historischen Rückblick sowie den gedächtnispsychologischen und erkenntnistheoretischen Ansatz werden die von den jeweiligen Autoren gewählten Begriffe beibehalten.

---

1 Diese Arbeit wurde gemäß der alten Rechtschreibung verfaßt.

1 EINLEITUNG

Wird die Beurteilung der Glaubhaftigkeit kindlicher Zeugenaussagen in Verdachtsfällen sexuellen Kindesmißbrauchs thematisiert, so werden häufig Stimmen laut, die ihrer Empörung darüber Luft machen, wie die Glaubhaftigkeit einer kindlichen Aussage über sexuelle Erlebnisse mit einem Erwachsenen überhaupt in Frage gestellt werden könne, da doch Kinderaussagen grundsätzlich der Wahrheit entsprächen. Dieser Einwand ist insofern berechtigt, als spontan vorgebrachte, frei phantasierte und intendierte Falschbezichtigungen sexuellen Mißbrauchs nur einen geringen Teil der Falschbezichtigungen ausmachen (vgl. Endres & Scholz, 1994; Volbert, 1992). Sobald Kinder jedoch Einflüssen unterschiedlicher Art ausgesetzt waren, bevor es zu ersten Aussagen über Mißbrauchserlebnisse kommt, kann nicht ohne weiteres davon ausgegangen werden, daß diese in jedem Fall erlebnisbegründet sind. Insbesondere spektakuläre Verhandlungen wie die sogenannten *Wormser Prozesse* verdeutlichen diese Problematik. Kindliche Aussagen ohne Berücksichtigung der gegebenen Umstände grundsätzlich für erlebnisbegründet zu halten, erscheint ebenso abwegig wie die Behauptung, das Phänomen sexuellen Mißbrauchs sei ein Phantasieprodukt parteilich arbeitender Feministinnen.
Kommt es nun nach §176 StGB zu einer Anklage wegen sexuellen Kindesmißbrauchs, so sieht sich das mit dem Fall betraute Gericht folgender Situation gegenüber: Gerade bei der Verfolgung von Straftaten gegen die sexuelle Selbstbestimmung stehen in der Regel weder aussagekräftige Beweismittel zur Verfügung, noch liegen Aussagen unbeteiligter Tatzeugen[2] vor. Als Beweismittel bleiben somit nur die Angaben des angeblichen Tatopfers und die des mutmaßlichen Täters – es steht Aussage gegen Aussage. Oftmals liegt zudem vom mutmaßlichen Täter außer einer Zurückweisung des Tatvorwurfs gar keine Aussage vor, da der Angeklagte gemäß §136 StPO von seinem Schweigerecht Gebrauch machen kann.
Grundlage der abschließenden Entscheidung eines Strafgerichts ist die tatrichterliche Überzeugung, mit anderen Worten die subjektive Gewißheit des Richters (§261 StPO, §286 ZPO). Spielen mangels Sachbeweisen Zeugenaussagen eine wesentliche Rolle, so gehört es zu den höchstrichterlichen Aufgaben, sich ein Urteil über den Wahrheitsgehalt der Aussagen zu bilden und eine Entscheidung zugunsten einer Partei zu fällen. Einer solchen Entscheidung wird immer ein Urteil hinsichtlich der Glaubhaftigkeit der Aussagen inhärent sein. Dieser Umstand führt zwangsläufig zu der Frage, wie das zuständige Gericht zu einer Beurteilung hinsichtlich der Glaubhaftigkeit gelangen kann.
Als Helfer des Richters bei forensisch-aussagepsychologischen Glaubhaftigkeitsbegutachtungen hat der psychologische Sachverständige die Aufgabe der Tatsachenfeststellung und Tatsachenbeurteilung aufgrund seiner spezifischen, dem Gericht nicht zugänglichen Fachkenntnisse (vgl. z.B. Greuel et al., 1998; Lempp, Schütze & Köhnken, 1999; Schlothauer, 1997). Einen zentralen Bestandteil des aussagepsychologi-

2 Die männliche Form wird in dieser Arbeit als grammatikalische Neutralität verstanden und daher durchgängig verwendet, sofern keine eindeutig weibliche Geschlechtsspezifität gegeben ist; mit der männlichen Form sind grundsätzlich beide Geschlechter angesprochen.

schen Vorgehens bildet die Analyse der Aussagequalität auf Basis der *merkmalsorientierten Inhaltsanalyse.* Die Validität und Reliabilität der in der Systematisierung von Steller und Köhnken (1989) vorliegenden Glaubhaftigkeitsmerkmale gilt es daher nachzuweisen. Grundsätzlich konnte der postulierte Qualitätsunterschied zwischen erlebnisbegründeten und nicht erlebnisbegründeten Aussagen bestätigt werden. Bisherige Validitätsprüfungen fokussieren jedoch auf die Diskrimination erlebnisbegründeter und frei erfundener Schilderungen. Vor dem Hintergrund der Seltenheit dieser Falschaussagevariante erscheint es geboten, zusätzlich weitere nicht erlebnisentsprechende Aussagekonstellationen im Hinblick auf die Anwendbarkeit der Glaubhaftigkeitsmerkmale zu untersuchen. Insbesondere die Gruppe motivationsbezogener Merkmale, deren Validität in Laborstudien mangels Realitätsnähe nicht nachgewiesen werden konnte, sollte einer angemessenen Überprüfung unterzogen werden. Desweiteren ist zu bemängeln, daß eine sorgfältige Operationalisierung einzelner Merkmale und die Durchführung eines ausführlichen Trainings lange Zeit vernachlässigt wurden, was sich in zum Teil sehr unbefriedigenden Reliabilitätswerten niederschlug. Zudem weist das traditionelle System einige Schwachstellen auf, wie beispielsweise einen starken Positiv-Bias mangels negativer Merkmale.
Anliegen der vorliegenden Studie ist es, einen Beitrag zur Verbesserung des bestehenden Merkmalssystems zu leisten und Aussagen über die differentielle Validität der Methode treffen zu können, ohne dabei auf eine hohe externe Validität verzichten zu müssen.

Die vorliegende Arbeit ist wie folgt strukturiert:
Einleitend wird in Abschnitt 2.1 ein Überblick über die beiden traditionellen Ansätze der Glaubhaftigkeitsdiagnostik gegeben.
In Abschnitt 2.1.1 werden theoretische Annahmen und empirische Erkenntnisse des verhaltensorientierten Forschungsansatzes dargestellt.
Den Schwerpunkt bildet die sich in Abschnitt 2.1.2 anschließende Darstellung der theoretischen Annahmen und empirischen Erkenntnisse zum inhaltsorientierten Ansatz der forensischen Glaubhaftigkeitsdiagnostik. Hier wird zunächst in Abschnitt 2.1.2.1 ein kurzer Blick auf die historische Entwicklung dieser Methode geworfen. Abschnitt 2.1.2.2 gewährt zur Verhinderung des Abgleitens in eine zu elementaristische Sichtweise einen Einblick in den Gesamtprozeß der Begutachtung, in den die Methode der merkmalsorientierten Inhaltsanalyse eingebettet ist, die im folgenden Abschnitt 2.1.2.3 näher beleuchtet wird. Das der Inhaltsanalyse zugrundeliegende Merkmalssystem (Steller & Köhnken, 1989) wird in Abschnitt 2.1.2.3.1 ausführlich erläutert, da dieses System den Ausgangspunkt für die vorliegende Untersuchung bildet. Anschließend wird in Abschnitt 2.1.2.4 der Stand der Forschung referiert und der Frage nachgegangen, inwieweit sich einzelne Merkmale in Feld- und Simulationsstudien als reliabel erfaßbar und valide erweisen konnten. Es folgt ein Exkurs zum Problem der suggestiven Beeinflussung und seiner Auswirkungen auf die Anwendbarkeit der merkmalsorientierten Aussageanalyse (Abschnitt 2.1.2.5).
Im Anschluß an die Darstellung der eher traditionellen Ansätze der Glaubhaftigkeitsdiagnostik werden in Abschnitt 2.2 weitere Forschungsansätze vorgestellt, die erst in

jüngster Zeit mit dem Thema der Glaubhaftigkeitsdiagnostik in Verbindung gebracht wurden aber einen wertvollen Beitrag zu Verbesserung des traditionellen Merkmalssystems leisten können. Nach der Darstellung theoretischer Annahmen und empirischer Erkenntnisse im Hinblick auf diese Ansätze wird in Abschnitt 2.2.4 der Frage nachgegangen, inwieweit davon auszugehen ist, daß die theoretischen Annahmen der verschiedenen Ansätze auch für die Zielgruppe dieser Untersuchung, für Kinder im Grundschulalter, Gültigkeit besitzen. In Abschnitt 2.3 werden die im Rahmen dieser Studie vorgenommenen Modifizierungen des Merkmalssystems vorgestellt und erläutert.

In Abschnitt 3 wird die Fragestellung der vorliegenden Untersuchung hergeleitet und anschließend der Frage nachgegangen, welches Paradigma sowohl die Herstellung verschiedener Täuschungsvarianten als auch die Simulation realitätsnaher Aussagemotivation erlaubt (Abschnitt 4). Im weiteren werden die Operationalisierungsvorschriften und das Beurteilertraining dargestellt, auf dessen sorgfältige Durchführung im Rahmen dieser Studie sehr viel Wert gelegt wurde (Abschnitt 5 und 6). Eine Darstellung und Gesamtwürdigung der Untersuchungsergebnisse bilden den Abschluß der vorliegenden Arbeit.

2 THEORETISCHER UND EMPIRISCHER HINTERGRUND

2.1 GLAUBHAFTIGKEITSDIAGNOSTIK

Verschiedene Forschungsansätze befassen sich mit dem Thema der Glaubhaftigkeitsdiagnostik. Köhnken (1990) unterscheidet u.a. den Ansatz der *verhaltensorientierten Glaubhaftigkeitsdiagnostik* und den in der Forensischen Psychologie vorherrschenden Ansatz der *inhaltsorientierten Glaubhaftigkeitsdiagnostik*. Ziel beider Ansätze ist die korrekte Diskrimination wahrer und intentional falscher Zeugenaussagen. Beiden Ansätzen liegt die Annahme zugrunde, daß der Wahrheitsgehalt einer Aussage nicht aus stabilen Merkmalen der Kommunikationsquelle erschlossen werden kann, sondern aus beobachtbaren Verhaltensweisen ableitbar ist, die mit wahren oder falschen Aussagen einhergehen und deshalb als *Verhaltenskorrelate* von Täuschung und Wahrheit bezeichnet werden (Köhnken, 1986). Nach Köhnken (1990, S. 9) können diese Korrelate in vier unterschiedlichen Verhaltenssystemen in Erscheinung treten:

1. Sie können im *Inhalt* der infragestehenden Aussage, also in Gestalt inhaltlicher Glaubhaftigkeitsmerkmale auftreten.
2. Sie können sich in *psychophysiologischen* Phänomenen wie einer Veränderung der Hautleitfähigkeit, der Herzrate oder anderer autonom gesteuerter Streßreaktionen manifestieren.
3. Verhaltenskorrelate können sich im *extralinguistischen* oder im *Sprechverhalten* wie beispielsweise der Sprechgeschwindigkeit, Antwortlänge oder Fehlerzahl zeigen.
4. Sie können im begleitenden *nonverbalen* Verhalten wie der Mimik, dem Blickkontaktverhalten, der Gestik o.ä. auftreten.

Während sich der überwiegend im anglo-amerikanischen Sprachraum angesiedelte *Lie-detection-* oder *Detection of deception*-Ansatz der verhaltensorientierten Glaubhaftigkeitsdiagnostik mit der Frage beschäftigt, ob sich ein Zusammenhang zwischen Täuschung bzw. Wahrheit und dem Auftreten extralinguistischer, nonverbaler und Verhaltensweisen des Sprechens nachweisen läßt (vgl. z.B. Hocking, Bauchner, Kaminski & Miller, 1979; Zuckerman, DePaulo & Rosenthal, 1981), geht der überwiegend im deutschsprachigen Raum angesiedelte forensisch-psychologische Forschungsansatz der inhaltsorientierten Glaubhaftigkeitsdiagnostik der Frage nach, welche inhaltlichen Merkmale eine wahre bzw. intentional falsche Aussage charakterisieren (vgl. Köhnken, 1990).

Im folgenden soll zunächst auf theoretische Annahmen und empirische Erkenntnisse zum verhaltensorientierten Forschungsbereich eingegangen werden. Im Anschluß sollen die theoretischen Annahmen sowie der Stand der Forschung zum inhaltsorientierten Ansatz der forensischen Glaubhaftigkeitsdiagnostik ausführlich dargestellt werden, da dieser Ansatz die wesentliche Grundlage für die vorliegende Untersuchung bildet.

Auf eine Darstellung des Ansatzes der psychophysiologischen Aussageforschung soll im Rahmen dieser Arbeit verzichtet werden. Die psychophysiologische Aussagebeurteilung wurde vom 1. Strafsenat des BGH in zwei Urteilen vom 17.12.1998 für gerichtliche Verfahren als Beweismittel generell ausgeschlossen (1 StR 156/98 & 1 StR 258/98; NJW 9, 1999, S. 657ff.). Der interessierte Leser findet bei Steller (1987) eine ausführliche Aufarbeitung theoretischer Annahmen und empirischer Erkenntnisse zu diesem Forschungsansatz.

2.1.1 VERHALTENSORIENTIERTE GLAUBHAFTIGKEITS-BEURTEILUNG

Der Forschung zur verhaltensorientierten Glaubhaftigkeitsbeurteilung liegt die Annahme zugrunde, daß mit wahren Bekundungen bzw. Täuschungen entsprechende Verhaltenskorrelate einhergehen (Köhnken, 1990, S. 13). Letzteres ist jedoch nicht so zu verstehen, als werde ein direkter Zusammenhang von Täuschung und beobachtbarem Verhalten angenommen, welcher sich in einem *Täuschungssyndrom* manifestiere. Vielmehr geht man davon aus, daß ein Täuschungsversuch psychische Prozesse bedingt, welche sich wiederum auf beobachtbares Verhalten auswirken (vgl. Kraut, 1980; Zuckerman, DePaulo & Rosenthal, 1981). Diese beobachtbaren Verhaltensweisen stellen die Korrelate der durch die Täuschungshandlung ausgelösten psychischen Basisprozesse dar (Köhnken, 1990).
Bislang werden im Hinblick auf die vermittelnden psychologischen Faktoren zwischen Täuschung und beobachtbarem Verhalten vier theoretische Modelle diskutiert: *Arousal*, *Selbstkontrolle*, eine *Affekttheorie des Lügens* sowie ein *kognitiver Ansatz* (vgl. Köhnken, 1988, 1990; Raskin & Steller, 1989).
Der grundlegende Gedanke des ***Arousal-Ansatzes*** besteht darin, daß ein Täuschungsversuch zu einer Erhöhung der sympathischen Aktivität führt, die als *arousal* bezeichnet wird. Empirische Untersuchungen konnten die Annahmen des Arousal-Ansatzes zum Teil stützen (Raskin & Steller, 1989; Zuckerman & Driver, 1985). So wurden zwischen wahren und gelogenen Antworten auf bestimmte Fragen Intensitätsunterschiede in verschiedenen physiologischen Parametern festgestellt, die sich nach Davis (1961) durch die Theorie der *konditionierten Reaktion*, die *Konflikttheorie* und die *Bestrafungstheorie* erklären lassen:
Der Theorie der konditionierten Reaktion zufolge werden Fragen, die dem Täuschenden zu Inhalten gestellt werden, die er verheimlichen möchte, im Sinne der klassischen Konditionierung zu konditionierten Reizen, deren Auftreten physiologische Erregung auslöst. Nach der Konflikttheorie resultieren die physiologischen Reaktionen aus den beiden konfligierenden Motivationen, einerseits dem moralischen Anspruch entsprechend die Wahrheit sagen zu wollen und auf der anderen Seite lügen zu müssen. In der Bestrafungstheorie wird angenommen, daß die erhöhte sympathische Aktivität eine Folge der Antizipation der negativen Konsequenzen eines möglichen Ertapptwerdens darstellt.

Beim ***Ansatz der Selbstkontrolle*** geht man davon aus, daß täuschende Kommunikatoren stärker zur Kontrolle ihres eigenen Verhaltens neigen, um durch diese Kontrolle mögliche Hinweise auf vorhandene Täuschungsabsichten zu unterdrücken (Köhnken, 1990). Für eine erfolgreiche Täuschung müssen demnach zwei Voraussetzungen erfüllt sein: Der Täuschende muß wissen, welche Verhaltensweisen sein Gegenüber als Täuschungskorrelat deuten würde, und er muß in der Lage sein, diese Verhaltensweisen willentlich zu kontrollieren. Im Hinblick auf die erste Voraussetzung lassen die Ergebnisse einiger empirischer Untersuchungen den Schluß zu, daß *Lügen-Stereotype* im Sinne von Vorstellungen darüber, welche Verhaltensweisen mit Täuschungen in Verbindung gebracht werden, tatsächlich existieren (z.B. Zuckerman, Koestner & Driver, 1981). Dabei wird davon ausgegangen, daß entsprechende Verhaltensäußerungen bei täuschenden Kommunikatoren in zunehmendem Maße auftreten. Der Logik des Selbstkontrollansatzes folgend würde man daher vermuten, daß ein täuschender Kommunikator eben diese Verhaltensweisen zu unterdrücken versucht, wodurch sein Verhalten in der Folge allerdings an Spontaneität verliert und überkontrolliert oder eingeübt wirken kann (vgl. Zuckerman, DePaulo & Rosenthal, 1981).
Bezüglich der zweiten Voraussetzung, der willentlichen Kontrollierbarkeit des Verhaltens, stellten Ekman und Friesen (1969, 1972) die Hypothese auf, daß sich bei einem Täuschungsversuch automatisch Veränderungen begleitender Verhaltensweisen wie beispielsweise der Mimik oder Gestik einstellten und daß man von einer differentiellen Kontrollierbarkeit dieser Verhaltensweisen ausgehen könne. Die Autoren nehmen an, es gebe im Hinblick auf die Kontrollierbarkeit eine Hierarchie der Kommunikationskanäle, welche abhängig sei von der Übertragungskapazität und externen Rückmeldungsprozessen (vgl. Zuckerman, DePaulo & Rosenthal, 1981): Das Gesicht bzw. die Mimik werde wegen ihrer guten Sichtbarkeit vom Interaktionspartner viel aufmerksamer beobachtet als beispielsweise Bewegungen der Extremitäten. Da auf den Gesichtsausdruck eher eine Rückmeldung des Interaktionspartners erfolge, sich der Mensch seiner Mimik in stärkerem Maße bewußt sei als seiner Körperbewegungen und mittels Mimik in kürzerer Zeit mehr Informationen übermittelt werden könnten, sei die Gesichtsmuskulatur besser kontrollierbar als Körperbewegungen (vgl. auch Ekman, 1981, 1985; Ekman, Friesen & Scherer, 1976). Später wurde die ursprünglich auf den nonverbalen Bereich beschränkte Selbstkontrollhierarchie um extralinguistische und vokale Charakteristika (z.B. Rosenthal & DePaulo, 1979) sowie um verbales Verhalten erweitert (DePaulo, Stone & Lassiter, 1985; Köhnken, 1982), wobei man davon ausgeht, daß der Inhalt verbaler Äußerungen besonders gut kontrollierbar sei, wohingegen extralinguistische und vokale Merkmale kaum willentlich beeinflußbar seien.
Der Ansatz der Selbstkontrolle postuliert nun, daß ein täuschender Kommunikator versuchen wird, verschiedene Verhaltensbereiche unter Kontrolle zu halten, um sich nicht seinem Lügenstereotyp entsprechend zu verhalten. Aufgrund der differentiellen Kontrollierbarkeit verschiedener Verhaltensbereiche kann es dabei zu einer Vernachlässigung bestimmter Verhaltensbereiche kommen. Die differentielle Kontrollierbarkeit manifestiert sich dann in sogenannten *Kanaldiskrepanzen*; das heißt, über verschie-

dene Kommunikationskanäle werden widersprüchliche Informationen vermittelt. Diese Kanaldiskrepanzen können somit wiederum als Verhaltenskorrelate der Täuschung betrachtet werden (Köhnken, 1990, S. 16).

Die ***Affekttheorie des Lügens*** postuliert – ähnlich wie der Arousal-Ansatz –, daß Täuschungen affektive Reaktionen hervorrufen, welche ihrerseits von beobachtbaren Verhaltensweisen begleitet werden (vgl. Ekman, 1981, 1985, 1989; Knapp, Hart & Dennis, 1974; Kraut, 1980; Zuckerman, Koestner & Driver, 1981). Die Affekte, welche im Zusammenhang mit Täuschungsversuchen am häufigsten erwartet werden, sind zum einen die Angst vor der Aufdeckung des Täuschungsversuchs und zum anderen Schuldgefühle wegen einer moralisch inakzeptablen Handlung. Nach Ekman (1985, S. 64ff.) ist die Angst vor der Aufdeckung des Täuschungsversuchs besonders groß, wenn

- der Täuschende annimmt, daß der Kommunikationspartner nur schwer getäuscht werden kann,
- der Täuschende erfahrungsgemäß ein schlechter Lügner ist,
- der Täuschende habituell ängstlich ist,
- die Täuschung weitreichende positive oder negative Konsequenzen hat,
- der Kommunikationspartner nicht von der Täuschung profitiert (wie es z.B. bei Komplimenten der Fall wäre).

Unter *Schuldgefühlen* versteht Ekman (1985) die durch den Täuschungsvorgang selbst hervorgerufenen Affekte. Er unterscheidet desweiteren den Begriff der *Beschämung*, zu deren Auslösung es anderer Personen bedürfe, wohingegen Schuldgefühle davon unabhängig seien. Ekman erwartet umso stärkere Schuldgefühle, je mehr

- der Täuschende ausgeprägte moralische Grundsätze hat,
- der Kommunikationspartner dem Täuschenden vertraut,
- die Rollenbeziehungen keine Täuschung erlauben,
- der Kommunikationspartner durch eine erfolgreiche Täuschung geschädigt wird.

Dagegen ist zu erwarten, daß eine Täuschung, die subjektiv altruistisch ist oder durch Autoritätspersonen gebilligt wird, nur geringe oder gar keine Schuldgefühle hervorruft.

Die negativen Affekte können zur Folge haben, daß der Täuschende versucht, sich durch ausweichende Verhaltensweisen von der Täuschung zu dissoziieren (vgl. Knapp et al., 1974; Köhnken, 1990). So wird er möglicherweise Blickkontakt vermeiden, seinen Körper abwenden oder auch seine Darstellungen weniger durch Gesten unterstreichen (Ekman, 1985). Neben der Beeinflussung des Verhaltens durch die dargestellten negativen Affekte wurde von Ekman (1981, 1985) ein denkbarer positiver Affekt im Zusammenhang mit Täuschungsversuchen zur Diskussion gestellt, nämlich das Vergnügen, jemanden reinzulegen (*duping delight*). Dieses Phänomen ist allerdings bislang noch nicht systematisch untersucht worden (vgl. Köhnken, 1990).

Der ***kognitive Ansatz*** geht davon aus, daß die Konstruktion eines unwahren Berichts eine kognitiv ungleich anspruchsvollere Aufgabe darstellt als die wahrheitsgemäße Rekonstruktion eines Sachverhalts aus der Erinnerung (Köhnken, 1982, 1990;

Zuckerman et al., 1981). So muß ein falschaussagender Zeuge, welcher bemüht ist, bei seinem Gegenüber einen glaubwürdigen Eindruck zu hinterlassen, verschiedenste Aspekte berücksichtigen: Er muß beispielsweise darauf bedacht sein, sich trotz detaillierter Darstellungen nicht in Widersprüche zu verwickeln, es sollte ihm eine Einbettung des Erfundenen in Raum, Zeit und Lebensgewohnheiten des Beschuldigten gelingen, zu einem früheren Zeitpunkt getätigte Aussagen müssen ihm zur Vermeidung von Widersprüchen ständig präsent sein etc. Da die kognitive Verarbeitungskapazität insgesamt begrenzt ist, stehen kognitive Ressourcen, die für die widerspruchsfreie, detaillierte Darstellung eines erfundenen Sachverhalts verwendet werden, für andere kognitive Operationen nicht mehr zur Verfügung. Hinsichtlich dieser Operationen sind Qualitätseinbußen zu erwarten. Dem Täuschenden gelingt möglicherweise eine detaillierte und widerspruchsfreie Aussage, jedoch überschlägt sich beispielsweise seine Stimme oder es unterlaufen ihm häufiger Sprechfehler. Die mit Täuschungen assoziierten Verhaltensweisen können somit als Symptome dieser Mehrbelastung des Informationsverarbeitungssystems, als Ergebnis einer Ressourcenverknappung, angesehen werden (Köhnken, 1990).

2.1.1.1 Empirische Befunde zur verhaltensorientierten Glaubhaftigkeitsdiagnostik

Zu Verhaltenskorrelaten von Täuschungen wurden eine Vielzahl empirischer Untersuchungen durchgeführt. Auf das Referieren einzelner Studien soll der Übersichtlichkeit wegen im Rahmen dieser Arbeit verzichtet werden. Stattdessen soll die im folgenden dargestellte Metaanalyse von Zuckerman und Driver (1985) einen Überblick über die Erkenntnisse empirischer Untersuchungen zu Verhaltenskorrelaten von Täuschung bieten.

Nach ersten metaanalytischen Auswertungen des Zusammenhangs zwischen Täuschung und Verhalten von Kraut (1980), welcher 21 Studien zugrunde gelegte, sowie Zuckerman, DePaulo und Rosenthal (1981), welche 32 Studien analysierten, haben Zuckerman und Driver (1985) diese Analysen um 13 zusätzliche Studien ergänzt und somit insgesamt 45 experimentelle Studien in ihre Analyse miteinbezogen. Die Ergebnisse dieser Metaanalyse sind Tabelle 1 zu entnehmen. In der ersten Spalte sind die untersuchten Verhaltensmerkmale abgebildet, die zweite Spalte gibt Auskunft über die Anzahl der Studien, in denen das jeweilige Verhaltensmerkmal berücksichtigt wurde. Der dritten Spalte sind die mittleren d-Werte zu entnehmen, die als Maß für die Effektstärke die Unterschiede in der relativen Auftretenshäufigkeit eines Verhaltensmerkmals bei glaubhaften und nicht glaubhaften Aussagen in Standardabweichungseinheiten wiedergeben (Cohen, 1988, S. 11f.; vgl. auch Kap. 7.4)[3]. Positive d-Werte stehen für ein stärkeres Auftreten des Verhaltensmerkmals in Täuschungssituationen. Die letzte Spalte gibt mittels der kombinierten z-Werte Auskunft über das kombinierte Signifikanzniveau der mittleren d-Werte (Zuckerman & Driver, 1985, S. 136). Z-Werte vom Betrag ≥ 1.96 sind auf dem 5% Niveau signifikant.

---

[3] Verweise auf Kapitel beziehen sich grundsätzlich auf Abschnitte der vorliegenden Arbeit.

Für die Darstellung der Ergebnisse soll die Übersetzung von Köhnken (1990) übernommen werden.

Tabelle 1
Verhaltenskorrelate von Täuschungen nach 45 experimentellen Studien (aus Zuckerman & Driver, 1985, S. 137; in der Übersetzung von Köhnken, 1990, S. 39)

	Anzahl der Studien	mittlere d-Werte	kombinierte z-Werte
Kopfregion			
Pupillendilatation	5	1.37	6.82*
Blickkontakt	18	-.03	.13
Lidschlagfrequenz	8	.50	1.96*
Lächeln	19	-.09	-1.67
Kopfbewegungen	10	-.18	-1.20
Segmentierung der Mimik	5	-.27	-2.00*
Körperregion			
Gestik	12	-.12	-.19
Achselzucken	4	.38	1.81
Adaptoren	14	.34	3.50***
Bein- u. Fußbewegungen	9	-.03	-.22
Rumpfbewegungen	11	-.03	-.88
Segmentierung der Körperbewegungen	3	.83	2.84***
Sprechverhalten			
Reaktionslatenz	15	-.02	.28
Antwortlänge	17	-.19	-1.98*
Sprechrate	12	-.07	-1.36
Sprechstörungen	12	.23	2.14*
Verzögerungen	11	.54	4.06***
Stimmhöhe	4	.68	2.26*
Inhaltliche Aspekte			
Negative Äußerungen	5	.95	5.34***
Irrelevante Angaben	6	.40	2.17*
Selbstreferenzen	4	.05	-.38
Unmittelbarkeit	2	-.77	3.37***
Übergeneralisierungen	4	.44	2.16*
Kanaldiskrepanzen	4	.64	4.31***

Anmerkungen. * $p < .05$; ** $p < .01$; *** $p < .001$

Es ist ersichtlich, daß sich für 14 der 24 Verhaltensmerkmale signifikante Ergebnisse zeigen. Im Kopfbereich zeigt sich in Täuschungssituationen ein starker Effekt für die Pupillendilatation, wenngleich wegen der geringen Anzahl der Studien, in denen dieses Verhaltensmerkmal erhoben wurde, der kombinierte z-Wert nur auf dem 5% Ni-

veau signifikant wird. Eine signifikante Zunahme läßt sich ebenfalls für die Lidschlagfrequenz verzeichnen (mittlerer Effekt), während Täuschungen mit einer verringerten Zahl unterscheidbarer Verhaltenssegmente der Mimik einherzugehen scheinen (hier liegt mit d = -0.27 jedoch lediglich ein kleiner Effekt vor).
Im Körperbereich kommt es in Täuschungssituationen zu einer leichten Erhöhung der Manipulationen am eigenen Körper oder an Objekten (Adaptoren), was trotz des hoch signifikanten Ergebnisses an dem mit d = 0.34 kleinen Effekt ablesbar ist. Dagegen nimmt die Anzahl der unterscheidbaren Verhaltensabschnitte (Segmentierung der Körperbewegungen) enorm zu; für dieses Verhaltensmerkmal ergibt sich mit d = 0.83 ein starker Effekt.
Bezüglich des Sprechverhaltens zeigt sich, daß Täuschungen etwas kürzer sind als wahre Aussagen, daß sie mehr Sprechstörungen und Verzögerungen enthalten und die Sprechstimme deutlich erhöht ist. Inhaltlich zeichnen sich Täuschungen durch einen höheren Grad an Abstraktheit (Unmittelbarkeit: d = -0.77), durch Übergeneralisierungen, vermehrte irrelevante Angaben sowie negative Äußerungen (d = 0.95) aus. Die über verschiedene Kommunikationskanäle vermittelten Informationen wirken bei Falschaussagen widersprüchlich (d = 0.64).

Die dargestellten Ergebnisse der Metaanalyse von Zuckerman und Driver (1985) legen nahe, daß deutliche Zusammenhänge zwischen Täuschung und verschiedenen beobachtbaren Verhaltensweisen bestehen. Bei der Bewertung dieser Ergebnisse ist allerdings zu berücksichtigen, daß bei einer Metaanalyse Gruppenmittelwerte über alle in die Analyse einbezogenen Studien betrachtet werden. Bei den Gruppendifferenzen innerhalb einzelner Studien handelt es sich wieder um Durchschnittswerte. Zeigt eine Metaanalyse also einen signifikanten Zusammenhang zwischen Täuschung und bestimmten Verhaltensmerkmalen auf, so heißt dies keineswegs, daß dieser Zusammenhang auch in allen Einzelstudien nachgewiesen werden konnte – geschweige denn, daß er bei jeder Einzelperson erwartet werden kann. Mögliche Interaktionen mit außer Acht gelassenen Faktoren, Operationalisierungen der Täuschungsaufgabe, Stichprobenzusammensetzung bleiben bei dieser rein quantitativen Zusammenfassung von Einzeldaten unberücksichtigt (Köhnken, 1986). Köhnken (1990, S. 29) gibt zu bedenken, daß bei einer Betrachtung der Einzelbefunde bald Differenzen deutlich würden, die ein eher verwirrendes Bild der Befundlage vermittelten. So zeigten beispielsweise falsch aussagende Personen in einer Untersuchung von Ekman und Friesen (1972) eine deutliche Reduzierung ihrer Gestik, während Täuschungen bei Kraut (1980) durch ein vermehrtes Auftreten von Gesten begleitet wurden. Köhnken (1990, S. 29) kommt daher zu dem Schluß, daß die Ergebnisse quantitativer Metaanalysen in erster Linie heuristische Bedeutung hätten, als Grundlage individueller Glaubhaftigkeitsbeurteilungen jedoch nicht ausreichten.
Es wird davon ausgegangen, daß Persönlichkeitsmerkmale einen wesentlichen Einflußfaktor darstellen, welcher zu den uneinheitlichen Ergebnissen beigetragen haben könnte (z.B. Höfer, 1995). Im Zusammenhang mit erfolgreicher Täuschung häufig diskutierte Persönlichkeitskonzepte sind das sogenannte *Self-Monitoring* von Snyder (1974, 1979; vgl. auch Miller, DeTurck & Kalbfleisch, 1983) sowie der *Machiavellismus*

(Christie & Geis, 1970; O'Hair, Cody & McLaughlin, 1981). Auch Geschlechtsunterschiede konnten festgestellt werden (z.B. DePaulo, Rosenthal, Rosenkrantz & Green, 1982; Hall, 1980; Mehrabian, 1971).
Köhnken (1999) kommt in der jüngsten Veröffentlichung erneut zu dem Schluß, daß es zwar gewisse Zusammenhänge zwischen einzelnen nonverbalen und paraverbalen Verhaltensweisen einerseits und dem Wahrheitsgehalt einer Aussage andererseits gebe, diese Zusammenhänge jedoch zu inkonsistent seien, um darauf die Beurteilung der Glaubhaftigkeit einer Aussage zu stützen.

2.1.2 Inhaltsorientierte Diagnostik: Glaubhaftigkeitsdiagnostik in der Forensischen Psychologie

Im vorangegangenen Abschnitt wurde ein Forschungsschwerpunkt dargestellt, der überwiegend im anglo-amerikanischen Raum angesiedelt ist. Im folgenden soll nach einem kurzen Rückblick auf die Historie der Forensischen Aussagepsychologie das in erster Linie im deutschsprachigen Raum zur Anwendung gelangende Verfahren der inhaltsorientierten Glaubhaftigkeitsdiagnostik vorgestellt werden. Im Mittelpunkt wird dabei die Methode der *merkmalsorientierten Inhaltsanalyse* zur Feststellung der Aussagequalität stehen. Im Anschluß an die Darstellung der zugrundeliegenden Annahmen und der einzelnen Elemente des integrierenden Merkmalssystems von Steller und Köhnken (1989) soll der derzeitige Stand der Forschung referiert werden.

2.1.2.1 Geschichte der Aussagepsychologie

Zum Verständnis der aktuellen Situation soll ein kurzer Blick auf die Historie der aussagepsychologischen Forschung und Praxis geworfen werden; für ausführlichere Darstellungen sei der interessierte Leser beispielsweise auf Undeutsch (1967, 1989; vgl. auch Fabian, Greuel & Stadler, 1997; Köhnken, 1990; Kühne, 1997; Liebel & Uslar, 1975; Sporer, 1982; Wegener, 1997) verwiesen.
Die Beurteilung der Glaubhaftigkeit von Zeugenaussagen stellt kein neues Thema dar; sie hat eine lange Geschichte, in deren Verlauf sich jedoch die Herangehensweise an dieses Thema erheblich gewandelt hat. Den Beginn der wissenschaftlichen Aussageforschung genau zu datieren, ist schwierig, da bereits in frühen Arbeiten der Grundlagenforschung Hinweise auf die aus den Ergebnissen folgenden Implikationen für die Beurteilung von Zeugenaussagen gefunden werden können. Verfolgt man die Entwicklungslinie bis ins 19. Jahrhundert zurück, so zeigen sich unabhängig voneinander zwei Fachgebiete an dieser Thematik interessiert (vgl. Köhnken, 1990; Sporer, 1982; Undeutsch, 1967). Im juristisch-kriminologischen Bereich findet man Veröffentlichungen von Kleinschrod (1805), Mittermaier (1835) und Brauer (1841), die zu einem späteren Zeitpunkt von Groß (1898) wieder aufgegriffen wurden. Durch diese frühen Arbeiten inspiriert untersuchte Groß im Rahmen seiner juristischen Tätigkeit die Wahrnehmungs- und Gedächtnisleistungen von Zeugen, wobei er sich nicht auf den juristischen Blickwinkel beschränkte, sondern in seinem 1898 veröffentlichten umfangreichen Werk, welches den Titel *Criminalpsychologie* trug, auch ausführlich Probleme der allgemeinen Zeugen- und Aussagepsychologie erörterte. Bei Groß (1898) finden sich schon sehr frühe Forderungen nach einer wissenschaftlichen Auseinandersetzung mit dieser Thematik.

Parallel zu diesem Interesse von juristischer Seite begannen auf psychologischer Seite Binet (1897, 1900) und Stern (1902, 1903-1906), sich mit aussagepsychologischen Problemen wissenschaftlich auseinanderzusetzen. Binet führte erstmals experimentelle Untersuchungen mit unmittelbarem Bezug zur Zeugenaussage durch. Stern führte daraufhin eine ganze Reihe aussagepsychologischer Experimente durch, die sich in erster Linie mit der Aussage*genauigkeit* befaßten. Undeutsch (1967), welcher drei Phasen aussagepsychologischer Forschung und Praxis in Deutschland beschreibt, sieht hier den Ursprung der wissenschaftlichen Aussagepsychologie und den Beginn der ersten Phase der historischen Entwicklung der Aussagepsychologie. Kennzeichnend für diese Phase sind Laborexperimente im Hinblick auf die *Zuverlässigkeit* von Zeugenaussagen. Stern (z.B. 1904) versuchte in zahlreichen sogenannten *Bildversuchen* zu klären, inwieweit eine Zeugenaussage als eine korrekte Wiedergabe des objektiven Sachverhalts gelten kann. Zu diesem Zweck ließ er Versuchspersonen 45 Sekunden lang beispielsweise das Bild einer Bauernstube betrachten; im Anschluß daran wurde die Auffassungs- und Wiedergabeleistung der Vpn mittels einer Verhörsliste überprüft, die 91 Fragen zu bestimmten Details des Bildes enthielt. Aufgrund dieser und ähnlicher Untersuchungen gelangte Stern zu der Auffassung, daß die menschliche Beobachtungsgabe unzulänglich, die Erinnerung an Details lückenhaft, die Wiedergabe visueller und akustischer Information fehlerhaft sei.

Die naheliegende Kritik, die Versuchsanordnung sei zu statisch und daher nicht vergleichbar mit der Beobachtung strafrechtlich relevanter Handlungen führte Stern dazu, stattdessen sogenannte *Wirklichkeitsversuche* durchzuführen, in denen meist Seminarteilnehmern eingebaut in den normalen Seminarablauf strafrechtlich relevante Szenen vorgespielt wurden, deren Verlauf sie im Anschluß schildern sollten, jedoch ohne zu wissen, daß es sich hierbei um eine geplante Inszenierung handelte. Auch hierbei interessierte man sich für die Exaktheit der Wiedergabe und kam erneut zu einer niederschmetternd pessimistischen Beurteilung menschlicher Aussagetüchtigkeit (vgl. Mönkemöller, 1930; Moll, 1908; Plaut, 1931; Stern, 1926; Stöhr, 1911), die Stern bereits zu Beginn seiner Untersuchungen in folgendem, oft zitierten Satz, auf den Punkt gebracht hatte: „Die fehlerlose Erinnerung ist nicht die Regel, sondern die Ausnahme“ (Stern, 1902, S. 327).

Zeugeneignung wurde demnach als stabiles Persönlichkeitsmerkmal angesehen, über welches Untersuchungsergebnissen zufolge Kinder in noch weit geringerem Maße verfügten als der Rest der Bevölkerung. Zur Beantwortung der Frage der Glaubwürdigkeit wird von wissenschaftlicher Seite in dieser Phase kein Beitrag geleistet. Eine Ausnahme stellen die Arbeiten des Juristen Leonhardt (1930, 1931, 1934) dar, welcher bereits in dieser frühen Phase einzelne Merkmale glaubwürdiger Zeugenaussagen systematisch beschrieb.[4] Nichtsdestotrotz wurde in dieser Zeit wie auch schon im Jahrhundert zuvor die Bevölkerung verbreiteten Vorurteilen entsprechend aus moralischer Sicht in unterschiedlich vertrauenswürdige (glaubwürdige) Gruppen eingeteilt. Diese personenbezogene Glaubwürdigkeit diente neben der Aussagegenauigkeit als zweiter Anhaltspunkt für die Beurteilung einer Aussage. Auch unter diesem Gesichtspunkt sah es für Frauen und Kinder schlecht aus, insbesondere Mädchen in der Vorpubertät wurde keinerlei Vertrauenswürdigkeit zugesprochen. Das folgende aus

[4] Der juristisch-kriminologische Zweig der Aussageforschung wird in einer späteren Phase von Bender, Röder und Nack (1981; vgl. auch Bender & Nack, 1995) fortgeführt, welche eine umfangreiche Zusammenstellung von Glaubhaftigkeitsmerkmalen für Juristen veröffentlichten.

einer Veröffentlichung Mönkemöllers (1930) entnommene Beispiel mag zur Veranschaulichung dienen:

> Die gefährlichsten Zeugen in Sittlichkeitsprozessen sind die Jugendlichen – in manchen Fällen sogar die Kinder –, bei denen die Sexualität im Vordergrunde des ganzen Denkens und Fühlens steht. Sehr oft kommt dieser grob erotische Zug im Äußeren, im lüsternen Gesichtsausdruck, in den sinnlichen Bewegungen, in der Sprechweise auf das Deutlichste zum Ausdruck. Man darf sich dabei von dem madonnenhaften Antlitz, das die Mädchen so gerne zur Schau tragen, nicht täuschen lassen und ebensowenig von dem vertrauenwerbenden Augenaufschlag, mit dem sie ihre Glaubwürdigkeit zu erhärten suchen. ... Schon in jungen Jahren schimmert bei ihnen im Gesichtsausdruck und Auftreten auf das unzweideutigste der Dirnentypus durch, der später die abgebrühten Prostituierten auf den ersten Blick erkennen läßt. Mit der größten Verlegenheit und Schamlosigkeit sprechen sie über die schlimmsten geschlechtlichen Dinge. Da sie schon frühzeitig auf das äußerste verdorben sind, bringen sie die nötigen Kenntnisse in die Vernehmung mit und schmücken ihre Aussagen mit allen möglichen glaubhaften Einzelheiten aus. (S. 333)

Auch wenn sich die Autorin nicht des Eindrucks erwehren kann, daß diese Äußerung mehr über den Zitierten aussagt als über die Glaubhaftigkeit kindlicher Opferzeugen, so spiegelt das beispielhaft angeführte Zitat, da es in der Literatur der damaligen Zeit keinen Ausnahmefall darstellt, wohl eher die allgemein skeptische Grundhaltung gegenüber kindlichen und insbesondere weiblichen Zeugen wider (vgl. z.B. Plaut, 1929).

Die darauf folgende zweite Phase der Aussagepsychologie, die sich nach Undeutsch (1967) etwa von 1930 bis zum Ende des 2. Weltkriegs erstreckte, zeichnete sich im wesentlichen durch Forschungsabstinenz aus, die zum Teil als Reaktion auf die heftige Kritik an der Defizitorientierung und mangelnden Lebensnähe der Forschungsaktivität zu Beginn des Jahrhunderts zu verstehen und zum Teil vermutlich auf die angespannte politische Lage zurückzuführen ist.

Nach dem 2. Weltkrieg begann die dritte, extrem praxisorientierte Phase der Aussagepsychologie, in welcher die zuvor verbreitete Defizitorientierung gegenüber kindlichen Zeugenaussagen einer positiveren Einschätzung wich. Auf dem 19. Kongreß der Deutschen Gesellschaft für Psychologie im Jahre 1953 trat Undeutsch dafür ein, die konkrete Aussage selbst, also eher inhaltliche Aspekte in den Mittelpunkt der Glaubhaftigkeitsbeurteilung zu stellen (vgl. Undeutsch, 1954). Damit erfuhr die Entwicklung der Aussagepsychologie in Deutschland eine deutliche Wende. Glaubwürdigkeit wurde fortan nicht mehr als stabiles Persönlichkeitsmerkmal betrachtet, von Interesse war nun nicht mehr die sogenannte *allgemeine Glaubwürdigkeit* des Zeugen (Müller-Luckmann, 1963) im Sinne eines stabilen Persönlichkeitsmerkmals, sondern die *spezielle Glaubwürdigkeit*, also die Glaubhaftigkeit der konkreten Aussage. Auch die

Frage der Zeugentüchtigkeit trat in den Hintergrund.[5] Vielmehr ging es um die Frage, woran glaubwürdige und unglaubwürdige Aussagen zu erkennen seien, wobei sich die Publikationen dieser Phase fast ausschließlich auf Sexualdelikte an Kindern und Jugendlichen beziehen (vgl. Arnold, 1952; Berger, 1979; Biermann, 1973; Duhm, 1962; Friedrichs, 1967; Hiltmann, 1956, 1962; Kasielke, 1967; Kühn, 1943; Möllhoff, 1975; Müller-Luckmann, 1959, 1962, 1963, 1967; Nau, 1962; Schnetz, 1960; Tramer, 1945; Van Krevelen, 1962).
In dieser Phase formulierte Undeutsch (1967) folgende Arbeitshypothese:

> Aussagen über selbsterlebte faktische Begebenheiten müssen sich von Äußerungen über nicht selbsterlebte Vorgänge unterscheiden durch Unmittelbarkeit, Farbigkeit und Lebendigkeit, sachliche Richtigkeit und psychologische Stimmigkeit, Folgerichtigkeit der Abfolge, Wirklichkeitsnähe, Konkretheit, Detailreichtum, Originalität und – entsprechend der Konkretheit jedes Vorfalles und der individuellen Erlebnisweise eines jeden Beteiligten – individuelles Gepräge. Wer etwas erzählt, was er nicht selbst in der Realität erlebt hat, spricht unvermeidlich davon „wie der Blinde von den Farben". (S. 125f., Hervorhebung im Original)

Diese Annahme über den qualitativen Unterschied zwischen Aussagen über frei erfundene und erlebte Ereignisse wurde von Steller (1991) als *Undeutsch-Hypothese* bezeichnet und ist unter dieser Bezeichnung in die wissenschaftliche Literatur eingegangen.

Auch wenn Arntzen (1987) knapp zwei Jahrzehnte später erneut konstatiert

> Die *zugrundeliegende Theorie* könnte man so formulieren: Die wahrheitsgemäße Aussage weist andere Eigenarten auf als völlig oder in Teilen falsche Bekundungen eines Zeugen. Diese Eigenarten werden bei einer bestimmten Qualifizierung zu Glaubwürdigkeitsmerkmalen, sofern sie gleichzeitig in einen Komplex von anderen qualifizierten Eigenarten bestimmter Art eingebunden sind. (S. 166, Hervorhebung im Original),

so handelt es sich hierbei nach wie vor um die Behauptung, daß sich erlebnisbegründete und erfundene Aussagen anhand bestimmter Merkmale unterscheiden lassen, und nicht um eine dieser Behauptung zugrundeliegende Theorie. Arntzen, dem dies bewußt ist, schreibt weiter „... hierbei sollte man sich aber hüten, zu früh eine Theorie festzulegen, da bisher Theorien in der angewandten Psychologie der Realität oft nicht umfassend genug gerecht werden konnten" (Arntzen, 1987, S. 166).
Bis heute gibt es keine darüber hinausgehende theoretische Begründung; es gibt jedoch Bemühungen, dieses Theoriedefizit zu überwinden (z.B. Köhnken, 1990; Sporer, 1997; Sporer & Küpper, 1995).

---

[5] Eine Ausnahme stellt die Veröffentlichung Ganals (1962) dar, in welcher er frühe Kritik an der inhaltsorientierten Glaubhaftigkeitsbeurteilung Undeutschs übte und eine Beschränkung auf die Feststellung der Zeugentüchtigkeit forderte.

Den Ausgangspunkt für die Entwicklung der Aussageanalyse bildete somit nicht ein theoretisches Modell. Stattdessen begannen auf dem Gebiet der Glaubhaftigkeitsdiagnostik praktisch tätige Gerichtsgutachter (Arntzen, 1970; Szewczyk, 1973; Trankell, 1971; Undeutsch, 1957) unabhängig voneinander, Merkmale aus Aussagen herauszukristallisieren, die ihrer Erfahrung nach erlebnisbegründete von falschen Aussagen trennen konnten. Ausführlichere Beschreibungen dieser Merkmale wurden von Undeutsch (1967) erstellt, von Arntzen (1970) stammt eine Systematisierung, bei der unterschieden wird zwischen Merkmalen, welche auf den Inhalt, die Aussageweise und die Aussagemotivation bezogen sind. Das Lehrbuch der Forensischen Psychologie von Dettenborn, Fröhlich und Szewczyk (1984) enthält ebenfalls eine Beschreibung von Merkmalen, wobei besonders auf Szewczyk und Littmann (1982) bezug genommen wird. In Schweden beschrieb Trankell (1971) Glaubhaftigkeitsmerkmale.

Diese Merkmalszusammenstellungen wurden in den folgenden Jahren in foro angewandt, eine empirische Überprüfung der Validität dieser Merkmale wurde jedoch kaum in Angriff genommen. Von den Begründern der aussageanalytischen Methode wurde auch lange Zeit vehement bestritten, daß eine experimentelle Überprüfung überhaupt möglich sei (z.B. Arntzen, 1983) – ein Einwand, der aus heutiger Perspektive nicht haltbar ist (vgl. Wegener, 1997; vgl. auch Kap. 2.1.2.4). Stattdessen beschränkte man sich auf die mehr oder weniger systematische Auswertung des Fallmaterials von Gutachtern in forensischen Ernstfällen (Köhnken, 1990). Darüber hinaus wurden gelegentlich empirische Erhebungen zu Erscheinungsformen und Auftretenshäufigkeiten von Falschaussagen veröffentlicht (z.B. Prahm, 1972).

Zweifelsohne lag den Merkmalszusammenstellungen eine sehr große Praxiserfahrung zugrunde. Dennoch handelte es sich wissenschaftlich gesehen um ein uneinheitliches und empirischen Überprüfungen kaum zugängliches Verfahren. Um dieses Verfahren einer empirischen Überprüfung zugänglich zu machen, erschien eine Integration und Analyse der verschiedenen Ansätze unumgänglich (Wegener, 1981, 1989a). Köhnken (1982) unternahm im Rahmen seiner Dissertation erstmals den Versuch, auf der Grundlage der Arbeiten von Undeutsch (1967), Arntzen (1970), Trankell (1971) und Szewczyk (1973) ein integratives Merkmalssystem zu erstellen, indem er Gemeinsamkeiten und Unterschiede zwischen den verschiedenen Merkmalszusammenstellungen herausarbeitete und ein neues, möglichst alle Aspekte umfassendes System zusammenstellte. Aus seiner Auseinandersetzung mit den verschiedenen Systemen ergab sich folgende - nach seinen eigenen Worten - deprimierende Bilanz (Köhnken, 1982, S. 116f.):

- Die Definition der Merkmale sei unbefriedigend, es fehle an präzisen Operationalisierungen,
- es fehle die empirische Basis der Merkmalszusammenstellung nahezu völlig oder sei so rudimentär, daß sich die angewandte Forschungsstrategie allenfalls vage erschließen lasse; dort, wo sich dennoch Konturen eines Forschungsdesigns erkennen ließen, zeigten sich erhebliche methodische Schwächen, die in der Wahl der Feldbeobachtung als alleinige Forschungsstrategie begründet seien,

- es fehlten Angaben zu wesentlichen diagnostischen Gütekriterien der Merkmale, insbesondere zur Sensitivität und Spezifität der Merkmale,
- es bestünden ungeklärte Probleme bei der diagnostischen Gewichtung und Weiterverarbeitung der Einzelergebnisse innerhalb des psychodiagnostischen Urteilsprozesses.

Diese Kritik aufgreifend systematisierten Steller und Köhnken (1989) – ohne den Anspruch, eigene Glaubhaftigkeitsmerkmale zu begründen – vorhandene Glaubhaftigkeitsmerkmale, bildeten ein Merkmalssystem und definierten einzelne Merkmale, wodurch die Subjektivität des Verfahrens reduziert und die Merkmale einer wissenschaftlichen Überprüfung der Undeutsch-Hypothese bzw. einer empirischen Validitätsprüfung zugänglich gemacht wurden. Dieses Merkmalssystem ist unter dem Namen *Kriterienorientierte Aussageanalyse* in die deutschsprachige Literatur eingegangen und wurde von den Autoren als *Criteria Based Content Analysis* (CBCA) auch im angloamerikanischen Sprachraum bekannt gemacht. Bezugnehmend auf die von Undeutsch (1967) beschriebenen drei Entwicklungsphasen der Aussagepsychologie konstatiert Steller (1988):

> Wir scheinen am Beginn einer vierten Phase der Aussagepsychologie mit dem Schwerpunkt auf systematischer und hypothesengeleiteter empirischer und experimenteller Forschung im Bereich der praxisrelevanten Glaubhaftigkeitsbeurteilung zu stehen. (S. 27)

Die Anwendung des integrativen Merkmalssystems von Steller und Köhnken (1989) stellt den Kern der in Deutschland üblichen Methode der Glaubhaftigkeitsbegutachtung dar und bildet zugleich die Grundlage für die vorliegende Arbeit. Vor der ausführlichen Darstellung der Kriterienorientierten Aussageanalyse, die bezugnehmend auf die terminologischen Vorbemerkungen im folgenden als *merkmalsorientierte Inhaltsanalyse* bezeichnet wird, soll zunächst eine Einbettung der Inhaltsanalyse in den gesamten Vorgang der Glaubhaftigkeitsbegutachtung vorgenommen werden, für den Steller und Köhnken (1989) den Begriff *Statement Validity Analysis* (SVA) prägten.

2.1.2.2 Statement Validity Analysis (SVA)

Der Begriff *Statement Validity Analysis* steht für ein hauptsächlich in Deutschland angewendetes diagnostisches Verfahren der Glaubhaftigkeitsbeurteilung kindlicher Zeugenaussagen bei Anklagen wegen sexuellen Kindesmißbrauchs, welches unter diesem Namen im anglo-amerikanischen Sprachraum bekannt gemacht wurde (Steller & Boychuk, 1992; Raskin & Yuille, 1989; Steller & Köhnken, 1989; Yuille, 1989). Die Begutachtung umfaßt inhaltlich drei Aspekte: die Beurteilung der *Aussagetüchtigkeit* des Zeugen, die Eruierung der *Aussageentstehung und -entwicklung* sowie die Beurteilung der *Aussagequalität.* Um das Vorgehen zu strukturieren, lassen sich folgende Schritte formulieren, die nachfolgend erläutert werden:

1. Sorgfältige Aktenanalyse, Sichtung fallbezogener Informationen,
2. Kompetenz- und Persönlichkeitsanalyse (Aussagetüchtigkeit),

3. Durchführung eines halbstrukturierten Interviews mit dem Kind (Exploration zur Sache),
4. Merkmalsorientierte Inhaltsanalyse der transkribierten Aussage (Beurteilung der Aussagequalität),
5. Systematische Auswertung und Integration der verschiedenen Analysen.

Den ersten Schritt im Prozeß der Glaubhaftigkeitsbegutachtung bildet die Sichtung und Bewertung fallbezogener Informationen bzw. Anknüpfungstatsachen unter aussagepsychologischen Gesichtspunkten (Greuel et al., 1998). Dazu können beispielsweise Informationen über die psychosoziale Entwicklung aller Involvierten, Protokolle polizeilicher Vernehmungen, Ergebnisse in der Vergangenheit durchgeführter diagnostischer Tests, Ermittlungsakten, Informationen seitens der Schule(n) des Kindes etc. gehören. Diese intensive Auseinandersetzung mit allen erhältlichen fallbezogenen Informationen ist notwendig, um die Dynamik des Beziehungsfeldes aufzuzeigen, innerhalb dessen es zu der Aussage des Kindes gekommen ist und innerhalb dessen sich die Aussage im Laufe der Zeit möglicherweise verändert hat (Klitzing, 1990). So ist die zu beurteilende Aussage nach Undeutsch (1994) immer das Endprodukt einer Aussageentwicklung, jede Aussage habe ihre Geschichte.

Nach Klitzing (1990) tragen insbesondere folgende von ihm als *Beziehungskriterien* bezeichneten Anhaltspunkte zum Verständnis der Aussageentstehung bei: die Beziehungsdynamik zum Angeschuldigten, die Beziehungsdynamik zu Personen, denen gegenüber die Aussage gemacht wurde, die familiale Beziehungsdynamik, das Vorliegen möglicher sekundärer Motive sowie das Vorhandensein von Sorge- oder Besuchsrechtsverfahren.
Ein ganz wesentlicher Punkt, der in diesem Zusammenhang erwähnt werden muß, ist das Vorliegen von Hinweisen auf suggestive Einflußnahme durch Dritte, speziell von Hinweisen darauf, daß im Vorfeld der ersten Aussage sogenannte *Aufdeckungsarbeit* geleistet wurde (vgl. Kapitel 2.1.2.5).

Vor dem Hintergrund dieser Informationen wird der Sachverständige untersuchungsleitende Hypothesen generieren. Die erste Hypothese könnte beispielsweise die *Wirklichkeitshypothese* sein, welche besagt, daß die Aussage mit hoher Wahrscheinlichkeit erlebnisfundiert ist. Neben der Wirklichkeitshypothese gilt es auch immer, mehrere Alternativhypothesen zu generieren. Steller, Volbert und Wellershaus (1993, S. 370; vgl. auch Bernet, 1993; Goodman, 1984; Raskin & Esplin, 1991b) haben unterschiedliche Formen nicht erlebnisentsprechender Aussagen kindlicher Zeugen systematisiert.

Diese Systematisierung soll im folgenden dargestellt werden:

1. Intentionale Falschaussage
2. Intentionale Projektion eines eigenen Erlebnisses oder einer sonstigen Wahrnehmung auf den Beschuldigten

3. Intentionale Induktion einer Falschaussage durch einen Dritten, die vom Kind subjektiv als unwahr erkannt, aber übernommen wird
4. Intentionale Induktion einer Falschaussage durch einen Dritten, die vom Kind subjektiv als wahre Aussage übernommen wird
5. Irrtümliche Induktion einer Falschaussage durch einen Dritten, die vom Kind subjektiv als unwahr erkannt, aber übernommen wird
6. Irrtümliche Induktion einer Falschaussage durch einen Dritten, die vom Kind subjektiv als wahre Aussage übernommen wird
7. Irrtümlich falsche Projektion eines Erlebnisses oder einer sonstigen Wahrnehmung auf den Beschuldigten
8. Eingeschränkte bzw. aufgehobene Fähigkeit, zwischen eigenem Phantasieprodukt und Realität zu unterscheiden

Eine mögliche Alternativhypothese könnte demnach beispielsweise sein, daß das Kind ein tatsächlich erlebtes Mißbrauchsgeschehen sehr genau beschreibt, jedoch einen falschen Täter nennt (intentionale Projektion eines eigenen Erlebnisses). Eine weitere Alternativhypothese könnte sein, daß das Kind Mißbrauchsszenarien genau beschreibt, jedoch nicht alle Täter nennt. Eine dritte Alternativhypothese könnte sein, daß das Kind von jemandem dazu gedrängt wurde, eine dritte Person fälschlicherweise des sexuellen Mißbrauchs zu bezichtigen (Steller & Boychuk, 1992). Der Alternativhypothesen viele mehr sind denkbar, als Beispiele mögen diese vorerst genügen.
Greuel et al. (1998, S. 45) weisen darauf hin, daß diese Phase der Hypothesenbildung nicht statischer Natur, sondern prozeßhaft und reflexiv am gesamten Untersuchungsablauf orientiert sei. Sollten während des Untersuchungsablaufs über die bisherigen Anknüpfungstatsachen hinausgehende bzw. mit ihnen konfligierende Informationen bekannt werden, so müsse dies zur Generierung neuer Hypothesen und dementsprechend zu neuen Untersuchungen führen, welche der diagnostischen Abklärung dieser spezifischen Hypothesen dienten. Es gibt also keine feste Menge von Untersuchungshypothesen, die bei allen Begutachtungsfällen schematisch abgeklärt werden könnten (Fabian, Greuel & Stadler, 1996).

Der zweite Schritt, der von einigen Autoren auch als *Persönlichkeitsanalyse* bezeichnet wird, dient der Feststellung aussagerelevanter Kompetenzen des Zeugen. Im Rahmen dieser Leistungs- und Persönlichkeitsdiagnostik sind neben der Feststellung der allgemeinen und sprachlichen kognitiven Fähigkeiten auch Phantasiereichtum sowie Kenntnisse und Erfahrungen im Bereich der Sexualität zu eruieren. Die Kompetenzanalyse dient zum einen der Beurteilung, ob dem Zeugen Aussagetüchtigkeit attestiert werden kann, und bietet zum anderen einen individuellen Vergleichsstandard für die spätere Beurteilung der Aussagequalität. Ebenso werden aussagerelevante Besonderheiten der Persönlichkeitsentwicklung wie etwa Neurotizismus, Geltungsbedürfnis oder Selbstwertprobleme erhoben. Die bei der Diagnose der Zeugenpersönlichkeit angewandten Methoden sind die gleichen, die bei jeder anderen umfassenden Persönlichkeitsbegutachtung zum Einsatz kommen. Dabei verlangt jeder Fall eine für ihn spezifisch geeignete, quantitativ oder qualitativ unterschiedliche Kombination von Testverfahren.

Der dritte Schritt, die Exploration zur Sache, dient der Abklärung der im ersten Schritt generierten Hypothesen. Grundsätzlich sind zwei Interviewtechniken anwendbar: das *Kognitive Interview* und das *Standardinterview*.

Das *Kognitive Interview* (Fisher & Geiselman, 1992; Geiselman & Fisher, 1989) stellt ein neueres Befragungskonzept dar, welches aufgrund der Annahme entwickelt wurde, daß die Erinnerungsleistung sich wesentlich verbessert, wenn der Kontext, in dem das Erlebnis rekonstruiert wird, mit dem Wahrnehmungskontext übereinstimmt (vgl. Köhnken, 1992; Sporer & Bursch, 1997; Sporer & Franzen, 1994). Hieraus wurden vier Erinnerungshilfen abgeleitet: Die Befragten werden aufgefordert, sich in den ursprünglichen Wahrnehmungskontext zurückzuversetzen, alles zu berichten, das Ereignis zusätzlich zur üblichen chronologischen Reihenfolge in umgekehrter Reihenfolge zu berichten und schließlich die Perspektive zu wechseln, das Geschehen also aus der Sicht des mutmaßlichen Täters zu berichten. Nachdem empirisch belegt war, daß die Anwendung des Kognitiven Interviews bei Erwachsenen zu Verbesserungen der Erinnerungsleistung führte, haben Fisher, Geiselman, Raymond, Jurkevich und Wahrhaftig (1987) diese Interviewtechnik weiterentwickelt, indem sie allgemeine Gesprächstechniken miteinbezogen. Die Wirksamkeit des Kognitiven Interviews wurde inzwischen vielfach empirisch überprüft (z.B. Geiselman, Fisher, MacKinnon & Holland, 1985; Köhnken, Memon & Bull, 1992; Memon & Köhnken, 1992). Dabei hat sich gezeigt, daß diese Technik gut geeignet ist für die Steigerung der Erinnerungsleistung bei Erwachsenen. Bei Kindern sind die Ergebnisse weniger eindeutig. Grundsätzlich scheint sich die Erinnerungsleistung älterer Kinder zu verbessern (z.B. Geiselmann & Padilla, 1988; Saywitz, Geiselmann & Bornstein, 1992), vergleichbar mit den Erfolgen bei Erwachsenen sind die Ergebnisse allerdings nicht. Zudem ist die Anwendung dieser Technik in Verdachtsfällen sexuellen Kindesmißbrauchs umstritten, da ein Wiederaufleben des möglicherweise stark negativen Affekts in der Abrufsituation eine erhebliche psychische Belastung darstellen kann und die Übernahme der Täterperspektive nicht zumutbar erscheint (Bekerian & Dennett, 1993).

Das *Standardinterview* besteht zunächst in der Evozierung eines möglichst umfangreichen freien Berichts des Zeugen (vgl. z.B. Wegener, 1989b). Im Anschluß an den freien Bericht werden, um Lücken zu schließen und etwaige Unklarheiten zu beseitigen, möglichst offene Fragen gestellt, die erst allmählich spezifischer werden, weswegen dieses Verfahren auch als *Trichtertechnik* (*funneling*) bezeichnet wird (Maccoby & Maccoby, 1954).

Für den psychologischen Sachverständigen zeigt sich hier ein Dilemma, welches von Endres und Scholz (1994, S. 472) als *diagnostische Unschärferelation* bezeichnet wird: Je weniger durch Fragen auf einen kindlichen Zeugen eingewirkt wird, umso belastender sind die Aussagen, die auf diese Weise gewonnen werden, umso größer jedoch auch die Gefahr, einen zutreffenden Verdacht nicht bestätigen zu können; je intensiver dagegen auf den Zeugen eingewirkt wird, je mehr nach Informationen gesucht wird,

die den Verdacht bestätigen, umso größer ist die Gefahr der Verformung der kindlichen Aussage und umso geringer ist der juristische Beweiswert der so gewonnenen Befunde (vgl. auch Lamb, Sternberg & Esplin, 1994). Grundsätzlich sollte also angestrebt werden, mit möglichst wenigen und offenen Fragen möglichst viel freien Bericht zu erhalten. Für einen Überblick zu verschiedenen nicht suggestiven und suggestiven Frageformen sei der interessierte Leser auf Endres, Scholz und Summa (1997) verwiesen (vgl. auch Arntzen, 1978; Arntzen & Michaelis, 1970; Spencer & Flin, 1990; Warren & McGough, 1996; Westhoff & Kluck, 1992).
Daß die in der sogenannten *Aufdeckungsarbeit* verwendeten, hoch suggestiven Techniken dem für die Exploration zur Sache notwendigen ergebnisoffenen Vorgehen zuwiderlaufen, sich also absolut verbieten, wird deutlich, wenn man liest, welches Vorgehen Fürniss (1991, S. 183ff.), in Deutschland einer der prominentesten Vertreter der Aufdeckungsideologie, in Verdachtsfällen empfiehlt: Um ein schweigendes Kind zum Sprechen zu bringen, soll dem Kind die *Geschichte vom anderen Kind* erzählt werden, welches mißbraucht worden sei aber nicht gewagt habe, sich jemandem anzuvertrauen. Dabei wird dem Kind in explizit sexualisierter Sprache der sexuelle Mißbrauch des anderen Kindes geschildert und im Anschluß gefragt „Vielleicht bilde ich es mir nur ein, aber könnte es sein, daß Du auch so etwas erlebt hast?". Fürniss (1991) fügt hinzu, ein solches Vorgehen stelle keine Beeinflussung dar, sondern sei eine metaphorische Form, dem Kind zu verstehen zu geben, daß es die Erlaubnis habe zu sprechen. Diese explizite Erlaubnis sei erforderlich, um das „Syndrom der Geheimhaltung" zu durchbrechen (Fürniss, 1993, S. 267f.). Welche Auswirkungen derartige Befragungstechniken auf die Anwendbarkeit der merkmalsorientierten Aussageanalyse haben können, wird noch zu zeigen sein (vgl. Kapitel 2.1.2.5).

Den vierten Schritt bildet die Qualitätsanalyse des im Interview gewonnen Aussagematerials. Neben der merkmalsorientierten Inhaltsanalyse (Steller & Köhnken, 1989) der Aussage, welche den wesentlichen Teil der Qualitätsanalyse ausmacht, sich jedoch nur auf eine Aussage bezieht, wird auch die Überprüfung der *Konstanz* der Aussage zur Qualitätsanalyse gezählt; ebenso sind begleitende Ausdruckserscheinungen an dieser Stelle zu erwähnen. Da die merkmalsorientierte Inhaltsanalyse den Kern der Glaubhaftigkeitsbegutachtung bildet und zugleich zentrales Thema der hier referierten Studie ist, soll dieses Verfahren hier nur erwähnt und im nachfolgenden Kapitel 2.1.2.3 ausführlich dargestellt werden.

Schließlich werden in einem letzten Schritt die Ergebnisse der unterschiedlichen Analysen integriert, um zu einem abschließenden Urteil hinsichtlich der Glaubhaftigkeit der infragestehenden Aussage zu gelangen. Dabei wird zum einen die Frage geprüft, ob ein Zeuge mit den festgestellten kognitiven Fähigkeiten in der Lage wäre, eine Aussage entsprechender Qualität zu erfinden (vgl. Offe & Offe, 1994). Zum anderen ist festzustellen, ob alle plausiblen Alternativhypothesen verworfen werden können, da nur dann mit hinreichender Wahrscheinlichkeit davon ausgegangen werden kann, daß die Erlebnishypothese die vorhandene Aussage am besten erklärt (Köhnken, 1999; vgl. auch Undeutsch, 1993).

Die vorhergehenden Ausführungen sollten einen Einblick in den praktischen Ablauf der Begutachtung gewähren, um zu verdeutlichen, daß die merkmalsorientierte Inhaltsanalyse, also die Feststellung der Qualität der Aussage zwar den Kern der Begutachtung darstellt, jedoch in einen komplexen diagnostischen Prozeß eingebettet ist. Diese Methode ist daher nicht losgelöst von anderen Schritten zu bewerten, so wie es den Veröffentlichungen amerikanischer Forscher mitunter zu entnehmen ist, die diese Methode als Wahrheitstest mißverstanden haben (z.B. Ruby & Brigham, 1997). Untersuchungsergebnisse bezüglich eines – wenn auch wichtigen – Teilaspektes eines Gesamtprozesses können nicht gänzlich unabhängig von diesem interpretiert werden. Vor diesem Hintergrund soll die im folgenden dargestellte Methode betrachtet werden.

2.1.2.3 Die merkmalsorientierte Inhaltsanalyse (CBCA)

Das von Steller und Köhnken (1989) veröffentlichte integrative System umfaßt 19 Glaubhaftigkeitsmerkmale, die Tabelle 2 zu entnehmen sind:

Tabelle 2
Die merkmalsorientierte Inhaltsanalyse in der Systematisierung von Steller und Köhnken (1989)

Allgemeine Merkmale
1. Logische Konsistenz
2. Ungeordnete Darstellung
3. Quantitativer Detailreichtum

Spezielle Inhalte
4. Raum-zeitliche Verknüpfungen
5. Interaktionsschilderungen
6. Wiedergabe von Gesprächen
7. Schilderungen von Komplikationen im Handlungsverlauf

Inhaltliche Besonderheiten
8. Schilderung ausgefallener Einzelheiten
9. Schilderung nebensächlicher Einzelheiten
10. Phänomengemäße Schilderung unverstandener Handlungselemente
11. Indirekt handlungsbezogene Schilderungen
12. Schilderung eigener psychischer Vorgänge
13. Schilderung psychischer Vorgänge des Täters

Motivationsbezogene Inhalte
14. Spontane Verbesserungen der eigenen Aussage
15. Eingeständnis von Erinnerungslücken
16. Einwände gegen die Richtigkeit der eigenen Aussage
17. Selbstbelastungen
18. Entlastung des Angeschuldigten

Deliktspezifische Inhalte
19. Deliktspezifische Aussageelemente

Bevor die in der einschlägigen Literatur vorgenommenen Definitionen und die den einzelnen Merkmalen zugeschriebene Bedeutung ausführlich dargestellt werden, soll im folgenden zunächst auf die Annahmen eingegangen werden, welche diesem Merkmalssystem zugrunde liegen.
Wie Tabelle 2 zu entnehmen ist, umfaßt die merkmalsorientierte Inhaltsanalyse in der Systematisierung von Steller und Köhnken (1989) fünf Komplexe von Glaubhaftigkeitsmerkmalen.
Im Komplex *Allgemeine Merkmale* werden Merkmale zusammengefaßt, die sich auf eine Zeugenaussage in ihrer Gesamtheit beziehen. Sie können ohne Rückgriff auf Einzelheiten des Aussageinhalts beurteilt werden.
Zwei weitere Komplexe umfassen Glaubhaftigkeitsmerkmale, die sich auf einzelne Inhalte einer Aussage beziehen, sich also an konkreten Textstellen festmachen lassen. Diese Merkmale sind in der Regel auch ohne Kenntnis des Gesamtzusammenhangs bewertbar. Mittels des Komplexes *Spezielle Inhalte* wird dabei die Frage beantwortet, in welcher Art und Weise der Inhalt dargeboten, wie das Geschehen geschildert wird. Der Komplex *Inhaltliche Besonderheiten* umfaßt Merkmale, die Auskunft über qualitative Aspekte einer Aussage geben sollen. Bei beiden Komplexen ist das Ausmaß der Konkretheit und Anschaulichkeit der Schilderung entscheidend.
Der Komplex *Motivationsbezogene Inhalte* umfaßt Merkmale, die sich ebenfalls an konkreten Textstellen festmachen lassen und Auskunft über die Motivation eines Aussagenden geben sollen, ohne daß eine gezielte Exploration bezüglich der Aussagemotivation stattfindet. Es wird hier von inhaltlichen Aspekten der Aussage auf die zugrundeliegende Motivation des Aussagenden geschlossen. Dabei wird davon ausgegangen, daß ein falschaussagender Zeuge aktiv darum bemüht ist, bei seinem Gegenüber einen glaubwürdigen Eindruck zu hinterlassen. Um sein Ziel zu erreichen, wird er seine eigene Rolle möglichst positiv darstellen und solche Inhalte vermeiden, die bei seinem Gegenüber Zweifel an seiner Glaubwürdigkeit hervorrufen könnten. Daher sind in diesem Komplex Merkmale aufgeführt, welche dem Alltagsverständnis nach die Glaubhaftigkeit in Frage stellen. Lassen sich die inhaltlichen Merkmale dieses Komplexes in einer Aussage finden, spricht dies jedoch gerade für die Glaubhaftigkeit. Bezüglich dieser Merkmale stellt sich dem Gutachter die Frage, wie wahrscheinlich es ist, daß eine bewußt falschaussagende Person Inhalte dieser Art in ihre Aussage aufnehmen würde.

Aussageelemente, die in typischer Weise mit dem behaupteten Delikt in Verbindung stehen, werden in einer gesonderten Kategorie betrachtet. Der Sonderstatus des Merkmals *Deliktspezifische Aussageelemente* ergibt sich dadurch, daß zur Beurteilung delikttypischer Aussageinhalte empirisch-kriminologisches Wissen über typische Begehungsformen entsprechender Delikte erforderlich ist (vgl. z.B. Arntzen, 1993; Köhnken, 1990; Steller & Köhnken, 1989).

Bevor die Merkmale im einzelnen vorgestellt werden sollen, gilt es zu ermitteln, welche Annahmen dieser Systematisierung zugrunde liegen.

Zentral ist nach Köhnken (1990) die Intentionalität des Kommunikators; der Begriff der Täuschung impliziert demnach ein motiviertes und zielgerichtetes Verhalten. Um sein Ziel der erfolgreichen Täuschung zu erreichen, muß ein Falschaussagender zunächst einmal falsche Informationen über einen Sachverhalt verbal kommunizieren. Dies stellt die notwendige aber nicht hinreichende Bedingung zur Erreichung des Ziels dar. Neben der Vermittlung falscher Informationen muß es ihm gelingen, sich selbst und seine Informationen glaubwürdig zu präsentieren. Eine erfolgreiche Lüge setzt demnach auf Seiten des Kommunikators zwei Täuschungen voraus, welche Köhnken (1990, S. 150) als *primäre* und *sekundäre Täuschung* bezeichnet. Mit dem Begriff der primären Täuschung ist die verbale Vermittlung der falschen Information gemeint, während es sich bei der sekundären Täuschung um die Selbstpräsentation als glaubwürdiger Kommunikator handelt. Zur Verdeutlichung mag Abbildung 1 dienen.

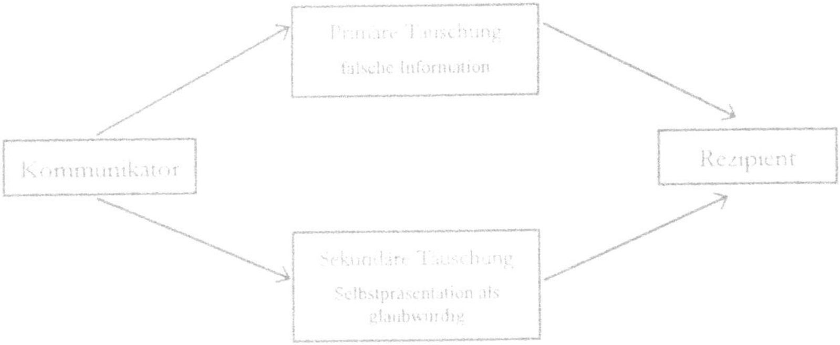

Abbildung 1
Modell der primären und sekundären Täuschung nach Köhnken (1990, S. 150)

Der inhaltsanalytische Ansatz beruht zum einen auf der Konzeptualisierung einer Zeugenaussage als *geistige Leistung* (vgl. auch Wegener & Steller, 1986). Während es sich bei der Wiedergabe eines aktuellen, tatsächlichen Erlebnisses um eine kognitiv relativ leicht zu bewältigende Aufgabe handelt, stellt es eine schwierige Aufgabe mit hohen Anforderungen an die kognitive Leistungsfähigkeit eines Zeugen dar, eine Aussage über ein komplexes Geschehen ohne eigene Wahrnehmungsgrundlage in logisch konsistenter Weise zu erfinden und über mehrere Befragungen und längere Zeiträume relativ konstant aufrechtzuerhalten. Ein frei phantasierender Zeuge kann dabei nicht auf entsprechende Erlebnisse zurückgreifen, er muß seine Falschaussage auf der Grundlage gespeicherten Allgemeinwissens bezüglich solcher und ähnlicher Situationen, also aus kognitiven Schemata konstruieren, wohingegen ein wahraussagender Zeuge seine erlebnisbegründete Aussage lediglich aus dem Gedächtnis *re*konstruieren muß.

Kognitive Schemata sind abstrakte Wissensstrukturen, die Vorannahmen über bestimmte Gegenstände, Menschen und Situationen implizieren. Scripts repräsentieren

Cluster von Wissen über Sequenzen aufeinander bezogener bestimmter Ereignisse und Handlungen (vgl. Brewer & Dupree, 1983; Graesser & Nakamura, 1982; Hudson, Fivush & Kuebli, 1992; Schwarz, 1985; Wyer & Scrull, 1980). Schemata und Scripts enthalten demnach unspezifische Informationen, die den typischen Ablauf eines Ereignisses charakterisieren. In Aussagen, die aus vorhandenem Schemawissen konstruiert werden, sind daher in erster Linie wenig originelle bzw. wenig spezifische, sondern vielmehr typische Handlungssequenzen zu erwarten, die ohne Umwege zum Handlungsziel (der Ausführung des infragestehenden Delikts) führen. Dagegen wird es einem Falschaussagenden in Abhängigkeit von seiner kognitiven Leistungsfähigkeit mehr oder weniger schwer fallen, Glaubhaftigkeitsmerkmale in seine Aussage zu integrieren, welche kaum Teil eines entsprechenden Schemas sein dürften (vgl. Köhnken, 1990). So entspricht es beispielsweise nicht einer schemageleiteten Vorstellung, daß unerwartete Komplikationen im Handlungsverlauf auftreten. Auch nebensächliche und ungewöhnliche Details stellen situationsspezifische Informationen dar und sind nicht Teil eines typischen Handlungsverlaufes.

Dem Gutachter stellt sich hier die Frage, wie wahrscheinlich es im Hinblick auf die kognitive Leistungsfähigkeit des Zeugen ist, daß dieser, ohne auf eine entsprechende Wahrnehmungsgrundlage zurückgreifen zu können, in der Lage wäre, diese Merkmale zu produzieren.

Zum anderen beruht die Anwendung des Merkmalssystems auf der Annahme, daß sich wahraussagende und bewußt falschaussagende Zeugen hinsichtlich einiger motivationsbezogener Merkmale unterscheiden lassen, deren Grundlage die *strategische Selbstpräsentation* bildet. Hierbei wird vorausgesetzt, daß ein falschaussagender Zeuge das Ziel verfolgt, bei seinem Gegenüber einen glaubwürdigen und kompetenten Eindruck zu hinterlassen, um seiner Falschaussage Überzeugungskraft zu verleihen. Dies versucht er zu erreichen, indem er sich als „kompetent und moralisch makellos präsentiert" (Köhnken, 1990, S. 159). Zu diesem Zweck greift der Falschaussagende auf seine Alltagsvorstellungen darüber zurück, welche Verhaltensweisen, Äußerungen etc. seiner Glaubwürdigkeit abträglich sein könnten, um in der Folge diese seiner Vorstellung nach verräterischen Verhaltensweisen und Äußerungen zu vermeiden.

Es ist daher zu erwarten, daß Merkmale, welche der Alltagsvorstellung nach Lügenkennzeichen darstellen oder auf Inkompetenz hindeuten, einer strategischen Selbstpräsentation also zuwiderlaufen, nur in geringem Maße in falschen Aussagen zu finden sind – immer vorausgesetzt, daß der Kommunikator auch über derartige Alltagsvorstellungen verfügt. Diese Vorstellungen können ebenfalls als kognitive Schemata aufgefaßt werden (z.B. Carver & Scheier, 1981; Köhnken, 1990), die sich im Laufe sozialer Lernprozesse entwickeln. Wenn ein Kind beispielsweise von seinen Eltern bei einer Lüge ertappt wird, weil es eine bestimmte Verhaltensweise (verbal oder nonverbal) gezeigt hat, so lernt es auf diese Weise den Zusammenhang zwischen einer bestimmten Verhaltensweise und der ihm von seinem Gegenüber zugeschriebenen Glaubwürdigkeit. Derartige Zusammenhänge führen nach Köhnken (1990) mit der Zeit zur Ausbildung von Prototypen glaubwürdiger und unglaubwürdiger Kommunikatoren. Täuschungshandlungen gehen dann mit einer erhöhten Selbstaufmerksamkeit einher, mit deren Hilfe kontrolliert werden soll, ob eine gelungene Selbstprä-

sentation erfolgt (Carver & Scheier, 1981; Duval & Wicklund, 1972). Voraussetzung für die beschriebenen Prozesse ist die Fähigkeit des Kommunikators zu antizipieren, wie der Gesprächspartner das Verhalten des Kommunikators interpretieren könnte. Hierzu muß der Täuschende in der Lage sein, einen Perspektivenwechsel vorzunehmen (Weinstein, 1969).
Nach Köhnken (1990, S. 158) würde man tendenziell erwarten, daß die tatsächlich festgestellten verbalen und nonverbalen Verhaltenskorrelate von Täuschungen den subjektiven Vorstellungen über „Lügensignale" entgegengesetzt seien. Ein Vergleich der in Metaanalysen ermittelten Verhaltenskorrelate mit den subjektiven Vorstellungen über „Lügensymptome" unterstütze diese Vermutung.
Bezüglich der Motivation stellt sich dem Gutachter also die Frage, wie wahrscheinlich es ist, daß ein bewußt falschaussagender Zeuge riskieren würde, Inhalte dieser Art in seine Aussage aufzunehmen.

Der Logik des Modells der merkmalsorientierten Inhaltsanalyse folgend werden erfundene Handlungsschilderungen in Abhängigkeit von der kognitiven Leistungsfähigkeit des Aussagenden inhaltlich relativ wenig elaboriert ausfallen, da der bewußt falschaussagende Zeuge einen erheblichen Teil seiner insgesamt begrenzten kognitiven Ressourcen darauf verwenden muß, eine sinnvolle Handlung zu konstruieren und gleichzeitig über Selbstkontrollprozesse eine positive Selbstpräsentation sicherzustellen. Die Auswirkungen einer Ressourcenverknappung werden im intraindividuellen Vergleich sichtbar. Das heißt, im *intra*individuellen Vergleich wird die Schilderung eines erfundenen Ereignisses eine geringere inhaltliche Qualität aufweisen als eine Schilderung, die auf einem tatsächlichen Erlebnis basiert.

Nach einer Darstellung der Annahmen, welche dem inhaltsanalytischen Ansatz zugrunde liegen, soll im folgenden nun auf die Einzelmerkmale des Systems von Steller und Köhnken (1989) eingegangen werden. Diese Darstellung erfolgt deshalb in so ausführlicher Form, weil im Rahmen dieser Arbeit nicht unerhebliche Veränderungen des traditionellen Merkmalssystems im Hinblick auf Benennung, Definition, Operationalisierung traditioneller Merkmale und Erweiterungen des Systems durch Aufnahme neuer Merkmale vorgenommen werden. Hierbei soll zunächst immer auf die Definition der Autoren des integrativen Merkmalssystems (Steller & Köhnken, 1989)[6] zurückgegriffen und beispielhaft auf die in der einschlägigen Literatur aufzufindenden Herleitungen und Definitionen eingegangen werden. Jeweils abschließend sollen Aspekte, die für eine Operationalisierung wichtig erscheinen, hervorgehoben und ggf. Anmerkungen angefügt werden. Die für die vorliegende Untersuchung gewählten Definitionen sollen später im Zusammenhang mit der Operationalisierung der abhängigen Variablen dargestellt werden (vgl. Kap. 5.1).

---

[6] Für die Darstellung wurden die komprimierten Definitionen von Wellershaus (1992) gewählt, welche an der Definition der Merkmale des integrativen Systems (Steller & Köhnken, 1989) mitgearbeitet hat.

2.1.2.3.1 Darstellung der einzelnen Merkmale in der Systematisierung von Steller und Köhnken (1989)

Komplex 1 - Allgemeine Merkmale

Merkmal 1 - Logische Konsistenz

> Die Aussage ist in sich stimmig, und es lassen sich verschiedene Ausgangspunkte in Einklang bringen. (Wellershaus, 1992, S. 21)

Zur Bedeutung dieses Merkmals kann man in der Literatur folgendes lesen: Plaut (1931, S. 188) spricht von „... einer einigermaßen sinnvollen Einheit, Geschlossenheit, Folgerichtigkeit ...", welche im Hinblick auf die Glaubhaftigkeit positiv zu bewerten sei. Nach Feuerbach (1847) spricht für die Glaubwürdigkeit eines Aussagenden, „ dass seine Aussage sowohl mit sich selbst als auch mit anderen erwiesenen Thatsachen übereinstimme ..." (S. 823).

Arntzen (1993) spricht in diesem Zusammenhang von *Homogenität der Zeugenaussage.* Unter der Homogenität einer Aussage versteht er,

> ...daß sich in ihr inhaltliche Details zu einem Ganzen ohne Unstimmigkeiten zusammenschließen, daß deren Einzelheiten in einen integrierten organischen Zusammenhang gebracht werden können und daß der Inhalt der Aussage damit auch folgerichtig ist. (S. 50)

Zum einen sei mit Homogenität oder innerer Konsistenz gemeint, daß die Aussage in sich stimmig sein solle, und zum anderen, daß sie nicht äußeren Gegebenheiten (wie z.B. Sachbeweisen oder physikalischen Gesetzmäßigkeiten) widersprechen dürfe. Inhaltliche Ergänzungen, die spontan oder auf Nachfragen angegeben würden, müßten folgerichtig sein.
Undeutsch (1967, S. 138) äußert, daß wahrheitsgemäße Darstellungen durch *innere Stimmigkeit und Folgerichtigkeit* gekennzeichnet seien. Außerdem spricht er an anderer Stelle von der „Widerspruchslosigkeit zu anderweitig feststehenden Tatsachen", wobei er unter letzteren faktische Lebensumstände sowie naturwissenschaftliche, medizinische und psychologische Gesetzmäßigkeiten versteht (Undeutsch, 1967, S. 127). Müller-Heß und Nau (1930) betonen, daß sachliche Unmöglichkeiten oder Unwahrscheinlichkeiten den sichersten Beweis für eine Falschaussage darstellen, geben allerdings einschränkend zu bedenken: „daß selbst vereinzelte sachliche Unmöglichkeiten bei sonst Vertrauen erweckenden Schilderungen keinen Grund darstellen, den betreffenden Jugendlichen nun als Zeugen überhaupt abzulehnen" (S. 70).
Nach Horowitz (1991) geht es bei der logischen Konsistenz nicht darum, daß der Zeuge die Elemente seiner Aussage in einer logischen Reihenfolge vorbringt, was im Gegenteil dem Merkmal der *Unstrukturierten Produktion* abträglich wäre. Vielmehr gehe es darum, daß „... the coder should be able to disemble a rambling statement and rearrange the narrative elements into a coherent account" (S. 299). Dabei gibt Horowitz zu bedenken, daß insbesondere die Beurteilung der logischen Konsistenz einer Aussage immer vor dem Hintergrund des Alters und der kognitiven Fähigkeiten des

kindlichen Zeugen erfolgen müsse. Kleinere Inkonsistenzen sprächen seiner Meinung nach nicht zwangsläufig gegen die Glaubhaftigkeit einer Aussage.

Erklärungsansätze und Anmerkungen
Der inhaltsorientierte Ansatz der Glaubhaftigkeitsdiagnostik beruht unter anderem auf der Konzeptualisierung einer Aussage als geistige Leistung. In diesem Sinne bedarf das Aufrechterhalten der inneren Konsistenz einer Schilderung ohne entsprechende Wahrnehmungsgrundlage hoher Konzentration, insbesondere dann, wenn der geschilderte Geschehensablauf sehr komplex ist, zahlreiche verbale und nonverbale Interaktionen vorkommen, Bruchstücke über die gesamte Aussage verstreut sind etc. Mit zunehmender Komplexität des Geschehens gewinnt die geleistete Widerspruchsfreiheit als Glaubhaftigkeitsmerkmal somit an Bedeutung (vgl. Arntzen, 1993).

Wichtig für eine Operationalisierung erscheinen die Aspekte der inneren und äußeren Widerspruchslosigkeit und die von Arntzen (1993) angesprochene Folgerichtigkeit von Aussageergänzungen. Daneben soll ebenfalls der von Müller-Heß und Nau (1930) sowie von Horowitz (1991) angedeutete Gewichtungsaspekt berücksichtigt werden.

Merkmal 2 - Ungeordnete Darstellung

> Die Handlung wird im freien Bericht sprunghaft und nicht chronologisch geschildert, ohne daß dabei gegen die logische Konsistenz verstoßen wird. (Wellershaus, 1992, S. 21)

Bezüglich dieses Merkmals findet man in der einschlägigen Literatur verschiedene Bezeichnungen, beispielsweise *Unstrukturierte Produktion*, *Ungesteuerte Aussageweise*, *Inkontinenz* oder *Unstrukturiertheit*. Arntzen (1993), der in diesem Zusammenhang den etwas unglücklichen Begriff der *Inkontinenz* benutzt, schreibt hierzu folgendes:

> Charakteristisch für die inkontinente Aussageweise, die bei einigermaßen differenzierten Aussagen zum Glaubwürdigkeitsmerkmal wird, ist, daß Aussagen unzusammenhängend, sprunghaft vorgebracht werden, daß „Fetzen", Bruchstücke eines Sachverhaltes über das Vernehmungsgespräch verstreut sind oder in der Schilderung völlig ungeordnet erscheinen, daß zeitliche Rückgriffe erfolgen, überhaupt zeitlich Aufeinanderfolgendes nicht in chronologischer Reihenfolge berichtet wird, daß Teile des Geschehens häufig zunächst nur gestreift werden und dadurch in der Aussage manches zunächst unverständlich bleibt. Für den Außenstehenden ergibt sich schließlich aber ... doch ein geschlossenes Bild, das frei von Unstimmigkeiten ist – für ihn fügen sich die Einzelteile sozusagen zu einem homogenen Mosaikbild zusammen. (S. 79)

Zur Verdeutlichung führt Arntzen (1993) folgendes Beispiel aus der Beschreibung eines Inzestdelikts an:

> Der Papa hat mir gesagt, er will mit mir abhauen, wenn ich sechzehn bin. Meine Mutter hat nie Lust auf Geschlechtsverkehr. Er hat mit der Platzpatronenpistole rumgefuchtelt. Er will lügen, er will nichts mehr sagen. Er sagt, ich komme damit sowieso nicht weit. Er hat meine Geschwister immer einkaufen geschickt. Aber die sagen ja nichts. Er sucht sich einen Anwalt. Er sagt, wenn ich mich nicht ausziehe, knallt er mir eine. Als ich es mal meiner Mutter sagen wollte, konnte ich es nicht aussprechen. Da kam er mit dem Pantoffel, hat mir ein paar hinten drauf gehauen. Da habe ich mich nicht getraut. Mal sagt er, ich bin schön und ein liebes Mädchen, abends sagt er wieder, ich bin doof. Ich habe gesagt, ich will das nicht mehr. Er sagt, das wird weiter gemacht. Ich sagte: „Sag lieber die Wahrheit!", als ich ihn im Januar mal getroffen habe. Da war er am Grinsen. Er sagt, daß meine Mutter dabei nicht so gut wäre ... (S. 80)

Erklärungsansätze und Anmerkungen

Arntzen (1993) führt als Erklärung dieses Phänomens die begrenzte kognitive Kapazität eines Zeugen sowie dessen Gedächtnistätigkeit an. Ein Falschaussagender, dem keine Wahrnehmungsgrundlage zur Verfügung steht, wird den Inhalt seiner Aussage geordnet vortragen, um selbst den Überblick über das Ausgesagte zu behalten. Ein weiterer Aspekt ist die Zielgerichtetheit einer Falschaussage; im Sinne des inhaltsanalytischen Ansatzes wird angenommen, daß Falschaussagen und Phantasieprodukte durch eine strukturierte, meist chronologische Darstellungsweise gekennzeichnet sind, bei der das Aufzeigen von Kausalzusammenhängen im Vordergrund steht.

Arntzens Definition enthält alle für eine Operationalisierung wesentlichen Aspekte. Wichtig ist vor allem der als Ausschlußkriterium zu verstehende Verstoß gegen das Merkmal der *Logischen Konsistenz*.

Merkmal 3 - Quantitativer Detailreichtum

> Es werden Personen, Dinge, Orte, Ereignisse, Handlungen o.a. detailliert geschildert. (Wellershaus, 1992, S. 21)

Bei Leonhardt (1934, S. 233) wird die Ausführlichkeit des Berichts, die Gründlichkeit, Genauigkeit und Anschaulichkeit der Darstellung als Zeichen für Glaubwürdigkeit gewertet.

Auch laut Arntzen (1993) ist es

> die erhebliche *Anzahl der Einzelheiten,* welche für die Beurteilung der Zuverlässigkeit von Aussagen von Bedeutung ist. Wenn genaue Ortsangaben gemacht werden, Personen in verschiedener Hinsicht beschrieben werden, die Abfolge ihrer Handlungen Schritt für Schritt wiedergegeben wird, Gespräche reproduziert und nicht nur das Kerngeschehen, sondern auch nebensächliche Umstände berichtet werden, dann kann man von einem hohen Detaillierungsgrad der Aussage in quantitativer Beziehung sprechen. (S. 27, Hervorhebung im Original)

Arntzen (1993) fügt hinzu, daß die Forderung nach Detaillierung eine Grundforderung sei, die man an jede Aussage, die Glaubwürdigkeit beanspruche, stellen müsse. Bei guter Erinnerung an ein hinreichend komplexes Erlebnis könne diese Forderung in einem gewissen Maße immer erfüllt werden. Für bedenklich hält Arntzen beispielsweise Zeugenaussagen, in denen von einem länger dauernden Zusammensein mehrerer Personen berichtet wird, ohne daß ein einziges Gespräch reproduziert werden kann. Für die Operationalisierung legt er folgende Definition fest:

> ... wurde ein Detail angenommen, wenn ein Aussageteil der beschriebenen Handlung ... ein *neues* Moment hinzufügt. Auch eine Verneinung galt als Detail, wenn sie etwas aussagte, was den Inhalt in irgendeiner Weise charakterisierte ... Eine Wiederholung zählte nicht als Detail. Die sprachliche Wiedergabe des Details hat gewöhnlich den Umfang eines Satzes - auch eines Nebensatzes. Aber selbst ein einzelnes Adjektiv oder Adverb kann ein zusätzliches neues Moment beinhalten ... . (S. 28, Hervorhebung im Original)

Dettenborn et al. (1984) konstatieren:

> Viele Details, vor allem solche, die nur unmittelbar erfahren sein können, sprechen für die Glaubwürdigkeit einer Aussage. Neben dem Detailreichtum hat auch die Treue der Wiedergabe einzelner Details über ansich nebensächliche Umstände glaubwürdigkeitsstützende Bedeutung ... . (S. 313)

Erklärungsansätze und Anmerkungen

Arntzen führt die Bedeutung des *Quantitativen Detailreichtums* darauf zurück, daß die meisten Menschen nicht in der Lage seien, eine Falschaussage mit einer erheblichen Anzahl von erdachten Einzelheiten auszuschmücken. Schon die Reproduktion zahlreicher Einzelheiten einer tatsächlichen Beobachtung bereite vielen Zeugen Schwierigkeiten und das Ausdenken solcher Details stelle eine ungleich schwierigere Aufgabe dar. Allerdings gibt er zu bedenken, daß das Vorbringen von Details nicht unabhängig von der zur Verfügung stehenden Vorbereitungszeit sei, und daß Einfallsreichtum und Phantasietätigkeit des Zeugen festgestellt und bei der Bewertung berücksichtigt werden müßten.

Wesentliche Aspekte für eine Operationalisierung sind in der Definition Arntzens (1993) enthalten; der Aspekt des Neuen, den der Autor in seiner Operationalisierung anspricht, ist hervorzuheben. Auch die bei Dettenborn et al. (1984) betonte Detailtreue der Wiedergabe von Einzelheiten sowie die unmittelbare Erfahrung erscheinen wichtig. Nur Beobachtetes (nicht z.B. ein Gedanke) sollte als Detail gewertet werden.

KOMPLEX 2 - SPEZIELLE INHALTE

Merkmal 4 - Raum-zeitliche Verknüpfungen

> Die Kernhandlung ist mit bestimmten örtlichen Verhältnissen, zeitlichen Gegebenheiten, bestimmten eigenen Gewohnheiten oder Gewohnheiten

> von Personen aus dem sozialen Umfeld verknüpft. (Wellershaus, 1992, S. 21)

Plaut (1932, S. 74) erwähnt in seinen Gutachten als ein positives Kriterium, welches für die Richtigkeit der Aussage spreche, daß „Einzelfälle ... zeitlich und auch situationsmäßig fixiert" seien.

Undeutsch (1967) konstatiert:

> Reale Vorkommnisse hängen nicht beziehungslos zu Zeit und Raum in der Luft, sondern haben zeitliche und räumliche Verankerungspunkte, sind mit den besonderen Lebensumständen des Täters und des Opfers verwoben, wachsen aus bestimmten Ausgangssituationen heraus, die irgendwie geeignet sein müssen für die Entwicklung des späteren Geschehens. (S. 140)

Arntzen (1993), welcher dieses Merkmal als *Vielfältige Verflechtung des Aussageinhaltes mit veränderlichen Umständen* bezeichnet, schreibt hierzu:

> *Zu den Details realitätsbegründeter Aussagen gehören auch die in glaubwürdigen Erlebnisberichten auftretenden vielfältigen Verflechtungen der in Frage stehenden Kernhandlungen mit äußeren veränderlichen Umständen.* Naturgemäß sind Handlungen in bestimmte konkrete Situationen und Verhältnisse eingebettet. Die Gewohnheiten des Tagesablaufes, der Verwandten- und Bekanntenkreis und bestimmte örtliche Verhältnisse, z.B. Landschafts- und Gebäudegegebenheiten sowie das Mobiliar und seine Anordnung spielen beim Vollzug eine Rolle. (S. 38, Hervorhebung im Original)

Im weiteren hebt Arntzen (1993) die Bedeutung dieses Merkmales bei Fällen, in denen mit einer fälschlichen Übertragung tatsächlicher Erlebnisse auf eine andere Person gerechnet werden muß, hervor:

> *Eine enge und vielfältige Verflechtung der Angaben zur Deliktхandlung mit individuellen Umständen, die insgesamt nur auf den Beschuldigten und seine Situation zutreffen - wir sprechen kurz von „Individualverflechtung" - bietet aber eine Absicherung gegen das Vorliegen einer verfälschenden Personenübertragung, gegen ein Vertauschen von Personen in der Darstellung eines Zeugen.* (S. 40, Hervorhebung im Original)

Als Beispiel führt Arntzen (1993) die Aussage einer 12jährigen Sonderschülerin an:

> Der Opa hat vor die Tür immer den *Kinderwagen von der kleinen Sabine* ... geschoben, wenn er das machte. ... Das war immer am Nachmittag. Am Abend bin ich dann weggegangen, weil um ½ 8 ja seine Frau wiederkommt. Die geht immer putzen, jeden Nachmittag um vier Uhr. (S. 39, Hervorhebung im Original)

Erklärungsansätze und Anmerkungen

Die Bedeutung dieses Merkmals wird daraus abgeleitet, daß sich eine tatsächliche Begebenheit nicht zusammenhangslos im luftleeren Raum abspielt, sondern grundsätzlich mit den Lebensumständen der beteiligten Personen verwoben ist und in der Aussage dementsprechend zu diesen Umständen in Beziehung gesetzt wird. Nun wird

auch ein falschaussagender Zeuge eine Handlung nicht völlig rahmenlos darstellen, sondern dementsprechend zeitlich, örtlich oder gewohnheitsmäßig einbetten. Arntzen (1993) nimmt aber an, daß diese Einbettung im Falle von Falschaussagen eher oberflächlich erfolge und ein „... im ganzen relativ bezugloses Nebeneinander von Geschehenskern und äußeren Umständen ohne Einfluß der letzteren auf Geschehensform und -ablauf ..." zum Ergebnis habe. Eine engere Verflechtung vor allem mit „vorübergehenden situativen Umständen" zu leisten (S. 38), erfordere ein erheblich größeres Ausmaß an geistiger Flexibilität und logischem Denkvermögen, wenn keine entsprechende Wahrnehmungsgrundlage zur Verfügung stehe.
Zudem muß der Zeuge, um das Merkmal der *Individualverflechtung* zu produzieren, über die Lebensgewohnheiten des Beschuldigten informiert sein. Besonders schwierig gestaltet sich die Aussagesituation dann, wenn nicht nur ein freier Bericht abgegeben wird, sondern im Anschluß daran zusätzlich Fragen zum Geschehen gestellt werden. Je komplexer das zu Beginn geschilderte Geschehen und je enger die Verflechtungen mit äußeren Umständen, umso schwieriger ist es für den Zeugen, der nicht auf eine Wahrnehmungsgrundlage zurückgreifen kann, den Überblick über die bislang ausgesagten Zusammenhänge zu behalten, um bei Nachfragen nicht die logische Konsistenz zu gefährden.
Für eine Operationalisierung wesentlich sind die von Wellershaus (1992) benannten Aspekte der Räumlichkeit, der Zeit und der Lebensumstände aller Beteiligten. Wichtig erscheint dabei vor allem eine Verknüpfung der Begebenheiten mit der infragestehenden Handlung.

Merkmal 5 - Interaktionsschilderungen

> Es werden Handlungen (Aktionen und Reaktionen) beschrieben, die sich gegenseitig bedingen und aufeinander beziehen. (Wellershaus, 1992, S. 21)

Bezüglich dieses Merkmals ist in der einschlägigen Literatur vergleichsweise wenig zu finden. Arntzen (1993), der nicht zwischen nonverbalen und verbalen Interaktionen unterscheidet, definiert *Interaktion* folgendermaßen. Bei Interaktionen handele es sich

> ... um eine Kette wechselseitiger Aktionen und Reaktionen des Zeugen und desjenigen, auf den sich die Aussage bezieht, vor allem um Handlungen und Gespräche, die sich gegenseitig bedingen und die vom Zeugen flüssig berichtet werden. (S. 35)

Als Beispiel für eine nonverbale Interaktion mag folgende Aussage eines kindlichen Zeugen dienen:

> Dann sollte ich mich auf seinen Schoß setzen und dann wollte ich nicht und dann hab' ich versucht, mich loszumachen, und dann hat er mir das Handgelenk umgedreht. (Saacke, 1995, S. 108)

Erklärungsansätze und Anmerkungen
Im Sinne der Aussage als geistige Leistung dürfte es einem Falschaussagenden, der nicht auf eine Wahrnehmungsgrundlage zurückgreifen kann, schwer fallen, erdachte

Handlungen verschiedener Personen so darzustellen, daß sie sinnvoll aufeinander bezogen sind und nicht nur einfach nebeneinander stehen. Insbesondere die Schilderung von Handlungs*ketten* stellt ohne Wahrnehmungsgrundlage eine schwierige kognitive Aufgabe dar.
Wichtig für eine Operationalisierung erscheint der Aspekt der Wechselseitigkeit. Die von Arntzen (1993) geforderte Flüssigkeit der Darstellung ist im Sinne einer Qualitätssteigerung hervorzuheben. Auch einer Konkretheit und Anschaulichkeit der Schilderung, die in den Definitionen von Arntzen (1993) und Wellershaus (1992) nicht explizit berücksichtigt wird, sollte Beachtung geschenkt werden.

Merkmal 6 - Wiedergabe von Gesprächen

> Inhalte von Gesprächen oder einzelne Äußerungen beteiligter Personen werden wiedergegeben. (Wellershaus, 1992, S. 21)

Auch Arntzen (1993) zählt die Wiedergabe von Gesprächen zu den Glaubhaftigkeitsmerkmalen, wobei er die Bedeutung der Rollenverteilung hervorhebt: „Sehr glaubwürdig ist vor allem die Wiedergabe solcher Gespräche, die verschiedene Rollen der Gesprächspartner erkennen lassen" (S. 35). Er unterscheidet dabei ***didaktische Rollengespräche***, ***adversative Rollengespräche*** und ***Defensivgespräche***. Unter didaktischen Rollengesprächen versteht Arntzen Gespräche, die das unterschiedliche Wissen der beteiligten Gesprächspartner widerspiegelten, als adversative Rollengespräche bezeichnet er Gespräche, in denen deutlich werde, daß die Gesprächspartner entgegengesetzte Meinungen verträten. Gespräche, in denen ein Gesprächspartner sich gegen tatsächliche oder vermeintliche Vorwürfe des anderen verteidige, stellten Defensivgespräche dar. Arntzen (1993) gibt jedoch an anderer Stelle zu bedenken, daß man von dem Fehlen oder der schwachen Ausprägung dieses Merkmals nicht auf das Fehlen einer Erlebnisbasis der Aussage schließen könne, da man „... das schlechte Gedächtnis mancher Zeugen speziell für Gespräche ..." (S. 30) berücksichtigen müsse.

Dettenborn et al. (1984) weisen darauf hin, daß „... Anspielungen, die der Täter dem Zeugen gegenüber machte ...," symptomatischen Wahrheitswert für eine Aussage hätten (S. 314).

Erklärungsansätze und Anmerkungen

Die freie Erfindung sich wechselseitig aufeinander beziehender Äußerungen ist ohne vorhandene Wahrnehmungsgrundlage unter kognitiven Gesichtspunkten schwierig, insbesondere dann, wenn Gesprächsketten geschildert werden.
Für eine Operationalisierung dieses Merkmals erscheinen die Aspekte der Wechselseitigkeit, Konkretheit der Darstellung sowie die der Abgrenzbarkeit einzelner Äußerungen wesentlich. Der von Wellershaus (1992) angesprochenen Beachtung von Einzeläußerungen soll ebenfalls nachgekommen werden, wobei sich an dieser Stelle eine Differenzierung unterschiedlicher Ausprägungsgrade anbietet. Auch die Verwendung milieuspezifischen Vokabulars ist hervorzuheben.

Merkmal 7 - Schilderungen von Komplikationen im Handlungsverlauf

> Es wird von unvorhergesehenen Schwierigkeiten berichtet, oder ein spontaner Abbruch der Handlung wird geschildert. (Wellershaus, 1992, S. 21)

Arntzen (1993) spricht von *negativen Komplikationsketten*, in denen

> ... gestörte oder abgebrochene Handlungsabläufe beschrieben werden, Hindernisse, die aufgetaucht sein sollen, vergebliche Bemühungen, wiederholte Versuche, unerwartete Vorgänge, enttäuschte Erwartungen, Mißerfolge im Handlungsfortgang, eine Äußerung, durch die etwas erreicht werden sollte, die sich später aber als bloßer Vorwand herausstellte ... (S. 36)

Zur Verdeutlichung führt Arntzen (1993) folgendes Beispiel an:

> Eine halbwüchsige Zeugin gab an, ihr Stiefvater habe einmal als „Gegenleistung" für die Erlaubnis zum abendlichen Ausgehen den Geschlechtsverkehr von ihr verlangt. Als sie von ihrem Ausgang zurückgekommen sei, habe er gefragt: „Und, wie ist es nun mit uns beiden?" Sie habe dann versucht, sich zu drücken, indem sie vorgegeben habe, sie müsse sich erst waschen. Damit habe sie auch Erfolg gehabt. Er sei ihr nicht in ihr Zimmer gefolgt, habe aber am nächsten Morgen geäußert: „Du weißt ja, diese Woche kommst du nicht mehr heraus". (S. 36, Hervorhebung im Original)

Einfache Komplikationen liegen nach Arntzen schon vor, wenn von einem vergeblichen Handlungsversuch berichtet wird. Dabei betont er allerdings, daß eine einzelne Schilderung einer einfachen Komplikation nicht viel aussage, da sie auch bei falschaussagenden Zeugen vorkommen könne.
Undeutsch (1967), welcher in diesem Zusammenhang vom *fragmentarischen Charakter* wahrer Aussagen spricht, schreibt hierzu folgendes:

> Verhältnismäßig häufig ist in den Darstellungen der Zeugen die Rede von mißglückten Sexualhandlungen oder vom Auftreten unvorhergesehener Schwierigkeiten, vom Überraschtwerden, vom plötzlichen Abbruch der angelaufenen Handlungen. (S. 153)

Gerade durch diesen fragmentarischen Charakter ließen sich erlebnisbegründete Schilderungen von Falschaussagen unterschiedlicher Art unterscheiden. Demnach scheint Undeutsch die Schilderung von Handlungskomplikationen für ein besonders differenzierfähiges Merkmal zu halten.

Dettenborn et al. (1984) konstatieren:

> Das *Berichten von Störungen des Handlungsablaufes* (z.B. durch unverhofftes Erscheinen eines Dritten, durch Erektionsschwäche oder andere unvorhergesehene Schwierigkeiten) spricht für die Glaubhaftigkeit einer Aussage. (S. 313, Hervorhebung im Original)

Erklärungsansätze und Anmerkungen

Das Vorbringen einer längeren Komplikationskette ohne Erlebnisgrundlage setzt seitens des Aussagenden voraus, daß er einen guten Überblick über seine gesamte Aussagekonstruktion behält, eine Voraussetzung, die Zeugen laut Arntzen (1993) „... zum mindesten bei raschem Vorbringen ohne Überlegungspausen nicht erfüllen können" (S. 36). Im weiteren führt er auch noch eine zweite Erklärung an, derzufolge die meisten Zeugen dazu neigen würden, ihre Schilderungen ohne Umwege zielstrebig auf den Belastungsschwerpunkt hinzuleiten, was er auf deren „schlichtere intellektuelle Ausstattung" zurückführt. In der Realität seien Handlungen dagegen häufig durch Umwege und Widrigkeiten gekennzeichnet.

Diese Erklärung deckt sich mit den von Leonhardt (1934) geäußerten Erläuterungen der *aufklärungsbedürftigen Vorgangskomplikationen*:

> Wer einen Vorgang erdichtet, wird diesen nicht unnötigerweise komplizieren, ihn insbesondere sich zeitlich oder örtlich nicht derart abspielen lassen, daß ihm an sich Umstände hemmend oder hindernd entgegenstehen, die nur im gegebenen Falle aus gewissen Gründen ausscheiden oder nicht wirksam werden, auf alle Fälle aber noch eine besondere, vielleicht sogar umständliche Aufklärung nötig machen. (S. 235)

Im Hinblick auf eine Operationalisierung sind die Aspekte der zumindest zeitweiligen Unterbrechung des eigentlichen Handlungsverlaufs und des für alle Beteiligten unerwarteten Eintretens hervorzuheben, durch die der Eindruck mangelnder Zielstrebigkeit entsteht. Auch hier ist die von Arntzen (1993) angesprochene Möglichkeit einer Qualitätssteigerung durch Komplikations*ketten* hervorzuheben.

KOMPLEX 3 - INHALTLICHE BESONDERHEITEN

Merkmal 8 - Schilderung ausgefallener Einzelheiten

> Es treten in der Aussage ungewöhnliche Details auf, die dabei aber nicht unrealistisch sind. (Wellershaus, 1992, S. 21)

Leonhardt (1934) spricht in diesem Zusammenhang von einem *Auftreten von Vorgangsabsonderlichkeiten*, bei denen es sich um Eigentümlichkeiten handele, durch die sich der berichtete Vorfall von anderen Vorfällen unterscheide und sein „individuelles Gepräge" erhalte (S. 234).

Undeutsch (1967) wählt den Begriff der *Originalität und individuellen Durchzeichnung* und äußert sich folgendermaßen:

> Höchste Garantie für die Realität des Berichteten ist dann gegeben, wenn so eigentümliche oder ausgefallene Einzelheiten zur Sprache kommen, daß man es als unmöglich erachten muß, daß der Zeuge oder ein konkret in Frage kommender Inspirator aus der Umgebung des Zeugen dergleichen ausgedacht haben könnte ... . (S. 138)

An anderer Stelle führt er an, daß schon für Stern (1931) in dem einzigen Fall, in dem dieser zu einem positiven Ergebnis bezüglich der Glaubhaftigkeit von Kinderaussagen gekommen sei, ungewöhnliche Einzelheiten das entscheidende Kriterium gewesen seien.
Dieses Merkmal entspricht auch dem *Einzigartigkeitskriterium* Trankells (1971), welcher schreibt:

> Wenn eine Aussage einzigartige Details enthält, vermehren sich die Gründe, sie als die Bekundung eines realen Geschehens zu betrachten. (S. 126)

Arntzen (1993) konstatiert:

> Unter den konkreten Details einer glaubwürdigen Aussage finden sich öfter auch solche, die durch ihre *Ausgefallenheit* und Abgelegenheit den Charakter des *Besonderen*, des Originellen gewinnen und damit der Detaillierung die Qualität eines Glaubwürdigkeitsmerkmals geben. Im Unterschied zu banalen, stereotypen, alltäglichen Einzelheiten handelt es sich um Details, die man nicht erwarten würde, die ungewöhnlich sind. (S. 32, Hervorhebung im Original)

Arntzen (1993) führt hierzu folgendes Beispiel an:

> ... berichtet eine siebenjährige Zeugin, die von einem Hausbewohner belästigt worden sein wollte, daß sie ihren Kinderregenschirm über sein Glied habe halten müssen, als er zunächst im Regen im Hof urinierte. (S. 32)

Einschränkend gibt Arntzen (1993, S. 33) zu bedenken, daß diese Elemente nie phantastisch, unrealistisch oder abstrus sein dürften und räumt ein, daß die richtige Einschätzung dieses Merkmals Erfahrungssache sei, in dem Sinne, daß man erstmal wissen müsse, was gewöhnlich sei, um das Ungewöhnliche zu erkennen.

Erklärungsansätze und Anmerkungen
Ein Falschaussagender, welcher nicht auf eigene Erfahrungen zurückgreifen kann, ist gezwungen, sich bei der Konstruktion seiner Aussage an gängigen Schemata und Stereotypen zu orientieren. Da diese Schemata typisches Wissen repräsentieren, erwartet man in einer schemageleiteten Konstruktion nichts Originelles, nichts Ungewöhnliches, nichts Individuelles.
Für eine Operationalisierung ist der Aspekt des Überraschenden, mit dem man im jeweiligen Zusammenhang nicht rechnen würde, bedeutsam. Zu beachten ist allerdings das von Arntzen erwähnte Ausschlußkriterium, wonach diese Details nicht so ausgefallen sein dürfen, daß sie abstrus anmuten oder unmöglich sind. Wichtig erscheint zudem, daß es sich um beobachtete Details (also z.B. nicht um ungewöhnliche Gedanken) handelt.

Merkmal 9 - Schilderung nebensächlicher Einzelheiten

> Einzelheiten werden geschildert, die für das Kerngeschehen in der Aussage unnötig sind. (Wellershaus, 1992, S. 21)

Undeutsch (1967) spricht von „... Konkretheit und Anschaulichkeit ...", die „... sich in (scheinbar) belanglosen Nebenumständen ..." zeigten (S. 135). Leonhardt (1934) führt als Zeichen für Glaubhaftigkeit das Auftreten von *Vorgangsakzidentien* an, wobei er darunter zufällige Geschehnisse oder Tatsachen versteht, die sich im Laufe des infragestehenden Ereignisses mit zugetragen haben, ohne mit diesem Ereignis unmittelbar zusammenzuhängen.
Auch Arntzen (1993) und Dettenborn et al. (1984) messen der Schilderung nebensächlicher Details positive Bedeutung zu, erwähnen diese jedoch nicht als Einzelmerkmal, sondern im Zusammenhang mit *Detailreichtum.*
Petersen (1997) schreibt hierzu, es handele sich um beobachtete Details, die mit dem Tathergang selbst nichts zu tun hätten, für das Kerngeschehen der Aussage unnötig seien, aber von der aussagenden Person im Zusammenhang mit dem Handlungsverlauf erwähnt würden. Die Kenntnis dieser Einzelheiten sei für das Verständnis des weiteren Geschehensablaufs überflüssig (vgl. auch Krause, 1997).
Saacke (1995) dagegen schreibt, es müsse sich hierbei um die Schilderung eines Sachverhalts, d.h. um Geschehnisse, die Handlungen beinhalteten, und nicht um eine bloße Aufzählung einzelner inhaltlicher Details handeln, damit eine Abgrenzung zum quantitativen Detailreichtum gewährleistet sei.

Erklärungsansätze und Anmerkungen

Vor dem Hintergrund der angenommenen Zielstrebigkeit des Täuschungsverhaltens sind in einer Falschaussage keine Elemente zu erwarten, die für die Bekräftigung einer Beschuldigung überflüssig sind. Auch der Aspekt der kognitiven Schwierigkeit spielt hier eine Rolle; das Ausdenken nebensächlicher Details erfordert zusätzliche kognitive Anstrengung und erhöht das Risiko, sich in Widersprüche zu verwickeln.

Für eine Operationalisierung erscheinen die Aspekte der Überflüssigkeit und Anschaulichkeit wichtig, sowie die von Petersen (1997) angesprochene Bedingung, daß die Nebensächlichkeiten im Zusammenhang mit dem Handlungsverlauf erwähnt werden. Hier sollte eine Abgrenzung gegen ein „Sich-Verlieren" in Nebensächlichkeiten vorgenommen werden. Wichtig erscheint auch der Hinweis, daß das Nebensächliche aus der Sicht des Aussagenden keineswegs überflüssig sein muß, sondern lediglich für das Verständnis des Handlungsverlaufes unerheblich ist. Eine Abgrenzung gegen das Merkmal des Detailreichtums im Sinne Saackes (1995) erscheint hingegen weder notwendig noch möglich, da nebensächliche Einzelheiten den Detailreichtum einer Aussage per definitionem erhöhen.

Merkmal 10 - Phänomengemäße Schilderung unverstandener Handlungselemente

> Es werden Handlungen von der aussagenden Person nicht durchschaut, aber sachgerecht beschrieben. (Wellershaus, 1992, S. 21)

Der phänomengemäßen Schilderung unverstandener Handlungselemente wird in der einschlägigen Literatur besonders große Bedeutung zugemessen. Undeutsch (1967) spricht davon, daß es besonders aufschlußreich sei, wenn ein Zeuge von Details berichte, deren Bedeutung ihm auch nachträglich nicht klar geworden sei. Er führt beispielhaft folgende Aussage einer 9jährigen Zeugin an:

> Wenn er bei mir geleckt hatte, da mußte ich doch bei ihm auch lecken, und so ... Wenn was rausgekommen ist, hat er gesagt „halt, halt", und da hat er sein Taschentuch genommen, hat er so festgehalten, lange, und dann mußte ich nicht mehr lecken, wie das rausgespritzt kam. (S. 141)

Undeutsch kommentiert die Ausführungen der Zeugin folgendermaßen:

> Den physiologischen Vorgang der Stimulierung, des Orgasmus und der daraus folgenden Ejakulation hat sie völlig richtig und mit größter Präzision beschrieben, ohne den physiologischen Mechanismus des männlichen Orgasmus' und der Ejakulation zu durchschauen oder aus eigener Erfahrung zu kennen ... (S. 142)

Arntzen (1993) beschreibt dieses von ihm als *phänomengebundene Schilderung* bezeichnete Merkmal wie folgt:

> Die Aussage beschränkt sich auf das rein äußere Phänomen des Beobachtungsgegenstandes, das nicht in größere Zusammenhänge eingeordnet werden kann. Der Zeuge bringt Formulierungen, die von begrenztem Überblick über die beobachteten Abläufe zeugen, die aber dennoch den sachlichen Gegebenheiten gerecht werden und der Aussage oft besondere Lebendigkeit verleihen. Das auf das äußere Phänomen beschränkte, vordergründige, naive Schildern ist völlig unreflektiert (S. 31)

Mitunter würden falsche Verbindungen hergestellt oder das Geschehen werde fetzenhaft ohne verbindenden Zusammenhang dargestellt. Arntzen gibt zur Verdeutlichung dieses Phänomens folgendes Beispiel aus einer kindlichen Zeugenaussage: „Wenn der Opa mir ein Küßchen gab, hat er mir mit seiner Zunge immer die Zähne geputzt" (S. 31). Diese Verständnislosigkeit zeigt sich laut Arntzen aber nicht nur inhaltlich, sondern sie wird auch durch die Darstellungsweise deutlich. So würden kindliche Zeugen oftmals ihr Staunen über ein in ihren Augen merkwürdiges und einmaliges Täterverhalten zum Ausdruck bringen: „Denke mal, da hat der Onkel doch ... Der denkt sich auch immer Sachen aus!" (Arntzen, 1993, S. 32).

Trankell (1971) spricht hier vom *Kompetenzkriterium* und konstatiert:

> Wenn die Geschehensabläufe, die in einer Aussage beschrieben werden, so beschaffen sind, daß man davon ausgehen muß, daß es dem Zeugen an Kompetenz fehlt, dies aus eigener Kraft vorauszusehen, wächst die Wahrscheinlichkeit, daß die Aussage einen realen Vorgang beschreibt. (S. 125)

Erklärungsansätze und Anmerkungen

Undeutsch begründet die Bedeutung dieses Merkmals damit, daß berichtete Details außerhalb der Planungskapazität oder auch des Verständnishorizontes des kindlichen Zeugen lägen. Eine konkretere Erklärung findet sich bei Arntzen (1993, S. 32). Diesem Merkmal komme ein besonders starker psychologischer Beweiswert zu, weil eine falschaussagende Person, welche dieses Merkmal vorsätzlich in ihre Aussage integrieren wollte, sich zu diesem Zweck bewußt in eine frühere kognitive Entwicklungsstufe zurückversetzen müßte. Dies ist nach Arntzens Auffassung jedoch grundsätzlich nicht möglich. Daher enthalte auch eine dem kindlichen Zeugen von einem Erwachsenen induzierte Aussage dieses Merkmal nicht, weil der Erwachsene diesen Aspekt nicht mitliefern könne.

Für eine Operationalisierung sind die Aspekte der präzisen Beschreibung auf phänomenaler Ebene und der gleichzeitigen Verständnislosigkeit, die auch zum Zeitpunkt der Aussage noch besteht, hervorzuheben. Wichtig erscheint zudem der Hinweis Arntzens, daß diese Verständnislosigkeit sich auch in Formulierungen und Interpretationen des Aussagenden äußern kann. Wesentlich ist das gleichzeitige Überzeugtsein von der präzisen Wahrnehmung des Unverstandenen; dieser Aspekt wird in den Ausführungen der Primärautoren nicht explizit berücksichtigt.

Anzumerken ist, daß an der Brauchbarkeit dieses Merkmals die gesellschaftliche Entwicklung vermutlich nicht spurlos vorübergegangen ist. Weniger im Sinne der Spezifität, daß dieses Merkmal willkürlich in eine Aussage eingebracht werden und so zu einem falsch-positiven Urteil führen könnte (dazu wäre erforderlich, daß der Aussagende sich der Bedeutung dieses Merkmals für die Beurteilung der Glaubhaftigkeit bewußt ist). Vielmehr muß davon ausgegangen werden, daß der Wissensstand von Kindern der 90er Jahre, was sexuelle Praktiken und sexuelles Detailwissen angeht, nicht vergleichbar ist mit dem Wissensstand der Kinder, die zur Zeit der Entstehung der Aussageanalyse aufgewachsen sind. Zum einen hat sich das Thema der Sexualität aus der Tabuzone herausbewegt, was dazu geführt hat, daß eine früher einsetzende und weniger verklemmte Sexualerziehung der Kinder erfolgt. Zum anderen hat sich in den letzten Jahren auch eine weniger erfreuliche Tendenz herausgebildet: Da sich Sexthemen sehr gut vermarkten lassen, wird man inzwischen von den Medien mit diesem Thema geradezu überflutet. Nun mag man einwenden, daß Pornofilme nicht an Minderjährige verliehen werden dürfen, Softpornos im Fernsehen erst nach 22^{00} Uhr gezeigt werden usw. Die Autorin bezweifelt zwar, daß es sich hierbei um ernstzunehmende Hindernisse handelt, aber die Masse der speziellen Angebote einmal außer Acht gelassen, wird das Fernsehpublikum beispielsweise in Talkshows (*Bärbel Schäfer, Sonja, Birte Karalus* u.a.) regelmäßig bereits um die Mittagszeit mit Sexthemen berieselt und bisweilen mit sehr detaillierter Information versorgt. Daneben bietet auch das Internet vielfältige einschlägige Beschäftigungsmöglichkeiten.
Demnach dürften Schilderungen unverstandener Handlungselemente zumindest ab einem Alter, in dem von freiem Zugang zu verschiedenen Medien auszugehen ist, vergleichsweise selten geworden sein, wodurch sich die Sensitivität dieses Merkmals vermutlich stark verringert haben dürfte.

Merkmal 11 - Indirekt handlungsbezogene Schilderungen

> Es werden Handlungen geschildert, die dem Kerngeschehen ähnlich sind, die aber zu anderer Zeit und mit anderen Personen stattgefunden haben. (Wellershaus, 1992, S. 21)

Nach Arntzen (1993) liegt eine *inhaltliche Verschachtelung* vor,

> ... wenn Zeugen über Gespräche von Personen berichten, die sich auf frühere ähnliche Handlungen beziehen ... so fragt ... ein Vater seine jugendliche Tochter, wenn er beim Geschlechtsverkehr mit ihr eine vorliegende Defloration bemerkt, nach deren Ursache, worauf sie zögernd die Beziehung zu einem gleichaltrigen Freund zugibt. Oder der Täter zieht Vergleiche zwischen sich und dem anderen Partner in sexueller Hinsicht. (S. 37)

Erklärungsansätze und Anmerkungen

Laut Arntzen (1993) bedarf es erheblicher kognitiver Fähigkeiten, ohne Erlebnisgrundlage derartig verwickelte Verbindungen zu erfinden. Er fügt hinzu, daß er solche Verschachtelungen in seinem umfangreichen Material von eindeutigen Falschaussagen nie gefunden habe. Einem Falschaussagenden, der nicht auf eine Wahrnehmungsgrundlage zurückgreifen kann, dürfte es große Schwierigkeiten bereiten, zusätzlich Verknüpfungen zwischen dem erdachten Handlungsverlauf und anderen (möglicherweise ebenfalls erdachten) Situationen herzustellen.
Im Hinblick auf eine Operationalisierung sollen die Spontaneität der Assoziation sowie der Aspekt, daß auch der Kernhandlung ähnliche Handlungs*teile* berücksichtigt werden. Der in der Definition von Wellershaus (1992) enthaltene Aspekt, das Geschilderte müsse mit anderen Personen stattgefunden haben, erscheint nicht zwingend, ebensowenig wie der bei Arntzen (1993) hervorgehobene Aspekt der Schilderung von Gesprächen.

Merkmal 12 - Schilderung eigener psychischer Vorgänge

> Gedanken oder eigene gefühlsbezogene motorische oder physiologische Abläufe werden beschrieben, die mit dem Kerngeschehen zusammenhängen. (Wellershaus, 1992, S. 21)

Im Gegensatz zum vorhergehenden Merkmal finden sich zur *Schilderung eigenpsychischer Vorgänge* zahlreiche Hinweise in der Literatur. Leonhardt (1934), der nicht zwischen Fremd- und Eigenpsychischem unterscheidet, schreibt über *Stimmungsschilderungen* folgendes:

> Eine solche liegt vor, wenn die Auskunftsperson nicht nur das Tatsächliche des Vorgangs berichtet, sondern aus freien Stücken hier und da auch über Empfindungen Auskunft gibt, die sie und – wenigstens nach ihrer Auffassung – andere am Vorgang beteiligte Personen während des Vorganges ... gehabt haben. (S. 235, Hervorhebung im Original)

Arntzen (1993) konstatiert:

> Eine Qualität der Detaillierung ... kann in der *Beschreibung von eigenpsychischen Vorgängen liegen* – von Angst, von Argwohn, von Enttäuschung, von Ekel, von Überlegungen, wie einer unangenehmen Situation zu entgehen sei. (S. 29, Hervorhebung im Original)

Müller-Luckmann (1967) bewertet Äußerungen über eigenpsychische Zustände ebenfalls als Glaubhaftigkeitsmerkmal und führt folgendes Beispiel an:

> So berichtete eine Zeugin, die den Penis eines älteren Mannes berührt und sich anschließend in ihrem Zimmer ohne Waschgelegenheit niedergelegt hatte, daß sie an diesem Abend auf das ihr sonst ganz selbstverständliche Daumenlutschen verzichtet und überdies ihre Hand weit von sich gestreckt habe. (S. 114)

Besondere Bedeutung kommt nach Arntzen (1993) der Schilderung von *Affektverläufen* zu, die über das Beschreiben eines einzelnen Zustandes hinausgehe, indem sie eine „psychische Erlebnisentwicklung“ widerspiegele. In diesem Fall wird also von mindestens zwei verschiedenen emotionalen Zuständen berichtet, die zueinander in Beziehung gesetzt werden. Auf diese Entwicklung muß der Aussagende nicht explizit hinweisen, sie kann auch der Aussage entnommen werden. Dabei kann sich der emotionale Zustand im Laufe der Zeit verändert haben oder der Zeuge kann sich in einer Konfliktsituation befinden, in der er zeitunabhängig zwischen zwei Befindenszuständen hin und hergerissen ist. Als Beispiel für eine zeitunabhängige Erlebnisentwicklung mag folgende Aussage eines 8jährigen Mädchens dienen:

> Ich wollte das nicht. Ich wußte ja, das macht man nicht, und Papa und Mama schimpfen. Aber dann habe ich gedacht, wenn ich nicht tue, was er sagt, erzählt er, daß ich neulich den Groschen bei ihm genommen habe, und dann hab ich es halt doch wieder getan. (Arntzen, 1993, S. 30)

Hier zeigt sich der Konflikt zwischen dem Wunsch, die Handlungen zu beenden, und der Angst, infolge möglicher Indiskretion des Täters Nachteile zu haben, wobei zusätzlich noch ein weiterer Zustand, nämlich das schlechte Gewissen deutlich wird.
Als Beispiel für eine Zustandsveränderung im Laufe der Zeit findet man bei Arntzen (1993) folgende Aussage einer 17jährigen Inzestzeugin:

> Erst wollte ich nicht, aber dann merkte ich, daß ich es gut bei ihm hatte, wenn ich es machte. Da habe ich gedacht: Pfeif drauf, tu's, dann hast du sie wenigstens nicht *beide* am Hetzen. (S. 30, Hervorhebung im Original)

Auch Undeutsch (1967) spricht von einem *Entwicklungsverlauf der Einstellung dem Täter gegenüber*, der sehr aufschlußreich sei, und führt dazu folgende Aussage einer 12jährigen Zeugin an:

> Nach ihrem Eintritt in die Hilfsschule habe sie zunächst eine Zeit lang von irgendwelchen Verfehlungen des Lehrers nichts gewußt. Nach einiger Zeit habe sie dann gehört, daß die anderen sagten, der Lehrer wäre ein „Schwein“. Sie fährt fort: „Ich wußte nicht, warum. Erst hinterher, als er das bei mir auch machte, wußte ich, weshalb sie sagten, er wäre ein Schwein“. (S. 151, Hervorhebung im Original)

Undeutsch (1967) kommentiert:

> Hätte sie dieses „Aha-Erlebnis" nicht gehabt, ... sie wäre ... nicht imstande gewesen, diese Erzählung mit einem so bedeutsamen wie charakteristischen psychologischen Moment auszustatten. (S. 151)

Erklärungsansätze und Anmerkungen

Leonhardt (1934) erläutert die Bedeutung dieses Merkmals wie folgt:

> Wer einen erdichteten Vorgang erzählt, wird sich normalerweise damit begnügen, das rein Tatsächliche zu bekunden. Auch Stimmungen zu schildern, darauf kommt er gar nicht. (S. 235)

Nach Arntzen (1993, S. 31) setzt die überzeugende Darstellung eines psychologisch angereicherten Handlungskomplexes eine selten anzutreffende Fähigkeit voraus, die u.a. produktive Phantasietätigkeit, mühelose Ablösung vom anschaulichen Denken, psychologische Einsichten sowie die Fähigkeit, sich in nicht selbst erlebte psychische Zuständlichkeiten hineinzudenken, umfasse. Unter *psychologisch* versteht er nicht allein Äußerungen über psychische Zustände, sondern auch Gespräche, Reaktionen, Reflexionen und Erlebnisentwicklungen. Arntzen räumt allerdings ein, daß nicht in jeder glaubwürdigen Aussage ausführlich über Psychisches berichtet werde. So könne beispielsweise ein schlechtes Gedächtnis oder auch Scham wegen vermeintlicher Mitschuld dazu führen, daß eigenpsychische Zustände vom Zeugen nicht ausführlich dargestellt würden.

Für eine Operationalisierung erscheinen die Aspekte des emotionalen Zustandes und möglicher Konfliktsituationen sowie Gedanken, insbesondere Fluchtgedanken, wie sie von Arntzen (1993) angesprochen werden, wesentlich. Es bietet sich die Möglichkeit einer Qualitätsdifferenzierung durch eine Hervorhebung der Schilderung von Affektverläufen.

Merkmal 13 - Schilderung psychischer Vorgänge des Täters

> Es werden vermutete Gedanken oder Gefühle oder gefühlsbezogene motorische oder physiologische Abläufe des Beschuldigten beschrieben. (Wellershaus, 1992, S. 21)

Nach Undeutsch (1967, S. 143f.) erreicht eine Aussage dann besondere Qualität, wenn nicht nur das äußere Tatgeschehen geschildert, sondern auch über die situationsbedingten psychischen Vorgänge etwas ausgesagt werde.
Als Beispiel mag die Aussage einer 12jährigen Zeugin dienen: „... Herr G. japste so und röchelte ganz komisch. Dabei sagte er: 'Ich bin verrückt geworden'" (Undeutsch, 1967, S. 144). Undeutsch kommentiert dieses Beispiel wie folgt; zum einen beschreibe das Kind anschaulich körperliche Begleiterscheinungen der Erregung, in die der Täter geraten sei. Zum anderen werde in dem von ihm geäußerten Satz „Ich bin verrückt geworden" deutlich, daß der Täter sich nach Abklingen seiner Erregung über die möglichen Konsequenzen seiner Tat bewußt geworden sei.

Dettenborn et al. (1984) konstatieren:

> Beschreibt der Zeuge spontan *Affektreaktionen, psychologische Begleitumstände oder psychische Zuständlichkeiten beim Täter*, so ist das ebenfalls als Wahrheitsindiz zu werten, z.B. wenn eine Zeugin äußert, daß der Täter sie auf einmal so komisch ansah, er ganz heftig atmete und stöhnte usw. Die infolge der sexuellen Handlungen eingetretene *Veränderung der Einstellung des Zeugen zum Täter* (und umgekehrt) ist als glaubwürdiges Merkmal anzusehen, besonders wenn die Aussage darüber spontan erfolgt. (S. 314, Hervorhebung im Original)

Erklärungsansätze und Anmerkungen

Die Bedeutung dieses Merkmals für die Einschätzung der Glaubhaftigkeit liegt darin begründet, daß man im allgemeinen davon ausgeht, daß ein Kind, welches sich das infragestehende Ereignis lediglich ausdenkt, ohne die Situation selbst erlebt zu haben, kognitiv überfordert damit wäre, sich in die jeweilige Lage des erwachsenen Täters zu versetzen und dessen Gefühle, Reaktionen und Gedankengänge zu schildern.
Undeutsch (1967, S. 145) hält es für „erfahrungswidrig", daß ein Kind Beschreibungen psychischer Vorgänge des Täters in allen Einzelheiten und Nuancen erfinden könne. Und er geht in seiner Argumentation noch weiter:

> Vor allem ist es völlig ausgeschlossen, daß die Antworten, die ein erwachsener Sittlichkeitsverbrecher auf die Vorstellungen eines ... Kindes geben kann, von einem Kind derartig ausführlich, wechselvoll und realistisch ersonnen werden können, zumal es keine Möglichkeit hat, sich in dessen seelische Lage hineinzuversetzen. (S. 145)

Was genau mit psychischen Vorgängen gemeint ist, wird trotz oder gerade wegen der sehr ausführlichen nachfolgenden Beispiele, in denen eine Vielzahl unterschiedlicher Merkmale enthalten sind, nicht deutlich. Zumindest ergeben sich keine brauchbaren Hinweise für eine Operationalisierung.
Im Rahmen der Operationalisierung sollen Schilderungen konkreter Gefühlsäußerungen verbaler und nonverbaler Art, jedoch ausschließlich Beschreibungen auf phänomenaler Ebene berücksichtigt und auf Spekulationen hinsichtlich möglicher Gedanken und Gefühle des Täters verzichtet werden.

Komplex 4 - Motivationsbezogene Inhalte

Merkmal 14 - Spontane Verbesserungen der eigenen Aussage

> Der Inhalt der Aussage wird spontan präzisiert oder berichtigt. (Wellershaus, 1992, S. 21)

Widersprüchliche Hinweise lassen sich in der Literatur bezüglich des Merkmals *Spontane Verbesserungen der eigenen Aussage* finden.
Undeutsch (1967) spricht spontanen Verbesserungen der eigenen Aussage einen „hohen Symptomwert" zu, wobei er zwischen *spontanen Verbesserungen* und *Präzisierungen* unterscheidet (S. 152). Letzteren spricht er ähnlich positiven Symptomwert zu.

Dabei bezieht er sich auf Ehrhardt und Villinger (1961), welche „ein plötzliches Sich-selbstverbessern, das Auftauchen neuer, klarerer Erinnerungen" ebenfalls zu den Symptomen zählten, die „für die Glaubwürdigkeit, mindestens gegen freie Erfindung oder von dritter Seite suggerierte Angaben" sprächen. Beispielhaft für Präzisierungen erwähnt Undeutsch (1967) die Aussage „Da hat er meine Hand so gekriegt, – gerissen richtig – , ich sollte da auch anfassen..." (S. 152, Hervorhebung im Original). Der Autor kommentiert, in diesem Satz werde sichtbar, wie der Zeugin der Handlungsablauf vor Augen stehe. Es handele sich hier um eine Präzisierung, „für die gar kein Bedürfnis vorhanden wäre, wenn nicht eine Anschauungsgrundlage mit aller Deutlichkeit dem Zeugen gegeben wäre" (S. 152).
Arntzen (1993) hingegen zählt Verbesserungen der eigenen Aussage zwar nicht mehr zu den Lügensymptomen, wie es in der Historie noch üblich war; er gesteht wahraussagenden Zeugen zu, im Laufe der Befragung das Erinnerungsbild wieder deutlicher vor Augen zu haben als zu Beginn ihrer Aussage und aufgrund dessen Verbesserungen vornehmen zu wollen. Allerdings wendet er ein, daß „sogar spontane Verbesserungen auch ... bei nachweisbar falschen Aussagen .. [vorkommen,] wenn dem Zeugen bewußt ist, daß seine Aussage nicht überzeugt und er ... Fragen entnimmt, daß seine bisherige Darstellung Ungereimtheiten enthält" (S. 19).

Erklärungsansätze und Anmerkungen
Undeutsch (1967, S. 152) verweist zum einen auf die Sinnlosigkeit einer nachträglichen Verbesserung oder Präzisierung im Falle einer Falschaussage. Der Zeuge habe keinen Grund und damit auch gar kein Bedürfnis, etwas nachträglich zu berichtigen, wenn es sich ohnehin nur um Erdichtetes handele. Zum anderen geht Undeutsch davon aus, daß ein falschaussagender Zeuge bestrebt sei, dem Gericht einen sicheren Eindruck zu vermitteln; im Falle einer nachträglichen Berichtigung müsse dieser aber befürchten, daß der von ihm angestrebte Eindruck der Sicherheit durch eine nachträgliche Berichtigung verlorenginge. Angesprochen ist hier also der Aspekt der positiven Selbstpräsentation.
Arntzen (1993) erklärt die Tatsache, daß seine diesbezüglichen Erfahrungen im Felde im Widerspruch zu Ergebnissen der Laborforschung stehen, mit dem grundlegenden Unterschied zwischen Forschung im Labor und Felduntersuchungen, wobei er erstere für ungeeignet hält.
Die unterschiedlichen Ergebnisse könnten jedoch nach Meinung der Autorin auch auf Unterschiede in der Operationalisierung zurückzuführen sein. Elementar scheint bei Verbesserungen im Sinne eines Glaubhaftigkeitsmerkmals die Spontaneität zu sein, mit der die Verbesserung erfolgt. Inwieweit eine Verbesserung in dem von Arntzen geschilderten Rahmen noch als spontan anzusehen ist, darf zumindest in Frage gestellt werden.

Für eine Operationalisierung sollten die Aspekte der Spontaneität, der Korrektur und der Präzisierung hervorgehoben werden. Hier ergibt sich auch die Möglichkeit einer Qualitätssteigerung durch eine Präzisierung, bei der man den Eindruck gewinnt, daß dem Aussagenden eine klarere Erinnerung zur Verfügung steht.

Merkmal 15 - Eingeständnis von Erinnerungslücken

> Es findet sich das Zugeben von Erinnerungslücken oder das Eingeständnis von Wissenslücken bezüglich des Vorfalls. (Wellershaus, 1992, S. 21)

Auch die Bedeutung von Erinnerungslücken wird in der Fachliteratur kontrovers diskutiert. Nach Arntzen (1993, S. 19) stellt das Zugeben von Erinnerungslücken kein Glaubhaftigkeitsmerkmal dar. Seiner Erfahrung nach beriefen sich gerade falschaussagende Zeugen sogar häufig auf Erinnerungslücken, wenn sie nach Einzelheiten gefragt würden. Eine Erklärung für diesen Widerspruch zu den Annahmen anderer Autoren vermutet er wiederum im Unterschied zwischen der natürlichen Feldsituation und der experimentellen Situation.
Littmann und Szewczyk (1983, S. 64) berichten im Rahmen einer empirischen Studie, daß das Zugeben von Erinnerungslücken in glaubhaften Aussagen signifikant häufiger auftrat als in nicht glaubhaften.

Erklärungsansätze und Anmerkungen
Im Sinne der positiven Selbstpräsentation wird davon ausgegangen, daß ein täuschender Kommunikator das Ziel verfolgt, bei seinem Gegenüber einen glaubwürdigen und kompetenten Eindruck zu hinterlassen, um seiner Falschaussage Überzeugungskraft zu verleihen. Der Alltagsvorstellung nach trägt ein Eingeständnis von Erinnerungslücken nicht zur Vermittlung eines kompetenten Eindrucks bei. Ein Falschaussagender wird daher nach Möglichkeit darauf verzichten.
Im Hinblick auf eine Operationalisierung ist das von Arntzen angesprochene Problem des Eingeständnisses von Erinnerungslücken als Strategie des Falschaussagenden von Bedeutung. In der Tat erscheint dieses Merkmal in der vorliegenden Form (z.B. Wellershaus, 1992) nicht geeignet, ein ehrliches Zugeben von Erinnerungslükken gegen ein strategisches Einsetzen von Erinnerungslücken z.B. zur Vermeidung von Inkonsistenzen abzugrenzen.
Hier bedarf es einer grundlegenden Veränderung der Definition und Operationalisierung.

Merkmal 16 - Einwände gegen die Richtigkeit der eigenen Aussage

> Die Glaubhaftigkeit der eigenen Aussage oder die Glaubwürdigkeit der eigenen Person wird in Frage gestellt. (Wellershaus, 1992, S. 21)

Undeutsch (1967) spricht hier von „entscheidenden Einwänden gegen die Richtigkeit der eigenen Darstellung", deren Auftreten er grundsätzlich positiv bewertet, „sofern es sich nicht um ganz durchtriebene und dabei hochintelligente Zeugen" handele (S. 153). Er führt folgendes Beispiel an:

> Als mein Vater mich von dem Jungen wegholte, sagte er zu mir, ich könnte ruhig erzählen, daß er mit mir schon geschlechtlich verkehren würde. Kein Mensch würde mir das glauben, weil ich schon so viel erlebt hätte. (S. 153)

Szewczyk (1973) äußert sich folgendermaßen:

> Es spricht für die Gültigkeit einer Aussage, wenn ein Zeuge bei einer kritischen Darstellung eines Geschehnisses selbst Einwände gegen die Richtigkeit seiner Beobachtungen erbringt, z.B. erklärt, daß er zwar gewisse Einzelheiten erlebt habe, sich diese aber nicht zusammenreimen könne oder ähnliches. (S. 57)

Erklärungsansätze und Anmerkungen
Zur Bedeutung von Selbsteinwänden erklärt Undeutsch (1967, S. 154), wer darauf aus sei, für seine Lügereien Glauben zu finden, werde selbstverständlich nicht selbst schon die vermeintlich entscheidenden Einwände vorbringen, da er befürchten müßte, dadurch seine eigene Aussage in Mißkredit zu bringen und auf diese Weise den angestrebten Eindruck der Glaubwürdigkeit zu gefährden.
Für eine Operationalisierung sollten die von Wellershaus (1992) genannten Aspekte der Einwände gegen den Aussageinhalt und gegen die eigene Person berücksichtigt werden.

Merkmal 17 - Selbstbelastungen

> Es wird vermeintliches Fehlverhalten gegenüber dem Beschuldigten geschildert, oder die aussagende Person belastet sich selbst. (Wellershaus, 1992, S. 21)

Weniger skeptisch als *Erinnerungslücken* steht Arntzen (1993) auftretenden Selbstbelastungen des Opfers gegenüber. Zu diesem Merkmal stellt er folgendes fest:

> *Sehr eindeutig auf Aussageobjektivität und damit auf sachliche Aussageweise weist die in vielen Aussagen mitenthaltene Selbstbelastung hin,* wenn der Aussagende sich des selbstkompromittierenden Charakters seines eigenen Verhaltens bewußt ist. (S. 92, Hervorhebung im Original)

In diesem Falle macht der Zeuge zwar eine Aussage, die den Angeklagten eindeutig belastet, er versucht gleichzeitig aber nicht, die eigene Person durch positive Selbstdarstellung in ein besseres Licht zu rücken.
Als Beispiele für Selbstbelastungen des Opfers mögen folgende Aussagen dienen: „... ich bin da ja auch immer freiwillig hingegangen...“, „...manchmal habe ich dafür Geld bekommen...“, „...ich hatte ja auch immer einen kurzen Rock an...“ oder „...ich bin ja auch nicht weggelaufen...“.

Auch Undeutsch (1967, S. 153) hält Selbstbelastungen in Form von Eingeständnissen eigener Fehler, eigener Initiative, Zustimmung oder Mitwirkung für „sehr schwerwiegende Indizien für die Richtigkeit der Aussage“. Dabei stützt er sich auf Ehrhardt und Villinger (1961) und auf Friedrichs (1957). Nach Ansicht des letzteren

> spricht der weitgehende Verzicht auf übliche Schutzbehauptungen sehr nachdrücklich für eine beachtliche Aufrichtigkeit des Kindes und in ebensolchem Maße gegen den Verdacht einer wahrheitswidrigen Beschuldigung. (Friedrichs, 1957, zitiert nach Undeutsch, 1967, S. 153)

Auch nach Ehrhardt und Villinger (1961)

> ... bedeuten selbstkritische und selbstbelastende Äußerungen in der Regel die ehrliche Bemühung des (betroffenen) Zeugen um wahrheitsgemäße Bekundungen, ebenso der Verzicht auf Belastung oder Mehrbelastung des Angeschuldigten oder auf Schutzbehauptungen, wo man sie dem Zeugen bei den Explorationen bewußt in offener oder versteckter Form anbietet. (Ehrhardt & Villinger, 1961, zitiert nach Undeutsch, 1967, S. 153)

Erklärungsansätze und Anmerkungen

Nach Undeutsch (1967, S. 153) ist die Bedeutung von Selbstbelastungen als Glaubhaftigkeitsmerkmal darin begründet, daß es in der Natur des Menschen liege, sich in Phantasien, welche anderen mitgeteilt würden, grundsätzlich selbst die vorteilhaftere Rolle zuzuschreiben. Aspekte, die sich auf das eigene Ansehen negativ auswirken könnten, würden bei Falschaussagen im Sinne einer Schwarz-Weiß-Malerei verschwiegen (Arntzen, 1993). Allein das Zugeben der eigenen Mitwirkung am Geschehen oder auch nur die Duldung dessen stelle für den aussagenden Zeugen eine Selbstbelastung dar, im Falle von Sexualdelikten unter Umständen sogar in einer sehr kompromittierenden Art und Weise.

Die genannten Aspekte stehen einer positiven Selbstpräsentation als moralisch makellos entgegen. Arntzen spricht in diesem Zusammenhang von *Objektivität durch Selbstbelastung* (Arntzen, 1993, S. 20; vgl. auch Szewczyk, 1974), wobei mit Objektivität gemeint ist, daß der Zeuge bemüht ist, keinen einseitig negativen, für den Angeklagten möglichst belastenden Bericht abzugeben, sondern alles nach bestem Wissen zu erzählen, ohne eine tendenziöse Gewichtung vorzunehmen. Es geht hier also um die *Art und Weise* der Aussage, welche Rückschlüsse auf die Aussage*motivation* des Zeugen zuläßt.

Im Rahmen einer Operationalisierung sollten die Aspekte des Eigenanteils und des selbstkritischen Verzichts auf eine uneingeschränkt positive Selbstdarstellung berücksichtigt werden.

Merkmal 18 - Entlastung des Angeschuldigten

> Auf eine Belastung oder eine Mehrbelastung des Angeschuldigten wird verzichtet, obwohl dies naheliegend war, oder die aussagende Person nimmt eine Entschuldigung des Angeschuldigten vor. (Wellershaus, 1992, S. 21)

Arntzen (1993) spricht von einer „... *wohlwollend-neutralen Einstellung dem Betroffenen gegenüber* ...“, die sich „... *beispielsweise in Einschränkungen und Berichtigungen, die der Zeuge zugunsten des Betroffenen macht*, wenn er über seine Beobachtungen berichtet ...“, äußere (S. 93, Hervorhebung im Original).

Der Zeuge ist nicht bestrebt, durch alle ihm zur Verfügung stehenden Mittel eine Mehrbelastung des mutmaßlichen Täters zu erreichen, sondern er bemüht sich im Gegenteil um eine möglichst sachliche Darstellung des Geschehens. In diesem Fall wird er beispielsweise auf Übertreibungen und Verallgemeinerungen verzichten und nicht im Nachhinein jede frühere – möglicherweise neutrale – Handlung oder Aussage des mutmaßlichen Täters mit der infragestehenden Sexualstraftat in Verbindung bringen. Es wird also seitens des Opfers trotz sich bietender Gelegenheit auf eine weitere Belastung des Betroffenen verzichtet.

Undeutsch (1967) schreibt hierzu

> ... daß eine Tendenz zur Belastung des Beschuldigten ... seitens des Zeugen nicht besteht. Das kann sich darin zeigen, daß von naheliegenden Belastungsmöglichkeiten kein Gebrauch gemacht wird, oder darin, daß einschränkende Bemerkungen fallen oder sogar Entschuldigungen für das Verhalten des Täters angeführt werden. (S. 120)

Im Lichte der vorhergehenden Erläuterungen können folgende Äußerungen gesehen werden: „Zu der Zeit hatte er aber auch keine Frau .. er war ja ganz einsam" oder „*Immer* hat er es aber nicht getan" oder „*So* schlimm hat er es ja nicht gemacht". Arntzen (1993) zitiert eine 13jährige Zeugin:

> Der Mann ist prima ... immer war er nett zu mir und auch zu anderen Kindern ... der soll nicht bestraft werden, ich kann nicht haben, daß der wegen sowas bestraft wird ... (S. 94)

Erklärungsansätze und Anmerkungen

Vor dem Hintergrund der angenommenen Zielgerichtetheit von Falschaussagen ist anzunehmen, daß ein Falschaussagender bemüht ist, den Angeschuldigten zu belasten und kein gutes Haar an ihm zu lassen. Eine Inschutznahme des Angeschuldigten erscheint daher nicht sinnvoll. Jemand, der interessiert an der Verurteilung einer Person ist, wird sich kaum um eine objektive Darstellung bemühen.
Für eine Operationalisierung sollten die von Wellershaus (1992) angeführten Aspekte der aktiven Inschutznahme und des Verzichts auf Mehrbelastung aufgeführt werden.

KOMPLEX 5 – DELIKTSPEZIFISCHE INHALTE

Merkmal 19 - Deliktspezifische Aussageelemente

> Die Aussage weist Elemente auf, die mit empirisch-kriminologischen Kenntnissen „typischer" Begehungsformen solcher Delikte in Einklang stehen; besonders gewichtig sind Schilderungen, die Alltagswissen widersprechen, aber dennoch delikttypisch sind. (Wellershaus, 1992, S. 21, Hervorhebung im Original)

Bezüglich der Deliktspezifität von Schilderungen spricht Undeutsch (1967, S. 134) von *Realistik und Wirklichkeitsnähe der Schilderung*, deren Feststellung dem Sachverständigen nur durch langjährige forensische Erfahrung möglich werde.

Arntzen (1993) äußert sich zu diesem Merkmal dahingehend,

> ... daß der delikttypische Inhalt von Aussagen unter bestimmten Umständen eindeutig die Glaubwürdigkeit einer Zeugenaussage erkennen läßt. *Mit einer delikttypischen Schilderung ist gemeint, daß ein Zeuge ein Verhaltensmuster wie-*

dergibt, das für ein bestimmtes Delikt typisch ist, das der Zeuge aber nicht kennen kann, ohne das beschriebene Erlebnis wirklich gehabt zu haben. Der Zeuge schildert Geschehensmomente, die zusammengehören, ohne daß er von der Zusammengehörigkeit derselben wissen kann, weil ihm die hierzu nötigen Kenntnisse fehlen. (S. 143, Hervorhebung im Original)

Sexualdeliktspezifische Details können nach Arntzen (1993) vier unterschiedliche Bereiche betreffen: delikttypisches Verhalten gegenüber verschiedenen Altersstufen von Kindern und Jugendlichen, spezifische, vom Alter des Opfers unabhängige Vorgehensweisen, individuelle Verhaltensmuster eines einschlägig vorbestraften Beschuldigten sowie das viktimotypische Verhalten betroffener Zeugen.

Sexualdelinquenten richten sich in der Regel nach dem Entwicklungsstand ihres Opfers. An dieser Stelle sollen beispielhaft einige Verhaltensweisen genannt werden, die nach Arntzen (1993) für die jeweilige Altersgruppe typisch sind.
Mit einiger Regelmäßigkeit ließen sich in Zeugenaussagen über Sexualdelikte an *Kleinkindern* auf Seiten des Delinquenten Verhaltensweisen wie das Ausnutzen einer Spielsituation, die unauffällige Annäherung durch ein körpernahes Spiel oder das Anlocken mit Süßigkeiten aufweisen. Die Aufforderung zu sexuellen Handlungen sei häufig als Spiel getarnt. Bei Kleinkindern spielten Versprechungen bezüglich eines Geschenkes und oft auch schon die Auferlegung eines Schweigegebotes eine Rolle.
Bei Sexualdelikten an Kindern im *Grundschulalter* spielten Gespräche eine wichtige Rolle. Dabei könne es sich um „Aufklärungsgespräche“ handeln sowie um Komplimente oder schlüpfrige Witze, die zu Anknüpfungspunkten würden (Arntzen, 1993, S. 145). Die sexuellen Handlungen würden oftmals begleitet durch medizinische oder biologische Erläuterungen, wodurch der Eindruck entstehen solle, daß es sich tatsächlich um eine sexualpädagogische Maßnahme handele. Beispielsweise könne in diesem Zusammenhang der körperliche Entwicklungsstand des Kindes festgestellt und erörtert werden. Die Geheimhaltung spiele eine zunehmend größere Rolle. Naturgemäß seien die Möglichkeiten der Kontaktaufnahme bei Kindern im Grundschulalter schon vielfältiger.
Ab der *Vorpubertät* seien die Vorgehensweisen individueller und variantenreicher. Die „erotisch-sexuelle Verführung“ nehme zu, wohingegen das Gefügigmachen durch materielle Vorteile zurücktrete (Arntzen, 1993, S. 146). Die Geheimhaltung werde nicht mehr wie bei den jüngeren Kindern durch Androhung körperlicher Strafe sichergestellt, sondern soziale Nachteile würden in den Vordergrund gerückt, indem beispielsweise auf den Prestigeverlust (z.B. „Wenn Du das erzählst, halten Dich alle für schwul“ oder „wenn Du jemandem verrätst, was wir gemacht haben, halten Dich sowieso alle für eine Schlampe“) oder eine mögliche Heimeinweisung für den Fall, daß die Beziehung öffentlich werde, hingewiesen werde.
Delikttypische Verhaltensweisen des Täters sind jedoch nicht nur vom Alter des Opfers abhängig. Nach Arntzen (1993, S. 147) weist jede *Deliktart* innerhalb der Sexualdelikte spezifische Vorgehensweisen und bevorzugte Begleitumstände auf. Im folgenden werden beispielhaft Verhaltensweisen zweier sehr unterschiedlicher Deliktarten gegenübergestellt.

Exhibitionisten legten ein extrem stereotypes Täterverhalten an den Tag. Sie bevorzugten beispielsweise unbekannte Opfer, denen sie an abgelegenen Orten auflauerten, häufig nur, um ihnen ihre entblößten Geschlechtsteile zu zeigen. Sie machten auf sich aufmerksam, ohne sich jedoch verbal zu äußern.
Beim Inzest dagegen gestalte sich die Situation wesentlich komplizierter. Das Täterverhalten variiere von Fall zu Fall stark. Übereinstimmungen ließen sich hier weniger in äußeren Verhaltensweisen oder Umständen finden als vielmehr im Hinblick auf psychologische Momente (Arntzen, 1993).
Ist der Beschuldigte bereits einschlägig vorbestraft, ergibt sich eine andere Quelle für deliktspezifische Details. Wird nämlich von einem Zeugen ein Verhaltensmuster beschrieben, welches der Beschuldigte bei früheren Sexualstraftaten in verhältnismäßig gleichbleibender Weise wiederholt gezeigt hat (z.B. das Verbinden der Augen des Opfers, die Aufforderung, bestimmte Sätze zu sprechen etc.), so kann dies als Glaubhaftigkeitsmerkmal gelten, sofern davon ausgegangen werden kann, daß dem Aussagenden diese Verhaltensweisen nicht aus anderer Quelle bekannt sein können.

Zur Gruppe der deliktspezifischen Details wird nicht nur das Täterverhalten gezählt, sondern auch das Verhalten des Opfers, das Arntzen (1993) als *viktimotypisches Verhalten* bezeichnet. Als viktimotypische Besonderheit führt er beispielsweise die Schilderung eines psychischen Konfliktes an,

> ... der sich für die jugendlichen Zeugen aus dem Bewußtsein der möglichen nachteiligen Konsequenzen ergibt, ... welche die Väter den Mädchen selten vor Augen zu führen versäumen, um sie zum Schweigen zu veranlassen. (S. 153)

Zu den viktimotypischen Verhaltensweisen würden auch Schilderungen gezählt, die auf Störungen des Sexuallebens hinwiesen.

Erklärungsansätze und Anmerkungen
Die Erklärung für die Bedeutung dieses Merkmals ist der Äußerung Undeutschs (1967) zu entnehmen, der auf die Notwendigkeit langjähriger forensischer Erfahrung hinweist.
Wenn man davon ausgeht (und das ist die der Anwendung dieses Merkmals zugrundeliegende Annahme), daß bestimmte Charakteristika typisch sind für Sexualdelikte an Kindern und wenn man gleichzeitig annimmt, daß diese Charakteristika nur forensisch arbeitenden Sachverständigen, Kriminologen etc. und nicht allgemein bekannt sind, dann würde man erwarten, daß deliktspezifische Details nur auftreten können, wenn eine Erlebnisgrundlage tatsächlich gegeben ist. Nun ist jedoch unbekannt, über welche Kenntnisse diesbezüglich die allgemeine Bevölkerung verfügt. In dem Maße, in dem sexueller Kindesmißbrauch sich in den letzten Jahren zum Medienthema ersten Ranges entwickelt hat, ist nicht unwahrscheinlich, daß die Bevölkerung zum heutigen Zeitpunkt über erheblich mehr Kenntnisse verfügt als bei der Einführung dieses Merkmals in den fünfziger Jahren (vgl. Horowitz, 1991). Vergeht heute noch ein Tag, ohne daß sich im Fernsehprogramm eine Sendung finden läßt, die sich mit dem Thema des sexuellen Mißbrauchs auseinandersetzt, oder daß in den Nachrichten davon zu hören oder in der Zeitung davon zu lesen ist? Die neue öffentliche Auf-

merksamkeit, die dieser Thematik gewidmet wird, soll hier keineswegs negativ bewertet werden, obwohl bisweilen der Eindruck entsteht, daß diese Aufmerksamkeit sich zu einem voyeuristischen Medienspektakel ausgewachsen hat. Es ist lediglich fraglich, inwieweit das Merkmal der deliktspezifischen Details heute noch vergleichbare Aussagekraft besitzt. Spielfilme, die das Problem des sexuellen Mißbrauchs thematisieren, sind inzwischen weit weniger klischeehaft als noch vor wenigen Jahren und auch in Präventionsprogrammen sexuellen Mißbrauchs wird explizit großer Wert darauf gelegt, sich zur Erhöhung der Effektivität der Programme an Täterstrategien zu orientieren.
Vor diesem Hintergrund erscheint die Annahme, daß deliktspezifische Details kriminologisches Spezialwissens darstellen, welches ausschließlich Experten zugänglich ist, gewagt. Zumindest hat eine Feldstudie von Esplin, Boychuk und Raskin (1988, zitiert nach Raskin & Esplin, 1991a) ergeben, daß zwar deliktspezifische Details in allen hinsichtlich der Glaubhaftigkeit abgesicherten Aussagen gefunden wurden, jedoch waren in immerhin 30% der als unglaubhaft klassifizierten Aussagen ebenfalls deliktspezifische Details enthalten. Auf die grundsätzliche methodische Problematik von Feldstudien wird in Kap. 2.1.2.4.1 noch ausführlich eingegangen. In jedem Fall kann dieses Ergebnis als ein Hinweis auf mangelnde Spezifität betrachtet werden.

2.1.2.3.2 Anmerkungen zur Anwendung der Merkmale

Die beschriebenen 19 Qualitätsmerkmale können in einer Aussage in unterschiedlicher Form enthalten sein. Arntzen (1993) unterscheidet zwischen *Aussageeigenarten* und *Glaubwürdigkeitsmerkmalen.* Unter Aussageeigenarten versteht er sehr einfache Ausprägungen der dargestellten inhaltlichen Merkmale, die für die forensische Beurteilung nicht brauchbar seien, da sie auch in unglaubwürdigen Aussagen zu finden seien.

> *Erst wenn die Aussageeigenart eine bestimmte Steigerung ihrer Qualität aufweist und damit eine „Steigerungsform" darstellt, ... wird sie zum Glaubwürdigkeitsmerkmal.*
> (S. 20, Hervorhebung im Original)

Bei der Betrachtung in einer Aussage vorliegender Einzelmerkmale gilt es demnach zu beurteilen, ob eine Aussageeigenart quantitativ oder qualitativ so ausgeprägt ist, daß sie zu einem Qualitätsmerkmal wird. Bei der Beurteilung, ob die Ausprägung eines Einzelmerkmals bedeutsam für die Frage der Glaubhaftigkeit ist, sind auch spezifische Kompetenzen und Vorerfahrungen des Aussagenden sowie die Komplexität des geschilderten Geschehens zu berücksichtigen.

Greuel et al. (1998) nehmen außerdem eine Differenzierung der Bedeutsamkeit bestimmter Erscheinungsformen inhaltlicher Merkmale vor, welche sich nicht auf den Ausprägungsgrad, sondern auf den unterschiedlichen Wert einzelner Merkmale bezieht. Die Autoren unterscheiden zwischen *Ausschluß-* und *Qualifizierungsmerkmalen.* Merkmale, deren Erfüllung man im Sinne von Mindestanforderungen in erlebnisbegründeten Aussagen – unter Berücksichtigung der Kontextbedingungen[7] – erwarten müsse, seien die *Logische Konsistenz der Aussage*, der *Detaillierungsgrad der Aussage* sowie die *Konstanz der Aussage* [8]. Greuel et al. (1998) konstatieren:

> Sind die genannten Merkmale nicht erfüllt, wird man den Erlebnisbezug der Aussage nicht mehr mit der im forensischen Kontext gebotenen Zuverlässigkeit bestätigen können. Sie sind damit als *Ausschlußmerkmale* zu verstehen, die zur Negativabgrenzung von Aussagen, nicht aber – für sich allein genommen – zum Beleg des Erlebnisbezugs einer Aussage herangezogen werden können. Es handelt sich also um notwendige, aber nicht hinreichende Bedingungen, die zur Bestätigung des Erlebnisbezugs einer Aussage erfüllt sein müssen. (S. 162, Hervorhebung im Original)

Dagegen kommt nach Greuel et al. (1998) den Merkmalen *Schilderung von Handlungskomplikationen*, *Phänomengemäße Schilderung unverstandener Handlungselemente*, *Schilderung des Erlebens phänomenaler Kausalität*, *Schilderung von Interaktionsketten*, *Schilderung von Wirklichkeitskontrollen*[9] und *spontane Präzisierbarkeit der Aussage* besonders hohe Belegkraft zu, so daß sie als *Qualifizierungsmerkmale* von hoher diagnostischer Valenz bewertet werden könnten.

Zusammenfassend ist zu sagen, daß die aufgeführten Merkmale je nach Kombination und Ausprägungsgrad als Hinweise auf das Vorliegen einer erlebnisbegründeten Schilderung dienen sollen; da das System aber ausschließlich positive Merkmale enthält, ist der Umkehrschluß auf eine Lüge nicht gerechtfertigt, wenn bestimmte Merkmale fehlen. Zwar kann eine Lüge ursächlich für den Merkmalsmangel sein, das Nicht-Auftreten von Merkmalen kann jedoch auch auf Angst, Gedächtnisschwäche, Hemmungen etc. zurückzuführen sein. Die merkmalsorientierte Inhaltsanalyse stellt somit eine Methode zur Substantiierung des Erlebnisbezugs einer Aussage dar und ist nicht im Sinne des verhaltensorientierten Lie-detection-Ansatzes als Methode zur Aufdeckung von Täuschungen zu verstehen. Desweiteren ist festzuhalten, daß keine Verknüpfungsregeln existieren im Sinne eines *Cut-off-Wertes*, die beim Vorliegen einer bestimmten Anzahl oder Kombination von Merkmalen ein entsprechendes Glaubhaftigkeitsurteil nahelegen. Aus der Darstellung der Grundidee dieses Ansatzes dürfte klar geworden sein, daß allgemeingültige Verknüpfungsregeln, wie sie von amerikanischer Seite (z.B. Zaparniuk, Yuille & Taylor, 1995) wiederholt gefordert wurden, wegen der notwendigen Berücksichtigung der kognitiven Fähigkeiten und Vorerfahrungen des Zeugen und der Komplexität des Geschehens auch gar nicht sinnvoll und hilfreich sind. Die Beurteilung des Erlebnisbezugs einer Aussage bleibt ein Prozeß der einzelfallbezogenen psychodiagnostischen Urteilsbildung und damit „... im Er-

---

[7] Mit Kontextbedingungen sind hier kognitiv-funktionale Voraussetzungen, individueller Erzählstil und motivationale Voraussetzungen des Zeugen gemeint.

[8] Letzteres Merkmal ist zwar Teil der SVA, jedoch in der Systematisierung von Steller und Köhnken (1989), deren Merkmale sich auf eine einzelne Aussage beziehen, nicht enthalten.

[9] Die Merkmale *Schilderung des Erlebens phänomenaler Kausalität* und *Wirklichkeitskontrollen* sind im Merkmalssystem von Steller und Köhnken (1989) nicht enthalten; ersteres entstammt Trankells (1971) *bilateralem Emotionskriterium* und letzteres dem Ansatz der Wirklichkeitskriterien (Stadler, 1997).

gebnis ein interpretativer Akt im Sinne einer im forensischen Kontext konstruierten Wirklichkeit“ (Greuel et al., 1998, S. 162).
Dagegen erscheint eine Differenzierung hinsichtlich des Ausprägungsgrades und im Hinblick auf die unterschiedliche Spezifität einzelner Merkmale durchaus sinnvoll und angebracht.

Im vorangegangenen Abschnitt wurden die Annahmen des inhaltsorientierten Ansatzes der Glaubhaftigkeitsdiagnostik dargestellt und einzelne Merkmale der Systematisierung von Steller und Köhnken (1989) sowie deren Anwendung erläutert. Die praktische Anwendung der merkmalsorientierten Inhaltsanalyse im Rahmen forensisch-psychologischer Begutachtungen setzt voraus, daß die Glaubhaftigkeitsmerkmale zum einen reliabel erfaßt werden können und zum anderen für den anvisierten Anwendungsbereich valide sind, also tatsächlich zwischen erlebnisbegründeten und nicht erlebnisbegründeten Aussagen zu trennen vermögen. Im folgenden soll daher der Frage nachgegangen werden, inwieweit Validität und Reliabilität der Glaubhaftigkeitsmerkmale empirisch belegt sind. Dabei sollen die beiden Aspekte getrennt betrachtet werden: Zunächst werden empirische Untersuchungen referiert, die in erster Linie der Validitätsprüfung inhaltlicher Glaubhaftigkeitsmerkmale dienen, wobei im Hinblick auf die geplante Untersuchung eine Auswahl nach der Zielgruppe kindlicher Probanden[10] vorgenommen wurde. In einem zweiten Abschnitt werden die Ergebnisse empirischer Untersuchungen dargestellt, welche auf den Aspekt der Reliabilität der Glaubhaftigkeitsmerkmale und der Effekte von Beurteilertrainings fokussieren bzw. einen wesentlichen Beitrag zu dieser Thematik leisten.

2.1.2.4 Forschungsergebnisse zur Validität und Reliabilität der CBCA

Zur Überprüfung der Validität von Glaubhaftigkeitsmerkmalen bieten sich grundsätzlich zwei wissenschaftliche Herangehensweisen an, nämlich Feldstudien und Simulationsstudien.
In Feldstudien wird auf reale forensische Fälle zurückgegriffen, d.h. es werden authentische Zeugenaussagen hinsichtlich der zu validierenden Glaubhaftigkeitsmerkmale analysiert. In Simulationsstudien werden Probanden aufgefordert, Aussagen über wahre und unwahre Ereignisse bezüglich einer bestimmten Thematik zu tätigen, welche anschließend ebenfalls einer merkmalsorientierten Inhaltsanalyse unterzogen werden.
Beide Herangehensweisen bieten verschiedene Vorteile, bringen jedoch gleichzeitig auch spezifische Probleme mit sich, die im folgenden anhand konkreter Studien verdeutlicht werden sollen.

[10] Wegen der geringen Anzahl an Laborstudien mit kindlichen Probanden werden Untersuchungen mit Jugendlichen ebenfalls berücksichtigt.

2.1.2.4.1 FELDSTUDIEN

Zunächst wurde die Validität der Glaubhaftigkeitsmerkmale im wesentlichen in Feldstudien überprüft. Arntzen (1982, 1983) und Mitarbeiter analysierten insgesamt 24000 Zeugenaussagen, wobei es sich in 92% der aussagepsychologischen Untersuchungen um Verdachtsfälle sexuellen Kindesmißbrauchs handelte. Nach Arntzen (1983) schlossen sich die Gerichte den Ergebnissen der psychologischen Glaubhaftigkeitsbegutachtungen in über 90% der Fälle an. Desweiteren führt Arntzen (1983) als Außenkriterium für den Wahrheitsstatus der Aussagen und damit für die Validität der Glaubhaftigkeitsbeurteilungen an, in 866 Fällen hätten die Angeklagten im Anschluß an das Ergebnis der Begutachtung ein Geständnis abgelegt, zudem habe es in mehreren hundert weiteren Fällen anderweitige externe Belege für die Glaubhaftigkeit der Zeugenaussagen gegeben.
Köhnken und Wegener (1985, S. 111) weisen in diesem Zusammenhang jedoch auf die hohe Selektivität hin, die sich aus der Verwendung von Geständnissen Beschuldigter als Validierungskriterium ergebe. Da Arntzens Angaben zufolge in 866 von 24000 Fällen Geständnisse vorgelegen hätten, handele es sich hier um einen verschwindend geringen Anteil am Gesamtmaterial von 3.6%. Da nicht davon ausgegangen werden könne, daß in jedem dieser Geständnisfälle alle Glaubhaftigkeitsmerkmale vorhanden seien, sei dementsprechend von einem noch geringeren Anteil für einzelne Merkmale auszugehen. Zudem seien nur 12% der untersuchten Zeugenaussagen als unglaubwürdig diagnostiziert worden. Daher sei unklar, inwieweit Glaubhaftigkeitsmerkmale auch in nicht glaubwürdigen Aussagen auftreten könnten.

Eine gut dokumentierte Felduntersuchung stammt von Littmann und Szewczyk (1983). Analysiert wurden 173 Zeugenaussagen zu Sexualdelikten aus dem Zeitraum 1965 bis 1976. Das Alter der in 90% der Fälle weiblichen Zeugen reichte von 5;0 bis zu 17;11 Jahre, wobei die meisten Zeugen zwischen 12;0 und 14;11 Jahre alt waren. Hinsichtlich des abschließenden Glaubhaftigkeitsurteils ergab sich folgendes Bild: In 73 der 173 Fälle wurde Glaubhaftigkeit attestiert, in weiteren 40 Fällen wurde sie mit Einschränkungen bejaht und in den verbleibenden 60 Fällen wurde die Glaubhaftigkeit erheblich angezweifelt oder verneint. In einem Extremgruppenvergleich der Aussagen, die als *voll glaubwürdig* beurteilt worden waren, und der Aussagen, deren Glaubhaftigkeit *erheblich angezweifelt oder verneint* worden war, wurde die Validität der von Köhnken (1982) entwickelten integrativen Kriteriologie überprüft.
Im folgenden soll lediglich auf die Ergebnisse zu den Merkmalen eingegangen werden, welche auch Bestandteil des späteren Merkmalssystems von Steller und Köhnken (1989) sind, da der geplanten Untersuchung eben dieses System zugrunde gelegt werden wird. Dabei sollen zunächst diejenigen Merkmale dargestellt werden, bei denen sich im Extremgruppenvergleich verschiedener Glaubhaftigkeitsdiagnosen (*voll glaubwürdig* [n = 73] versus *Glaubwürdigkeit erheblich angezweifelt oder verneint* [n = 60]) signifikante Häufigkeitsunterschiede nachweisen ließen.
Littmann und Szewczyk (1983) berichten von einer guten Differenzierbarkeit von Aussagen, die als glaubhaft und nicht glaubhaft klassifiziert worden waren, anhand der Merkmale *Realistik, Wirklichkeitsnähe* und *Originalität.* Als glaubhaft beurteilte Aus-

sagen erschienen häufiger realistisch und wirklichkeitsnah (55.6% vs. 27.1%). Das Merkmal der *Originalität* konnte als glaubhaft klassifizierten Aussagen häufiger attestiert werden als Aussagen, die als nicht glaubhaft eingestuft worden waren (36.1% vs. 5.1%).
Das Merkmal *Detailreichtum* wurde getrennt betrachtet im Hinblick auf die Tatschilderung bzw. die Schilderung des Kerngeschehens und im Hinblick auf die Rahmenschilderung. Als glaubhaft beurteilte Aussagen wiesen signifikant häufiger eine detaillierte Tatschilderung (58.3% vs. 6.8%) und ebenso eine detailliertere Schilderung des Kerngeschehens auf (22.2% vs. 8.5%) als Aussagen, denen keine Glaubhaftigkeit attestiert worden war. Mehr als die Hälfte (52.7%) der als nicht glaubhaft klassifizierten Aussagen zeichneten sich durch eine global-vage Tatschilderung aus, was in glaubhaften Aussagen seltener festzustellen war (1.4%). Im Hinblick auf den Detailreichtum der Rahmenschilderung verhält es sich genau umgekehrt: Diesbezüglich erwiesen sich die als nicht glaubhaft eingestuften Aussagen als signifikant detaillierter (22.1% vs. 6.9%). Das Merkmal *Schilderung körperlich-psychischer Vorgänge den Täter betreffend* war in 33.3% der als glaubhaft klassifizierten Aussagen zu registrieren, jedoch nur in 16.9% der als nicht glaubhaft beurteilten Aussagen.
Auch bezüglich motivationsbezogener Merkmale ergab der Extremgruppenvergleich signifikante Unterschiede. *Spontane Berichtigungen und Verbesserungen* konnten häufiger in glaubhaften Aussagen nachgewiesen werden (38.8% vs. 25.4%). Waren gar keine Berichtigungen festzustellen, so handelte es sich nach dem Sachverständigenurteil eher um eine nicht glaubhafte Aussage (2.8% vs. 16.9%). Ein weiteres motivationsbezogenes Merkmal, spontan vorgebrachte *Selbstbelastungen des Aussagenden*, wurde mit 31.9% wesentlich häufiger in glaubhaften Aussagen registriert als in nicht glaubhaften Aussagen (6.8%). Schließlich enthielten als glaubhaft eingestufte Aussagen wesentlich häufiger *Eingeständnisse von Erinnerungsungewißheiten* (81.9% vs. 31%).
Bei der Bewertung der Ergebnisse ist allerdings zu berücksichtigen, daß das für diese Studie gewählte Design unter methodischen Gesichtspunkten für eine Validierung der Glaubhaftigkeitsmerkmale kaum geeignet erscheint. Als Außenkriterium für den Wahrheitsgehalt der Aussagen dienten die eigenen Glaubhaftigkeitsdiagnosen. Die Zirkularität dieser Validierungsstrategie wird deutlich, wenn man sich vor Augen führt, daß nicht Aussagen unterschiedlichen Wahrheitsgehaltes, sondern Aussagen mit unterschiedlichen Diagnosen durch die untersuchungsleitenden Sachverständigen verglichen wurden, eben diese Diagnosen aber nicht unabhängig vom Auftreten bzw. Nicht-Auftreten der zu validierenden Glaubhaftigkeitsmerkmale getroffen wurden. Es kommt hinzu, daß hier ein Extremgruppenvergleich gewählt wurde.
Die angesprochenen Kritikpunkte führen zwangsläufig zu einer Überschätzung der Validität einzelner Merkmale. Ein weiterer Kritikpunkt ist nicht spezifisch für die hier angewendete Untersuchungsmethode, sondern betrifft diese Untersuchung ebenso wie die vorhergehende und alle folgenden Feldstudien: Gemeint ist die mangelhafte Kontrollierbarkeit der Stichprobenauswahl. Littmann und Szewczyk (1983, S. 56) weisen selbst darauf hin, daß Begutachtungsfälle durch die hohe Dunkelziffer der Sexualdelikte einerseits und durch den Selektionsprozeß der Gutachtenanforderung andererseits einer doppelten Selektion unterliegen. Hinzu kommt nach Köhnken und

Wegener (1985), daß in einer nicht unerheblichen Zahl der Begutachtungsfälle die Richtigkeit der gestellten Glaubhaftigkeitsdiagnose an keinem Außenkriterium mehr überprüft werden könne, wenn mangels Glaubhaftigkeit das Ermittlungsverfahren eingestellt werde, bevor es zur Hauptverhandlung komme (Arntzen, 1982). Hierdurch komme auch die Dominanz der als glaubwürdig diagnostizierten Aussagen im Aussagematerial zustande.

Den methodischen Problemen zum Trotz erbrachte die Felduntersuchung von Littmann und Szewczyk (1983) einige sehr interessante Ergebnisse. So konnte die Validität einiger Merkmale, die von verschiedenen Autoren als besonders bedeutsam betrachtet werden (z.B. *Schilderung unerwarteter Komplikationen im Handlungsverlauf* oder *Schilderung unverstandener Handlungselemente*), trotz der für eine Validierung ausgesprochen günstigen Bedingungen nicht bestätigt werden. Zudem fällt auf, daß einige Glaubhaftigkeitsmerkmale trotz signifikanter Differenzen auch in einem relativ hohen Anteil der als unglaubwürdig eingestuften Aussagen zu registrieren waren (z.B. *Spontane Berichtigungen und Verbesserungen* oder *Realistik und Wirklichkeitsnähe*). Die Spezifität einiger Glaubhaftigkeitsmerkmale kann daher angezweifelt werden.

Eine erste Feldstudie zur Validitätsprüfung der Glaubhaftigkeitsmerkmale in der Systematisierung von Steller und Köhnken (1989) wurde von Esplin, Boychuk und Raskin (1988, zitiert nach Raskin & Esplin, 1991a) durchgeführt. Die Autoren analysierten 40 kindliche Zeugenaussagen in sexuellen Mißbrauchsfällen, wobei die Opferzeugen 3 bis 15 Jahre alt waren. Der Wahrheitsstatus von 20 der Aussagen galt als bestätigt durch medizinische Befunde und Geständnisse der Angeklagten, an der Glaubhaftigkeit der übrigen 20 Aussagen bestand starker Zweifel, da weder medizinische Befunde noch Geständnisse vorlagen, und der psychologische Sachverständige die Wahrscheinlichkeit der Wahrheitshypothese als sehr gering eingestuft hatte. Zusätzlich lagen in 14 dieser 20 Zweifelsfälle Polygraphen-Befunde vor, welche die Unschuldsvermutung stützten. Die Transkripte der Interviews wurden von einer bezüglich der Gruppenzuordnung blinden Beurteilerin hinsichtlich der 19 Glaubhaftigkeitsmerkmale (Steller & Köhnken, 1989) mittels einer dreistufigen Skala (0 = nicht vorhanden, 1 = vorhanden, 2 = stark vorhanden) ausgewertet. Für jede Aussage wurde ein Summenscore der 19 Glaubhaftigkeitsmerkmale gebildet. Für die Gruppe der als bestätigt angesehenen Fälle ergab sich ein mittlerer Summenscore von 24.8 und für die Gruppe der als zweifelhaft beurteilten Fälle dagegen lediglich ein mittlerer Summenscore von 3.6, ein Unterschied, der hoch signifikant war. Zudem war jedes einzelne Merkmal häufiger in *bestätigten* als in *zweifelhaften* Fällen aufzufinden. Auf deskriptiver Ebene wurde ein Vergleich der Anteile *bestätigter* und *zweifelhafter* Fälle vorgenommen, in denen die Merkmale vorkamen.
Auch wenn die Ergebnisse dieser Feldstudie deutlich auf die Validität aller 19 Glaubhaftigkeitsmerkmale in der Systematisierung von Steller und Köhnken (1989) hinweisen, ist kritisch anzumerken, daß die Außenkriterien *Geständnis des Beschuldigten* und *körperliche Befunde* zur Einteilung der Aussagen in *bestätigt* und *zweifelhaft* sehr problematisch sind (vgl. Gudjonsson & MacKeith, 1982; Köhnken & Wegener, 1985; Pe-

ters, 1972; Wells & Loftus, 1991). Methodisch problematisch sind desweiteren der hier gewählte Extremgruppenvergleich, der geringe Stichprobenumfang, die große Altersrange sowie die Tatsache, daß die Aussagen von nur einem Beurteiler ausgewertet wurden.

Boychuk (1991) analysierte 75 kindliche Zeugenaussagen in Fällen sexuellen Mißbrauchs aus den Jahren 1987 bis 1988. Die Kinder (60 Mädchen und 15 Jungen) waren zum Zeitpunkt der Aussage zwischen 4 und 16 Jahre alt. Die Aussagen wurden drei Gruppen zugeordnet: Fälle, die durch ein Geständnis des Angeklagten, medizinische Befunde und strafrechtliche Konsequenzen bestätigt worden waren, bildeten die Gruppe der *wahren* Aussagen. Die zweite Gruppe bildeten *bestätigte* Fälle ohne medizinischen Befund. Die dritte Gruppe setzte sich aus *äußerst zweifelhaften* Fällen zusammen, in denen kein Geständnis des Angeklagten, keine medizinischen Befunde und keine strafrechtlichen Konsequenzen vorlagen, das Ergebnis der Polygraphen-Untersuchung die Unschuldshypothese stützte und vom psychologischen Sachverständigen keine Glaubhaftigkeit attestiert worden war. Diese Aussagen bildeten die Gruppe der *unwahren* Aussagen. Ergebnis dieser Feldstudie ist, daß 12 der 19 Merkmale signifikant zwischen *wahren* und *unwahren* Aussagen diskriminieren konnten. Näher betrachtet werden sollen im folgenden die sieben Merkmale, welche *nicht* zur Unterscheidung beitragen konnten. Hierbei handelt es sich um die Merkmale *Nebensächliches* ($p = .06$), *Schilderung unverstandener Handlungselemente* ($p = .18$), *Fremdseelisches* ($p = .65$), *Erinnerungslücken* ($p = 1.0$), *Einwände gegen die eigene Glaubwürdigkeit* ($p = .71$), *Selbstbelastungen* ($p = .26$) und *Fremdentlastungen* ($p = .06$). Während die Merkmale *Nebensächliches* und *Fremdentlastungen* das statistische Signifikanzniveau von 5% nur knapp verfehlen, lassen sich kaum Unterschiede bezüglich der übrigen fünf Merkmale nachweisen. Am schlechtesten schneidet das Merkmal *Erinnerungslücken* ab, welches in 54% der *wahren* und in 52% der *unwahren* Aussagen zu finden war. Die Auftretenshäufigkeit der Merkmale *Unverstandenes*, *Fremdpsychisches*, *Selbsteinwände* und *Selbstbelastungen* war insgesamt sehr gering, sie lag für die Gruppe der *wahren* Aussagen zwischen 10% und 16% und für die Gruppe der *unwahren* Aussagen zwischen 0% und 8%. Die Merkmale *Unverstandenes* (und *Indirekt Handlungsbezogenes*) wurden ausschließlich in wahren Aussagen registriert. Obwohl zumindest tendenziell alle Merkmale häufiger in *wahren* Aussagen auftraten, bleibt festzuhalten, daß in dieser Feldstudie mit Ausnahme des Merkmals *Spontane Verbesserungen* insbesondere die motivationsbezogenen Merkmale nicht in der Lage waren, statistisch signifikant zwischen *wahren* und *unwahren* Aussagen zu trennen, wenngleich bei *Einwänden* und *Selbstbelastungen* die geringe Auftretenshäufigkeit zu berücksichtigen ist. Es wurden weitere Analysen des Aussagematerials hinsichtlich entwicklungsspezifischer Unterschiede bezüglich der Merkmale durchgeführt, die jedoch lediglich eine altersabhängige Zunahme der Merkmale *Erinnerungslücken* und *Interaktionen* dokumentieren konnten.

Eine Feldstudie von Lamb, Sternberg, Esplin, Hershkowitz, Orbach und Hovav (1997) kommt hingegen zu weniger deutlichen Ergebnissen. Die Autoren bemühten sich besonders um die Repräsentativität der Stichprobe. Von 1187 Interviews

mit kindlichen Opferzeugen in sexuellen Mißbrauchsfällen wurden diejenigen aussortiert, in welchen der Täter unbekannt war, abgesehen von der Zeugenaussage wenig Hinweise auf den Wahrheitsgehalt der Aussage zur Verfügung standen, das Opfer jünger als 4 oder älter als 13 Jahre war oder die behauptete Tat keinen Körperkontakt einschloß. Die Transkripte der verbleibenden 98 Aussagen (von 28 Jungen und 70 Mädchen im Alter von 4 bis 13 Jahren) wurden von trainierten Beurteilern hinsichtlich der Glaubhaftigkeitsmerkmale 1 bis 14 der Systematisierung von Steller und Köhnken (1989) auf einer dichotomen Skala ausgewertet. Die *motivationsbezogenen* Merkmale der Systematisierung von Steller und Köhnken (1989) mit Ausnahme des Merkmals *Spontane Verbesserungen* wurden ebenso wie das Merkmal *Deliktspezifische Details* in dieser Studie leider nicht untersucht.
Um ein Außenkriterium für den Wahrheitsgehalt der Aussagen zu erhalten, wurde folgendes Vorgehen gewählt: Unabhängig von der Beurteilung der Aussagequalität schätzten Beurteiler, die hinsichtlich der Aussagequalität uninformiert waren, mittels der für diese Studie entwickelten *Independent Case Fact Scales* (ICFS) ein, inwieweit die fünf Dimensionen betreffenden Fakten-Beurteilungen (*Medizinische Befunde, Zeugenaussagen, Stellungnahmen des mutmaßlichen Täters, Indizien, Verschiedene Informationen*) zu dem Schluß führten, daß die Anschuldigungen *sehr wahrscheinlich, ziemlich wahrscheinlich, fraglich, ziemlich unwahrscheinlich* oder *sehr unwahrscheinlich* waren. Waren die Beurteiler sich nicht einig, so wurde die konservativere Einschätzung gewählt. Die einzelnen Skalen werden von den Autoren wie folgt beschrieben: Auf der Skala *Medizinische Befunde* führte z.B. der Nachweis von Sperma oder Schamhaaren des mutmaßlichen Täters am Körper des Opfers zu einer Beurteilung als *sehr wahrscheinlich*, während das Fehlen medizinischer Befunde zu einer Beurteilung als *ziemlich unwahrscheinlich* bzw. *sehr unwahrscheinlich* führte. Auf der Skala *Stellungnahmen des mutmaßlichen Täters* führte ein Geständnis in Form einer detaillierten Beschreibung mindestens eines behaupteten Ereignisses zu einer Beurteilung als *sehr wahrscheinlich*, ein volles Geständnis ohne eine solche Beschreibung zu einer Beurteilung als *ziemlich wahrscheinlich*. Die Beurteilung auf der Skala *Zeugenaussagen* wurde von den Ratern vor dem Hintergrund der Beziehung des Zeugen zu dem mutmaßlichen Täter und zum Opfer vorgenommen. Dabei führte z.B. die Aussage eines desinteressierten Zeugen, welcher angab, eine in Frage stehende Handlung selbst beobachtet zu haben, zu einer Beurteilung als *sehr wahrscheinlich*. Zur Skala *Verschiedene Informationen* zählten die Autoren z.B. Ergebnisse von Polygraphen-Untersuchungen oder Geständnisse des Expartners, daß die Anschuldigungen im Rahmen sorgerechtlicher Streitigkeiten erfunden worden seien.
Die abschließende Plausibilitätsbeurteilung der Anschuldigungen anhand der beschriebenen Skalen diente als Außenkriterium für den Wahrheitsgehalt der Aussage. In 44 der insgesamt 98 in die Untersuchung miteinbezogenen Fälle basierte dieses Plausibilitätsurteil allerdings nur auf einem unabhängigen Hinweis (typischerweise Geständnissen), in 41 Fällen auf zwei Hinweisen (typischerweise Geständnissen und medizinischen Befunden), in 11 Fällen auf drei und nur in den verbleibenden zwei Fällen auf Hinweisen aus vier und fünf Skalen. Die durchgeführte Varianzanalyse zeigte einen signifikanten Haupteffekt der Plausibilität einer Anschuldigung bezüglich des Glaubhaftigkeits-Gesamtscores; die als sehr wahrscheinlich beurteilten Aussagen

wiesen die höchsten Gesamtscores auf. Nach einer Dichotomisierung der Fälle in *plausible Anschuldigungen* (*sehr wahrscheinlich*, *ziemlich wahrscheinlich*) und *unplausible Anschuldigungen* (*ziemlich unwahrscheinlich*, *sehr unwahrscheinlich*) zeigte sich auf Einzelmerkmalsebene folgendes Ergebnis:
Fünf der 14 Merkmale (*Unstrukturiertheit*, *Detailreichtum*, *Kontextuelle Einbettung*, *Interaktionen*, *Gespräche*) wurden signifikant häufiger in *plausiblen* Anschuldigungen gefunden. Das Merkmal *Ungewöhnliche Details* verfehlte mit p = .070 das Signifikanzniveau von 5%. Das Merkmal *Logische Konsistenz* war in allen Aussagen erfüllt, somit also nicht geeignet, zwischen *plausiblen* und *unplausiblen* Anschuldigungen zu diskriminieren. Für die restlichen Merkmale konnten keine signifikanten Unterschiede nachgewiesen werden, wobei die Merkmale *Nebensächliche Details*, *Schilderung unverstandener Handlungselemente* und *Indirekt handlungsbezogene Schilderungen* nach Ansicht der Autoren insgesamt zu selten vorkamen, um Aussagen über ihre diskriminative Bedeutung treffen zu können. Bemerkenswert erscheint jedoch, daß die Merkmale *Schilderung unverstandener Handlungselemente*, *Indirekt handlungsbezogene Schilderungen* und *Psychische Zustände des Täters* hypothesenwidrig tendenziell häufiger in *unplausiblen* Aussagen gefunden wurden.

Die Autoren warnen vor einer vorschnellen Anwendung dieser Methode in foro, da einige Merkmale – wenn auch nicht statistisch signifikant – häufiger in *unplausiblen* Anschuldigungen gefunden wurden und die Stichprobe in dieser Studie repräsentativer gewesen sei als in früheren Studien. Die geringen Unterschiede zwischen *plausiblen* und *unplausiblen* Aussagen hinsichtlich des Auftretens der Glaubhaftigkeitsmerkmale führen die Autoren darauf zurück, daß nicht die *plausiblen* Aussagen niedrige Scores erhielten, sondern darauf, daß einige *unplausible* Aussagen überraschend viele Merkmale enthielten. Als mögliche Erklärung führen die Autoren an, daß bei den als *unplausibel* eingestuften Aussagen das Vorhandensein einer partiellen Wahrnehmungsgrundlage dazu geführt haben könnte, daß die Glaubhaftigkeitsmerkmale auch in diesen Aussagen vermehrt zu finden waren.
Damit sprechen sie in der Tat eine mögliche Schwachstelle der merkmalsorientierten Inhaltsanalyse an; ist eine gewisse Wahrnehmungsgrundlage vorhanden, auf die eine falsch aussagende Person bei der Konstruktion ihrer Aussage zurückgreifen kann, so ist fraglich, inwieweit die *nicht-motivationalen* Merkmale der Inhaltsanalyse noch zu einer Differenzierung falscher und wahrheitsgemäßer Aussagen beitragen können.
Die Schlußfolgerung der Autoren, das Merkmalssystem solle besser nicht in foro angewendet werden, ist aus dieser Studie jedoch kaum ableitbar, zumal neben dem Merkmal *Deliktspezifische Details* insbesondere die Gruppe der *motivationsbezogenen* Merkmale nicht in die Untersuchung miteinbezogen wurde. Gerade hinsichtlich dieser Merkmale könnte man jedoch vermuten, daß sie auch dann noch zu einer Differenzierung beitragen können, wenn beim Aussagenden eine gewisse Wahrnehmungsgrundlage vorhanden ist.

2.1.2.4.1.1 ZWISCHENFAZIT

Zusammenfassend ist zu sagen, daß Feldstudien zwar in hohem Maße ökologisch valide sind, die mangelhafte Kontrollierbarkeit der Stichprobenauswahl und das Fehlen eines objektiven Außenkriteriums für den Wahrheitsstatus der Aussagen jedoch erhebliche methodische Probleme darstellen. Selbst das häufig als Außenkriterium angeführte Geständnis des Angeklagten ist kein Beleg für den Wahrheitsgehalt der ihn belastenden Aussage. Köhnken und Wegener (1985, S. 112) weisen in diesem Zusammenhang auf die Gefahr der Zirkularität der Validierung hin, da die den Analysen zugrundeliegenden Geständnisse erst nach Bekanntgabe der Ergebnisse der psychologischen Begutachtung abgelegt worden seien. Sie geben zu bedenken, daß falsche Geständnisse auch aus prozeßtaktischen Gründen abgelegt werden, wenn durch eine positive Glaubhaftigkeitsbeurteilung der Aussage des Hauptbelastungszeugen die Beweislage für den Angeklagten aussichtslos erscheint. Auch kann der Geständige hoffen, auf diese Weise die Einstellung der Ermittlungen zu bewirken und so die potentielle Aufdeckung anderer Straftaten zu verhindern oder andere Personen zu decken (Köhnken & Wegener, 1985). Schließlich kann es nach Peters (1972) auch unter dem Druck der Vernehmung zu falschen Geständnissen kommen. Der enge Zusammenhang zwischen dem Vorliegen eines Geständnisses und dem Wahrheitsgehalt einer belastenden Aussage ist demnach keinesfalls als selbstverständlich anzusehen. Die Basiswahrheit realer forensischer Fälle bleibt unbekannt – dieses Problem muß bei der Bewertung von Untersuchungsergebnissen berücksichtigt werden.
Eine Möglichkeit, das Problem des fehlenden Außenkriteriums zu verringern, wenngleich nicht zu lösen, besteht darin, mehrere Indizien unterschiedlicher Art zu kombinieren und auf diese Weise eine Klassifizierung der Aussagen vorzunehmen. Einen ersten Versuch, Indizien systematisch zu erfassen, haben Lamb et al. (1997) in ihrer Feldstudie durch die Einführung der *Independent Case Fact Scales* unternommen. Dieser Versuch war allerdings nur begrenzt erfolgreich, wenn man bedenkt, daß in 45% der Fälle wieder nur ein Hinweis vorlag (in der Regel ein Geständnis), in weiteren 42% Hinweise auf zwei der fünf Dimensionen und in nur 1% der Fälle Hinweise auf allen fünf Dimensionen vorlagen. Auch wenn Lamb et al. (1997) sich verstärkt um die Repräsentativität ihrer Stichprobe bemüht haben, bleibt das weiter oben diskutierte Problem der doppelten Selektion bestehen.

2.1.2.4.2 LABORSTUDIEN

Die dargestellten methodischen Probleme von Feldstudien verdeutlichen, wie wichtig neben systematischen Felduntersuchungen vor allem experimentelle Studien für den wissenschaftlichen Fortschritt auf dem Gebiet Forensischer Aussagepsychologie sind. Ziel dieser Herangehensweise ist es, möglichst hohe externe Validität zu erreichen, ohne die methodischen Kontrollmöglichkeiten des Experimentes aufzugeben (vgl. z.B. Köhnken, 1982; Köhnken & Wegener, 1982; Steller, Wellershaus & Wolf, 1992). Im Gegensatz zu Feldstudien besteht in Laborstudien neben der Kontrollierbarkeit der Stichprobenauswahl grundsätzlich die Möglichkeit, den Wahrheitsstatus einer Aussage anhand eines objektiven, mindestens aber *quasi-objektiven* Außenkriteriums sicherzustellen. Als Nachteil dieser Herangehensweise ist jedoch hervorzuheben, daß die ökologische Validität hier im Vergleich zu den Feldstudien begrenzt ist (vgl. z.B. Berkowitz & Donnerstein, 1982). Das hängt zum einen damit zusammen, daß es sehr schwierig und aufwendig ist, die Aussagesituation motivational lebensnah zu gestalten; ein diesbezüglicher Mangel führt jedoch zwangsläufig zu einer Einschränkung der Übertragbarkeit der Ergebnisse. Zum anderen muß eine geeignete Aussagethematik gewählt werden. Bei dem Versuch, alle Bedingungen zu optimieren, stößt man allerdings insbesondere in Untersuchungen mit kindlichen Probanden schnell an die Grenzen ethischer Zumutbarkeit.

Insbesondere von den Begründern der inhaltsanalytischen Methode (Arntzen, 1970; Undeutsch, 1954) wurde lange Zeit bezweifelt, daß eine experimentelle Überprüfung inhaltlicher Glaubhaftigkeitsmerkmale überhaupt möglich sei. So bemängelt Arntzen (1983) vor allem die fehlende Lebensnähe experimenteller Methoden. „In der experimentellen Rekonstruktion fehlt vor allem die *persönliche, oft erhebliche gefühlsmäßige Betroffenheit*", welche insbesondere bei Vergewaltigungsdelikten und Raubüberfällen von Bedeutung sei (S. 524, Hervorhebung im Original). Die emotionale Relevanz eines Vorganges, den ein Zeuge als Opfer erlebe, sei nicht beliebig veränderbar. Abgesehen von ethischen Bedenken ließen sich Delikte gegen die sexuelle Selbstbestimmung nicht annähernd wirklichkeitsgetreu im Experiment abbilden. Insbesondere der Einsatz von Filmmaterial anstelle realer Beobachtungen könne keine übertragbaren Ergebnisse liefern.

Auch Arntzens Kollegen äußerten sich kritisch in bezug auf die Verwertbarkeit aussagepsychologischer Experimente. So äußert Undeutsch (1954), es sei dabei übersehen worden, daß die Verhältnisse, unter denen die experimentellen Befunde gewonnen worden seien, völlig andere seien als die Bedingungen, unter denen Bekundungen über selbst erfahrene Handlungen geschähen. Ähnlich äußert sich Müller-Luckmann (1967):

> Vor allem hat die aussagepsychologische Forschung nach dem Zweiten Weltkrieg ihr Feld in die Lebenswirklichkeit der Gerichtssäle verlegen können und die Grenzen lediglich wahrnehmungspsychologischer Experimente zugunsten einer umfassenden Analyse *aller* Bedingungen der Entstehung von Aussagen überwunden. (S. 109, Hervorhebung im Original)

Auch Trankell (1982) kritisiert aussagepsychologische Experimente dahingehend, daß die Probleme, welche in Strafverfahren zu lösen seien, wenig mit psychometrisch erfaßbaren Variablen oder experimentell festgestellter Häufigkeit verschiedener Arten von Gedächtnisfehlern zu tun hätten. Es sei das Problem zu lösen, wie man ein Ereignis aus der Vergangenheit rekonstruieren könne; hier seien die Methoden der experimentellen Psychologie von geringem Wert. Stattdessen plädiert er für die systematische Feldbeobachtung an authentischem Begutachtungsmaterial.

Abgesehen von den bereits ausführlich dargestellten methodischen Problemen von Feldstudien wird diese Kritik inhaltlich an experimentellen Vorgehensweisen festgemacht, die in erster Linie aussagepsychologische Experimente in Deutschland zu Beginn des 20. Jahrhunderts charakterisierte. Köhnken und Wegener (1985, S. 107) weisen darauf hin, daß Validität in zweifacher Hinsicht graduell sei; zum einen könne sie nur für definierte Bedingungskonstellationen beansprucht werden, die sich aus den konkreten Variablenoperationalisierungen ergäben, zum anderen könne die Validität für diese Konstellationen mehr oder weniger hoch sein. Allein aufgrund dieses dimensionalen Charakters sei eine grundsätzliche Ablehnung des Experimentes für einen gesamten Forschungsbereich nicht gerechtfertigt. Die Diskussion der Generalisierbarkeit von Untersuchungsergebnissen dürfe nicht bei der „Oberflächenvalidität" experimenteller Prozeduren stehenbleiben, da für die Beurteilung der Situationsvalidität nicht die physische Identität zwischen Ereignis und experimenteller Bedingung entscheidend sei, sondern die Vergleichbarkeit der jeweils durch externe Faktoren ausgelösten psychologischen Reaktionen. Voraussetzung für die Übertragbarkeit experimenteller Ergebnisse ist demnach die Isolierung der den jeweiligen Deliktarten zugrundeliegenden psychologischen Dimensionen (vgl. Wegener, Köhnken & Steller, 1988).

Interessanterweise findet man ausgerechnet bei Undeutsch (1967), einem der beiden hartnäckigsten Gegner der Laborforschung auf dem Gebiet der Aussagepsychologie, schon sehr früh einen Hinweis auf eine experimentelle Überprüfung der Validität inhaltlicher Glaubhaftigkeitsmerkmale. Er verweist auf eine Dissertation von Theill (n.d., zitiert nach Undeutsch, 1967), die jedoch leider bis zum heutigen Zeitpunkt nicht veröffentlicht wurde. In dem Experiment hatten 205 Oberschüler die Aufgabe, das Erlebnis einer Narkose zu schildern, wobei nur ein Teil der Schüler eine Narkose erlebt hatte. Die transkribierten Aussagen wurden im Anschluß hinsichtlich enthaltener Merkmale und hinsichtlich des Erlebnishintergrundes bewertet.
Undeutsch (1967) konstatiert:

> Der nachträgliche Vergleich der Analysenbefunde mit den in anderen Fragebogen enthaltenen wahrheitsgemäßen Angaben der Vpn. über die Tatsächlichkeit einer früheren Narkose ergab, daß sich die Aussagen über ein tatsächliches eigenes Narkoseerlebnis ausnahmslos in qualitativer Hinsicht von den simulierten (erfundenen oder aus Gehörtem kombinierten) Aussagen unterschieden, womit denn auch experimentell ein Nachweis für die Validität der Methode erbracht war. (S. 171)

Da keinerlei präzise Angaben gemacht werden (z.B. Operationalisierung der abhängigen Variablen, Ratingskala, Ergebnisse, Reliabilität, Trefferquote), erübrigt sich eine weitergehende Diskussion.

Eine zweite Simulationsstudie wurde von Köhnken und Wegener (1982) durchgeführt. Die Aussagen weiblicher Jugendlicher im Alter von 16 bis 17 Jahren (N = 37) wurden hinsichtlich der Glaubhaftigkeitsmerkmale *Detailreichtum*, *Inkontinenz* und *Konstanz der Aussage* aus dem Merkmalssystem von Arntzen (1970) ausgewertet. Der Hälfte der Probanden wurde ein zehnminütiger Film über eine Familienstreitigkeit beim Abendessen vorgeführt, der anderen Hälfte wurde der Inhalt des Films nur

stichwortartig erzählt. Letztere hatten die Aufgabe, die Geschichte trotzdem so zu berichten, als hätten sie den Film tatsächlich gesehen. Alle Aussagen bestanden aus einem freien Bericht und einer sich anschließenden strukturierten Befragung. Auch wurden Auswirkungen des Zeitpunktes der Aussagen (sofort vs. mit dreiwöchiger Verzögerung) sowie die Vorbehandlung (Erstbefragung vs. Zweitbefragung) berücksichtigt. Fünf Beurteiler, alle blind hinsichtlich der Versuchsbedingungen und hinsichtlich des Untersuchungszieles, werteten die Aussagen hinsichtlich der oben genannten drei Glaubhaftigkeitsmerkmale aus. Die Beurteilerübereinstimmung hinsichtlich des Merkmals *Detailreichtum* betrug r = .95, die Übereinstimmung hinsichtlich der *Inkontinenz* r = .89.
Im Ergebnis zeigte sich, daß Probanden, welche den Film gesehen hatten, ihre Aussagen detailreicher gestalteten. Allerdings verringerte sich dieser Unterschied bei der späteren Wiederholungsbefragung. Die Validität der Merkmale *Konstanz* und *Inkontinenz* konnte nicht nachgewiesen werden.
Kritisch anzumerken ist, daß sowohl das Anschauen eines Filmes als Erlebnisgrundlage als auch der gewählte Basissachverhalt der Familienstreitigkeit beim Abendessen die Gegebenheit externer Validität im Hinblick auf den Anwendungsbereich des sexuellen Mißbrauchs fraglich erscheinen lassen. Auch dürften den meisten Jugendlichen derartige Familienstreitigkeiten sehr vertraut sein.

Rüth-Bemelmanns (1984) führte eine experimentelle Untersuchung zur Validität der Glaubhaftigkeitsmerkmale von Undeutsch durch. Schüler und Schülerinnen einer 7. Hauptschulklasse (N = 53) sollten sich der Interviewerin Rüth-Bemelmanns überzeugend als Katzenbesitzer darstellen, was jedoch nur auf 28 Probanden zutraf. Die Interviews bestanden aus freiem Bericht und einer anschließenden standardisierten Befragung, wobei auch der Gesamteindruck und Verhaltensauffälligkeiten notiert wurden. Als zusätzliche Informationen standen der Testwert in einem sprachfreien Intelligenztest (Raven-SPM) sowie die Deutschnote zur Verfügung. Die tatsächliche Gruppenzugehörigkeit wurde von den Schülern selbst im Anschluß an die Durchführung aller Interviews schriftlich angegeben. Die Untersucherin selbst konnte bei 49 der 53 Aussagen eine korrekte Klassifikation als wahr bzw. unwahr vornehmen, die jedoch nicht nur auf der Ausprägung inhaltlicher Glaubhaftigkeitsmerkmale, sondern auch auf Hintergrundinformationen und der Kenntnis aller nonverbalen und paraverbalen Verhaltensweisen der Aussagenden basierte.
Das von Rüth-Bemelmanns (1984) gewählte Vorgehen kann aufgrund der vielfältigen Konfundierungen strenggenommen nicht zur Beantwortung der Frage beitragen, inwieweit die inhaltlichen Glaubhaftigkeitsmerkmale zur Differenzierung erlebnisbegründeter und nicht erlebnisbegründeter Aussagen geeignet sind. Auch ergeben sich bezüglich des gewählten Basissachverhalts erhebliche Bedenken im Hinblick auf die externe Validität. Es erscheint fraglich, inwieweit der Umgang mit einer Katze wesentliche psychologische Grunddimensionen des forensisch relevanten Sachverhalts eines sexuellen Mißbrauchs abbildet. Zudem ist zu konstatieren, daß die einzelnen Merkmale keiner systematischen Überprüfung zugeführt wurden.

Auch erwähnt werden soll an dieser Stelle zum einen eine Studie von Yuille (1988; zitiert nach Greuel et al., 1998), bei der Schüler im Alter von 6 bis 9 Jahren aufgefordert wurden, eine wahre und eine falsche Geschichte zu einem Thema ihrer Wahl zu erzählen, sowie zum anderen ein vollständig kontrolliertes Laborexperiment von Joffe und Yuille (1992; zitiert nach Greuel et al., 1998), die Kinder der zweiten und der vierten Grundschulklasse über eine Spielsituation mit einem Versuchsleiter berichten ließen, die sie teilweise miterlebt hatten.
Beide Untersuchungen sind weder veröffentlicht noch auf anderem Wege erhältlich. Da auch der Sekundärliteratur keine Informationen im Hinblick auf die Datenauswertung und auf Ergebnisse bezüglich einzelner Merkmale zu entnehmen sind, soll im Rahmen dieser Arbeit auf eine Darstellung dieser Untersuchungen verzichtet werden.

Die im Hinblick auf die externe Validität für den Anwendungsbereich des sexuellen Mißbrauchs bislang beste Simulationsstudie (vgl. Steller & Volbert, 1997), in der erstmals der Versuch unternommen wurde, die psychologischen Grunddimensionen des Erlebens eines sexuellen Mißbrauchs im Rahmen ethischer Möglichkeiten bei der Wahl des Basissachverhalts zu berücksichtigen, wurde von Steller, Wellershaus und Wolf (1992) veröffentlicht. Die Autoren überprüften in einer Simulationsstudie mit Schülern der ersten und der vierten Klassen einer Grundschule (N = 88) die Validität der Glaubhaftigkeitsmerkmale des integrativen Merkmalssystems von Steller und Köhnken (1989). Im Rahmen eines Erzählwettbewerbs berichteten die Kinder jeweils von einem tatsächlichen Erlebnis und von einer fiktiven Begebenheit. Als Außenkriterium für den Wahrheitsstatus der Geschichten dienten die Angaben der Eltern. Folgende Themenbereiche, aus denen die Kinder sich jeweils zwei auswählen konnten, wurden von den Autoren vorgegeben: „Injektion bekommen", „Operation als Patient erfahren", „Blut abgenommen bekommen", „Zähne gezogen oder Löcher gebohrt bekommen", „vom Tier angefallen werden", „von einem anderen Kind verhauen werden" und „einen Unfall erleiden, der eine medizinische Behandlung erfordert". Die Kinder wurden instruiert, beide Geschichten möglichst überzeugend als tatsächlich erlebt darzustellen.
Hinsichtlich des Wahrheitsstatus' der Aussagen blinde Beurteiler werteten die Aussagen der Kinder bezüglich der Glaubhaftigkeitsmerkmale auf einer vierstufigen Ratingskala aus.
Die von Undeutsch postulierte Hypothese bezüglich des qualitativen Unterschiedes zwischen wahren und falschen Aussagen konnte für die meisten nicht-motivationalen Merkmale, also für insgesamt 9 der 13 Merkmale der Kategorien *Allgemeine Merkmale*, *Spezielle Inhalte* und *Inhaltliche Besonderheiten* bestätigt werden. Für die Merkmale *Wiedergabe von Gesprächen*, *Nonverbale Interaktionen*, *Ungeordnete Darstellung* und *Schilderung psychischer Vorgänge des Täters* konnte kein signifikanter Mittelwertsunterschied zwischen wahr und unwahr nachgewiesen werden. Die Undeutsch-Hypothese mußte dagegen für alle Merkmale der Kategorie *Motivationsbezogene Inhalte* zurückgewiesen werden. Für das Merkmal *Selbstbelastungen* zeigte sich sogar ein signifikanter Qualitätsunter-

schied in gegenläufiger Richtung; der Ausprägungsgrad dieses Merkmals war in unwahren Aussagen höher als in wahren.
Das Ergebnis bezüglich der motivationsbezogenen Merkmale führen die Autoren darauf zurück, daß sich die Aussagemotivation eines im Rahmen eines Erzählwettbewerbs falschaussagenden Kindes erheblich von der Aussagemotivation eines falschaussagenden Kindes vor Gericht unterscheide: Ein im Rahmen eines Erzählwettbewerbs falschaussagendes Kind verfolge nicht das Ziel, jemandem mit seiner Aussage zu schaden, könne daher beispielsweise Selbstbelastungen vornehmen oder auch Erinnerungslücken zugeben, um sich nicht in Widersprüche zu verwickeln, die der Glaubhaftigkeit abträglich wären.
Von den Autoren nicht genannt, aber ebenso wichtig mögen auch (rein quantitative) Unterschiede im Ausmaß der Motivation sein; so wird ein vor Gericht falschaussagendes Kind sehr viel stärker bemüht sein, einen glaubhaften Eindruck zu hinterlassen, da davon auszugehen ist, daß die Konsequenzen eines möglichen Entdecktwerdens sehr motivierend wirken.
Das Material der Untersuchung von Steller et al. (1992; vgl. Wellershaus & Wolf, 1989) wurde von zwei Autoren zum einen mit dem Ziel der „Validitätsmaximierung mit Beweisfähigkeit" (Hommers, 1997, S. 89) und zum anderen im Hinblick auf entwicklungspsychologische Unterschiede hinsichtlich der Auftretenswahrscheinlichkeit einzelner Merkmale (Saacke, 1995) reanalysiert. Die Untersuchung von Saacke (1995) weist auf die Altersabhängigkeit der Auftretenswahrscheinlichkeit einiger Merkmale hin, die Ergebnisse sind jedoch insgesamt recht inkonsistent.
Die Untersuchung von Hommers (1997) erbrachte zum einen den Hinweis auf eine themenspezifische Validität inhaltlicher Glaubhaftigkeitsmerkmale; so zeigte sich beispielsweise, daß die Glaubhaftigkeitsmerkmale beim Basissachverhalt „Von einem Tier angegriffen werden" nicht zur Differenzierung wahrer und falscher Aussagen geeignet waren. Zum anderen erbrachte die Untersuchung einen Hinweis auf die unterschiedliche Simulierbarkeit einzelner Merkmale. Als schlecht simulierbar erwiesen sich beispielsweise die Merkmale *Phänomengemäße Schilderung unverstandener Handlungselemente*, *Schilderung von Komplikationen im Handlungsverlauf* und *Indirekt handlungsbezogene Schilderungen*.

2.1.2.4.2.1 Fazit

Zusammenfassend ist zunächst einmal zu sagen, daß die externe Validität der Simulationsstudien sich insgesamt deutlich verbessert hat, so daß die anfangs von vielen Autoren geäußerte Kritik bezüglich des Mangels an Lebensnähe der Simulationsstudien nicht mehr bei allen Studien gerechtfertigt erscheint, auch wenn Arntzen (1995) die Übertragbarkeit der Ergebnisse aus Laborstudien noch immer mit ähnlichen Argumenten ablehnt wie 1983. Während anfangs Filme als Erlebnisbasis dienten und Basissachverhalte gewählt wurden, welche kaum geeignet erscheinen, wesentliche psychologische Grunddimensionen eines sexuellen Mißbrauchserlebnisses abzubilden, wurde für neuere Untersuchungen (Steller et al., 1992) auf tatsächliche Erlebnis-

se zurückgegriffen und teilweise versucht, die externe Validität durch die Wahl eines geeigneten Basissachverhalts zu erhöhen.
Die Befunde zur Validität einzelner Merkmale für kindliche Aussagen bzw. Aussagen von Jugendlichen aus Labor- und Felduntersuchungen sollen in Tabelle 3 noch einmal übersichtlich dargestellt werden. Dabei sollen nur Untersuchungen aufgenommen werden, deren Autoren in ihrer Veröffentlichung Auskunft darüber geben, für welche Einzelmerkmale signifikante Unterschiede zwischen wahren und falschen Aussagen festgestellt werden konnten.
Es sei betont, daß Tabelle 3 dem Zweck dient, die im vorangegangenen Abschnitt referierten Informationen komprimiert darzustellen und zu visualisieren. Pauschale Bewertungen der Brauchbarkeit einzelner Merkmale etwa in dem Sinne, daß das Merkmal *Detailreichtum* (3) besonders valide und daher für die Glaubhaftigkeitsbeurteilung besonders wichtig sei, weil sich in allen dargestellten Untersuchungen signifikante Unterschiede hinsichtlich dieses Merkmals zeigen ließen, sind daraus nicht abzuleiten.
Bei einer Interpretation der Ergebnisse sind die großen methodischen Unterschiede zu berücksichtigen. Die unterschiedlichen Forschungsansätze der Feld- und Laborforschung wurden bereits ausführlich diskutiert. Auch wurden selten alle Merkmale in die Untersuchung miteinbezogen.

Tabelle 3
Empirischer Nachweis der Validität einzelner Merkmale in Feld- und Simulationsstudien[11]

	Glaubhaftigkeitsmerkmale in der Systematisierung von Steller und Köhnken (1989)																		
	1	2	3	4	5	6	7	8	9	10	11	12	13	14	15	16	17	18	19
Feldstudien																			
Boychuk, 1991	*	*	*	*	*	*	*	*			*	*		*					*
Lamb et al., 1997		*	*	*	*	*									○	○	○	○	○
Simulationsstudien																			
Köhnken, Wegener, 1982[a]	○		*	○	○	○	○	○	○	○	○	○	○	○	○	○	○	○	○
Steller et al., 1992	*		*	*			*	*	*	*	*	*					+		○

Anmerkungen. * signifikant im Sinne der Undeutsch-Hypothese + hypothesenwidrig signifikant ○ nicht untersucht.
[a] Es wurden die Merkmale 2 und 3 aus der Systematisierung von Steller und Köhnken (1989) untersucht und andere Definitionen (Arntzen, 1970) zugrunde gelegt.

Innerhalb der Laborstudien wurden verschiedene Basissachverhalte gewählt, die mit der Thematik des sexuellen Mißbrauchs teilweise nur sehr bedingt inhaltlich vergleichbar waren, so daß das Auftreten einzelner Glaubhaftigkeitsmerkmale auch in wahren Aussagen in geringem Ausmaß zu erwarten war. Die Analyse von Hommers (1997) erbrachte einen Beleg für die themenspezifische Validität einzelner

---

11 Die Untersuchungen von Theill (n.d., zitiert nach Undeutsch, 1967), Yuille (1988, zitiert nach Greuel et al., 1998) und Joffe und Yuille (1992, zitiert nach Greuel et al., 1998) sind weder veröffentlicht noch zugänglich. Die Untersuchungen von Rüth-Bemelmanns (1984), Littmann und Szewczyk (1983) sowie von Esplin, Boychuk und Raskin (1988, zitiert nach Raskin & Esplin, 1991a) werden wegen methodischer Probleme nicht berücksichtigt.

Glaubhaftigkeitsmerkmale. Zudem ist die unterschiedliche Sensitivität und Spezifität einzelner Merkmale zu beachten. So treten einige Merkmale wie beispielsweise der *Detailreichtum* und die *Logische Konsistenz* häufig auf, jedoch nicht nur in wahren Aussagen, sondern auch in falschen; sie weisen also keine hohe Spezifität auf. Andere Merkmale wie beispielsweise die *Phänomengemäße Schilderung unverstandener Handlungselemente* treten insgesamt eher selten auf, weisen also keine hohe Sensitivität, dafür aber eine hohe Spezifität auf. Auch im Hinblick auf die Simulierbarkeit einzelner Merkmale lassen sich der Analyse Hommers' (1997) Hinweise auf die unterschiedliche Spezifität einzelner Merkmale entnehmen. Desweiteren dienten als Wahrnehmungsgrundlage zum Teil Filme, zum Teil Erlebnisse, die sich in der Vergangenheit ereignet hatten, auch wurde das infragestehende Ereignis in das Untersuchungsdesign einbezogen. Zudem ist zu beachten, welche Interviewtechniken in einzelnen Untersuchungen gewählt wurden, da die Art der Befragung sich nachweislich auf die Qualität der Aussage auswirkt. Einen solchen Zusammenhang zeigte beispielsweise eine Untersuchung von Hershkowitz, Lamb, Sternberg und Esplin (1997; vgl. auch Bekerian & Dennett, 1990; Dent, 1982; Lamb, Hershkowitz, Sternberg, Esplin, Hovav, Manor, Yudilevitch, 1996). Vor dem Hintergrund der genannten Aspekte überrascht die Heterogenität der Ergebnisse nicht.

Obschon die einzelnen Untersuchungen sich methodisch stark unterscheiden, konnte die von Undeutsch aufgestellte Behauptung hinsichtlich eines qualitativen Unterschieds erlebnisbegründeter und nicht erlebnisbegründeter Schilderungen grundsätzlich bestätigt werden. Dies gilt jedoch nicht für alle Merkmale gleichermaßen. So ist es beispielsweise nicht gelungen, den Komplex der *motivationsbezogenen Merkmale* in einer Simulationsstudie zu validieren. Dieses Ergebnis ist wohl auf den Umstand zurückzuführen, daß in keiner bislang veröffentlichten Studie zur Validitätsprüfung der Glaubhaftigkeitsmerkmale in der Systematisierung von Steller und Köhnken (1989) der Versuch unternommen worden ist, die Aussagemotivation im allgemeinen und die Täuschungsmotivation im speziellen angemessen zu simulieren. Stattdessen wurde als Coverstory ein Erzählwettbewerb gewählt. Im Hinblick auf die Simulation der Täuschungsmotivation erscheint somit die Kritik an der mangelnden Lebensnähe bislang durchgeführter Simulationsstudien durchaus berechtigt.

Desweiteren ist festzuhalten, daß vorliegende Untersuchungen auf die Unterscheidung erlebnisbegründeter und erfundener Schilderungen fokussieren. Die Feldstudie von Lamb et al. (1997) weist jedoch auf eine potentielle Schwachstelle des Merkmalssystems von Steller und Köhnken (1989) hin, der nachgegangen werden sollte.

Erwähnt seien abschließend zwei Forschungsrichtungen, deren ausführliche Darstellung im Rahmen dieser Untersuchung nicht sinnvoll erscheint, die an dieser Stelle aber dennoch gewürdigt werden sollen.

Zum einen liegen inzwischen im Gegensatz zu Untersuchungen mit Kindern zahlreiche Laborstudien zur Anwendbarkeit inhaltlicher Glaubhaftigkeitsmerkmale bei der Beurteilung der Aussagen von Erwachsenen vor (z.B. Herrmann & Jena, 1995; Höfer, Köhnken, Hanewinkel & Brunn, 1993, zitiert nach Greuel et al., 1998; Krahé &

Kundrotas, 1992[12]; Landry & Brigham, 1992; Scheinberger, 1993; vgl. auch Wolf & Steller, 1993, 1997). Zum anderen sei auch noch auf einen ganz anderen, individualdiagnostischen Forschungsansatz hingewiesen (Dahle, 1997; vgl. auch Dahle & Wolf, 1997), der wegen seiner interessanten zugrunde liegenden Idee an dieser Stelle kurz ausgeführt werden soll. Dahle und Wolf (1997) haben das Problem des gruppenstatistischen Ansatzes bisher existierender Validierungsstudien thematisiert und darauf hingewiesen, daß bei der Anwendung der Glaubhaftigkeitsmerkmale individuelle Besonderheiten des Aussagenden beim diagnostischen Vorgehen berücksichtigt werden müssen. Sie analysierten das Aussagematerial einer Simulationsstudie von Herrmann und Jena (1995), in der je 31 Berichte (16 wahre und 15 unwahre) von zwei Versuchspersonen (ein 13jähriger Schüler der 7. Klasse des Gymnasialzweiges einer Gesamtschule und eine 28jährige Frau mit einem abgeschlossenen Hochschulstudium) erhoben worden waren. Zur Erleichterung der Themenwahl wurde beiden Personen eine Liste mit möglichen Themen (z.B. Umzug, Zahnarztbesuch, Streitsituation, Urlaubsreise, Hochzeit, Wohnungsrenovierung, Klassenfahrt, Teilnahme an einer Demo) gegeben, welche die Bedingungen der Eigenbeteiligung, der Beteiligung einer zweiten Person, der Nicht-Alltäglichkeit des Sachverhaltes und der emotionalen Bedeutsamkeit (positiv wie negativ) des Geschehens erfüllen sollten. Das transkribierte Aussagematerial wurde von drei bezüglich des Wahrheitsstatus' der Geschichten uninformierten Beurteilern hinsichtlich inhaltlicher Glaubhaftigkeitsmerkmale ausgewertet. Die folgende Weiterverarbeitung des Datenmaterials folgte dem Prinzip, anhand mehrerer Aussagen derselben Person eine Auswahl individuell zwischen Falschaussage und Wahraussage differenzierender Merkmale vorzunehmen, und den Regeln psychometrischer Testkonstruktion entsprechend aus diesen eine spezifische Quantifizierungsmethode von Aussagequalitäten dieser Person zu entwickeln. In einem zweiten Schritt wurden mit Hilfe der Skala und der Beispielaussagen der Person intraindividuelle Vergleichsnormen der Qualität wahrer und unwahrer Aussagen abgeleitet. Aufgrund dieser Vergleichsnormen war es möglich, für neue Aussagen dieser Person individuelle Wahrscheinlichkeiten bezüglich des Wahrheitsstatus' zu bestimmen und unter Zugrundelegung einer festgelegten Urteilssicherheit mittels eines Cut-off-Wertes Zuordnungen der Aussagen zur Gruppe der unwahren bzw. wahren Aussagen vorzunehmen. In den von Dahle (1997) bzw. Dahle und Wolf (1997) durchgeführten Einzelfallanalysen wurden bei Zugrundelegung einer 5%igen Fehlerwahrscheinlichkeit von 155 Zuordnungen nur 6 falsche Zuordnungen vorgenommen, allerdings konnten nur knapp 40% der Aussagen nach dieser Methode zugeordnet werden, bei einem größeren Teil der Aussagen konnte keine Entscheidung getroffen werden.

Auch wenn diese Untersuchung unter theoretisch-methodischen Gesichtspunkten zweifellos wertvoll erscheint, wird sich diese Methodik kaum als diagnostische Strategie zur Anwendung in der Begutachtungspraxis eignen. Zum einen wäre die Anwendung dieses Verfahrens mit erheblichem Aufwand verbunden; so mußte in der beschriebenen Untersuchung jede Person neben der zu beurteilenden Aussage 15 Ver-

---

12 Bei der Untersuchung von Krahé und Kundrotas (1992) handelt es sich um ein Feldexperiment.

gleichsaussagen über wahre und 15 Vergleichsaussagen über erfundene Erlebnisse machen. Zum anderen wird sich der tatsächliche Wahrheitstatus der Aussagen kaum sicherstellen lassen. Auch ist im Falle einer bewußten Falschaussage fraglich, ob das Verfahren nicht vom Probanden durchschaut und manipuliert werden kann, indem die wahren Erlebnisse wenig detailliert beschrieben oder der Wahrheitsstatus falsch angegeben wird.
Nach der Darstellung des Forschungsstandes bezüglich der Validität der Glaubhaftigkeitsmerkmale in der Systematisierung von Steller und Köhnken (1989) soll im folgenden referiert werden, inwieweit das Problem der Reliabilität und des Beurteilertrainings in vorliegenden Studien thematisiert und gelöst wurde.

2.1.2.4.3 Forschungsergebnisse zur Reliabilität inhaltlicher Glaubhaftigkeitsmerkmale und Effektivität von Beurteilertrainings im Bereich der Aussagepsychologie

Bei Beurteilungsverfahren wird als Indikator der Reliabilität die Inter- und die Intra-Rater-Übereinstimmung ermittelt. Die Inter-Rater-Übereinstimmung zeigt an, wie gut verschiedene Beurteiler bei der Einschätzung der Glaubhaftigkeitsmerkmale einer Aussage übereinstimmen, mit der Intra-Rater-Übereinstimmung wird ermittelt, wie stabil die Beurteilung eines Raters ist, der eine Aussage zu verschiedenen Zeitpunkten mehrfach analysiert.

Erstaunlich ist die Tatsache, daß systematische Untersuchungen im Hinblick auf die Inter- und Intra-Rater-Übereinstimmung oder gar Trainings in der Anwendung der merkmalsorientierten Inhaltsanalyse erst in jüngster Zeit durchgeführt wurden (vgl. Köhnken, 1999). Während dieser Aspekt bei einigen im vorangegangenen Abschnitt referierten Validierungsstudien völlig vernachlässigt oder zumindest nicht thematisiert wurde (z.B. Esplin et al., 1988; Rüth-Bemelmanns, 1984; Theill, n.d. zitiert nach Undeutsch, 1967), berichten einige Autoren von relativ geringen Übereinstimmungen bei der Einschätzung der Glaubhaftigkeitsmerkmale (Anson, Golding & Gully, 1993; Krahé & Kundrotas, 1992; Ruby & Brigham, 1997), die offenbar auf ein unzureichendes Training der Beurteiler zurückzuführen waren. Andere Untersuchungen berichten zufriedenstellende oder hohe Beurteilerübereinstimmungen (z.B. Köhnken & Wegener, 1982), zum Teil ohne Angabe konkreter Werte (z.B. Lamb et al., 1997).
Köhnken und Wegener (1982; vgl. Kap. 2.1.2.4.2) überprüften beispielsweise die Interrater-Reliabilität zwischen fünf trainierten Ratern. Aus drei zufällig ausgewählten Interviews wurde für jeden zu beurteilenden Handlungsabschnitt jede der möglichen Raterkombinationen korreliert. Nur durch nachträgliche erhebliche Präzisierung der verwendeten Merkmalsdefinitionen konnte eine zufriedenstellende Raterübereinstimmung erreicht werden.
Auffallend ist, daß die Reliabilität in den verschiedenen Untersuchungen in zweierlei Hinsicht sehr uneinheitlich erfaßt wurde: Zum einen wird die Übereinstimmung hinsichtlich verschiedener Aspekte betrachtet (abschließendes Glaubhaftigkeitsurteil, Summenscore, einzelne Merkmale, einzelne Textstellen), wobei zusätzlich noch zu beachten ist, daß die Beurteilung zum Teil auf einer mehrstufigen Skala und zum Teil

nur dichtom (z.B. Anson et al., 1993; Lamb et al., 1997) abgegeben wurde, zum anderen unterscheiden sich die gewählten Reliabilitätsmaße (prozentuale Übereinstimmung, Kappa-Werte, Pearson-Korrelation, Maxwell's RE). Höfer, Krause, Petersen, Sievers und Köhnken (1999) konstatieren, daß es in diesem Anwendungsbereich das ideale Maß zur Feststellung der Beurteilerübereinstimmung nicht gebe.

In Veröffentlichungen experimenteller Studien, in denen die Anwendung des integrativen Merkmalssystems von Steller und Köhnken (1989) zur Glaubhaftigkeitsbeurteilung zum Tragen kam, wurde im Zusammenhang mit dem Aspekt der Reliabilität wiederholt auf die Bedeutung und die Notwendigkeit der Durchführung eines Beurteilertrainings hingewiesen (z.B. Krahé & Kundrotas, 1992; Landry & Brigham, 1992; Steller, Wellershaus & Wolf, 1992). Inwieweit diese Forderungen erfüllt wurden, soll im folgenden betrachtet werden.

Hinweise darauf, daß die Einschätzung der Aussagen von trainierten Beurteilern vorgenommen wurden, findet man in mehreren Untersuchungen; bezüglich dessen, was sich hinter der Bezeichnung *trainiert* im Einzelfall verbirgt, wird der Leser oft jedoch weitgehend im Dunkeln gelassen. Immerhin ein Minimum an Information erhält man in der Untersuchung von Lamb et al. (1997):

> The interviews were ... then rated by at least two other native Hebrew speakers who had been trained extensively to employ the revised CBCA codes. Training took place using transcripts of interviews ... until coders, working independently, agreed regarding at least 90% of the decisions about whether or not each of the criteria was present or absent. Similar levels of agreement were maintained while rating transcripts for this study. All disagreements were resolved in a consensus conference involving the two raters and two other experienced coders. (S. 258)

Informativer im Hinblick auf Aspekte des Beurteilertrainings und der Reliabilität ist die unter dem Blickwinkel der Validität in Kapitel 2.1.2.4.2 beschriebene Untersuchung von Wellershaus und Wolf (1989; vgl. auch Steller, Wellershaus & Wolf, 1992). Die Autoren führten innerhalb ihrer Studie zwei Reliabilitätsuntersuchungen durch: Zum einen betrachteten sie die Übereinstimmung von 31 Beurteilern in vier Aussagen und zum anderen die Übereinstimmung von drei Beurteilern in 176 Aussagen. Die Trainingsphase, welche den merkmalskundigen Beurteilern als Grundlage diente, stellte eine 90-minütige Einführung in Definition und Anwendung der einzelnen Merkmale des Systems von Steller und Köhnken (1989) in Form eines Folienvortrags dar. Beispielhaft wurden Textstellen und Auszüge aus transkribierten Aussagen dargeboten, um das Signieren merkmalserfüllender Textstellen zu demonstrieren. Am Ende der Einführung wurde den Beurteilern die vierstufige Ratingskala vorgestellt. Die prozentuale Interraterübereinstimmung (31 Rater) bei den Einzelmerkmalen lag für fünf Merkmale zwischen 30% und 50%, für acht Merkmale zwischen 50% und 70% und für fünf Merkmale über 70%. Nach Ansicht der Autoren können diese Ergebnisse als zufriedenstellend angesehen werden vor dem Hintergrund, daß lediglich

ein 90-minütiges Training absolviert worden sei, einige Merkmale unexakt definiert seien und keine Verknüpfungsregeln existierten, welche dem Beurteiler vorschrieben, wie er die Bewertung des Ausprägungsgrades eines Merkmals vorzunehmen habe (Wellershaus & Wolf, 1989). Auch die Übereinstimmung der drei Rater wurde von den Autoren als zufriedenstellend hoch bezeichnet. Sie lag zwischen 52.27% für *Interaktionen* und 100% für *Einwände gegen die eigene Aussage* (dieses Merkmal war im Aussagematerial nicht vorhanden).
Außerdem stellten die Autoren im Rahmen ihrer Studie fest, daß merkmalskundige Beurteiler eine signifikant höhere Trefferquote hinsichtlich des Wahrheitsstatus der Aussagen erreichten als Personen, welche über keinerlei Kenntnisse bezüglich der merkmalsorientierten Inhaltsanalyse verfügten, wobei anzumerken ist, daß die Fälle, in denen sich die Beurteiler hinsichtlich des Wahrheitsstatus nicht entscheiden konnten, in diese Berechnung nicht eingingen und sich die merkmalskundigen Beurteiler auch signifikant häufiger unentschieden in ihren Beurteilungen gaben als die merkmalsunkundigen Beurteiler. Klammert man die Beurteilungen als unentschieden nicht aus, so zeigt sich folgendes Bild: Insgesamt gelang es den trainierten Beurteilern, 60.42% der Aussagen korrekt als wahr bzw. unwahr zu klassifizieren. In 10.80% der Fälle waren sie hinsichtlich des Wahrheitsstatus‘ unentschlossen und 28.79% der Aussagen ordneten sie falsch zu. Demgegenüber erreichte eine Gruppe naiver Beurteiler eine Trefferquote von 55.57%, eine Fehlerquote von 39.66% und in nur 4.77% der Aussagen konnten sich die naiven Beurteiler nicht für einen Wahrheitsstatus entscheiden.

Landry und Brigham (1992) gingen in ihrer Untersuchung explizit der Frage der Trainierbarkeit der merkmalsorientierten Inhaltsanalyse nach. 64 trainierte und 50 untrainierte Beurteiler hatten die Aufgabe, sechs wahre und sechs erfundene Erwachsenenaussagen hinsichtlich ihres Wahrheitsstatus‘ einzuordnen, wobei der Hälfte der Beurteiler Transkripte und der anderen Hälfte 90-sekündige Videoaufzeichnungen der Aussagen dargeboten wurden. In die Untersuchung einbezogen wurden 14 der 19 Merkmale des integrativen Systems von Steller und Köhnken (1989). Das Training, welches bei dieser Untersuchung noch kürzer als in der zuvor dargestellten Untersuchung von Wellershaus und Wolf (1989) war und 45 Minuten umfaßte, wird von Landry und Brigham (1992) wie folgt beschrieben:

> ... Each trainee was given a handout that summarized the 14 criteria used in the study. The trainer went over each criterion, explaining it in depth and giving examples taken from Steller et al. (1989). Following this, a 45-second statement was read to the subjects and they were asked to discuss which criteria were present. Next, three rules proposed by Steller (1989, p. 139) were presented: (1) Mere repetitions in different passages within the statement do not increase the rating, (2) one passage in a given statement can fulfill more than one criterion, and (3) only contents that are in some way related to the alleged incident are considered. Trainees were also told that finding more than five criteria present in a statement is a good indication of high credibility. Each trainee received a checklist of the 14 cri-

> teria to use when evaluating the 12 experimental vignettes. ... As a check on their memory for the criteria, the trained subjects were asked to list the 14 criteria at the end of the experimental session (they had not known they would be tested). All were able to list at least 9 of the 14 criteria correctly ... (S. 669)

Sowohl für das Training als auch für die Präsentationsbedingung (Video vs. Transkript) ließ sich ein signifikanter Einfluß nachweisen, wobei der Erfolg des Trainings bzw. der Einfluß der Präsentation an den erzielten Trefferquoten festgemacht wurde. Die trainierten Beurteiler erzielten signifikant bessere Trefferquoten als die untrainierten Beurteiler; die trainierten Beurteiler, welchen Videoaufnahmen präsentiert wurden, stellten allerdings die einzige Gruppe dar, deren Trefferquote mit 58.1% über der Zufallserwartung lag, wobei erwähnt werden muß, daß bei diesen 58.1% die unsicheren Urteile wie in der zuvor dargestellten Studie von Steller et al. (1992) nicht berücksichtigt wurden, welche insgesamt (über alle vier Gruppen gemittelt) einen Anteil von 10.1% ausmachten. Betrachtet man die Trefferquoten der trainierten Gruppen unter Berücksichtigung der Zweifelsfälle, so ergibt sich für die Videobedingung eine Trefferquote von 52.7% und Fällen von Unentschiedenheit in der Größenordnung von 9.3%; die trainierten Beurteiler der Transkriptbedingung erreichen eine Trefferquote von 46.9% bei 10.6% unentschiedener Fälle. Das Training führte ausschließlich zu einer erhöhten Trefferquote bei Wahraussagen. Bei der Einschätzung falscher Aussagen waren die trainierten Beurteiler mit einer Trefferquote von 35% den untrainierten Beurteilern nicht überlegen, welche hier eine Trefferquote von 35.2% erreichten.
Von einer Erfassung der Beurteilerübereinstimmung wird leider nicht berichtet. Die Trainingseffizienz wird lediglich über den erhöhten Prozentsatz korrekter Klassifikationen bezüglich des Wahrheitsstatus' der Aussagen dargestellt.
Die Autoren weisen zu Recht darauf hin, daß ein intensiveres Training und eine ausführlichere Auseinandersetzung mit den Merkmalen zu einem höheren Prozentsatz korrekter Klassifikationen hätte führen können. Vor dem Hintergrund des berichteten Zeitrahmens von 45 Minuten erscheint ohnehin fraglich, ob in diesem Zusammenhang die Verwendung des Begriffs *Training* angebracht ist.

Eine gut dokumentierte Untersuchung zur Beurteilerübereinstimmung bei der Einschätzung von Glaubhaftigkeitsmerkmalen wurde von Anson, Golding und Gully (1993) veröffentlicht. Die Autoren erstellten 23 Videos mit Aussagen von Opfern sexuellen Mißbrauchs und unterzogen die diesbezüglichen Ratings von vier Beurteilern einer Prüfung der Beurteilerübereinstimmung. Jede Aufzeichnung der vorgegebenen Videobänder wurde von zwei der vier Rater beurteilt, so daß jeder Rater in etwa die Hälfte der Aussagen beurteilte. Vor der eigentlichen Untersuchung fand eine Überprüfung der Merkmalskenntnisse statt. An Fallmaterial, welches zuvor wegen nicht mit Sicherheit bestätigten Mißbrauchs aus der ursprünglichen Stichprobe aussortiert worden war, wurden die Ratings hinsichtlich der Interrater-Reliabilität getestet und die Ergebnisse mit den Beurteilern diskutiert. Zur Berechnung der Interrater-Reliabilität wurden von den Autoren drei Methoden herangezogen. Es wurde die

prozentuale Übereinstimmung der Ratings bestimmt, der Kappa-Koeffizient und aufgrund der asymmetrischen Verteilung der Ratings zusätzlich Maxwell's RE-Koeffizient. Die Werte des Maxwell's RE-Koeffizienten lagen im Durchschnitt bei .49 und insgesamt in einem Bereich von -.22 für *Deliktspezifische Details* und 1 bei dem Merkmal *Einwände gegen die Richtigkeit der eigenen Aussage* (in keiner Aussage vorhanden) sowie *Inschutznahme des Täters*. Ein bedeutsamer Unterschied zeigte sich bei der Bestimmung von Cohen's Kappa und Maxwell's RE-Koeffizienten für die *Phänomengemäße Schilderung unverstandener Handlungselemente*. Der Maxwell's RE-Koeffizient von .83 stand hier einem relativ kleinen Kappa-Koeffizienten von .47 gegenüber. Im Mittel lag Kappa bei .29 mit einer Spanne von -.30 für *Deliktspezifische Details* und 1 für die *Inschutznahme des Täters*. Die durchschnittliche prozentuale Übereinstimmung der Ratings lag bei 75%, mit einer Spanne von 39% für *Deliktspezifische Details* bis 100% für *Einwände gegen die Richtigkeit der eigenen Aussage* (in keiner Aussage vorhanden) sowie *Inschutznahme des Täters*. Die beurteilten Merkmale wurden im Hinblick auf die erreichte Übereinstimmung nach Maxwell's RE-Koeffizienten in drei Gruppen eingeteilt. Neun Merkmale erreichten einen hinreichend großen Wert (1, 3, 6, 7, 10, 13, 16, 17, 18), wobei die Autoren einen Wert größer als .50 als hinreichend groß bezeichneten. Noch akzeptable Reliabilität (.30 < Maxwell's RE-Koeffizient < .50) wurde bei vier Merkmalen erreicht (4, 8, 9, 14). Sechs Merkmale (2, 5, 11, 12, 15, 19) konnten nur inadäquat reliabel erfaßt werden (Maxwell's RE-Koeffizient < .30).
Bei der Betrachtung der Ergebnisse ist zu berücksichtigen, daß die Übereinstimmungen für dichotome Ratings (Merkmal vorhanden bzw. nicht vorhanden) berechnet wurden; es ist zu befürchten, daß die Übereinstimmungen bei einer differenzierteren Skala noch schlechter ausgefallen wären. Zu bedenken ist allerdings auch, daß die Datenerhebung hier nicht anhand von Transkripten erfolgte, sondern Videos die Beurteilungsgrundlage bildeten, was die Beurteilung erschwert haben dürfte.
Anson et al. (1993) kommen zu dem Schluß, daß eine ausführlichere und präzisere Definition einzelner Merkmale notwendig sei. Eine weitere Ursache für die unbefriedigenden Reliabilitätswerte sehen die Autoren in den unterschiedlichen Erfahrungen der Rater, die in Kombination mit der unpräzisen Definition der Merkmale zu einer nur unzureichenden Übereinstimmung geführt hätten.

Es ist festzuhalten, daß die zuverlässige inhaltsanalytische Erfassung der Merkmale eine höchst komplexe Aufgabe darstellt, deren Erfüllung ein gründliches und anwendungsorientiertes Training erfordert. Erstaunlich erscheint gerade vor dem Hintergrund verschiedenster Hinweise auf die Notwendigkeit eines sorgfältigen Trainings, daß erst in jüngster Zeit Versuche unternommen wurden, diese Forderung wissenschaftlich umzusetzen (vgl. Köhnken, 1999).
So haben erst kürzlich Petersen (1997) und Krause (1997; vgl. Höfer, Krause, Petersen, Sievers & Köhnken, 1999) ein Trainingsprogramm zur Glaubhaftigkeitsbeurteilung von Zeugenaussagen konzipiert (Kieler Trainingsprogramm zur Beurteilung der Glaubwürdigkeit von Zeugenaussagen – KTGB) und dessen Reliabilität und Validität empirisch überprüft. Mit diesem Trainingskonzept sollte der wiederholten Forderung nach einem intensiveren Training und einer verbesserten Operationalisierung der

Glaubhaftigkeitsmerkmale Rechnung getragen werden. Das dreiwöchige Training war in ein einwöchiges Literaturstudium und eine zweiwöchige praktische Anwendungsphase untergliedert, die dazu diente, den Teilnehmern die inhaltsorientierte Glaubhaftigkeitsdiagnostik anhand des Merkmalssystems von Steller und Köhnken (1989) zu vermitteln. Die Anwendungsphase war in einzelne aufeinander aufbauende Übungsschritte eingeteilt, die von den Autoren als *Wiedererkennungsphase*, *Simultanphase*, *Skalierungs-* und *Ankertraining* bezeichnet wurden. Die Anwendungsgrundlage bildete eine ausführliche Operationalisierung der Glaubhaftigkeitsmerkmale. Neben der Trainingsgruppe wurden drei weitere Gruppen (eine Seminargruppe, eine Literaturgruppe und eine intuitive Gruppe) in die Untersuchung einbezogen. Der Vergleich mit weniger aufwendigen Trainingsformen diente der Überprüfung der Ökonomie und Nützlichkeit des Trainingsprogramms. Die Rater aller vier Gruppen beurteilten zu drei Meßzeitpunkten das transkribierte Aussagematerial hinsichtlich der 19 Merkmale des Systems von Steller und Köhnken (1989) auf einer fünfstufigen Ratingskala. Die Effektivität des Trainings wurde durch die Feststellung der Interrater- und Intrarater-Reliabilität sowie durch die kriteriumsbezogene Validität der Ratings (Übereinstimmung mit einem Expertenrating als Außenkriterium) überprüft. Sowohl hinsichtlich der Inter- und Intrarater-Reliabilität als auch hinsichtlich der kriteriumsbezogenen Validität der Ratings erwies sich die Trainingsgruppe als signifikant besser als die zweitbeste Gruppe der Seminarteilnehmer. Die gemittelte prozentuale Übereinstimmung der Trainingsgruppe lag bei 76.2%, die erweiterte prozentuale Übereinstimmung mit dem Expertenrating (eine Abweichung um einen Skalenpunkt wird toleriert) lag für 15 der 19 Merkmale bei über 70% und ist somit nach Wellershaus und Wolf (1989) als hoch anzusehen. Die Ergebnisse der Untersuchungen von Petersen (1997) und Krause (1997) bestätigen grundsätzlich die Effektivität und Nützlichkeit eines ausführlichen Trainings (vgl. auch Höfer et al., 1999).

2.1.2.4.3.1 Fazit

Zusammenfassend ist zu konstatieren, daß die teilweise schlechten Ergebnisse im Hinblick auf die Reliabilität einzelner Merkmale auf die mangelnde Ausarbeitung präziser Operationalisierungsvorschriften und auf unzureichende Trainingsmaßnahmen für Beurteiler zurückzuführen sind. In jüngeren Untersuchungen konnten durch intensive Trainingsmaßnahmen zufriedenstellend hohe Übereinstimmungen erzielt werden (vgl. Höfer et al., 1999), wodurch noch einmal die Bedeutung präziser Operationalisierungsvorschriften und sorgfältiger Trainingsmaßnahmen unterstrichen wird. Festzuhalten bleibt auch, daß wahre Aussagen grundsätzlich besser eingeschätzt werden als falsche Aussagen (z.B. Wellershaus & Wolf, 1989; Landry & Brigham, 1992), was sich zum Teil dadurch erklären läßt, daß der Mensch generell dazu tendiert, auf die Wahrheitsintention seines Kommunikationspartners zu vertrauen; diese Erkenntnis erbrachten Untersuchungen zur verhaltensorientierten Glaubwürdigkeitsattribution (vgl. Köhnken, 1990). Die Tatsache, daß dieser Positiv-Bias durch Trainingsmaßnahmen noch deutlicher hervortritt, ist jedoch darauf zurückzuführen, daß

die merkmalsorientierte Inhaltsanalyse *positive* Merkmale und keine *Unglaubhaftigkeitsmerkmale* bereitstellt.
Die Darstellung des Ansatzes der Inhaltsorientierten Glaubhaftigkeitsdiagnostik soll mit der Darstellung eines spezifischen Anwendungsproblems, des Problems der suggestiven Beeinflussung, abschließen. Zur Verdeutlichung dieser Problematik ist ein kurzer Exkurs über grundlegende Annahmen und Erkenntnisse dieses Forschungszweiges erforderlich.

2.1.2.5 Exkurs: Merkmalsorientierte Inhaltsanalyse und Suggestion

Die Frage möglicher suggestiver Einflußnahme auf kindliche Aussagen ist in den letzten Jahren verstärkt diskutiert worden. Ihren Höhepunkt erreichte diese Debatte im Zusammenhang mit den spektakulären Verfahren wegen sexuellen Mißbrauchs wie dem Montessori-Prozeß in Münster oder den sogenannten *Wormser Prozessen*, in deren Verlauf beispielsweise ein 4jähriges Mädchen nach 35 Befragungen schließlich die Staatsanwältin des Mißbrauchs bezichtigte, da es alle anderen Bekannten bereits beschuldigt hatte, die Interviewer aber offensichtlich mit den Antworten des Mädchens noch nicht zufrieden gewesen waren (Schade, 1997[13]; vgl. auch Kluck, 1998). Doch die Frage möglicher suggestiver Einflüsse auf eine Aussage in ihrer Gesamtheit oder auf Teilaspekte einer Aussage wird nicht nur in diesen spektakulären Verfahren thematisiert, sondern ist auch in alltäglichen Fällen von ausschlaggebender Bedeutung für den Ausgang des Verfahrens (Volbert, 1997).

Was verbirgt sich hinter dem Begriff der Suggestion? Der Begriff der *Suggestion* bzw. der Begriff der *Suggestibilität* wird in der Literatur sehr unterschiedlich definiert. Mit einer sehr weiten Definition von Suggestibilität arbeiten Ceci und Bruck (1993). Sie definieren Suggestibilität als Ausmaß, in welchem kindliche Encodierung und Speicherung, die Erinnerung und das Berichten von Ereignissen beeinflußt werden können durch eine Reihe sozialer und psychischer Faktoren. Diese Definition impliziert die Möglichkeit, Information anzunehmen und zu berichten, bei vollem Bewußtsein, daß diese von einem tatsächlich wahrgenommenen Ereignis abweicht. Dieser sehr weiten Definition zufolge kann auch dann eine Suggestion vorliegen, wenn gezielt die Unwahrheit gesagt wird, also eine Täuschungsabsicht vorliegt. Ordnet man gezieltes Lügen als Suggestion ein, so erscheint damit nach Volbert und Pieters (1996) der Begriff der Suggestion überdehnt (vgl. auch Greuel et al., 1998).

Bei Gudjonsson und Clark (1986; vgl. auch Gudjonsson, 1992) liest man den Begriff *interrogative suggestibility*, dessen sehr enge Definition voraussetzt, daß eine Person die suggerierten Informationen als tatsächlich annimmt, also selbst glaubt:

---

[13] Hierbei handelte es sich um eine mündliche Mitteilung in der Sendung „Boulevard Bio: Eine Familie unter Verdacht", ausgestrahlt in der ARD am 23.09.1997.

> ... the extent to which, within a closed social interaction, people come to accept messages communicated during formal questioning, as the result of which their subsequent behavioral response is affected... (S. 84)

Endres, Scholz und Summa (1997) wenden ein, daß nicht vorweg durch definitorische Festlegung entschieden werden sollte, in welchem Maße suggerierte Inhalte in die Gedächtnisrepräsentationen eines berichteten Ereignisses inkorporiert würden, oder möglicherweise wider besseres Wissen allein aus Konformitätsmotiven wiedergegeben würden.

Unter dem Begriff der Suggestion soll im folgenden jede Art der Beeinflussung verstanden werden, durch welche eine Person Informationen in ihre Aussage übernimmt, welche ihr in einem sozialen Kontext durch Gespräche, Befragungen oder nachträgliche Informationen übermittelt worden sind. Diese in Anlehnung an Endres et al. (1997) formulierte Definition läßt offen, durch welche kognitiven, motivationalen und sozialen Prozesse dieser Einfluß vermittelt wird und ob wider besseres Wissen ausgesagt wird oder die Informationen der Wirklichkeit entsprechend angenommen wird.

Die psychologische Forschung beschäftigte sich schon zu Beginn dieses Jahrhunderts mit dem Problem der Suggestibilität und hielt Kinder wegen ihrer angeblich hohen Suggestibilität für die gefährlichsten aller Zeugen (Baginsky, 1911, zitiert nach Whipple, 1911). Jedoch kommen auch neuere Untersuchungen zu dem Schluß, daß Suggestibilität mit zunehmendem Alter abnimmt (z.B. Danielsdottir, Sigurgeirsdottir, Einarsdottir & Haraldsson, 1993).

Während die frühe Phase der experimentellen Suggestionsforschung sich Paradigmen bediente, deren ökologische Validität zumindest bezweifelt werden dürfte, zeichnen sich aktuellere Untersuchungen durch eine angemessenere Simulation der psychologischen Situation von Zeugen aus, so daß von einer guten Übertragbarkeit der Untersuchungsbefunde ausgegangen werden kann. So wurden psychologisch relevante Dimensionen wie beispielsweise Involviertheit, Relevanz des Ereignisses, Körperberührungen und negative emotionale Tönung bei der experimentellen Umsetzung berücksichtigt, es wurde nicht mehr nur der Effekt suggestiver Einflüsse auf periphere Details, sondern vor allem auf zentrale Handlungselemente eines für das Kind relevanten Ereignisses untersucht. In einigen Untersuchungen wurden Kinder sogar nach etwaigen mißbräuchlichen Handlungen befragt. Damit wurden die Kinder analog zu vorstellbaren realen Mißbrauchsverdachtsfällen zunächst in eine persönlich relevante, möglicherweise belastende Situation gebracht und zu einem späteren Zeitpunkt auf verschiedene Weise suggestiv beeinflußt und befragt (Volbert, 1997). Die Untersuchungen ergaben beispielsweise, daß Kinder auf entsprechende Fragen fälschlich antworteten, die Arzthelferin habe ihnen ins Ohr gepustet oder am Knie geleckt, wobei die Kinder bei wiederholten Befragungen über einen Zeitraum von drei Monaten bei diesen Behauptungen blieben (Ornstein, Gordon & Lazarus, 1992). In einer Untersuchung von Bruck, Ceci, Francoeur und Barr (1995) behaupteten Kinder, der Kinderarzt habe ihnen einen Finger oder einen Stock in die Genitalien eingeführt. Es erscheint im Rahmen der vorliegenden Arbeit nicht notwendig, diese Untersuchungen im einzelnen darzustellen. Für einen Überblick sei der interessierte Leser auf Ceci und Bruck (1993, 1995) verwiesen (vgl. auch Volbert, 1997).

Die Wirksamkeit von Suggestionen wurde inzwischen durch zahlreiche Untersuchungen belegt. Dabei konnte gezeigt werden, daß es unter bestimmten Bedingungen möglich ist, komplette Lebensereignisse in das Gedächtnis von Probanden zu „implantieren". Diese Erinnerungen können sehr lebhaft und wirklichkeitsnah sein. Als wohl berühmtestes Beispiel nicht experimentogener Suggestion führt Nelson (1993) die „Kindheitserinnerung" des Entwicklungspsychologen Piaget an, welcher bis zu seinem 15. Lebensjahr detaillierte Erinnerungen daran hatte, im Alter von 2 Jahren von seinem Kindermädchen bei einem Spaziergang im Park vor einer gewaltsamen Entführung bewahrt worden zu sein. Das Kindermädchen, welches für seine Heldentat von der Familie Piagets mit einer goldenen Uhr belohnt worden war, schickte, um ihr schlechtes Gewissen zu erleichtern, die Uhr Jahre später zurück und erklärte in ihrem Brief, sie habe sich den Vorfall nur ausgedacht, um eine Belohnung zu bekommen.

Im Rahmen der Glaubhaftigkeitsdiagnostik stellt sich insbesondere im Hinblick auf die Anwendbarkeit der merkmalsorientierten Inhaltsanalyse die Frage, wie sich Suggestionen auf die Qualität der Aussage auswirken, und ob sich infolge suggestiver Beeinflussung falsche Zeugenaussagen von erlebnisbegründeten wahren Zeugenaussagen mittels inhaltlicher Merkmale noch unterscheiden lassen.
Führt man sich das weiter oben beschriebene Vorgehen bei der Begutachtung der Glaubhaftigkeit vor Augen, so bestehen grundsätzlich zwei Möglichkeiten der Herangehensweise, die der SVA inhärent sind.
Zunächst kann im Zusammenhang mit der Eruierung der Aussageentwicklung festgestellt werden, ob suggestive Beeinflussung im Vorfeld der Aussage zu befürchten ist. Für die Rekonstruktion der Aussageentstehung und weiterer Befragungssituationen ist es nach Greuel et al. (1998, S. 199) erforderlich zu klären, unter welchen Umständen die erste Aussage getätigt wurde, wobei die Autoren betonen, daß es hier nicht um die erste in der Akte festgehaltene Aussage gehe, sondern um die erste Angabe überhaupt. Dabei müsse im Einzelnen rekonstruiert werden, wem gegenüber und in welcher Situation die erste Aussage gemacht worden sei, welche Angaben genau und ob sie spontan oder auf Nachfrage gemacht worden seien, welche Arten von Fragen gestellt worden seien, welche Einstellung und welche Erwartungen der Aussageempfänger gehabt und wie er auf die Mitteilung reagiert habe. Wichtig seien darüber hinaus auch mögliche Veränderungen der Aussage mit der Zeit (vgl. Kap. 2.1.2.2). Vor dem Hintergrund dieser Informationen sollen Wahrscheinlichkeit und Ausmaß einer möglichen suggestiven Beeinflussung abgeschätzt werden.

Die zweite Möglichkeit bestünde darin, inhaltliche Aussagemerkmale zu identifizieren, welche Aufschluß über das Vorhandensein einer suggestiven Beeinflussung geben könnten. Bringt das Kind die Anschuldigungen beispielsweise in einer Sprache vor, die nicht seinem Alter bzw. Sprachgebrauch entspricht, die möglicherweise aber

den Argumenten und Formulierungen einer relevanten Bezugsperson ähnelt, so kann dies als ein Hinweis auf die suggestive Einflußnahme durch diese Person gewertet werden.
Wie aber sieht es mit der Anwendbarkeit der inhaltlichen Glaubhaftigkeitsmerkmale, also der des Kernstücks der SVA aus? Steller, Volbert und Wellershaus (1993) ziehen – allerdings mit großer Zurückhaltung – die Möglichkeit eines qualitativen Unterschiedes zwischen suggerierten (Autosuggestion) und erlebten Ereignissen in Erwägung, stellen jedoch in Frage, ob sich dieser potentielle Unterschied auch noch im Falle der Beeinflussung durch Erwachsene zeigen könne. Arntzen (1995) hingegen legt großen Optimismus bezüglich des Vorkommens suggestiver Befragungen und der Diskriminationsfähigkeit inhaltlicher Glaubhaftigkeitsmerkmale im Falle suggestiv beeinflußter Aussagen an den Tag. Zunächst einmal behauptet er, daß es sich bei der häufig berichteten Suggestibilität von Kindern um ein experimentogenes Phänomen handele. Die Fragen enthielten zum Teil eine sehr intensive Suggestion, die in forensischer Tätigkeit strikt vermieden werde (Arntzen, 1995, S. 31). Daß dies tatsächlich immer der Fall ist, mag bezweifelt werden, wenn man in einem weit verbreiteten Buch von Enders (1991) folgendes durchaus exemplarisch gemeintes Fallbeispiel liest. Es handelt sich um ein 3jähriges Mädchen, welches von einem Bekannten der Familie mißbraucht worden sein sollte.

> Lena war ein ausgesprochen aufgewecktes Mädchen. Sie nahm schnell Kontakt mit mir auf und zeigte mir voller Stolz ihren Gruppenraum im Kindergarten. Dann interessierte sie sich für meine Handpuppen und die anatomisch getreuen Diagnosepuppen. Nach dem Motto „Zeigst Du mir Deine, zeig ich Dir meine!“ stellten wir uns gegenseitig unsere Puppen vor. Lena zog mit großem Interesse die Diagnosepuppen aus, untersuchte sie und benannte die Geschlechtsteile (Muschi und Pipimännchen). Dann machten wir ein „Ratespiel“: Wer hat eine Muschi? Wer hat einen Pipimann? Als *ich* unvermittelt den Namen des *Täters* nannte, schreckte das kleine Mädchen zusammen, beantwortete knapp die Frage und wechselte das Thema. ...
> Etwas später wandte sich die Kleine von selbst wieder der Puppenfamilie zu, nahm die Männerpuppe in die Hand und untersuchte den Penis mit dem Kommentar: „Der Pipimann ist blöd!“ Auf *meine Frage*: „*Wie groß ist denn der Pipimann von Günter*?“ antwortete sie: „So groß“ und deutete einen relativ großen Penis an. Diesmal wich die Kleine nicht zurück; sie hatte Vertrauen zu mir gefaßt und selbst das Thema „Pipimann“ angesprochen. *Ich* hatte durch meine Fragestellung den *Namen des Täters nochmals vorgegeben*, jedoch genügend Spielraum für eine Antwort gelassen, die auch vor Gericht Aussagekraft hat. Entsprechend auch *meine nächste Vorgabe: Ich* nahm die Mädchenpuppe in die Hand, streichelte sie liebevoll und sagte: „Dies ist Lena. Hat der Pipimann von Günter die Lena angepackt?“ *Diese Formulierung ging von einer aktiven Handlung des Täters* und der passiven Rolle des Mädchens aus; sie stellte damit von vornherein die Verantwortlichkeit klar und erleichterte es dem Kind mir mehr zu erzählen. Lena nickte stumm. „*Wo*

> *hat der Pipimann von Günter Lena angepackt?*" das Mädchen wich erschreckt zurück, diese Frage war für sie zu schmerzhaft, sie konnte sie mir nicht beantworten. Durch die klare Grenzziehung des Kindes wurde mir mein methodischer Fehler bewußt: Ein kleines Kind sollte niemals aufgefordert werden, „selbst" den Mißbrauch zu „verraten"; dies ist viel zu bedrohlich für das betroffene Mädchen (den Jungen). Ich nahm deshalb eine meiner Handpuppen und ließ auch Lena eine wählen. Die Kleine entschied sich für einen Teddy. In einem nächsten Schritt bat meine Handpuppe den Teddy, mir weiterzuhelfen: Er sei doch Lenas Freund und *Lena sei traurig, er könne mir bestimmt zeigen, wo Günters Pipimann Lena angepackt habe.* Das kleine Mädchen zog die Handpuppe an und packte ganz eindeutig auf den Mund der „Lena-Puppe". *Ich* sprach die Gefühle des Mädchens an, ohne den Tathergang in Worte zu fassen ... (S. 159f., Hervorhebung v. Verf.)

Es steht wohl außer Frage, daß diese Interviewsituation stark suggestiv ist. Man wird also davon ausgehen müssen, daß nicht nur in psychologischen Experimenten, sondern auch im Bereich der forensischen Praxis teilweise suggestive Befragungstechniken zum Einsatz kommen und dementsprechend Aussagen vorliegen können, welche nicht erlebnisbegründet, sondern das Ergebnis suggestiver Beeinflussung sind. Zudem ist zu konstatieren, daß man sich im Rahmen von Experimenten vergleichsweise sehr milder Methoden der suggestiven Beeinflussung bedient hat, deren Auswirkungen tatsächlich kaum vergleichbar sind mit denen der teilweise sehr intensiven Beeinflussungen in der Befragungspraxis; kaum vergleichbar jedoch nicht sensu Arntzen (1995), sondern in dem Sinne, daß multiple suggestive Einflüsse über einen längeren Zeitraum, wie sie zum Teil in der Praxis beobachtet werden, wesentlich dramatischere Auswirkungen haben (vgl. Köhnken, 1999).

Zum anderen äußert sich Arntzen (1995) bezüglich der Differenzierfähigkeit von Glaubhaftigkeitsmerkmalen im Falle suggerierter Aussagen folgendermaßen:

> *Im forensischen Bereich* beziehen sich (möglichst suggestionsfreie) Fragen dagegen auf größere Erlebniskomplexe ..., die sehr schwierig oder sogar gar nicht bewußt oder unbewußt zu suggerieren sind, wenn ein großer Teil dieser Gegebenheiten in einer Zeugenaussage erscheint *und darin zu einem Komplex verbunden wird.* Vermutet man trotzdem Suggestionseinwirkungen, so ist Selbsterlebtes überwiegend immer noch von Suggeriertem zu unterscheiden. In Frage kommen hierfür als Unterscheidungskriterien im allgemeinen: Flüssigkeit und Tempo des Vorbringens ..., phänomenbeschränkt-unverstandene Äußerungen sowie ... prompte ... Präzisierungen bei im übrigen gewahrter Konstanz. ... der Motivlage der Zeugen Zuwiderlaufendes, Wiedergabe von Gesprächen, die von verschiedenen Rollenstandpunkten aus geführt wurden, Reaktionen in Mimik und sonstigen Äußerungsweisen, mit kontrollierbaren Gegebenheiten mehrfach Verflochtenes sowie mit Aussagen anderer Kinder teilweise Verzahntes, das bei unterschiedlichen

> Beobachtungsmöglichkeiten wahrgenommen worden sein soll. (S. 31, Hervorhebung im Original)

Bislang existiert weder ein empirischer Beleg, der diese Behauptungen bezüglich der Diskriminationsfähigkeit inhaltlicher Glaubhaftigkeitsmerkmale im Zusammenhang mit suggerierten Aussagen stützen könnte, noch ist der Versuch unternommen worden, diese Behauptungen theoretisch zu begründen.
Sehr fraglich ist auch, ob eine Identifikation suggerierter Aussageteile anhand mimischer Reaktionen möglich ist. Forschungsergebnisse zu Verhaltenskorrelaten der Lüge jedenfalls lassen entsprechende Schlüsse nicht zu (vgl. Kap. 2.1.1.1).

Bislang existieren kaum Studien, welche prüfen, ob sich suggerierte und erlebnisbegründete Aussagen qualitativ unterscheiden, und ob die merkmalsorientierte Inhaltsanalyse (Steller & Köhnken, 1989) auch hier ein geeignetes Instrument zur Differenzierung darstellt (Volbert, 1997).
In amerikanischen Untersuchungen wurde in erster Linie untersucht, ob es auf dem Gebiet der Einschätzung von Kinderaussagen erfahrenen Experten gelang, suggerierte und erlebnisbegründete Aussagen korrekt einzuordnen. So haben beispielsweise Ceci, Loftus, Leichtman und Bruck (1994), Leichtman und Ceci (1995) sowie Ceci, Huffman, Smith und Loftus (1994) in ihren Untersuchungen Praktikern und Wissenschaftlern, welche beruflich mit der Befragung von Kindern bei der Frage sexuellen Mißbrauchs zu tun hatten, Videos von Kinderaussagen zur Beurteilung vorgeführt, allerdings ohne Vorgabe der Analysemethode. Die Trefferquoten lagen im Durchschnitt nicht oberhalb des Zufallsniveaus, was zum einen damit zusammenhängen mag, daß wegen der Überzeugung der Kinder von der Wahrhaftigkeit ihrer Äußerungen auf nonverbaler Ebene kein Hinweis auf eine Falschaussage vorlag, und zum anderen die Aussagen über suggerierte Ereignisse sehr detailreich waren (vgl. Volbert, 1997). Die Trefferquote der Beurteiler allein sagt jedoch nicht in jedem Falle etwas über Unterschiede zwischen Aussagen über suggerierte und erlebte Ereignisse hinsichtlich des Auftretens bestimmter Qualitätsmerkmale aus.

Volbert (1997) berichtet, daß eine erste unveröffentlichte Untersuchung zu qualitativen Unterschieden zwischen suggerierten und erlebnisbegründeten Aussagen vorliege (Lehr, 1995, zitiert nach Volbert, 1997), deren Ergebnisse darauf hin deuteten, daß sich solche Qualitätsunterschiede zwischen suggerierten und erlebnisbegründeten Aussagen junger Kinder wesentlich weniger deutlich zeigten als dies in vorangegangenen Studien zur Validierung der merkmalsorientierten Inhaltsanalyse der Fall war, in denen es überwiegend um die Differenzierung erlebnisbegründeter und frei phantasierter Aussagen älterer Kinder gegangen sei (Volbert, 1997, S. 56).

2.1.2.5.1 Fazit

Zusammenfassend ist zu sagen, daß zahlreiche Untersuchungen mit Kindern belegen, daß suggestive Befragungsformen unter bestimmten Bedingungen zur Folge haben können, daß fiktive Ereignisse überzeugend als eigene Erlebnisse geschildert werden können. Diese Schilderungen sind zum Teil so plastisch und detailliert, daß sie auch von Fachleuten für glaubhaft gehalten werden (vgl. Köhnken, 1999; Volbert, 1997). Hingegen ist noch nicht geklärt, inwieweit die merkmalsorientierte Inhaltsanalyse in diesen Fällen noch aussagekräftig ist. Bei der Planung empirischer Untersuchungen mit hoher externer Validität stößt man in diesem Bereich sehr schnell an ethische Grenzen. Gerade im Hinblick auf die nachgewiesene Wirksamkeit suggestiver Beeinflussung wäre es ethisch unverantwortlich, Kindern ein traumatisches Erlebnis zu suggerieren, welches wesentliche psychologische Grunddimensionen eines Mißbrauchserlebnisses erfüllt, wenn man davon ausgehen muß, den Probanden dadurch möglicherweise eine bleibende Erinnerung an ein nicht stattgefundenes traumatisches Erlebnis „implantiert" zu haben.

2.2 Weitere für die Untersuchungsplanung wichtige Forschungsansätze

Im vorangegangenen Abschnitt sind die traditionellen Ansätze der verhaltensorientierten und der inhaltsorientierten Glaubhaftigkeitsdiagnostik dargestellt worden. Für die geplante Studie sind möglicherweise auch weitere Ansätze von Interesse, welche der Gedächtnispsychologie, der Erkenntnistheorie und der Kommunikationstheorie zugeordnet werden, und deren Übertragbarkeit auf den Bereich der Glaubhaftigkeitsbeurteilung von Zeugenaussagen in jüngster Zeit diskutiert wird. Diese Ansätze sollen im folgenden dargestellt werden.

2.2.1 Der Realitätsüberwachungsansatz

Der Realitätsüberwachungsansatz bietet einen kognitionspsychologischen Zugang zur Thematik aussagepsychologischer Forschung.
Erinnerungen werden grundsätzlich aus zwei Quellen gespeist: Sie können extern generiert sein, wenn sich eine Person an ein wahrgenommenes Erlebnis erinnert, oder intern generiert sein, wenn sich eine Person ein Erlebnis vorstellt bzw. sich an ein Erlebnis erinnert, welches nur in der Vorstellung stattgefunden hat. Der Ansatz des *reality monitoring* geht der Frage nach, welche Informationen Personen nutzen, um eigene Erinnerungen an bestimmte Erlebnisse internen bzw. externen Quellen zuzuordnen (Johnson & Raye, 1981).

Diese Problematik erinnert an die als *reality testing* bezeichneten Prozesse, die ablaufen, wenn eine Person versucht, zwischen *Realität* und *Imagination* zu unterscheiden. Von einigen Wissenschaftlern wird insbesondere jüngeren Kindern die Fähigkeit der Realitätserfassung abgesprochen. So nahmen Piaget (1957) und Freud (1933/1966, zitiert nach Ceci & Bruck, 1993) an, daß Kinder bis zu einem gewissen Alter dazu neigen, Phantasie und Realität zu vermengen.
Diese *Realitätskontrolle* oder besser *Wirklichkeitskontrolle* wurde von Wahrnehmungspsychologen beforscht (z.B. Perky, 1910; vgl. auch Segal, 1971) und im Rahmen dieser Arbeit dem erkenntnistheoretischen Ansatz zugeordnet (vgl. Kap. 2.2.2).

Während sich das *reality testing* auf die Unterscheidung einer eigenen aktuellen Wahrnehmung und einer aktuellen Imagination bezieht, befaßt sich im Unterschied dazu der Ansatz der *Realitätsüberwachung* mit den Prozessen, die bei der Unterscheidung von eigenen Erinnerungen an vergangene Wahrnehmungen und vergangene Imaginationen wirksam werden (Johnson & Raye, 1981).
Neben der Unterscheidung zwischen external (Wahrnehmung) und internal generierter Information (Imagination), also der Realitätsüberwachung im engeren Sinne, stellen sich einer Person bei der Einordnung verschiedener Erinnerungen noch zwei weitere Aufgaben:
Zum einen muß zwischen verschiedenen internalen Quellen unterschieden werden. Beispielsweise muß eine Person unterscheiden, ob sie sich an etwas erinnert, worüber

sie nachgedacht hat oder ob ihre Erinnerung sich auf etwas bezieht, was sie ausgesprochen hat. Zum anderen muß zwischen verschiedenen externalen Quellen differenziert werden. So muß eine Person beispielsweise unterscheiden, ob eine Handlung von Person A, Person B oder Person C ausgeführt wurde.
Johnson und Raye (1981) gehen in ihrem Modell der Realitätsüberwachung davon aus, daß internal generierte Erinnerungen sich von external generierten Erinnerungen anhand von Merkmalsausprägungen auf vier verschiedenen Dimensionen unterscheiden lassen, und daß diese Quellen-Zuordnung einer Erinnerung das Ergebnis eines Entscheidungsprozesses darstellt, bei dem verschiedene Strategien zum Einsatz kommen. So sollen auf jeder Dimension zwei Cut-off-Werte gebildet werden, jenseits derer eher Externalität bzw. Internalität angenommen wird, während der Bereich zwischen diesen Punkten keine sichere Quellenzuordnung auf der entsprechenden Dimension erlaubt. Bei der kognitiven Integration der Informationen aus einzelnen Dimensionen sollen dann verschiedene Gewichtungsstrategien zum Einsatz kommen, eine Strategie könnte beispielsweise sein, sensorische Informationen bei der Entscheidung grundsätzlich stärker zu berücksichtigen als kontextuelle Informationen (Johnson & Raye, 1981).
Dem Modell der Realitätsüberwachung folgend unterscheiden sich internal und external generierte Erinnerungen hinsichtlich der Ausprägung bestimmter Merkmale, welche den Dimensionen *Kontextinformationen*, *Sensorische Informationen*, *Detailinformationen* und *Kognitive Operationen* zugeordnet werden.

schwach ausgeprägt		**stark ausgeprägt**
internal generierte Erinnerungen	**Kontextinformationen**	external generierte Erinnerungen

External generierte Erinnerungen enthalten demnach mehr Informationen über den örtlichen und zeitlichen Rahmen eines Erlebnisses als internal generierte Erinnerungen.

schwach ausgeprägt		**stark ausgeprägt**
internal generierte Erinnerungen	**Sensorische Informationen**	external generierte Erinnerungen

External generierte Erinnerungen sollten mehr sensorische Details, also mehr Informationen über Geruch, Farbe, Klang, Geschmack u.a. liefern als internal generierte Erinnerungen, wenngleich die Autoren einräumen, daß auch letztere bis zu einem gewissen Grade sensorische Information enthalten können.

schwach ausgeprägt		**stark ausgeprägt**
internal generierte Erinnerungen	**Detailinformationen**	external generierte Erinnerungen

Auch sollten external generierte Erinnerungen detaillierter sein als internal generierte Erinnerungen, welche dagegen eher schemageleitet seien.

schwach ausgeprägt		**stark ausgeprägt**
external generierte Erinnerungen	**Kognitive Operationen**	internal generierte Erinnerungen

Umgekehrt verhält es sich bei der Dimension der kognitiven Operationen: Internal generierte Erinnerungen sollten sich demnach durch mehr Informationen über kog-

nitive Operationen, wie beispielsweise Interpretationen, Assoziationen, Reflexionen u.a. auszeichnen.
Der Vorhersage bezüglich des unterschiedlichen Auftretens kognitiver Operationen liegt die Annahme zugrunde, daß die Wahrnehmung eines Erlebnisses eher automatisch abläuft, wohingegen für die Konstruktion eines Vorstellungsbildes stärkere Aufmerksamkeit notwendig ist, welche wiederum die Wahrscheinlichkeit eines späteren Zugriffs auf abgespeicherte Informationen über kognitive Operationen erhöht (Johnson & Raye, 1981).

Die unterschiedlichen Eigenschaften externaler und internaler Erinnerungen können nun eine Quellenunterscheidung möglich machen, wobei bei der Zuordnung einer bestimmten Erinnerung zu einer Quelle die oben bereits erwähnten Entscheidungsprozesse wirksam werden. Dabei spielen auch *metamnestische* Prozesse und sogenannte *supporting memories* eine Rolle (Johnson, Foley, Suengas & Raye, 1988).
Supporting memories stellen Strategien dar, stützende Gedächtnisinhalte für die Externalität einer Erinnerung zu finden. Diese stützenden Gedächtnisinhalte sind nicht Teil der infragestehenden Erinnerung, stehen aber unmittelbar in Beziehung zu dieser Erinnerung. Stellt sich beispielsweise einem im Strafvollzug tätigen Psychologen die Frage, ob er ein unangenehm verlaufenes Gespräch mit einem zu begutachtenden Strafgefangenen selbst geführt hatte oder ob ihm seine Kollegin, welche ebenfalls an der gemeinsamen Begutachtung dieser Person beteiligt war, von diesem Gespräch berichtet hatte, läge eine supporting memory vor, wenn ihm wieder einfiele, daß er unmittelbar im Anschluß an dieses Gespräch so aufgeregt war, daß er sich von einem Kollegen eine Zigarette hatte geben lassen, obwohl er sich das Rauchen eigentlich gerade abgewöhnt hatte.
Metamnestische Strategien (*reasoning*) hingegen stellen Argumentationsweisen dar, welche auf Allgemeinwissen oder Annahmen über die Funktionsweise des eigenen Gedächtnisses basieren. Johnson et al. (1988, S. 374) führen hierzu folgende Beispiele an: „This must be a fantasy, because I was too joung to be a doctor.“ „I think about it the same way everytime. If I imagined it, it would be different every time I thought about it.“ „How else could it be in memory if it didn't happen?“. Während es sich bei den letzten beiden Beispielen um Strategien handelt, die Erinnerung als external generiert einzuordnen, führt die Aussage des ersten Beispiels subjektiv zu dem Schluß, daß es sich um eine internal generierte Erinnerung handeln müsse.

Die Annahmen des Realitätsüberwachungsansatzes konnten durch empirische Befunde gestützt werden (Johnson et al., 1988; Suengas & Johnson, 1988).
Johnson et al. (1988) entwickelten zur standardisierten Erfassung der qualitativen Unterschiede zwischen internal und external generierten Erinnerungen den *Memory Characteristics Questionaire* (MCQ), welcher zusätzlich den im ursprünglichen Modell von Johnson und Raye (1981) noch nicht enthaltenen positiven Aspekt der Gefühle in Abgrenzung zu kognitiven Operationen enthält. Dieser Fragebogen enthält 39 Items zur Qualität eigener Erinnerungsinhalte auf der Basis der Realitätsüberwachungskriterien sowie allgemeinere Fragen, unter anderem zur Klarheit, Struktur und

Lebendigkeit der Erinnerung, die mit Ausnahme eines Items auf einer siebenstufigen Skala beurteilt werden sollen (Sporer & Küpper, 1995). Beispielsweise lautet ein Item: My Memory for the time when the event takes place is 1 = vague, 7 = clear/distinct.

In einer ersten Studie (Johnson et al., 1988, study 1) sollten Vpn sich ein tatsächlich wahrgenommenes und ein imaginatives autobiographisches Erlebnis in Erinnerung rufen, welches entweder kürzlich oder in der Kindheit stattgefunden haben sollte. Für das wahrgenommene und für das imaginative Erlebnis hatten die Vpn jeweils drei Themenbereiche zur Auswahl: Für das tatsächliche Erlebnis ein soziales Event, einen Besuch in der Bibliothek oder beim Zahnarzt und für das imaginative Erlebnis einen Traum, Tagtraum oder ein nicht in die Tat umgesetztes Vorhaben. Anschließend wurden sie aufgefordert, mit Hilfe des Fragebogens die Qualität ihrer beiden Erinnerungen zu bewerten.

Im Ergebnis zeigte sich, daß wahrgenommene Ereignisse mehr Wahrnehmungscharakteristika und mehr Informationen über den Kontext enthielten. Außerdem gaben die Vpn im Zusammenhang mit den tatsächlich wahrgenommenen Ereignissen an, sich besser an Vorausgegangenes und Nachfolgendes zu erinnern, bei den tatsächlichen Erlebnissen hatten sie also Zugriff zu *supporting memories.*

Imaginative Ereignisse waren dagegen intensiver, weniger positiv, weniger realitätsnah, schienen größere Bedeutung zu haben und es wurde häufiger darüber nachgedacht. Diese Effekte waren signifikant für Erlebnisse jüngeren Datums. Die Werte für die „Kindheitserlebnisse" tendierten in die gleiche Richtung, wenngleich sich hier schwächere Effekte zeigten.

In einer zweiten Studie (Johnson et al., 1988, study 2) wurde das Experiment entsprechend durchgeführt, jedoch hatten die Vpn in diesem Experiment nicht die Aufgabe, den Fragebogen auszufüllen, sondern sie wurden gebeten zu beschreiben, woran sie festmachten, daß sie ein Erlebnis tatsächlich wahrgenommen und sich ein anderes nur vorgestellt hätten.

Die Antworten wurden den drei folgenden Kategorien zugeordnet: *Target memory, supporting memory, reasoning.* Der ersten Kategorie wurden sensorische und kontextuelle Informationen sowie Informationen über erlebte Gefühle zugeordnet. In diese Kategorie fallen beispielsweise Äußerungen wie „I can remember what the dentist's office looked like" oder „I remember having strong feelings about the situation at the time" (S. 374). Der Kategorie der *supporting memories* wurden beispielsweise Erinnerungen an Partyüberreste, Rechnungen, Gespräche vor oder im Anschluß an das Erlebnis zugeordnet. Zur dritten Kategorie (*reasoning*) zählten *metamnestische Schlußfolgerungen* wie weiter oben bereits beschrieben.

Bei tatsächlich wahrgenommen Erlebnissen wurden signifikant häufiger zeitliche und örtliche Angaben, perzeptuelle Details, emotionale Reaktionen sowie supporting memories genannt. Metamnestische Schlußfolgerungen wurden dagegen signifikant häufiger im Zusammenhang mit imaginativen Erlebnissen genannt. Johnson et al. (1988) konnten mit ihrem Experiment also zeigen, daß Personen die ihren Erinnerungen immanenten, verschiedenen Merkmale tatsächlich zur Differenzierung tatsächlich wahrgenommener und imaginierter Erinnerungen nutzen.

Interessant ist auch ein weiteres Teilergebnis des zweiten Experimentes: Bei Berücksichtigung der Aktualität der Erinnerung zeigte sich, daß das Alter der Erinnerung sich in der Gruppe der imaginierten Erlebnisse nicht auswirkte. In der Gruppe der tatsächlich wahrgenommenen Erlebnisse ergab sich jedoch ein Unterschied zwischen Kindheitserinnerungen und Erinnerungen an Erlebnisse jüngeren Datums hinsichtlich einiger Charakteristika der Zielerinnerungen (*target memory*); sensorische und kontextuelle Informationen wurden häufiger bei Kindheitserinnerungen, Gespräche und emotionale Reaktionen häufiger bei Erinnerungen an kürzer zurückliegende Erlebnisse angeführt. Als Erklärung dieses Ergebnisses führen die Autoren an, daß Erlebnisse bei Kindern möglicherweise in anderer Form abgespeichert werden als bei Erwachsenen oder daß verschiedene Erinnerungscharakteristika im Laufe der Zeit unterschiedlich schnell verloren gehen.

Johnson et al. (1988) fassen die Ergebnisse beider Experimente folgendermaßen zusammen:

> Compared with memories for recent imagined events, memories for recent perceived events included better temporal and spatial information and greater perceptual detail. In addition, memories for perceived events were more likely to give rise to memories for supporting information ... These are the sorts of characteristics of memories people mention in justifying the origin of a memory ... Overall, these findings regarding the salience in autobiographical memories of perceptual, contextual, and supporting information fit the general assumptions of the Johnson-Raye ... reality monitoring framework ... (S. 375)

Nach der Darstellung theoretischer Annahmen und empirischer Erkenntnisse des gedächtnispsychologischen Realitätsüberwachungsansatzes soll im folgenden referiert werden, inwieweit dieser Ansatz für die Beurteilung von Zeugenaussagen nutzbar gemacht werden kann.

2.2.1.1 Realitätsüberwachung im Kontext forensischer Psychologie

Johnson und Suengas (1989) sind der Frage nachgegangen, inwieweit die Strategien zur Differenzierung eigener Erinnerungen auch zur Fremdbeurteilung herangezogen werden.
Zu diesem Zweck sollten Vpn 214 Transkripte, zur Hälfte Berichte über tatsächlich wahrgenommene, zur Hälfte Berichte über imaginierte Erlebnisse, hinsichtlich der Quelle (wahrgenommen vs. imaginiert) beurteilen und ihr Urteil im Anschluß begründen. Den Beurteilern gelang eine korrekte Quellenzuweisung lediglich in 52.33% der Fälle. Die Trefferquote lag demnach nicht über dem Zufallsniveau.
Interessant sind jedoch die abgegebenen Urteilsbegründungen. Die insgesamt 1958 genannten Gründe wurden von drei unabhängigen Beurteilern in 20 Kategorien ein-

geteilt und anschließend mit den Items des MCQ (Johnson et al., 1988) verglichen. Die Autoren kommen zu folgendem Schluß:

> ... our subjects judged witnesses' credibility on the basis of reasons similar to those used in reality monitoring judgments about one's own memories (Johnson, 1985, 1988; Johnson et al., 1988, study 2) and those used in actual courtrooms (Undeutsch, 1982, 1984). (Johnson & Suengas, 1989, S. 109)

Die Art und Weise, in der jemand über zurückliegende Ereignisse nachdenkt, scheint sich in Charakteristika seiner Erzählung niederzuschlagen, welche wiederum die Wahrscheinlichkeit erhöhen, daß bei jemandem, der die Erzählung beurteilen soll, der Eindruck entsteht, daß eben diese Charakteristika die Quelle der Erinnerung verraten. Strategien zur Einordnung eigener Erinnerungen werden demnach intuitiv auch zur Fremdeinschätzung genutzt, wenngleich diese Strategie in der dargestellten Untersuchung mit einer Trefferquote im Zufallsbereich nicht zum gewünschten Erfolg führte.

Stern und Dunning (1994) kommen zu dem Schluß, daß die Quellenhinweise einer Erinnerung nicht nur bei der *Selbsteinschätzung* der eigenen Erinnerungen helfen, sondern daß diese Hinweise auch in den Erlebnisberichten anderer Personen entdeckt und zur Kategorisierung als internal oder external generiert, also zur Fremdeinschätzung von Erinnerungen genutzt werden können.

In jüngerer Zeit hat es verstärkte Bemühungen gegeben, den gedächtnispsychologischen Ansatz der Realitätsüberwachung auf den Bereich der forensisch-psychologischen Glaubhaftigkeitsdiagnostik zu übertragen (Alonso-Quecuty, 1992; Sporer & Küpper, 1995).
Alonso-Quecuty (1992) ging in ihrem Experiment zum einen der Frage nach, ob sich die von Johnson und Raye (1981) postulierte Dichotomie external und internal generierter Erinnerungen übertragen ließe auf den Bereich wahrer und falscher Aussagen; zusätzlich zu den Realitätsüberwachungskriterien erhob sie als abhängige Variablen die *Wortanzahl* sowie die Anzahl der *Sprechpausen*. Zum anderen sollte der Effekt unterschiedlicher Vorbereitungszeit untersucht werden. Inhaltlich ging es um wahre und verfälschte Nacherzählungen einer Filmsequenz.
Bei den Aussagen mit Vorbereitungszeit waren die Variablen *Antwortlänge* und *Anzahl der Sprechpausen* am besten geeignet, zwischen wahren und falschen Aussagen zu differenzieren, insofern als die Falschaussagen sowohl länger waren als auch mehr Pausen enthielten. Bei den Aussagen ohne Vorbereitungszeit konnten die von Johnson und Raye (1981) postulierten Kategorien besser zwischen wahren und falschen Aussagen differenzieren: Wahre Aussagen zeichneten sich in dieser Bedingung durch mehr sensorische und kontextuelle Informationen aus, falsche Aussagen dagegen durch mehr subjektiv idiosynkratische Informationen.
Die Autoren erklären den Effekt der Vorbereitungszeit bezüglich der Wortanzahl damit, daß sich eine aussagende Person im Laufe längerer Vorbereitungszeit ein

reichhaltiges mentales Setting bilden kann, was sich in einer längeren Aussage niederschlage. Interessanterweise produzierten die Personen der Falschaussagebedingung mit Vorbereitungszeit längere und an sensorischen und kontextuellen Informationen reichere Aussagen als die wahraussagenden Personen, wenngleich der Effekt für sensorische und kontextuelle Informationen nicht signifikant wurde.
Festzuhalten bleibt jedoch, daß sich ein signifikanter Haupteffekt für den Faktor *Wahrheitsgehalt* in dieser Untersuchung für keine der abhängigen Variablen nachweisen ließ.

Eine vergleichbare Untersuchung wurde von Sporer und Küpper (1995; vgl. auch Küpper & Sporer, 1995) durchgeführt. Ziel dieser Studie war, zu untersuchen, ob unabhängige Beurteiler die Kriterien der Realitätsüberwachung in Berichten über tatsächliche oder erfundene autobiographische Erlebnisse wiederfinden konnten, und ob sich Unterschiede in der Auftretenshäufigkeit der Kriterien in wahren und erfundenen Geschichten zeigten (Sporer & Küpper, 1995).
Sporer und Küpper (1995) haben zu diesem Zweck den Memory Characteristics Questionaire (MCQ) von Johnson et al. (1988) ins Deutsche übersetzt. Dieser Fragebogen liegt als Fragebogen zur Selbstbeurteilung von Erinnerungsqualitäten (SBEQ) und als Fragebogen zur Fremdbeurteilung von Erinnerungsqualitäten (FBEQ) vor. Der FBEQ enthält wie der MCQ 39 Items zur Erfassung der Erinnerungsqualität, für die mit Hilfe einer Faktorenanalyse folgende acht Dimensionen ermittelt wurden (Sporer & Küpper, 1995):

- ***Klarheit und Lebendigkeit***

Die Beurteilung der Items dieser Dimension soll Aufschluß über die Klarheit einer Erinnerung bzw. der Darstellung dieser Erinnerung geben. Klarheit wird beispielsweise durch folgende Items operationalisiert: Wie klar ist Ihrer Meinung nach das Ereignis noch im Gedächtnis der erzählenden Person? Wie lebendig wird das Ereignis geschildert? Wie viele Details werden genannt? Wie gut scheint sich die erzählende Person an das Ereignis insgesamt zu erinnern?

- ***Sensorische Informationen***

Auf dieser Dimension soll mit Hilfe folgender Items beurteilt werden, wie häufig Angaben zu sensorischen Informationen gemacht werden: Wie häufig wird ein Geschmack geschildert? Wie viele Gerüche werden genannt? Werden Gegenstände, Personen oder die Umgebung ohne Farbe beschrieben oder werden Farben genannt?

- ***Räumliche Informationen***

Beurteilungen auf dieser Dimension geben Auskunft darüber, wie präzise die Angaben bezüglich räumlicher Informationen sind. Die Operationalisierung erfolgt beispielsweise durch folgende Items: Wie klar ist die räumliche Position von Personen (oder Tieren) geschildert? Wie vertraut scheint der erzählenden Person die Umgebung und der Schauplatz der Handlung zu sein? Wie klar ist geschildert, wo die Handlung stattfindet?

- ***Zeitliche Informationen***

Auf der Dimension der zeitlichen Informationen wird die Präzision der Zeitangaben bewertet. Folgende Items mögen als Beispiel dienen: Wie lange dauerte das Ereignis? Wie genau ist der Zeitpunkt des Ereignisses beschrieben? Wie genau ist die Jahreszeit, in der das Ereignis stattfand, genannt?

- ***Rekonstruierbarkeit***

Die Beantwortung der Items dieser Dimension gibt Auskunft darüber, wie gut sich die infragestehende Handlung rekonstruieren läßt. Erfaßt wird die Rekonstruierbarkeit beispielsweise über folgende Items: Wie einfach oder komplex wird der Handlungsverlauf geschildert? Schien das Ereignis zu dem Zeitpunkt, als es stattfand, voraussehbare Folgen zu haben? Scheint die erzählende Person Zweifel an der Richtigkeit ihrer Erinnerungen zu haben oder ist sie sich eher sicher über die Richtigkeit ihrer Erinnerung?

- ***Gefühle***

Die Schilderung von Emotionen soll mit Hilfe folgender Items erfaßt werden: Wird von eher schwachen oder eher intensiven Gefühlen, welche die erzählende Person während des Ereignisses hatte, berichtet? Sind die zum Zeitpunkt des Ereignisses erlebten Gefühle eher negativ oder eher positiv? Wie gut erinnert sich die erzählende Person an Gefühle, die sie während des Ereignisses hatte?

- ***Realitätsnähe***

Diese Dimension soll Aufschluß über die Wirklichkeitsnähe der Erzählung geben. Die Operationalisierung erfolgt über folgendes Item: Wie realistisch wird die Geschichte erzählt? Wirkt sie eher bizarr oder eher wirklichkeitsnah?

- ***Kognitive Operationen***

Auf der Dimension der kognitiven Operationen soll erfaßt werden, wie häufig von im Zusammenhang mit dem infragestehenden Ereignis durchgeführten kognitiven Operationen berichtet wird. Beispielhaft für die Operationalisierung sind folgende Items: Berichtet die erzählende Person, daß sie häufig von dem Ereignis erzählt? Wird von anderen Ereignissen berichtet, die vor dem hauptsächlich beschriebenen Ereignis stattgefunden haben? Wie genau wird von Gedanken, welche die erzählende Person während des Ereignisses hatte, berichtet?

100 Vpn wurden instruiert, jeweils ein tatsächlich erlebtes und ein frei erfundenes Ereignis aufzuschreiben, wobei sie gebeten wurden, auch das erfundene Ereignis möglichst überzeugend als wahres Erlebnis darzustellen. Ein trainierter, bezüglich der Versuchsbedingungen blinder Beurteiler nahm eine Auswertung der Geschichten anhand des FBEQ vor. Insgesamt konnten in einer Diskriminanzanalyse 69% der Aussagen korrekt klassifiziert werden. Bei einem Mittelwertsvergleich der Realitätsüberwachungskriterien (RÜK) in erfundenen und wahren Geschichten zeigten sich signifikante Unterschiede in vorhergesagter Richtung für die Skalen *Zeitliche Informationen*

($p = .050$) und *Realitätsnähe* ($p < .001$). Bezüglich der Skala *Sensorische Informationen* zeigte sich allerdings ein den Erwartungen entgegengesetztes Bild: Der Beurteiler entdeckte mehr sensorische Informationen in den erfundenen Geschichten ($p = .039$). Bei den anderen Skalen deuteten die zum Teil sehr geringen Mittelwertsunterschiede zwar in die vorhergesagte Richtung, wurden aber inferenzstatistisch nicht signifikant. Insgesamt zeigte sich ein signifikanter Haupteffekt des Faktors *Wahrheitsgehalt* ($p < .001$), zu dem jedoch auch die Skala *Sensorische Informationen* beitrug, welche in unerwarteter Richtung signifikant wurde. Die Autoren führen als mögliche Erklärung den Befund einer Studie von Fiedler und Walka (1993) an; letztere stellten fest, daß naive Erzähler ihre Erlebnisberichte detaillierter und ausgeschmückter gestalten, wenn sie erreichen wollen, daß diese glaubhaft erscheinen. Sporer und Küpper (1995) geben jedoch zu bedenken, daß sensorische Informationen insgesamt sehr selten auftraten. Als überraschendes und im Widerspruch zu Annahmen der CBCA stehendes Ergebnis bezeichnen die Autoren den Befund, daß wahre Geschichten als realistischer und mit weniger Selbstzweifeln behaftet eingeschätzt wurden. Auf die Wichtigkeit der Realitätsnähe hat Sporer (1993) bereits im Zusammenhang mit einem von ihm als *Münchhauseneffekt* bezeichneten Phänomen hingewiesen. Sporer und Küpper (1995) betonen, daß diese Ergebnisse den Annahmen der inhaltsorientierten Glaubhaftigkeitsdiagnostik zuwiderliefen, die vergleichbare Merkmale (*Schilderung ausgefallener Einzelheiten* und *Einwände gegen die Glaubwürdigkeit der eigenen Aussage*) als Hinweis auf die Glaubwürdigkeit einer Aussage werte.

Möglicherweise bietet jedoch eine nähere Betrachtung der Operationalisierungsvorstellungen der infragestehenden Merkmale eine Erklärung für diesen Widerspruch. So ist bei der Operationalisierung des Merkmals *Schilderung ausgefallener Einzelheiten* (CBCA) von entscheidender Wichtigkeit, daß ein berichtetes Detail zwar dem Schemawissen zuwiderläuft, dabei aber nicht unmöglich oder offensichtlich unrealistisch ist. Eine Aussage, welche originelle Details enthielte, die dieser Operationalisierung entsprächen, würde durch diese Details keineswegs bizarr oder realitätsfern. *Realitätsnähe* (RÜK) scheint sich dagegen eher auf die Aussage in ihrer Gesamtheit zu beziehen und somit Parallelen zu dem Merkmal *Logische Konsistenz* aufzuweisen.
Ähnlich problematisch scheint es zu sein, *Selbstzweifel des Erzählers an seinen eigenen Erinnerungen* (RÜK) mit dem Glaubhaftigkeitsmerkmal *Einwände gegen die Richtigkeit bzw. Glaubwürdigkeit der eigenen Aussage* (CBCA) gleichzusetzen, wie Sporer und Küpper (1995) es offenbar getan haben. Entscheidend bei dem Merkmal *Einwände gegen die Glaubwürdigkeit der eigenen Aussage* ist im Gegenteil gerade, daß der Aussagende trotz aller geäußerten Zweifel ganz sicher ist, das Geschilderte genau so erlebt zu haben. Der Aussagende hegt also selbst keinen Zweifel, sondern nimmt mögliche Einwände des Gegenübers bezüglich der Glaubhaftigkeit der Aussage vorweg. Je nach Operationalisierung wäre es möglich, daß aufgetretenes *hedging*, also der Gebrauch ausweichender Formulierungen, vom Beurteiler als *Unsicherheiten bezüglich der Richtigkeit der eigenen Aussage* interpretiert wurde. In diesem Fall wäre es nicht erstaunlich, daß dieses Merkmal in unwahren Geschichten häufiger auftrat. Die genaue Operationalisierung der Merkmale geht aus dem Fragebogen nicht hervor. Möglicherweise handelt es sich

bei dem von Sporer und Küpper (1995) berichteten Widerspruch bezüglich dieser beiden Merkmale nur um einen scheinbaren Widerspruch zu den Annahmen der CBCA, der auf unterschiedlichen Operationalisierungen fußt.

Nach Schooler, Gerhard und Loftus (1986) lassen sich die Realitätsüberwachungskriterien auch für die Differenzierung zwischen Erinnerungen an tatsächlich Erlebtes und Erinnerungen, welche durch Suggestion hervorgerufen wurden, verwenden. In vier Experimenten untersuchten Schooler et al. (1986) die Anwendbarkeit der Realitätsüberwachungsprinzipien zur Unterscheidung erlebnisbegründeter und suggerierter Erinnerungen.
175 Studenten wurden eine Reihe von Dias präsentiert, die einen Autounfall zeigten. Die Vpn der ersten Bedingung sahen ein Dia, welches das Auto an einer Kreuzung mit einem Verkehrsschild (Vorfahrt-Beachten!) zeigte. In der zweiten Bedingung fehlte dieses Verkehrsschild auf dem ansonsten gleichen Dia. Anschließend wurde den Vpn ein Fragebogen vorgelegt, der in der zweiten Bedingung eine suggestive Frage zur Existenz eines entsprechenden Verkehrsschildes enthielt („Did another car pass the red Datsun while it was stopped at the yield sign?“ [S. 173]) . Zum Abschluß erhielten die Vpn einen zweiten Fragebogen, in dem sie u.a. gefragt wurden, ob sie ein solches Verkehrsschild gesehen hätten und, falls ja, wie dieses ausgesehen habe. Es zeigte sich zum einen, daß 25% der Vpn in der Suggestionsbedingung fälschlich behaupteten, sie hätten das infragestehende Verkehrsschild gesehen. Zum anderen beschrieben sie das Schild signifikant wortreicher als diejenigen Vpn, welche es tatsächlich gesehen hatten.
Alle Beschreibungen wurden von unabhängigen Beurteilern hinsichtlich der Ausprägung verschiedener Realitätsüberwachungskriterien eingeschätzt:

- *Sensorische Details* (Farbe, Größe etc.),
- *Räumliche Informationen* (z.B. Position des Schildes im Verhältnis zu Bäumen, dem Gehweg o.ä.),
- *Kognitive Operationen* (z.B. Gedanken während der Betrachtung des Dias oder während der Beantwortung der Fragen),
- *Erwähnen der Funktion des Verkehrsschildes* und
- *ausweichende Formulierungen* („ich glaube“, „ich bin nicht sicher“ o.ä.).

Es zeigte sich, daß Beschreibungen suggerierter „Wahrnehmungen“ signifikant weniger Schilderungen sensorischer Details, dafür aber signifikant mehr Schilderungen kognitiver Prozesse, häufigere Erwähnung des Zwecks und mehr ausweichende Formulierungen enthielten. Keine Unterschiede zeigten sich hinsichtlich der Häufigkeit räumlicher Angaben.
Die Ergebnisse stimmen mit der Annahme des Realitätsüberwachungsmodells überein, daß reale Erinnerungen mehr perzeptuelle Details und weniger kognitive Operationen enthalten. Trotz dieser Hinweise gelang den Vpn keine korrekte Quellenidentifizierung. Die Autoren verweisen auf die zusätzlichen Befunde, daß die Versuchspersonen der Suggestionsbedingung zur Beschreibung des Schildes mehr Wörter ver-

wendeten und sich ihrer Erinnerungen unsicherer waren. Diese Befunde ließen sich dahingehend interpretieren, daß sie den Mangel an perzeptuellen Details in ihrer Erinnerung bemerkten und durch Wortreichtum auszugleichen versuchten.[14]

In einem dritten Experiment überprüften die Autoren, ob untrainierte außenstehende Beobachter im Gegensatz zu den Vpn selbst in der Lage wären, zwischen wahrgenommenen und suggerierten Erinnerungsinhalten zu unterscheiden und ob sie dazu intuitiv die im ersten Experiment dieser Versuchsreihe festgestellten qualitativen Unterschiede zu Rate ziehen würden. 16 Psychologiestudenten wurden jeweils 21 Beschreibungen von Vpn der Suggestionsbedingung und der Wahrnehmungsbedingung vorgelegt; sie hatten die Aufgabe, zu entscheiden, welche Beschreibungen auf realer Wahrnehmung und welche auf suggerierten Informationen beruhten, und ihre Entscheidung schriftlich zu begründen. Die Basiswahrscheinlichkeit (50%) war den Beurteilern bekannt. Die Beurteiler wurden anschließend gebeten, jedes ihrer Urteile schriftlich zu begründen. Es zeigte sich, daß die Beurteiler bei der Identifizierung eine höhere Trefferquote erzielten als der Zufall erwarten ließe (59% Trefferquote bei suggerierten Erinnerungen und 60% Trefferquote bei realen Erinnerungen).
Die bevorzugte Urteilsbegründung war die Sicherheit, mit der die Beschreibung vorgebracht wurde: Mangelnde Sicherheit wurde als Hinweis auf Suggestion gewertet, wohingegen geäußerte Sicherheit als Indiz für Erinnerungen an reale Wahrnehmungen ausgelegt wurde. Außerdem wurden sensorische Details sowie räumliche Angaben als Hinweis auf tatsächliche Wahrnehmungen gewertet. Die Schilderung kognitiver Prozesse wurde wiederum für die Identifizierung beider Erinnerungsgrundlagen verwendet, je nach Art des beschriebenen kognitiven Vorgangs. Die Erwähnung der Funktion des Schildes und einer nachträglichen Erklärung für die Existenz der Erinnerung wurde von den Beurteilern ausschließlich zur Identifizierung suggerierter Erinnerungen verwendet. Kein Beurteiler erwähnte explizit die Länge der Beschreibung als Identifizierungshinweis.

Die Autoren schließen aus den Befunden dieses Experiments, daß die Beschreibungen der suggerierten Erinnerungen einige Hinweise enthalten, durch die sie sich von realen Erinnerungen unterscheiden lassen. Sie sehen dies als einen Beleg dafür, daß zumindest einige der Vpn im ersten Experiment die vorhandenen Hinweise zur Quellenidentifizierung lediglich nicht richtig genutzt hätten. Zudem belegen die Ergebnisse, daß die Hinweise auch von naiven Beurteilern zur Diskrimination internal versus external generierter Erinnerungen genutzt werden.

In einem vierten Experiment konnten die Autoren zeigen, daß ein Training hinsichtlich der qualitativen Unterschiede die Diskriminationsleistung und die Sicherheit, mit der die Einschätzung abgegeben wird, verbessern kann.

---

14 Die Möglichkeit, daß suggestible Vpn sich generell wortreicher äußern, wurde durch den Vergleich der Beschreibungen neutraler Items mit der Beschreibung des Verkehrsschildes ausgeschlossen: Bei der Beschreibung neutraler Items verwendeten die suggestiblen Vpn nicht mehr Wörter als die Vpn in der Wahrnehmungsgruppe.

2.2.1.1.1 ZWISCHENFAZIT

Zusammenfassend ist zu sagen, daß sich der Ansatz der Realitätsüberwachung als nützlich zur Fremdbeurteilung von Erinnerungsqualitäten und damit auch zur Beurteilung von Zeugenaussagen erwiesen hat. Die Realitätsüberwachung stellt neben positiven Kriterien auch Kriterien bereit, aus denen möglicherweise Negativmerkmale abgeleitet werden können (z.B. *metamnestische Schlußfolgerungen*). Den Untersuchungen von Schooler et al. (1986) lassen sich zudem Hinweise darauf entnehmen, daß der Ansatz der Realitätsüberwachung möglicherweise auch einen Beitrag zur Diskrimination erlebnisbegründeter und suggerierter Aussagen leisten kann.

2.2.2 DER ERKENNTNISTHEORETISCHE ANSATZ DER WIRKLICHKEITSKRITERIEN

Im folgenden soll der erkenntnistheoretische Ansatz der Wirklichkeitskriterien von Stadler (1997) vorgestellt werden. Bei diesem Ansatz werden – ähnlich wie beim zuvor referierten Ansatz der Realitätsüberwachung – automatisch ablaufende kognitive Prozesse, die der Selbsteinschätzung eigener Wahrnehmungen dienen, für die Fremdeinschätzung nutzbar gemacht. Im Gegensatz zur Realitätsüberwachung, bei der es um die Einschätzung des Wirklichkeitsgehaltes einer Erinnerung ging, liegt der Schwerpunkt hier auf der Einschätzung der Wirklichkeitsebene einer aktuellen Wahrnehmung.

Bei den sogenannten *Wirklichkeitskriterien* handelt es sich um einen lange Zeit in Vergessenheit geratenen Ansatz zur Unterscheidung verschiedener Wirklichkeitsebenen – Wachwirklichkeit, Traum, Vorstellung und Halluzination. Der experimentelle Ansatz geht auf Arbeiten von Külpe (1902, zitiert nach Stadler, 1997) und Perky (1910) zurück. So stellte beispielsweise Perky (1910) fest, daß das Wirklichkeitsempfinden des Menschen getäuscht werden kann, indem er Versuchspersonen aufforderte, ihre eigenen mentalen Bilder alltäglicher Objekte zu beschreiben, während er ihnen schwach beleuchtete Projektionen dieser Objekte präsentierte, mit dem Ergebnis, daß die Versuchspersonen nicht von einem Wahrnehmungserlebnis, sondern von einem Vorstellungserlebnis berichteten. Bei veränderter Versuchsbedingung war auch der umgekehrte Effekt nachweisbar, so daß Vorstellungen für Wahrnehmungen gehalten wurden. Einige Jahre später konnte Metzger (1935) nachweisen, daß Versuchspersonen einen weißen Drahtwürfel vor einer weißen Leinwand für weniger wirklich hielten als den scharf konturierten, dunklen Schatten dieses Drahtwürfels auf der Leinwand, welchen sie für das Objekt selbst hielten.

Diese Tradition wieder aufgreifend führen Stadler und Kruse (1986) in ihrem Aufsatz eine Reihe von Prinzipien aus der Gestaltpsychologie an, nach denen ein kognitives System bestimme, was beim Denken als mehr oder weniger wahr zu gelten habe und was in der Wahrnehmung als mehr oder weniger wirklich anzusehen sei. Aufgabe dieser Prinzipien sei nicht die Feststellung des Realitätsgehaltes einer Wahrnehmung, sondern die Vermittlung eines Eindrucks von mehr oder weniger großer Wirklichkeit der Konstruktion. Durch die Beschreibung der Prinzipien des *Kontrastreichtums* und der *Undurchdringlichkeit*, des *Detailreichtums*, der *Gestaltgesetze: Figurhaftigkeit* und *Dinghaftigkeit*, *Invarianz* und *Intermodalität*, *Prägnanz*, *Gestaltqualitäten* wollten die Autoren aufzeigen, daß

> die Gestalttheorie ... wesentliche Prinzipien bereitstellt, die die innere Konsistenzprüfung selbstreferentieller kognitiver Systeme und damit die Zuweisung des Wahrheitscharakters an die konstruierte Realität tragen können. (Stadler & Kruse, 1986, S. 89)

Stadler und Kruse (1990) ordneten potentielle Wirklichkeitskriterien[15] drei Klassen zu, für die sie die Begriffe *syntaktisch*, *semantisch* und *pragmatisch* wählten. Zur Klasse der potentiellen *syntaktischen Wirklichkeitskriterien* zählen die Autoren Elemente, die „durch einen Bezug von Sinnesqualitäten untereinander bzw. durch strukturelle Merkmale gekennzeichnet sind" (S. 149). Für die Bestätigung der Wirklichkeitsannahme spielen beispielsweise folgende Sinnesqualitäten eine Rolle: *Kontrast*, *Konturschärfe* und *Strukturelle Reichhaltigkeit*, *Intermodalität*, *Invarianz*, *Bewegung* und *Lokalisierbarkeit* weisen auf die Wirklichkeit einer Wahrnehmung hin.
Zur Klasse der potentiellen *semantischen Wirklichkeitskriterien* werden Elemente gezählt, die einen konkreten Objektbezug besitzen bzw. herstellen. Diese Kriterien setzen die syntaktischen Wirklichkeitskriterien schon voraus (S. 151). Folgende Elemente ordnen die Autoren dieser Gruppe zu: *Bedeutungshaltigkeit*, *Ausdruckshaltigkeit*, *Kontextstimmigkeit* und *Valenz*.
Zur Klasse der potentiellen *pragmatischen Wirklichkeitskriterien* werden die folgenden Elemente gezählt, welche einen Handlungs- oder Sozialbezug aufweisen: *Wirklichkeit*, *Begreifbarkeit*, *Antizipierbarkeit* und *Intersubjektivität*.
Mit dem Begriff der *Intersubjektivität* ist hier gemeint, daß Begebenheiten, die von mehreren Personen beobachtet werden, mehr Wirklichkeitscharakter zugesprochen wird als solchen, über die nur eine Person berichtet (Stadler & Kruse, 1990, S. 152). Daß allerdings Intersubjektivität ein von der Wirklichkeit unabhängig auftretendes Phänomen sein kann, Personen also auch bei falschen Aussagen übereinstimmen können, wird von verschiedenen Autoren berichtet (z.B. Buckhout, 1974, 1980).

Nach einer kurzen Darstellung des erkenntnistheoretischen Ansatzes der Wirklichkeitskriterien soll im folgenden der Frage nachgegangen werden, inwieweit dieser Ansatz einen Beitrag zur Beurteilung von Zeugenaussagen leisten kann.

2.2.2.1 Der Ansatz der Wirklichkeitskriterien im Kontext forensischer Psychologie

Gerade im forensischen Kontext kann eine Unterscheidung verschiedener Wirklichkeitsebenen (Wach-, Traum- und Phantasiewirklichkeit) extrem wichtig sein. Inzwischen wurde von Stadler (1997) der Versuch unternommen, den erkenntnistheoretischen Ansatz der Wirklichkeitskriterien auf den Bereich der Glaubhaftigkeitsbegut-

[15] Eine Definition der für den forensischen Kontext relevanten Wirklichkeitskriterien erfolgt in Kapitel 2.2.2.1.

achtung von Zeugenaussagen zu übertragen, wobei er die Wirklichkeitskriterien wie folgt definiert:

- *Strukturelle Reichhaltigkeit*: Als wirklich erscheint, was strukturierter und reichhaltiger an Farbabstufungen ist als der Hintergrund, vor dem es gesehen wird.
- *Kontrast*: Was sich gegenüber der Umgebung abhebt, wird eher als Objekt wahrgenommen.
- *Konturschärfe*: Grenzen von Mustern, welche als wirkliche Objekte gesehen werden, sind normalerweise schärfer konturiert als deren Schatten.
- *Wirklichkeit*: Wahrnehmungsgegebenheiten, die eine Wirkung zur Folge haben, werden als wirklicher erlebt als Gegebenheiten, die nicht in Ursache-Wirkungs-Zusammenhänge eingebettet sind. Der Begriff der *Wirk–lichkeit* ist hier also im Sinne von Wirksamkeit zu verstehen.
- *Bewegung*: Eigenbewegung läßt Konfigurationen wirklicher erscheinen.
- *Intermodalität*: Wird eine Begebenheit über mehrere Sinnesmodalitäten erfaßt, so erscheint sie wirklicher.
- *Antizipierbarkeit*: Begebenheiten, die antizipierbar sind, erscheinen wirklicher als solche, deren Auftreten nicht absehbar ist.
- *Lokalisierbarkeit:* Objekte erscheinen wirklicher, wenn sie eindeutig lokalisierbar sind.
- *Kontextstimmigkeit*: Ein in einen Kontext passendes Objekt wird eher als wirklich angesehen als ein diesem Kontext fremdes Objekt.
- *Widerständigkeit*: Wahrnehmungsgegebenheiten, die Widerstand leisten, werden im Vergleich zu durchdringlichen Gegebenheiten als wirklicher angesehen. Es geht hier um die *Be–greifbarkeit*, um den Gegenstandscharakter einer Wahrnehmungsgegebenheit, welche Tastwiderstand leistet und Teil von Handlungen ist.
- *Valenz, emotionale Tönung:* Ein Objekt, das attraktiv oder unattraktiv ist, erscheint wirklicher als ein neutrales Objekt, welches mit keiner Gefühlsqualität belegt ist.

Ähnlich wie beim Realitätsüberwachungsansatz, der Kriterien bereitstellt, die es einer Person ermöglichen, eigene Erinnerungen als extern oder intern generiert zu bestimmen und auf diese Weise den Wirklichkeitsbezug dieser Erinnerungen festzustellen (vgl. Kap. 2.2.1), dienen die Wirklichkeitskriterien der innerpsychischen Kontrolle der anschaulichen Wirklichkeit des Erlebten. Dabei seien letztere dem kognitiven System immanent, würden also intuitiv angewandt und müßten nicht gelernt werden (Stadler, 1997).

Wie in Kap. 2.2.1.1 bereits referiert wurde von Sporer und Küpper (1995) der Versuch unternommen, die Realitätsüberwachungskriterien für die Selbstbeurteilung von Erinnerungsqualitäten auch für die Fremdbeurteilung von Erinnerungsqualitäten und damit für die Glaubhaftigkeitsbegutachtung nutzbar zu machen. In vergleichbarer Weise könnten nach Stadler (1997; vgl. auch Greuel et al., 1998) auch die Wirklichkeitskriterien dem Sachverständigen hilfreich sein bei der Beantwortung der Frage, ob eine zu beurteilende Aussage einen Erlebnishintergrund in der Wachwirklichkeit habe oder sich auf eine andere Wirklichkeitsstufe (Traum, Vorstellung, Phantasie) beziehe. Um dies beantworten zu können, müsse der psychologische Sachverständige als Bestandteil seiner Aussageanalyse eine Wirklichkeitskontrolle durchführen.
Der Ansatz der Wirklichkeitskriterien biete jedoch neben dieser Überprüfung durch den Sachverständigen auch noch eine andere Möglichkeit der Aussagebeurteilung: Berichte der Zeuge selbst von kognitiven Prozessen der Wirklichkeitskontrolle, reflektiere der Zeuge also die Wirklichkeitsstufe seines Erlebnisses selbst, so könne dies für sich genommen als starkes Glaubhaftigkeitsmerkmal gewertet werden (Greuel et al., 1998). Als Beispiel für eine Wirklichkeitskontrolle führen die Autoren folgenden Ausschnitt aus der aussagepsychologischen Exploration eines 12jährigen Jungen an:

> *Untersucher: Was hast Du Dir eigentlich dabei gedacht, als er (der Beschuldigte) da plötzlich ankam?* Proband: Zuerst gar nichts so. *Und dann?* Hab ich jetzt gedacht, das wär ein Traum. *Du hast gedacht, das wär ein Traum? Hätte es auch ein Traum sein können?* Ja, vielleicht. *War es denn ein Traum?* Nein. *Woher weißt Du denn, daß es keiner war?* Weil .... da war Spucke, wo ich da an die Seite gespuckt habe. *War da noch was da?* Hmm, an die Seite hab ich da, an die Seite und da am Bett geguckt und da hab ich gewußt, daß es doch kein Traum war. *Warst Du Dir selbst nicht sicher?* Ja, erst war ich mir nicht sicher. *Und was hast Du da entdeckt, als Du das überprüft hast?* Ja, daß er das doch gemacht hat. *Erzähl mal, wie Du das überprüft hast, was Du da entdeckt hast.* Ja, da war so ein Seitenfleck, das war so gelb so ein bißchen. *Wo war der Fleck?* Ja, am Bett lang, an der Seite. *Und wann war das, als Du das überprüft hast?* Ja, also am nächsten Tag hab ich das überprüft. *Hast Du den Fleck nur angeguckt?* Ja, auch gefühlt, dann hab ich gesagt, Mama, das Bettlaken ist dreckig. Hab es so abgenommen, dann weggepackt und dann hab ich mir das neu übergezogen. *Warst Du Dir sicher, daß es kein Traum war?* Ja. (S. 12f., Hervorhebung v. Verf.)

Die Autoren kommentieren, der Proband nehme die Überprüfung der Wirklichkeitsebene dadurch vor, daß er schaue, ob sich bestimmte Details des vermeintlichen Traumes in die Wachwirklichkeit hinein verlängern ließen. Dies sei bei dem Spermafleck der Fall. Greuel et al. (1998) führen weiter aus:

> Das Vorhandensein und die Lokalisierbarkeit dieses Flecks in der Wachwirklichkeit sowie die Tatsache, daß man ihn nicht nur sehen, sondern auch fühlen kann, erhebt das gesamte vorgehende Ereignis aus der Traumebene auf die Ebene der Wachwirklichkeit. Der Proband ist nun sicher, daß er den Vorfall nicht geträumt hat, sondern daß er ihn in seiner Wach-

> wirklichkeit erlebt hat. Zur Überprüfung hat er *Wirklichkeitskriterien* eingesetzt, die eine subjektive Entscheidung ohne Rückgriff auf die objektive Realität ermöglichen. (S. 13f., Hervorhebung im Original)

Hier wird ein Unterschied zur Anwendung der Kriterien des Realitätsüberwachungsansatzes deutlich. Nutzt man einzelne Wirklichkeitskriterien zur Fremdbeurteilung der Wirklichkeitsebene einer Aussage, führt man also eine externe Wirklichkeitskontrolle durch, so ist dieses Vorgehen vergleichbar mit dem Vorgehen bei der Fremdbeurteilung von Erinnerungsqualitäten mittels der Realitätsüberwachungskriterien. In beiden Fällen werden implizite Kontrollkriterien zur Fremdeinschätzung genutzt. Beschränkt man sich jedoch auf die Beobachtung interner Wirklichkeitskontrollen, auf verbalisierte kognitive Reflexionen eines Aussagenden, so begibt man sich nicht auf die Ebene der Fremdeinschätzung, sondern nutzt den natürlichen Ablauf kognitiver Prozesse. Man selbst nutzt als Sachverständiger nicht inhaltliche Elemente der Aussage und schließt daraus als Fremdeinschätzung auf die Wirklichkeitsebene des Erlebnishintergrunds, sondern man registriert, daß der Aussagende selbst sich zum Zeitpunkt der geschilderten Begebenheit nicht sicher war hinsichtlich der Wirklichkeitsebene des Erlebten und aus diesem Grunde anhand verschiedener, seinem kognitiven System impliziter Wirklichkeitskriterien (die ihm nicht bewußt als solche bekannt sein müssen) eine Überprüfung dieser Wirklichkeitsebenen vorgenommen hat und von diesen Reflexionen berichtet.
Explizit im Zusammenhang mit forensischer Aussageforschung wurde dieser Ansatz nach Kenntnis der Autorin noch nicht hinsichtlich der Validität seiner Elemente überprüft. Eine experimentelle Überprüfung würde sich vor allem für das aus diesem Ansatz resultierende potentielle Glaubhaftigkeitsmerkmal der *Wirklichkeitskontrolle* anbieten, welche vom Aussagenden selbst vorgenommenen und berichtet wird. Die *Wirklichkeitskontrolle* kann als inhaltliches Aussagemerkmal angesehen werden.

Neben den Ansätzen der merkmalsorientierten Inhaltsanalyse, der Realitätsüberwachungskriterien und der Wirklichkeitskriterien, welche überwiegend positive Merkmale für die Begutachtung bereitstellen, ist für die Beurteilung des Aussageinhalts möglicherweise ein weiterer Ansatz, welcher der Kommunikationstheorie zuzuordnen ist, relevant. Dieser Ansatz, welcher eine Grundlage für die Ableitung potentieller Negativ-Merkmale im Sinne von *Unglaubhaftigkeitsmerkmalen* bildet, soll im folgenden kurz dargestellt werden.

2.2.3 Die Prinzipien kommunikativer Kooperation von Grice (1989)

Dem kommunikationstheoretischen Ansatz von Grice (1989) liegt folgende Überlegung zugrunde: Nach dem Kooperationsprinzip soll ein Kommunikator seine Konversationsbeiträge so ausrichten und gestalten, daß seine Gesprächspartner in der Lage sind, seine Botschaft nachzuvollziehen (vgl. auch Grice, 1975). Um dieses Ziel zu erreichen, muß er sich an folgenden Prinzipien orientieren, die Grice (1989, S. 26) bezugnehmend auf Kant als *Maxime* der *Quantität*, *Qualität*, *Relevanz* und der *Art und Weise* bezeichnet. Diese Maxime kommunikativer Kooperation werden im folgenden definiert und erläutert.

- *Quantitätsmaxime*: Von einem kooperativen Kommunikationspartner wird erwartet, daß er eine angemessene Menge an Informationen – also weder zu viel noch zu wenig Informationen – vermittelt.
  Während der Aspekt des Informationsmangels einleuchtet, bedarf der Aspekt der Überinformation einer Erläuterung. Übermäßig viel Information kann zu Verwirrung führen insofern, als ein Zuviel an Information leicht in Nebensächlichkeiten abdriftet. Hier zeigt sich ein fließender Übergang zur *Relevanzmaxime*.

- *Qualitätsmaxime*: Es sollen keine ungenauen, nicht genügend belegbaren Informationen und auch keine Informationen vermittelt werden, von denen der Kommunikator annimmt, daß sie falsch sind.

- *Relevanzmaxime*: Es sollen relevante Informationen übermittelt werden, die sich auf die vorhergehende Information beziehen. Verletzt wird diese Maxime beispielsweise durch ein Nicht-Eingehen auf die Frage oder durch einen offenen Themenwechsel. McCornack (1992) schreibt zu Verletzungen dieser Maxime folgendes:

  > By failing to respond in a relevant fashion, an individual can divert the course of the conversation away from potential disclosure of „dangerous" information. ... The most noteworthy characteristic ... is that they fail to answer (directly or indirectly) the question that has been asked. Instead, they ... initiate new topics in order to divert the direction of the conversation away from its projected course. Thus, they are each „irrelevant" in terms of the conditional relevance that is established by the preceding act. ... In addition, ... a „best defense is a good offence" approach ... is a clever form of Relation violation, in that it precludes the possibility of further probing (on the part of the partner) by casting up such probing as situationally inappropriate ... . (S. 11f., Hervorhebung im Original)

- *Maxime der Art und Weise*: Informationen sollen in einer prägnanten und ordentlichen Art und Weise übermittelt werden.

> Diese Maxime bezieht sich nicht wie die drei vorhergehenden auf den Inhalt der Information, sondern darauf, wie diese Information vermittelt wird. Man soll sich klar und verständlich ausdrücken, Unklarheiten und Mehrdeutigkeiten vermeiden.

Diese Maxime sind nach Grice (1989) dem Menschen von Kindheit an vertraut, weswegen es viel schwerer falle, zu lügen, als bei der Wahrheit zu bleiben.
McCornack (1992) vermutet, daß ein täuschender Kommunikator diese kooperativen Kommunikationsregeln auf subtile Art und Weise verletzen wird, und führte hierfür den Begriff der *Information Manipulation Theory* ein: „Messages that are commonly thought of as deceptive derive from covert violations of the conversational maxims“ (McCornack, 1992, S. 5).
Die Information Manipulation Theory wurde von McCornack, Levine, Solowcsuk, Torres und Campbell (1992) einer empirischen Prüfung unterzogen. Die Autoren ließen Versuchspersonen aus der Erinnerung Gespräche aufschreiben, in denen sie nicht ehrlich gewesen waren, ließen diese Botschaften, welche Verletzungen der Kommunikationsmaxime beinhalteten wiederum von anderen Versuchspersonen lesen und stellten fest, daß diese Botschaften als weniger glaubhaft eingeschätzt wurden als Botschaften, welche die Maxime nicht verletzten.
Schreier (1997), welche Täuschungshandeln in Abgrenzung zu Grice (1975) als *scheinkommunikatives Handeln* bezeichnet, sieht dieses realisiert durch

> ... eine intentionale, reflexive Form sprachlichen Handelns, die sich kommunikativer Mittel bedient und dabei den Anschein der Kommunikativität (i.S. des Offenlegens kommunikativer Intentionen) erweckt, um ein Ziel bei anderen Personen zu erreichen, das seinerseits als nicht-kommunikativ zu charakterisieren ist und daher nur in verdeckter Form, unter dem Deckmantel der Kommunikativität also, erreicht werden kann. (S. 148)

Jemand, der im forensischen Kontext eine Falschaussage tätigt, ist in jedem Fall gezwungen, die *Qualitätsmaxime* zu verletzen. Um diese Verletzung, welche von Grice (1989) als die unter moralischem Gesichtspunkt schlimmste Verletzung der Maxime kommunikativer Kooperation bezeichnet wird, zu vertuschen, ist der Kommunikator unter Umständen auch gezwungen, weitere Maxime, beispielsweise die der *Relevanz* auch zu verletzen, um vom Thema abzulenken und sich nicht ertappen zu lassen. Dieser Versuch des Vertuschens kann als metakommunikativer Anteil der Täuschungshandlung – der *sekundären Täuschung* Köhnkens (1990) entsprechend – betrachtet werden (vgl. Kap. 2.1.2.3).
Verletzungen der Kooperationsprinzipien könnten sich beispielsweise darin äußern, daß ein Aussagender viele Vermutungen und wenig Nachprüfbares äußert, da man ihn anhand nachprüfbarer Äußerungen leichter der Täuschung überführen könnte. Die Nachprüfbarkeit wird auch durch Abstraktheit von Äußerungen eingeschränkt. Hier findet sich eine Entsprechung im linguistischen Ansatz von Semin und Fiedler (1988, 1991), die in ihrem *Linguistic-Category-Modell* sprachliche Äußerungen bezüglich ihres Abstraktheitsgrades klassifizieren, wobei dieser Kategorisierung die Annahme zugrunde liegt, daß täuschende Kommunikatoren ihre Äußerungen möglichst ab-

strakt gestalten, um eine Dekontextualisierung, eine Loslösung von konkret Beobachtbarem und damit Nachprüfbarem zu erreichen.
Auch darf erwartet werden, daß die Äußerungen eines täuschenden Kommunikators Übergeneralisierungen enthalten, sich an gängigen Schemata orientieren und bisweilen Klischees bedienen; klischeehafte Äußerungen haben aus der Sicht des Täuschenden den Vorteil, daß sie, einmal angesprochen, beim Kommunikationspartner, welchem dieses Klischee ebenfalls bekannt ist, sofort ein Bild von der Situation entstehen lassen, ihm also durch das Wecken von Assoziationen den Eindruck einer detaillierten Schilderung vermitteln, ohne daß tatsächlich präzise Inhalte vom Täuschenden mitgeteilt worden wären. Diese Täuschungsstrategie dürfte zumindest erfolgreich sein, solange der Kommunikationspartner nicht bemerkt, daß es sich bei der Vorstellung lediglich um seine eigenen Assoziationen handelt. Schließlich ist zu vermuten, daß Kommunikationsprinzipien von täuschenden Kommunikatoren durch inhaltliche Wiederholungen verletzt werden, die in extremer Ausprägung weit über die Beantwortung einer gestellten Frage hinausgehen oder inhaltlich gar nicht auf die Frage eingehen, also keinerlei Relevanz haben für die Beantwortung der Frage. In diesem Fall würden die oben definierten Maxime kommunikativer Kooperation in vielfältiger Weise verletzt, nämlich sowohl hinsichtlich der Quantität als auch hinsichtlich der Relevanz.

Daß eine Verletzung der Kommunikationsprinzipien sich nicht nur auf die Attribution von Glaubhaftigkeit auswirkt, sondern daß diese Verletzungen auch als valide Hinweise auf den Wahrheitsgehalt einer Aussage gelten können, hat eine Untersuchung von Höfer, Sievers, Köhnken, Sporer, Fiedler und Möhlenbeck (1997) gezeigt. 80 Probanden gaben jeweils einen wahren und einen falschen Bericht unterschiedlicher Thematik ab. Die Glaubhaftigkeit der Aussagen wurde zum einen durch einen Interviewer beurteilt, zum anderen wurden die transkribierten Aussagen hinsichtlich verschiedener Merkmale, unter anderem auch kommunikationstheoretischer Items ausgewertet. Es zeigte sich, daß täuschende Kommunikatoren die Prinzipien kooperativer Kommunikation von Grice (1989) in signifikant stärkerem Ausmaß verletzten als wahrheitsgemäß aussagende Personen. Bemerkenswerter Weise zeigte sich im Urteil der Liveinterviewer ein gegenläufiger Effekt: Sie fielen auf diese Strategie herein und schenkten den Täuschenden mehr Glauben.

Zusammenfassend ist zu sagen, daß der Ansatz der kommunikativen Kooperation von Grice (1989) eine Grundlage für die Ableitung potentieller *Un*glaubhaftigkeitsmerkmale bietet, deren Auftreten eher gegen die Glaubhaftigkeit einer Aussage sprechen.

2.2.4 Entwicklungspsychologische Überlegungen

In Kap. 2.1 wurden zunächst die traditionelleren Ansätze der verhaltensorientierten Glaubhaftigkeitsdiagnostik und der inhaltsorientierten Glaubhaftigkeitsdiagnostik dargestellt sowie mögliche Schwachstellen der merkmalsorientierten Inhaltsanalyse

aufgezeigt. Im Anschluß wurden neuere Ansätze anderer Forschungsrichtungen referiert, welche mögliche neue Merkmale zur Ergänzung des traditionellen Merkmalssystems (Steller & Köhnken, 1989) bereitstellen. Vor einer Modifizierung des bestehenden Systems stellt sich im Hinblick auf die Zielgruppe dieser Untersuchung jedoch zunächst die Frage, inwieweit die unterschiedlichen Ansätze aus entwicklungspsychologischer Perspektive geeignet erscheinen, einen Beitrag zur Beurteilung der Glaubhaftigkeit kindlicher Aussagen zu leisten.
Es sollen zunächst allgemeine Annahmen über entwicklungspsychologische Implikationen hinsichtlich der Täuschungsfähigkeit referiert werden, bevor auf die Bedeutung entwicklungspsychologischer Überlegungen im Hinblick auf die vorgestellten Forschungsansätze eingegangen wird.

Nach Ceci, Leichtman und Putnick (1992) ergeben sich entwicklungspsychologische Implikationen insofern, als Kinder, um erfolgreich zu täuschen, dazu in der Lage sein müssen, sich vorzustellen, was ihr Gegenüber denkt. Das Konzept der Perspektivenübernahme geht auf Piaget (1932) zurück und beschreibt die mit der Dezentrierung des Denkens zunehmende Fähigkeit, Standpunkt und Wissenshintergrund potentieller Zuhörer zu berücksichtigen, also von seinem eigenen Standpunkt zu abstrahieren (Piaget, 1972). Die Fähigkeit zur Perspektivenübernahme ist nach Piaget mit Erreichen der Entwicklungsstufe der *konkreten Operationen*, also etwa im Alter von 7 Jahren ausgebildet. Diese Entwicklungsstufe ist außerdem charakterisiert durch das Erschließen der Wirklichkeit, durch Berücksichtigung von Transformationen und Reversibilität (Flavell, 1979). Die Entwicklungsstufe des *präoperational-anschaulischen* Denkens (4-7 Jahre) dagegen zeichnet sich nach Piaget durch wenig Abstraktionsvermögen, kognitive Unbeweglichkeit und Egozentrismus aus: Abstrahierende Weiterverarbeitung von Informationen ist nicht möglich, ebensowenig die Bewältigung konkreter logischer Denkoperationen (Klassifizierung, Seriation) oder der Perspektivenwechsel.
In Übereinstimmung mit Piagets Konzept der Perspektivenübernahme wird die Fähigkeit zu täuschen als ein Ausdruck der sich entwickelnden *theory of mind* angesehen, also der Theorie darüber, daß andere Personen eine Vorstellungswelt besitzen, die sich von der eigenen Vorstellungswelt unterscheidet und die auch falsche Vorstellungen enthalten kann (Hörmann, 1953; Hyman, 1989; Morton, 1988; Tate, Warren, & Hess, 1992). Untersuchungen zeigen, daß Kinder etwa im Alter von 4 Jahren über dieses Konzept falscher Vorstellungen verfügen und damit grundsätzlich in der Lage sind, andere Personen zu täuschen (Bussey, 1992).
Nach Köhnkens (1990) Einteilung in primäre und sekundäre Täuschung sind zum einen kognitive Voraussetzungen zur Konstruktion eines falschen Berichts sowie verbale Fertigkeiten zur Informationsvermittlung erforderlich. Zum anderen muß das Kind für eine Selbstpräsentation als glaubwürdiger Kommunikator eine Vorstellung davon haben, welche Merkmale glaubwürdiges und unglaubwürdiges Aussageverhalten charakterisieren. Diese Lügenstereotype werden von Kindern in der sozialen Interaktion über Rückmeldungsprozesse gelernt (Köhnken, 1990); dies gilt sowohl für sprachliche als auch für nonverbale Verhaltensäußerungen. Außerdem muß das Kind lernen, seine Verhaltensäußerungen zu beeinflussen. Vor diesem Hintergrund ist da-

von auszugehen, daß die Fähigkeit zu täuschen im Laufe der Entwicklung zunimmt. Die Ergebnisse empirischer Untersuchungen stützen diese Vermutung (z.B. DePaulo & Jordan, 1982; DePaulo, Stone & Lassiter, 1985; Feldman, Jenkins & Popoola, 1979; Feldman & White, 1980; Morency & Krauss, 1982).

Welche Bedeutung haben diese Erkenntnisse für die Anwendbarkeit der dargestellten Ansätze der Glaubhaftigkeitsbeurteilung?
Bezüglich der Verhaltensmerkmale ist zu erwarten, daß jüngere Kinder noch nicht in der Lage sind, Mimik und Sprechverhalten ausreichend zu kontrollieren, während ältere Kinder diese schon eher unter Kontrolle bringen können und somit andere Verhaltensbereiche relevant werden. Täuschungen von Kindern dürften demnach relativ leicht zu erkennen sein an Verhaltensmerkmalen, welche noch nicht kontrolliert werden können.
Bezüglich inhaltlicher Qualitätsmerkmale, die im Gegensatz zu den anderen Ansätzen explizit für die Anwendung bei kindlichen Zeugenaussagen zusammengestellt wurden, sind aufgrund der beschriebenen Entwicklungsstufen altersspezifische Unterschiede in der Sensitivität und Spezifität einzelner Merkmale zu erwarten (vgl. z.B. Faller, 1988; Fivush & Shukat, 1995; Markman, 1981; Nelson, 1993; Saywitz, 1995; Saywitz et al., 1991; Stern & Stern, 1931). So sollte man beispielsweise erwarten, daß die Schilderungen 4- bis 7jähriger Kinder mehr *Phänomengemäße Schilderungen unverstandener Handlungselemente* enthalten, sich dafür aber aufgrund des Egozentrismus' das Auftreten von *Schilderungen Fremdpsychischer Zustände, Einwänden gegen die eigene Aussage, Spontanen Verbesserungen der eigenen Aussage* oder *Logischer Konsistenz* im Vergleich zu Schilderungen älterer Kinder verringert. Die Ergebnisse einer Untersuchung von Saacke (1995) konnten die Vermutung einer altersspezifischen Validität inhaltlicher Glaubhaftigkeitsmerkmale zum Teil belegen (vgl. Kap. 2.1.2.4.2). Bei der Bewertung des Merkmals *Unstrukturierte Darstellung* ergibt sich die Schwierigkeit, daß Kinder bis zu einem gewissen Alter unabhängig davon, ob sie wahr oder falsch aussagen, dazu neigen, unstrukturiert zu berichten. Erst wenn sie gelernt haben, wie ein Bericht strukturiert wird, kann strenggenommen das Merkmal der Unstrukturiertheit etwas aussagen. Arntzen (1993, S. 77) hingegen räumt zwar ein, daß die Häufigkeit dieses Merkmales altersabhängig sei, kommt aber dennoch zu dem Schluß, daß es für eine Beurteilung in allen Altersgruppen herangezogen werden könne.
Festzuhalten ist, daß der Einsatz des verhaltensorientierten und des inhaltsorientierten Ansatzes der Glaubhaftigkeitsdiagnostik aus entwicklungspsychologischer Perspektive prinzipiell sinnvoll ist, sofern das Alter des Zeugen bei der abschließenden Interpretation der Merkmalsausprägungen berücksichtigt wird.

Die Anwendbarkeit des kommunikationstheoretischen Ansatzes von Grice (1989) ist von der (wenn auch nicht bewußten) Kenntnis der Konversationsmaxime abhängig. Inwieweit kann man davon ausgehen, daß Kinder bereits über diese Kenntnisse verfügen?
Grice (1989) geht davon aus, daß die Prinzipien kommunikativer Kooperation früh gelernt werden. Shatz (1983) betont die soziale Komponente kommunikativen Ver-

haltens und berichtet, daß bereits Kinder im Alter von 2 Jahren kooperatives Verhalten von ihren Zuhörern erwarten (vgl. auch Gelman & Shatz, 1977). Die Äußerungen 3- bis 5jähriger Kinder lassen nach Shatz (1983) darauf schließen, daß diese Konversationsregeln berücksichtigen. Desweiteren führt sie an, daß 5jährige Kinder in einer Studie von Ackerman (1981; zitiert nach Shatz, 1983) in der Lage gewesen seien, Mehrdeutigkeiten in Äußerungen zu identifizieren. Die Autorin kommt zu dem Schluß, daß Kinder ab einem Alter von 6 Jahren erwarten, daß in einer Kommunikationssituation kooperative Prinzipien eingehalten werden. Siegal (1991) konstatiert, daß Kinder bereits im Alter von 4 Jahren kooperativ kommunizieren.

Während bezüglich des verhaltensorientierten und des inhaltsorientierten Ansatzes entwicklungspsychologische Implikationen nahe liegen und auch im Hinblick auf die Maxime kommunikativer Kooperation Lerneffekte anzunehmen sind, die jedoch nicht gegen die Anwendbarkeit dieser Ansätze sprechen, ist die Frage, inwieweit entwicklungspsychologische Aspekte bezüglich der Realitätsüberwachung und der Wirklichkeitskontrolle von Bedeutung sind, schwieriger zu beantworten.
Was die Realitätsüberwachung anbelangt, so findet man in der entwicklungspsychologischen Literatur Hinweise darauf, daß kleinere Kinder noch nicht über Gedächtnisstrategien verfügen, sondern sich diese erst im Laufe der Entwicklung aneignen. Oerter und Montada (1987) definieren in Anlehnung an Naus und Ornstein (1983, S. 13) Gedächtnisstrategien als „aufgabenbezogene Kognitions- und Verhaltensaktivitäten, die das Subjekt willentlich einsetzt, um die Gedächtnisleistung zu verbessern“. Strategien wie das *Aktive Wiederholen, Gruppieren und Organisieren* sowie *Elaborative Gedächtnisstrategien* entwickeln sich ab einem Alter von 6 Jahren, das aktive Wiederholen sowie Gruppieren und Organisieren zeigt sich nach Ornstein, Naus und Stone (1977; vgl. auch Hashtroudie, Johnson & Chrosniak, 1990; Ornstein, Stone, Medlin & Naus, 1985) spontan als eine Art der Selbstprüfung erst im Alter von 10 Jahren.
Auch hat sich gezeigt, daß das kindliche Wissen über die Funktionsweise des Gedächtnisses entwicklungsabhängig zunimmt (Oerter & Montada, 1987). Untersuchungen zum Realitätsüberwachungsansatz sind ebenfalls Hinweise auf Altersunterschiede in der Realitätsüberwachung zum Nachteil Jüngerer zu entnehmen (vgl. Dunning, 1989; Lindsay, Gonzales & Eso, 1995; Yuille, 1988). Die Ergebnisse deuten darauf hin, daß ein Einsatz der Realitätsüberwachungskriterien bei kindlichen Aussagen möglicherweise nicht uneingeschränkt sinnvoll ist. Der Frage der Anwendbarkeit der Realitätsüberwachungskriterien zur Beurteilung kindlicher Aussagen im forensischen Kontext wurde bislang jedoch noch nicht experimentell nachgegangen (vgl. Sporer, 1997).
Hinsichtlich der Wirklichkeitskriterien konstatiert Stadler (1997), alle Wirklichkeitskriterien würden intuitiv angewandt und bräuchten in der Regel nicht gelernt zu werden. Sicherlich gilt dies für Erwachsene, aber kann man davon ausgehen, daß diese Intuition dem kognitiven System von früher Kindheit an immanent ist? Entwicklungspsychologische Untersuchungen deuten darauf hin, daß einige Kriterien (*Wirklichkeit*, *Begreifbarkeit* und *Antizipierbarkeit*) dem Kind von Geburt an zur Prüfung der Wirklichkeit zur Verfügung stehen. So ist nach Bandura (1980) die Wirksamkeit

(*Wirklichkeit*) einer Person auf ihre Umgebung das entscheidende Kriterium für die Entstehung des Selbstkonzepts. Nach Melkman (1988) löst bereits im Säuglingsalter die Erwartung von Objekten und deren Bestätigung (*Antizipierbarkeit*) im Zusammenhang mit den Bedürfnissen des Kindes eine Konstruktion der Objektivität aus. Ein Kind erfährt die Wirklichkeit in seinem Tun (Piaget, 1975) und nach Melkman (1988) in der Behandlung von Objekten (*Begreifbarkeit*). Die Anwendbarkeit scheint somit prinzipiell gegeben zu sein, im forensischen Kontext wurde jedoch auch dieser Frage noch nicht experimentell nachgegangen.

Insgesamt ist zu sagen, daß bei der Übernahme von Elementen aus dem Ansatz der Realitätsüberwachung für die Beurteilung kindlicher Aussagen am ehesten Vorsicht angebracht scheint, da die Befundlage zu entwicklungspsychologischen Unterschieden hier tendenziell auf eine eingeschränkte Anwendbarkeit hinweist; dies gilt insbesondere für *metamnestische Schlußfolgerungen*, für deren Auftreten Wissen über die Funktionsweise des Gedächtnisses notwendig ist.

2.2.5 Zusammenfassende Bewertung der verschiedenen Forschungsansätze

In Kap. 2.1.2 wurde der inhaltsorientierte Ansatz der Glaubhaftigkeitsdiagnostik bzw. das System der Glaubhaftigkeitsmerkmale der merkmalsorientierten Inhaltsanalyse ausführlich vorgestellt. Dabei war zu konstatieren, daß das traditionelle Merkmalssystem mit seiner aktuellen Operationalisierung einige Schwachstellen aufweist. Da sich das aktuell vorliegende System ausschließlich aus Merkmalen zusammensetzt, deren Auftreten für die Glaubhaftigkeit spricht, liegt ein starker Positiv-Bias vor, welcher in der Praxis vermehrt zu falsch-positiven Beurteilungen der Glaubhaftigkeit führen kann. Um mögliche Fehlurteile in beiden Richtungen zu vermeiden, sollte daher der Versuch unternommen werden, diesem Positiv-Bias durch die Integration negativer Merkmale, deren Auftreten gegen die Glaubhaftigkeit sprechen soll, entgegenzuwirken. Eine weitere Schwachstelle stellt das dem Komplex der motivationsbezogenen Merkmale zugehörige *Zugeben von Erinnerungslücken* dar. Dieses Merkmal erscheint in der traditionellen Operationalisierung zu wenig differenziert und dem Phänomen der Erinnerungsprozesse nicht angemessen (vgl. Kap. 2.1.2.3.1). Unter Berücksichtigung kognitionspsychologischer Erkenntnisse soll das traditionelle Merkmalssystem daher um einige Merkmale erweitert werden. Desweiteren ist zu bemängeln, daß sowohl die Formulierung präziser Operationalisierungsvorschriften als auch die Durchführung geeigneter Trainingsmaßnahmen weitestgehend vernachlässigt wurden, was ein Grund für die teilweise sehr unbefriedigende Beurteilerübereinstimmung sein mag (vgl. Kap. 2.1.2.4.3).

Neben dem Ansatz der inhaltsorientierten Glaubhaftigkeitsdiagnostik wurden vier weitere Ansätze vorgestellt: der verhaltensorientierte Ansatz der Glaubhaftigkeitsdiagnostik, der Ansatz kommunikativer Kooperation, der Realitätsüberwachungsansatz sowie der Ansatz der Wirklichkeitskriterien.

Betrachtet man die verschiedenen Ansätze, so fallen die erstaunlichen Parallelen zwischen dem traditionellen forensischen Ansatz inhaltlicher Glaubhaftigkeitsmerkmale und den beiden kognitionspsychologischen Ansätzen (dem gedächtnispsychologischen Ansatz der Realitätsüberwachungskriterien und dem erkenntnistheoretischen Ansatz der Wirklichkeitskriterien) auf. Die Ähnlichkeit der völlig unabhängig voneinander entwickelten Konstrukte ist so verblüffend, daß es sich hierbei kaum um eine zufällige Übereinstimmung handeln kann. Stadler (1997) geht noch weiter, indem er äußert:

> ... die Ähnlichkeit ... verweist auf mehr als bloße zufällige Analogie. Vielmehr könnte hier eine Homologie vorliegen, die es möglich erscheinen läßt, daß die Realkennzeichen von Aussagen sich als nichts anderes erweisen als auf der Alltagserfahrung der Glaubwürdigkeitsgutachter beruhende Explikationen basaler kognitiver Prinzipien zur Konstituierung von Wirklichkeit. Es spricht daher einiges dafür, daß das Vorliegen von Realitätskriterien in Zeugenaussagen zunächst nur ... auf einen *Erlebnishintergrund in der Wachwirklichkeit* verweist und nicht auf Vorgänge, die in der Realität stattgefunden haben und vom Zeugen aus der subjektiven Perspektive beobachtet wurden. (S. 69, Hervorhebung im Original)

Hinweise auf Parallelen zwischen Realitätsüberwachungskriterien und Glaubhaftigkeitsmerkmalen finden sich bei Sporer und Küpper (1995) und auf Bezüge zu Wirklichkeitskriterien bei Stadler (1997; vgl. auch Greuel et al., 1998). Sporer (1997) hat in einer ersten Untersuchung für die Merkmale des Realitätsüberwachungsansatzes und einige Merkmale der merkmalsorientierten Inhaltsanalyse[16] auf der Basis von Faktorenanalysen fünf Dimensionen extrahiert, die beiden Ansätzen zugrunde liegen (*Logische Konsistenz und Realitätsnähe*, *Gefühle und Gedanken*, *Klarheit*, *Quantitativer Detailreichtum*, *Kontextuelle Einbettung und zeitliche Informationen*) sowie einen Faktor, der nur in der merkmalsorientierten Inhaltsanalyse enthalten war (*Interaktionen*).
Die drei aus einem theoretisch gänzlich verschiedenen Hintergrund stammenden Ansätze sollen in Tabelle 4 nebeneinandergestellt werden. Es sei vorweggenommen, daß die gegenübergestellten Aussageinhalte zum Teil hinsichtlich Definition und Operationalisierung nur sehr eingeschränkt vergleichbar und insgesamt keineswegs dekkungsgleich sind. Es geht bei der folgenden Darstellung also um Ähnlichkeit oder Vergleichbarkeit hinsichtlich bestimmter Aspekte eines Merkmals und nicht um die Zuordnung identischer Konzepte.

Festzuhalten bleibt jedoch, daß die auffallenden Übereinstimmungen die grundsätzliche Möglichkeit aufzuzeigen scheinen, einige Elemente der verschiedenen Ansätze zukünftig vor einem gemeinsamen theoretischen Hintergrund integrieren zu können (vgl. Greuel et al., 1998; Sporer, 1997; Stadler, 1997). Letzteres ist jedoch nicht Anliegen dieser Arbeit; im Rahmen der vorliegenden Untersuchung dient die Gegenüberstellung der unterschiedlichen Ansätze folgendem Ziel: Da das System der inhaltlichen Glaubhaftigkeitsmerkmale von Steller und Köhnken (1989) im Rahmen dieser Studie im Mittelpunkt des Interesses stehen wird, sind neben den Parallelen zu kog-

---

[16] Die Merkmale 10, 11, 14, 15, 16, 17, 18 und 19 der Systematisierung von Steller und Köhnken (1989) wurden nicht berücksichtigt.

nitionspsychologischen Ansätzen, die eine weitergehende theoretische Einbettung einzelner Merkmale ermöglichen, vor allem Ergänzungsmöglichkeiten durch Elemente anderer Ansätze interessant, die das traditionelle Merkmalssystems nicht bereitstellt.

Tabelle 4
Glaubhaftigkeitsmerkmale, Realitätsüberwachungskriterien und Wirklichkeitskriterien

Glaubhaftigkeitsmerkmale in der Systematisierung von Steller und Köhnken (1989)	**Realitätsüberwachungskriterien (RÜK)** in der Fassung von Sporer und Küpper (1995)	**Wirklichkeitskriterien (WK)** in der Fassung von Stadler (1997)
1 Logische Konsistenz	(Rekonstruierbarkeit)[a], Realitätsnähe	Antizipierbarkeit, (Wirklichkeit)
2 Ungeordnete Darstellung	(Rekonstruierbarkeit)	
3 Quantitativer Detailreichtum	Klarheit, sensorische Informationen	Strukturelle Reichhaltigkeit, (Intermodalität)
4 Raum-zeitliche Verknüpfung	Räumlichkeit, Zeitangaben	Lokalisierbarkeit, Kontextstimmigkeit
5 Interaktionsschilderungen		
6 Wiedergabe von Gesprächen		
7 Handlungskomplikationen	Rekonstruierbarkeit	Widerständigkeit
8 Ausgefallene Einzelheiten	Realitätsnähe	Kontrast, Konturschärfe
9 Nebensächliche Einzelheiten	(Realitätsnähe)	
10 Unverstandene Handlungselemente		
11 Indirekt Handlungsbezogenes		
12 Eigenpsychisches,	Gefühle und Gedanken	Valenz
13 Fremdpsychisches		
14 Spontane Verbesserungen		
15 Zugeben von Erinnerungslücken	(Rekonstruierbarkeit)	
16 Einwände gegen die eigene Aussage		
17 Selbstbelastungen		
18 Entlastung des Angeschuldigten		
	Kognitive Operationen	
		Wirklichkeitskontrolle[b]
19 Deliktspezifische Aussageelemente		

Anmerkungen.[a] Klammern sollen verdeutlichen, daß die Vergleichbarkeit der gegenübergestellten Begrifflichkeiten stark eingeschränkt ist. [b] Die Wirklichkeitskontrolle stellt bereits eine von Stadler (1997) vorgenommene Ableitung aus den Wirklichkeitskriterien dar.

Zunächst einmal wird deutlich, daß die merkmalsorientierte Inhaltsanalyse einige Merkmale aufweist, die in keinem der beiden anderen Ansätze enthalten sind (Merkmale 5, 6, 10, 11, 14, 16, 17, 18, 19). Dies gilt wenig überraschend insbesondere für den Komplex der motivationsbezogenen Merkmale, da Aspekte der Selbstpräsentation sich nicht kognitionspsychologisch abbilden lassen. Die fehlende Parallele hinsichtlich des Merkmals *Phänomengemäße Schilderung unverstandener Handlungselemente* ist darauf zurückzuführen, daß dieses Merkmal speziell für Verdachtsfälle sexuellen Kindesmißbrauchs konzipiert wurde.

Das Merkmal *Logische Konsistenz* weist zwar Parallelen zur Realitätsnähe und Antizipierbarkeit auf, jedoch ist ein wesentlicher Aspekt dieser beiden Kriterien beim traditionellen Glaubhaftigkeitsmerkmal nicht enthalten: So spielen *tatsächliche* und *vermutete Folgen* sowohl innerhalb des Realitätsüberwachungsansatzes als auch innerhalb der Wirklichkeitskriterien eine Rolle; etwas, was wirklich passiert, ist eher antizipierbar und zeigt Wirkung.

Der Grundgedanke des Merkmals *Unstrukturierte Darstellung* wird im Realitätsüberwachungsansatz nicht abgebildet, jedoch muß für eine positive Wertung dieses Merkmals die Voraussetzung der *Logischen Konsistenz* erfüllt sein; insofern läßt sich eine gewisse Verbindung zum Kriterium *Rekonstruierbarkeit* herstellen. Das Merkmal *Detailreichtum* ist recht gut mit *Klarheit, Sensorische Informationen* (RÜK) und *Strukturelle Reichhaltigkeit* (WK) vergleichbar; den Aspekt der *Intermodalität* (WK) bildet das traditionelle Merkmal allerdings nur sehr eingeschränkt ab. Hinsichtlich der Merkmale *Raumzeitliche Verknüpfungen, Handlungskomplikationen, Eigen- und Fremdpsychisches* ist eine gute Vergleichbarkeit gegeben.

Die Grundidee des Merkmals *Eingeständnis von Erinnerungslücken* findet wie die übrigen motivationsbezogenen Merkmale keine Entsprechung in anderen Ansätzen; jedoch ergeben sich für dieses Merkmal Differenzierungsmöglichkeiten aus dem gedächtnispsychologischen Ansatz der Realitätsüberwachung. So ist beispielsweise von Interesse, ob jemand intensiv um Erinnerung bemüht oder unsicher hinsichtlich der Richtigkeit seiner Angaben ist – Aspekte, die der traditionelle Ansatz der Glaubhaftigkeitsmerkmale ebenfalls nicht berücksichtigt. Das Merkmal der Erinnerungslücken wird in seiner traditionellen Form dem Phänomen der Erinnerungsprozesse und -strategien nicht gerecht (vgl. Kap. 2.1.2.3.1). Von Interesse dürfte ferner die aus den Wirklichkeitskriterien abgeleitete *Wirklichkeitskontrolle* sein, für die sich im traditionellen Ansatz nichts Vergleichbares finden läßt.

Den Ansätzen der Realitätsüberwachung und der Wirklichkeitskriterien lassen sich somit durchaus Hinweise auf Verbesserungsmöglichkeiten des traditionellen Systems von Glaubhaftigkeitsmerkmalen entnehmen.

Während diese Ansätze in erster Linie weitere positive Merkmale bereitstellen, sind im traditionellen Ansatz der verhaltensorientierten Glaubwürdigkeitsdiagnostik und im kommunikationstheoretischen Ansatz von Grice (1989) Elemente enthalten, die eine Ableitung möglicher Negativ-Merkmale erlauben, welche dem Positiv-Bias des traditionellen Merkmalssystems entgegenwirken könnten. Als Verletzung des Kooperationsprinzips wäre es beispielsweise anzusehen, wenn ein Kommunikator sich häufig inhaltlich wiederholt, übergeneralisiert, klischeehafte Äußerungen tätigt und seine Aussage mit hypothetischen, nicht-überprüfbaren Äußerungen anreichert.

Im folgenden wird erläutert, welche Modifizierungen des traditionellen Merkmalssystems vorgenommen und welche Merkmale neu aufgenommen werden sollen. Die Operationalisierungsvorschriften der einzelnen Merkmale werden später im Zusammenhang mit der Operationalisierung der abhängigen Variablen dargestellt (vgl. Kap. 5).

2.3 AUSWAHL UND ZUSAMMENSTELLUNG DER MERKMALE

Für die vorliegende Untersuchung sollen folgende Veränderungen des ursprünglichen Systems von Steller und Köhnken (1989) vorgenommen werden.

In der Kategorie *Spezielle Inhalte* soll das Merkmal *Raum-zeitliche Verknüpfungen*, welches im folgenden als *Kontextuelle Einbettung* bezeichnet wird, differenzierter betrachtet werden. Zu diesem Zweck sollen zusätzlich zum Gesamtwert kontextueller Einbettung folgende Subgruppen getrennt betrachtet werden: die *Zeitliche Einordnung*, die *Räumliche Einordnung* und die *Einordnung in Lebensgewohnheiten Beteiligter*.
Dieser Differenzierung liegt die Annahme zugrunde, daß die gebildeten Subgruppen unterschiedlich gut zur Differenzierung verschiedener Aussagebedingungen beitragen können. So wird es einem Falschaussagenden möglicherweise leichter fallen, eine zeitliche Einordnung des Geschehens vorzunehmen, als ein nicht stattgefundenes Ereignis überzeugend als Teil seines eigenen Lebens zu schildern oder es in die Lebensumstände des Beschuldigten einzubinden.

Für das Merkmal *Wiedergabe von Gesprächen*, welches im folgenden als *Wiedergabe verbaler Äußerungen* bezeichnet wird, sollen ebenfalls Subgruppen gebildet werden. Die *Wiedergabe von Einzeläußerungen* und die *Wiedergabe von Gesprächen* sollen zusätzlich zum Gesamtwert verbaler Äußerungen getrennt betrachtet werden, da davon ausgegangen wird, daß ein qualitativer Unterschied zwischen einer einfachen Einzeläußerung und der Wiedergabe eines Dialoges oder einer Gesprächskette besteht. Es dürfte sich um eine kognitiv relativ leicht zu bewältigende Aufgabe handeln, auf entsprechende Nachfrage eine schlichte Einzeläußerung zu produzieren, wohingegen die Produktion einer sinnvollen Gesprächskette ohne entsprechende Wahrnehmungsgrundlage sehr schwierig sein wird. Durch diese Differenzierung soll Arntzens (1993) Unterscheidung von Aussageeigenarten und Steigerungsformen (vgl. Kap. 2.1.2.3.2) berücksichtigt werden.

In der Kategorie *Inhaltliche Besonderheiten* wurden folgende Veränderungen vorgenommen:
Die verschiedenen Aspekte des Merkmals *Schilderung eigener psychischer Zustände*, welches im folgenden als *Schilderung eigenpsychischer Vorgänge und Zustände* bezeichnet wird, sollen genauer beleuchtet werden. Zu diesem Zweck sollen die vier Subgruppen *Schilderung physiologischer oder motorischer Abläufe*, *Beschreibung eines Gefühlszustandes*, *Schilderung erlebnisbezogener Gedanken* und *Schilderung des Nachdenkens über mögliche Folgen* gebildet werden.

Dieser Differenzierung liegen folgende Überlegungen zugrunde: Das Merkmal *Schilderung eigenpsychischer Vorgänge und Zustände* umfaßt unterschiedliche inhaltliche Aspekte; zum einen können eigenpsychische Zustände auf abstrakter oder konkret-anschaulicher Ebene beschrieben werden. Konkret geschildert sind Gefühlszustände, wenn sie auf körperlicher oder auf Verhaltensebene beschrieben werden; in diese Kategorie würden beispielsweise Zittern oder Schwindelgefühl fallen. Als abstraktere Zustandsbeschreibungen sind kategorisierende Gefühlsbezeichnungen wie beispielsweise Angst oder Scham einzuordnen.
Zum anderen können eigenpsychische Vorgänge geschildert werden, welche das Ereignis begleiten oder sich auf potentielle Geschehensfolgen beziehen. Typische erlebnisbezogene Gedanken, die geschehensbegleitend auftreten können, sind beispielsweise Fluchtgedanken, die sich damit beschäftigen, wie das Geschehen im Vorfeld abzuwenden ist oder wie man der unangenehmen Situation entkommen kann.
Die Subkategorie *Schilderung des Nachdenkens über mögliche Folgen* wurde aus der Dimension *Rekonstruierbarkeit* des Realitätsüberwachungsansatzes (vgl. Kap. 2.2.1.1) übernommen und bezieht sich darauf, daß der Aussagende berichtet, sich zum Zeitpunkt des Geschehens Gedanken über potentielle Folgen gemacht zu haben, die das Ereignis unmittelbar oder mittelbar nach sich ziehen könnte. Diese Folgen dürfen zum Zeitpunkt des Nachdenkens noch nicht eingetreten sein, da es sich in diesem Fall um tatsächliche Folgen handeln würde, welche als separates Merkmal erfaßt werden sollen.
Bei der *Schilderung eigenpsychischer Vorgänge und Zustände* sind die beschriebenen Aspekte des Merkmals möglicherweise unterschiedlich gut zur Diskrimination wahrer und falscher Aussagen geeignet.

Desweiteren soll das Merkmal *Schilderung tatsächlicher Folgen*, welches ebenfalls als Item der Dimension *Rekonstruierbarkeit* dem Realitätsüberwachungsansatz entnommen wurde, in die Kategorie der *Inhaltlichen Besonderheiten* aufgenommen werden, um neuere kognitionspsychologische Erkenntnisse zu berücksichtigen (vgl. Kap. 2.2.1.1). Hier wird festgehalten, ob der Aussagende darstellt, welche Folgen das Geschehen für ihn selbst oder andere Geschehensbeteiligte hatte. Wichtig ist, daß die erwähnten Folgen von einiger Erheblichkeit sind und konkret geschildert werden; diese Forderungen sollen als erfüllt gelten, wenn beispielsweise geäußert wird, daß in Folge des infragestehenden Erlebnisses die Lebensqualität beeinträchtigt ist.
Dieses Merkmal läßt sich insofern in die merkmalsorientierte Inhaltsanalyse integrieren, als es die kognitive Leistungsfähigkeit eines Falschaussagenden strapazieren wird, wenn er zusätzlich daran denken muß, sein erdachtes Ereignis mit konkreten Folgen auszustatten (vgl. Kap. 2.1.2.3). Ähnlich wie bei dem Merkmal *Kontextuelle Einbettung* wird ein tatsächliches Ereignis nicht losgelöst von der Umwelt, von der Lebensgestaltung der Beteiligten stattfinden, es wird eine Vorgeschichte haben und es wird Folgen nach sich ziehen oder – um es in der Sprache des Ansatzes der Wirklichkeitskriterien zu formulieren – *wirk–lich* sein (vgl. Kap. 2.2.2.1). Es ist als Teil des Lebens der Beteiligten zu sehen. Konkrete Folgen sind vermutlich untypisch für Phantasievorstellungen. Zu erwarten ist allerdings, daß insbesondere jemand, der darauf hinar-

beitet, jemanden gezielt zu belasten, zielgerichtet und rasch zur Schilderung von Folgen kommen wird, welche ihm durch den Angeschuldigten zugefügt worden seien. Es wird jedoch davon ausgegangen, daß sich dies eher in einer gewissen Klagsamkeit und einer wenig konkreten Schilderung schwacher Folgen äußern wird. Per definitionem sollen daher nur konkrete und ernsthafte Folgen in dieser Kategorie erfaßt werden. Nachträgliche Spekulationen darüber, was alles hätte passieren können, unerhebliche oder vage geschilderte Folgen sollen nicht berücksichtigt werden.

Weitreichende Veränderungen wurden in der Kategorie *Motivationsbezogene Inhalte* vorgenommen.
Das im System von Steller und Köhnken (1989) enthaltene Merkmal *Zugeben von Erinnerungslücken* wird in der traditionellen Form dem Phänomen der Erinnerungsprozesse nicht gerecht (vgl. Kap. 2.2.1.1). So kann es beispielsweise vorkommen, daß eine aussagende Person nach langem Überlegen einen unsicheren Beschreibungsversuch unternimmt oder eine Erinnerungslücke eingesteht. Auch ist möglich, daß das Zugeben von Erinnerungslücken zur Strategie eines Falschaussagenden gehört, welcher auf diese Weise versucht, die Komplexität seiner Aussage unter Kontrolle zu halten, um sich nicht durch Preisgabe weiterer Detailinformationen in Widersprüche zu verwickeln. Das Eingeständnis von Erinnerungslücken wäre in diesem Fall ganz anders zu bewerten als in den zuvor geschilderten Fällen. Eine Differenzierung ist bei der Anwendung der traditionellen Operationalisierungsvorschriften jedoch nicht möglich (vgl. Kap. 2.1.2.3.1).
Daher soll das Merkmal *Zugeben von Erinnerungslücken* durch die vier neuen Merkmale *Erinnerungsbemühungen*, *Zugeben von Wissenslücken*, *Unsicherheiten bezüglich der Richtigkeit der Angaben* und *Spontane Angabe von Gründen für Unsicherheiten und Lücken* ergänzt werden. Zum einen stehen diese Merkmale in unmittelbarem Zusammenhang zu dem Merkmal *Erinnerungslücken* und sollen schon aus diesem Grunde zum Komplex der *motivationsbezogenen Merkmale* gezählt werden. Zum anderen kann bei den ersten drei Merkmalen davon ausgegangen werden, daß eine entsprechende Äußerung dem Alltagsverständnis nach die Glaubwürdigkeit in Frage stellen und aus diesem Grunde von einer bewußt falschaussagenden Person im Sinne der positiven Selbstpräsentation (vgl. Kap. 2.1.2.3) eher nicht in eine Aussage aufgenommen würde.

Das Merkmal *Erinnerungsbemühungen* läßt sich ableiten aus der Dimension *Rekonstruierbarkeit* des Realitätsüberwachungsansatzes (vgl. Kap. 2.2.1.1) und soll erfassen, ob der Aussagende ernsthafte Versuche unternimmt, sich an das infragestehende Geschehen zu erinnern und Erinnerungslücken zu schließen. Dabei ist nicht entscheidend, ob diese Bemühungen zum Erfolg führen, wichtig ist, daß das Bemühen um Erinnerung deutlich wird. Auf diese Weise sollen Aussagestrategien ausgeschlossen werden, bei denen der Falschaussagende Erinnerungslücken gezielt einsetzt, um das als unangenehm empfundene Interview so schnell wie möglich enden zu lassen oder um auf einfache Art und Weise zu verhindern, daß er durch immer neue Details den Überblick über das bisher Ausgesagte verlieren könnte; denn durch diese kognitive Überforderung liefe der Falschaussagende Gefahr, sich in inhaltliche Widersprüche zu verwickeln und so die *Logische Konsistenz* seiner Aussage zu verringern. In dieser Situation wird er abwägen, was seiner Glaubwürdigkeit weniger abträglich wäre – potentielle logische Inkonsistenzen oder das Eingeständnis vermeintlich glaubwürdigkeitsschädigender Erinnerungslücken – und die Erinnerungslücken möglicherweise bevorzugen. Beim strategischen Einsatz von Erinnerungslücken wird der Falschaussagende, welchem keine Wahrnehmungsgrundlage zur Verfügung steht, kaum ohnehin sinnlose intensive Erinnerungsbemühungen zeigen, von denen er zudem annimmt, daß sie seiner positiven Selbstpräsentation zusätzlich zu den Erinnerungslücken schaden könnten.

Das Merkmal *Zugeben von Wissenslücken* soll ähnlich wie das motivationsbezogene Merkmal *Zugeben von Erinnerungslücken* erfassen, inwieweit ein Aussagender eingesteht, über bestimmte Informationen nicht zu verfügen oder bestimmte Fragen nicht beantworten zu können. Die auf den ersten Blick kaum unterscheidbaren Merkmale beruhen jedoch auf unterschiedlichen Prozessen, sofern es sich nicht einfach um eine sprachliche Ungenauigkeit des Aussagenden handelt: Entscheidend für die Abgrenzung zu Erinnerungslücken ist, daß bei Wissenslücken dem Aussagenden diese Information nie zur Verfügung stand, also keine Wahrnehmungsgrundlage vorhanden ist und nichts geäußert wird, was darauf schließen ließe, daß der Aussagende über das erfragte Wissen zu einem anderen Zeitpunkt verfügen konnte.

Mit dem Merkmal *Unsicherheit bezüglich der Richtigkeit eigener Angaben*, welches ein Item der Dimension *Rekonstruierbarkeit* des Realitätsüberwachungsansatzes darstellt[17], soll erfaßt werden, inwieweit die aussagende Person einen bestimmten Aspekt oder einen Handlungsteil beschreibt, gleichzeitig aber eingesteht, sich nicht ganz sicher zu sein, ob alle Einzelheiten ihrer Darstellung richtig sind. Der Aussagende kann explizit oder indirekt durch den Gebrauch bestimmter Ausdrucksweisen auf diese Unsicherheit hinweisen. Entscheidend für die Abgrenzung zu Erinnerungs- und Wissenslücken ist hier, daß trotz aller geäußerter Unsicherheiten letztlich doch ein Beschreibungsversuch unternommen und eine Beschreibung abgegeben wird. Auch versucht der Aussagende, möglichst präzise Schätzungen abzugeben, was eine Abgrenzung zu Vagheiten erlaubt, welche dem Merkmal *Klischees* zugeordnet werden sollen. Auch hier ist anzunehmen, daß das Zugeben von Unsicherheiten der Alltagsvorstellung bezüglich eines kompetenten Aussagenden zuwiderläuft, und ein bewußt Falschaussagender daher auf diese vermeintlich verräterischen Äußerungen verzichten wird, um sein Täuschungsziel zu erreichen (vgl. Kap. 2.1.2.3).
Während die Bedeutung der drei neuen Merkmale *Erinnerungsbemühungen, Zugeben von Wissenslücken* und *Unsicherheit bezüglich der Richtigkeit eigener Angaben* im Sinne der strategischen Selbstpräsentation sensu Köhnken (1990) zu interpretieren ist, ist die Zuge-

[17] Im Sinne des Realitätsüberwachungsansatzes sollen Unsicherheiten allerdings einen Hinweis darauf liefern, daß Erinnerungen intern generiert, also nicht erlebnisbasiert sind; das Item soll hier jedoch dieser Interpretation entgegengesetzt gepolt und im Sinne des Ansatzes positiver Selbstpräsentation als Glaubhaftigkeitsmerkmal interpretiert werden.

hörigkeit des folgenden Merkmals zum Komplex der motivationsbezogenen Merkmale weniger eindeutig gegeben.
Das Merkmal *Angabe von Gründen für Unsicherheiten, Erinnerungs- und Wissenslücken* soll wiedergeben, inwieweit der Aussagende von sich aus Erklärungen für die Tatsache anführt, daß er bestimmte Einzelheiten nicht weiß, sich an einzelne Handlungssequenzen nicht mehr erinnern kann oder sich unsicher ist, ob seine Erinnerungen und Darstellungen richtig sind. Diese Begründungen können internaler oder externaler Art sein. Nicht berücksichtigt werden sollen Begründungen, die im Widerspruch zum bisherigen Aussageinhalt stehen, sich also nicht folgerichtig in das bis zu diesem Zeitpunkt Geschilderte einpassen oder in sich unplausibel bzw. Scheinbegründungen[18] sind. Das Merkmal enthält eine starke kognitive Komponente dadurch, daß ein Falschaussagender, dem keine Wahrnehmungsgrundlage zur Verfügung steht, kognitiv überfordert sein wird, spontan eine sich folgerichtig in die bisherige Aussage einpassende Begründung für seine Unsicherheiten anzugeben. Trotzdem soll es wegen seiner unmittelbaren Verknüpfung mit Lücken und Unsicherheiten dem Komplex motivationsbezogener Merkmale zugeordnet werden.

Desweiteren sollen bezüglich des Merkmals *Einwände gegen die Richtigkeit der eigenen Aussage*, welches im folgenden als *Einwände gegen die Glaubwürdigkeit der eigenen Aussage* bezeichnet wird, in Anlehnung an die Definition von Wellershaus (1992) die Subgruppen *Einwände gegen die eigene Aussage* und *Einwände gegen die eigene Person* getrennt betrachtet werden. In Abgrenzung zum weiter oben beschriebenen Merkmal *Unsicherheit bezüglich der Richtigkeit eigener Angaben* soll hier erfaßt werden, inwieweit der Aussagende mögliche Einwände seines Gegenübers bezüglich der eigenen Glaubhaftigkeit selbst vorwegnimmt, wobei er selbst trotz aller geäußerten Zweifel fest davon überzeugt ist, das Geschilderte genau in dieser Form beobachtet bzw. erlebt zu haben. Hier geht es also nicht um Selbstzweifel, sondern um vorweggenommene mögliche Zweifel aus der Perspektive einer anderen Person. Während mit der Subgruppe *Einwände gegen die eigene Aussage* erfaßt werden soll, inwieweit die aussagende Person Zweifel an der Plausibilität ihrer Darstellung vorwegnimmt, sollen in der Subkategorie *Einwände gegen die eigene Person* Äußerungen registriert werden, mit denen der Aussagende Zweifel an der Glaubwürdigkeit der eigenen Person und seiner Zeugentüchtigkeit vorwegnimmt.

Schließlich soll der Komplex der motivationsbezogenen Merkmale noch durch das Merkmal *Schilderung von Versuchen der Wirklichkeitskontrolle* ergänzt werden. Mit diesem aus dem Ansatz der Wirklichkeitskriterien stammenden Merkmal (vgl. Kap. 2.2.2.1) soll erfaßt werden, inwieweit der Aussagende davon berichtet, zum Zeitpunkt des Geschehens überprüft zu haben, ob er sich in der Wachwirklichkeit oder auf einer anderen Wirklichkeitsebene, der Traum- oder Phantasieebene befand. Es kann ein Zustand der Orientierungslosigkeit beschrieben werden, verbunden mit dem Ver-

---

18 In die Kategorie der Scheinbegründungen würde beispielsweise eine Äußerung wie „Weil ich das ja gar nicht wissen kann" fallen.

such, Anhaltspunkte zur Orientierung zu erhalten. Oder es wird explizit die Möglichkeit angedeutet, daß das Geschehen auf einer anderen Wirklichkeitsebene als derjenigen der Wachwirklichkeit stattgefunden haben könnte, gleichzeitig wird aber durch die Formulierung deutlich, daß diese Möglichkeit durch Kontrolle ausgeschlossen wurde. Beispielhaft für die Beschreibung einer durchgeführten Wirklichkeitskontrolle sind folgende Sätze: „Ich hab gedacht, ich wäre verrückt geworden, daß ich mir das nur einbilde. Aber dann habe ich mir auf den Kopf gefaßt, und da war alles voll Blut." Entscheidend ist, daß ein kognitiver Prozeß beschrieben wird, der zum Zeitpunkt des Geschehens ablief, und daß zum Zeitpunkt der Aussage kein Zweifel bezüglich der Wachwirklichkeit des Erlebten mehr besteht.
Das Merkmal der *Wirklichkeitskontrolle* hat sowohl kognitive als auch motivationale Anteile. Zum einen wäre es eine höchst komplexe Aufgabe für einen Falschaussagenden, sein erfundenes Erlebnis mit einem kognitiven Vorgang auszustatten, von dem er – sofern er eine ähnliche Situation noch nicht erlebt hat – kaum wissen kann, welche Prozesse in dieser Situation ablaufen, und zum anderen liefe ein Aussagender mit der Beschreibung einer Überprüfung der Wirklichkeitsebene Gefahr, bei seinem Gegenüber Zweifel im Hinblick auf die Wachwirklichkeit des Erlebnisses hervorzurufen. Ein Auftreten dieses Merkmals ist daher unter der Annahme strategischer Selbstpräsentation und aus kognitiven Gründen (vgl. Kap. 2.1.2.3) eher in wahren Aussagen zu erwarten. Im Rahmen dieser Studie soll die Wirklichkeitskontrolle den motivationsbezogenen Merkmalen zugeordnet werden, da angenommen wird, daß jemand, der bemüht ist, einen glaubwürdigen Eindruck zu hinterlassen, nicht von sich aus berichten wird, für einen Moment in Erwägung gezogen zu haben, alles nur geträumt oder phantasiert zu haben.
Da das bei der Überprüfung des Vorliegens einer Wirklichkeitskontrolle übliche Nachfragen, ob und warum sich der Aussagende sicher sei, daß das Erlebte nicht auf einer anderen Wirklichkeitsebene stattgefunden haben könnte, bei dieser Untersuchung aus ethischen Gründen nicht möglich ist (vgl. Kap. 4.3.2.2), wird keine vollständig durchgeführte Wirklichkeitskontrolle erwartet, sondern es sollen auch Schilderungen von Versuchen der Wirklichkeitskontrolle registriert werden.

Schließlich soll das System um einen Komplex *negativer Merkmale* erweitert werden. Diese Modifizierung ist als Versuch zu verstehen, dem oftmals beklagten Positiv-Bias des traditionellen Merkmalssystems entgegenzuwirken (z.B. Bender, 1982). Hintergrundannahme für die Aufnahme dieser Merkmale ist die Zielgerichtetheit des Handelns (in diesem Fall der Aussage, welche als Ergebnis des Sprachhandelns gesehen werden kann) – nicht ausschließlich aber in erster Linie bei intentionalen Falschaussagen. Auch kognitive sowie kommunikationstheoretische und Aspekte des verhaltensorientierten Ansatzes der Glaubhaftigkeitsdiagnostik spielen hierbei eine Rolle.
Der Merkmalskomplex umfaßt vier Aussagecharakteristika, deren Auftreten im Gegensatz zu den übrigen Merkmalen des Systems negativ bewertet werden soll. Bei diesen negativen Merkmalen handelt es sich um die Merkmale *Vermutete Handlungsmotive des Angeschuldigten*, *Zuschreibung überdauernder negativer Eigenschaften*, *Inhaltliche Wiederholungen* und *Klischees*.

Das Merkmal *Vermutete Handlungsmotive des Angeschuldigten* soll erfassen, inwieweit der Aussagende Vermutungen über Motive, Pläne oder Absichten des Angeschuldigten äußert oder bestimmte Handlungsintentionen unterstellt. Diese unterstellten Motive beziehen sich auf die infragestehende Geschehenssituation. Von entscheidender Wichtigkeit ist, daß diese Vermutungen nicht auf beobachtbaren Verhaltensweisen und Handlungen des mutmaßlichen Täters oder auf dessen Äußerungen beruhen. Es wird nichts beschrieben, was dem Aussagenden als beobachtbarer Anhaltspunkt für seine Spekulationen dienen könnte. Ein Beispiel wäre folgender Satz: „Dem war das total egal, daß ich nicht aufstehen konnte, der ist schnell abgehauen, damit er nicht geschnappt werden konnte."
Zugrundeliegende Annahme ist zum einen die Zielgerichtetheit des Täuschungshandelns (Köhnken, 1990; vgl. auch Kap. 2.1.2.3), wobei hier davon ausgegangen wird, daß die Zielstrebigkeit der Belastung in der Zielstrebigkeit Ausdruck findet, die der Täuschende dem Beschuldigten unterstellt. Zum anderen spiegelt sich in der Unterstellung von Intentionen, für die es auf Verhaltensebene keinen Anhaltspunkt gibt, eine Verletzung der *Qualitätsmaxime* von Grice (1989) wider, welche besagt, daß man keine Informationen vermitteln sollte, die man nicht hinreichend belegen kann (vgl. Kap. 2.2.3). Diese Mutmaßungen sind nicht überprüfbar.

Mit dem Merkmal *Zuschreibung überdauernder negativer Eigenschaften* soll erfaßt werden, inwieweit der Aussagende dem Beschuldigten negative Eigenschaften zuschreibt, die über die Tatsituation hinausgehen und somit als überdauernde Eigenschaften seiner Person gemeint sind, ohne daß erkennbar wird, ob diese Zuschreibung beispielsweise aufgrund langjähriger Erfahrung mit dem Angeschuldigten berechtigt sein könnte. Dabei kann es sich um Eigenschaften im engeren Sinne, um Verhaltensweisen, Einstellungen oder Gewohnheiten handeln. Entscheidend ist, daß keine Erfahrungsgrundlage erkennbar ist, es sich also um unzulässige Pauschalisierungen handelt. Dies trifft beispielsweise auf folgende Äußerung zu: „Das ist ja kein Wunder, wenn einer immer besoffen ist!" Hier wird von dem in der Situation gezeigten Verhalten auf situationsübergreifendes Fehlverhalten geschlossen, welches nicht explizit in Erfahrungen mit der betreffenden Person eingebettet wird, wofür also keine Wahrnehmungsgrundlage gegeben ist. Nicht in diese Kategorie sollen (durchaus verständliche) spontane emotionale Äußerungen fallen, die in direktem Zusammenhang mit Handlungen des Beschuldigten vorgebracht werden und bei denen gleichzeitig keine Pauschalisierung erkennbar ist. Grundlage für die Aufnahme dieses Merkmals bilden verschiedene Ansätze. Nach den Prinzipien kommunikativer Kooperation von Grice (1989) verstößt eine Pauschalisierung, die nicht hinreichend belegbar ist, gegen die Qualitätsmaxime (vgl. Kap. 2.2.3). Zudem handelt es sich bei Zuschreibungen negativer Eigenschaften und bei der Dekontextualisierung durch eine Verallgemeinerung auf situationsunabhängiges Verhalten nach dem Linguistic-Category-Modell um eine abstrakte Form der Kommunikation (Semin & Fiedler, 1988, 1991; vgl. auch Kap. 2.2.3). Negative Äußerungen finden sich auch im Realitätsüberwachungsansatz und im verhaltensorientierten Ansatz der Glaubhaftigkeitsdiagnostik als Hinweise wieder, die gegen die Glaubhaftigkeit sprechen. Die *Affekttheorie des Lügens* erklärt das

Auftreten negativer Äußerungen durch die negativen Affekte des Aussagenden während des Täuschungsversuchs. Auch der Aspekt der Übergeneralisierung findet eine Entsprechung im verhaltensorientierten Ansatz (vgl. Kap. 2.1.1.).
Schließlich kann die *Zuschreibung überdauernder negativer Eigenschaften* auch unter dem Blickwinkel der Zielgerichtetheit einer Anschuldigung im Sinne des inhaltsorientierten Ansatzes gesehen werden (vgl. Kap. 2.1.2.3).

Das Merkmal *Inhaltliche Wiederholungen* soll erfassen, inwieweit der Aussagende Aussageteile wiederholt, ohne diese zu präzisieren, inhaltlich zu verändern oder zu ergänzen. Dabei ist zu beachten, daß jede wenn auch geringe Veränderung unter Umständen einen Informationswert haben kann. Jedoch muß diese Veränderung inhaltlicher Art sein. Wird ein Aussageabschnitt wiederholt und dabei ein Ausdruck lediglich durch eine andere Formulierung ersetzt, mit welcher aber prinzipiell das Gleiche zum Ausdruck gebracht werden soll, oder werden einzelne Wörter bei der Wiederholung weggelassen, die Aussage also lediglich reduziert, dann liegt keine Veränderung inhaltlicher Art im definierten Sinne vor, sondern eine Wiederholung. Eine Extremform inhaltlicher Wiederholung liegt vor, wenn ganze Textpassagen nahezu wortwörtlich wiederholt werden. Bei derartigen Wiederholungen kann von einer *Stereotypie der Aussage* gesprochen werden (vgl. Bender & Nack, 1995). Dabei hat man den Eindruck, daß ein auswendig gelernter Text auf ein Stichwort erneut wiedergegeben und unter Umständen weit über eine Beantwortung der Frage hinaus aufgesagt wird oder zum Inhalt der Frage gar nicht paßt. Nicht im Sinne dieses Merkmals gewertet werden sollen Wiederholungen, welche durch ein Nachfragen des Interviewers provoziert wurden oder bei denen deutlich wird, daß die Frage des Interviewers dahingehend mißverstanden wurde, daß dieser die Aussage akustisch nicht verstanden habe.
Zugrundeliegende Annahme für die Aufnahme dieses Merkmals ist zum einen der Aspekt der kognitiven Komplexität der Täuschungsaufgabe (vgl. Kap. 3); es wird dem Falschaussagenden leichter fallen, sich inhaltlich zu wiederholen, als sich ständig neue Antworten auszudenken. Durch eine Wiederholung gewinnt er Zeit, vermeidet logische Inkonsistenzen und schafft es möglicherweise, seinen Kommunikationspartner darüber hinweg zu täuschen, daß er keine Antwort geben kann. Zum anderen wird durch inhaltliche Wiederholungen die von Grice (1989) beschriebene Relevanzmaxime verletzt, im Falle einer thematisch gar nicht auf die Frage eingehenden Wiederholung sogar in eklatanter Weise (vgl. Kap. 2.2.3).

Mit dem Merkmal *Klischees* soll erfaßt werden, ob die Aussage klischeehafte Äußerungen enthält. Unter klischeehaften Äußerungen werden stereotype Einbettungsversuche, Pauschalisierungen, vage und schemageleitete Schilderungen des Handlungsverlaufes oder stereotype Personenbeschreibungen verstanden. Der Abstraktheitsgrad der Sprache ist hoch (Semin & Fiedler, 1988, 1991; Kap. 2.2.3), Präzisierungen werden vermieden, und der Aussagende versucht, die fehlende Wahrnehmungsgrundlage durch Alltagserfahrung und vorherrschende Stereotype und Schemata zu ersetzen. Nicht im Sinne dieses Merkmals sollen Äußerungen gewertet werden, wenn die Ausdrucksform zum Sprachstil gehört oder wenn zwar zunächst eine Floskel benutzt, im

Anschluß daran aber spontan eine Beschreibung der speziellen Situation folgt, also letztlich eine detaillierte Schilderung vorliegt. Klischeehafte Äußerungen lassen sich in Gestalt von Übergeneralisierungen und mangelnder Unmittelbarkeit als Täuschungskorrelate im verhaltensorientierten Ansatz der Glaubhaftigkeitsdiagnostik wiederfinden und stellen dem Linguistic-Category-Modell entsprechend eine abstrakte Kommunikationsform dar (Semin & Fiedler, 1988, 1991; vgl. auch Kap. 2.2.3). Auch verstoßen Äußerungen, die in diese Kategorie fallen, zum einen gegen die Maxime der Art und Weise, sofern Vagheiten geäußert werden, und zum anderen gegen die Quantitätsmaxime, wenn Klischees präsentiert werden (vgl. Kap. 2.2.3). Neben der strategischen Komponente ist auch eine kognitive Komponente gegeben; ein Falschaussagender, der nicht auf eigene Erfahrungen zurückgreifen kann, ist gezwungen, sich bei der Konstruktion seiner Aussage an Schemata oder anders ausgedrückt an Klischees zu orientieren (vgl. Kap. 2.1.2.3).

Auf die Kategorie *Deliktspezifische Inhalte* soll verzichtet werden, da diese im Rahmen einer Simulationsstudie nicht zu operationalisieren ist.

Das gesamte modifizierte System inhaltlicher Merkmale ist in Tabelle 5 abgebildet.

Tabelle 5
Das traditionelle Merkmalssystem der merkmalsorientierten Inhaltsanalyse (Steller & Köhnken, 1989) und im Rahmen dieser Untersuchung vorgenommene Modifizierungen

Merkmale in der Systematisierung von Steller und Köhnken (1989) (Deliktspezifische Details ausgenommen)	**Im Rahmen dieser Studie vorgenommene Modifizierungen** [a]
1. Logische Konsistenz	1. Logische Konsistenz und Widerspruchsfreiheit
2. Ungeordnete Darstellung	2. Unstrukturierte Darstellung
3. Quantitativer Detailreichtum	3. Quantitativer Detailreichtum
4. Raum-zeitliche Verknüpfungen	4. Kontextuelle Einbettung
	4a Zeitliche Einordnung,
	4b Räumliche Einordnung,
	4c Einordnung in Lebensgewohnheiten oder -umstände Beteiligter
5. Interaktionsschilderungen	5. Schilderung von Interaktionen
6. Wiedergabe von Gesprächen	6. Wiedergabe verbaler Äußerungen
	6a Wiedergabe von Einzeläußerungen
	6b Wiedergabe von Gesprächen
7. Schilderungen von Komplikationen im Handlungsverlauf	7. Unerwartete Handlungskomplikationen
8. Schilderung ausgefallener Einzelheiten	8. Ungewöhnliche Einzelheiten
9. Schilderung nebensächlicher Einzelheiten	9. Überflüssige Einzelheiten

Merkmale in der Systematisierung von Steller und Köhnken (1989) (Deliktspezifische Details ausgenommen)	**Im Rahmen dieser Studie vorgenommene Modifizierungen** [a]
10. Phänomengemäße Schilderung unverstandener Handlungselemente	10. Phänomengemäße Schilderung unverstandener Handlungselemente
11. Indirekt handlungsbezogene Schilderugen	11. Assoziative Querverbindungen
12. Schilderung eigener psychischer Vorgänge	12. Schilderung eigenpsychischer Vorgänge und Zustände
	12a Schilderung physiologischer oder motorischer Abläufe
	12b Beschreibung eines Gefühlszustandes
	12c Schilderung erlebnisbezogener Gedanken
	12d Schilderung des Nachdenkens über mögliche Folgen
13. Schilderung psychischer Vorgänge des Täters	13. Schilderung fremdpsychischer Zustände
	14. Schilderung tatsächlicher Folgen
14. Spontane Verbesserungen der eigenen Aussage	15. Spontane Verbesserungen der eigenen Aussage
15. Eingeständnis von Erinnerungslücken	16. Zugeben von Erinnerungslücken
	17. Erinnerungsbemühungen
	18. Zugeben von Wissenslücken
	19. Unsicherheit bezüglich der Richtigkeit eigener Angaben
	20. Angabe von Gründen für Unsicherheiten, Erinnerungs- und Wissenslücken
16. Einwände gegen die Richtigkeit der eigenen Aussage	21. Einwände gegen die Glaubwürdigkeit der eigenen Aussage
	21a Einwände gegen die eigene Aussage
	21b Einwände gegen die eigene Person
	22. Schilderung von Versuchen der Wirklichkeitskontrolle
17. Selbstbelastungen	23. Selbstbelastung des Opfers
18. Entlastung des Angeschuldigten	24. Inschutznahme des Täters
	25. Vermutete Handlungsmotive des Angeschuldigten
	26. Zuschreibung überdauernder negativer Eigenschaften
	27. Inhaltliche Wiederholungen
	28. Klischees

Anmerkungen. [a] Modifizierungen durch Bildung von Subgruppen sind *kursiv* markiert, neu aufgenommene Merkmale sind **fett** gedruckt.

3 Herleitung der Fragestellung

Die Validität der meisten nicht-motivationalen Glaubhaftigkeitsmerkmale in der Systematisierung von Steller und Köhnken (1989) konnte in einer Simulationsstudie mit Kindern bestätigt werden (Steller et al., 1992). Bewährt haben sich diese Merkmale damit bei der Trennung wahrer Aussagen und frei phantasierter Falschaussagen.
Nun kann bei Verdachtsfällen sexuellen Kindesmißbrauchs aber auch ein anderer Fall eintreten. Während die frei phantasierte, intendierte Falschbezichtigung eher die Ausnahme darstellt (vgl. Endres & Scholz, 1994), ist die Grauzone der Falschaussagen sehr problematisch, welche nicht frei phantasiert, sondern beispielsweise das Ergebnis suggestiver Beeinflussung sind, oder welche intentionale oder unbeabsichtigte Projektionen, Halbwahrheiten oder ähnliches darstellen. Eine detaillierte Auflistung verschiedener Falschaussagevarianten wurde in der Systematisierung von Steller, Volbert und Wellershaus (1993) bereits in Kap. 2.1.2.2 dargestellt.

So wäre beispielsweise denkbar, daß ein Kind von seinem Vater sexuell mißbraucht worden ist, jedoch einen Nachbarn beschuldigt, um den wahren Täter zu schützen. Ungeachtet der realen Mißbrauchserfahrung durch den Vater würde es sich bei der Beschuldigung des Nachbarn um eine Falschbezichtigung handeln. In diesem Fall könnte das Kind in weiten Teilen seiner Falschaussage auf eigene Erfahrungen zurückgreifen, ihm müßte lediglich die Einbindung des fälschlich beschuldigten Nachbarn in das Mißbrauchsgeschehen gelingen. Weniger weitreichende Erfahrungen könnte ein Kind beispielsweise auch aus verschiedenen Medien oder aus der Information durch einen Dritten haben.

> **Es stellt sich die Frage, inwieweit sich die Undeutsch-Hypothese auch auf Zeugenaussagen, die auf unterschiedlichen Wahrnehmungsgrundlagen basieren, übertragen und bestätigen läßt. Um dies zu überprüfen, sollen verschiedene Falschaussagebedingungen in die Untersuchung einbezogen werden.**

Ein weiteres Ziel stellt die Validitätsprüfung der motivationsbezogenen Merkmale dar. Diese Merkmale konnten bislang nur in einer Feldstudie (Esplin et al., 1988, zitiert nach Raskin & Esplin, 1991a) validiert werden. Da bei Feldstudien jedoch grundsätzlich das Problem besteht, daß die Basiswahrheit unbekannt ist, besteht weiterhin die Notwendigkeit einer experimentellen Validierung der motivationsbezogenen Merkmale (vgl. Kap. 2.1.2.4.1).
In Simulationsstudien wurden die motivationsbezogenen Merkmale zum Teil gar nicht erst überprüft, weil das jeweilige Paradigma für diesen Zweck nicht geeignet erschien. Wurden sie dennoch untersucht, so konnte die Undeutsch-Hypothese für die meisten motivationsbezogenen Merkmale nicht bestätigt werden. Dieses Ergebnis hat man sich dadurch erklärt, daß insbesondere die Aussagemotivation der falschaussagenden Kinder hier durch die Wettbewerbssituation und die Spielatmosphäre nicht mehr vergleichbar war mit der Aussagemotivation Falschaussagender in foro. Der vermutlich aus ethischen Gründen gewählten Spielatmosphäre mangelt es an deutlich

negativem Charakter, welcher die Grundlage für eine Simulation der Situation eines Opferzeugen bildet.

Interessant zu untersuchen wäre daher, ob sich mit einem anderen Paradigma und einer anderen Coverstory realitätsnahe Aussagemotivationen herstellen lassen, welche auch eine Validitätsprüfung der motivationsbezogenen Merkmale ermöglichen.

Bei der Ausarbeitung des Untersuchungsdesigns müssen im Hinblick auf die Umsetzung der oben aufgeworfenen Fragen folgende Überlegungen angestellt werden:

- Wie läßt sich die Aussagemotivation realitätsnah gestalten?

Hierdurch werden Auswirkungen auf den Komplex der *motivationsbezogenen Merkmale* und der *negativen Merkmale* erwartet.

- Wie lassen sich die Wahrnehmungsgrundlagen variieren?

Von einer Variation der Wahrnehmungsgrundlagen werden Auswirkungen auf den Komplex der *nicht-motivationalen* und den der *allgemeinen Merkmale* erwartet.

Widmen wir uns zunächst der Frage, was die Aussagemotivationen realitätsnah gestaltet. Ein wahraussagender kindlicher Zeuge in foro befindet sich in der Situation, wiederholt über ein für ihn unangenehmes, traumatisches Erlebnis aussagen zu müssen. Durch die Befragung wird er gedanklich in die Situation eines Ereignisses zurückversetzt, welches neben dem ohnehin aversiven Charakter möglicherweise zusätzlich noch mit Schuldgefühlen belastet ist. Hinzu kommt, daß der Mangel an gewohnter Zuneigung und die rationale Skepsis, welche dem kindlichen Zeugen in foro zwangsläufig entgegen gebracht wird, von ihm als krasse Abweichung zur gewohnten Lebenssituation, unter Umständen sogar als Aggression erlebt wird (Müller-Luckmann, 1963). Auch wird eine Befragungssituation für den Zeugen eine Leistungssituation in dem Sinne darstellen, daß er sich bemühen wird, alle Fragen so gut wie möglich zu beantworten und Erinnerungslücken zu schließen.
Neben diesen für alle wahraussagenden Zeugen geltenden Ausgangsbedingungen ist jedoch zu erwarten, daß sich die Aussagemotivation innerhalb dieser Gruppe sehr heterogen darstellt; so wird man unter den Opfern von Sexualdelikten solche finden, die hoch motiviert sind, ihre Darstellung des Geschehens abzugeben; andere möchten sich gedanklich lieber gar nicht mehr mit dem Erlebnis beschäftigen und sind in Folge dessen wenig motiviert, eine detaillierte Darstellung zu liefern, wieder andere sind in ihrer Aussagemotivation von Schuldgefühlen beeinträchtigt oder fühlen sich möglicherweise dem Beschuldigten verpflichtet. Trotz dieser sehr heterogenen Aussagemotivationen dürfte allen Zeugen die Ernsthaftigkeit der Situation bewußt sein.
Dagegen ist davon auszugehen, daß bewußt falschaussagende Zeugen, welche eine Person des sexuellen Mißbrauchs bezichtigen, allein schon wegen der ansonsten drohenden Aufdeckung ihrer Falschaussage und der kompromittierenden Folgen sehr hoch motiviert sind, wenn es schließlich zur Gerichtsverhandlung kommt; auch Angst- und Schuldgefühle spielen hier eine große Rolle (vgl. Kap. 2.1.1). Zum anderen darf man annehmen, daß sie mit ihrer Beschuldigung eine andere Person bewußt

in Mißkredit bringen, um für sich selbst oder eine weitere Person einen wie auch immer gearteten Vorteil zu erlangen. Da dieses Ziel, einer anderen Person zu schaden, nur mittels einer Selbstpräsentation als glaubwürdiger Kommunikator erreicht werden kann (vgl. Kap. 2.1.2.3), sollte man annehmen, daß falschaussagende Zeugen hoch motiviert sind, sich dementsprechend zu präsentieren. Da in Verfahren wegen sexuellen Kindesmißbrauchs in der Regel keine Aussagen von unbeteiligten Tatzeugen vorliegen, sondern Aussage gegen Aussage steht, trägt der bewußt falschaussagende kindliche Zeuge zudem die alleinige Verantwortung für seine Falschaussage und die daraus für alle Beteiligten erwachsenden Konsequenzen.

Für eine Simulation realitätsnaher Aussagemotivationen sollte daher für alle Aussagebedingungen grundsätzlich gelten, daß der Aussagende die Situation ernst nimmt, und daß die Motivation, einen überzeugenden Bericht abzugeben, hoch ist. Zusätzlich zu dieser allgemeingültigen Forderung sollen spezifische Forderungen an die Motivation in verschiedenen Aussagebedingungen gestellt werden:

Die Aussagemotivationen innerhalb der Gruppe der Wahraussagenden sollen der Realität entsprechend sehr heterogen sein. Bei der praktischen Umsetzung soll eine Instruktion gefunden werden, welche das Leistungsmotiv anregt, ohne beim Aussagenden zu einer Hypermotivation zu führen. Eine übertriebene Motivation gilt es zu vermeiden, da diese das Risiko des Fabulierens erheblich erhöhen würde.

Entscheidende Bedeutung kommt nun der Frage zu, wie die Aussagemotivation in den Täuschungsbedingungen realitätsnah gestaltet werden kann. Zur Bedeutsamkeit der Simulation einer realitätsnahen Aussagemotivation für die Übertragbarkeit der Ergebnisse formulieren Miller und Stiff (1993) folgendes:

> ... the validity of any deception study depends on the extent to which the motivation to deceive successfully matches the motivation of deceivers in situations in which the findings will be applied ... . (S. 34)

Zunächst einmal ist wichtig, daß der falsch Aussagende sehr hoch motiviert ist, sich nicht bei der Täuschung erwischen zu lassen. Das wird nur dann der Fall sein, wenn er durch eine erfolgreiche Täuschung einen persönlichen Vorteil erlangen kann und gleichzeitig eine mögliche Aufdeckung des Täuschungsversuchs nicht ohne Folgen bliebe (Ekman, 1985; vgl. auch Kap. 2.1.1). Je größer die Konsequenzen im negativen wie im positiven Sinne für den Aussagenden sind, desto höher wird auch seine Täuschungsmotivation sein (Ekman, 1985; Miller & Stiff, 1993).
In der geplanten Untersuchung sollen daher eine Belohnung für gelungene Täuschungsleistung in Aussicht gestellt und negative Folgen für den Aussagenden im Falle der Aufdeckung des Täuschungsversuchs angedroht werden. Das Ausbleiben einer Belohnung und die kompromittierende Situation des Erwischtwerdens bei einer äußerst unmoralischen Handlung sollen in dieser Untersuchung als negative Konsequenzen dienen.

Wichtig ist zudem, daß der falsch Aussagende die Verantwortung für die Falschaussage trägt. Wird deutlich, daß die Täuschung offiziell gebilligt wird, was beispielsweise im Rahmen einer Spielsituation der Fall wäre, wird dem Falschaussagenden die Verantwortung abgenommen (Ekman, 1985; Miller & Stiff, 1993). Die motivationale Situation des Falschaussagenden ist dann nicht mehr vergleichbar mit der des falschaussagenden Zeugen in foro, welcher durch seine Aussage entscheidend zur Verurteilung eines zu Unrecht Beschuldigten beiträgt.
Das Übernehmen von Verantwortung innerhalb eines Experimentes setzt voraus, daß der Aussagende auch die Möglichkeit hat, nicht zu täuschen. Er soll in einer Kosten-Nutzen-Abwägung moralischer, materieller und sozialer Art entscheiden, ob er täuschen will, und übernimmt mit seiner Entscheidung die Verantwortung für die aus dieser Entscheidung entstehenden Folgen.
Dabei soll dem Aussagenden bewußt sein, daß eine gelungene Täuschung sehr negative Folgen für eine andere Person nach sich zieht. Erst durch diesen zusätzlichen moralischen Druck wird ein Gewissenskonflikt herbeigeführt, durch den die zuvor erläuterten Aspekte der Verantwortungsübernahme und der negativen Konsequenzen einer möglichen Aufdeckung eine Qualität erreichen, die der Realsituation insbesondere im Hinblick auf Gefühle der Schuld und Angst nahe kommt. Zur Realisierung dieser Forderungen ist es notwendig, bei der experimentellen Umsetzung von Täuschungssituationen auf eine spielerische Atmosphäre zu verzichten. An dieser Stelle sind Forschungsinteressen und ethische Verantwortung sorgfältig gegeneinander abzuwägen (vgl. Kap. 4.3.2).

Im folgenden soll es nun um die Überlegung gehen, wie sich der Schwierigkeitsgrad der Falschaussagen variieren läßt. Zur Veranschaulichung der Problematik mag Abbildung 2 beitragen.

Abgebildet sei das Kontinuum der kognitiven Anforderungen an den Aussagenden. Es wird deutlich, daß die beiden Endpunkte des Kontinuums auf der einen Seite die erlebnisbegründete, wahre Aussage und auf der entgegengesetzten Seite die frei phantasierte Falschaussage bilden. Während es sich bei der Wiedergabe eines aktuellen, wirklichen Erlebnisses um eine kognitiv relativ leicht zu bewältigende Aufgabe handelt, ist es insbesondere für jüngere Kinder eine kognitiv höchst komplexe Aufgabe, eine detaillierte, logisch konsistente Phantasiedarstellung abzugeben (vgl. Kap. 2.1.2.3).
Möchte man nun die Diskriminationsfähigkeit eines Merkmalssystems untersuchen, so verhält es sich mit den Anforderungen an das zu untersuchende Diagnostikum genau entgegengesetzt:
Je leichter die Täuschungsaufgabe für den Falschaussagenden ist, je näher die Falschaussage unter dem Blickwinkel kognitiver Komplexität also der Wahraussage kommt, umso schwieriger wird es für das Merkmalssystem bzw. für den dieses System anwendenden Diagnostiker, eine Falschaussage auch als solche zu identifizieren.

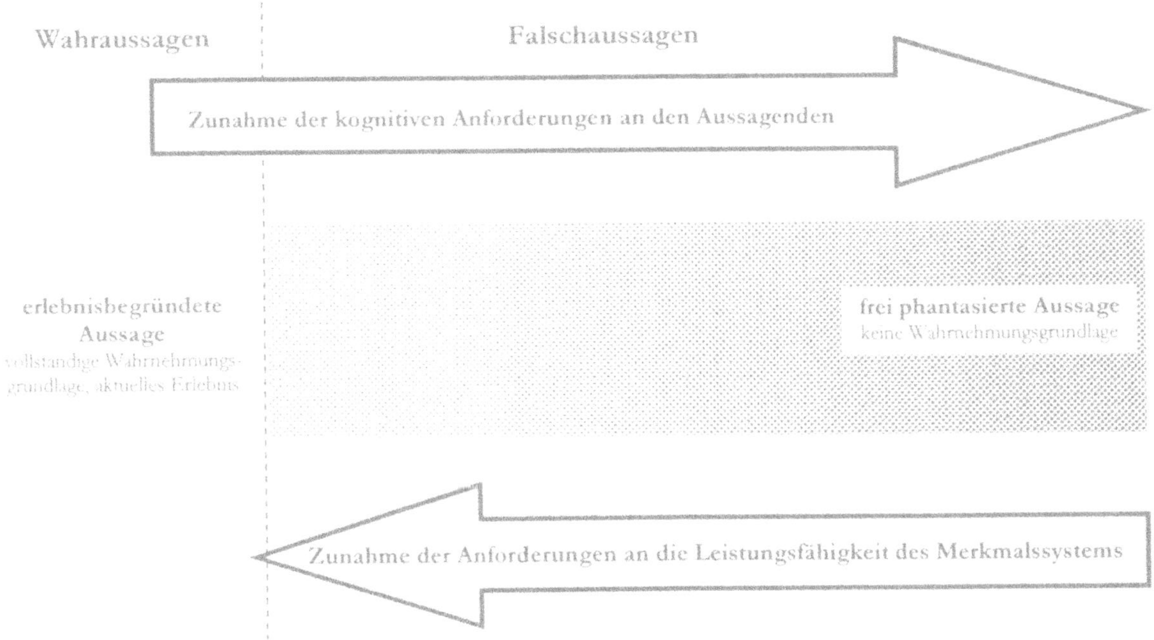

Abbildung 2
Das Verhältnis der kognitiven Anforderungen an den Falschaussagenden und der Anforderungen an das Diagnostikum

Die zum Zeitpunkt der Datenerhebung vorliegenden Simulationsstudien fokussieren auf den oben dargestellten Extremgruppenvergleich (frei phantasiert vs. erlebt), welcher die Leistungsfähigkeit des Systems überschätzt haben dürfte. Für die geplante Studie sollen daher zusätzlich zur Phantasiegruppe zwei weitere Falschaussagevarianten untersucht werden, durch welche möglichst schwierige Fallkonstellationen simuliert und damit die Leistungsfähigkeit des Merkmalssystems auf eine harte Probe gestellt werden soll. Unterschiedliche kognitive Komplexität der Täuschungsaufgaben läßt sich durch die Variation der Wahrnehmungsgrundlagen erreichen.

Die höchsten Anforderungen an ein Diagnostikum, welches auf Annahmen über Täuschungsintention und kognitive Komplexität basiert, wäre eine vollständig suggerierte Wahrnehmungsgrundlage, da in diesem Fall neben der geringen kognitiven Anforderung an den Falschaussagenden die für die Gruppe bewußt falschaussagender Zeugen angenommene Zielgerichtetheit der Beschuldigung ebenfalls entfallen dürfte, da der Sender subjektiv von der Wahrheit der Aussagen überzeugt wäre (vgl. Köhnken, 1999).
In Kap. 2.1.2.5.1 wurde erläutert, weshalb das Suggerieren eines traumatischen Erlebnisses als unethisch anzusehen ist. Eine mögliche Lösung wäre, auf einen traumatischen Basissachverhalt zu verzichten und ein nicht-traumatisches Erlebnis zu suggerieren. Im Hinblick auf eine realitätsnahe Aussagemotivation könnte sich diese Lösung jedoch einschränkend auf die Übertragbarkeit der Ergebnisse auswirken. Ein anderer Kompromiß wäre, einen traumatischen Basissachverhalt zu wählen, jedoch auf eine mildere Suggestion zurückzugreifen, so daß eine Täuschungsintention in dem Sinne erhalten bleibt, daß dem Falschaussagenden bewußt ist, daß er das Geschilderte nicht selbst erlebt hat.
Betrachtet man die Suggestionstechnik der *Geschichte vom anderen Kind* (Fürniss, 1991), so sind drei wesentliche Komponenten der Beeinflussung erkennbar; zum ersten wird dem Kind suggeriert, daß es etwas ähnliches erlebt hat, zum zweiten daß es darüber erzählen soll, und zum dritten werden dem Kind Detailinformationen über den Mißbrauch eines anderen Kindes dargeboten, welche als Wahrnehmungsgrundlage für eine Falschaussage dienen können. Da auf einen traumatischen Basissachverhalt in dieser Untersuchung nicht verzichtet werden soll, wird der zweite Kompromiß gewählt, welcher zwei der genannten drei Komponenten der Suggestionsbedingung abdecken soll, ohne daß eine Suggestion im engeren Sinne stattfindet (vgl. Kap. 2.1.2.5).

Die beschriebene Zielsetzung wird auf der Basis eines erweiterten Merkmalssystems sowie einer sorgfältigen Operationalisierung einzelner Merkmale verfolgt. Hierzu sind genaue Merkmalsdefinitionen und präzise Operationalisierungsvorschriften erforderlich, die neben Beispielen für unterschiedliche Merkmalsausprägungen vor allem auch Negativbeispiele enthalten, in denen kein Merkmal vorhanden ist oder ein Merkmal gegen ein anderes abgegrenzt wird. Die Beispiele sollen anwendungsspezifisch formuliert werden, also thematisch dem für die Untersuchung gewählten Paradigma entsprechen. Zusätzlich zu diesem Anschauungsmaterial sollen auf abstrakter Ebene für jedes Merkmal Ausschlußkriterien sowie Mindestanforderungen formuliert werden, die für eine Signierung des Merkmals nicht vorhanden sein dürfen bzw. erfüllt sein müssen. Auf diese Weise soll die Reliabilität der Merkmale weiter verbessert werden. Um Beurteiler in die Lage zu versetzen, das System übereinstimmend anwenden zu können, soll ein geeignetes Trainingskonzept entwickelt und der Erfolg durch Leistungskontrollen gesichert werden. Zusammenfassend werden mit der geplanten Untersuchung folgende Ziele verfolgt:

- Erarbeitung einer präzisen Operationalisierung einzelner Merkmale sowie Konzeptionierung und Durchführung eines Trainingsprogramms
- Erweiterung des traditionellen Merkmalssystems und Validitäts- und Reliabilitätsprüfung der traditionellen und neuen Merkmale
- Simulation realitätsnaher Aussagemotivation zur Validitätsprüfung der motivationsbezogenen Merkmale
- Überprüfung der Anwendbarkeit des Merkmalssystems bei verschiedenen Täuschungsvarianten

4 DAS STIMULUSMATERIAL

Für die Untersuchung der Fragestellung ist es erforderlich, Aussagen über einen Sachverhalt zu erheben, die anschließend von Beurteilern mit Hilfe des zu überprüfenden Merkmalssystems ausgewertet werden sollen. Dazu muß zunächst ein Sachverhalt gefunden werden, über welchen die Aussagen abgegeben werden können. Dieser Sachverhalt soll im folgenden in Anlehnung an Köhnken (1988) als *primäres Stimulusmaterial* bezeichnet werden. Anschließend müssen diese Aussagen erhoben werden. Das so entstandene Aussagematerial soll im folgenden als *sekundäres Stimulusmaterial* bezeichnet werden.

4.1 DIE STIMULUSPERSONEN

Da die Glaubhaftigkeitsmerkmale ursprünglich für die Beurteilung kindlicher Zeugenaussagen in Verdachtsfällen sexuellen Kindesmißbrauchs systematisiert wurden, und die Glaubhaftigkeitsbeurteilung kindlicher Zeugen auch heute noch einen großen Anwendungsbereich der Glaubhaftigkeitsdiagnostik darstellt, sollen in dieser Untersuchung die Aussagen kindlicher Stimuluspersonen[19] als Auswertungsgrundlage dienen.
Betrachtet man die Altersverteilung für Fälle sexuellen Kindesmißbrauchs, so zeigt sich, daß der größte Teil der Opfer (ca. 60%) zur Zeit des Mißbrauchs zwischen 6 und 12 Jahre alt war (Deegener, 1998; Schneider, 1997). Vor diesem Hintergrund erscheint es sinnvoll, auch für diese Untersuchung Kinder entsprechenden Alters auszuwählen, das in etwa durch das Grundschulalter repräsentiert wird.
Neben der guten Übertragbarkeit der Ergebnisse für den Bereich des sexuellen Mißbrauchs bietet die Wahl dieser Altersgruppe noch weitere Vorteile: Zum einen findet man in den diesem Alter entsprechenden Klassenstufen im Gegensatz zu höheren Klassenstufen noch die gesamte Bandbreite intellektueller Leistungsfähigkeit. Zum anderen befinden sich Kinder diesen Alters mit großer Wahrscheinlichkeit homogen auf der Entwicklungsstufe der konkreten Operationen (Piaget, 1972). Damit ist gewährleistet, daß die für die Untersuchung notwendige Fähigkeit der Perspektivenübernahme bei ihnen ausgebildet ist.
Da nach dem heutigen Kenntnisstand auch Jungen in ganz erheblichem Ausmaß Opfer sexuellen Kindesmißbrauchs sind (Deegener, 1998; Ulrich, 1988), sollen männliche wie weibliche Spn in die Untersuchung einbezogen werden.

4.2 DAS PRIMÄRE STIMULUSMATERIAL (BASISSACHVERHALT)

4.2.1 ANFORDERUNGEN AN DAS PRIMÄRE STIMULUSMATERIAL

Nach Köhnken (1988) sollte besonderer Wert auf die Konstruktion des Basissachverhaltes gelegt werden, um die Übertragbarkeit der Ergebnisse aus dem experimen-

---

[19] Der Begriff *Stimuluspersonen* wird im folgenden durch die Abkürzung Spn ersetzt.

tellen Kontext auf die Realität zu verbessern. Der dieser Untersuchung zugrundeliegende Basissachverhalt soll in Anlehnung an Köhnken (1988) folgende Anforderungen erfüllen:

- **Kognitive Anforderungen**: Das Ereignis sollte hinreichend komplex sein. Außer der aussagenden Person soll mindestens eine andere Person am Geschehen beteiligt sein. Der Sachverhalt sollte einen nicht zu kurzen Zeitraum umfassen und Ortsveränderungen sollten enthalten sein.
  Sowohl Ereignis als auch Umgebung sollten zumindest teilweise nicht aus kognitiven Schemata rekonstruierbar sein. Es sollte daher ein Ereignis gewählt werden, welches nicht alltäglich, zugleich aber als Phänomen auch nicht völlig unbekannt ist.
  Die Stimulusperson sollte zum Zeitpunkt ihrer Wahrnehmung noch nicht wissen, daß sie später zu diesem Ereignis befragt werden wird.

- **Affektiv-emotionale Anforderungen**: Die psychologischen Grunddimensionen des Erlebens eines sexuellen Mißbrauchs müssen erfüllt sein. Es stellt sich die Frage, um welche Grunddimensionen es sich hier handelt. In Anlehnung an Köhnken (1986) sowie Steller et al. (1992) sollen folgende Grunddimensionen berücksichtigt werden:
  Die aussagende Person sollte nicht nur einen Vorgang beobachten, sondern soll in das Geschehen involviert sein, da im Rahmen der geplanten Untersuchung die Vergleichbarkeit mit der Situation eines Opferzeugen gegeben sein soll.
  Das Grundereignis sollte als emotional bedeutsames, körpernahes Trauma von der aussagenden Person sehr intensiv erlebt werden, verbunden mit Gefühlen der Angst, des Schmerzes, des Ekels, des Schreckens und der Schuld.
  Die aussagende Person sollte während des Geschehens Kontrollverlust empfinden.
  Das Geschehen soll mindestens zum Teil unerwartet sein und weitestgehend negativ bewertet werden.
  Es sollte durch das Ereignis ein nicht unerhebliches Streßniveau evoziert werden. Unter Umständen sollte die Sp einer zusätzlichen latenten Bedrohung ausgesetzt werden, um verstärktes Streßempfinden zu bewirken.

4.2.2 Thematik des primären Stimulusmaterials

In einem Forschungsbereich, der so relevant für die forensisch-psychologische Praxis ist wie die aussagepsychologische Forschung, nimmt die Frage der Übertragbarkeit der experimentellen Ergebnisse einen hohen Stellenwert ein.
Zur Gewährleistung der externen Validität muß also eine Aussagethematik gefunden werden, deren emotionale und kognitive Bedeutung für die Aussagenden ähnliche psychologische Grunddimensionen beinhalten sollte wie sie auch bei der Schilderung eines sexuellen Mißbrauchs bestimmend sind (vgl. Kap. 4.2.1).

Zusätzlich ist wichtig, daß das Vorliegen einer Erlebnisgrundlage zuverlässig kontrolliert werden kann.
An dieser Stelle stellt sich die Frage nach einem geeigneten Paradigma, welches die Herstellung unterschiedlicher, realitätsnaher Aussagemotivationen und verschiedener Täuschungsbedingungen erlaubt, bei dem die Anforderungen an das primäre Stimulusmaterial und die ethische Unbedenklichkeit gegeben sind, und bei dem gleichzeitig durch ein zuverlässiges Außenkriterium der Wahrheitsgehalt der Aussagen abgesichert werden kann.

4.2.2.1 Der Verkehrsunfall als traumatisches Erlebnis

Die wichtigsten forensisch-relevanten psychologischen Grunddimensionen des sexuellen Mißbrauchs wurden in Kap. 4.2.1 bereits erwähnt. Eine Thematik, die der Erfüllung dieser psychologischen Grunddimensionen nahe kommt, ohne die Grenze der Zumutbarkeit für die Versuchspersonen zu überschreiten, ist das Erleben eines Verkehrsunfalls und der damit verbundenen Rettungs- und Behandlungsmaßnahmen. Es sei an dieser Stelle betont, daß das Erleben eines sexuellen Mißbrauchs nicht mit dem Erleben eines Verkehrsunfalls gleichgesetzt werden soll; bezüglich der entscheidenden psychologischen Grunddimensionen kommt das Erleben eines Verkehrsunfallopfers dem Erleben eines Mißbrauchsopfers dennoch wie folgt nahe:
Als Opfer eines Verkehrsunfalls ist man grundsätzlich in das Geschehen involviert, hat also eine teilnehmende Rolle innerhalb des Handlungsstranges inne.
Es ist davon auszugehen, daß in der Situation des Angefahrenwerdens und der anschließenden Rettungs- und Behandlungsmaßnahmen, welche man als Verkehrsunfallopfer über sich ergehen lassen muß, ein Gefühl des Kontrollverlusts eintritt. Das Opfer erleidet ein körpernahes Trauma, welches in der überwiegenden Zahl der Fälle mit Angst, Schrecken und Schmerz verbunden und somit extrem streßreich ist. Häufig berichten Verkehrsunfallopfer von Todesangst, die sie in der Unfallsituation empfanden (Havemann, 1997; Poldrack, Maercker & Margraf, 1998; Rogner, Frey & Havemann, 1987). Durch ein intensives Erleben der Bedrohung des eigenen Lebens wird zweifellos ein Höchstmaß emotionaler Bedeutsamkeit und Belastung erreicht. Daß dieses Erlebnis negativ bewertet wird, erscheint trivial. Auch wird bisweilen von Gefühlen des Ekels berichtet, dieses allerdings eher im Zusammenhang mit den unmittelbaren Unfallfolgen wie beispielsweise Wunden oder Behandlungsmaßnahmen.
Hinzu kommt bei kindlichen Verkehrsunfallopfern häufig das Gefühl, das Unfallgeschehen verursacht zu haben, also schuld zu sein an den finanziellen und gesundheitlichen Konsequenzen, welche der Unfall für alle Beteiligten nach sich zieht. Auf dieses Phänomen wird an anderer Stelle näher eingegangen (vgl. Kap. 4.3.3.1.9). Wenngleich diese Situation weder sozial noch rechtlich gesehen identisch ist mit der Situation eines Mißbrauchsopfers, so ist doch formal gesehen insofern eine gewisse Parallele festzustellen, als Erwachsenen im Straßenverkehr eine gesteigerte Sorgfaltspflicht auferlegt ist (§ 7 StVG), durch die das kindliche Verkehrsunfallopfer, welches das 7. Lebensjahr noch nicht vollendet hat, weitgehend unabhängig von seinem Verhalten versicherungsrechtlich nicht verantwortlich gemacht wird für das Unfallereignis. Es

ist in der Diskussion, ob diese Altersgrenze auf das vollendete zehnte Lebensjahr angehoben werden soll (Pardey, 1998; vgl. auch Berz, 1998).
Eine weitere Parallele ergibt sich bezüglich der interindividuell sehr unterschiedlichen Traumatisierung innerhalb der Wahraussagenden. Zum einen unterscheiden sich Verkehrsunfälle ebenso wie Sexualdelikte hinsichtlich ihres objektiven Schweregrades. Weitgehend unabhängig von dieser „objektiven Traumatisierung" können beide Erlebnisse zu psychischen Beeinträchtigungen führen, die sich hinsichtlich Erscheinungsform und Ausmaß interindividuell stark unterscheiden. So gibt es Kinder, welche über die belastende Situation hinaus in ihrem Befinden nicht beeinträchtigt zu sein scheinen, während andere auch nach einem längeren Zeitraum noch unter posttraumatischen Belastungsstörungen leiden oder Phobien entwickeln.

Desweiteren werden kindliche Verkehrsunfallopfer den Opfern sexuellen Mißbrauchs vergleichbar von vielen verschiedenen Personen (Polizisten, Ärzten, Eltern etc.) befragt. Die Mehrzahl der Kinder berichtet ungern von ihrem Erlebnis, vermutlich weil durch den Bericht Erinnerungen wachgerufen werden, und der Aussagende sich zur Beantwortung der Fragen teilweise in eine von ihm als sehr unangenehm erlebte, unter Umständen mit Schuldgefühlen verbundene Situation zurückversetzen muß. Hinzu kommt, daß der Verkehrsunfall eines Kindes wenigstens innerhalb der Familie zu Sorge und Aufregung führt, wobei nicht selten das Kind für den Vorfall verantwortlich gemacht und bestraft wird. Dadurch bekommt das Ereignis bzw. das Berichten davon einen zusätzlichen negativen Beigeschmack. Jedoch sind auch hier große interindividuelle Unterschiede festzustellen.
Bezüglich der kognitiven Anforderungen an den Basissachverhalt ist zu sagen, daß ein Verkehrsunfall ein komplexes Ereignis darstellt, an dem mindestens eine andere Person beteiligt ist und welches sich inklusive der Rettungs- und Erstversorgungsmaßnahmen auf einen Zeitraum von etwa einer Stunde erstreckt. Durch die Rettungsmaßnahmen sind Ortsveränderungen enthalten. Teile des Handlungsstrangs (z.B. Fahrt im Krankenwagen, Erstversorgung während des Transportes, Unfallvorgang im engeren Sinn) sind kaum aus kognitiven Schemata konstruierbar. Und schließlich ist den Unfallopfern zum Zeitpunkt des Unfalls nicht bewußt, daß sie später zu diesem Ereignis befragt werden.

Zusammenfassend ist zu sagen, daß das Paradigma des Verkehrsunfalls die für diese Simulationsstudie aufgestellten motivationalen und kognitiven Anforderungen an den Basissachverhalt voll erfüllt und diesbezüglich von einer hohen externen Validität ausgegangen werden kann.

4.2.2.2 Die Außenkriterien

Für eine korrekte Zuordnung der Versuchspersonen zu den verschiedenen Aussagebedingungen sind objektive Außenkriterien notwendig, die eine zuverlässige Überprüfung des Wahrheitsstatus' einer jeden Aussage ermöglichen.

Als objektive Außenkriterien für das aktuelle traumatische Erlebnis eines Verkehrsunfalls sollen in dieser Untersuchung die Vermittlung der Spn durch die unfallchirurgischen Abteilungen verschiedener Krankenhäuser sowie Unfallberichte, OP-Berichte und Krankenakten dienen.

Als objektives Außenkriterium für das Nicht-Vorliegen eines solchen Erlebnisses bzw. für das Vorliegen eines ähnlichen Erlebnisses, das aber schon längere Zeit zurück liegt, dienen die Angaben der Eltern. Diese Angaben sollen mit Hilfe eines Fragebogens ermittelt werden. Grundsätzlich könnte man bei Angaben der Eltern als Außenkriterium die Objektivität in mehrfacher Hinsicht anzweifeln – möglicherweise sind die Eltern über das Geschehen nicht informiert worden, haben es inzwischen vergessen oder machen absichtlich falsche Angaben. Inwieweit die Angaben der Eltern der Wahrheit entsprechen, kann letztlich nicht überprüft werden. Bei der hier gewählten Thematik kann jedoch ausgeschlossen werden, daß die Eltern über das Ereignis nicht informiert sind, da die Erziehungsberechtigten im Falle eines Verkehrsunfalls sowohl vom Krankenhaus als auch von der Polizei benachrichtigt werden. Auch ist kaum vorstellbar, daß Eltern innerhalb weniger Jahre vergessen, daß ihr Kind Opfer eines Verkehrsunfalls gewesen ist, da ein lebensbedrohliches Ereignis dieser Art in der Regel nicht nur für das Opfers selbst, sondern auch für die Familie des Opfers ein einschneidendes Erlebnis darstellt.
Daß seitens der Eltern eine Motivation zur Äußerung falscher Angaben vorliegt, scheint wenig wahrscheinlich, da dies keine erkennbaren Vorteile für Eltern oder Kind zur Folge hätte.

Was die Aussage*genauigkeit* anbelangt, so kann natürlich nicht mit Sicherheit gesagt werden, ob das von der Sp beschriebene Geschehen bis ins letzte Detail exakt wie beschrieben stattgefunden oder ausgesehen hat, da die Unfälle nicht experimentell erzeugt werden können. Mit Hilfe von Unfallberichten, OP-Berichten, Krankenakten und Aussagen von Eltern soll jedoch sichergestellt werden, daß der Ablauf des Ereignisses, Anzahl und Handlungen Beteiligter, Unfallfolgen und ähnliches tatsächlich dem stattgefundenen Geschehen entsprechen und nicht vom Aussagenden dazu phantasiert werden. Aussageungenauigkeiten und subjektive Verzerrungen des Geschehens sind dagegen nicht auszuschließen; diese spielen jedoch – wenn es um die Qualität des Erlebnisses des Opferwerdens und nicht um den exakten Augenzeugenbericht eines unbeteiligten Beobachters geht – weder im forensischen Kontext noch im Rahmen der vorliegenden Untersuchung eine entscheidende Rolle.

4.3 Das sekundäre Stimulusmaterial

Die Schilderung des erlebten Ereignisses durch die Stimulusperson, die sogenannte *Stimulusaussage*, wird als *sekundäres Stimulusmaterial* bezeichnet.
Im folgenden sollen Überlegungen zur Herstellung des sekundären Stimulusmaterials angestellt sowie die Durchführung der Aussageerhebung in den verschiedenen Aussagebedingungen dargestellt werden.

4.3.1 Überlegungen zur Herstellung des sekundären Stimulusmaterials

4.3.1.1 Anforderungen an die Herstellung des sekundären Stimulusmaterials

An die Bedingungen, unter denen die Aussagen erhoben werden sollen, werden in Anlehnung an Köhnken (1988), Miller und Stiff (1993) sowie DePaulo, Lanier und Davis (1983) folgende Anforderungen gestellt:

- Motivationale Anforderungen

Alle Spn sollen die Situation ernst nehmen und hoch motiviert sein, einen überzeugenden und glaubwürdigen Bericht abzugeben.
Die Spn in der Wahraussagebedingung sollen nicht übermotiviert sein, um das Risiko des Fabulierens zu vermeiden. Die Aussagemotivation soll in dieser Bedingung sehr heterogen sein (vgl. Kap. 3).
In den Täuschungsbedingungen soll die Motivation, sich nicht bei der Täuschung erwischen zu lassen, sehr hoch sein. Eine Aufdeckung der Täuschung soll negative Folgen für den Täuschenden haben. Dem Täuschenden soll bewußt sein, daß eine gelungene Täuschung konkrete, sehr negative Folgen für eine andere Person nach sich zöge, und er soll die Verantwortung für seine Falschaussage tragen. Auf Spielatmosphäre soll daher verzichtet werden (vgl. Kap. 2.1.1 und Kap. 3).

- Kognitive Anforderungen

Die Spn sollen die Möglichkeit zur Planung und Vorbereitung ihrer Aussage erhalten, so wie dies auch bei Zeugen der Fall ist, die zu einer Verhandlung geladen werden.

- Methodologische Anforderungen

Die Aussagen sollen in Form eines freien Berichts und einer anschließenden standardisierten Befragung gegenüber einer Person gemacht werden, wobei sich der Interviewer den Spn gegenüber hinreichend konsistent verhalten soll.
Die Verfälschungsinstruktionen sollen so geartet sein, daß die Aussagen oberflächlich betrachtet ähnlich sind, aber durch jeweils unterschiedliche kognitive Operationen (Konstruktion vs. Rekonstruktion) erzeugt werden.
Von jeder Sp soll eine wahre Aussage als Baseline erhoben werden, um unabhängig von einer Aussage durch einen intraindividuellen Vergleich festzustellen, ob eine Person generell einen unglaubwürdigen Erzählstil an den Tag legt (vgl. Kap. 2.1.2.3).
Um die Auswirkungen unterschiedlicher kognitiver Anforderungen pro Aussagebedingung untersuchen zu können, soll ein Matching im Hinblick auf die kognitiven Fähigkeiten der Spn vorgenommen werden.

- Anforderungen an die Aussagevariante

Die Täuschungen sollen auch emotional relevante Aspekte des Basissachverhalts betreffen. Die Täuschungsinstruktionen sollen sich in den verschiedenen Aussagebedingungen nicht ausschließlich auf den gesamten Basissachverhalt, sondern auch auf Teilaspekte beziehen. Dabei sollen diese so gewählt werden, daß der Schwierigkeitsgrad der Falschaussagen, also die kognitiven Anforderungen an den Falschaussagenden, unterschiedlich sind. Mindestens durch eine Aussagevariante sollen hohe Anforderungen an die Leistungsfähigkeit des Diagnostikums gestellt werden (vgl. Kap. 3).

4.3.1.2 OPERATIONALISIERUNG DER UV (AUSSAGEBEDINGUNGEN)

Für die Umsetzung des Forschungsvorhabens wurde ein einfaktorielles Design gewählt. Einer wahrheitsgemäß aussagenden Gruppe kindlicher Unfallopfer sollen drei Gruppen Falschaussagender gegenübergestellt werden. Die Stimuluspersonen der vier Aussagebedingungen sollen sich dahingehend unterscheiden, daß sie bei ihrer Aussage auf unterschiedliche Wahrnehmungsgrundlagen zurückgreifen können. Zur Veranschaulichung mag Abbildung 3 dienen.

I Erlebnis	II Phantasie	III Nacherzählung **ohne** Erfahrung	IV Nacherzählung **mit** Erfahrung
Wahre Unfall-geschichte	**Frei phantasierte Un-fallgeschichte**	**Unfallgeschichte aus Gruppe I wird nacherzählt**	**Unfallgeschichte aus Gruppe I wird nacherzählt**
Sp 1/ Geschichte 1	Sp 41/ Phantasie 1	Sp 81/ Geschichte 1	Sp 121/ Geschichte 1
Sp 2/ Geschichte 2	Sp 42/ Phantasie 2	Sp 82/ Geschichte 2	Sp 122/ Geschichte 2
...	...	...	...
Sp 40/ Geschichte 40	Sp 80/ Phantasie 40	Sp 120/ Geschichte 40	Sp 160/ Geschichte 40

Abbildung 3
Die vier Aussagebedingungen

Der wahrheitsgemäß aussagenden Gruppe soll das saliente traumatische Verkehrsunfallerlebnis als Wahrnehmungsgrundlage zur Verfügung stehen. Den Spn der wahrheitsgemäß aussagenden Gruppe kommt damit die Aufgabe zu, welche unter rein kognitiven Gesichtspunkten am leichtesten zu bewältigen sein sollte. Führt man sich das Kontinuum der kognitiven Anforderungen an den Aussagenden vor Augen, so wird deutlich, daß sich die hier gestellten Anforderungen in Abhängigkeit von Latenzzeit und individuellen Wahrnehmungsbedingungen auf einem niedrigen Niveau bewegen und in einigen Fällen sogar den Endpunkt des Kontinuums bilden werden (vgl. Abb. 2).
Dieser Gruppe sollen nun folgende drei Falschaussagebedingungen gegenübergestellt werden, deren Spn fälschlicherweise behaupten sollen, ebenfalls eine derartige traumatische Erfahrung gemacht zu haben:

Die Spn der Phantasiebedingung (Gruppe II) sollen über keinerlei Wahrnehmungsgrundlage verfügen, auf die sie bei ihrer Falschaussage zurückgreifen können. Sie sind also gezwungen, sich alle Details selbständig auszudenken. Im Sinne des Anforderungskontinuums bedeutet dies, den Spn dieser Aussagebedingung kommt eine kog-

nitiv höchst komplexe Aufgabe zu, welche den Extrempol der denkbaren Anforderungen bildet.
Mittels der beiden folgenden Falschaussagevarianten sollen nun Fallkonstellationen simuliert werden, die aus der Perspektive des forensischen Diagnostikers möglichst schwierig sein sollen. Da sich die Anforderungen an das Diagnostikum umgekehrt proportional zu den kognitiven Anforderungen an den Falschaussagenden verhalten, sollen die kognitiven Anforderungen an den Falschaussagenden hier möglichst gering sein, den kognitiven Anforderungen einer Wahraussage auf dem Kontinuum also möglichst nahe kommen (vgl. Abb. 2).
Den Kindern in Gruppe III, welche ebenfalls keine persönliche Unfallerfahrung haben sollen, dient das Hören der wahren Unfallgeschichte eines anderen Kindes als Wahrnehmungsgrundlage. Sie müssen sich bei ihrer Falschaussage also nicht alle Details ausdenken, sondern können auf diese Wahrnehmungsgrundlage zurückgreifen.
Den Kindern der Gruppe IV soll das Hören derselben Unfallgeschichte als Wahrnehmungsgrundlage dienen. Zusätzlich sollen die Kinder dieser Aussagebedingung bei ihrer Falschaussage aber auf gewisse persönliche Erfahrung ähnlicher Art zurückgreifen können, die sie in der Vergangenheit gesammelt haben.
Den Spn der Gruppen III und IV soll die Wahrnehmungsgrundlage mit Hilfe der suggestiven Technik der *Geschichte vom anderen Kind* dargeboten werden (vgl. Kap. 2.1.2.2). Ob es sich im Ergebnis um suggerierte Aussagen handelt oder nicht, ist abhängig von der zugrunde gelegten Definition des Begriffes der *Suggestion* (vgl. Kap. 2.1.2.5). Zur Vermeidung von Mißverständnissen sollen diese Gruppen im folgenden als *Nacherzählbedingung mit* bzw. *ohne Unfallerfahrung* bezeichnet werden.
Die Spn der drei Falschaussagebedingungen sollen jeweils derjenigen Stimulusperson der Erlebnisgruppe zugeordnet werden, welcher sie hinsichtlich der kognitiven Fähigkeiten, des Alters und des Geschlechts entsprechen. Aus ökonomischen Gründen und für eine möglichst gute Parallelisierung sollen die Spn der Aussagebedingungen II und III identisch sein. Das bedeutet, die Probanden der Phantasiegruppe bekommen im Abstand von circa drei Wochen eine neue Instruktion, müssen also insgesamt zweimal aussagen.
Die Forderung nach oberflächlicher Ähnlichkeit der Aussagen, die jedoch auf der Basis unterschiedlicher kognitiver Operationen zustande kommen (vgl. Kap. 4.3.1), wird in der Phantasiegruppe durch die Vorgabe des Verkehrsunfallthemas und in den Nacherzählbedingungen durch die Parallelisierung der Unfallgeschichten realisiert.

4.3.1.3 Die Motivation der Stimuluspersonen

Der Aussagemotivation kommt entscheidende Bedeutung für die Übertragbarkeit der Untersuchungsergebnisse im Hinblick auf die motivationsbezogenen Merkmale (vgl. Kap. 3 und Kap. 4.3.1.1) zu. In Kap. 3 wurde bereits ausgeführt, welche motivationalen Anforderungen für die Simulation realitätsnaher Aussagemotivationen zu erfüllen sind. Im folgenden soll nun dargestellt werden, wie diese Anforderungen realisiert werden sollen.

4.3.1.3.1 DIE INSTRUKTIONEN

Im Rahmen der vorliegenden Untersuchung soll versucht werden, unterschiedliche Aussagemotivationen durch bestimmte Coverstories und Instruktionen herzustellen. Für alle Gruppen soll auf diese Weise erreicht werden, daß die Aussagenden die Sache ernst nehmen, und daß die Motivation, einen überzeugenden Bericht abzugeben, hoch ist (vgl. Kap. 3). Die spezifischen Forderungen an die Motivation in verschiedenen Gruppen sollen durch spezifische Instruktionen für die einzelnen Aussagebedingungen realisiert werden, welche im folgenden dargestellt werden.

4.3.1.3.1.1 DIE INSTRUKTION IN DER WAHRHEITSGEMÄß AUSSAGENDEN GRUPPE DER VERKEHRSUNFALLOPFER

Es wird unter den Verkehrsunfallopfern wie unter den Opfern sexuellen Mißbrauchs solche geben, die das Bedürfnis haben, davon zu berichten, und auf der anderen Seite solche, die sich gedanklich gar nicht mit dem Erlebnis auseinandersetzen wollen etc. (vgl. Kap. 3 und Kap. 4.2.2.1). Die geforderte Heterogenität der Motivation innerhalb der Gruppe I kann somit durch die Wahl des Basissachverhalts als erfüllt angesehen werden. Da sich in Vortests gezeigt hat, daß eine Betonung der Ernsthaftigkeit der Situation durch den Satz „Ich nehme alles auf Tonband auf, damit ich hinterher überprüfen kann, ob das auch alles so richtig ist, was Du mir erzählst" zu einer zu starken Belastung der Unfallopfer führte, welche die Situation vermutlich aufgrund vielfacher Vorbefragungen durch Polizei, Krankenhaus und Eltern ohnehin schon sehr ernst nahmen, soll eine neutrale, das Leistungsmotiv anregende Einleitung des Interviews gewählt werden. Diesen Zweck soll der Satz „... Ich möchte, daß Du mir so gut Du kannst alles erzählst, woran Du Dich erinnerst; ich möchte nämlich gerne wissen, wie gut Du mit Deinen ... Jahren schon von Deinem Unfall erzählen kannst" erfüllen. Hierbei handelt es sich um eine relativ natürliche Leistungssituation; auf eine weitergehende Anregung des Leistungsmotivs (beispielsweise durch das In-Aussicht-Stellen eines Geschenkes) muß verzichtet werden, um das Risiko des Konfabulierens durch eine mögliche Hypermotivation nicht zu erhöhen.

Vor der Darstellung der Realisierung der spezifischen Anforderungen an die Simulation realitätsnaher Aussagemotivationen in den Falschaussagebedingungen seien noch einmal die wesentlichen Forderungen genannt:

1. Die Motivation, sich nicht bei der Täuschung erwischen zu lassen, soll hoch sein.
2. Eine Aufdeckung der Täuschung soll negative Folgen für den Täuschenden nach sich ziehen.
3. Eine gelungene Täuschung soll positive Konsequenzen für den Täuschenden haben.
4. Der Falschaussagende soll wissen, daß eine gelungene Täuschung sehr negative Folgen für eine andere Person nach sich zöge.
5. Die Verantwortung für die Falschaussage soll der Täuschende tragen.

$\Rightarrow$ Auf Spielatmosphäre muß verzichtet werden.

4.3.1.3.1.2 Die Instruktion in der Phantasiebedingung (Gruppe II)

Die Anforderungen an die Simulation einer realitätsnahen Aussagemotivation in den Täuschungsbedingungen sollen durch einen Verzicht auf Spielatmosphäre realisiert werden (vgl. Kap. 3). Als Coverstory soll den Kindern vom Assistenten erzählt werden, es werde eine Frau vorbeikommen, für die es ein wichtiger Test sei, herauszufinden, welches Kind tatsächlich einen Verkehrsunfall erlebt habe. Der Assistent soll angeben, er habe sich mit der Frau gestritten, weil sie gemein zu ihm gewesen sei. Daher wolle er nicht, daß sie diesen Test bestehe. Wenn es dem Kind gelinge, die Frau reinzulegen, dann habe es die Chance, ein schönes Geschenk zu bekommen. Die Frau dürfe natürlich nichts merken.

Die negativen Folgen für eine andere Person sind in der Coverstory explizit enthalten. Eine Aufdeckung des Täuschungsversuchs hätte für das Kind zum einen zur Folge, daß es keine Chance hätte, eine Belohnung zu bekommen, zum anderen hätte diese Aufdeckung stark kompromittierenden Charakter wegen der Entdeckung der unmoralischen Handlung, jemandem durch eine Täuschung Schaden zuzufügen, um selbst einen Vorteil zu erlangen.

Der Forderung nach Verantwortungsübernahme wird zum einen mit der Frage „Willst Du das tun?“ nachgekommen und zum anderen dadurch, daß die Täuschungshandlung ein Geheimnis ist und nicht von elterlicher oder schulischer Seite gebilligt wird.

Die Instruktion der Phantasiegruppe befindet sich in Anhang A.

4.3.1.3.1.3 Die Instruktion in der Nacherzählbedingung ohne Unfallerfahrung (Gruppe III)

Positive und negative Folgen sowie Verantwortungsübernahme bezüglich bewußter Schädigung einer anderen Person sollen in dieser Aussagebedingung entsprechend der Bedingung II erfüllt sein. Die Coverstory muß, um überzeugend zu wirken, wegen der Wiederholungsmessung und wegen der geplanten Nacherzählung folgendermaßen verändert werden.

Die Frau habe ihren Test nicht bestanden, dürfe es nun aber noch einmal versuchen. Sie sei jedoch wieder so gemein zu ihm gewesen, daß er noch immer nicht wolle, daß sie ihren Test bestehe. Es soll hinzugefügt werden, es brauche sich keine Sorgen darüber zu machen, daß die Frau es wiedererkennen könne. Diese habe in der Zwischenzeit so viele Kinder interviewt, daß sie sich sicher nicht mehr erinnern könne. Es folgt in Anlehnung an die gleichnamige Suggestionstechnik die *Geschichte vom anderen Kind*, welches einen schlimmen Verkehrsunfall erlebt habe; dies habe die Frau jedoch nicht geglaubt. Seine Aufgabe sei es nun, dafür zu sorgen, daß dieser Geschichte endlich Glauben geschenkt würde. Um die Empathie zu erhöhen, soll dem *anderen Kind* ein Name gegeben und in Anlehnung an die ebenfalls suggestive *Als-ob-Technik*, bei der das Kind so berichten soll, als ob ihm etwas derartiges widerfahren sei, ausprobiert werden, ob es dem Kind gelingt, sich in die Rolle des Unfallopfers zu versetzen. Dabei soll insbesondere abschließend noch einmal betont werden, daß diese Geschichte wirklich genauso passiert sei, also wahr sei. Auf diese Weise soll eine

Suggestivwirkung ausgeübt werden, welche jedoch nicht dazu führen wird, daß ein Kind im Anschluß davon überzeugt ist, diesen Unfall tatsächlich selbst erlebt zu haben, sondern lediglich den Eindruck vermitteln soll, daß eine Aussage über diesen Unfall mindestens zum Teil wahr ist. Auch ein leicht altruistisches Motiv (dem anderen Kind helfen) wird hier induziert, wobei jedoch gleichzeitig die negativen Folgen einer gelungenen Täuschung für die Interviewerin ebenso wie das in Aussichtstellen einer Belohnung bestehen bleiben.

Die Instruktion der Nacherzählbedingung ohne Erfahrung befindet sich in Anhang A.

4.3.1.3.1.4 Die Instruktion in der Nacherzählbedingung mit Unfallerfahrung (Gruppe IV)

Das Vorgehen in Gruppe IV entspricht weitestgehend dem in Kap. 4.3.1.3.1.3 beschriebenen. Jedoch sollen die Kinder dieser Gruppe im Rahmen der Instruktion an ihre eigenen Unfallerfahrungen erinnert werden, um die Empathie dem *anderen Kind* gegenüber zu erhöhen.

Die Instruktion der Nacherzählbedingung mit Unfallerfahrung befindet sich in Anhang A.

4.3.1.4 Das Interview

Das Interview soll vier Phasen umfassen: eine Warming-up-Phase, eine Phase freien Berichts, eine standardisierte Befragung und den Ausklang des Interviews (Poole & White, 1995).

Die Warming-up-Phase dient neben der Auflockerung des Aussagenden der Erhebung eines intraindividuellen Vergleichsmaßstabs im Hinblick auf den Erzählstil (vgl. Kap. 2.1.2.3 und Kap. 4.3.1); hierbei wird der Aussagende dazu aufgefordert, so genau wie möglich alles zu erzählen, was er vom morgendlichen Aufstehen bis zum Zeitpunkt des Interviews getan oder erlebt hat. Findet das Interview sehr früh statt, kann auch nach dem Vormittag des vorhergehenden Tages gefragt werden. Neben der Auflockerung des Aussagenden durch das Sprechen über ein neutrales Thema und der Erhebung eines intraindividuellen Vergleichsmaßstabs hat dieses Vorgehen den Vorteil, daß der Aussagende die Regeln des anschließenden Interviews kennenlernt, nämlich frei und so detailreich wie möglich zu berichten (vgl. Köhnken, 1999).

Im Anschluß an diese erste Phase beginnt das Interview zur Sache mit einer offenen Anstoßfrage, die dem Kind ermöglicht, zunächst einmal ungestört und zusammenhängend zu berichten, so weit es seine Erinnerung zuläßt. In dieser Phase beschränkt sich die Interviewerin auf die Evozierung eines freien Berichts. Es schließt sich eine Befragung an, durch die Lücken im Bericht geschlossen werden sollen (vgl. Kap. 2.1.2.2). Im Rahmen dieser Studie soll eine standardisierte Befragung anhand eines Interviewleitfadens durchgeführt werden, um den zu befürchtenden Interviewer-Bias so gering wie möglich zu halten (vgl. Kap. 4.3.3.1.5). Um bei dem Kind keine Reaktanz auszulösen, wird der Befragungsteil mit einem Lob für die bisherige Er-

zählleistung und der Ergänzung „...aber was ich eben noch nicht so richtig verstanden habe ist..." eingeleitet. Die Reihenfolge der Fragen richtet sich nach der zeitlichen Abfolge der zu erfragenden Ereignisse. Durch die Fragen wird sichergestellt, daß jeder Aussagende die Gelegenheit hat, sich hinsichtlich bestimmter Aspekte des Geschehens (z.B. Einbettung des Geschehens, Beschreibung beteiligter Personen, des emotionalen Befindens, der Folgen etc.) zu äußern. Während es sich dabei überwiegend um offene Fragen und Bestimmungsfragen zum Inhalt handelt, an die sich eine Erzählaufforderung anschließt (vgl. z.B. Arntzen, 1978; Endres, Scholz & Summa, 1997), wird dem Aussagenden auch eine Schuldfrage gestellt, die ihm die Gelegenheit geben soll, den Unfallgegner zu belasten bzw. entlasten. Da diese Frage für die tatsächlichen Unfallopfer unter Umständen belastend ist und sich negativ auf den weiteren Verlauf des Interviews auswirken könnte, wird sie gegen Ende der Befragung gestellt (vgl. Arntzen, 1978; Wittkowski, 1994). Die abschließenden Fragen zum Krankenhaus sind nicht suggestionsfrei; sie wurden für die Auswertung innerhalb einer anderen Untersuchung aufgenommen, die Antworten sind für die vorliegende Untersuchung nicht relevant und werden dementsprechend nicht inhaltsanalytisch ausgewertet. Lediglich die Antwort auf die ebenfalls nicht suggestionsfreie Frage, ob es etwas gebe, was besonders schlimm gewesen sei, wird ausgewertet, da damit ebenfalls Gelegenheit zur Be- und Entlastung sowie zur Schilderung von Folgen gegeben wird.
In Anlehnung an Wittkowski (1994) wird eine Unterteilung in *Primär-* und *Sekundärfragen* vorgenommen. Innerhalb eines Themenkreises werden Primärfragen formuliert, die von der Interviewerin wortgetreu zu stellen sind. Diese Fragen sollten möglichst kurz sein, in Wortwahl und Satzbau auf den Interviewpartner abgestimmt sein und sich nur auf einen Inhalt beziehen. Sekundärfragen sind spezifischer auf einzelne Aspekte des jeweiligen Themenbereichs ausgerichtet und müssen an den Inhalt der Antworten des Probanden angepaßt werden. Änderungen der Frageformulierung sind dem Interviewer im Rahmen dieser Untersuchung nur insofern vorbehalten, als die Fragen inhaltlich an das geschilderte Unfallgeschehen (z.B. Motorrad oder Auto) angepaßt und unter Umständen weggelassen werden müssen, wenn der Proband die entsprechende Aussage bereits ausführlich an einer anderen Stelle des Interviews gemacht hat oder offenkundig ist, daß die Frage sich wegen der spezifischen Verhältnisse erübrigt (z.B. machen Fragen zum Krankenhausaufenthalt keinen Sinn, wenn zuvor die Notwendigkeit eines Krankenhausbesuchs verneint wurde).
Nach Beendigung der Befragungsphase wird zum Ausklang zu einem neutralen Gesprächsthema übergeleitet.

Der Interviewleitfaden befindet sich in Anhang A.

4.3.1.5 Erfassung möglicher Moderatorvariablen

Eine entscheidende Variable für die Zuordnung der Spn zu den einzelnen Aussagebedingungen stellt die *Unfallerfahrung* dar.
Die Unfallerfahrung der Kinder, welche die elterliche Erlaubnis zur Teilnahme an der Untersuchung bekommen, soll auf einer vierstufigen Skala festgehalten werden. Hat-

ten weder das Kind selbst noch ein anderes Familienmitglied je einen Verkehrsunfall, so wird die Unfallerfahrung mit 0 bewertet. Hat zwar das Kind selbst nie einen Verkehrsunfall erlebt, jedoch ein Familienmitglied, so wird die Unfallerfahrung des Kindes mit 1 bewertet. Haben bereits mehrere Familienmitglieder Verkehrsunfälle erlebt, das Kind selbst jedoch nicht, so wird die Unfallerfahrung mit 2 bewertet. Ist das Kind selbst bereits Opfer eines Verkehrsunfalls geworden, so wird die Unfallerfahrung mit 3 bewertet; diese Bewertung soll auch erfolgen, wenn das Kind schon einmal ohne Beteiligung einer anderen Person beispielsweise mit dem Fahrrad gestürzt ist und anschließend behandelt werden mußte.
Für das Matching der Spn wird folgende Dichotomisierung der Daten vorgenommen: Kinder mit den Unfallerfahrungswerten 0 und 1 sollen als nicht unfallerfahren gelten, Kinder mit den Werten 2 und 3 als unfallerfahren. In der Gruppe der mit 1 bewerteten Kinder soll folgende Ausnahmeregelung gelten: Für den Fall, daß es sich bei dem verunglückten Familienmitglied um ein Geschwisterkind handelt, wird das Kind trotz der Bewertung mit 1 der Gruppe der Unfallerfahrenen zugeordnet, da davon auszugehen ist, daß der Unfall eines Kindes innerhalb der Familie häufig thematisiert wird und das Geschwisterkind stärker beschäftigt als beispielsweise der Auffahrunfall seines Großvaters.

Da der merkmalsorientierten Inhaltsanalyse u.a. eine Konzeptualisierung der Aussage als geistige Leistung zugrunde liegt, sollen zur Erfassung der *verbalen Fähigkeiten* die Leistungen in den Subtests *Wortschatz*, *Allgemeines Verständnis* und *Gemeinsamkeitenfinden* des HAWIK-R (Tewes, 1985) sowie die Leistung im Subtest *Wortflüssigkeit* des PSB (Horn, 1969) herangezogen werden.
Der *Wortschatztest* gibt Auskunft über die allgemeine Sprachentwicklung, insbesondere den Bestand an sprachlichen Kenntnissen. Die Leistung ist auch abhängig vom Lern- und Erinnerungsvermögen des Kindes und von der Entwicklung der Begriffsbildung. Kulturelle Einflüsse, Schulbildung, Lese- und Sprachgewohnheiten der Familie beeinflussen diese Sprachkenntnisse. Der Subtest *Allgemeines Verständnis* erfaßt die praktische Urteilsfähigkeit, die Fähigkeit, aus Erfahrungen zu lernen und in Ursache-Wirkungs-Zusammenhängen zu denken. Auch erfaßt dieser Test, inwieweit das Kind Situationen des Lebensalltags zu erfassen vermag. Das Testergebnis wird durch sprachliches Ausdrucksvermögen sowie durch kulturelle Einflüsse und die soziale Intelligenz des Kindes mitbestimmt. Der Subtest *Gemeinsamkeitenfinden* erfaßt logisches und abstraktes Denken in Kategorien. Die Leistung ist abhängig vom sprachlichen Denkvermögen, Ausdrucksvermögen, und sprachlichen Abstraktionsvermögen. Das Kind muß in der Lage sein, im Bereich der Sprachkategorien zwischen wesentlichen und unwesentlichen Merkmalen zu unterscheiden (Tewes, 1985). Der Subtest *Wortflüssigkeit* erfaßt den Bestand an sprachlichen Kenntnissen sowie die Redegewandtheit. Kenntnisse des Alphabets werden vorausgesetzt.

Während sich Leistungen in den Subtests *Wortflüssigkeit* und *Wortschatz* auf die Erzählfähigkeit und -flüssigkeit und den *Detailreichtum* auswirken könnten, spiegeln sich die mit den Subtests *Allgemeines Verständnis* und *Gemeinsamkeitenfinden* erfaßten Fähigkeiten

möglicherweise in der unterschiedlichen Produktion bestimmter Glaubhaftigkeitsmerkmale wie z.B. der *Logischen Konsistenz* oder der *Assoziativen Querverbindungen* wider. Diese Fähigkeiten sollen daher parallelisiert werden.
Nach Angabe der Autoren ist der HAWIK-R ab 6 Jahre, der PSB erst ab 9 Jahre anzuwenden. Da zum einen davon ausgegangen werden kann, daß sich die diesen Schätzungen zugrundeliegenden Normen inzwischen verschoben haben und zum anderen kein Intelligenzwert in Relation zum Alter berechnet werden, sondern ein Vergleich der Rohwerte vorgenommen werden soll, können die beschriebenen Subtests in dieser Untersuchung bei allen Kindern angewendet werden.

Das *Alter* der Spn kann zum einen Auskunft über den allgemeinen kognitiven Entwicklungsstand geben und wird zum anderen in der Regel mit einem größeren Erfahrungsschatz bezüglich aller für die Aussage relevanter Themenbereiche einhergehen. Nicht zuletzt wird die Fähigkeit des Lügens im Laufe des Lebens erlernt, nimmt also altersabhängig zu (vgl. Kap. 2.1.2.3). Aus diesem Grunde sollen die Spn der verschiedenen Aussagebedingungen auch hinsichtlich der Variable *Alter* parallelisiert werden (vgl. Dent, 1992; Faller, 1988).

Ferner ist nicht auszuschließen, daß sich das *Geschlecht* der Spn auf den Erzählstil und die unterschiedliche Produktion einzelner Merkmale oder auf das Täuschungsverhalten auswirkt (Breuking, 1910; Cohn & Dieffenbacher, 1911; Faller, 1988; Müller-Luckmann, 1967; Olechowski, 1967).
Auch ist nicht auszuschließen, daß die *Nationalität* unabhängig von sprachlichen Fähigkeiten einen Einfluß auf den Erzählstil hat (Ruby & Brigham, 1998).

Da angenommen wird, daß es sich bei den Variablen *Alter*, *Geschlecht*, *verbale Intelligenz* und *Nationalität* um wesentliche Einflußfaktoren handelt, welche sich auf die Ausprägung der abhängigen Variablen auswirken könnten, sollen diese Variablen nicht nur als Kontrollvariablen erfaßt werden, sondern es soll bezüglich dieser Variablen eine Parallelisierung der Spn vorgenommen werden. Es wird davon ausgegangen, daß die kognitiven Fähigkeiten sich auf die AVn am stärksten auswirken, gefolgt von Alter, Geschlecht und Nationalität (angegeben in der vermuteten Reihenfolge des Einflusses). Daher soll an erster Stelle eine Parallelisierung der kognitiven Fähigkeiten vorgenommen und die Variablen Alter, Geschlecht und Nationalität in der angegebenen Rangfolge nach Möglichkeit ebenfalls im Sinne einer Parallelisierung berücksichtigt werden.

Im folgenden sollen weitere potentielle Moderatorvariablen dargestellt werden, die jedoch ausschließlich im Nachhinein betrachtet werden sollen:
Die Variablen *Hyperaktivität* und *Sprachprobleme* sollen erfaßt werden, da sie sich möglicherweise auf den Erzählstil auswirken. So wäre beispielsweise vorstellbar, daß das Merkmal *Unstrukturierte Darstellung* unabhängig vom Wahrheitsgehalt der Aussage dem Erzählstil einer hyperaktiven Person zuzurechnen ist. Die möglichen Auswirkungen

von Sprachproblemen auf die abhängigen Variablen bedürfen wohl keiner weiteren Erläuterung.
Als weitere potentielle Moderatorvariablen sollen Hobbies, Fernsehkonsum, Art der bevorzugten Filme, Verkehrserziehung sowie die Anzahl der Geschwister erfaßt werden.
Je größer der *Fernsehkonsum* und je actionreicher die bevorzugten Filme, um so höher ist die Wahrscheinlichkeit, Verkehrsunfallszenen auf dem Bildschirm zu beobachten. Zudem lassen sich in der Literatur Hinweise darauf finden, daß sich gesteigerter Fernsehkonsum auf Phantasie, die Art des Denkens und Sprechens etc. auswirkt (z.B. Dunning, 1989; Sporer & Bursch, 1997).
Wer *Verkehrserziehung* genießt, weiß besser über den normalen Straßenverkehr bescheid, sieht eine Verkehrsunfallsituation möglicherweise mit anderen Augen und kann sein Wissen in seine Aussage einfließen lassen.
Vorstellbar wäre auch, daß eine größere *Geschwisterzahl* sich auf Erfahrungen im Hinblick auf Unfälle, Krankenhausbesuche, Lügengeschichten u.ä. auswirkt.
Desweiteren spielen möglicherweise *Persönlichkeitsmerkmale* des Aussagenden eine Rolle (vgl. Kap. 2.1.1.1). So kann sich beispielsweise Schüchternheit in der Aussagesituation sehr hemmend auswirken und somit indirekt die Aussagequalität beeinflussen. Daher sollen potentielle personspezifische Moderatorvariablen wie Schüchternheit, Lebhaftigkeit, Phantasiereichtum, Offenheit, Gesprächigkeit und Wortgewandtheit erfaßt werden.
Zusätzlich zu den Variablen Alter und verbale Fähigkeiten sollen *Schulform* und *Klassenstufe* erfaßt werden.
Desweiteren besteht möglicherweise ein Zusammenhang zwischen der *Art des Unfalls* und der Komplexität des Unfallgeschehens. Wird ein Verkehrsunfall geschildert, an dem mehrere Personen beteiligt waren, so liegt nahe, daß der Basissachverhalt an sich schon sehr viel komplexer ist als bei einem Unfall, an dem nur ein Fußgänger und ein PKW-Fahrer beteiligt waren. Allein die Wahrscheinlichkeit des Stattfindens von Gesprächen und Interaktionen wird dadurch wesentlich erhöht. Die Unfallart soll daher erfaßt werden. Da diese Variable für die Aussagebedingungen I, III und IV ohnehin parallelisiert wird, betrifft das Problem der Vergleichbarkeit lediglich die Phantasiegruppe (Aussagebedingung II).

4.3.1.5.1 Der Elternfragebogen

Die Variablen *Nationalität*, *Schulform*, *verbale Fähigkeiten*, *Sprachprobleme*, *Hyperaktivität* sollen von der Interviewerin während des Kontaktes erfaßt werden. Alle übrigen weiter oben erläuterten potentiellen Moderatorvariablen sollen mit Hilfe eines Elternfragebogens erhoben werden.
Dieser Fragebogen liegt in vier Versionen (getrennt für Mädchen und Jungen sowie tatsächliche Verkehrsunfallopfer und Kinder der Falschaussagebedingungen) vor. Alle Versionen enthalten folgende Items:

Alter, Klasse, Geschlecht und Anzahl der Geschwister werden erfragt. Der durchschnittliche tägliche Fernsehkonsum wird auf einer fünfstufigen Skala erfaßt. Die Art

der Filme wird mittels anzukreuzender Kategorien erfaßt. Freizeitbeschäftigungen werden in Form offener Fragen erfaßt und bei der Dateneingabe in drei Kategorien (Häusliche Beschäftigungen außer Fernsehen, Fernsehen, sportliche Aktivitäten) eingeteilt. Lebhaftigkeit, Schüchternheit, Phantasiereichtum, Offenheit, Gesprächigkeit und Wortgewandtheit werden über Ratings auf einer fünfstufigen Skala erfaßt.
Die Version für die Falschaussagebedingungen enthält zusätzlich Items, mittels derer die Unfallerfahrung des Kindes festgestellt werden soll.
Die Version für die aktuellen Verkehrsunfallopfer enthält zusätzlich neun Items zum Unfallhergang (zum Teil offene Fragen, zum Teil anzukreuzende Kategorien), drei Items zur Erfassung möglicher Unfallfolgen, zwei Items zu Vorerfahrungen mit Verkehrsunfällen, ein Item zur Mitteilungsbereitschaft des Kindes im Hinblick auf das konkrete Unfallerlebnis, zwei Items zur Situation im Krankenhaus und zum zeitlichen Abstand zum Unfallereignis.

Je eine Version des Elternfragebogens für die Wahraussagebedingung und für die Falschaussagebedingungen befindet sich in Anhang A.

4.3.2 Ethische Überlegungen

4.3.2.1 Grundsätzliche Überlegungen

Bis vor kurzer Zeit existierten im deutschsprachigen Raum keine verbindlichen ethischen Richtlinien für die empirische Forschung. Im Einzelfall blieb es jedem Untersuchungsleiter selbst zu entscheiden, ob die eigene Untersuchung ethisch zu verantworten war oder nicht.
Am 25.04.1999 sind gemeinsame Ethik-Richtlinien der Deutschen Gesellschaft für Psychologie e.V. und des Berufsverbandes Deutscher Psychologen e.V. (1999; vgl. http:// www.dgps.de/gesellschaft/mitteilungen/ethikrichtlinien.html) in Kraft getreten, die inhaltlich im wesentlichen mit den von Bortz und Döring (1995) veröffentlichten sechs Aspekten zur Überprüfung der ethischen Unbedenklichkeit empirischer Untersuchungen übereinstimmen:
Der erste Aspekt betrifft die *Güterabwägung* zwischen wissenschaftlichem Fortschritt und Menschenwürde. Die Datenerhebung humanwissenschaftlicher Studien ist oftmals nur schwer mit der Menschenwürde der beteiligten Personen vereinbar. Lassen sich die Beeinträchtigungen allen Bemühungen, die Untersuchung für die Beteiligten weniger unangenehm zu gestalten, zum Trotz nicht vermeiden, können sie nur gerechtfertigt werden, wenn die Untersuchung Ergebnisse verspricht, die anderen Personen zugute kommen.
Der zweite Aspekt ist die *persönliche Verantwortung*. Der Untersuchungsleiter ist demnach für alle unplanmäßigen Vorkommnisse moralisch verantwortlich und verpflichtet, die Beteiligten auf ihr Recht hinzuweisen, die Teilnahme zu verweigern, wann immer menschenunwürdig erscheinende Instruktionen, Befragungen, Tests oder Experimente verlangt werden.
Den dritten Aspekt stellt die *Informationspflicht* dar. Idealerweise entschließt sich ein potentieller Proband nach Kenntnisnahme aller relevanten Informationen zur Teil-

nahme an der Untersuchung. In diesem Fall spricht man von *informierter Zustimmung*. Mitunter ist es jedoch für die erfolgreiche Durchführung einer Untersuchung erforderlich, daß die Untersuchungsteilnehmer den eigentlichen Sinn der Untersuchung nicht kennen. Sind Täuschungen unvermeidlich, so sollen die Probanden nach Abschluß der Untersuchung über die wahren Zusammenhänge aufgeklärt werden.
Der vierte Aspekt beinhaltet die *freiwillige Untersuchungsteilnahme*. Es versteht sich, daß niemand zur Teilnahme an einer Untersuchung gezwungen werden darf. Auch während einer Untersuchung hat der Proband jederzeit das Recht, die Untersuchung abzubrechen. Im Falle nicht einwilligungsfähiger Personen ist die Einwilligung der gesetzlichen Vertreter einzuholen.
Ein weiterer Aspekt beschäftigt sich mit der *Vermeidung psychischer oder körperlicher Beeinträchtigungen*. Hier muß zwischen beabsichtigten und unbeabsichtigten Beeinträchtigungen unterschieden werden. Im Sinne der Untersuchung beabsichtigte Beeinträchtigungen sollten die Untersuchungsteilnehmer so wenig wie möglich belasten. Unbeabsichtigte Beeinträchtigungen, zu denen es aufgrund unvorhergesehener Zwischenfälle kommen kann, sollten den Untersuchungsleiter zum unverzüglichen Eingreifen veranlassen.
Schließlich ist noch der Aspekt der *Anonymisierung* der Ergebnisse zu nennen. Jedem Untersuchungsteilnehmer müsse versichert werden, daß die persönlichen Daten nur zu wissenschaftlichen Zwecken verwendet und daß die Namen nicht registriert werden.

4.3.2.2 Ethische Probleme der geplanten Studie

Für die Durchführung der Untersuchung wird die Einwilligung der gesetzlichen Vertreter eingeholt, denen schriftlich versichert wird, daß alle persönlichen Daten im Anschluß an die Auswertung anonymisiert werden. Die Teilnahme ist freiwillig. Trotzdem sind bei der vorliegenden Untersuchung ethische Überlegungen aus verschiedenen Gründen angezeigt. Ein grundsätzliches Problem von Untersuchungen mit Kindern ist die Erfüllung des Freiwilligkeitsaspektes. Kinder sind im Vergleich zu Erwachsenen weniger dazu in der Lage, verantwortlich zu handeln und z.B. die Untersuchung selbständig abzubrechen, wenn sie nicht mehr teilnehmen wollen. Da Untersuchungsleiter für Kinder Autoritätspersonen darstellen, wird dieses Problem auch durch eine formale Aufklärung über das Recht, jederzeit die Untersuchung abbrechen zu dürfen, nicht zu lösen sein.
Ein weiterer Aspekt, dem bei Untersuchungen mit Kindern besondere Beachtung geschenkt werden sollte, ist die Vermeidung psychischer Beeinträchtigungen. Die emotionale und kognitive Entwicklung ist bei Kindern noch nicht abgeschlossen, wodurch sie anfälliger gegenüber Einflüssen sind. Emotionale Belastungen sollten daher so weit wie möglich vermieden werden. Da für die jeweiligen Aussagebedingungen unterschiedliche Belastungen angenommen werden müssen, soll die Frage der ethischen Unbedenklichkeit im folgenden für die Aussagebedingungen I und II bis IV getrennt betrachtet werden.

Die Kinder der Wahraussagebedingung (Gruppe I) können durch ihr Unfallerlebnis psychisch sehr stark belastet sein. Aus diesem Grunde sollte nach Möglichkeit auf jede weitere Belastung (z.B. durch eine strengere Instruktion) verzichtet werden. Auch ist es im Falle des Berichtens vom Ansatz einer Wirklichkeitskontrolle nicht angebracht, wie in der Praxis üblich, an dieser Stelle nachzufragen, ob das Kind sich auch sicher sei, dieses Erlebnis nicht bloß geträumt zu haben. Eine solche Frage muß jedem Interviewten in dieser speziellen Situation absurd erscheinen. Desweiteren muß selbstverständlich Rücksicht auf emotionale Reaktionen oder andere Unterbrechungen genommen werden, welche mit der besonderen Situation des Unfallopfers zusammenhängen. Da das den Eltern mitgeteilte Untersuchungsziel zusätzlich in einer anderen Untersuchung überprüft werden soll und die Kinder der wahrheitsgemäß aussagenden Gruppe auch keine Täuschungsinstruktion erhalten, ist die Informationspflicht erfüllt und für diese Aussagebedingung die ethische Unbedenklichkeit gegeben.

Für die Kinder in den Aussagebedingungen II, III und IV, die eine Täuschungsinstruktion erhalten sollen, müssen weiterreichende ethische Überlegungen angestellt werden.
Da die Datenerhebung in den Falschaussagebedingungen während der Unterrichtszeit stattfinden soll, ist zunächst einmal ist festzuhalten, daß die Kinder Unterrichtsstoff verpassen. Es soll daher möglichst ökonomisch vorgegangen und für jedes Kind individuell abgesprochen werden, auf welches Unterrichtsfach am ehesten verzichtet werden kann. Während der Pausen soll keine Datenerhebung stattfinden. Auf Stunden, die der unmittelbaren Vorbereitung auf eine Klassenarbeit dienen, wird grundsätzlich verzichtet. Desweiteren kann davon ausgegangen werden, daß die Grundanforderungen, nämlich das Produzieren von Nacherzählungen und Phantasiegeschichten, gewohnten schulischen Aufgaben entsprechen. Diese Anforderungen sind ethisch unbedenklich. Wegen der zu induzierenden Täuschungsintention ergeben sich allerdings erhebliche ethische Probleme, die im folgenden diskutiert werden sollen.

In Kapitel 3 wurde bereits ausführlich erläutert, welche Voraussetzungen für eine realitätsnahe Gestaltung der Aussagemotivation in den Täuschungsbedingungen erfüllt sein müssen. Die Voraussetzungen implizieren zum einen, daß keine vollständige Information geleistet werden kann; eine Täuschung im Hinblick auf die konkreten Untersuchungsziele ist sowohl gegenüber den Kindern als auch gegenüber Eltern und Lehrern unvermeidlich (vgl. Kap. 4.3.3.2.2). Zum anderen stellt eine Belastung die Voraussetzung für die Überprüfbarkeit der motivationsbezogenen Merkmale dar (vgl. Kap. 3). Dieses Dilemma läßt sich auch durch eine angenehmere Gestaltung der Situation nicht ausräumen. Die entscheidende Belastung entsteht dadurch, daß die Kinder glauben, mit ihrer Falschaussage der Interviewerin zu schaden. Unbeabsichtigte Belastungen sollen durch die Assistenten aufgefangen werden; im Falle dennoch auftretender Belastungsreaktionen soll die Untersuchung für das jeweilige Kind sofort abgebrochen werden. Im Anschluß an die Untersuchung soll so schnell wie möglich

eine Auflösung dargeboten werden, welche die Teilnehmer von der Last ihres schlechten Gewissens befreit (vgl. Kap. 4.3.3.2.8).
Um den Kindern zusätzlichen Leistungsdruck und potentielle Mißerfolgserlebnisse, die dadurch entstehen könnten, daß nicht alle teilnehmen können, zu ersparen, sollen alle Kinder für ihre Leistung bei den Tests gelobt werden, und es soll gesagt werden, daß die Teilnehmer ausgelost würden. Neben den Geschenken für überzeugende Geschichten soll jedes Kind unabhängig davon, ob es die elterliche Erlaubnis zur Teilnahme hatte, ein Überraschungsei bekommen.
Abschließend sei erwähnt, daß die Untersuchungsergebnisse nicht nur der Wissenschaft, sondern auch oder vor allem der Begutachtungspraxis zugute kommen, indem sie einen Beitrag zu einer gerechteren Urteilsfindung in Verdachtsfällen sexuellen Kindesmißbrauchs leisten.

4.3.3 Die Herstellung des sekundären Stimulusmaterials

Nach der Darstellung wesentlicher Überlegungen zur Herstellung des sekundären Stimulusmaterials soll es im folgenden um den konkreten Ablauf der Untersuchung gehen. Dabei soll chronologisch vorgegangen und mit der Gruppe der Verkehrsunfallopfer begonnen werden. Daran schließt sich die Herstellung des Aussagematerials in den Falschaussagebedingungen an.

4.3.3.1 Herstellung des Aussagematerials in der Gruppe der Verkehrsunfallopfer

4.3.3.1.1 Kontaktaufnahme mit den Krankenhäusern

Um Selektionseinflüsse, wie sie beispielsweise durch die Rekrutierung über eine Zeitungsanzeige entstehen würden, so weit wie möglich zu vermeiden und eine reale und möglichst aktuelle Traumatisierung sicherzustellen, bot sich eine Kontaktaufnahme über unfallchirurgische Abteilungen von Krankenhäusern an.
Zunächst wurde das Einzugsgebiet festgelegt und durch telefonische Kontaktaufnahme mit den jeweiligen lokalen Rettungsleitstellen der Feuerwehr ermittelt, welche Krankenhäuser mit kindlichen Verkehrsunfallopfern in diesem Bereich angefahren würden. Daraufhin wurde mit den Verwaltungsleitern dieser Krankenhäuser auf postalischem Wege Kontakt aufgenommen. Im Anschreiben wurde die Zielsetzung des Forschungsvorhabens knapp dargestellt und zwecks ausführlicherer Information um ein persönliches Gespräch gebeten.
Von sieben angeschriebenen Verwaltungsleitern gab nur einer innerhalb von 3 Wochen eine Rückmeldung. Die Autorin entschloß sich daher dazu, noch einmal auf telefonischem Wege nachzuhaken. In sechs Fällen gab daraufhin die Verwaltungsebene ihr Einverständnis zur Durchführung der Studie, verwies jedoch (in fünf Fällen) auf den nächsten zuständigen Ansprechpartner, den Chefarzt der jeweiligen chirurgischen Abteilung.

Mit den Chefärzten der chirurgischen Abteilungen wurde wiederum auf postalischem Wege Kontakt aufgenommen. In einem ersten Anschreiben wurde knapp die Zielsetzung der Studie dargestellt und um Unterstützung des Forschungsvorhabens gebeten. In drei Fällen erfolgte innerhalb von drei Wochen eine positive, in zwei Fällen gar keine Rückmeldung. Bei letzteren wurde telefonisch nachgehakt, ob grundsätzlich Interesse an einer Zusammenarbeit bestehe. Da alle fünf Chefärzte Interesse an näherer Information bekundeten, wurde in einem zweiten Brief ausführlicher auf die Zielsetzungen der Studie sowie die Aufgaben des Krankenhauspersonals, welche mit der Durchführung der Studie verbunden sein würden, eingegangen. Zusätzlich wurde Anschauungsmaterial beigelegt, um das geplante Vorgehen zu verdeutlichen.
In allen Briefen und Informationsschreiben wurde der geringe Zusatzaufwand für das Personal und die Bedeutung des Überzeugtseins von dem Sinn der Studie auf Seiten des Personals betont.
Auf diesen zweiten Brief hin erklärten sich alle fünf Ansprechpartner auf weitere telefonische Nachfrage hin bereit, die Durchführung der Studie in ihrer Abteilung zu unterstützen. Zur Planung des weiteren Vorgehens und zur Klärung organisatorischer Fragen wurde ein Besprechungstermin vereinbart.
Nach einem persönlichen Gespräch und der Absegnung der Untersuchungsdurchführung durch den ärztlichen Leiter der jeweiligen Abteilung wurde auf die nächste Ebene verwiesen und die Aufgabe dem jeweiligen Oberarzt übertragen. Mit dem zuständigen Oberarzt wurde wiederum ein Gesprächstermin vereinbart. Ziel dieses Gespräches war zum einen dessen umfassende Information hinsichtlich der Zielgruppe der Untersuchung und der Ausschlußkriterien sowie die Erläuterung seiner Aufgabe. Diese Aufgabe bestand darin, als Vermittler Kontakt zu den Eltern verunglückter Kinder im Alter von 6 bis 11 Jahren herzustellen, welche als Opfer eines Verkehrsunfalls auf seiner Station behandelt werden würden. Kurz vor der Entlassung des Kindes aus der stationären oder ambulanten Behandlung sollten die Eltern möglichst vom behandelnden Arzt darüber informiert werden, daß eine wissenschaftliche Untersuchung stattfinde, und es sollte ihnen ein von der Autorin verfaßter Informationsbrief mit einem frankierten Rückumschlag ausgehändigt werden.
Dem jeweiligen Oberarzt bzw. den anderen beteiligten Krankenhausbediensteten wurde eingehend erklärt, daß sich ihre eigene Einstellung bezüglich der Untersuchung wesentlich auf die Teilnahmebereitschaft potentieller Probanden auswirke. Sie wurden dazu angehalten, die Eltern von der Wichtigkeit der Untersuchung zu überzeugen und sie nach Möglichkeit an Ort und Stelle unterschreiben zu lassen, da zu befürchten war, daß sich die Rücklaufquote ansonsten erheblich verschlechtern würde.
Alle Instruktionen wurden den Mitarbeitern noch einmal in schriftlicher Form ausgehändigt. Um zu verhindern, daß die Untersuchung durch den Alltagsstreß in Vergessenheit geraten würde, hakte die Autorin ein bis zweimal im Monat bei den jeweiligen Ansprechpartnern telefonisch oder persönlich nach, erkundigte sich nach etwaigen Problemen, nach Reaktionen der Eltern etc.
Trotz dieses nahezu lückenlosen Kontaktes war die Rücklaufquote so gering, daß eine Erweiterung des Einzugsgebietes vorgenommen werden mußte. Fünf weitere Krankenhäuser und eine zentrale Verkehrsunfallforschungsstelle wurden in ähnlicher Wei-

se wie die ersten Krankenhäuser kontaktiert. Drei Krankenhäuser waren mitarbeitsbereit. Ein weiteres Krankenhaus sowie die zentrale Verkehrsunfallforschungsstelle in Niedersachsen erklärten sich zwar prinzipiell mitarbeitsbereit, zeigten jedoch im weiteren Verlauf keine Mitarbeitsbereitschaft.
Zusätzlich zur Erweiterung des Einzugsgebietes wurden die Anschreiben an die Eltern verkürzt und vereinfacht, um die Rücklaufquote zu erhöhen. Bei Durchsicht der Krankenakten zeigte sich jedoch, daß der schlechte Rücklauf nicht auf eine ablehnende Haltung potentieller Probanden, sondern auf eine überraschend niedrige Basisrate zurückzuführen war, die im Widerspruch zu Auskünften des Statistischen Bundesamtes für Verkehr (1998) und zuvor von Unfallchirurgen eingeholten Informationen stand.
An der Datenerhebung beteiligten sich die unfallchirurgischen Abteilungen von insgesamt neun Krankenhäusern in Niedersachsen, Hamburg und Schleswig-Holstein[20]. Erfaßt wurden in allen Krankenhäusern Unfallopfer, bei denen eine stationäre Behandlung erforderlich war. In vier Krankenhäusern war man bereit, zusätzlich die chirurgische Ambulanz miteinzubeziehen.

Muster für Anschreiben und Instruktionsschreiben befinden sich in Anhang A.

4.3.3.1.2 AUSSCHLUßKRITERIEN

Ausschlußkriterien für die Teilnahme an der Untersuchung stellten extrem schwere Verletzungen mit dauerhaften, lebensbeeinträchtigenden Folgeschäden (z.B. Querschnittslähmung), schwere Schädel-Hirn-Traumata, während des Unfallereignisses andauernde Bewußtlosigkeit sowie extreme Sprachprobleme dar.
Im Falle lebensbeeinträchtigender Folgeschäden wäre die Teilnahme an der Untersuchung für die Unfallopfer nicht zumutbar. Beim Vorliegen schwerer Schädel-Hirn-Traumata ist die Hirnfunktion zumindest vorübergehend beeinträchtigt. Zudem kann man davon ausgehen, daß die Erinnerung an das Unfallereignis stark getrübt ist. Ähnliches gilt für längere Bewußtlosigkeit während des Unfallereignisses; auch in diesem Fall werden dem Unfallopfer entscheidende Informationen fehlen, weil es nicht in der Lage war, einen wesentlichen Teil des Handlungsstranges wahrzunehmen.

4.3.3.1.3 DIE EINWILLIGUNG DER ELTERN

Die Kontaktaufnahme mit den Eltern verunglückter Kinder der entsprechenden Altersgruppe fand individuell in Absprache mit dem jeweiligen Krankenhaus statt. In jedem Fall erhielten die Eltern einen Brief, in dem sie über die geplante Untersuchung und darüber informiert wurden, welche praktischen Konsequenzen eine Einwilligung für sie bzw. ihr Kind haben würde. Diesem Brief war ein Formular für eine

---

20 Mein Dank gilt dem Marienhospital und den Städtischen Kliniken in Osnabrück, dem Franziskus Hospital in Georgsmarienhütte, dem Kinderkrankenhaus auf der Bult in Hannover, dem Universitäts-Krankenhaus Eppendorf in Hamburg, dem Klinikum der Christian-Albrechts-Universität zu Kiel sowie dem St. Franziskus-Hospital, der Evangelisch-Lutherischen Diakonissenanstalt und der Kinder- und Frauenklinik der Diakonissenanstalt in Flensburg.

schriftliche Einverständniserklärung sowie ein frankierter und an die Autorin adressierter Rückumschlag beigefügt. Die Teilnahme an der Untersuchung war freiwillig. Kein Interviewtermin wurde ohne Vorliegen der schriftlichen Einverständniserklärung mindestens eines Erziehungsberechtigten vereinbart.
Nach eingegangener Einwilligung wurde mit den Eltern ein Interviewtermin vereinbart, wobei Wert darauf gelegt wurde, daß zwischen dieser Ankündigung und dem Interview mehrere Tage lagen und die Spn zum Ankündigungszeitpunkt wußten, was von ihnen erwartet werden würde, um ihnen die Gelegenheit zur Vorbereitung ihrer Aussage zu geben (vgl. Kap. 4.3.1.1).

Der Informationsbrief liegt in verschiedenen Versionen vor, welche sich an der konkreten Erhebungsmethode (z.B. Unterschrift vor Ort oder Anfrage auf postalischem Wege) orientierten, die von Institution zu Institution variierte. Beispiele befinden sich in Anhang A.

4.3.3.1.4 Die Kontaktaufnahme mit den Familien

Nach Eingang der schriftlichen Einverständniserklärung eines Erziehungsberechtigten wurde telefonisch Kontakt mit den Eltern des verunfallten Kindes aufgenommen. Dieses Telefonat diente dazu, Befürchtungen zu zerstreuen, mögliche Fragen zu klären und einen Interviewtermin zu vereinbaren. Konkret galt es, vier Ziele zu erreichen:
Das erste Ziel stellte das Abbauen des teilweise sehr stark ausgeprägten Mißtrauens dar. Zum einen betraf dieses Mißtrauen ganz allgemein die Berufsgruppe der Psychologen. Zum anderen wurde die Interviewerin mitunter der Spionage verdächtigt. So wurde vermutet, sie arbeite für den Anwalt des Unfallgegners oder handele im Auftrag einer Versicherung. Dieses wie auch immer geartete Mißtrauen mußte im Vorfeld abgebaut werden, um spätere Störungen des Ablaufs zu verhindern. Gelang dieses nicht, war zu befürchten, daß die betreffenden Eltern darauf bestehen würden, bei dem Interview ihres Kindes im Raum anwesend zu sein, daß sie mit bestimmten Fragen der Interviewerin nicht einverstanden sein würden, daß sie gar für ihr Kind antworten oder den Ablauf des Interviews durch weniger offenen Protest stören würden, indem sie beispielsweise zum vereinbarten Termin nicht zu Hause sein würden oder das Kind nicht informiert haben würden, das Kind ablenken oder sich weigern würden, den Fragebogen auszufüllen etc.
Ein zweites Ziel stellte die Information und Instruktion der Eltern dar. Es wurde ihnen erklärt, es gehe im wesentlichen darum, daß ihr Kind möglichst viel von seinem Unfallerlebnis erzähle, eben soweit es sich daran erinnern könne. Anschließend werde die Interviewerin dann noch einige Fragen stellen, welche sich auf das Unfallgeschehen bezögen. Auch wurde ihnen erklärt, es sei wichtig, daß sie ihrem Kind zwei bis drei Tage vor dem Termin erklärten, es werde eine Frau vorbeikommen, die sich für seinen Unfall interessieren würde und es dazu würde befragen wollen. Auf diese Weise sollte das Kind genügend Vorbereitungszeit erhalten. Auch bekamen sie den Auf-

trag, mögliche Befürchtungen des Kindes im Hinblick auf das Interview (z.B. Versagensängste) zu zerstreuen.
Drittes Ziel war die Klärung organisatorischer Fragen. Der geplante Ablauf der Untersuchung und die ungefähre Dauer wurden erläutert. Nach Möglichkeit wurde bereits zu diesem Zeitpunkt nach einem Raum gefragt, in dem man während der Tonbandaufnahmen ungestört sein würde und die Eltern somit schon darauf vorbereitet, daß sie bei dem Interview nicht anwesend sein würden. War das Mißtrauen noch nicht abgebaut, so wurde zu diesem frühen Zeitpunkt auf die Raumfrage verzichtet.
Letztes Ziel stellte das Vereinbaren eines für Eltern, Kind und Interviewerin akzeptablen Interviewtermins dar.

4.3.3.1.5 DIE INTERVIEWERIN

Erhoben wurden die kindlichen Aussagen von einer erfahrenen Interviewerin[21], welche jedoch nicht blind gegenüber dem tatsächlichen Wahrheitsstatus der Aussagen war, da die Forderung nach der Uninformiertheit des Interviewers in diesem Falle aus organisatorischen Gründen nicht erfüllbar war: Die Erhebung der kindlichen Aussagen in der Gruppe der Verkehrsunfallopfer erstreckte sich über einen Zeitraum von 16 Monaten. In diesem Zeitraum mußten in unregelmäßigen Abständen innerhalb eines relativ großen Einzugsgebietes (Niedersachsen, Hamburg, Schleswig-Holstein) 40 Interviews durchgeführt werden. Da die Interviews in dieser Aussagebedingung bei den Probanden zu Hause durchgeführt werden mußten, war jedes Interview mit einem erheblichen zeitlichen und finanziellen Aufwand verbunden. Je nach Entfernung nahm ein Interview inklusive An- und Abreise ein bis zwei Tage Zeit in Anspruch.
Externe Interviewer in die Untersuchung miteinzubeziehen wäre also zum einen aus finanziellen Gründen nicht möglich gewesen. Zum anderen wäre eine solche Maßnahme nicht sinnvoll gewesen, da der hierdurch angestrebte Status der Uninformiertheit bei der für diese Studie erforderlichen Art und Weise der Datenerhebung (in der Gruppe der Verkehrsunfallopfer) gar nicht aufrechtzuerhalten gewesen wäre.

Nun wird jedoch bei der Erhebung forensischer Interviews zu Forschungszwecken grundsätzlich die Uninformiertheit des Interviewers gefordert. Hintergrund dieser Forderung ist die Erkenntnis, daß der Interviewer durch seine Voreinstellung das Ergebnis einer Befragung ganz entscheidend beeinflussen kann (Bortz & Döring, 1995).
Im Rahmen aussagepsychologischer Simulationsstudien erscheinen an einer Informiertheit des Interviewers vor allem zwei Aspekte problematisch:
Zum einen wirkt sich die Kenntnis des Wahrheitsstatus der Aussagen möglicherweise auf den Befragungsstil aus. So wäre es beispielsweise möglich, daß ein Interviewer, welcher weiß, daß es sich um eine Falschaussage handelt, mehr Fragen stellt, um den Befragten in Widersprüche zu verwickeln. Andererseits wäre auch die entgegengesetzte Reaktion denkbar; das Wissen um die Falschheit einer Aussage könnte zu einer

21 Alle Interviews wurden von der Autorin durchgeführt.

Abnahme des Interesses auf Seiten des Interviewers führen, mit der Folge, daß dieser weniger häufig nachfragt, weil er davon ausgeht, daß den Schilderungen ohnehin kein Erlebnis zugrunde liegt.
Zum anderen wird sich das Hintergrundwissen des Interviewers möglicherweise auf non- und paraverbaler Ebene bemerkbar machen. Selbst wenn alle Interviewfragen genau festgelegt wären, könnte man beispielsweise nicht ausschließen, daß der Interviewer dem Befragten durch non- oder paraverbale Hinweise zu verstehen gibt, daß er ihm mißtraut oder seine Aussage für wahr hält. Diese Hinweise wirken sich möglicherweise auf die Erzählleistung aus. So könnte ein negativer Einfluß auf die Erzählleistung falschaussagender Kinder dahingehend erwartet werden, daß sie durch die ablehnende Haltung des Interviewers eingeschüchtert sind und dementsprechend weniger zu erzählen bereit sind. Auch wäre vorstellbar, daß andere Kinder sich durch diese Hinweise gerade angespornt fühlen, einen besonders überzeugenden Eindruck zu hinterlassen.

Zur erstgenannten Befürchtung ist folgendes zu sagen: Bei der angewandten Explorationstechnik stand in der ersten Hälfte des Interviews die Evozierung eines Spontanberichts im Vordergrund, bei der direktes Nachfragen durch die Interviewerin sich ohnehin verbietet. Für die zweite Hälfte des Interviews, den Befragungsteil, war zuvor ein Interviewleitfaden entwickelt worden, durch den die zu stellenden Fragen in Wortlaut und Reihenfolge festgelegt waren (vgl. Kap. 4.3.1.4).
Insofern wird das Risiko einer Beeinflussung der Befragten und damit eine einseitige Verzerrung der Erzählleistungen durch eine möglicherweise manipulative Befragung seitens der Interviewerin minimiert, demnach ist die Informiertheit der Interviewerin für den Befragungsstil kaum relevant.

Problematisch bleibt allerdings die Beeinflussungsmöglichkeit auf non- oder paraverbaler Ebene, da es extrem schwierig sein dürfte, das Streuen dieser Hinweise vollständig zu kontrollieren. Um eine derartige Beeinflussung so gering wie möglich zu halten, war die Interviewerin aktiv bemüht, leicht erkennbare und kontrollierbare Hinweise wie Lächeln, Kopfnicken, Stimmlage und Sprechtempo in allen Interviews gleichzuhalten und sich vor jedem Interview mit einem falschaussagenden Kind vorzustellen, dieses Kind habe möglicherweise tatsächlich einen Verkehrsunfall erlebt.

4.3.3.1.6 Die Erhebung der kindlichen Aussagen in der Wahraussagebedingung

Die Erhebung der kindlichen Aussagen und der übrigen Daten in der Gruppe der Unfallkinder fand aus organisatorischen Gründen bei den Kindern zu Hause statt. Ein Interview in vertrauter Umgebung hatte den Vorteil, daß die Kinder nicht von neuen Außenreizen abgelenkt wurden, und daß die zum Teil durch polizeiliche Befragungen, Schuldzuweisungen durch die Eltern etc. verschüchterten Unfallkinder sich sicherer fühlten.

Auf der anderen Seite bestand die Gefahr einer Störung durch anwesende Geschwisterkinder oder Eltern. Von der Interviewerin wurde sehr darauf geachtet, derartige Störungen zu verhindern und mit den Probanden während des Interviews und der Tests allein in einem Raum zu sein, mindestens aber dafür zu sorgen, daß die Eltern sich nur in Hörweite, nicht aber im Sichtfeld der Probanden befanden.
Zum vereinbarten Termin wurden die Familien zuhause aufgesucht. Nach der Begrüßung und kurzen Vorstellung der eigenen Person und beruflichen Tätigkeit galt es in der ersten Viertelstunde zwei für das Gelingen des Interviews wesentliche Voraussetzungen zu schaffen:
Auf Seiten der Eltern mußte es gelingen, Mißtrauen abzubauen, so daß sie dazu bereit waren, den Raum während des Interviews zu verlassen. Da es nicht möglich ist, jemanden innerhalb seiner eigenen vier Wände des Raumes zu verweisen, und ähnliche Versuche wohl eher Widerstand bei den Eltern hervorgerufen hätten, mußten die Eltern davon überzeugt werden, daß es für alle Beteiligten von Vorteil wäre, das Kind für die Zeit des Interviews mit der Interviewerin allein zu lassen. In zwei von 40 Fällen gelang dies nicht, so daß die Eltern während des Interviews anwesend waren.

Auf Seiten des Kindes mußten Ängste abgebaut und Kontakt hergestellt werden, um Mitarbeitsbereitschaft zu erreichen. Hierzu eigneten sich vor allem Gespräche über Lieblingsbeschäftigungen, sportliche Erfolge etc. des Kindes oder ganz allgemein gehaltene saisonale Gespräche (Weihnachten, Sylvester, Sommerferien, Schnee etc.). Die Warming-up-Gespräche waren inhaltlich nicht festgelegt, sie ergaben sich situations- und personabhängig.
Im Anschluß wurden Tonbandgerät und Mikrophon aufgebaut und die Aufnahmefunktion überprüft. Das Kind wurde in diesen Prozeß miteinbezogen, um mögliche Hemmungen im Hinblick auf Tonbandaufnahmen abzubauen. Schließlich leitete die Interviewerin zum eigentlichen Thema über, indem sie das Kind fragte, ob es denn wisse, warum sie heute da sei. Unabhängig von der Antwort des Kindes folgte die Instruktion, der sich das Interview anschloß. Nach Beendigung des Interviews lobte die Interviewerin das Kind für seine Erzählleistung und leitete nach einer kurzen Pause (je nach Bedarf) mit dem Satz „ und jetzt möchte ich gerne wissen, was Du schon so alles weißt“ die Testphase ein. Im Anschluß an die Testphase wurde das Kind von der Interviewerin für seine Leistung gelobt und bekam ein Geschenk. Nun wurde das Gespräch wieder auf angenehme Themen gelenkt. Häufig kam es auch vor, daß das Kind die Aufnahme noch einmal hören oder Geschwistern vorführen wollte.
In einem abschließenden Gespräch mit den Eltern wurden etwaige offene Fragen bezüglich des Fragebogens und der gesamten Untersuchung geklärt.

4.3.3.1.7 DIE DURCHFÜHRUNG DER TESTS

Vortests haben gezeigt, daß sich die Reihenfolge der Datenerhebung auf das Antwortverhalten während des Interviews auswirkte.
Wurden zunächst die Leistungstests durchgeführt, so entstand durch die knappe Frage-Antwort-Situation beim Kind der Eindruck, es seien auch bei der Beantwortung

der Interviewfragen kurze Antworten gefragt, die entweder falsch oder richtig sein können. Eine derartige Voreinstellung wäre für das forensische Interview, welches darauf abzielt, möglichst viel freien Bericht zu evozieren, äußerst ungünstig (vgl. Köhnken, 1999).

Da eine zeitliche Trennung von Verbal-Tests und Interviews in der Gruppe der Unfallkinder aus ökonomischen Gründen nicht möglich gewesen wäre, wurde mit dem Interview begonnen und erst im Anschluß daran wurden die verbalen Fähigkeiten getestet. Ein möglicherweise schlechteres Abschneiden der Unfallkinder bei den Verbal-Tests wegen Ermüdungserscheinungen wurde dabei in Kauf genommen, da das Gelingen des Interviews Vorrang hatte.

Um etwaige Ermüdungserscheinungen so gering wie möglich zu halten, wurde das Kind im Anschluß an das Interview für seine Leistung gelobt und je nach Bedarf eine kurze Pause eingelegt, bevor mit den Tests begonnen wurde.

Die Subtests wurden nach Schwierigkeit gestaffelt und mit dem einfachsten Subtest, dem *Wortschatz-Test* begonnen. Anschließend wurden *Wortflüssigkeit*, *Allgemeines Verständnis* und abschließend die Fähigkeit des *Gemeinsamkeitenfindens* getestet.

Nach jedem einzelnen Subtest wurden die Kinder für ihre Leistung gelobt, um Mißerfolgserlebnisse gegen Ende des Settings zu vermeiden.

4.3.3.1.8 Der Elternfragebogen

Zur Erfassung potentieller Moderatorvariablen (vgl. Kap. 4.3.1.5) sollte von einem Erziehungsberechtigten zeitgleich mit der Durchführung des Interviews und räumlich getrennt ein Fragebogen ausgefüllt werden.

Zusätzlich zu den Informationen, die für alle Spn erhoben wurden, diente der Elternfragebogen in der Wahraussagebedingung auch als Außenkriterium für die Aussagegenauigkeit des Kindes, zur Erfassung des Schweregrades der Verletzungen, kurzfristiger und langfristiger Unfallfolgen und der „Verantwortlichkeit". Desweiteren wurden Informationen über die Situation im Krankenhaus erfragt, die im Rahmen einer anderen Studie zu Copingstrategien kindlicher Verkehrsunfallopfer (Bachmann, Rogner & Niehaus, in Vorbereitung) benötigt werden und im Rahmen dieser Studie keine Rolle spielen werden.

Der Elternfragebogen befindet sich in Anhang A.

4.3.3.1.9 Die Beschreibung der Teilstichprobe

Insgesamt wurden 40 Verkehrsunfallopfer im Alter von 6 bis 11 Jahren interviewt. Der Zeitabstand zwischen Unfall und Interview betrug im Mittel 2.9 Monate. Die Kinder wiesen unmittelbare Unfallfolgen sehr unterschiedlichen Schweregrades auf. Tabelle 6 bietet einen Überblick über die Häufigkeit und den Schweregrad der physischen Unfallfolgen. Vorab sei darauf hingewiesen, daß die vorgenommene Einteilung des Schweregrades physischer Unfallfolgen in einer Form erfolgte, die im Rahmen dieser Untersuchung sinnvoll erschien. Diese Kategorisierung entspricht nicht der im medizinischen Bereich der Traumatologie üblichen Kategorisierung mittels der *abbre-*

viated injury scale (AIS), bei der es sich um einen über 2000 Diagnosen und Symptome umfassenden Katalog handelt, der alle Einzelverletzungen einem von sechs durch Expertenmeinung festgelegten Schweregrad zuordnet. Der interessierte Leser sei an dieser Stelle auf Oestern und Kabus (1997) verwiesen (vgl. auch Reichmann, Aufmolk, Neudeck, Bardenheuer, Schmit-Neuerburg & Obertacke, 1998; Remmers, Regel, Neumann, Pape, Post-Stanke & Tscherne, 1998; Wick, Ekkernkamp & Muhr, 1997). Eine Kategorisierung in dieser Differenziertheit wäre zum einen für die Zielsetzung der vorliegenden Untersuchung ohne Belang, zum anderen wären hierfür medizinische Detailinformationen erforderlich gewesen, die der Autorin zum Teil nicht zugänglich waren und deren Verwertung auch nicht gestattet gewesen wäre.

Wie Tabelle 6 zu entnehmen ist, kam nur ein geringer Anteil der Kinder (7.5%) mit dem Schrecken davon. Ebenso gering ist der Anteil der Kinder, bei welchen der Unfall zu schweren Verletzungen mit bleibenden Schäden geführt hat. Insgesamt wurde die Hälfte der Unfallopfer hinsichtlich des Schweregrades der Unfallfolgen den Kategorien 0 und I zugeordnet, die übrigen 50% verteilten sich auf die Kategorien II bis V, wiesen also ernstzunehmende Unfallfolgen auf. Die hier vorgenommene Zuordnung zu verschiedenen Kategorien bezieht sich ausschließlich auf die physischen Folgen des Unfallgeschehens. Die psychische Belastung scheint in keinem unmittelbaren Zusammenhang zur Verletzungsschwere zu stehen, darauf soll jedoch an dieser Stelle nicht weiter eingegangen, sondern auf eine laufende Studie zu Coping-Strategien kindlicher Verkehrsunfallopfer verwiesen werden (Bachmann, Rogner & Niehaus, in Vorbereitung).

Tabelle 6
Schweregrad physischer Unfallfolgen

Schweregrad physischer Unfallfolgen	Häufigkeit	Prozent	kum. Proz.
0 Mit dem Schrecken davon gekommen	3	7.5%	7.5%
I Ambulante Behandlung, leichte Verletzung (z.B. Platzwunde)	17	42.5%	50.0%
II Stationäre Behandlung, leichte Verletzung (z.B. Überwachung)	4	10.0%	60.0%
III Ambulante Behandlung, schwere Verletzung (z.B. Fraktur)	2	5.0%	65.0%
IV Stationäre Behandlung, schwere Verletzung (z.B. innere Verletzungen oder komplizierte Brüche	11	27.5%	92.5%
V Schwere Verletzungen, bleibende Schäden (z.B. Gehbehinderung)	3	7.5%	100%

Die Belastung der Kinder durch das Unfallerlebnis war sehr unterschiedlich. 70% der Kinder hatten sich nach Auskunft der Eltern zum Zeitpunkt des Interviews körperlich wie psychisch gut von dem Unfall erholt, 2.5% hatten noch leichte Beschwerden und 27.5% waren zu diesem Zeitpunkt noch massiv beeinträchtigt. Bei den psychischen Belastungen (Alpträume, verstärkte allgemeine Angst, Angst im Straßenver-

kehr, Angst im Dunkeln, Sorgen, entstellt zu sein, Bedauern der Unmöglichkeit einer weiteren Tanzkarriere u.ä.) handelte es sich um Symptome der Posttraumatischen Belastungsstörung (vgl. Ehlers, 1999). Hinzu kamen oftmals starke Schuldgefühle, den Unfall verursacht zu haben und für die finanziellen, versicherungsrechtlichen und zum Teil strafrechtlichen Konsequenzen für den Unfallgegner (wegen fahrlässiger Körperverletzung) verantwortlich zu sein. An dieser Stelle soll noch einmal auf das in Kap. 4.2.2.1 angesprochene Phänomen der Schuldgefühle und auf die rechtlichen Rahmenbedingungen bei kindlichen Verkehrsunfällen eingegangen werden.
Fahrzeughalter haben gegenüber Kindern bis zum vollendeten 10. Lebensjahr eine *gesteigerte Sorgfaltspflicht* (§3 StVO). Verunglückt eine Person, welche das siebte Lebensjahr noch nicht vollendet hat, so wird nach §7 StVG (*Gefährdungshaftung*) der Autofahrer versicherungsrechtlich zur Verantwortung gezogen, sofern er nicht nachweisen kann, daß er seiner gesteigerten Sorgfaltspflicht nachgekommen ist, das Ereignis jedoch unabwendbar war (vgl. Zierl, 1995). Bereits 1991 hat der Deutsche Verkehrsgerichtstag an den Gesetzgeber appelliert, gegenüber Kindern bis zur Vollendung des 10. Lebensjahres den Unabwendbarkeitsbeweis abzuschaffen und eine Mitschuld des Kindes und damit eine Mithaftung auszuschließen (Pardey, 1998). Übersetzt in das Alltagsverständnis des juristischen Laien bedeutet dies, daß das kindliche Unfallopfer (bis 7 bzw. 10 Jahre) formal gesehen nicht für einen Unfall verantwortlich sein kann, weitgehend unabhängig vom gezeigten Verhalten. Diesbezüglich bestünde also kein Grund, Schuldgefühle zu hegen.
Unabhängig von der rechtlichen Frage, an der sich Schuldgefühle selten orientieren, wurde erfaßt, wie der Unfall zustande gekommen war. Es gab hierfür drei Kategorien: Unachtsamkeit des Kindes, eindeutige Schuld des Unfallgegners, keine eindeutige Zuweisung möglich. In 25% der Fälle war eine eindeutige Zuweisung nicht möglich, in 37.5% der Fälle wurde der Unfall eindeutig durch die Unachtsamkeit des Kindes verursacht, und 37.5% der Unfälle wurden durch den Unfallgegner verursacht (zu hohe Geschwindigkeit, Fahren auf der gegenüberliegenden Fahrbahn, Nicht-Beachten der Verkehrsregeln).

4.3.3.1.10 Herstellung der Wahrnehmungsgrundlagen für die Nacherzählbedingungen

Nach der Darstellung der Herstellung des sekundären Stimulusmaterials in der Gruppe der wahrheitsgemäß aussagenden kindlichen Verkehrsunfallopfer soll im folgenden auf die Herstellung des Aussagematerials in den Falschaussagebedingungen eingegangen werden. Vor der Erhebung in den Gruppen III und IV mußten jedoch die Wahrnehmungsgrundlagen hergestellt werden, welche den Kindern der Nacherzählbedingungen im Rahmen ihrer Instruktion dargeboten werden sollten. Im Anschluß an die Transkription des Aussagematerials (vgl. Kap. 4.3.4.1) wurden die Unfallgeschichten komprimiert, indem Wiederholungen, Stammeln, Äußerungen der Interviewerin, Erinnerungsbemühungen, Erinnerungslücken etc. entfernt, Namen Beteiligter verändert und die Geschichten auf ihren inhaltlichen Informationsgehalt reduziert wurden. So weit wie möglich wurden Wortlaut und Satzbau beibehalten. Die so bearbeiteten Geschichten dienten den anderen Kindern als Wahrnehmungsgrundlage.

4.3.3.2 HERSTELLUNG DES AUSSAGEMATERIALS IN DEN FALSCHAUSSAGEBEDINGUNGEN

4.3.3.2.1 KONTAKTAUFNAHME MIT DEN SCHULEN

Zur Erhebung des Aussagematerials in den Falschaussagebedingungen wurde mit zwei Grundschulen, einer Orientierungsstufe, einer Computerschule und einer Kindertagesstätte Kontakt aufgenommen. Die Kontaktaufnahme erfolgte in ähnlicher Weise wie bei den Krankenhäusern; der Schulhierarchie entsprechend wurden zunächst die Direktoren der verschiedenen Einrichtungen in einem Anschreiben über die geplante Untersuchung informiert und um ihre Unterstützung gebeten, ohne daß zu diesem Zeitpunkt näher auf den Inhalt der Untersuchung eingegangen wurde.
Auf einen Umweg über das niedersächsische Kultusministerium wurde bewußt verzichtet, da eine Genehmigung in diesem Bundesland nicht erforderlich ist, sondern die Direktoren derartige Fragen grundsätzlich eigenmächtig entscheiden dürfen.
Nach Ablauf einer Woche setzte sich die Autorin telefonisch mit den Betreffenden in Verbindung, um sie um ihr vorläufiges Einverständnis zu bitten und einen Termin für ein persönliches Informationsgespräch zu vereinbaren. Im Verlaufe dieses Informationsgespräches, an dem das gesamte Lehrerkollegium teilnahm, ging es (auf Wunsch der Anwesenden) weniger um den inhaltlichen Hintergrund der Untersuchung, sondern in erster Linie um die praktische Bedeutung einer Zustimmung, also um das Ausmaß der unvermeidlichen Beeinträchtigungen des Unterrichtsablaufes (Krause, in Vorbereitung). Um einen frühzeitigen Abbruch der Datenerhebung durch einzelne Lehrer zu vermeiden, wurde Wert darauf gelegt, eine realistische Schätzung der zeitlichen Belastung anzugeben, die durch die Teilnahme an der Untersuchung auf jeden einzelnen Lehrer und jedes einzelne teilnehmende Kind zukommen würde. Zu diesem Zweck wurde der genaue Ablauf der geplanten Datenerhebung dargestellt. Im Anschluß an diese Information konnte jeder Klassenlehrer für sich selbst entscheiden, ob seine Klasse an der Untersuchung teilnehmen sollte.
Mit denjenigen Lehrern, welche zur Teilnahme an der Untersuchung bereit waren, wurde ein Termin für das Verteilen und ein begrenzter Zeitraum für den Rücklauf der Elternfragebögen vereinbart und in diesem Zusammenhang noch einmal auf die Wichtigkeit einer hohen Rücklaufquote hingewiesen.

4.3.3.2.2 DIE EINWILLIGUNG DER ELTERN

Die Eltern erhielten ein Informationsschreiben des Rektors, in dem sie über den Ablauf und die Ziele der Untersuchung unterrichtet und um die Zustimmung zur Teilnahme ihrer Kinder gebeten wurden.
Den Eltern wurde in dem Informationsschreiben mitgeteilt, es handele sich um eine Untersuchung im Rahmen eines Forschungsprojektes des Fachbereichs Psychologie

der Universität Osnabrück, welches sich mit Phantasiegeschichten und Nacherzählungen von Kindern unterschiedlicher Altersstufen beschäftige; die Ergebnisse seien auch für den Bereich kindlicher Zeugenaussagen relevant.
Da nicht alle Kinder für die Untersuchung benötigt wurden, wurde ihnen erklärt, die Teilnehmer würden ausgelost. Da es thematisch um Verkehrsunfälle gehe, seien unter anderem Informationen über die Unfallerfahrung ihrer Kinder erforderlich, welche mit Hilfe des beiliegenden Fragebogens (vgl. Kap. 4.3.1.5.1) erfaßt werden sollten. Die Eltern wurden gebeten, ihr Einverständnis mit der Teilnahme ihrer Kinder durch das Ausfüllen des Fragebogens zu bekunden.
Eine detaillierte Aufklärung der Eltern bezüglich des genauen Untersuchungszieles zu diesem Zeitpunkt hätte eine wesentliche Voraussetzung für die Realisierung realitätsnaher Aussagemotivation zerstört, nämlich die Übernahme von Verantwortung für die Falschaussage. Wäre die genaue Täuschungsinstruktion bekannt und das Befolgen dieser von elterlicher Autorität befürwortet, so läge die Verantwortung für die Entscheidung, jemandem mit einer Falschaussage Schaden zuzufügen, nicht mehr beim Kind. Es würde in diesem Falle schließlich nur etwas ausführen, von dem seine Eltern schon deutlich gemacht hätten, daß es so in Ordnung wäre (vgl. Kap. 2.1.1 und Kap. 3).

Von 229 Kindern erhielten 198 die elterliche Erlaubnis zur Teilnahme an der Untersuchung. Kinder, deren Eltern den Fragebogen nicht ausgefüllt hatten, wurden bei der Datenerhebung nicht berücksichtigt, auch wenn sie angaben, unbedingt teilnehmen zu wollen und auch die Erlaubnis hierzu von ihren Eltern erhalten zu haben.

Elternfragebogen und Informationsschreiben befinden sich in Anhang A.

4.3.3.2.3 Die Durchführung der Tests

Alle Kinder, deren Eltern sich mit der Teilnahme ihrer Kinder an der Untersuchung einverstanden erklärt hatten, wurden mittels vier Subtests bezüglich ihrer verbalen Fähigkeiten getestet.
Aus zeitökonomischen Gründen und, um den Verlauf des Unterrichts so wenig wie möglich zu beeinträchtigen, wurden jeweils drei Kinder gleichzeitig aus der Klasse geholt, in die dafür vorgesehenen Räumlichkeiten geführt und parallel von zwei Assistenten und der Autorin getestet. Auf diese Weise konnten drei (5. Klasse) bis neun (1. Klasse) Kinder pro Schulstunde getestet werden. Nach Beendigung der Tests wurden sie unabhängig von der tatsächlich erbrachten Leistung für ihre Leistung gelobt und zusammen wieder zurück in die Klasse gebracht.
Um die teilnehmenden Kinder nicht zusätzlich zu belasten, wurden die Schulpausen nicht für die Datenerhebung genutzt. Abhängig von Institution, Klasse und Lehrer wurden bestimmte Unterrichtsfächer grundsätzlich von der Untersuchungsdurchführung ausgenommen (z.B. Sport oder Religion). Die Stundenpläne der einzelnen Klassen und die Vorstellungen des jeweiligen Klassenlehrers dienten zunächst als Grundlage für die zeitliche Organisation der Datenerhebung in den verschiedenen Institutionen. Darüber hinaus wurde aus ethischen Gründen mit Klassen- und Fachlehrern

abgestimmt, welche Kinder in welcher Unterrichtsstunde fehlen dürften (vgl. auch Kap. 4.3.2.2). Diese Absprachen erfolgten telefonisch jeweils ein bis zwei Tage zuvor, wenn möglich auch längerfristiger.

4.3.3.2.4 Die Parallelisierung der Stimuluspersonen und die Aufteilung auf die Falschaussagebedingungen

Die Grundschulkinder wurden gemäß der Variable *Unfallerfahrung* in zwei Gruppen eingeteilt: in solche ohne Unfallerfahrung und in solche mit Unfallerfahrung (vgl. Kap. 4.3.1.2).
Bei der Verteilung der Grundschulkinder auf die drei Falschaussagebedingungen wurde dann eine Parallelisierung hinsichtlich der verbalen Fähigkeiten, des Alters, des Geschlechts und der Nationalität vorgenommen. Das heißt, jedem aktuell verunfallten Kind der Erlebnisgruppe wurden je zwei Kinder, eines mit Unfallerfahrung und eines ohne Unfallerfahrung, zugeordnet, die hinsichtlich der Kontrollvariablen *verbale Fähigkeiten*, *Alter* und *Geschlecht* von allen getesteten Kindern am besten mit dem Unfallkind übereinstimmten.

Bei der Parallelisierung der verbalen Fähigkeiten wurde folgendermaßen vorgegangen. Die verbale Fähigkeit wurde mittels dreier Subtests des HAWIK-R (Tewes, 1985) und eines Subtests des PSB (Horn, 1969) erhoben. Im Anschluß an die Testdurchführung wurden die Testergebnisse aller Kinder (auch der Unfallkinder) einer Faktorenanalyse unterzogen. Es zeigte sich folgendes Ergebnis:
Die aufgeklärte Varianz durch den ersten Faktor betrug 79.8%. Berechnet man die Reliabilität, so nimmt Cronbachs Alpha einen Wert von .87 an.
Demnach war es möglich, die Ergebnisse der vier Subtests zu einem Gesamtwert zusammenzufassen.
Die Höhe der durch den ersten Faktor aufgeklärten Varianz läßt den Schluß zu, daß ein Großteil der beobachteten Leistungsunterschiede auf Unterschiede in diesem Faktor zurückzuführen ist. Geht man davon aus, daß es sich hierbei um das Ausmaß (eines Teiles) verbaler Intelligenz handelt, so kennzeichnet der Faktorwert[22] eines einzelnen Kindes dessen Position auf dem Faktor *verbale Intelligenz* bzw. gibt darüber Auskunft, wie stark die verbale Intelligenz bei diesem Kind in Relation zu den Leistungen der anderen Kinder ausgeprägt ist (vgl. Bortz, 1999).
Für die Parallelisierung der Spn wurde mittels der Faktorwerte eine Rangreihe aller Kinder hinsichtlich ihrer verbalen Fähigkeiten gebildet. Anschließend wurde jedem kindlichen Verkehrsunfallopfer jeweils ein Kind ohne Unfallerfahrung und eines mit Unfallerfahrung zugeordnet, dessen Position auf dem Faktor der Position des Unfallkindes so nahe wie möglich war.

Nach der Parallelisierung der verbalen Fähigkeiten wurde eine Parallelisierung des *Alters* und, sofern es möglich war, auch der Variablen *Geschlecht* und *Nationalität* vor-

---

22 Als Faktorwerte werden die pro Achse z-standardisierten Projektionen der Vpn auf die neuen Achsen bezeichnet.

genommen. War eine Zuordnung hinsichtlich aller Variablen nicht möglich, so stand die Parallelisierung der verbalen Fähigkeiten an erster Stelle. An zweiter Stelle wurden das Alter und erst an letzter Stelle Geschlecht und Nationalität berücksichtigt (vgl. Kap. 4.3.1.5).

4.3.3.2.5 DIE INTERVIEWERIN

Wie bereits in Kapitel 4.3.3.1.5 ausgeführt, war es bei der Erhebung der kindlichen Aussagen in der Gruppe der Verkehrsunfallopfer unvermeidlich, daß die Autorin sich als Interviewerin betätigte. Um den möglichen Interviewerbias gleichzuhalten, wurde auch bei der Erhebung der kindlichen Aussagen in den drei Falschaussagebedingungen ausschließlich die Autorin als Interviewerin eingesetzt.

4.3.3.2.6 DIE ASSISTENTEN

Für die Erhebung des kindlichen Aussagematerials wurden drei Assistenten benötigt. Diese hatten zunächst die Aufgabe, sich mit den Kindern bekannt zu machen und sich in einem zweiten Schritt mit ihnen gegen die Interviewerin zu verbünden. In diesem Zusammenhang waren sie dafür zuständig, die Kinder ihrer Gruppenzugehörigkeit entsprechend zu instruieren und für ihre Treue zu belohnen.

Bei den drei Assistenten handelte es sich um zwei Psychologiestudentinnen im Hauptstudium, welche im Rahmen ihrer Diplomarbeiten an der Datenerhebung beteiligt wurden, und um einen Psychologiestudenten im Hauptstudium, welcher für seine Mitarbeit einen angemessenen Stundenlohn erhielt.

Alle waren erfahren im Umgang mit Kindern und wurden in einem mehrstündigen Training auf ihre Aufgabe sorgfältig vorbereitet. Im Rahmen dieser Vorbereitung wurden sie mit den unterschiedlichen Instruktionen der verschiedenen Aussagebedingungen vertraut gemacht, ohne dabei detailliert über das Untersuchungsziel informiert zu sein. Sie erhielten einen Ausdruck aller Unfallgeschichten und eine Liste, auf der Namen und Alter der teilnehmenden Kinder vermerkt waren und erläutert wurde, zu welcher Aussagebedingung jedes einzelne Kind gehörte und welche Unfallgeschichte ihm zugeordnet war. Bezüglich der Kinder, welche im Laufe ihres Lebens bereits Unfallerfahrung gesammelt hatten, wurde beschrieben, was ihnen in welchem Alter zugestoßen war.

Der Ablauf der Datenerhebung in den verschiedenen Institutionen wurde genau besprochen. In diesem Zusammenhang wurde ihnen deutlich gemacht, daß ihre eigene Einstellung entscheidenden Einfluß auf die Teilnahmemotivation bzw. Leistung der Kinder haben würde. Sie wurden daher darum gebeten, sich genau an ihre Instruktionen zu halten.

4.3.3.2.7 DIE ERHEBUNG DER KINDLICHEN AUSSAGEN IN DEN TÄUSCHUNGSBEDINGUNGEN

Insgesamt erstreckte sich die Phase der Datenerhebung in den verschiedenen Institutionen mit Unterbrechungen über zweieinhalb Monate. Die Erhebung der kindlichen Aussagen fand zweigeteilt statt; im Dezember 1998 wurden die Aussagen der Kinder der Phantasiebedingung (Gruppe II), im Januar und Februar 1999 die Aussagen der Kinder in den Gruppen III (Nacherzählung ohne Unfallerfahrung) und IV (Nacherzählung mit Unfallerfahrung) erhoben. Diese Zweiteilung diente zum einen der Entlastung von Lehrern und Schülern, war zum anderen vor allem von methodischer Bedeutung, wie im folgenden noch deutlich werden wird.

Begonnen wurde mit der Aussageerhebung in der Phantasiebedingung (Gruppe II). Zwei Assistenten gingen während einer Unterrichtsstunde gemeinsam in die Klasse, stellten sich den Kindern noch einmal vor und erinnerten daran, daß sie schon einmal dagewesen seien, um die Fragebögen einzusammeln. Nun hätten sie ein paar Kinder ausgelost, welche mit ihnen kommen dürften. Da der Unterrichtsablauf bei der Kürze der Phantasie-Instruktion durch das einzelne Herausholen jedes Kindes unnötig gestört worden wäre, wurden pro Klasse alle Kinder gemeinsam aus dem Unterricht geholt. Die Kinder wurden in einen ungenutzten Klassenraum geführt. Zur Auflokkerung wurden sie von einem Assistenten folgendermaßen beschäftigt: Zunächst einmal sollte jedes Kind seinen Namen und sein Lieblingstier nennen; anschließend ging es darum, was man draußen alles sehen kann, und jeder, dem etwas einfiel, durfte seinen Einfall an die Tafel malen. Währenddessen verließ der andere Assistent nacheinander mit jedem Kind einzeln den Raum, um es unter vier Augen zu instruieren.

Zwar unterschieden sich die Instruktionen innerhalb dieser Aussagebedingung interindividuell nicht, doch sollte durch dieses Vorgehen zum einen verhindert werden, daß einzelne Kinder Erzählanregungen von anderen Kindern erhielten, was unter Umständen zu einer Vereinheitlichung der Geschichten hätte führen können. Zum anderen sollte durch diese konspirativ getönte Atmosphäre die Situation noch stärker an Spielcharakter und Gemeinschaftsgefühl verlieren; jedem falschaussagenden Kind sollte das Gefühl vermittelt werden, für sich allein zu handeln, wodurch das Gefühl der Eigenverantwortung gesteigert werden sollte. Nach der Instruktion des Kindes drückte der Assistent dem Kind ein Schokoladenbonbon in die Hand mit den Worten „Das ist jetzt unser Geheimnis!" und ging mit ihm wieder in den Raum zurück. Nach Instruktion aller Kinder wurde die Gruppe wieder in die Klasse gebracht. Die Dauer dieses Vorganges war abhängig von der Gruppengröße und betrug in etwa 30 Minuten. Entsprechend wurde klassenweise vorgegangen. Geringfügige Veränderungen wurden vorgenommen, um Instruktion und Situation altersgerecht zu gestalten. So erschien beispielsweise das oben beschriebene Spiel bei den Kindern der fünften Klasse nicht angemessen und wurde durch ein Gespräch über Hobbies ersetzt. Auch waren die Instruktionen für die Kinder der Kindertagesstätte zu kompliziert und wurden daher in altersangemessener Sprache und auf das Wesentliche reduziert präsentiert.

Zwei Tage nach der Instruktion holte ein Assistent jedes zuvor instruierte Kind einzeln aus dem Unterricht und führte es in einen separaten Raum, in dem Tonbandgerät und Mikrophon auf einem Tisch aufgebaut waren und die Interviewerin wartete. Auf dem Weg instruierte der Assistent das Kind noch einmal, öffnete dann die Tür, stellte das Kind der Interviewerin vor und verließ den Raum, um das nächste Kind zu holen und zu instruieren. Währenddessen wurde ein Kind von der Interviewerin befragt. Nach Beendigung des Interviews tauschte der Assistent die Kinder aus und brachte das interviewte Kind in den Klassenraum zurück, wobei der Rückweg wieder für eine Instruktion sowie für die Kontrollfrage genutzt wurde, wie es denn gelaufen sei. Diese Frage diente zum einen der Feststellung, wie das Kind seine Täuschungsleistung bewertete, zum anderen, ob es die Instruktion verstanden und sich daran gehalten hatte. Im Anschluß belohnte der Assistent das Kind mit einem Schokoladenbonbon für seine Treue, erinnerte noch einmal an das Schweigegebot und lockerte die Stimmung anschließend durch neutrale Gesprächsthemen auf.

Auf diese Weise wurde in allen Klassen und allen Institutionen vorgegangen. Nach Abschluß der Erhebung des Aussagematerials gingen die Assistenten in jede Klasse, lobten alle Kinder für ihre Leistung und überreichten den beiden, welche die überzeugendsten Geschichten erzählt hatten, ein Geschenk. Alle übrigen Kinder der Klasse, auch jene, welche nicht einmal an den Tests hatten teilnehmen dürfen, bekamen ein Überraschungsei. Außerdem wurde eine weitere Auslosung im nächsten Jahr nach den Weihnachtsferien angekündigt. Von ihrem potentiellen schlechten Gewissen konnten die Kinder zu diesem Zeitpunkt allerdings aus methodischen Gründen noch nicht befreit werden. Es wurde darauf geachtet, daß die Interviewerin nicht offensichtlich einträchtig mit den Assistenten gesehen wurde.

Im Januar 1999 wurde mit der Erhebung der Aussagen in den Aussagebedingungen III und IV begonnen. Dabei wurden die Institutionen diesmal nicht parallel, sondern nacheinander miteinbezogen, um den Belastungszeitraum für Lehrer und Schüler möglichst kurz zu halten. Insbesondere die Befreiung von der Last des schlechten Gewissens konnte auf diese Weise so schnell wie möglich erfolgen (vgl. Kap. 4.3.2.2). Ähnlich wie zuvor ging ein Assistent, welcher inzwischen allen Kindern bekannt war, während des Unterrichts in die Klasse und erklärte, es seien noch einmal Kinder ausgelost worden. Mit einem Kind verließ er daraufhin sofort den Klassenraum und führte es in einen separaten Raum. Einer kurzen Warming-up-Phase, in der in der Regel ein Gespräch über Weihnachten und Sylvester geführt wurde, folgte die Instruktion (vgl. Kap. 4.3.1.3.1). In Anlehnung an die suggestive Technik der *Geschichte vom anderen Kind* wurde dem Kind die wahre Unfallgeschichte eines anderen Kindes erzählt (bzw. vorgelesen). Nach dem ersten Vorlesen folgte wieder ein kurzer Instruktionsteil, der angelehnt war an die ebenfalls suggestive sogenannte *Als-ob-Technik* (vgl. Kap. 4.3.1.3.1). Im Anschluß wurde die Geschichte ein zweites Mal vorgelesen und die Instruktion beendet mit der Suggestion „... das ist alles genau so passiert, die Geschichte ist wirklich wahr.“ Auf diese Weise wurde in beiden Aussagebedingungen (III und IV) vorgegangen, wobei die Kinder der Gruppe IV vom Assistenten zusätzlich an ihre eigene Unfallerfahrung erinnert wurden.

Jeweils zwei Tage später wurde das Kind vom Assistenten wieder abgeholt und in einen separaten Raum gebracht, in dem die Interviewerin bereits wartete. Auf dem Weg instruierte der Assistent das Kind noch einmal. Dabei wurde sichergestellt, daß die Aufgabe verstanden worden war, indem das Kind gefragt wurde, wie es denn mit seiner Aussage beginnen wolle. Auf dem Rückweg zum Klassenraum fragte der Assistent, wie es gelaufen sei, belohnte das Kind mit einem Schokoladenbonbon für seine Treue, erinnerte noch einmal an das Schweigegebot und lockerte die Stimmung anschließend durch neutrale Gesprächsthemen auf.

Die Instruktionen befinden sich in Anhang A.

4.3.3.2.8 DIE AUFLÖSUNG

Um den Kindern der Täuschungsbedingungen nachträgliche Gewissensbisse zu ersparen, wurde folgende Form der Auflösung gewählt:
Die Interviewerin ging mit dem jeweiligen Assistenten in die Klassen, und den Kindern wurde erklärt, die beiden hätten sich wieder vertragen, die Interviewerin hätte ihren Test bestanden, und nun hätten sie gemeinsam die beiden besten Geschichten ausgesucht. Auf diese Weise wurden die Kinder von der Last befreit, verantwortlich für die Situation der Interviewerin zu sein, was den wesentlichen Teil der Belastung ausgemacht haben dürfte.
Eine vollständige Aufklärung der Kinder wäre zum einen mangels kognitiver Fähigkeiten nicht möglich gewesen und zum anderen nach Einschätzung der Autorin letztlich wesentlich schädlicher gewesen als das Akzeptieren der dargebotenen Coverstory. Die Kinder hatten in der Zwischenzeit Vertrauen zu den Assistenten entwickelt, sich aus ihrer Perspektive zum Teil sogar mit ihnen angefreundet. In dieser Situation zu erfahren, daß die Vertrauenspersonen in Wahrheit gemeinsame Sache mit der Interviewerin gemacht haben, muß zwangsläufig als ein grober Vertrauensbruch empfunden werden. Dieses Risiko sollte durch die gewählte Vorgehensweise vermieden werden.

4.3.3.2.9 BESCHREIBUNG DER TEILSTICHPROBE

Da einige Kinder der Gruppe I so schlechte Testergebnisse hinsichtlich ihrer verbalen Fähigkeiten zeigten, daß sich unter den getesteten Grundschulkindern keine geeigneten Matching-Partner finden ließen, mußte die geplante Altersgrenze von 6 Jahren unterschritten und auch auf Kindergartenkinder zurückgegriffen werden.
Für die Täuschungsbedingungen wurden insgesamt 120 Stimulusaussagen von 80 Kindern erhoben. Zwei Kinder verweigerten die Teilnahme vor Beginn der Erhebung des Aussagematerials, so daß noch Ersatz gefunden werden konnte.
Bis auf ein Kind der Gruppe IV gaben alle Kinder im Anschluß an das Interview dem jeweiligen Assistenten gegenüber an, sie hätten ihre Sache gut gemacht. Alle erhobenen Aussagen konnten in die Auswertung einbezogen werden.

Zusätzlich wurden von 10 nicht zugeordneten Kindern Phantasieaussagen erhoben, welche nicht in die Datenauswertung miteingingen, sondern als Übungsmaterial für das spätere Beurteiler-Training dienen sollten.

4.3.4 Vorbereitende Bearbeitung des sekundären Stimulusmaterials

Nach der Erhebung der Aussagen wurde das auf Tonband aufgenommene Aussagematerial im Hinblick auf die eigentliche Datenerhebung dieser Untersuchung, die geplante inhaltsanalytische Auswertung des Stimulusmaterials, weiterverarbeitet. Die einzelnen Schritte dieser Weiterverarbeitung werden im folgenden erläutert.

4.3.4.1 Transkription des Aussagematerials

Die 160 Tonbandaufnahmen wurden zunächst wortwörtlich transkribiert. Die Transkriptionsregeln wurden in Anlehnung an Köhnken (1982) und an Bortz und Döring (1995) erstellt. Bei der Verschriftlichung der Tonbandaufnahmen wurde besonders darauf geachtet, daß Satzbau- und grammatikalische Fehler nicht verbessert wurden. Jedes Transkript wurde von der Autorin mindestens zweimal parallel zum Abhören der Tonbandaufnahme korrekturgelesen. Schwer verständliche Textpassagen wurden bis zu zehnmal abgehört. Waren Worte unverständlich, wurde zunächst versucht, die wahrscheinlichste Bedeutung zu schätzen. War auch dies nicht möglich, wurde für jedes getrennt wahrgenommene Wort ein *X* eingesetzt. Dies war notwendig, um die nicht verstandenen Wörter bei der Feststellung der Wortanzahl berücksichtigen zu können.

Die vollständigen Transkriptionsanweisungen befinden sich in Anhang A. Je eine Beispielaussage der Aussagebedingungen I, III und IV befindet sich in Anhang B.

4.3.4.2 Anonymisierung der Daten

Präzise Angaben zu Namen Beteiligter, örtlichen Gegebenheiten und familiären Verhältnissen sind inhaltlich interessant, sollten sinnvollerweise also nicht einfach weggelassen werden. Stattdessen wurden im Sinne des Datenschutzes identifizierende Merkmale der Stimulusperson wie Name, Adresse, Schule o.ä. modifiziert. Ebenso wurden identifizierende Merkmale Dritter (z.B. des Unfallgegners) unkenntlich gemacht.

Neben persönlichen Daten, die in den Interviews enthalten waren, lagen persönliche Daten vor, die mit Hilfe des Elternfragebogens erhoben wurden. Der Elternfragebogen enthielt Angaben zum familiären Hintergrund, (ggf.) zum Unfallhergang, (ggf.) zu Unfallfolgen, (ggf.) zur Situation im Krankenhaus, (ggf.) zur Verarbeitung des Erlebnisses, zu Freizeitbeschäftigungen und Fernsehkonsum sowie zu Persönlichkeitsmerkmalen des Kindes.

Alle persönlichen Daten wurden anonymisiert, indem die Namen der Probanden durch laufende Spn-Nummern ersetzt und die persönlichen Daten in Zahlencodes festgehalten wurden. Eine Zuordnung war somit nur noch durch die Autorin möglich.

4.3.4.3 Redaktionelle Bearbeitung des Aussagematerials

4.3.4.3.1 Formatierung des Aussagematerials

Die korrigierten und anonymisierten Transkripte wurden so formatiert, daß die Texte für die Beurteiler übersichtlich waren und genügend Platz für Kodierungen und Notizen ließen.
Anschließend wurden die Transkripte redaktionell bearbeitet. Hierbei wurden alle einleitenden Äußerungen der Interviewerin und der Stimuluspersonen wie beispielsweise „Soll ich jetzt anfangen?" oder „Hast Du schon mal auf so ein Tonband gesprochen?" u.ä. aus dem Text entfernt. Ebenso wurde mit Bemerkungen verfahren, die in keinem Zusammenhang mit dem Inhalt des Interviews standen. So waren einige Probanden beispielsweise an der Person der Interviewerin interessiert und fragten etwa, ob diese auch ein Auto besitze, ob sie von der Polizei sei o.ä.

4.3.4.3.2 Entfernung der Verplapperer

Es kommt vor, daß Kinder sich im Laufe ihrer Aussage verplappern. Lassen diese Verplapperer Schlüsse hinsichtlich der Aussagebedingungen zu, so wären die Beurteiler nicht mehr blind hinsichtlich des Designs und der Zuordnung der Stimulusperson zu einer Aussagebedingung. In diesem Fall wäre eine Verfälschung der Merkmalsbeurteilung zu befürchten.
Da es in dieser Studie auf inhaltliche Aspekte von Aussagen ankam, anhand derer die Beurteiler die Glaubhaftigkeit beurteilen sollten, wurden alle kindlichen Äußerungen, die einen eindeutigen Hinweis auf die zugrundeliegende Aussagebedingung enthielten, für die Beurteilung der Aussagen herausgeschnitten.

5 Operationalisierung der abhängigen Variablen

Nach der Darstellung der Operationalisierung der unabhängigen Variable sowie der Erhebung des sekundären Stimulusmaterials soll im folgenden die Operationalisierung der abhängigen Variablen erläutert werden.

5.1 Definition und Operationalisierung

Es wurde der Versuch unternommen, präzise Operationalisierungsvorschriften für die einzelnen Merkmale zu formulieren. Dabei wurde besonderer Wert darauf gelegt, die Vorschriften durch Anwendungsbeispiele zu veranschaulichen, in denen unterschiedliche Merkmalsausprägungen realisiert und vor allem auch Negativbeispiele enthalten sind, in denen gar kein Merkmal erfüllt ist oder ein Merkmal gegen ein anderes abgegrenzt wird. Die Beispiele wurden themenspezifisch formuliert. Zusätzlich zu diesem Anschauungsmaterial wurden auf abstrakterer Ebene Ausschlußkriterien sowie Mindestanforderungen formuliert.
Da auch bezüglich der aus der ursprünglichen Systematisierung von Steller und Köhnken (1989) übernommenen Merkmale zum Teil durch Bezeichnung, Definition und Operationalisierung nicht unerhebliche Veränderungen vorgenommen wurden, sollen die Definitionen und Operationalisierungsvorschriften aller in dieser Arbeit untersuchten Merkmale ausführlich dargestellt werden.
Aus Gründen der Lesbarkeit dieser Arbeit befindet sich diese Darstellung jedoch in Anhang C.

5.2 Erfassung der inhaltlichen Merkmale

Das für diese Untersuchung modifizierte Merkmalssystem wurde bereits in Kap. 2.3 beschrieben. Zusätzlich zu diesen strukturellen Veränderungen sollen die Merkmalsausprägungen nicht nur wie üblich über Ratings erfaßt werden, sondern zusätzlich auch über Absolutwerte, um auf diese Weise eine genauere Quantifizierung zu ermöglichen. Dabei soll folgendermaßen vorgegangen werden:
Zunächst sollen alle Merkmale und zugehörigen Subgruppen mit Ausnahme der allgemeinen Merkmale quantitativ in absoluten Zahlen erfaßt werden. Zu diesem Zweck sollen alle merkmalserfüllenden Textstellen in einer Strichliste festgehalten werden. Dabei soll für jede einzelne Textstelle entschieden werden, ob das Merkmal an der betreffenden Stelle einfach oder stark ausgeprägt ist. Auf diese Weise sollen Qualitätsunterschiede einzelner merkmalserfüllender Textstellen gewürdigt werden (vgl. Arntzen, 1993; Kap. 2.1.2.3.2).
Die Merkmale *Logische Konsistenz und Widerspruchsfreiheit*, *Detailreichtum*, *Interaktionen*, *Verbale Äußerungen* und *Unerwartete Handlungskomplikationen* sollen für Haupt- und Nebengeschehen getrennt erfaßt werden. Zum Hauptgeschehen werden im Rahmen dieser Untersuchung das den Unfall unmittelbar einleitende Geschehen, der Unfall selbst, der Transport zum Krankenhaus sowie die Erstbehandlung gezählt. Mit Ab-

schluß der Erstversorgung beginnt das Nebengeschehen, welches für die merkmalsorientierte Inhaltsanalyse nur begrenzt von Interesse ist.
Wegen der Vergleichbarkeit mit anderen Untersuchungen sollen neben der Erfassung in Absolutwerten in einem zweiten Bewertungsschritt zusätzlich alle Merkmale ohne Berücksichtigung von Subgruppen auf einer fünfstufigen Skala eingeratet werden:

Stufe 0 = Das Merkmal ist nicht vorhanden.

Stufe 1 = Das Merkmal ist unter qualitativen, quantitativen oder beiden Aspekten schwach ausgeprägt.

Stufe 2 = Das Merkmal ist unter qualitativen, quantitativen oder beiden Aspekten deutlich ausgeprägt.

Stufe 3 = Das Merkmal ist unter qualitativen, quantitativen oder beiden Aspekten stark ausgeprägt.

Stufe 4 = Das Merkmal ist unter qualitativen, quantitativen oder beiden Aspekten sehr stark ausgeprägt.

Was man sich inhaltlich unter den verschiedenen Ausprägungen vorzustellen hat, wird bei den Skalierungshinweisen in Anhang D ausführlicher erläutert.

Die allgemeinen Merkmale sollen ausschließlich durch das Ratingverfahren erfaßt werden, da die Erfassung dieser Merkmale in Absolutwerten schwierig zu realisieren wäre. Zum einen handelt es sich um Merkmale, welche die Aussage in ihrer Gesamtheit charakterisieren sollen. *Unstrukturiertheit* beispielsweise ließe sich schwer an einzelnen Textstellen festmachen. Zum anderen bestünde im Falle des *Quantitativen Detailreichtums* zwar die Möglichkeit eines Auszählens von Details, doch erscheint dieser Zusatzaufwand für die Beurteiler im Rahmen dieser Untersuchung nicht zumutbar.

Für die weitere statistische Verrechnung der Absolutwerte soll pro Aussage für jedes der Einzelmerkmale 4 bis 28 eine Summe über die Anzahl aller Textstellen gebildet werden, an denen das jeweilige Merkmal identifiziert wurde. Bei der Bildung der Einzelmerkmalssummen soll in Anlehnung an Wolf und Steller (1997) der qualitative Aspekt einzelner Textstellen berücksichtigt werden, indem Textstellen einfacher Ausprägung einfach gewertet werden und Textstellen starker Ausprägung doppelt in die Verrechnung eingehen. Wird beispielsweise das Merkmal *Überflüssige Einzelheiten* in einer Aussage zweimal als einfach ausgeprägt und zweimal als stark ausgeprägt, insgesamt also viermal signiert, so erhält man für dieses Merkmal eine Einzelmerkmalssumme von 6, die sich wie folgt zusammensetzt: $6 = 2 \times 1 + 2 \times 2$.

Strichliste und Ratingbogen befinden sich in Anhang D.

5.3 Indexbildung

Die Zusammenfassung mehrerer Einzelindikatoren wird als *Index* bezeichnet. Wesentlicher Vorteil der Indexbildung ist die Reduzierung der möglichen Merkmalskombinationen auf eine übersichtliche Anzahl von Indexwerten, die Indexbildung hat also strukturierende Funktion.
Die Zusammenfassung der Einzelindikatoren zu Indizes erfolgt nach Maßgabe theoretischer Überlegungen und empirischer Vorkenntnisse. Voraussetzung für eine Indexbildung ist, daß die Einzelindikatoren inhaltlich zusammenhängen (vgl. Bortz & Döring, 1995).
Die einfachste Form der Indexbildung besteht darin, die Ausprägungen der Indikatorvariablen zu addieren, ohne eine Gewichtung einzelner Indikatoren vorzunehmen. Diesem Vorgehen liegt die Annahme zugrunde, daß alle Indikatoren für das komplexe Merkmal von gleicher Bedeutung sind. Inhaltlich bietet ein additiver Index die Möglichkeit, einen geringen Wert auf einem Indikator durch einen höheren Wert auf einem anderen Indikator zu kompensieren.
In der Praxis der Glaubhaftigkeitsdiagnostik ist es trotz verschiedener Vorannahmen über die unterschiedliche Wichtigkeit einzelner Merkmale derzeit üblich, einen ungewichteten Summenscore aller Merkmale zu bilden, da bisher keine theoretisch oder empirisch begründete Annahme dazu gemacht werden konnte, nach welchen Regeln die Ergebnisse auf der Ebene einzelner Merkmale zu einem Gesamturteil über die Glaubhaftigkeitsbeurteilung zusammengefaßt werden sollen.
Daher soll auch in dieser Untersuchung ein Glaubhaftigkeits-Summenscore gebildet werden[23]. Zusätzlich zu diesem Gesamtscore sollen verschiedene Indizes gebildet werden, um die spezifischen Auswirkungen unterschiedlicher Aussagebedingungen auf motivationale, nicht motivationale und negative Merkmale betrachten zu können.

Zur weiteren statistischen Verrechnung sollen folgende Indizes gebildet werden, die bis auf den Index der allgemeinen Merkmale auf Absolutwerten basieren:

1. Index der allgemeinen Merkmale
2. Index der speziellen, nicht-motivationsbezogenen Merkmale
3. Index der speziellen, motivationsbezogenen Merkmale
4. Index der negativen Merkmale
5. Glaubhaftigkeitsindex

Für den Komplex der *allgemeinen Merkmale* soll ein Index gebildet werden, welcher ausschließlich die Ausprägung der allgemeinen Merkmale wiedergibt. Dieser Index wird aus methodischen Gründen einzeln und nicht in Absolutwerten erfaßt und ge-

---

23 Da die Indexbildung theoretisch begründet ist, kann auf die Berechnung eines Homogenitätsindexes bzw. auf die Überprüfung der Eindimensionalität verzichtet werden. Der Vollständigkeit halber soll dem interessierten Leser angegeben werden, daß Cronbachs α einen Wert von .79 (für die Ratings) annimmt.

hört eigentlich zu den nicht-motivationalen Merkmalen, mit denen er aber aufgrund inkompatibler Skalen nicht verrechnet werden kann. Es sollen die Ratingwerte folgender Einzelmerkmale ohne Gewichtung summiert werden:

1. Logische Konsistenz
2. Unstrukturierte Darstellung
3. Quantitativer Detailreichtum

Für den Komplex der *nicht-motivationalen Merkmale* soll ein Index gebildet werden, welcher Auskunft über die Ausprägung der nicht-motivationalen Merkmale gibt. Dazu sollen die Ausprägungen aller nicht-motivationsbezogenen Merkmale ohne weitere Gewichtung summiert werden. Mit nicht-motivationsbezogenen Merkmalen sind an dieser Stelle die Merkmale gemeint, welche zu den Gruppen der *speziellen Inhalte* und *inhaltlichen Besonderheiten* gezählt werden:

4. Kontextuelle Einbettung
5. Schilderung von Interaktionen
6. Wiedergabe verbaler Äußerungen
7. Unerwartete Handlungskomplikationen
8. Ungewöhnliche Einzelheiten
9. Überflüssige Einzelheiten
10. Phänomengemäße Schilderung unverstandener Handlungselemente
11. Assoziative Querverbindungen
12. Schilderung eigenpsychischer Vorgänge und Zustände
13. Schilderung fremdpsychischer Zustände
14. Schilderung tatsächlicher Folgen

Für den Komplex der *motivationsbezogenen Merkmale* soll ebenfalls ein eigener Index gebildet werden, der die Ausprägung der motivationsbezogenen Merkmale widerspiegelt und sich aus der ungewichteten Summierung folgender Merkmale zusammensetzt:

15. Spontane Verbesserungen der eigenen Aussage
16. Zugeben von Erinnerungslücken
17. Erinnerungsbemühungen
18. Zugeben von Wissenslücken
19. Unsicherheit bezüglich der Richtigkeit eigener Angaben
20. Angabe von Gründen für Unsicherheiten, Erinnerungs- und Wissenslücken
21. Einwände gegen die Glaubwürdigkeit der eigenen Aussage
22. Schilderung von Versuchen der Wirklichkeitskontrolle
23. Selbstbelastung des Opfers
24. Inschutznahme des Täters

Der Index für den Komplex der *negativen Merkmale* soll aus der ungewichteten Summierung folgender Merkmale gebildet werden, deren Auftreten *gegen* die Glaubhaftigkeit sprechen soll:

25. Vermutete Handlungsmotive des Angeschuldigten

26. Zuschreibung überdauernder negativer Eigenschaften
27. Inhaltliche Wiederholungen
28. Klischees

Für den *Glaubhaftigkeitsindex* sollen mit Ausnahme der allgemeinen Merkmale die Werte aller positiven Merkmale ohne weitere Gewichtung addiert und die Werte aller negativen Merkmale vom Gesamtwert der positiven Merkmale subtrahiert werden.

Da die drei allgemeinen Merkmale aus Gründen der Skalierung bei der Bildung des Glaubhaftigkeitsindexes nicht berücksichtigt werden können, soll zusätzlich zu diesem Score, welcher auf Absolutwerten basiert, ein Gesamtscore für das Rating aller Merkmale gebildet werden, welcher die allgemeinen Merkmale miteinbezieht. Für diesen *Ratingscore* (*Glaubhaftigkeitsscore*) sollen die Ratingwerte aller Merkmale ohne Gewichtung addiert bzw. subtrahiert werden.

Als weitere abhängige Variable soll die *Wortanzahl* einer Aussage betrachtet werden, die dem verhaltensorientierten Ansatz der Glaubhaftigkeitsdiagnostik zuzuordnen ist (Knapp & Comadena, 1979; Kraut, 1978; Zuckerman & Driver, 1985; vgl. auch Kap. 2.1.1.1). Diese abhängige Variable soll unabhängig von der Beurteilung der Glaubhaftigkeit erfaßt und ausgewertet werden.

6 Das Beurteilertraining

Im folgenden soll es um die Vorbereitung und die Durchführung der Datenerhebung gehen. Dabei werden zunächst theoretische Überlegungen zum Training im Rahmen der Glaubhaftigkeitsbegutachtung angestellt. Hierzu gehören Überlegungen hinsichtlich der Wahl der Ratingskala und der Verhinderung möglicher systematischer Urteilsfehler sowie der Effektivitätskontrolle der Trainingsmaßnahmen. Anschließend werden Konzept und Durchführung des Trainings dargestellt. An die Darstellung der Datenerhebung in der Trainingsgruppe schließt sich die Wiedergabe der Datenerhebung in der Gruppe der naiven Beurteiler an.

6.1 Theoretische Überlegungen zum Training in der Glaubhaftigkeitsbeurteilung

6.1.1 Systematische Beobachtung und Ratingverfahren

Die systematische Beobachtung ist eine Grundlage der Psychologie als empirischer Wissenschaft. Im Unterschied zur unsystematischen Beobachtung, bei der die Beobachtungsgegenstände unbestimmt sind und der Beobachter seine Eindrücke eher selektiv festhält, basiert die systematische Beobachtung nach Fisseni (1990, S. 151) darauf, daß „Verlauf und Bereich der Beobachtung wohldefiniert sind". Das Spektrum der Beobachtungsgegenstände ist ebenso wie die Art der Fixierung und die Prozedur der Auswertung festgelegt.

Bortz und Döring (1995) sprechen in diesem Zusammenhang von einem Beobachtungsplan. Bei einer systematischen Beobachtung sei das zu beobachtende Geschehen bekannt und lasse sich in einzelne Segmente zerlegen, die ausschließlich Gegenstand der Aufmerksamkeit des Beobachters seien. Mögliche Interpretationen sollten dem Beobachter dabei soweit wie möglich durch die Vorgabe zuverlässiger Indikatoren für das einzuschätzende Verhalten erleichtert werden. Dabei seien typische Beispiele sehr hilfreich.

Konsistente Beobachterleistungen innerhalb eines solchen Beobachtungsplanes sind in der Regel nur nach intensivem Training in der Verfahrensanwendung zu erreichen (vgl. z.B. Manns, Hermann, Schultze & Westmeyer, 1987).

Auch Bortz und Döring (1995; vgl. auch Wittkowski, 1994) betonen die Erfordernis eines Beobachtertrainings und der Überprüfung der Beobachterübereinstimmung. Dazu gehöre eine Einführung in das Konzept der gesamten Untersuchung sowie eine Darstellung des theoretischen Ansatzes. Dadurch könne der Beobachter seine Aufgabe besser verstehen und wenn nötig an der Weiterentwicklung des Beobachtungsplanes aktiv mitwirken. Eine Aufklärung über die konkrete Untersuchungshypothese dürfe zu diesem Zeitpunkt nicht erfolgen, da sonst das Auftreten von Beobachtereffekten befürchtet werden müsse.

Die besondere Bedeutung, die einem umfassenden Training im Rahmen der aussagepsychologischen Forschung zukommt, wurde bereits in Kap. 2.1.2.4.3 im Zusammenhang mit der Reliabilität inhaltlicher Glaubhaftigkeitsmerkmale thematisiert.

6.1.1.1 Die Ratingskala

Neben der sehr differenzierten Erfassung der Merkmalsausprägungen auf der Absolutskala sollen die Beurteiler wegen der besseren Vergleichbarkeit mit anderen Studien und als Unterstützung bei der Urteilsbildung alle Merkmale zusätzlich auf einer Ratingskala einschätzen.
Ratingskalen gehören zu den in den Sozialwissenschaften am häufigsten verwendeten, aber auch umstrittensten Erhebungsinstrumenten. Ein häufig diskutiertes Problem betrifft die Anzahl der Stufen einer Rating-Skala bzw. die Frage, ob die Stufenanzahl gerade oder ungerade gewählt werden sollte. Während eine ungerade Stufenanzahl eine neutrale Mittelkategorie enthält und damit unsicheren Beurteilern ein Ausweichen erlaubt, werden die Beurteiler bei einer geraden Stufenanzahl zur Abgabe eines richtungsweisenden Urteils gezwungen. Dieses Vorgehen hat den Vorteil, daß einer möglichen Verfälschung durch eine *Tendenz zur Mitte* (vgl. Kap. 6.1.1.2) entgegengewirkt werden kann.

Mit zunehmender Anzahl der Skalenstufen wird eine Ratingskala differenzierfähiger, jedoch läuft man ab einer gewissen Anzahl Gefahr, die Differenzierungsfähigkeit des Beurteilers zu überfordern. Da kein Grund zu der Annahme besteht, daß bei der Merkmalseinschätzung mit einer verstärkten Tendenz zur Mitte gerechnet werden muß, soll für diese Untersuchung eine fünfstufige Skala gewählt werden, da diese hinreichend differenziert ist, ohne die Differenzierungsfähigkeit der Beurteiler zu überfordern (vgl. z.B. Bortz & Döring, 1995).

6.1.1.2 Mögliche Urteilsfehler beim Einsatz von Ratingskalen

Die Brauchbarkeit von Urteilen, die über Ratingskalen gewonnen werden, kann aufgrund systematischer Urteilsfehler eingeschränkt sein. Bortz und Döring (1995, S. 170f.) referieren fünf wichtige Urteilsfehler, die beim Einsatz von Ratingskalen auftreten können: den Halo-Effekt, den Milde-Härte-Fehler, die Tendenz zur Mitte, die Rater-Ratee-Interaktion und den Primacy-Recency-Effekt. Diese potentiellen Urteilsfehler sollen im folgenden kurz erläutert werden.
Der Begriff *Halo-Effekt* geht auf Thorndike (1920) zurück, welcher als Metapher den Hof (Halo) heranzog, der sich durch den ausstrahlenden Effekt des Mondes bildet. Versinnbildlicht werden soll damit die Tendenz eines Beurteilers, die Einschätzung mehrerer Merkmale eines Objektes von einem globalen Pauschalurteil abhängig zu machen oder ein Objekt bezüglich vieler Merkmale gleich einzustufen. Der Beurteiler ist demnach nicht dazu in der Lage, konzeptuell unterschiedliche und potentiell unabhängige Merkmale differenziert zu beurteilen. Auf die Beurteilung der Glaubhaftig-

keitsmerkmale bezogen könnte dies beispielsweise zur Folge haben, daß ein Beurteiler, welcher nach einmaligem Durchlesen einer Aussage zu dem subjektiven Eindruck gelangt, es handele sich um eine wenig glaubhafte Schilderung, auch bei der anschließenden Einschätzung einzelner Merkmalsausprägungen dazu neigen wird, diese seinem Pauschalurteil entsprechend zu unterschätzen. Die Einschätzung einzelner Merkmale dieser Aussage würde dann von der subjektiv wahrgenommenen Plausibilität des geschilderten Sachverhaltes dominiert werden, was methodisch sehr problematisch wäre.

Der *Milde-Härte-Fehler* bezeichnet die Tendenz eines Beurteilers, ein Objekt bzw. dessen Merkmale systematisch zu positiv oder zu negativ einzustufen. So wird ein Beurteiler möglicherweise die Merkmale der Aussage eines jüngeren Kindes systematisch als zu stark ausgeprägt einschätzen, weil er die Ausprägung der Merkmale an den noch wenig entwickelten kognitiven oder sprachlichen Fähigkeiten des Kindes relativieren würde. Oder er könnte ähnlich wie beim zuvor geschilderten Halo-Effekt abhängig von der subjektiv wahrgenommenen Plausibilität oder möglicherweise auch von der empfundenen Sympathie die Ausprägung der Merkmale systematisch über- oder unterschätzen.

Mit dem Begriff der *zentralen Tendenz* oder *Tendenz zur Mitte* ist die Tendenz eines Beurteilers gemeint, extreme Einschätzungen zu vermeiden und stattdessen alle zu beurteilenden Objekte bzw. deren Merkmale im mittleren Bereich der Urteilsskala einzustufen. Nach Bortz und Döring (1995) tritt eine Massierung der Urteile im mittleren Skalenbereich bevorzugt dann auf, wenn versäumt worden sei, die Skalen an Extrembeispielen zu verankern. Der Beurteiler reserviere dann die Extremkategorien für möglicherweise noch auftauchende Objekte mit extremer Merkmalsausprägung. Blieben diese aus, resultierten wenig differenzierende Urteile mit starker zentraler Tendenz.

Der Begriff der *Rater-Ratee-Interaktion* steht für Urteilsverzerrungen, die in Abhängigkeit von der Position des Beurteilers auf der zu beurteilenden Dimension entstehen. Hierbei sind der *Ähnlichkeitsfehler* und der *Kontrastfehler* zu unterscheiden. Beim Ähnlichkeitsfehler überschätzt ein Beurteiler mit extremer Merkmalsausprägung die Merkmalsausprägung bei anderen. Beim Kontrastfehler unterschätzt dagegen ein Beurteiler mit extremer Merkmalsausprägung die Merkmalsausprägung beim Gegenüber und umgekehrt.

Mit dem Begriff *Primacy-Recency-Effekt* sind Urteilsverzerrungen gemeint, die aufgrund der Reihenfolge der Darbietung zu beurteilender Objekte zustande kommen. Werden beispielsweise Objekte mit extremer Merkmalsausprägung zu Anfang beurteilt, so können die nachfolgenden Beurteilungen von den ersten Beurteilungen beeinflußt sein. Beim *Primacy-Effekt* beeinflußt die zuerst gemachte Beobachtung den Gesamteindruck mehr als die nachfolgenden Informationen, beim *Recency-Effekt* haben die zuletzt dargebotenen Informationen ausschlaggebenden Einfluß auf die Urteilsbildung (vgl. Baumann, Krems & Johnson, 1996).

Den dargestellten potentiellen Urteilsfehlern soll zunächst einmal dadurch entgegengewirkt werden, daß die Beurteiler vorab über die Gefahr dieser Urteilsverfälschungen informiert und während der Zeit des Trainings regelmäßig daran erinnert werden. Zusätzlich soll ein mögliches Auftreten von Halo-Effekten durch eine sorgfältige Definition der einzuschätzenden Merkmale und durch eine umfangreiche Information der Beurteiler über die Bedeutung der einzustufenden Merkmale reduziert werden. Der zentralen Tendenz und der Tendenz zu Extremurteilen soll zudem durch geeignete Ankerbeispiele entgegengewirkt werden, die den Beurteilern beispielhaft verschiedene Ausprägungsgrade einzelner Merkmale präsentieren sollen. Darüber hinaus ist darauf zu achten, daß Übungsaussagen keine einseitigen Extreme darstellen und auch in der Auswertungsphase nicht mit einer extremen Aussage begonnen wird.

Der Informationsbogen zu potentiellen Urteilsfehlern befindet sich in Anhang D. Ankerbeispiele für einzelne Merkmale sind in den Operationalisierungsvorschriften enthalten, die sich in Anhang C befinden.

6.1.2 Beschreibung der Trainingskonzeption

Grundlegend für den Erfolg eines Beurteilertrainings ist die Eindeutigkeit des Kategoriensystems und die für den Beurteiler transparente Umsetzung seiner Anwendungsregeln. Dies impliziert eine präzise Operationalisierung mit ausführlichen Anwendungsbeispielen und Ausschlußkriterien (vgl. Kap. 5.1). Die für diese Untersuchung erarbeiteten Operationalisierungsvorschriften stellen daher das wichtigste Trainingselement dar.
Im Hinblick auf Trainingsmaßnahmen im allgemeinen erachten Langer und Schulz von Thun (1974) die wiederholte Herstellung der Verknüpfung einer Beobachtung mit einem Skalenwert durch die Trainierenden als wesentlich. Bei diesem Vorgang auftretende Fehler sollten sofortige Korrektur durch den Trainingsleiter erfahren. Die Autoren nennen folgende Trainingselemente: *Einführung in den Merkmalsbereich*, *Erläuterung der Skala und Diskussion von Zweifelsfällen*, *Diskriminationstraining*, *Herstellungstraining* und *Konzeptunterscheidungstraining*.
Das *Diskriminationstraining* soll dem Beurteiler dazu verhelfen, Unterschiede zwischen einzelnen Skalenausprägungen erkennen zu lernen (Langer & Schulz von Thun, 1974, S. 139f.). Dazu können den Trainierenden mehrere Objekte präsentiert werden, mit der Aufgabe, diese hinsichtlich ihrer Skalenausprägung in eine Rangreihe zu bringen. In einem weiteren Schritt können mehrere Objekte präsentiert werden, die unterschiedlichen Skalenstufen zuzuordnen sind. Das *Herstellungstraining* dient dazu, den Beurteiler in die Lage zu versetzen, ein Objekt mit einer vorgegebenen Skalenausprägung selbständig so zu verändern, daß es eine bestimmte Ausprägung erhält (Langer & Schulz von Thun, 1974, S. 140). Beim *Konzeptunterscheidungstraining* werden dem Beurteiler verschiedene Objekte präsentiert, die er auf Basis seiner erworbenen Kennt-

nisse bezüglich des Merkmalssystems einzelnen Merkmalen zuzuordnen hat (vgl. Langer & Schulz von Thun, 1974, S. 137f.).
Diese allgemeinen Trainingselemente wurden von Petersen (1997) und Krause (1997) im Rahmen der Konzeption des KTGB (vgl. Kap. 2.1.2.4.3) erstmals auf den Bereich der Glaubhaftigkeitsbegutachtung übertragen und sollen in Anlehnung an das Begutachtungstraining der Autoren ebenfalls als Grundlage für die Konzeption des Trainings der vorliegenden Untersuchung dienen.
Allgemein soll einer Überforderung und damit verbundenen Motivationsverlusten durch eine langsame Steigerung der Leistungsanforderungen entgegengewirkt werden. Die Trainingsteilnehmer sollen Schritt für Schritt an die komplexe Aufgabe der Aussagebeurteilung herangeführt werden und regelmäßig Rückmeldung über ihren Leistungsstand erhalten. Alles theoretisch Vermittelte soll sofort praktisch umgesetzt und dabei auftretende Fehler sollen umgehend durch andere Trainingsteilnehmer bzw. durch die Trainingsleiterin korrigiert werden. Unterschiedliche Trainingselemente sollen kombiniert und verschiedene Lehrformen (Vortrag, Gruppen-, Partner- und Einzelarbeit, Spiele) eingesetzt werden, um die Vermittlung des Lehrstoffs möglichst abwechslungsreich zu gestalten. Ein ganz wesentliches Element soll das tägliche Abfragen des bis zu dem jeweiligen Zeitpunkt Gelernten darstellen.
Für das Training werden vier Wochen veranschlagt, wobei die erste Woche dem selbständigen Literaturstudium dienen soll. Die Lern- und Anwendungsphase soll sich über einen Zeitraum von drei Wochen (ca. 120 Stunden) erstrecken. Eine Darstellung des genauen Trainingsablaufs findet der interessierte Leser in Anhang D.
Wichtig ist auch eine Sicherstellung der Stabilität der Beurteilungen. Diese soll mit Hilfe des für diese Arbeit konzipierten Ankertests (vgl. Kap. 6.1.3.3) überprüft werden, welcher sowohl die Fähigkeit zur Konzeptunterscheidung als auch die Diskriminationsfähigkeit der Beurteiler feststellen soll. Desweiteren ist darauf zu achten, daß systematische Beurteilerfehler vermieden werden. Um dies zu erreichen, sollen die Beurteiler gezielt über mögliche Fehlerquellen aufgeklärt werden (vgl. Kap. 6.1.1.2).

Das Übungsmaterial wurde für das Training hergestellt und ausschließlich zu Übungszwecken während der Intensivtrainingsphase verwendet, geht also nicht in die Auswertung mit ein. Es handelt sich um zwei erlebnisbegründete Aussagen eines kindlichen und eines erwachsenen Verkehrsunfallopfers[24], die während der Interviewerprobungsphase erhoben wurden, sowie um 10 zu Trainingszwecken erhobene Falschaussagen. Eine kindliche Falschaussage befindet sich beispielhaft in Anhang D. Zusätzlich wurden erlebnisbegründete Aussagen über ähnliche Erlebnisse aus der Untersuchung von Wellershaus[25] und Wolf (1989) zu Trainingszwecken verwendet.
Die im Laufe des Trainings verwendeten Kurzbeispiele, die für die Operationalisierungsvorschriften verwendeten Beispiele sowie die Ankerbeispiele wurden von der Autorin konstruiert.

---

24 Ich danke Herrn Dr. Niehaus, der sich nach seinem Motorradunfall für ein Interview zur Verfügung stellte.

25 Mein Dank gilt Frau Dr. Wolf (ehem. Wellershaus), welche mir die Transkripte ihrer Untersuchung zur Verfügung stellte.

6.1.3 Kontrolle der Effektivität des Trainings

Die Durchführung eines sorgfältigen Trainingsprogramms allein stellt noch keine Garantie dafür dar, daß die Beurteiler im Anschluß an das Training auch tatsächlich über mehr Wissen verfügen und in der Lage dazu sind, das theoretisch angeeignete Wissen in praktischen Übungen umzusetzen sowie – zumindest für den Zeitraum der Auswertungsphase – stabile Einschätzungen vorzunehmen. Zwar gehört es nicht zu den vorrangigen Untersuchungszielen, die Effektivität des verwendeten Trainingskonzeptes nachzuweisen, doch soll sichergestellt sein, daß alle Beurteiler zu Beginn der Auswertungsphase über gute theoretische und anwendungsorientierte Kenntnisse verfügen. Theoretische Kenntnisse sollen mit dem Merkmalssystemtest überprüft werden, während für den Wissenstest sowohl theoretische als auch anwendungsorientierte Kenntnisse erforderlich sind. Die Übereinstimmung der Trainingsteilnehmer mit der Experteneinschätzung (Kriteriumsvalidität) sowie die Stabilität des Urteils sollen mit Hilfe des Ankertests überprüft werden. Die Tests werden im folgenden vorgestellt.

6.1.3.1 Der Merkmalssystemtest

Mit Hilfe des Merkmalssystemtests soll erfaßt werden, ob die Beurteiler in der Lage sind, alle Einzelmerkmale zu benennen und diese sowohl den entsprechenden Merkmalskomplexen als auch den zugehörigen Ziffern zuzuordnen. Hierzu sind keine Kenntnisse der Definitionen und Operationalisierungsvorschriften notwendig.
Der Merkmalssystemtest soll zu zwei Meßzeitpunkten, nach der ersten Woche der Intensivtrainingsphase (t_1) und nach Abschluß der Intensivtrainingsphase (t_2) erhoben werden.

6.1.3.2 Der Wissenstest

Der Wissenstest wurde in Anlehnung an den Wissenstest von Petersen (1997) und Krause (1997) konzipiert, jedoch inhaltlich an das in dieser Studie untersuchte Merkmalssystem sowie an die gewählten Definitionen und Operationalisierungsvorschriften angepaßt. In Form eines Multiple Choice Tests soll mit Hilfe von 26 Items anwendungsorientiertes Wissen zu den Inhalten der merkmalsorientierten Inhaltsanalyse abgefragt und gleichzeitig eruiert werden, ob die vorgenommenen Beurteilungen aufgrund vorhandener Merkmalskenntnisse oder eher intuitiv erfolgten. Für die erfolgreiche Beantwortung der Testfragen ist im Gegensatz zum vorher beschriebenen Merkmalssystemtest die Kenntnis der Merkmalsdefinitionen und Operationalisierungsvorschriften erforderlich. Insgesamt müssen für das Erreichen der vollen Punktzahl innerhalb der 26 Items 106 korrekte Entscheidungen getroffen werden.
Der Wissenstest soll zu drei Meßzeitpunkten, im Anschluß an das Literaturstudium (t_1), nach der ersten Woche der Intensivtrainingsphase (t_2) und einmal nach Beendigung der Intensivtrainingsphase (t_3) erhoben werden, um den Zuwachs theoretischen

und anwendungsorientierten Wissens zu kontrollieren. Gleichzeitig sollen die Beurteiler auf diese Weise eine Rückmeldung über ihre individuelle Leistung erhalten.

Der Wissenstest befindet sich in Anhang D.

6.1.3.3 DER ANKERTEST

Neben der Betrachtung der Beurteilerübereinstimmung (Interrater-Reliabilität) als Maß für den Erfolg eines Trainings gibt vor allem die Überprüfung der Übereinstimmung von Beurteilungen desselben Beurteilers zu verschiedenen Zeitpunkten (Intrarater-Reliabilität) Aufschluß über die Stabilität der Urteile und damit zugleich einen Hinweis auf den Erfolg des Trainings. Bei wiederholter Darbietung des gleichen Materials ist von einem trainierten Beurteiler zu erwarten, daß die zu verschiedenen Zeitpunkten abgegebenen Beurteilungen hohe Intrarater-Übereinstimmungen aufweisen.
Doch weder eine gute Interrater-Übereinstimmung noch eine gute Intrarater-Übereinstimmung liefert eine Gewähr für die Genauigkeit und Objektivität dieser Beurteilungen. Es ist nicht ganz unproblematisch, die termini Beurteilerübereinstimmung und Genauigkeit als Synonyme für Reliabilität zu benutzen. Im Extremfall kann die Beurteilerübereinstimmung von der Genauigkeit unabhängig sein, nämlich dann, wenn die Beurteiler dieselben Fehler machen (vgl. z.B. Greve und Wentura, 1997).

Um festzustellen, in welchem Ausmaß verschiedene Beurteiler im Sinne der festgelegten Definitionen und Operationalisierungsvorschriften objektiv richtig urteilen, ist es notwendig, die Beurteilungen an einem Außenkriterium zu überprüfen. Da es bei der Beurteilung von Aussagen kein objektives Außenkriterium gibt, das festlegt, an welcher Stelle der Beurteilung ein Fehler vorliegt, bleibt als einzige Kontrollmöglichkeit die Überprüfung der Übereinstimmung mit einem Expertenurteil (Kriteriumsvalidität). Als Experte ist hier sinnvollerweise eine Person anzusehen, die an der Erstellung der konkreten Operationalisierungsvorschriften beteiligt war. Da außer der Autorin niemand an der Erarbeitung des hier zu überprüfenden Merkmalssystems beteiligt war, ist in diesem Fall die Untersuchungsleiterin als Expertin anzusehen. Es stellt sich die Frage, wie sich die Überprüfung der Intrarater-Übereinstimmung und der Übereinstimmung mit dem Expertenurteil am besten realisieren läßt.
Problematisch an der wiederholten Vorlage identischen Fallmaterials in Form einer kompletten Zeugenaussage ist, daß sinnvolle, zusammenhängende Geschichten äußerst einprägsam sind. Es ist daher zu befürchten, daß Beurteiler sich nicht nur an die Inhalte der Zeugenaussage, sondern auch an ihre Beurteilung recht genau erinnern können, sofern die Vorlage des Materials nicht in sehr großem zeitlichen Abstand erfolgt. Geeigneter für die Bestimmung der Intrarater-Übereinstimmung erscheint daher die Vorgabe unzusammenhängender Kurzbeispiele, auch wenn diese Vorgehensweise nicht die Überprüfung hinsichtlich aller Merkmale zuläßt.
Die Kurzbeispiele wurden von der Autorin vor dem Hintergrund der Definitionen und Operationalisierungsvorschriften des Merkmalssystems für die Merkmale 4 bis 28 (ohne Merkmal 27) in unterschiedlicher Ausprägung gezielt zusammengestellt. Da

diese Beispiele Expertenwissen darstellen, stellt die Zusammenstellung das Eichprotokoll dar, anhand dessen die Übereinstimmung zwischen Beurteilern und Experten-urteil überprüft werden soll.

Das für diese Untersuchung konzipierte Eichprotokoll besteht aus 49 Kurzbeispielen, von denen drei Kurzbeispiele ganz gezielt kein Merkmal enthalten. Das Eichprotokoll soll den Beurteilern zu drei Meßzeitpunkten vorgelegt werden: nach Abschluß der Intensivtrainingsphase (t_1), in der Mitte der Beurteilungsphase (t_2) und im Anschluß an die Beurteilung der letzten Aussage (t_3), wobei die Reihenfolge der Kurzbeispiele verändert wird. Mit Hilfe des Eichprotokolls soll nicht nur die Richtigkeit der Beurteilungen, sondern auch die Stabilität der Beurteilungen über die drei Meßzeitpunkte überprüft werden.

Dieses Vorgehen hat noch eine weiteren Vorteil. Die Kurzbeispiele können den Beurteilern gleichzeitig als Anker dienen. Zu den Meßzeitpunkten t_1 und t_2 haben die Trainingsteilnehmer noch einmal die Gelegenheit, sich die Definitionen und Operationalisierungsvorschriften aktiv zu vergegenwärtigen; auch Merkmale, die in Aussagen selten vorkommen, geraten auf diese Weise nicht in Vergessenheit.

Nun könnte man einwenden, daß bei einer Zusammenstellung von Ankerbeispielen der Anteil richtiger Beurteilungen (und damit die Übereinstimmung zwischen Experten und Beurteilern) höher sein wird als bei der Beurteilung längerer Aussagen, weil die Aufmerksamkeit stärker auf einzelne Sätze gelegt werden wird, als dies bei längeren Texten der Fall sein dürfte.

Sinn des Eichtests ist es jedoch, festzustellen, ob es gelungen ist, die Beurteiler durch das Training in die Lage zu versetzen, Textstellen stabil im Sinne des Merkmalssystems (also im Sinne des Expertenwissens) zu beurteilen.

Für die Auswertung sollen folgende Codierungen vorgenommen werden:

0 = *Verpasser*	(Textstelle wird vom Beurteiler übersehen)
1 = *Treffer*	(Merkmal und Intensität werden übereinstimmend eingeschätzt)
2 = *halber Treffer*	(Merkmal wird übereinstimmend, Intensität abweichend eingeschätzt)
3 = *Alternative*	(Textstelle wird vom Beurteiler markiert, jedoch ein anderes Merkmal gleicher Intensität identifiziert)
4 = *halbe Alternative*	(Textstelle wird markiert, jedoch ein anderes Merkmal und eine andere Intensität identifiziert)
5 = *Zusatz*	(Merkmal und Intensität werden übereinstimmend, jedoch vom Beurteiler zusätzlich noch ein anderes Merkmal identifiziert)
6 = *halber Zusatz*	(Merkmal wird übereinstimmend, Intensität nicht und zusätzlichnoch ein anderes Merkmal identifiziert)
7 = *Extra*	(Textstelle wird als merkmalserfüllend markiert, obwohl die Expertin an dieser Stelle kein Merkmal identifiziert hat)

Der Ankertest 1 befindet sich in Anhang D.

6.2 Beschreibung der Stichprobe

Insgesamt nahmen neun Personen[26] an dem Training teil. Bei einer Teilnehmerin handelte es sich um eine Studentin des Hauptstudiums der Psychologie der Universität Bonn. Die übrigen drei männlichen und fünf weiblichen Teilnehmer waren Psychologiestudenten der Universität Osnabrück, die sich zur Zeit des Trainings ebenfalls im Hauptstudium befanden. Der Kontakt zwischen Trainingsleiterin[27] und potentiellen Teilnehmern wurde über das Prüfungsamt[28] des Fachbereichs Psychologie der Universität Osnabrück hergestellt.

Vier der neun Teilnehmer hatten vor Beginn des Trainings im Rahmen ihres Studiums an einem Seminar zum Thema *Glaubhaftigkeitsdiagnostik beim Verdacht des sexuellen Kindesmißbrauchs* teilgenommen. Somit verfügten die Trainingsteilnehmer über unterschiedliches Vorwissen hinsichtlich der merkmalsorientierten Inhaltsanalyse.

Es wurden ausschließlich Psychologiestudenten als Trainingsteilnehmer ausgewählt, da die Anwendung des Begutachtungsverfahrens in der forensischen Praxis ebenfalls auf diese Population begrenzt ist. Die Teilnehmer hatten keinerlei Erfahrung mit kindlichen Aussagen und waren blind hinsichtlich des Forschungsdesigns. Das Durchschnittsalter der Trainingsgruppe lag bei 25.6 Jahren.

6.3 Die Motivation der Beurteiler

Besondere Bedeutung kommt der Motivation der Trainingsteilnehmer zu, da die Aussagekraft einer Validierungsstudie ganz entscheidend vom Trainingserfolg (bzw. der Reliabilität und der kriterienbezogenen Validität) abhängig ist. Daneben ist für die Übertragbarkeit der Ergebnisse einer Täuschungsstudie nach Miller und Stiff (1993) neben der realitätsnahen Motivation der Täuschenden auch die Motivation der Beurteiler, eine Täuschung aufzudecken, von Bedeutung. Während letzteres sich vergleichsweise leicht realisieren läßt, ist es äußerst schwierig, die Motivation der Teilnehmer über einen Zeitraum von vier Wochen konstant auf sehr hohem Niveau aufrechtzuerhalten. Hohe extrinsische Motivation durch ein In-Aussicht-Stellen von Preisen dürfte in diesem Fall kaum ausreichen.

Die Trainingsteilnehmer wurden über das Prüfungsamt des Fachbereichs Psychologie der Universität Osnabrück geworben. Die Rekrutierung über einen Aushang mit der Angabe des in Aussicht gestellten Verdienstes wurde bewußt nicht gewählt, weil zu befürchten war, daß die intrinsische Motivation von Bewerbern durch die lockende

---

26 Eine 10. Person, deren Leistungen nicht in die Auswertung eingingen, nahm als Gasthörer am Training teil.

27 Trainingsleiterin war die Autorin.

28 An dieser Stelle möchte ich Frau Helms herzlich für ihre Unterstützung danken.

Summe gering gewesen wäre, mancher die Teilnahme möglicherweise als eine Art Ferienjob betrachtet hätte. Stattdessen wurden Studenten, welche ihr Vordiplomzeugnis im Prüfungsamt abholten, gefragt, ob sie Interesse daran hätten, im Rahmen eines vierwöchigen Trainings während der vorlesungsfreien Zeit eine im Bereich der Forensischen Psychologie angesiedelte Methode der Glaubhaftigkeitsdiagnostik kennenzulernen. Dabei wurden der starke Praxisbezug und die Seltenheit anwendungsorientierter Angebote während des Studiums betont. Für die Teilnahme am Training erhielten sie einen Leistungsschein im Fachgebiet Diagnostik. Erst nach deutlicher inhaltlicher Interessenbekundung wurde erwähnt, daß im Anschluß an das Training Aussagen ausgewertet würden und für die Auswertung etwa 1000 DM pro Person gezahlt würde, wobei der tatsächliche Verdienst letztendlich wesentlich höher lag. Die genaue Summe wurde zu diesem Zeitpunkt jedoch noch nicht genannt. Die Interessen potentieller Teilnehmer wurden in einem persönlichen Gespräch geklärt. Studenten, welche die Summe hoch zu handeln versuchten, wurden ausgeschlossen.
Die Summe mag dem Leser auf den ersten Blick hoch erscheinen, vor dem Hintergrund, daß dieser Untersuchungsteil vier Wochen zuzüglich einer Verlängerung um ein Wochenende in Anspruch nahm und daß viele Studenten finanziell darauf angewiesen sind, während der vorlesungsfreien Zeit bezahlten Tätigkeiten nachzugehen, handelt es sich also eher um eine Verdienstausfallentschädigung, die es motivierten und am Fachgebiet interessierten Studenten möglich machen sollte, ohne finanzielle Einbußen an dieser Untersuchung teilzunehmen.
In einer Vorbesprechung mit allen Teilnehmern wurden noch einmal die Teilnahmebedingungen geklärt; jeder Teilnehmer verpflichtete sich schriftlich zur Teilnahme und erklärte sich gleichzeitig mit den Teilnahmebedingungen einverstanden. Wenngleich ein Bruch dieses Vertrages keine rechtlichen Konsequenzen gehabt hätte, so sollten die Teilnehmer sich zum einen durch ihre Unterschrift moralisch verpflichtet fühlen, nicht kurz zuvor oder im Laufe des Trainings abzuspringen, zum anderen sollten sie die Gelegenheit haben, sich in Kenntnis aller damit verbundenen Unannehmlichkeiten bewußt für oder gegen eine Teilnahme zu entscheiden.

6.4 Durchführung des Trainings und Datenerhebung

Das ganztägige Training fand in der Zeit vom 15. März bis zum 11. April 1999[29] in Räumlichkeiten der Universität Osnabrück statt. Der genaue Ablaufplan des Trainings befindet sich in Anhang D.

6.4.1 Phase 1 – Literaturstudium (1. Woche)

Um einen vergleichbaren Wissensstand der Trainingsteilnehmer zu erreichen und eine Einbettung des geplanten Trainings in den Kontext forensischer Praxis und For-

[29] An dieser Stelle möchte ich Herrn Dr. Höfer ganz herzlich für seine aufopferungsvolle telefonische Beratung während der Intensivtrainingsphase danken.

schung zu bieten, wurden die Trainingsteilnehmer für die erste Woche mit folgender Literatur versorgt, die sie in Einzelarbeit zu studieren hatten:

Köhnken, G. (1990). *Glaubwürdigkeit. Untersuchungen zu einem psychologischen Konstrukt.* München: Psychologische Verlagsunion. (S. 82-117)

Köhnken, G. & Steller, M. (1988). Assessment of the credibility of child witness statements. Solutions within the inquisitorial system of justice. In G. Davies & G. Drinkwater (Eds.), *The child witness: Do the courts abuse children?* (pp. 37-45). Division of Legal Criminological Psychology, Occ. Paper No. 13.

Krahé, B. & Kundrotas, S. (1992). Glaubwürdigkeitsbeurteilungen bei Vergewaltigungsanzeigen: Ein aussageanalytisches Feldexperiment. *Zeitschrift für experimentelle und angewandte Psychologie, 39*, 598-620.

Michaelis-Arntzen, E. (1987). Unglaubwürdige Zeugenaussagen. *Forensia, 8*, 73-80.

Steller, M. & Köhnken, G. (1989). Criteria-Based Statement Analysis. In D. Raskin (Eds.), *Psychological methods in criminal investigation and evidence* (pp. 217-245). New York: Springer.

Wellershaus, P. (1992). Glaubhaftigkeit kindlicher Zeugenaussagen. *Psychomed, 4*, 20-24.

6.4.2 Phase 2 – Intensivtraining (2. und 3. Woche)

Die sich an die Phase des Literaturstudiums anschließende Lern- und Anwendungsphase des Intensivtrainings wurde mit einer Besprechung der vorgegebenen Literatur eingeleitet. Dabei wurden Vor- und Nachteile unterschiedlicher Forschungsansätze diskutiert sowie die Notwendigkeit einer zufriedenstellenden Beurteilerübereinstimmung hervorgehoben. Hinsichtlich des tatsächlichen Untersuchungsdesigns wurden die Teilnehmer im Dunkeln gelassen; stattdessen wurde ihnen mitgeteilt, es solle untersucht werden, wie gut sich die Anwendung des Merkmalssystems trainieren ließe und inwieweit die Beurteiler dadurch in die Lage versetzt würden, den Wahrheitsstatus einer Aussage korrekt einzuschätzen. Auf diese Weise sollte verhindert werden, daß mögliche Spekulationen über das Design Einfluß auf die Beurteilungen hätten und von der Aufgabe der Merkmalsbeurteilung ablenkten.

Im Anschluß an die Literaturbesprechung wurde den Beurteilern ein Wissenstest vorgelegt, um die in der Phase der Literaturbearbeitung erworbenen Kenntnisse zu überprüfen.
Den nächsten Schritt bildete die Aufklärung über mögliche systematische Beurteilerfehler; hierzu erhielten die Teilnehmer ein Handout (vgl. Anhang D). In diesem Zusammenhang wurde auch eine Diskussion darüber angeregt, welche Merkmale dem

Alltagsverständnis nach als Hinweise auf die Glaubhaftigkeit einer Aussage angesehen werden.

In der *Wiedererkennungsphase* wurden den Teilnehmern schrittweise die Operationalisierungsvorschriften der einzelnen Merkmale nahegebracht. Dabei lagen den Trainingsteilnehmern die Operationalisierungsvorschriften in schriftlicher Ausfertigung vor (vgl. Anhang C). Die Vermittlung erfolgte zunächst immer in Vortragsform, wobei vielfältige Beispiele positiver wie negativer Art (Merkmal nicht vorhanden) das abstrakte Regelwerk veranschaulichen sollten; anschließend wurden die vorgegebenen Operationalisierungsvorschriften diskutiert. Auf eine differenzierte Betrachtung des Ausprägungsgrades wurde in dieser Phase noch verzichtet; es ging lediglich um die Frage, ob ein Merkmal an einer Textstelle vorhanden war oder nicht. Die neu kennengelernten Merkmale wurden jeweils noch am selben Tag in praktischen Übungen angewendet. Die Beurteiler hatten dabei die Aufgabe, die jeweils neu erlernten Merkmale in bekanntem Aussagematerial wiederzuerkennen. Durch mehrmalige Verwendung vertrauten Aussagematerials sollte den Teilnehmern ihre Aufgabe erleichtert werden. Da die Beurteiler dieses als Erleichterung gedachte Vorgehen jedoch nach zweimaliger Darbietung eher als unangenehm empfanden, wurde im weiteren Verlauf des Trainings jeweils neues Aussagematerial verwendet.

Nach dem Kennenlernen der gesamten positiven Merkmale wurde innerhalb der Wiedererkennungsphase ein *Konzeptunterscheidungstraining* durchgeführt, bei dem die Teilnehmer in Einzelarbeit Kurzbeispiele unterschiedlichen Merkmalen zuordnen sollten. Bei der anschließenden Besprechung der Ergebnisse wurden die Teilnehmer (wie im folgenden grundsätzlich) dazu angehalten, ihre Entscheidungen explizit unter Bezugnahme auf die Operationalisierungsvorschriften zu begründen und ggf. die entsprechenden Passagen vorzulesen. Auf diese Weise wurden alle Beurteiler zu einer aktiven Auseinandersetzung mit dem zu lernenden Material angeregt, was zum einen dazu führte, daß die Definitionen und Anwendungsregeln auf die Dauer verinnerlicht wurden, und zum anderen bestand so die Gelegenheit, mögliche Problempunkte einzelner Operationalisierungen auszumachen, die den Beurteilern Schwierigkeiten bereiteten, und diese Problempunkte im Extremfall durch eine Modifizierung der jeweiligen Definition oder der Anwendungsregeln zu beseitigen.

Nachdem alle Merkmale vorgestellt worden waren, wurden die Teilnehmer im Rahmen eines *Herstellungstrainings* dazu aufgefordert, sich selbst in Partnerarbeit Beispiele merkmalserfüllender und nicht merkmalserfüllender Textstellen auszudenken. Hierzu wurde jedes Merkmal auf einen Zettel geschrieben und die Zettel zwischen den Gruppen ausgelost. Die Beispiele wurden in wechselnder Reihenfolge vorgetragen, und die Großgruppe hatte die Aufgabe, festzustellen, um welches Merkmal es sich handelte. Diese Übung war aus verschiedenen Gründen sehr gut als Trainingselement geeignet. Zum einen stellte die Übung eine willkommene Abwechslung zum übrigen Trainingsprogramm dar und konnte bei geeignetem Wetter auch außerhalb des Gebäudes durchgeführt werden. Zum anderen handelte es sich um eine komplexe Aufgabe, für deren Erfüllung nicht nur ein Wiedererkennen reichte, sondern auch die Fähigkeit zur Konzeptunterscheidung und die Beherrschung der zugrundeliegenden Definitionen und Ausschlußkriterien erforderlich waren. Dabei waren die Anforde-

rungen so spielerisch verpackt, daß eine Erfüllung den Trainingsteilnehmern sogar Freude bereitete. Auftretende Fehler wurden sofort bezugnehmend auf die Operationalisierungsvorschriften korrigiert; die Korrektur wurde den anderen Trainingsteilnehmern überlassen, die Trainingsleiterin griff nur ein, wenn keine selbständige oder regelgerechte Korrektur erfolgte. Am letzten Tag der ersten Woche des Intensivtrainings wurde der Lernzuwachs der Trainingsteilnehmer durch einen Wissenstest (vgl. Kap. 6.1.3.2) und einen Merkmalssystemtest (vgl. Kap. 6.1.3.1) in einem separaten Raum, der frei von Hilfsmitteln war, schriftlich abgefragt.
Nachdem bislang immer nur die jeweils neu gelernten Merkmale im Aussagematerial bewertet worden waren, setzte nun die Phase der simultanen Beurteilung aller Merkmale ein. Zudem wurde von der bis zu diesem Zeitpunkt dichotomen Merkmalsbeurteilung zum Diskriminationstraining übergeleitet. Dies geschah zunächst dadurch, daß eine Diskussion darüber angeregt wurde, bei welchen der selbst ausgedachten Beispiele das jeweilige Merkmal eher schwach oder eher stark ausgeprägt war. Nach dieser Überleitung wurden die im Hinblick auf den Ausprägungsgrad vollständigen Operationalisierungsvorschriften anhand vielfältiger Beispiele vorgestellt. In diesem Zusammenhang wurde die Erfassung einfach und stark ausgeprägter Merkmale per Strichliste eingeführt. In praktischen Übungen konnten sich die Teilnehmer zunächst in Einzelarbeit mit diesem System vertraut machen; anschließend sollten sie in Partnerarbeit über ihre Bewertungen diskutieren. Abschließend wurde in der Großgruppe versucht, zu einer für alle Parteien tragbaren Einigung zu gelangen. In einem weiteren Schritt hatten die Beurteiler die Aufgabe, eine Rangreihe der Merkmale im Hinblick auf ihren Ausprägungsgrad zu bilden, um ein Gefühl für eine Gesamteinschätzung einzelner Merkmale zu bekommen. Als wesentliche „Metaregel" hatten die Beurteiler in dieser Phase zu beachten, daß Doppelcodierungen nach Möglichkeit zu vermeiden wären.
Während der ersten Woche wurde zu Beginn eines jeden Trainingstages konsequent mindestens eine halbe Stunde der Trainingszeit für eine mündliche Lernkontrolle verwandt. Dabei wurden unter Beteiligung aller Teilnehmer Definitionen und Operationalisierungsvorschriften mit Positiv- und Negativbeispielen von Tag zu Tag wechselnd in numerischer oder in umgekehrter Reihenfolge abgefragt und auftretende Fehler oder Ungenauigkeiten sofort korrigiert.

Die zweite Woche der Intensivtrainingsphase begann mit einer Rückmeldung und Diskussion der individuellen Testergebnisse. Nach einer Wiederholung des bis zu diesem Zeitpunkt Gelernten wurden in dieser Woche bekannte Übungselemente genutzt, um spezielle Probleme zu bearbeiten. So wurde beispielsweise ein *Konzeptunterscheidungstraining* speziell für Merkmale durchgeführt, die von den Beurteilern bisweilen verwechselt wurden; dabei wurde das Ziel verfolgt, neben der Konzeptunterscheidung vorgegebener Textstellen vor allem auf abstrakter Ebene herauszuarbeiten, welches die wesentlichen zur Unterscheidung beitragenden Charakteristika einzelner Merkmale waren.
Das *Herstellungstraining* diente nun nicht mehr nur der Konzeptunterscheidung und der Überprüfung der Verinnerlichung der Mindestanforderungen und Ausschlußkri-

terien, sondern wurde in der zweiten Woche des Intensivtrainings noch um das Element des *Diskriminationstrainings* erweitert. Die Teilnehmer hatten nun die Aufgabe, sich für jedes Merkmal drei Textbeispiele auszudenken; einmal sollte das jeweilige Merkmal schwach, einmal stark ausgeprägt sein und einmal sollte das Vorliegen dieses Merkmals nur angetäuscht, die Voraussetzungen für eine Signierung aber nicht ganz erfüllt sein. Die so konstruierten Beispiele wurden wie zuvor in der Gruppe ungeordnet vorgetragen, und die anderen Teilnehmer hatten die Aufgabe, Merkmal und Ausprägungsgrad zu identifizieren. Diese Übung, welche alle nach Langer und Schulz von Thun (1974) wesentlichen Trainingselemente enthielt, wurde sowohl von den Teilnehmern als auch von der Trainingsleiterin als sehr effektiv beurteilt.

Als die Teilnehmer bei der Beurteilung einzelner Textstellen sicher waren, wurde zusätzlich zur Datenerhebung per Strichliste mittels eines Skalierungstrainings die Gesamtbeurteilung der Ausprägung eines Merkmals innerhalb einer Aussage eingeführt. An die komplexe Aufgabe, unter Berücksichtigung von Quantität und Qualität den Ausprägungsgrad einzelner Merkmale innerhalb einer Gesamtaussage einzuschätzen, wurden die Beurteiler in vorbereitenden Übungsschritten systematisch herangeführt. Die ersten beiden vorbereitenden Schritte, die dichotome Beurteilung sowie das Herstellen einer Rangreihe der Ausprägungen, erfolgten bereits innerhalb der vorangegangenen Trainingsabschnitte. Im nun folgenden dritten Übungsschritt wurde eine grobe Skalierung eingeführt; die Trainingsteilnehmer hatten die Aufgabe, die Ausprägungen einzelner Merkmale auf einer vierstufigen Skala mit den Kategorien 0 (nicht vorhanden), 1 (schwach ausgeprägt), 2-3 (mittel bis stark ausgeprägt) und 4 (sehr stark ausgeprägt) einzuschätzen. Die Beurteilungen wurden grundsätzlich in Einzelarbeit vorgenommen und im Anschluß in Partnerarbeit diskutiert. Abschließend wurde in der Großgruppe versucht, zu einer für alle Beurteiler akzeptablen Annäherung der Ratings zu gelangen, die eine Diskrepanz von einem Skalenpunkt nicht überschritt (vgl. Petersen, 1997; Krause, 1997).
Den vierten Schritt des Skalierungstrainings bildete der Übergang zum Rating einzelner Merkmale auf der fünfstufigen Skala. Um den Beurteilern die Aufgabe zu erleichtern, wurden ihnen zur Orientierung allgemeine Skalierungshinweise gegeben. Die Skalierungshilfen befinden sich in Anhang D.

Während in der ersten Woche der Intensivtrainingsphase das Abfragen der Merkmalsdefinitionen und Operationalisierungsvorschriften zu den täglichen Übungen gehörte, rückte in der zweiten Woche dieser Phase die Rückmeldung des individuellen Leistungszuwachses und der Übereinstimmung der Beurteilungen sowie eine Diskussion auftretender Diskrepanzen in den Mittelpunkt. Dabei wurde jedem Teilnehmer die Gelegenheit gegeben, seine Gründe für das von ihm vorgenommene Rating argumentativ darzulegen. Ziel dieser Vorgehensweise war grundsätzlich eine für alle Teilnehmer akzeptable Annäherung der Beurteilungen.
Gegen Ende dieser Phase wurde eine Einbettung des Gelernten in den Begutachtungskontext vorgenommen. Anschließend erhielten die Trainingsteilnehmer erstmals die Aufgabe, vor dem Hintergrund der Informationen über verbale Fähigkeiten, Al-

ter, Geschlecht, Nationalität, mögliche Besonderheiten (z.B. Hyperaktivität) und Erzählstil zu einem abschließenden Glaubhaftigkeitsurteil zu gelangen. Dabei wurde die Bedeutung des intraindividuellen Vergleichs betont und auf die allein schon wegen der Altersunterschiede zu erwartenden großen interindividuellen Unterschiede hingewiesen, welche das Urteil nach Möglichkeit nicht beeinflussen sollten.
Die Beurteiler hatten bereits während dieser Trainingsphase folgende fest vorgegebene Reihenfolge der Beurteilungsschritte einzuhalten:

> Signierung merkmalserfüllender Textstellen → Entscheidung hinsichtlich des Ausprägungsgrades einzelner Textstellen → Übertragen aller Signierungen in die Strichliste → Beurteilung der Ausprägung einzelner Merkmale innerhalb der Gesamtaussage auf einer fünfstufigen Ratingskala → Lesen der Hintergrundinformationen über die Aussageperson → Abschließendes Glaubhaftigkeitsurteil vor dem Hintergrund aller Informationen.

Die Bögen mit den Hintergrundinformationen waren so hinter den übrigen Unterlagen befestigt, daß sie beim Durchblättern der Unterlagen nicht versehentlich einsehbar waren. Durch diese strikte Trennung von Merkmalsbeurteilung und soziodemographischen Informationen wurde eine Konfundierung verhindert und dennoch durch die abschließend dargebotene Information nicht auf eine sinnvolle Einbettung des Glaubhaftigkeitsurteils verzichtet.
Die Teilnehmer erhielten ein Handout mit „Metaregeln“, die auch Hinweise auf eine möglicherweise unterschiedliche Sensitivität und Spezifität einzelner Merkmale enthielten. Das Handout befindet sich in Anhang D.
Während auf der Ebene einzelner Textstellen die im Training verwendeten Beispiele den Beurteilern als *Anker* bezüglich des Ausprägungsgrades dienten, benötigten die Beurteiler zur Verhinderung von Boden- und Deckeneffekten bei der Einschätzung der allgemeinen Merkmale *Logische Konsistenz und Widerspruchsfreiheit*, *Unstrukturierte Darstellung* und *Detailreichtum* sowie bei den Ratings der übrigen Merkmale mehrere Übungsaussagen als Anker. Zusätzlich zu den während des Intensivtrainings bearbeiteten Aussagen wurden den Beurteilern aus diesem Grunde weitere sechs Übungsaussagen unterschiedlicher Aussagequalität zur selbständigen Bearbeitung gegeben.

6.4.3 PHASE 3 – DATENERHEBUNG (4. WOCHE)

Die Anwendungsphase wurde eingeleitet mit einer Wiederholung der Operationalisierungsvorschriften aller Merkmale und der „Metaregeln“. Auch wurden die Teilnehmer noch einmal an mögliche systematische Urteilsfehler erinnert. Im Anschluß wurden die Übungsaussagen, die im Rahmen eines Ankertrainings bearbeitet werden sollten, besprochen und aufgetretene Probleme in der Gruppe diskutiert.
Schließlich wurde den Beurteilern vor Beginn der Datenerhebung der Ankertest 1 (vgl. Kap. 6.1.3.3) vorgelegt.

Während der gesamten Phase 3 bearbeiteten die Teilnehmer die ihnen zugeteilten Aussagen unter Aufsicht der Autorin an separaten Tischen. Zur Bearbeitung des Aussagematerials durften sie alle Trainingsmaterialien nutzen. Innerhalb des Arbeitsraumes wurde nicht gesprochen; auf diese Weise wurden mögliche Quellen der Ablenkung minimiert. Auf interindividuelle Unterschiede in der Arbeitsgeschwindigkeit und Konzentrationsfähigkeit wurde durch selbstorganisierte Pauseneinteilung Rücksicht genommen. Aussagematerial durfte nicht mitgenommen werden und die Beurteiler hatten die strikte Anweisung, sich auch während der freien Zeit nicht über das Aussagematerial zu unterhalten.[30]

In der Mitte und nach Abschluß der Phase 3 wurde den Beurteilern jeweils der Ankertest 2 bzw. 3 vorgelegt (vgl. Kap. 6.1.3.3).

6.5 Die naiven Beurteiler

Zur Überprüfung der diagnostischen Leistungsfähigkeit (Nützlichkeit) des Merkmalssystems bedarf es neben einer Gruppe in der Anwendung des Merkmalssystems trainierter Beurteiler zusätzlich einer Gruppe naiver Beurteiler. Dieser Personengruppe müssen die zu überprüfenden Merkmale vollkommen unbekannt sein.
Die diagnostische Leistungsfähigkeit des Merkmalssystems kann nur dann als zufriedenstellend betrachtet werden, wenn gezeigt werden kann, daß die Trefferquote der trainierten Beurteiler signifikant höher ist als die Trefferquote, die erzielt würde, wenn die Glaubhaftigkeit der Aussagen per Zufall eingeschätzt würde, und wenn gezeigt werden kann, daß die trainierten Beurteiler anhand des Merkmalssystems signifikant höhere Trefferquoten erreichen als die naiven Beurteiler.
Um sicher zu gehen, daß die naiven Beurteiler keinerlei Kenntnis bezüglich dieser Merkmale haben, gleichzeitig aber ein vergleichbarer Bildungsstand angenommen werden kann, erschien es sinnvoll, Studenten einer angrenzenden Fachrichtung auszuwählen, die jedoch an einer Universität studieren, an der das Fach Psychologie nicht als Diplom-Studiengang angeboten wird.

6.5.1 Beschreibung der Stichprobe

Insgesamt nahmen vier Personen als naive Beurteiler an der Untersuchung teil. Bei den drei weiblichen Teilnehmern und einem männlichen Teilnehmer handelte es sich um Studenten des Studiengangs *Betriebliche Bildung und Management* der Universität Flensburg. Alle Teilnehmer hatten im Rahmen ihres Hauptstudiums Arbeits- und Organisationspsychologie als Schwerpunktfach gewählt und wurden im Rahmen einer Veranstaltung angeworben. Die Teilnehmer hatten keinerlei Erfahrung mit kindlichen Aussagen. Das Durchschnittsalter der Gruppe der naiven Beurteiler lag bei 27.75 Jahren.

---

30 An dieser Stelle sei den Trainingsteilnehmern herzlich für ihr Durchhaltevermögen, ihr äußerst diszipliniertes Verhalten und dafür gedankt, daß sie trotz teilweise sehr anstrengender Arbeitsphasen ihren Humor nicht verloren haben.

6.5.2 Die Motivation der naiven Beurteiler

Für die Aussagekraft eines Trefferquotenvergleichs naiver und trainierter Beurteiler ist auch in der Gruppe der naiven Beurteiler eine hohe Motivation, Täuschungen aufzudecken, notwendig (vgl. Miller & Stiff, 1993). Den naiven Beurteilern wurde erklärt, sie hätten die Aufgabe, herauszufinden, welche Kinder tatsächlich einen Verkehrsunfall erlebt hätten und welche nicht. Wonach sie sich bei ihren Beurteilungen richteten, sei ihnen freigestellt. Ebenso wie die trainierten Beurteiler hatten sie die Aufgabe, vor dem Hintergrund personenbezogener Informationen ein globales Glaubhaftigkeitsurteil auf einer vierstufigen Skala abzugeben. Zusätzlich sollten sie ihre Entscheidung schriftlich begründen.

Die naiven Beurteiler waren sowohl bezüglich des Designs als auch im Hinblick auf Methoden der Glaubhaftigkeitsdiagnostik blind. Sie erhielten für ihre Teilnahme an der Untersuchung jeweils 250,- DM. Für den Beurteiler, welcher die höchste Trefferquote erreichen würde, wurde zusätzlich eine Prämie von 50,- DM in Aussicht gestellt.
Es ist davon auszugehen, daß die Teilnehmer zum einen intrinsisch motiviert gewesen sind, da durch das Setting (Überprüfung ihrer „detektivischen Fähigkeiten") ihr persönlicher Ehrgeiz geweckt wurde; zum anderen dürften die Bezahlung sowie die in Aussicht gestellte Prämie zu einer hinreichend hohen Motivation beigetragen haben.

6.5.3 Durchführung der Datenerhebung in der Gruppe der naiven Beurteiler

Die Datenerhebung in der Gruppe der naiven Beurteiler fand während des laufenden Sommersemesters 1999 in Räumlichkeiten der Universität Flensburg statt und erstreckte sich insgesamt über drei Tage. Um eine vergleichbare Belastung der Beurteiler herzustellen, fand auch diese Datenerhebung im Block statt. Zur Vermeidung von Absprachen und zur Sicherstellung sorgfältiger Arbeit ohne Ablenkung wurde die Beurteilung des Aussagematerials auch in dieser Gruppe unter Aufsicht durchgeführt.

Die Teilnehmer waren dazu angehalten, sich weder während der Auswertungszeit noch während der Pausen über das zu bearbeitende Material zu unterhalten. Um die individuelle Belastbarkeit und Arbeitsgeschwindigkeit zu berücksichtigen, war die Pauseneinteilung selbstorganisiert.

7 Präzisierung der Hypothesen

Betrachtet man nicht ausschließlich wahre (Gruppe I) und frei phantasierte Aussagen (Gruppe II), sondern erweitert man die Undeutsch-Hypothese[31] (vgl. Kap. 2.1.2.1) auf Aussagen unterschiedlichen Wahrheitsgehaltes (Gruppen II und IV), so gilt es, für die *positiven* Merkmale (1 bis 24) folgende Hypothesen zu bestätigen:

1. H_1: $\mu_I > \mu_{II}$ H_0: $\mu_I \leq \mu_{II}$
2. H_1: $\mu_I > \mu_{III}$ H_0: $\mu_I \leq \mu_{III}$
3. H_1: $\mu_I > \mu_{IV}$ H_0: $\mu_I \leq \mu_{IV}$

Für die Gruppe der *negativen* Merkmale sollen folgende Hypothesen aufgestellt werden:

4. H_1: $\mu_I < \mu_{II}$ H_0: $\mu_I \geq \mu_{II}$
5. H_1: $\mu_I < \mu_{III}$ H_0: $\mu_I \geq \mu_{III}$
6. H_1: $\mu_I < \mu_{IV}$ H_0: $\mu_I \geq \mu_{IV}$

Im folgenden sollen jedoch für einzelne Merkmale differenziertere Vorhersagen hinsichtlich der Rangfolge der Aussagebedingungen getroffen werden. Eine solche Vorhersage ist vor dem Hintergrund des in Kap. 2.1.2 dargestellten Theoriedefizits zwar schwierig, soll aber dennoch gewagt und im einzelnen begründet werden. Bevor auf einzelne Merkmale eingegangen wird, soll zunächst Tabelle 7 einen Überblick über das erwartete Auftreten der verschiedenen Merkmalskategorien bieten.

Tabelle 7
Erwartetes Auftreten einzelner Merkmalskomplexe in unterschiedlichen Aussagebedingungen

	I **Wahraussage-bedingung**	**II** **Phantasie-bedingung**	**III** **Nacherzählbe-dingung ohne Unfallerfahrung**	**IV** **Nacherzählbe-dingung mit Unfallerfahrung**
Allgemeine Merkmale	+++	-	++	++(+)
Nicht-motivationale Merkmale	+++	-	++	++(+)
Motivationsbezogene Merkmale	+++	-	+	+
Negative Merkmale	-	+++	++	+

Anmerkungen. - kennzeichnet erwartetes Nicht-Auftreten, + kennzeichnet erwartetes schwaches Auftreten, ++ kennzeichnet erwartetes mittleres Auftreten, +++ kennzeichnet erwartetes starkes Auftreten.

---

31 Die Undeutsch-Hypothese wird als allgemeine Annahme über einen qualitativen Unterschied zwischen erlebnisbegründeten und nicht erlebnisbegründeten Aussagen verstanden und wird im Rahmen dieser Arbeit auch auf positive Merkmale übertragen, die in den ursprünglichen Merkmalssystemen nicht enthalten sind.

Bei der Gruppe I (Wahraussagebedingung) ist zu erwarten, daß alle Kategorien, die im Sinne des Merkmalssystems für die Glaubhaftigkeit sprechen, voll erfüllt sind und die Kategorie der negativen Merkmale nicht erfüllt ist, da über eine Wahrnehmung eines tatsächlichen Erlebnisses berichtet wird und gleichzeitig keine Täuschungsintention vorliegt.

In der Gruppe II (Phantasiebedingung) steht den Aussagenden keine Wahrnehmungsgrundlage zur Verfügung, die sie zur Konstruktion ihrer Aussage heranziehen könnten. Gleichzeitig wird eine Täuschungsabsicht induziert. Es ist daher zu erwarten, daß die Komplexe der allgemeinen Merkmale und der nicht-motivationalen Merkmale mangels Wahrnehmungsgrundlage und der Komplex motivationsbezogener Merkmale aufgrund im Vordergrund stehender Täuschungsintention nicht erfüllt sind. Und wegen eben dieser Täuschungsintention und der mangelnden Wahrnehmungsgrundlage wird erwartet, daß der Komplex der negativen Merkmale voll erfüllt ist. Es ist also zu erwarten, daß die Komplexe, welche *für* die Glaubhaftigkeit sprechen, in dieser Aussagebedingung *nicht* erfüllt werden, stattdessen jedoch der Komplex der *negativen* Merkmale stark hervortritt.

Andere Ergebnisse sind für die Gruppen III (Nacherzählbedingung ohne Unfallerfahrung) und IV (Nacherzählbedingung mit Unfallerfahrung) zu erwarten: In beiden Bedingungen können die Aussagenden, wenn auch nicht auf das tatsächliche Erlebnis, so doch auf eine verbale Wahrnehmungsgrundlage zurückgreifen und auf diese Weise Informationen über örtliche Verhältnisse, Interaktionen, Gespräche, Handlungskomplikationen etc. aus der Erinnerung in ihre Schilderung übernehmen. Es wird daher erwartet, daß in diesen beiden Aussagebedingungen die Komplexe der allgemeinen Merkmale und der nicht-motivationalen Merkmale erfüllt sind, allerdings nicht voll erfüllt, da man davon ausgehen muß, daß zum einen das reale Erlebnis einen bleibenderen Eindruck hinterläßt als das Hören eines Erlebnisberichts. Zum anderen besteht für die Aussagenden dieser Bedingung die Schwierigkeit, den Rollentausch und die Konsequenzen, die sich daraus ergeben, logisch konsistent durchzuhalten. Insofern könnte das Merkmal der *Logischen Konsistenz* betroffen sein. Die Aussagenden der Nacherzählbedingung mit Unfallerfahrung haben zusätzlich zur dargebotenen Wahrnehmungsgrundlage die Möglichkeit, Elemente aus eigenen ähnlichen Erlebnissen einzubauen, was sich auf die Komplexe der allgemeinen Merkmale und der speziellen Inhalte nicht-motivationaler Art positiv ausgewirken dürfte.
Bezüglich des Komplexes motivationsbezogener Merkmale ist zu sagen, daß auch in den Aussagebedingungen III und IV eine Täuschungsintention vorhanden ist; die Darbietung einer Wahrnehmungsgrundlage dürfte im Hinblick auf den Aspekt der Selbstpräsentation keinen Einfluß auf die motivationsbezogenen Merkmale haben. Jedoch sind in manchen Merkmalen dieses Komplexes (z.B. *Spontane Verbesserungen der eigenen Aussage*, *Angabe von Gründen für Unsicherheiten und Lücken*, *Schilderung von Versuchen der Wirklichkeitskontrolle*) neben der Selbstpräsentation auch andere Aspekte enthalten, auf die die Darbietung einer Wahrnehmungsgrundlage zumindest mittelbaren Einfluß ausüben könnte. Infolgedessen ist es möglich, daß die motivationsbezogenen Merk-

male in beiden Aussagebedingungen trotz Täuschungsintention schwach vorhanden sind.
Bezüglich des Komplexes negativer Merkmale ist zu erwarten, daß diese zum Teil durch Wahrnehmungsgrundlagen beeinflußbar sind, so daß erwartet wird, daß sie mit zunehmender Erfahrung weniger auftreten.
Insgesamt dürfte die Gruppe IV (Nacherzählung mit Unfallerfahrung) hinsichtlich ihrer Merkmalskombinationen der Gruppe I der wahraussagenden Unfallopfer am ähnlichsten sein.

7.1 Hypothesen bezüglich der Indizes

Im folgenden sollen zunächst die Hypothesen bezüglich der Indizes und anschließend die Hypothesen bezüglich der Einzelmerkmale dargestellt werden. Zum Schluß werden zusätzliche Hypothesen zur abhängigen Variable *Wortanzahl* aufgestellt. Dabei sollen zur Vereinfachung wegen der Vielzahl an Hypothesen nur die der Erwartung entsprechenden Hypothesen dargestellt werden. Auf die Darstellung der Nullhypothesen wird also verzichtet, sofern diese nicht der Erwartung entsprechen.

7.1.1 Hypothesen bezüglich des Glaubhaftigkeitsindexes

Bezüglich des Glaubhaftigkeitsindexes wird folgende Hypothese aufgestellt:

Hypothese 1: $\mu_{II} < \mu_{III} < \mu_{IV} < \mu_{I}$

Diese Annahme hinsichtlich der Rangfolge der Aussagebedingungen bezüglich der Merkmalsausprägungen impliziert sechs Einzelhypothesen:

1.1	**1.2**	**1.3**	**1.4**	**1.5**	**1.6**
$\mu_I > \mu_{II}$	$\mu_I > \mu_{III}$	$\mu_I > \mu_{IV}$	$\mu_{II} < \mu_{III}$	$\mu_{II} < \mu_{IV}$	$\mu_{III} < \mu_{IV}$

Es wird zum einen erwartet, daß der Glaubhaftigkeitsindex in der Wahraussagebedingung (Gruppe I) eine höhere Ausprägung aufweist als in allen drei Falschaussagebedingungen (Hypothesen 1.1, 1.2 und 1.3), und zum anderen sollten die Falschaussagebedingungen sich hinsichtlich der Ausprägung des Glaubhaftigkeitsindexes folgendermaßen zueinander verhalten: Die Falschaussagebedingungen, in denen Wahrnehmungsgrundlagen gegeben sind (Gruppen III und IV), sollten eine höhere Ausprägung des Glaubhaftigkeitsindexes aufweisen als die Falschaussagebedingung, in welcher nicht auf eine Wahrnehmungsgrundlage zurückgegriffen werden kann (Gruppe II; Hypothesen 1.4 und 1.5). Bezüglich der Gruppen III und IV ist zu erwarten, daß Gruppe IV, der zusätzlich persönliche Erfahrung als Wahrnehmungsgrundlage zur Verfügung steht, einen höheren Glaubhaftigkeitsindex aufweist (Hypothese 1.6). Das gleiche gilt für den auf Ratings basierenden Glaubhaftigkeitsscore.

7.1.2 Hypothesen bezüglich einzelner Merkmalskomplexe

Hinsichtlich der Indizes für einzelne Merkmalskomplexe werden folgende Hypothesen aufgestellt:

Hypothese 2 - Index 1 (*Allgemeine Merkmale*): $\mu_{II} < \mu_{III} < \mu_{IV} < \mu_{I}$

Diese Annahme hinsichtlich der Rangfolge der Aussagebedingungen bezüglich der Merkmalsausprägungen impliziert sechs Einzelhypothesen:

2.1	2.2	2.3	2.4	2.5	2.6
$\mu_I > \mu_{II}$	$\mu_I > \mu_{III}$	$\mu_I > \mu_{IV}$	$\mu_{II} < \mu_{III}$	$\mu_{II} < \mu_{IV}$	$\mu_{III} < \mu_{IV}$

Der Index der allgemeinen Merkmale sollte im Sinne einer erweiterten Undeutsch-Hypothese in der Wahraussagebedingung eine höhere Ausprägung aufweisen als in allen drei Falschaussagebedingungen (Hypothesen 2.1, 2.2 und 2.3). Die Falschaussagebedingungen sollten sich zueinander folgendermaßen verhalten: Es ist zu erwarten, daß der Index der allgemeinen Merkmale seine schwächste Ausprägung in der Falschaussagebedingung findet, in welcher keine Wahrnehmungsgrundlage zur Verfügung steht (Gruppe II; Hypothesen 2.4 und 2.5). Bezüglich der beiden Falschaussagebedingungen, in welchen Wahrnehmungsgrundlagen zur Verfügung stehen (Gruppen III und IV), sollte die Aussagebedingung, in welcher zusätzlich eigene Erfahrung vorliegt (Gruppe IV), leicht im Vorteil sein (Hypothese 2.6).

Hypothese 3 - Index 2 (*Nicht-motivationale Merkmale*): $\mu_{II} < \mu_{III} < \mu_{IV} < \mu_{I}$

Diese Annahme hinsichtlich der Rangfolge der Aussagebedingungen bezüglich der Merkmalsausprägungen impliziert sechs Einzelhypothesen:

3.1	3.2	3.3	3.4	3.5	3.6
$\mu_I > \mu_{II}$	$\mu_I > \mu_{III}$	$\mu_I > \mu_{IV}$	$\mu_{II} < \mu_{III}$	$\mu_{II} < \mu_{IV}$	$\mu_{III} < \mu_{IV}$

Im Sinne einer Erweiterung der Undeutsch-Hypothese ist zu erwarten, daß in der Wahraussagebedingung der Komplex der nicht-motivationalen Merkmale eine höhere Ausprägung aufweist als in allen drei Falschaussagebedingungen (Hypothesen 3.1, 3.2 und 3.3). Die Falschaussagebedingungen sollten sich folgendermaßen zueinander verhalten: Die niedrigste Ausprägung des Indexes der nicht-motivationalen Merkmale ist in der Aussagebedingung ohne Wahrnehmungsgrundlage (Gruppe II) zu erwarten (Hypothesen 3.4 und 3.5). Bezüglich der Aussagebedingungen mit Wahrnehmungsgrundlage ist zu erwarten, daß diejenige mit zusätzlicher persönlicher Erfahrung im Vorteil ist und in der Folge einen höheren Index aufweist (Hypothese 3.6).

Hypothese 4 - Index 3 (*Motivationsbezogene Merkmale*): $\mu_{II} < \mu_{III} = \mu_{IV} < \mu_{I}$

Diese Annahme hinsichtlich der Rangfolge der Aussagebedingungen bezüglich der Merkmalsausprägungen impliziert sechs Einzelhypothesen:

4.1	4.2	4.3	4.4	4.5	4.6
$\mu_I > \mu_{II}$	$\mu_I > \mu_{III}$	$\mu_I > \mu_{IV}$	$\mu_{II} < \mu_{III}$	$\mu_{II} < \mu_{IV}$	$\mu_{III} = \mu_{IV}$

Im Sinne einer Erweiterung der Undeutsch-Hypothese ist zu erwarten, daß die motivationsbezogenen Merkmale in stärkerem Maße in der Wahraussagebedingung auftreten und damit der Index der motivationsbezogenen Merkmale in dieser Gruppe eine höhere Ausprägung aufweist als in allen drei Falschaussagebedingungen (Hypothesen 4.1, 4.2 und 4.3). Die Falschaussagebedingungen sollten sich folgendermaßen zueinander verhalten: In den Falschaussagebedingungen, in welchen Wahrnehmungsgrundlagen gegeben sind, welche einen mittelbaren Einfluß ausüben können (Gruppe III und IV), sollte ein höherer Ausprägungsgrad motivationsbezogener Merkmale festzustellen sein als in der Phantasiebedingung (Gruppe II; Hypothesen 4.4 und 4.5). Für die beiden beeinflußten Gruppen mit und ohne Unfallerfahrung lassen sich hinsichtlich des Indexes der motivationsbezogenen Merkmale keine Unterschiede vorhersagen; hier wird die Nullhypothese angenommen (Hypothese 4.6).

Hypothese 5 - Index 4 (*Negative Merkmale*): $\mu_I < \mu_{IV} < \mu_{III} < \mu_{II}$

Diese Annahme hinsichtlich der Rangfolge der Aussagebedingungen bezüglich der Merkmalsausprägungen impliziert sechs Einzelhypothesen:

5.1	5.2	5.3	5.4	5.5	5.6
$\mu_I < \mu_{II}$	$\mu_I < \mu_{III}$	$\mu_I < \mu_{IV}$	$\mu_{II} > \mu_{III}$	$\mu_{II} > \mu_{IV}$	$\mu_{III} > \mu_{IV}$

Da angenommen wird, daß es sich bei den Merkmalen dieses Komplexes um solche handelt, welche in stärkerem Ausmaß in Falschaussagen auftreten, sollte der Index der negativen Merkmale in der Wahraussagebedingung am niedrigsten ausgeprägt sein (Hypothesen 5.1, 5.2 und 5.3). Die Falschaussagebedingungen sollten sich folgendermaßen zueinander verhalten: Die höchste Ausprägung dieses Indexes sollte die Aussagebedingung ohne Wahrnehmungsgrundlage (Gruppe II) aufweisen (Hypothesen 5.4 und 5.5). Bezüglich der Gruppen III und IV wird erwartet, daß die Aussagebedingung, in welcher auf eigene Unfallerfahrung zurückgegriffen werden kann (Gruppe IV), wegen ihrer eigenen Erfahrungen im Vorteil ist, also eine geringere Ausprägung des Indexes negativer Merkmale aufweist (Hypothese 5.6).

7.2 Hypothesen bezüglich einzelner Merkmale

Hypothese 6: Allgemeine Merkmale

Hypothese 6.1 (*Logische Konsistenz*): $\mu_{II} < \mu_{III} = \mu_{IV} < \mu_{I}$

Diese Annahme über die Rangfolge der Aussagebedingungen bezüglich der Ausprägung des Merkmals *Logische Konsistenz und Widerspruchsfreiheit* impliziert die folgenden sechs Einzelhypothesen:

6.1.1	6.1.2	6.1.3	6.1.4	6.1.5	6.1.6
$\mu_{I} > \mu_{II}$	$\mu_{I} > \mu_{III}$	$\mu_{I} > \mu_{IV}$	$\mu_{II} < \mu_{III}$	$\mu_{II} < \mu_{IV}$	$\mu_{III} = \mu_{IV}$

Es ist im Sinne einer erweiterten Undeutsch-Hypothese zu erwarten, daß die *Logische Konsistenz* in der Wahraussagebedingung (Gruppe I) stärker ausgeprägt ist als in allen Falschaussagebedingungen, da auch in den Aussagebedingungen mit Wahrnehmungsgrundlage noch die kognitive Schwierigkeit bewältigt werden muß, die eigene Person logisch konsistent in das vorgegebene Geschehen einzuordnen (Hypothesen 6.1.1, 6.1.2 und 6.1.3).
In den Falschaussagebedingungen, welchen eine Wahrnehmungsgrundlage zur Verfügung steht (Gruppen III und IV), ist eine höhere Ausprägung des Merkmals zu erwarten als in der Falschaussagebedingung ohne Wahrnehmungsgrundlage (Gruppe II), da die kognitive Komplexität der Täuschungsaufgabe in der Bedingung ohne Wahrnehmungsgrundlage wesentlich höher ist (Hypothesen 6.1.4 und 6.1.5). Die beiden Falschaussagebedingungen mit Wahrnehmungsgrundlage sollten sich hingegen nicht unterscheiden hinsichtlich der Ausprägung *Logischer Konsistenz*, da diese Aufgabe durch eigene Erfahrung nicht erleichtert wird; hier wird also von der Nullhypothese ausgegangen (Hypothese 6.1.6.).

Hypothese 6.2 (*Unstrukturierte Darstellung*): $\mu_{II} < \mu_{III} = \mu_{IV} < \mu_{I}$

Diese Annahme über die Rangfolge der Aussagebedingungen bezüglich der Ausprägung des Merkmals *Unstrukturierte Darstellung* impliziert die folgenden sechs Einzelhypothesen:

6.2.1	6.2.2	6.2.3	6.2.4	6.2.5	6.2.6
$\mu_{I} > \mu_{II}$	$\mu_{I} > \mu_{III}$	$\mu_{I} > \mu_{IV}$	$\mu_{II} < \mu_{III}$	$\mu_{II} < \mu_{IV}$	$\mu_{III} = \mu_{IV}$

Im Sinne einer erweiterten Undeutsch-Hypothese sollte das Merkmal *Unstrukturierte Darstellung* die höchste Ausprägung in der Wahraussagebedingung aufweisen (Hypothesen 6.2.1, 6.2.2 und 6.2.3). Innerhalb der Falschaussagebedingungen sollte diejenige ohne Wahrnehmungsgrundlage die geringste Merkmalsausprägung aufweisen (Gruppe II), da davon ausgegangen wird, daß die eigene Phantasiegeschichte geordneter dargestellt wird als die Nacherzählung einer Wahrnehmungsgrundlage, aus der vom Aussagenden möglicherweise Stücke zunächst vergessen und nachträglich ungeordnet eingefügt werden (Hypothesen 6.2.4 und 6.2.5). Die beiden Falschaussagebedingungen mit Wahrnehmungsgrundlage sollten sich jedoch nicht hinsichtlich der Ausprägung *Unstrukturierter Darstellung* unterscheiden; hier wird die Nullhypothese angenommen (Hypothese 6.2.6).

Hypothese 6.3 (*Quantitativer Detailreichtum*): $\mu_{II} < \mu_{III} < \mu_{IV} < \mu_{I}$

Diese Annahme über die Rangfolge der Aussagebedingungen bezüglich der Ausprägung des Merkmals *Quantitativer Detailreichtum* impliziert die folgenden sechs Einzelhypothesen:

6.3.1	6.3.2	6.3.3	6.3.4	6.3.5	6.3.6
$\mu_{I} > \mu_{II}$	$\mu_{I} > \mu_{III}$	$\mu_{I} > \mu_{IV}$	$\mu_{II} < \mu_{III}$	$\mu_{II} < \mu_{IV}$	$\mu_{III} < \mu_{IV}$

Im Sinne einer erweiterten Undeutsch-Hypothese sollte das Merkmal *Quantitativer Detailreichtum* in der Wahraussagebedingung stärker ausgeprägt sein als in allen Falschaussagebedingungen (Hypothesen 6.3.1, 6.3.2 und 6.3.3). Es ist zu erwarten, daß der Detailreichtum umso stärker ausgeprägt ist, je mehr Informationen dem Aussagenden im Sinne einer Wahrnehmungsgrundlage zur Verfügung stehen, da die kognitiven Anforderungen an den Falschaussagenden in gleichem Maße abnehmen. Daher sollte der *Detailreichtum* in Gruppe II geringer als in Gruppe III ausgeprägt sein (Hypothese 6.3.4) und in Gruppe III wiederum geringer als in Gruppe IV, da hier möglicherweise auf Details aus der eigenen Erfahrung zurückgegriffen werden kann (Hypothesen 6.3.5 und 6.3.6).

Hypothese 7: Nicht-motivationale Inhalte

Hypothese 7.1 (*Kontextuelle Einbettung*): $\mu_{II} < \mu_{III} < \mu_{IV} < \mu_{I}$

Diese Annahme über die Rangfolge der Aussagebedingungen bezüglich der Ausprägung des Merkmals *Kontextuelle Einbettung* impliziert die folgenden sechs Einzelhypothesen:

7.1.1	7.1.2	7.1.3	7.1.4	7.1.5	7.1.6
$\mu_{I} > \mu_{II}$	$\mu_{I} > \mu_{III}$	$\mu_{I} > \mu_{IV}$	$\mu_{II} < \mu_{III}$	$\mu_{II} < \mu_{IV}$	$\mu_{III} < \mu_{IV}$

Im Sinne einer erweiterten Undeutsch-Hypothese sollte das Merkmal *Kontextuelle Einbettung* in der Wahraussagebedingung stärker ausgeprägt sein als in den Falschaussagebedingungen (Hypothesen 7.1.1, 7.1.2 und 7.1.3). Die Falschaussagebedingungen sollten sich folgendermaßen zueinander verhalten: Steht eine Wahrnehmungsgrundlage zur Verfügung, so dürfte es dem Aussagenden leichter fallen, das Ereignis kontextuell einzubetten (Hypothesen 7.1.4 und 7.1.5). Steht zusätzlich eigene, in anderem

Zusammenhang gesammelte Erfahrung für die Aussage zur Verfügung, so besteht die Möglichkeit, dieses Wissen in die Aussage einzubauen. Daher ist zu vermuten, daß die Falschaussagebedingung, in welcher dieser zusätzliche Erfahrungsschatz zur Verfügung steht (Gruppe IV), gegenüber der Aussagebedingung, in welcher nur der Erlebnisbericht eines anderen Kindes als Wahrnehmungsgrundlage zur Verfügung steht, leicht im Vorteil sein wird (Hypothese 7.1.6).
Entsprechende Annahmen sollen für die restlichen Merkmale 5 bis 14 dieses Merkmalskomplexes gelten. Es erscheint daher nicht notwendig, die Hypothesen für die Einzelmerkmale ausführlich darzustellen. Um die Zuordnung von Ergebnissen und die Ergebnisdiskussion zu erleichtern, sollen die Hypothesen in Kurzform mit den zugehörigen Ziffern aufgelistet werden: $\mu_{II} < \mu_{III} < \mu_{IV} < \mu_{I}$

Hypothese 7.2 (*Schilderung von Interaktionen*)

7.2.1	7.2.2	7.2.3	7.2.4	7.2.5	7.2.6
$\mu_I > \mu_{II}$	$\mu_I > \mu_{III}$	$\mu_I > \mu_{IV}$	$\mu_{II} < \mu_{III}$	$\mu_{II} < \mu_{IV}$	$\mu_{III} < \mu_{IV}$

Hypothese 7.3 (*Wiedergabe verbaler Äußerungen*)

7.3.1	7.3.2	7.3.3	7.3.4	7.3.5	7.3.6
$\mu_I > \mu_{II}$	$\mu_I > \mu_{III}$	$\mu_I > \mu_{IV}$	$\mu_{II} < \mu_{III}$	$\mu_{II} < \mu_{IV}$	$\mu_{III} < \mu_{IV}$

Hypothese 7.4 (*Unerwartete Handlungskomplikationen*)

7.4.1	7.4.2	7.4.3	7.4.4	7.4.5	7.4.6
$\mu_I > \mu_{II}$	$\mu_I > \mu_{III}$	$\mu_I > \mu_{IV}$	$\mu_{II} < \mu_{III}$	$\mu_{II} < \mu_{IV}$	$\mu_{III} < \mu_{IV}$

Hypothese 7.5 (*Ungewöhnliche Einzelheiten*)

7.5.1	7.5.2	7.5.3	7.5.4	7.5.5	7.5.6
$\mu_I > \mu_{II}$	$\mu_I > \mu_{III}$	$\mu_I > \mu_{IV}$	$\mu_{II} < \mu_{III}$	$\mu_{II} < \mu_{IV}$	$\mu_{III} < \mu_{IV}$

Hypothese 7.6 (*Überflüssige Einzelheiten*)

7.6.1	7.6.2	7.6.3	7.6.4	7.6.5	7.6.6
$\mu_I > \mu_{II}$	$\mu_I > \mu_{III}$	$\mu_I > \mu_{IV}$	$\mu_{II} < \mu_{III}$	$\mu_{II} < \mu_{IV}$	$\mu_{III} < \mu_{IV}$

Hypothese 7.7 (*Phänomengemäße Schilderung unverstandener Handlungselemente*)

7.7.1	7.7.2	7.7.3	7.7.4	7.7.5	7.7.6
$\mu_I > \mu_{II}$	$\mu_I > \mu_{III}$	$\mu_I > \mu_{IV}$	$\mu_{II} < \mu_{III}$	$\mu_{II} < \mu_{IV}$	$\mu_{III} < \mu_{IV}$

Hypothese 7.8 (*Assoziative Querverbindungen*)

7.8.1	7.8.2	7.8.3	7.8.4	7.8.5	7.8.6
$\mu_I > \mu_{II}$	$\mu_I > \mu_{III}$	$\mu_I > \mu_{IV}$	$\mu_{II} < \mu_{III}$	$\mu_{II} < \mu_{IV}$	$\mu_{III} < \mu_{IV}$

Hypothese 7.9 (*Schilderung eigenpsychischer Vorgänge und Zustände*)

7.9.1	7.9.2	7.9.3	7.9.4	7.9.5	7.9.6
$\mu_{I} > \mu_{II}$	$\mu_{I} > \mu_{III}$	$\mu_{I} > \mu_{IV}$	$\mu_{II} < \mu_{III}$	$\mu_{II} < \mu_{IV}$	$\mu_{III} < \mu_{IV}$

Hypothese 7.10 (*Schilderung fremdpsychischer Zustände*)

7.10.1	7.10.2	7.10.3	7.10.4	7.10.5	7.10.6
$\mu_{I} > \mu_{II}$	$\mu_{I} > \mu_{III}$	$\mu_{I} > \mu_{IV}$	$\mu_{II} < \mu_{III}$	$\mu_{II} < \mu_{IV}$	$\mu_{III} < \mu_{IV}$

Hypothese 7.11 (*Schilderung tatsächlicher Folgen*)

7.11.1	7.11.2	7.11.3	7.11.4	7.11.5	7.11.6
$\mu_{I} > \mu_{II}$	$\mu_{I} > \mu_{III}$	$\mu_{I} > \mu_{IV}$	$\mu_{II} < \mu_{III}$	$\mu_{II} < \mu_{IV}$	$\mu_{III} < \mu_{IV}$

Hypothese 8: Motivationsbezogene Inhalte

Hypothese 8.1 (*Spontane Verbesserungen der eigenen Aussage*): $\mu_{II} < \mu_{III} = \mu_{IV} < \mu_{I}$

Diese Annahme über die Rangfolge der Aussagebedingungen bezüglich der Ausprägung *Spontaner Verbesserungen der eigenen Aussage* impliziert die folgenden sechs Einzelhypothesen:

8.1.1	8.1.2	8.1.3	8.1.4	8.1.5	8.1.6
$\mu_{I} > \mu_{II}$	$\mu_{I} > \mu_{III}$	$\mu_{I} > \mu_{IV}$	$\mu_{II} < \mu_{III}$	$\mu_{II} < \mu_{IV}$	$\mu_{III} = \mu_{IV}$

Diese Rangfolge der Aussagebedingungen soll auch für die übrigen motivationsbezogenen Merkmale vorhergesagt werden. Eine Ausnahme bildet das Merkmal *Zugeben von Wissenslücken* (**Hypothese 8.4**). Bezüglich der Ausprägung dieses Merkmals wird folgende Rangfolge vorhergesagt: $\mu_{III} = \mu_{IV} < \mu_{II} < \mu_{I}$.

Die einzelnen Hypothesen werden im folgenden in Kurzform dargestellt und nachfolgend erläutert.

Hypothese 8.2 (*Zugeben von Erinnerungslücken*)

8.2.1	8.2.2	8.2.3	8.2.4	8.2.5	8.2.6
$\mu_{I} > \mu_{II}$	$\mu_{I} > \mu_{III}$	$\mu_{I} > \mu_{IV}$	$\mu_{II} < \mu_{III}$	$\mu_{II} < \mu_{IV}$	$\mu_{III} = \mu_{IV}$

Hypothese 8.3 (*Erinnerungsbemühungen*)

8.3.1	8.3.2	8.3.3	8.3.4	8.3.5	8.3.6
$\mu_{I} > \mu_{II}$	$\mu_{I} > \mu_{III}$	$\mu_{I} > \mu_{IV}$	$\mu_{II} < \mu_{III}$	$\mu_{II} < \mu_{IV}$	$\mu_{III} = \mu_{IV}$

Hypothese 8.4 (*Zugeben von Wissenslücken*)

8.4.1	8.4.2	8.4.3	8.4.4	8.4.5	8.4.6
$\mu_{I} > \mu_{II}$	$\mu_{I} > \mu_{III}$	$\mu_{I} > \mu_{IV}$	$\mu_{II} > \mu_{III}$	$\mu_{II} > \mu_{IV}$	$\mu_{III} = \mu_{IV}$

Hypothese 8.5 (*Unsicherheit bezüglich der Richtigkeit eigener Angaben*)

8.5.1	8.5.2	8.5.3	8.5.4	8.5.5	8.5.6
$\mu_I > \mu_{II}$	$\mu_I > \mu_{III}$	$\mu_I > \mu_{IV}$	$\mu_{II} < \mu_{III}$	$\mu_{II} < \mu_{IV}$	$\mu_{III} = \mu_{IV}$

Hypothese 8.6 (*Angabe von Gründen für Unsicherheiten, Erinnerungs- und Wissenslücken*)

8.6.1	8.6.2	8.6.3	8.6.4	8.6.5	8.6.6
$\mu_I > \mu_{II}$	$\mu_I > \mu_{III}$	$\mu_I > \mu_{IV}$	$\mu_{II} < \mu_{III}$	$\mu_{II} < \mu_{IV}$	$\mu_{III} = \mu_{IV}$

Hypothese 8.7 (*Einwände gegen die Glaubwürdigkeit der eigenen Aussage*)

8.7.1	8.7.2	8.7.3	8.7.4	8.7.5	8.7.6
$\mu_I > \mu_{II}$	$\mu_I > \mu_{III}$	$\mu_I > \mu_{IV}$	$\mu_{II} < \mu_{III}$	$\mu_{II} < \mu_{IV}$	$\mu_{III} = \mu_{IV}$

Hypothese 8.8 (*Schilderung von Versuchen der Wirklichkeitskontrolle*)

8.8.1	8.8.2	8.8.3	8.8.4	8.8.5	8.8.6
$\mu_I > \mu_{II}$	$\mu_I > \mu_{III}$	$\mu_I > \mu_{IV}$	$\mu_{II} < \mu_{III}$	$\mu_{II} < \mu_{IV}$	$\mu_{III} = \mu_{IV}$

Hypothese 8.9 (*Selbstbelastung des Opfers*)

8.9.1	8.9.2	8.9.3	8.9.4	8.9.5	8.9.6
$\mu_I > \mu_{II}$	$\mu_I > \mu_{III}$	$\mu_I > \mu_{IV}$	$\mu_{II} < \mu_{III}$	$\mu_{II} < \mu_{IV}$	$\mu_{III} = \mu_{IV}$

Hypothese 8.10 (*Inschutznahme des Täters*)

8.10.1	8.10.2	8.10.3	8.10.4	8.10.5	8.10.6
$\mu_I > \mu_{II}$	$\mu_I > \mu_{III}$	$\mu_I > \mu_{IV}$	$\mu_{II} < \mu_{III}$	$\mu_{II} < \mu_{IV}$	$\mu_{III} = \mu_{IV}$

Im Sinne einer erweiterten Undeutsch-Hypothese sollten die traditionellen motivationsbezogenen Merkmale in der Wahraussagebedingung stärker ausgeprägt sein als in allen Falschaussagebedingungen. Entsprechendes wird auch für die in diesen Komplex neu aufgenommenen Merkmale vermutet (Hypothesen 8.[1-10].1, 8.[1-10].2 und 8.[1-10].3). Die Falschaussagebedingungen sollten sich folgendermaßen zueinander verhalten: Zunächst einmal ist davon auszugehen, daß die Variation der Wahrnehmungsgrundlage sich nicht auf die Ausprägung motivationsbezogener Merkmale auswirkt, da die Wahrnehmungsgrundlage keinen unmittelbaren Zusammenhang mit der Täuschungsintention aufweist. Es ist davon auszugehen, daß in allen drei Falschaussagebedingungen eine deutliche Täuschungsintention vorhanden ist, jedoch wird diese in den Aussagebedingungen mit Wahrnehmungsgrundlage zum einen möglicherweise dadurch geschwächt, daß die Vermittlung der Wahrnehmungsgrundlage mittelbaren Einfluß hat; so enthält das Merkmal *Spontane Verbesserung der eigenen Aussage* nicht nur den Aspekt der positiven Selbstpräsentation, sondern es geht hierbei auch um das Auftauchen klarerer Erinnerungen (vgl. Kap. 2.1.2.3.1). Während man einen solchen Effekt in einer Phantasiedarstellung nicht erwarten würde, wird die Auftretenswahrscheinlichkeit durch die Darbietung einer Wahrnehmungsgrundlage erhöht. Zudem ist die Autorin der Ansicht, daß eine *Präzisierung* eigener Angaben einer positiven Selbstpräsentation nicht grundsätzlich zuwiderläuft. Zu einer leichteren Erhöhung der Auftretenswahrscheinlichkeit motivationsbezogener Merkmale könnte es auch dadurch kommen, daß die Selbstaufmerksamkeit der mittels suggestiver Techniken beeinflußten Kinder durch diese vielfältigen Informationen etwas stärker abgelenkt ist, beispielsweise durch den Versuch, die Geschichte möglichst gut nachzuerzählen oder durch die Suggestion, die Basisgeschichte sei wahr. In der Folge wäre denkbar, daß trotz der Täuschungsintention Merkmale wie *Zugeben von Erinnerungslükken*, *Unsicherheit* oder *Erinnerungsbemühungen* dadurch auftreten könnten, daß die Täuschungsaufgabe (überzeugend zu sein) teilweise durch die neue Aufgabe (Geschichte richtig nachzuerzählen, einem anderem Kind zu helfen) in den Hintergrund gedrängt wird. Bei der Wahraussagebedingung beziehen sich Unsicherheiten und Lücken auf das erlebte Ereignis, bei den Aussagebedingungen mit Wahrnehmungsgrundlage beziehen sie sich auf eben diese Wahrnehmungsgrundlage; das bedeutet, wenn ein Kind über die kognitive Aufgabe der Rekonstruktion der Geschichte die Aufgabe der Selbstpräsentation vergißt, dann könnten motivationsbezogene Merkmale auftreten. Zudem sind Merkmale wie beispielsweise die *Angabe von Gründen für Lücken und Unsicherheiten*, die auch kognitive Aspekte enthalten, eher zu erwarten, wenn eine Wahrnehmungsgrundlage zur Verfügung steht; zumindest ist es dann kognitiv leichter, eine Begründung zu finden, und unter dem Blickwinkel positiver Selbstpräsentation auch günstiger, wenn man schon eine Lücke oder Unsicherheit zugeben muß, diese wenigstens zu begründen.

Vor diesem Hintergrund ist die geringste Ausprägung motivationsbezogener Merkmale in der Gruppe II (Phantasiebedingung) zu erwarten (Hypothesen 8.[1-3 und 5-10].4 und 8.[1-3 und 5-10].5), für das Merkmal *Wissenslücken* werden in den Gruppen III und IV hingegen niedrigere Werte als in Gruppe II erwartet (Hypothesen 8.4.4 und 8.4.5); für dieses Merkmal wird angenommen, daß es in der Phantasiebedingung bei kognitiver Überforderung strategisch eingesetzt wird, daß bei Vorhandensein einer Wahrnehmungsgrundlage ein Zugeben von Lücken, sofern es dann noch nötig sein sollte, eher in Form von Erinnerungslücken erfolgt. Hinsichtlich der beiden Aussagebedingungen mit Wahrnehmungsgrundlage und Täuschungsintention (Gruppen III und IV) werden keine Unterschiede im Ausprägungsgrad motivationsbezogener Merkmale vorhergesagt, da diese sich nach den zugrundeliegenden Annahmen nicht erklären lassen; hier wird also von der Beibehaltung der Nullhypothesen ausgegangen (Hypothesen 8.[1-10].6).

Hypothese 9: Negative Merkmale

Hypothese 9.1 (*Vermutete Handlungsmotive des Angeschuldigten*): $\mu_{I} < \mu_{IV} < \mu_{III} < \mu_{II}$

Diese Annahme über die Rangfolge der Aussagebedingungen bezüglich der Ausprägung *Vermuteter Handlungsmotive des Angeschuldigten* impliziert die folgenden sechs Einzelhypothesen, welche auch für die Merkmale 26 und 28 gelten sollen:

9.1.1	**9.1.2**	**9.1.3**	**9.1.4**	**9.1.5**	**9.1.6**
$\mu_{I} < \mu_{II}$	$\mu_{I} < \mu_{III}$	$\mu_{I} < \mu_{IV}$	$\mu_{II} > \mu_{III}$	$\mu_{II} > \mu_{IV}$	$\mu_{III} > \mu_{IV}$

Hypothese 9.2 (*Zuschreibung überdauernder negativer Eigenschaften*)

9.2.1	9.2.2	9.2.3	9.2.4	9.2.5	9.2.6
$\mu_I < \mu_{II}$	$\mu_I < \mu_{III}$	$\mu_I < \mu_{IV}$	$\mu_{II} > \mu_{III}$	$\mu_{II} > \mu_{IV}$	$\mu_{III} > \mu_{IV}$

Hypothese 9.4 (*Klischees*)

9.4.1	9.4.2	9.4.3	9.4.4	9.4.5	9.4.6
$\mu_I < \mu_{II}$	$\mu_I < \mu_{III}$	$\mu_I < \mu_{IV}$	$\mu_{II} > \mu_{III}$	$\mu_{II} > \mu_{IV}$	$\mu_{III} > \mu_{IV}$

Es wird davon ausgegangen, daß die negativen Merkmale charakteristisch für Falschaussagen sind; daher wird erwartet, daß die negativen Merkmale in der Wahraussagebedingung in geringerem Maße auftreten als in allen Falschaussagebedingungen (Hypothesen 9.[1-4].1, 9.[1-4].2 und 9.[1-4].3). Da davon ausgegangen wird, daß sowohl das Vorhandensein einer Wahrnehmungsgrundlage als auch eigene Erfahrung einen Einfluß auf die Auftretenswahrscheinlichkeit ausüben, wird erwartet, daß die Phantasiebedingung die stärkste Ausprägung aufweist (Hypothesen 9.1.4, 9.2.4, 9.4.4 und 9.1.5, 9.2.5, 9.4.5), gefolgt von der Nacherzählbedingung ohne Unfallerfahrung (Gruppe III), die einen höheren Ausprägungsgrad negativer Merkmale aufweisen soll als Gruppe IV (Hypothesen 9.1.6, 9.2.6 und 9.4.6).

Hypothese 9.3 (*Inhaltliche Wiederholungen*): $\mu_I < \mu_{II} < \mu_{IV} < \mu_{III}$

9.3.1	9.3.2	9.3.3	9.3.4	9.3.5	9.3.6
$\mu_I < \mu_{II}$	$\mu_I < \mu_{III}$	$\mu_I < \mu_{IV}$	$\mu_{II} < \mu_{III}$	$\mu_{II} < \mu_{IV}$	$\mu_{III} > \mu_{IV}$

Die geringste Ausprägung *Inhaltlicher Wiederholungen* wird in der Wahraussagebedingung erwartet (Hypothesen 9.3.1, 9.3.2 und 9.3.3). Es wird erwartet, daß die Darbietung einer Wahrnehmungsgrundlage dazu führt, daß bei Unsicherheiten bereits genannte Passagen wieder aufgesagt werden; daher ist davon auszugehen, daß dieses Merkmal stärker in den Gruppen III und IV als in der Phantasiebedingung (Gruppe II) auftritt (Hypothesen 9.3.4 und 9.3.5). Da Wiederholungen vermutlich auftreten, wenn keine spontane Ergänzbarkeit möglich ist, wird erwartet, daß Gruppe IV aufgrund eigener Unfallerfahrungen gegenüber der Gruppe III im Vorteil ist, die Aussagen also weniger Wiederholungen aufweisen (Hypothese 9.3.6).

7.3 Zusatzhypothese hinsichtlich der AV Wortanzahl

Hypothese 10 (*Wortanzahl*): $\mu_{II} < \mu_{III} < \mu_{IV} < \mu_I$

10.1	10.2	10.3	10.4	10.5	10.6
$\mu_I > \mu_{II}$	$\mu_I > \mu_{III}$	$\mu_I > \mu_{IV}$	$\mu_{II} < \mu_{III}$	$\mu_{II} < \mu_{IV}$	$\mu_{III} < \mu_{IV}$

Wegen der kognitiven Belastung, die bei Falschaussagenden, welche sich darauf konzentrieren müssen, eine ausführliche und zugleich logisch konsistente Schilderung zu präsentieren, mit steigender *Wortanzahl* zunimmt, wird erwartet, daß die Wahraussagenden die höchste Wortanzahl erreichen (Hypothesen 10.[1-10].3). Innerhalb der Falschaussagebedingungen sollte die *Wortanzahl* mit abnehmender kognitiver Belastung steigen; daher wird davon ausgegangen, daß die niedrigste *Wortanzahl* in der Phantasiebedingung erreicht wird, gefolgt von Gruppe III; Gruppe IV sollte durch zusätzliche eigene Erfahrung leicht im Vorteil sein (Hypothesen 10.[4-10].6).

7.4 Geplante statistische Auswertung zur Überprüfung der Hypothesen

In einem ersten Schritt soll überprüft werden, ob die Beurteilerübereinstimmung hinreichend hoch ist, so daß vor Durchführung einer Validitätsüberprüfung der Merkmale von einer hinreichenden Reliabilität ausgegangen werden kann.

Zur Überprüfung der statistischen Hypothesen sollen, sofern die Normalverteilungsannahme nicht zurückgewiesen werden muß, paarweise t-Tests für abhängige Stichproben durchgeführt werden.
Da der t-Test für abhängige Stichproben von Nullhypothesen ausgeht, denen grundsätzlich eine zweiseitige Alternativhypothese gegenübersteht, die Undeutsch-Hypothese hingegen auf einer einseitig gerichteten Alternativhypothese basiert, sind Ergebnisse auf dem 10%-Niveau noch als signifikant anzusehen.
Testet man vier Gruppen paarweise gegeneinander, führt man also jeweils sechs Einzeltestungen durch, dann muß man jedoch berücksichtigen, daß die Wahrscheinlichkeit eines α-Fehlers zunimmt. Dem soll mit einer Bonferroni-Adjustierung des Signifikanz-Niveaus begegnet werden. Bei der Bonferroni-Adjustierung wird das festgelegte α-Niveau an der Anzahl der durchgeführten Testungen relativiert. Bei der Durchführung von sechs Einzeltests sind demnach Effekte auf dem 10% - Niveau signifikant, wenn das α-Niveau von .017 unterschritten wird (vgl. Sachs, 1988; Bortz, 1999).

Zusätzlich zur Angabe inferenzstatistischer Signifikanz soll auch die Effektstärke der Gruppenmittelwertsunterschiede betrachtet werden, da statistische Signifikanz für sich genommen ohne praktische Bedeutung sein kann. Es ist sinnvoll, die Effektstärke d zu betrachten, durch welche die Unterschiede in Standardabweichungseinheiten ausgedrückt werden.
Cohen (1988, S. 40) bezeichnet d-Werte ≥ 0.20 als kleine, d-Werte ≥ 0.50 als mittlere und d-Werte ≥ 0.80 als starke Effekte, wobei sich die Aussagen auf die Beträge von d beziehen.

Der t-Test für abhängige Stichproben überprüft die H_0, daß sich die Mittelwerte μ_1 und μ_2 einer zum Zeitpunkt t_1 und t_2 gemessenen abhängigen Variablen in einer Population nicht unterscheiden, bzw. daß der Mittelwert der Einzeldifferenzen $\mu_D = 0$ ist. Bortz und Döring (1995) definieren in diesem Fall als Effektstärke:

$$d' = \frac{\mu_1 - \mu_2}{\sigma_D} * \sqrt{2},$$

wobei σ_D die Streuung der Differenzen ist, die wie folgt ermittelt wird:

$$\sigma_D = \sqrt{\sigma_{x_1}^2 + \sigma_{x_2}^2 - 2r\sigma_{x_1}\sigma_{x_2}},$$

r ist dabei die Korrelation der Messungen zu den Zeitpunkten t_1 und t_2.

Für den Fall, daß die Normalverteilungsannahme verletzt wird, sollen die Daten paarweisen Wilcoxon-Tests unterzogen werden. Beim Wilcoxon-Test handelt es sich um ein nonparametrisches Verfahren, bei dem zwei abhängige Stichproben hinsichtlich ihrer zentralen Tendenz verglichen werden.

8 ERGEBNISSE

Im folgenden sollen die Untersuchungsergebnisse dargestellt werden. Dabei wird es zunächst um die Beantwortung der Frage gehen, inwieweit die Trainingsmaßnahmen die Beurteiler in die Lage versetzen konnten, unabhängig voneinander zu einer übereinstimmenden Beurteilung der Merkmalsausprägungen zu gelangen, welche zudem dem Expertenwissen entsprechen sollte. Nach der Ergebnisdarstellung hinsichtlich der Reliabilität sollen die Ergebnisse der Validitätsprüfung referiert werden. Abschließend wird es um die Frage der Nützlichkeit des untersuchten Merkmalssystems im Hinblick auf eine korrekte Klassifikation einzelner Aussagen gehen.

8.1 ERGEBNISSE ZUR EFFEKTIVITÄT DES TRAININGS

Die Effektivität des Trainings wurde mittels Leistungskontrollen überprüft. Als Kontrolle der aktuellen Leistung dienten der Merkmalssystemtest sowie der Wissenstest, mit dem Ankertest wurden die Stabilität des Lernerfolgs sowie die Übereinstimmung der Beurteiler mit dem Expertenwissen überprüft (vgl. Kap. 6.1.3).

8.1.1 DER MERKMALSSYSTEMTEST

Mittels des Merkmalssystemtests sollte ohne Bezugnahme auf Definitionen und Operationalisierungsvorschriften kontrolliert werden, ob den Trainingsteilnehmern Merkmalskomplexe, Subgruppen und Einzelmerkmale des Merkmalssystems mit den dazugehörigen Ziffern präsent waren (vgl. Kap. 6.1.3.1). Die einzelnen Merkmale und Untergruppen des Merkmalssystems wurden zu zwei Meßzeitpunkten, einmal nach der ersten Trainingswoche (t_1) und einmal nach Abschluß der Intensivtrainingsphase (t_2), schriftlich abgefragt. Die Ergebnisse der beiden Tests werden in Tabelle 8 wiedergegeben.
Es wird deutlich, daß sechs der neun Trainingsteilnehmer bereits zum ersten Meßzeitpunkt, also nach der ersten Trainingswoche, die volle Punktzahl erreichten. Nach Beendigung der Intensivtrainings-Phase erreichten alle Trainingsteilnehmer die volle Punktzahl im Merkmalssystemtest.

Tabelle 8
Ergebnisse des Merkmalssystemtests zu den Meßzeitpunkten t_1 und t_2

Meßzeitpunkt	Durchschnittswert der Trainingsteilnehmer (max. 33 Punkte)	Anzahl der Personen mit maximaler Punktzahl	Prozentualer Anteil der Personen mit max. Punktzahl
t_1	32.3	6	(66.7%)
t_2	33	9	(100%)

8.1.2 DER WISSENSTEST

Im Gegensatz zu dem weniger schwierigen Merkmalssystemtest mußten beim Wissenstest spezifischere Testfragen in Form eines Multiple Choice-Tests beantwortet werden (vgl. Kap. 6.1.3.2). Um die volle Punktzahl zu erreichen, bedarf es eines wesentlich größeren Wissens als bei dem zuvor beschriebenen Test. Der Wissenstest wurde den Beurteilern zu drei Meßzeitpunkten vorgelegt: im Anschluß an das Literaturstudium (t_1), nach der ersten Woche der Intensivtrainingsphase (t_2) und nach Beendigung der Intensivtrainingsphase (t_3).
Zu Meßzeitpunkt 3 erreichten acht der neun Trainingsteilnehmer die volle Punktzahl, einem Teilnehmer fehlte lediglich ein Punkt. Der Wissensstand der Trainingsteilnehmer gegen Ende des Trainings ist demnach als sehr hoch zu bewerten.
Mit dem Kolmogorov-Smirnov-Test (Kolmogorov, 1933, zitiert nach Bortz, Lienert & Boehnke, 1990) wurde überprüft, ob für die Differenzen der Meßwertpaare die Normalverteilungsvoraussetzung erfüllt war. Da die Differenzen normalverteilt waren und Intervallskalenniveau vorlag, konnte mittels t-Tests für gepaarte Stichproben geprüft werden, ob sich signifikante Trainingseffekte beim Vergleich der drei Meßzeitpunkte nachweisen ließen. Die Ergebnisse der drei t-Tests sind Tabelle 9 zu entnehmen.

Tabelle 9
Ergebnisse der t-Tests für abhängige Stichproben bezüglich des Leistungsanstiegs im Wissenstest von Meßzeitpunkt t_1 zu t_2 bzw. t_3

t-Test-Paarungen	Mittelwert[a]	Standardabweichung[a]	t	df	$p_{zweiseitig}$
t_1-t_3	-13.44	2.19	-18.452	8	< .001
t_1-t_2	-10.56	2.07	-15.311	8	< .001
t_2-t_3	-2.89	.60	-14.422	8	< .001

Anmerkungen. [a] Mittelwert und Standardabweichung beziehen sich auf die Differenzwerte der beiden Gruppen.

Es zeigten sich deutliche Trainingseffekte nach der zweiten und der dritten Trainingswoche. Alle Vergleiche wurden auf dem 0.1%-Niveau signifikant. Es fand demnach nicht nur von Meßzeitpunkt 1 zu Meßzeitpunkt 2 eine signifikante Wissenszunahme statt, sondern auch noch von Meßzeitpunkt 2 zu Meßzeitpunkt 3.

8.1.3 DER ANKERTEST

Mit Hilfe des Ankertests sollte die Übereinstimmung zwischen den Beurteilern, diejenige zwischen den Beurteilern und dem Expertenwissen (Kriteriumsvalidität) sowie die Stabilität der Beurteilungen überprüft werden (vgl. Kap. 6.1.3.3).
Das Eichprotokoll wurde von neun Beurteilern zu drei verschiedenen Meßzeitpunkten, nämlich nach Abschluß der intensiven Trainingsphase (t_1), in der Mitte der Auswertungsphase (t_2) und im Anschluß an die Beurteilung der letzten Aussage (t_3) bearbeitet. Merkmalserfüllende Textstellen wurden im Text markiert und der Ausprä-

gungsgrad des Merkmals für jede einzelne Textstelle (vorhanden, stark ausgeprägt) angegeben. Die Übereinstimmung der Beurteiler mit dem Expertenwissen kann somit unter zwei Gesichtspunkten beurteilt werden; zum einen kann überprüft werden, inwieweit die Beurteiler bezüglich aller Textstellen mit dem Expertenwissen sowohl hinsichtlich des Merkmals als auch hinsichtlich des Ausprägungsgrades übereinstimmen; zum anderen kann man sich auf eine Übereinstimmung hinsichtlich des Merkmals beschränken und den Ausprägungsgrad außer Acht lassen.
Betrachtet man die mittlere Übereinstimmung der Beurteiler mit dem Expertenwissen sowie die Stabilität dieser Übereinstimmung über die drei Meßzeitpunkte, so zeigt sich folgendes Bild:

Tabelle 10
Prozentuale Beurteiler-Expertenübereinstimmung über die drei Meßzeitpunkte

	t_1	t_2	t_3
Mittlere Übereinstimmung der Beurteiler mit der Expertin hinsichtlich der Merkmale und Ausprägungsgrade	92.1%	89.3%	90%
Mittlere Übereinstimmung der Beurteiler mit der Expertin hinsichtlich der Merkmale	97.2%	95.5%	96.8%

Zum Meßzeitpunkt t_1 betrug die mittlere Übereinstimmung der Beurteiler mit dem Expertenwissen 92.1%. Berücksichtigt man nur die Übereinstimmung hinsichtlich der Merkmale und vernachlässigt die Übereinstimmung hinsichtlich des Ausprägungsgrades, so ergibt sich eine Übereinstimmung von 97.2%. Zu t_2 erreichten die Beurteiler eine Übereinstimmung von 89.3% bzw. 95.5%. Nach Abschluß der Beurteilungsphase (t_3) stimmten die Beurteiler zu 90% bzw. 96.8% mit dem Expertenwissen überein (vgl. Tab. 10).
Es fällt auf, daß die mittlere Übereinstimmung der Beurteiler mit dem Expertenwissen mit und ohne Berücksichtigung des Ausprägungsgrades trotz des leichten Abfalls zu Meßzeitpunkt t_2 insgesamt sehr hoch war. Bei genauerer Betrachtung zeigt sich, daß die Schwankung zu t_2 durch die schlechte Leistung eines einzelnen Beurteilers zustande kam, der zu t_2 lediglich eine Übereinstimmung von 70.9% erreichte und damit von der Leistung der übrigen Beurteiler erheblich abwich. Insgesamt ist jedoch die Übereinstimmung der Beurteiler mit dem Expertenwissen ebenso wie die Stabilität dieser Übereinstimmung als sehr hoch anzusehen.
Wollte man die langfristigen Effekte des Trainings untersuchen, so wäre eine weitere Wiederholungsmessung zu einem wesentlich späteren Zeitpunkt erforderlich. Da an dieser Stelle jedoch nicht längerfristige Trainingseffekte überprüft werden sollen, sondern lediglich gewährleistet sein soll, daß die Urteilsfähigkeit der Beurteiler während der Phase der Beurteilung hinreichende Stabilität aufwies, erschien eine weitere Überprüfung im Rahmen dieser Studie nicht notwendig.

Die vollständigen Tabellen mit den Übereinstimmungen einzelner Beurteiler mit dem Expertenwissen befinden sich in Anhang E.

Zusammenfassend ist vor dem Hintergrund der Ergebnisse des Merkmalssystemtests und des Wissenstests davon auszugehen, daß die Trainingsmaßnahmen bei allen Trainingsteilnehmern zu einem deutlichen Zuwachs anwendungsorientierten Wissens geführt haben, und alle Beurteiler nach Beendigung der Intensivtrainingsphase über einen vergleichbaren und sehr hohen Wissensstand verfügten. Die guten Ergebnisse des wiederholt dargebotenen Ankertests, mit Hilfe dessen die Kriteriumsvalidität überprüft werden sollte, zeigen zudem, daß die Beurteiler auch in der Lage waren, ihr Wissen an konkreten Aussagebeispielen adäquat umzusetzen, also weitgehend im Sinne des Expertenwissens zu urteilen, und ihre Leistung während der gesamten Anwendungsphase relativ konstant aufrechtzuerhalten.

8.2 Ergebnisse bezüglich der Reliabilität einzelner Merkmale

Nach der Darstellung der Effektivität des Trainings soll nun festgestellt werden, inwieweit davon ausgegangen werden kann, daß die AVn mit angemessen hoher Reliabilität erfaßt worden sind. Zu diesem Zweck soll die Beurteilerübereinstimmung hinsichtlich der Ratings und hinsichtlich der Absolutwerte auf Einzelmerkmalsebene sowie auf der Ebene der Summenscores überprüft werden. Zum einen liefert die Güte der Beurteilerübereinstimmung weitere Hinweise auf die Effektivität des Trainings und erlaubt Schlußfolgerungen hinsichtlich der Präzision der Operationalisierungsvorschriften, zum anderen stellt eine hinreichend hohe Reliabilität die Voraussetzung für die geplante Validitätsprüfung dar.

8.2.1 Maße der Beurteilerübereinstimmung

Im Idealfall wird die Übereinstimmung zwischen einem Beurteiler und dem Ersteller eines Kategoriensystems bei der Klassifikation einer Menge von Items vollständig sein, ebenso wie die Übereinstimmung zwischen mehreren Beurteilern (Krauth, 1995). Insbesondere bei schwer einzuordnenden Grenzfällen und bei schwer zu objektivierbaren Merkmalen wie beispielsweise *Originalität* oder *Nebensächlichkeit* kann es jedoch zu erheblichen Diskrepanzen zwischen Beurteilern kommen. Dieses Phänomen ist aus der Praxis der Begutachtung von Zeugenaussagen und aus der aussagepsychologischen Forschung hinlänglich bekannt.
Nun stellt aber die grundsätzliche Möglichkeit einer übereinstimmenden, beurteilerunabhängigen Einschätzung der Merkmale die Voraussetzung für eine Validitätsprüfung dieser Merkmale dar und ist daher zu dokumentieren. Während sich zur Feststellung der Übereinstimmung der Beurteiler hinsichtlich der im Rahmen dieser Untersuchung erhobenen Absolutwerte die Berechnung einer Pearson-Korrelation anbietet, gehen die Meinungen darüber, welche Kenngröße für das Ausmaß der Beurteilerübereinstimmung bezüglich der Ratings herangezogen werden sollte, auseinander.
Ein häufig verwendetes Maß stellt der Prozentsatz der Übereinstimmungen dar. Bei dieser sehr anschaulichen Methode wird ausgezählt, bei wie vielen der vorgegebenen

Beurteilungen zwei Beurteiler dieselbe Kategorie angegeben haben. Auf den ersten Blick mag diese Angabe genügen. Dieser Übereinstimmungskoeffizient hat aber insbesondere bei Systemen, die nur eine geringe Zahl von Kategorien aufweisen, den Nachteil, daß er auch dann sehr hohe Werte annimmt, wenn eine Entscheidung für eine Kategorie beispielsweise in 80% der Fälle getroffen wird. Auch wenn beide Beurteiler ihre Entscheidung völlig unabhängig voneinander träfen, weil sie beispielsweise nur raten würden, so würde es in einem solchen Fall zu einer hohen Zahl zufälliger Übereinstimmungen (.8 x .8 = 64%) bei der Wahl dieser Kategorie kommen. Hier liegt jedoch eine Scheinübereinstimmung vor.
Eine mögliche Modifikation der prozentualen Übereinstimmung, die um diese Scheinübereinstimmung korrigiert ist, stellt nach Krauth (1995) der Kappa-Koeffizient von Cohen (1960) dar, der von der realen Verteilung der Urteile der Beobachter ausgeht und keine Annahmen über die Verteilung voraussetzt.
Zur Berechnung wird die beobachtete prozentuale Übereinstimmung (P_o) um den Anteil verringert, der auf zufällige Übereinstimmung (P_e) zurückgeht. Relativiert wird diese Differenz an der möglichen maximalen Übereinstimmung (1) abzüglich des Zufallsanteils.

$$\kappa = \frac{P_o - P'_e}{1 - P'_e} = 1 - \frac{1 - P_o}{1 - P'_e} = 1 - \frac{\frac{1}{k} * \sum_{i \neq j} f_{ij}}{\frac{1}{k^2} * \sum_{i \neq j} (f_{i.} * f_{.j})},$$

$$wobei\ P_o = \frac{1}{k} * \sum_{i=1}^{N} f_{ij} \quad sowie\ P'_e = \frac{1}{k^2} * \sum_{j=1}^{N} (f_{i.} * f_{.j}).$$

Die Zufallskorrektur geschieht durch die Schätzung der Wahrscheinlichkeit eines zufälligen Ereignisses mittels Multiplikation der relativen Häufigkeiten der betreffenden Kategorien. Die gegebenen Randhäufigkeiten dienen also als Anhalt dafür, in welchem Maß eine Zufallskorrektur erfolgt. Die Zufallskorrektur geschieht somit durch die Berücksichtigung der tatsächlich zu beobachtenden (relativen) Häufigkeiten. Die einzelnen Kategorien werden als nicht gleich wahrscheinlich betrachtet.

Der Maximalwert $\kappa = 1$ wird dann angenommen, wenn die Beurteiler bei allen Entscheidungen die gleiche Kategorie wählen, also vollständige Übereinstimmung vorliegt. Falls die Beurteiler ihre Kategorisierungen völlig unabhängig voneinander vornehmen, so ergibt sich ein Wert von κ gleich Null. Sollten die Beurteiler systematisch entgegengesetzt urteilen, so sind auch negative Werte möglich. Der schlechtest mögliche Übereinstimmungswert ist $\kappa = -1$.

Kappa kann mittels einer Näherungsformel und mit Hilfe der Normalverteilung bei großem N auf statistische Signifikanz getestet werden. Jedoch werden schon relativ

niedrige Werte signifikant und daher darf die Signifikanz zu keiner Überinterpretation führen. Kappa-Werte ≤ .4 könnten demnach signifikant werden, liegen jedoch noch nicht im Bereich einer zufriedenstellenden Übereinstimmung; aus diesem Grunde soll zusätzlich angegeben werden, ob der Kappa-Wert signifikant größer als .4 ist.
Fleiss (1981) betrachtet Kappa-Werte zwischen .4 ≤ Kappa < .6 als annehmbar, Kappa-Werte zwischen .6 ≤ Kappa < .75 als einen Ausdruck guter Reliabilität und Kappa-Werte ≥ .75 als ausgezeichnet.

Der Kappa-Koeffizient ist für nicht geordnete Kategorien sehr gut geeignet. Bei einem Kategoriensystem, dessen Kategorien eine sinnvolle Abfolge beispielsweise im Sinne einer Intensitätsskala von 0 bis 4 aufweisen (wie z.B. bei der Glaubhaftigkeitsbegutachtung), ist dies jedoch aus folgendem Grunde weniger der Fall: Werden, der Logik des Kappa-Koeffizienten folgend, alle Abweichungen der beiden Beurteiler gleich gewertet, gleichgültig, ob sie in benachbarten oder in weit auseinander liegenden Kategorien differieren, so wird die Beurteilerübereinstimmung unterschätzt, wenn häufig ähnliche (aber nicht gleiche) Beurteilungen vorgenommen werden.

Eine mögliche Lösung dieses Bewertungsproblems bietet der gewichtete Kappa-Koeffizient von Cohen (1968), bei dem die Gewichte so gewählt werden, daß sie umso größer sind, je stärker die gewählten Kategorien voneinander abweichen.

$$\kappa_w = 1 - \frac{\frac{1}{k} * \sum_{i \neq j} (w_{ij} * f_{ij})}{\frac{1}{k^2} * \sum_{i \neq j} (w_{ij} * f_{i.} * f_{.j})},$$

wobei
f_{ij} = relative Häufigkeit der Übereinstimmungen,
$f_{i.}$ = relative Häufigkeit der jeweiligen Zeile,
$f_{.j}$ = relative Häufigkeit der jeweiligen Spalte,
w_{ij} = Gewichtung der Häufigkeit.

Asendorpf und Wallbott (1979) geben jedoch zu bedenken, daß alle kappa-verwandten Größen empfindlich auf die Verteilung der Urteile über die Kategorien reagieren. Weist das System nur wenige Kategorien oder auch eine schlechte Zellenbesetzung einzelner Kategorien auf, so wird dies eher zu einer Unterschätzung der Reliabilität führen. Bei asymmetrischen Randverteilungen kann es somit trotz einer hohen prozentualen Übereinstimmung durch die Zunahme von P_e zu einer stärkeren Verringerung des Kappa-Wertes kommen (vgl. auch Fleiss, 1971; Fleiss, Cohen & Everitt, 1969; Greve & Wentura, 1997; Uebersax, 1987).

Bei der Interpretation des gewichteten Kappa-Koeffizienten als Reliabilitätsmaß müssen daher die Randhäufigkeiten berücksichtigt werden. Ein Maß, welches diese Randhäufigkeiten berücksichtigt, ist der PABAK-Koeffizient (Prevalence Adjusted

Bias Adjusted Kappa) von Gahlinger und Abramson (2000). Da die Randhäufigkeiten der Merkmalsbeurteilungen ungleich sind (manche Merkmale treten sehr selten auf), erscheint es sinnvoll, als Übereinstimmungsmaß auch den PABAK-Koeffizienten zu betrachten.
Im folgenden sollen bezüglich der Ratings die verschiedenen Übereinstimmungsmaße nebeneinander dargestellt werden. Auch auf die prozentuale Übereinstimmung soll nicht verzichtet werden, um die Vergleichbarkeit mit anderen Studien zu gewährleisten. Die Beurteilerübereinstimmung hinsichtlich der auf Absolutwerten basierenden Einzelmerkmalssummen und Indizes, welche die Grundlage für die meisten Validitätsberechnungen darstellen, wird mit der Pearson-Korrelation bestimmt.

8.2.2 Reliabilität einzelner Merkmale

An der Beurteilung des Aussagematerials waren neun Rater beteiligt. Das Stimulusmaterial wurde jeweils von einem Raterpaar beurteilt, wobei die Zusammensetzung dieses Paares zufällig erfolgte und wechselte. Zur Überprüfung der Interrater-Übereinstimmung wurde die Gesamtmatrix aufgesplittet in zwei Matrizen: die Matrix der Beurteilung durch *Rater 1* und die Matrix der Beurteilung durch *Rater 2*. Auf diese Weise konnte ohne Berücksichtigung der jeweiligen Rater-Paar-Kombination die Beurteilerübereinstimmung über das gesamte Stimulusmaterial berechnet werden.
Im folgenden wird zunächst dargestellt, welche Reliabilität die Beurteiler auf Einzelmerkmalsebene erreichten. Dabei werden erst die Ergebnisse hinsichtlich der auf Absolutwerten (Strichliste) basierenden Einzelmerkmalssummen und Subgruppen (*Merkmal stark ausgeprägt*) mittels der Pearson-Korrelation referiert. Anschließend wird die Übereinstimmung bezüglich der Ratings mittels verschiedener Kappa-Koeffizienten sowie Prozentwerte dargestellt.

Die entsprechenden Tabellen befinden sich in Anhang E.

8.2.2.1 Übereinstimmung bezüglich der Einzelmerkmalssummen (Absolutwerte)

Zur Überprüfung der Beurteilerübereinstimmung wurde pro Merkmal die Pearson-Korrelation der Absolutwerte bestimmt. Die Übereinstimmung des imaginären Beurteilerpaares hinsichtlich einzelner Merkmale ist Tabelle 11 zu entnehmen.

Tabelle 11
Beurteilerübereinstimmung hinsichtlich der einzelnen Merkmale (Absolutwerte)

Pearson-Koeffizient	**r < .30**	**.30 ≤ r < .50**	**.50 ≤ r < .70**	**.70 ≤ r**
Merkmale		2[a]	1[a], 5, 9, 12d	3[a], 4a-c, 6a,b, 7, 8, 10, 11, 12a-c, 13, 14, 15, 16, 17, 18, 19, 20, 21a,b, 22, 23, 24, 25, 26, 27, 28

Anmerkungen. [a] Für die allgemeinen Merkmale liegen keine Absolutwerte vor, dennoch wurden sie zum Vergleich mit den übrigen Merkmalen in diese Tabelle aufgenommen.

Die Beurteilerübereinstimmung liegt für den überwiegenden Anteil der Merkmale über .70 und ist damit als gut bzw. sehr gut anzusehen. Für die Merkmale 1, 5, 9 und 12d erreicht die Pearson-Korrelation mit Werten zwischen .50 und .70 eine akzeptable Höhe. Die Beurteilerübereinstimmung bezüglich des Merkmals *Unstrukturierte Darstellung* ist recht unbefriedigend, liegt jedoch im Hinblick auf weitere Validitätsberechnungen noch im annehmbaren Bereich. In die statistische Auswertung sollen daher alle Einzelmerkmalssummen eingehen.
Da es sich bei Korrelationskoeffizienten nicht um intervallskalierte Daten handelt, ist der Mittelwert mehrerer Korrelationen nicht interpretierbar. Zur Berechnung der mittleren Übereinstimmung müssen die Korrelationskoeffizienten für die Einzelmerkmalssummen zunächst in Fischers Z-Werte transformiert, dann das arithmetische Mittel der Z-Werte berechnet und anschließend das arithmetische Mittel wieder in eine Korrelation zurücktransformiert werden (vgl. Bortz, 1999). Die auf diese Weise gewonnene mittlere Übereinstimmung für die auf Absolutwerten basierenden Einzelmerkmalssummen beträgt $\bar{r} = .85$. Diese Übereinstimmung kann als sehr hoch angesehen werden.
Neben der Reliabilität sind auch die Interkorrelationen der Merkmale von Interesse. Bei der Berechnung der Interkorrelationen wurden die Merkmale ohne Subgruppen betrachtet und die allgemeinen Merkmale nicht berücksichtigt, da letztere per definitionem nicht unabhängig von den übrigen Merkmalen sind. Aus demselben Grunde gingen Korrelationen des Merkmals *Zugeben von Erinnerungslücken* mit dessen Erweiterungen nicht mit ein. 101 von 290 möglichen Korrelationen (34,83 %) erwiesen sich als signifikant. Anzumerken ist allerdings, daß bereits Korrelationen von $r = .158$ auf dem 5%-Niveau signifikant wurden. Der für die Interkorrelationen berechnete Median lag bei $r = .083$ und erreichte damit einen recht niedrigen Wert; die Merkmalsoperationalisierung ermöglichte demnach hinreichend unabhängige Merkmalsbeurteilungen.

8.2.2.1.1 Übereinstimmung bezüglich der Absolutwerte der Untergruppen

Im Hinblick auf den in der überwiegenden Zahl der Aussagen sehr geringen Anteil an Nebengeschehen erscheint eine solche Unterteilung für diese Studie nicht sinnvoll und wird daher in der folgenden Auswertung nicht weiter berücksichtigt.

Berechnet man die Pearson-Korrelation für die Beurteilerübereinstimmung hinsichtlich der Einschätzung der stark ausgeprägten Merkmale, so zeigt sich folgendes Bild:

Tabelle 12
Beurteilerübereinstimmung bezüglich der stark ausgeprägten Merkmale

Pearson-Koeffizient	**r < .30**	**.30 ≤ r < .50**	**.50 ≤ r < .70**	**.70 ≤ r**
Merkmale		4a, 8, 9, 12a, 12b, 12c, 12d, 13, 15, 18, 24	4b, 14, 16, 20, 27, 28	4c, 5, 6a, 6b, 7, 10, 11, 17, 19, 21b, 22, 23, 25, 26

Alle Merkmale (der Kategorie *stark ausgeprägt*) liegen im Bereich annehmbarer bis guter Reliabilität (vgl. Tab. 12). In die statistische Auswertung sollen daher alle stark ausgeprägten Merkmale bis auf das Merkmal 21a eingehen. Dieses Merkmal wurde von den Beurteilern in 160 Aussagen übereinstimmend nicht als stark ausgeprägt eingestuft.
Es fällt auf, daß die Beurteiler innerhalb der Subgruppe deutlich schlechtere Übereinstimmungen erzielen als in der Gesamtbewertung einzelner Merkmale. Dieses Ergebnis erscheint weniger erstaunlich, wenn man bedenkt, daß bei der Betrachtung der Gesamteinschätzung die Zusammensetzung der Summen nicht erheblich ist. So ist denkbar, daß Beurteiler 1 ein Merkmal an einer bestimmten Textstelle als stark ausgeprägt bewertet, während Beurteiler 2 an derselben Stelle das Merkmal als zweimal, jedoch in einfacher Ausprägung vorhanden, wahrnimmt. Würde man für dieses Beispiel die Übereinstimmung hinsichtlich der Subgruppe *stark ausgeprägte Merkmale* betrachten, so müßte man zu dem Ergebnis kommen, daß die Rater in ihrem Urteil nicht übereinstimmen. Würde man dagegen die Übereinstimmung hinsichtlich der Merkmalssumme betrachten, so würde man zu einem wesentlich besseren Urteil gelangen. Da sowohl für die Validitätsprüfung einzelner Merkmale als auch für das Gesamturteil die Einzelmerkmalssummen entscheidender sein dürften als die Zusammensetzung dieser Summen an einzelnen Textstellen, erscheint die bisweilen auftretende Uneinigkeit hinsichtlich der Frage, ob ein Merkmal an einer Textstelle zweimal einfach ausgeprägt oder einmal stark ausgeprägt ist, nicht problematisch.
Berechnet man mittels Fishers Z-Transformation die durchschnittliche Korrelation aller in die Auswertung eingehender Merkmale der Kategorie *stark ausgeprägt*, so ergibt sich eine mittlere Korrelation von $\bar{r} = .72$. Diese Übereinstimmung ist noch als gut anzusehen.

Die vollständigen Ergebnistabellen befinden sich in Anhang E.

Nach der Darstellung der Beurteilerübereinstimmung hinsichtlich der Absolutwertesummen einzelner Merkmale soll im folgenden referiert werden, welche Übereinstimmung die Beurteiler bei der Einschätzung einzelner Merkmale auf einer fünfstufigen Ratingskala erreichten.

8.2.2.2 Übereinstimmung bezüglich der Ratings

Zur Überprüfung der Interrater-Übereinstimmung wurden der gewichtete Kappa-Koeffizient, der PABAK-Koeffizient, der Kappa-Koeffizient für Dichotomie sowie die prozentuale Übereinstimmung für jedes zu bewertende Merkmal bestimmt. Die Übereinstimmungen zwischen den beiden Ratern sind Tabelle 13 zu entnehmen.

Berechnet man die mittlere Übereinstimmung, so erhält man einen Wert von 77.48%. Nach Wellershaus und Wolf (1989; vgl. auch Steller et al., 1992) ist dies als hohe Übereinstimmung zu bezeichnen.

Tabelle 13

Gewichtetes Kappa, PABAK, Prozentanteil und Kappa für Dichotomie als Maß der Raterübereinstimmung sowie zugehörige Irrtumswahrscheinlichkeiten

Merkmal	gew. Kappa	p(kein Zufall)	p(sign >.40)	PABAK	Prozent	dich. Kappa	p(kein Zufall)	p(sign >.40)
1 Logische Konsistenz	.35	< .001	[a]	[a]	39.375%	.18	.012	[a]
2 Unstrukturierte Darstellung	.27	< .001	[a]	.48	58.125%	.35	< .001	[a]
3 Quantitativer Detailreichtum	.53	< .001	.003	.38	50.625%	.50	< .001	.378 n.s.
4 Kontextuelle Einbettung	.50	< .001	.028	.53	62.5%	.66	< .001	.202 n.s.
5 Schilderung von Interaktionen	.57	< .001	.020	.85	88.125%	.61	< .001	.010
6 Wiedergabe verbaler Äußerungen	.67	< .001	< .001	.55	64.375%	.97	< .001	< .001
7 Handlungskomplikationen	.64	< .001	< .001	.75	80%	.77	< .001	< .001
8 Ungewöhnliche Einzelheiten	.55	< .001	.011	.77	81.25%	.57	< .001	.131 n.s.
9 Überflüssige Einzelheiten	.52	< .001	.028	.71	76.875%	.63	< .001	< .001
10 Unverstandene Handlungselem.	.67	< .001	< .001	.88	90.625%	.75	< .001	< .001
11 Assoziative Querverbindungen	.64	< .001	< .001	.88	90%	.83	< .001	< .001
12 Eigenpsychische Vorg. u. Zust.	.52	< .001	.007	.52	61.25%	.61	< .001	.062 n.s.
13 Fremdpsychische Zustände	.64	< .001	< .001	.81	85%	.74	< .001	< .001
14 Schilderung tatsächlicher Folgen	.63	< .001	< .001	.67	73.75%	.81	< .001	< .001
15 Spontane Verbesserungen	.46	< .001	.112 n.s.	.48	58.75%	.58	< .001	.003
16 Zugeben von Erinnerungslücken	.82	< .001	< .001	.84	86.875%	.88	< .001	< .001
17 Erinnerungsbemühungen	.74	< .001	< .001	.84	86.875%	.83	< .001	< .001
18 Zugeben von Wissenslücken	.69	< .001	< .001	.80	83.75%	.85	< .001	< .001
19 Unsicherheiten bez. der Richtigk.	.78	< .001	< .001	.78	82.5%	.87	< .001	< .001
20 Gründe für 16, 17, 18, 19	.75	< .001	< .001	.81	85%	.88	< .001	< .001
21 Einwände g. eig. Glaubwürdigk.	.80	< .001	< .001	.99	99.375%	1.00	< .001	< .001
22 Vers. der Wirklichkeitskontrolle	.77	< .001	< .001	.94	95%	.89	< .001	< .001
23 Selbstbelastung des Opfers	.70	< .001	< .001	.73	78.125%	.90	< .001	< .001
24 Inschutznahme des Täters	.63	< .001	< .001	.73	78.125%	.78	< .001	< .001
25 Verm. Handlungsmot. d. Täters	.86	< .001	< .001	.98	98.125%	.88	< .001	< .001
26 Zuschr. überd. neg. Eigenschaft.	.57	< .001	.046	.95	95.625%	.70	< .001	.017
27 Inhaltliche Wiederholungen	.58	< .001	< .001	.67	73.75%	.66	< .001	< .001
28 Klischees	.52	< .001	.007	.57	65.625%	.65	< .001	< .001
Mittlere Übereinstimmung bzw. Median (*)	.64(*)			.77(*)	77.48%	.76(*)		

Anmerkungen. Bei der Interpretation der Irrtumswahrscheinlichkeiten gelten die üblichen Signifikanzniveaus ($\alpha = .05$; $\alpha' = .01$; $\alpha'' = .001$). [a] Werte können nicht berechnet werden.

Da Kappa-Werte nicht intervallskaliert sind, ist eine Berechnung des Mittelwertes nicht erlaubt. Stattdessen soll der Median betrachtet werden. Für das gewichtete Kappa ergibt sich ein Median von .64, für das PABAK ein Median von .77 und für das Kappa (dichotom) erhält man einen Median von .76.
Auf Einzelmerkmalsebene unterscheiden sich die Ergebnisse stark. So zeigen die Beurteiler nur mäßige Übereinstimmungen hinsichtlich der allgemeinen Merkmale (1, 2 und 3) sowie hinsichtlich des Merkmals *Spontane Verbesserungen* (15). Da die Übereinstimmung jedoch bezüglich aller Merkmale signifikant besser als eine Zufallsübereinstimmung ist, kann die Reliabilität der Ratings für eine weitere Untersuchung hinsichtlich der Validität als ausreichend angesehen werden; kein Merkmal muß von weiteren Analysen ausgeschlossen werden.

8.2.3 Reliabilität der Indizes

Neben der Beurteiler-Übereinstimmung auf Einzelmerkmalsebene wurde auch die Übereinstimmung auf der Ebene von Merkmalskomplexen überprüft, da diese ebenfalls für weitere Validitätsberechnungen herangezogen werden sollten. Die Indizes basieren grundsätzlich auf Absolutwerten. Eine Ausnahme bildet der Index 1, in dem die allgemeinen Merkmale zusammengefaßt sind, welche ausschließlich über Ratings erfaßt wurden.

8.2.3.1 Übereinstimmung bezüglich der Summenscores

Die Reliabilität der Indizes soll anhand der Pearson-Korrelation bestimmt werden. Betrachtet werden dabei vier Merkmalskomplexe sowie der Gesamtsummenscore. Zu den Merkmalskomplexen zählen der Summenscore der *allgemeinen Merkmale* (Index 1), der Summenscore der *nicht-motivationalen Merkmale* (Index 2), der Summenscore der *motivationsbezogenen Merkmale* (Index 3) und der Summenscore der *negativen Merkmale* (Index 4).
Die Summenscores der einzelnen Merkmalskomplexe gehen wie folgt in den Glaubhaftigkeitsindex ein:

$$\textbf{Gl.-Index} = \sum 4{,}5{,}6{,}7{,}8{,}9{,}10{,}11{,}12{,}13{,}14 + \sum 15{,}16{,}17{,}18{,}19{,}20{,}21{,}22{,}23{,}24 - \sum 25{,}26{,}27{,}28$$

Die Beurteilerübereinstimmung hinsichtlich der Summenscores ist Tabelle 14 zu entnehmen.

Hinsichtlich des Indexes der allgemeinen Merkmale, welcher auf Ratings basiert, erreichten die Rater mit $r = .67$ eine zufriedenstellende Übereinstimmung. Die Übereinstimmung hinsichtlich der übrigen, auf Absolutwerten basierenden Indizes darf als sehr gut bezeichnet werden (vgl. Tab. 14).
Alle Indizes können somit in die statistische Auswertung eingehen.

Tabelle 14
Beurteilerübereinstimmung hinsichtlich der Indizes

	Mittelwert Rater 1	Standard-abweichung Rater 1	Mittelwert Rater 2	Standard-abweichung Rater 2	Korrelation (Pearson)
Index 1	5.61	2.00	5.37	2.09	.670***
Index 2	17.69	12.43	17.92	13.45	.971***
Index 3	6.94	6.90	7.07	6.78	.953***
Index 4	2.02	2.31	2.07	2.14	.841***
Glaubhaftigkeitsindex	22.61	16.36	22.92	17.59	.966***

Anmerkungen. * $p_{einseitig} < .05$; ** $p_{einseitig} < .01$; *** $p_{einseitig} < .001$.

Berechnet man nach Fischers Z-Transformation die mittlere Übereinstimmung der Summenscores der vier Merkmalskomplexe, so ergibt sich ein mittlerer Korrelationskoeffizient von $\bar{r} = .91$. Die Beurteilerübereinstimmung hinsichtlich der Absolutwerte auf Index-Ebene ist damit als sehr hoch anzusehen.

8.2.3.2 Übereinstimmung hinsichtlich des Glaubhaftigkeitsscores (Rating)

Die Raterübereinstimmung hinsichtlich des Summenscores für das Rating aller Merkmale wurde ebenfalls mittels der Produkt-Moment-Korrelation berechnet. Hier erreichten die Rater eine Übereinstimmung von r = .85. Auch diese Übereinstimmung ist als sehr hoch anzusehen.

8.2.3.3 Diskussion der Ergebnisse zur Reliabilität

Die Validitätsprüfung inhaltlicher Merkmale setzt voraus, daß sich einzelne Merkmale weitestgehend beurteilerunabhängig erfassen lassen. Über das Mindestmaß an Reliabilität hinaus, welches für die weitere statistische Verrechnung verlangt wird, ist im Hinblick auf die Anwendbarkeit der Merkmale in der Begutachtungspraxis eine gute Beurteilerübereinstimmung anzustreben, deren Grundlage präzise Operationalisierungsvorschriften sowie ein gründliches Beurteilertraining bilden sollten. Im Rahmen dieser Studie wurden zur differenzierteren Erfassung des Ausprägungsgrades einzelner Merkmale Absolutwerte erhoben. Zusätzlich wurden die Merkmalsausprägungen mittels des üblichen Ratingverfahrens beurteilt, um die Vergleichbarkeit mit anderen Untersuchungen zu gewährleisten.

Die Effektivität des Trainings wurde zum einen durch die Ergebnisse des Merkmalssystemtests, des Wissenstests und des Ankertests dokumentiert. Die hohen Übereinstimmungen liefern einen weiteren Hinweis auf die Effektivität der Trainingsmaßnahmen und auf die gelungene Präzisierung der Operationalisierungsvorschriften. Auch die Erfassung einzelner Merkmale mit Hilfe einer Strichliste führte wie erwartet zu einem präziseren Ergebnis. Die Operationalisierungsvorschriften für die allgemei-

nen Merkmale sowie für das Merkmal *Spontane Verbesserungen der eigenen Aussage* bedürfen einer Überarbeitung. In der Gruppe der allgemeinen Merkmale mag jedoch auch die Tatsache, daß diese Merkmale im Gegensatz zu allen anderen Merkmalen vor dem Rating nicht in Absolutwerten erfaßt werden konnten, zu der mäßigen Übereinstimmung beigetragen haben.
Insgesamt ist zu konstatieren, daß die Beurteiler in dieser Untersuchung eine vergleichsweise hohe Beurteilerübereinstimmung erreichten.

8.3 Beschreibung des erhobenen sekundären Stimulusmaterials

Die transkribierten Aussagen haben – ohne Berücksichtigung der Äußerungen der Interviewerin – durchschnittlich einen Umfang von 698 Wörtern. Allerdings besteht erhebliche Varianz innerhalb und zwischen einzelnen Aussagebedingungen, welche in Kap. 8.6 noch thematisiert werden wird.
Insgesamt trat in 6 von 160 Aussagen der Fall ein, daß die Kinder sich hinsichtlich der experimentellen Bedingung verplapperten, also Äußerungen tätigten, welche einen eindeutigen Hinweis auf die zugrundeliegende Aussagebedingung enthielten. Als Beispiele mögen folgende Zitate dienen:

„...das Mädchen fuhr die Straße entlang...äh, ich bin die Straße entlang gefahren und dann...“

„...die Frau hat mich dann ins Krankenhaus gebracht...“ (er sprach an dieser Stelle von „seiner“ Mutter)

„die wollten dahin fahren und dann...“ (er spricht von „sich und seiner“ Familie)

Hier wird deutlich, daß sechs Kinder teilweise mit ihrer Täuschungsaufgabe überfordert waren und es dementsprechend nicht schafften, während des *gesamten* Interviews ihre Rolle durchzuhalten. Auch ist zu konstatieren, daß den drei angeführten Verplapperern Probleme der Identifikation mit dem *anderen Kind* zugrunde liegen, wobei im ersten Beispiel der Verplapperer vom Kind selbst bemerkt und korrigiert wurde. Trotzdem oder sogar gerade wegen dieser auffälligen Verbesserung handelte es sich hier um einen eindeutigen Hinweis, welcher für die bevorstehende Beurteilung der Aussagen herausgeschnitten werden mußte, um den Status der Uninformiertheit bei den Beurteilern aufrechtzuerhalten (vgl. Kap. 4.3.4.3.2).
Die Verteilung der herausgeschnittenen Hinweise über die Aussagebedingungen ist Tabelle 15 zu entnehmen.

Tabelle 15
Verteilung der Verplapperer über die Aussagebedingungen

	Aussage-bedingung I	**Aussage-bedingung II**	**Aussage-bedingung III**	**Aussage-bedingung IV**
Hinweise (Verplapperer)	0	1	3	2

In der Aussagebedingung I konnten keine Verplapperer auftreten, da keine Instruktion im engeren Sinne erfolgte. In den drei Täuschungsbedingungen kamen eindeutige Hinweise jedoch auch relativ selten vor. In Aussagebedingung II verplapperte sich nur ein Kind. In den Aussagebedingungen III und IV gaben jeweils zwei bzw. drei Kinder eindeutige Hinweise. In insgesamt 6 von 120 Aussagen (entspricht 5% der Falschaussagen) schafften es die Kinder demnach nicht, die Täuschungsinstruktion durchzuhalten, ohne Hinweise zu geben. Betrachtet man die Altersverteilung dieser sechs Kinder, so zeigt sich folgendes Bild:
Es verplapperten sich drei Kinder der dritten, eines der zweiten und eines der ersten Klasse sowie ein Kindergartenkind. Zwar verplapperte sich kein Kind der vierten und fünften Klasse, jedoch wird durch die vorliegenden Daten nicht bestätigt, daß sich jüngere Kinder leichter verplappern als ältere. Nun könnte man vermuten, daß der Anteil der Drittklässler in den Täuschungsbedingungen besonders groß gewesen ist. Dies ist nicht der Fall; der Anteil der Drittklässler lag bei 20%, während der Anteil an Erstklässlern beispielsweise bei 25% lag (vgl. Kap. 8.4).

Trotz dieser Verplapperer gaben die Kinder auf Nachfrage der Assistenten an, ihre Sache gut gemacht zu haben. Sie schienen ihre Entgleisungen demnach nicht bemerkt zu haben bzw. davon überzeugt zu sein, daß die Interviewerin diese nicht bemerkt habe. Es ist also davon auszugehen, daß die Instruktionen befolgt wurden. In zwei Fällen erschien allerdings aufgrund der Art der Entgleisung zweifelhaft, ob die Instruktion verstanden worden war. Da die betreffenden Kinder jedoch angaben, überzeugend gewesen zu sein, wurden auch diese Aussagen in die Auswertung miteinbezogen.

8.4 Ergebnisse hinsichtlich der erhobenen potentiellen Moderatorvariablen

Insgesamt nahmen 120 Kinder bzw. 160 Stimuluspersonen an der Untersuchung und 40 Stimuluspersonen pro Aussagebedingung teil. Angaben zur Beschreibung der einzelnen Aussagebedingungen hinsichtlich erhobener potentieller Moderatorvariablen sind Tabelle 16 zu entnehmen.

Der Einfluß potentieller Moderatorvariablen auf die abhängigen Variablen wurde mittels Korrelationsberechnungen und Varianzanalysen überprüft. Sowohl die *verbalen Fähigkeiten* als auch das *Alter* der Spn übten wenig überraschend einen starken Einfluß auf die AVn aus (so beträgt der Zusammenhang zwischen Alter und dem Gesamtratingscore $r = .56$; $p < .001$; sowie zwischen verbalen Fähigkeiten und dem Gesamtratingscore $r = .49$; $p < .001$). In Tabelle 16 ist die mittlere Summe der Rohpunkte wiedergegeben, die Auskunft über die verbalen Fähigkeiten geben sollte.

Es wird deutlich, daß die verbalen Fähigkeiten, von denen angenommen wurde, daß diese den stärksten Einfluß auf die abhängigen Variablen ausüben würden, sehr gut parallelisiert werden konnten. An zweiter Stelle wurde das Alter berücksichtigt (vgl. Kap. 4.3.1.5). Mangels verbaler Fähigkeiten einiger Unfallopfer mußte für eine Parallelisierung der verbalen Fähigkeiten zum Teil auf sehr junge Kinder zurückgegriffen werden. Zur Kontrolle der vorgenommenen Parallelisierung wurden einfaktorielle Varianzanalysen mit den Aussagebedingungen als unabhängige Variable[32] und Alter bzw. verbalen Fähigkeiten als abhängige Variable berechnet. Weder für das Alter ($F_{2;117} = 1.778$; $p = .17$) noch für verbale Fähigkeiten ($F_{2;117} = 0.046$; $p = .96$) erbrachte die Varianzanalyse einen Hinweis auf Unterschiede zwischen den Aussagebedingungen.

Die Variablen *Verkehrserziehung* und *Hyperaktivität* sind zu vernachlässigen, da lediglich zwei Unfallkinder hyperaktiv waren und davon ausgegangen werden kann, daß Verkehrserziehung bis zu einem gewissen Alter flächendeckend erteilt wird; die scheinbaren Unterschiede sind darauf zurückzuführen, daß dies in der Orientierungsstufe bereits nicht mehr der Fall war.

Bei den weiteren potentiellen Moderatorvariablen wurden in einem ersten Schritt Korrelationen mit dem Gesamtratingscore berechnet. Für die Variablen *Geschlecht*, *Nationalität*, *Sprachprobleme*, *Fernsehkonsum*, *Geschwisterzahl*, *Freizeitbeschäftigung* und die *Persönlichkeitsmerkmale* war kein Zusammenhang nachzuweisen. Hohe Zusammenhänge ergaben sich hingegen mit der Variable *Klassenstufe* ($r = .51$; $p < .001$). Da es sich hierbei vermutlich um eine Scheinkorrelation handelte, die auf *Alter* und *verbale Fähigkeiten* zurückzuführen ist, wurden diese beiden Variablen herauspartialisiert. Im Anschluß war auch für die Variable *Klassenstufe* kein Zusammenhang zum Gesamtsummenscore mehr feststellbar ($r = -.13$; $p = .115$).

Aus den Ergebnissen läßt sich schließen, daß zum einen einige denkbare Moderatorvariablen keinen Einfluß auf die inhaltlichen Merkmale ausübten. Zum zweiten wirkten sich das *Alter* und die *verbalen Fähigkeiten* der Kinder sehr stark auf die Aussagequalität aus.
Für Untersuchungen im Bereich der Glaubhaftigkeitsdiagnostik ist entsprechend zu fordern, daß diese Variablen kontrolliert werden. Die vorliegende Untersuchung wurde diesem Anspruch gerecht, in dem eine erfolgreiche Parallelisierung in den vier Gruppen gelang.

---

32 In die Varianzanalysen gingen nur drei der vier Aussagebedingungen ein, da in den Gruppen II und III dieselben Kinder enthalten sind.

Tabelle 16
Ausprägung potentieller Moderatorvariablen in den verschiedenen Aussagebedingungen

Potentielle Moderatorvariablen		**Wahrheitsbedingung**	**Phantasiebedingung**	**Nacherzähl. ohne Unfallerfahrung**	**Nacherzähl. mit Unfallerfahrung**
Summe der Rohpunkte in den vier Verbal-Subtests (Ø)		47.83 SD = 31.13	49.78 SD = 30.10	49.78 SD = 30.10	48.50 SD = 26.46
Alter	Ø	9.08	8.42	8.42	8.50
	min – max	6.08 - 11.92	4.67 - 11.50	4.67 - 11.50	5.67 – 11.92
Geschlecht	männlich	23	16	16	20
	weiblich	17	24	24	20
Nationalität	deutsch	33	36	36	37
	andere Nation.	7	4	4	3
Unfallerfahrung					
keinerlei Unfallerfahrung			32	32	
1 Familienmitglied verunglückt			8	8	
min. 2 Unfälle in der Familie / 1 Geschwisterkind verunglückt					8
selbst verunglückt		40			32
Schulform	Grundschule	24	32	32	33
	Orientierungsst.	10	5	5	5
	Sonderschule	2	0	0	0
	Vorschule o. Kita	4	3	3	2
Klassenstufe	0	4	3	3	2
	1	7	10	10	10
	2	9	6	6	9
	3	5	9	9	6
	4	6	7	7	8
	5	7	5	5	5
	6	2	0	0	0
Verkehrserziehung	ja	23	32	32	33
	nein	14 (3 missing)	8	8	7
Hyperaktivität	nicht hyperaktiv	38	40	40	40
	hyperaktiv	2	0	0	0
Sprachprobleme	keine Probleme	35	38	38	40
	Probleme	5	2	2	0
Tägl. Fernsehkonsum in h (Ø)		1.73	1.23	1.23	1.27
Anzahl der Geschwister (Ø)		1.53	1.25	1.25	1.33
Persönlichkeitsmerkmale[a] (Ø)					
	lebhaft	3.80	3.32	3.32	3.32
	phantasievoll	3.54	3.54	3.54	3.53
	offen	3.83	3.69	3.69	3.62
	gesprächig	4.13	3.72	3.72	3.63
	schüchtern (-)	3.25	2.82	2.82	2.85
	redegewandt	3.55	3.97	3.97	3.68
Liebste Beschäftigung	Fernsehen	3	0	0	1
	Sport	18	18	18	15
	Häusl. außer Ferns.	18 (1 missing v.)	21 (1 missing v.)	21 (1 missing)	23 (1 missing v.)

Anmerkungen. Ø = Mittelwert; SD = Standardabweichung; min steht für die jüngste, max für die älteste Sp der Gruppe; missing bzw. missing value = fehlende Werte. [a]Wertebereich von 1 bis 5.

8.5 ÜBERPRÜFUNG DER DIFFERENTIELLEN VALIDITÄT TRADITIONELLER UND NEUER MERKMALE

8.5.1 ÜBERPRÜFUNG DER VORAUSSETZUNGEN FÜR DIE ANWENDUNG DER GEWÄHLTEN TESTVERFAHREN

Die in Kap. 7 aufgestellten Unterschiedshypothesen sollen mittels paarweise durchzuführender t-Tests für abhängige Stichproben überprüft werden.
Für die Anwendung dieses Testverfahrens müssen folgende Voraussetzungen erfüllt sein:

- Die Daten wurden auf Intervallskalenniveau erhoben und
- die Differenzen der zusammengehörenden Meßwertpaare sind normalverteilt.

Da mit Ausnahme der Gruppe der allgemeinen Merkmale alle Validitäts-Berechnungen auf der Grundlage von Absolutwerten erfolgen sollen, ist die Voraussetzung des Intervallskalenniveaus erfüllt.
Bezüglich der zweiten Voraussetzung ist zu sagen, daß die Verteilung der Differenzwerte nach dem zentralen Grenzwerttheorem bei zunehmendem Stichprobenumfang in eine Normalverteilung übergeht. Nach Bortz (1999) muß lediglich bei kleineren Stichprobenumfängen die Voraussetzung erfüllt sein, daß sich die Differenzen in der Grundgesamtheit normalverteilen. Als große Stichprobe definiert er in diesem Zusammenhang eine Stichprobe des Umfangs von mindestens 30 Meßwertpaaren. Da in der vorliegenden Untersuchung jeweils 40 Meßwertpaare in die Berechnung eingehen werden, kann die Normalverteilungsvoraussetzung somit als erfüllt angesehen und auf die Durchführung eines Kolmogorov-Smirnov-Tests auf Normalverteilung verzichtet werden.
Im folgenden geht es nun um die Beantwortung der Frage, inwieweit die Merkmale des untersuchten Merkmalssystems als valide Indikatoren zur Abgrenzung erlebnisbegründeter Aussagen und unterschiedlicher Falschaussagen bezeichnet werden können. Damit wird die *erweiterte Undeutsch-Hypothese* überprüft. Zusätzlich zur Abgrenzung wahrer und falscher Aussagen, die für die Begutachtungspraxis von besonderer Relevanz ist, sollen eher explorativ mögliche Unterschiede zwischen verschiedenen Falschaussagebedingungen betrachtet werden.
Zunächst sollen die Ergebnisse bezüglich der verschiedenen Indizes dargestellt werden, bevor die differentielle Validität einzelner Merkmale bzw. Subgruppen von Merkmalen auf der Mikroebene betrachtet wird. Bei der Darstellung der Ergebnisse werden neben der Kategorisierung signifikanter und nicht signifikanter Ergebnisse auch Tendenzen ($p < .10$) sowie kleine Effekte ($d \geq .20$) berücksichtigt.

8.5.2 GLAUBHAFTIGKEITSINDIZES

Der Glaubhaftigkeitsindex wurde aus den Absolutwerten berechnet, die der Strichliste entnommen wurden, enthält also alle Merkmale mit Ausnahme der Merkmale 1-3 (allgemeine Merkmale), welche ausschließlich mittels Ratings erfaßt wurden.

Abbildung 4 zeigt die Gruppenmittelwerte[33] für den auf Absolutwerten basierenden Glaubhaftigkeitsindex.

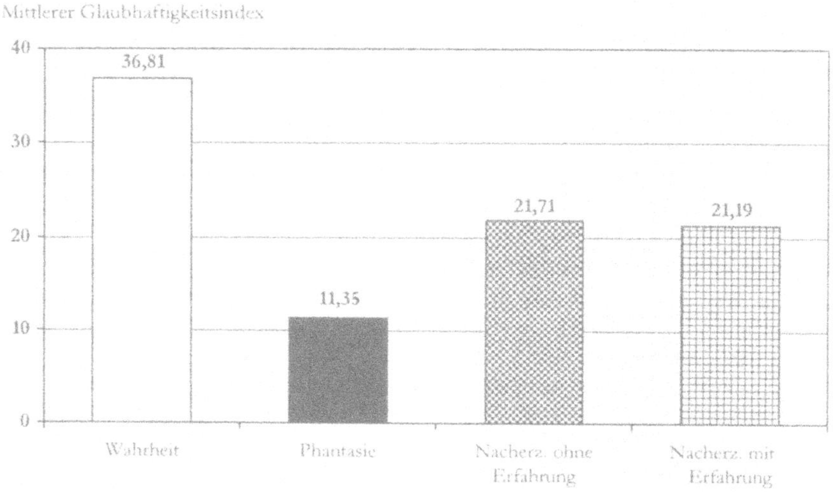

Abbildung 4
Gruppenmittelwerte für den Glaubhaftigkeitsindex pro Aussagebedingung

Vergleicht man den Gruppenmittelwert der Wahraussagebedingung mit den Gruppenmittelwerten der drei Falschaussagebedingungen, so zeigen sich für alle Aussagebedingungen deutliche Unterschiede in vorhergesagter Richtung, die sich auch in paarweise durchgeführten t-Tests für abhängige Stichproben als signifikant erwiesen (vgl. Tab. 17). Der Glaubhaftigkeitsindex wies in der Wahraussagebedingung (Gruppe I) eine höhere Ausprägung auf als in allen drei Falschaussagebedingungen. Die erweiterte Undeutsch-Hypothese konnte also für die Gesamtsummenscores bestätigt werden (Hypothesen 1.1, 1.2 und 1.3).
Desweiteren ist Tabelle 17 zu entnehmen, daß die Falschaussagebedingungen, in denen Wahrnehmungsgrundlagen gegeben waren (Gruppen III und IV), einen signifikant höheren Glaubhaftigkeitsindex aufwiesen als die Phantasiebedingung, in welcher nicht auf eine Wahrnehmungsgrundlage zurückgegriffen werden konnte (Gruppe II), womit die Hypothesen 1.4 und 1.5 ebenfalls bestätigt[34] werden konnten. Für alle fünf signifikant gewordenen Vergleiche zeigten sich starke Effekte.
Hypothese 1.6 bezüglich des Unterschiedes zwischen den beiden Nacherzählbedingungen (Gruppen III und IV) konnte hingegen nicht bestätigt werden. Diese beiden Gruppen unterschieden sich nicht hinsichtlich des Glaubhaftigkeitsindexes.

---

[33] Mittelwerte und Standardabweichungen befinden sich in Anhang E.

[34] Im Sinne der Lesbarkeit des Textes wird im folgenden auf die umständlichere Formulierung des Verwerfens statistischer Nullhypothesen verzichtet und stattdessen von der Bestätigung der Forschungshypothesen gesprochen.

Tabelle 17
Ergebnisse der t-Tests für abhängige Stichproben sowie Effektstärken für den Glaubhaftigkeitsindex

t-Test-Paarungen	Mittelwert [b]	Standardabweichung [b]	t	df	p [c]	d
I vs. II [a]	25.46	20.00	8.053	39	< .001	1.80
I vs. III	15.10	15.62	6.115	39	< .001	1.37
I vs. IV	15.63	15.43	6.403	39	< .001	1.43
II vs. III	-10.36	12.49	-5.249	39	< .001	-1.17
II vs. IV	-9.84	10.73	-5.800	39	< .001	-1.29
III vs. IV	0.53	12.36	0.269	39	.790	0.06

Anmerkungen. [a] I vs. II bedeutet, daß die Aussagebedingungen I und II gegeneinander getestet werden. [b] Mittelwert und Standardabweichung beziehen sich auf die Differenzwerte der beiden Gruppen. [c] Aufgrund einer Bonferroni-Adjustierung gelten veränderte Signifikanzniveaus (vgl. Kapitel 7.4): t-Wert ist signifikant, wenn $p_{einseitig} < .017$.

Da in dem soeben dargestellten Glaubhaftigkeitsindex aus methodischen Gründen (inkompatible Skalierung) der Komplex der allgemeinen Merkmale nicht enthalten ist, soll zusätzlich der Summenscore für das Rating aller Merkmale betrachtet werden. Abbildung 5 veranschaulicht den mittleren Gesamtscore, welchem nicht Absolutwerte, sondern Ratings auf einer fünfstufigen Skala zugrunde liegen.
Hier zeigt sich ein ähnliches Bild wie bei der Betrachtung des Glaubhaftigkeitsindexes. Durch die Reduzierung auf fünf mögliche Kategorien erscheinen die Unterschiede auf den ersten Blick etwas weniger deutlich.

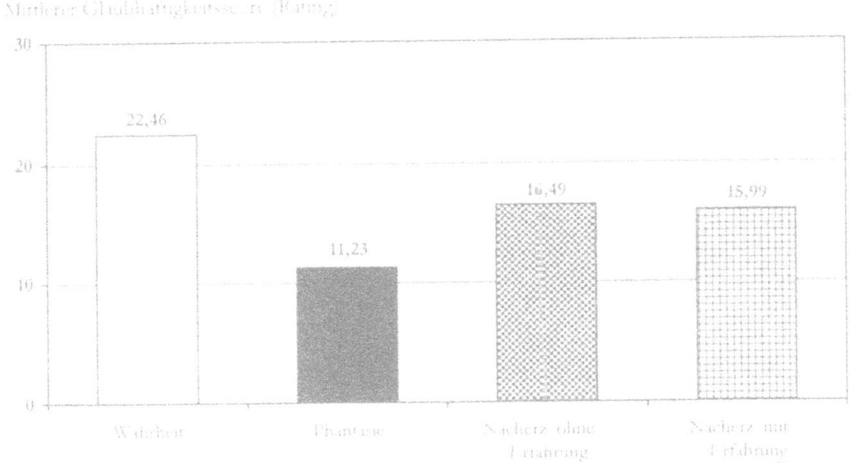

Abbildung 5
Gruppenmittelwerte für die Summe der Ratings aller Merkmale pro Aussagebedingung

Aufgrund der insgesamt auch geringeren Varianz der Werte werden die Unterschiede zwischen den Gruppen jedoch noch etwas deutlicher.
Die Effektstärken und Ergebnisse der t-Tests für die Ratingscores sind Tabelle 18 zu entnehmen.

Tabelle 18
Ergebnisse der t-Tests für abhängige Stichproben sowie Effektstärken für den Glaubhaftigkeitsscore (Rating)

t-Test-Paarungen	Mittelwert[b]	Standardabweichung[b]	t	df	p[c]	d
I vs. II[a]	11.24	7.81	9.095	39	< .001	2.03
I vs. III	5.96	6.09	6.194	39	< .001	1.38
I vs. IV	6.48	6.32	6.483	39	< .001	1.45
II vs. III	-5.28	5.91	-5.641	39	< .001	-1.26
II vs. IV	-4.76	6.37	-4.728	39	< .001	-1.06
III vs. IV	0.51	6.25	0.518	39	.607	0.12

Anmerkungen. [a] I vs. II bedeutet, daß die Aussagebedingungen I und II gegeneinander getestet werden. [b] Mittelwert und Standardabweichung beziehen sich auf die Differenzwerte der beiden Gruppen. [c] Aufgrund einer Bonferroni-Adjustierung gelten veränderte Signifikanzniveaus (vgl. Kapitel 7.4): t-Wert ist signifikant, wenn $p_{einseitig} < .017$.

Das in dieser Untersuchung verwendete Merkmalssystem war demnach insgesamt gut dazu in der Lage, zwischen Wahraussagen und Phantasieaussagen zu differenzieren. Die ursprüngliche Undeutsch-Hypothese konnte somit bestätigt werden.

Auch für schwierigere Fallkonstellationen erwies sich das System noch als valides Instrument zur Unterscheidung wahrer und falscher Aussagen. Bezüglich dieser Fallkonstellationen zeigte sich jedoch ein sehr interessanter Effekt: Kinder, die bei ihrer Falschaussage auf eine Wahrnehmungsgrundlage zurückgreifen konnten, erzielten einen signifikant höheren Glaubhaftigkeitsindex als Kinder, die gezwungen waren, alle Details ihrer Falschaussage frei zu erfinden. Die relativ geringe Beeinflussung der Kinder schlug sich in starken Effekten nieder. Zusätzliche persönliche Erfahrung mit einem ähnlichen Ereignis verstärkte diesen Effekt wider Erwarten nicht. Die zusätzliche Informationsquelle wurde von den unfallerfahrenen Kindern offenbar nicht zur Ausgestaltung ihrer Falschaussage genutzt.

8.5.3 Ebene der Merkmalskomplexe

Nach einem Gesamtüberblick soll im folgenden ein Blick auf einzelne Merkmalskomplexe geworfen werden. Dabei wird nach der Reihenfolge der Merkmalsnummerierungen vorgegangen und mit dem Komplex der allgemeinen Merkmale begonnen.

8.5.3.1 Komplex allgemeiner Merkmale (Index 1)

Für den Index 1 wurden die auf Ratings basierenden Beurteilungen der Merkmale *Logische Konsistenz und Widerspruchsfreiheit*, *Unstrukturierte Darstellung* und *Quantitativer Detailreichtum* summiert. Die Gruppenmittelwerte für den Komplex der allgemeinen Merkmale zeigt Abbildung 6.

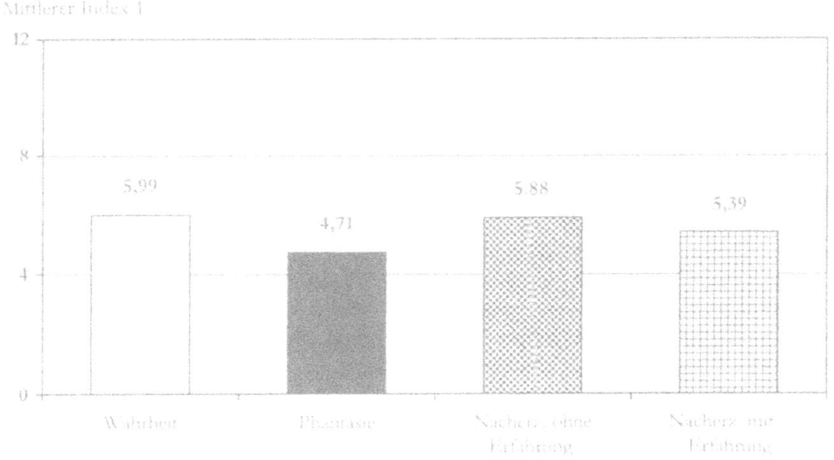

Abbildung 6
Gruppenmittelwerte für den Index der allgemeinen Merkmale pro Aussagebedingung

Es wurden paarweise t-Tests für abhängige Stichproben durchgeführt, deren Ergebnisse ebenso wie die Effektstärken Tabelle 19 zu entnehmen sind.

Tabelle 19
Ergebnisse der t-Tests für abhängige Stichproben sowie Effektstärken bezüglich des Indexes allgemeiner Merkmale

t-Test-Paarungen	Mittelwert[b]	Standardabweichung[b]	t	df	p[c]	d
I vs. II [a]	1.28	2.18	3.693	39	.001	0.83
I vs. III	1.11	1.87	0.381	39	.705	0.09
I vs. IV	0.60	2.01	1.891	39	.066	0.42
II vs. III	-1.16	1.84	-4.001	39	< .001	-0.90
II vs. IV	-0.68	2.18	-1.961	39	.057	-0.44
III vs. IV	0.49	1.98	1.558	39	.127	0.35

Anmerkungen. [a] I vs. II bedeutet, daß die Aussagebedingungen I und II gegeneinander getestet werden. [b] Mittelwert und Standardabweichung beziehen sich auf die Differenzwerte der beiden Gruppen. [c] Aufgrund einer Bonferroni-Adjustierung gelten veränderte Signifikanzniveaus (vgl. Kapitel 7.4): t-Wert ist signifikant, wenn $p_{einseitig} < .017$.

Bei einem Vergleich der Wahraussagebedingung mit den drei Falschaussagebedingungen ließ sich ein signifikanter Unterschied lediglich zur Phantasiebedingung (Gruppe II) nachweisen (Hypothese 2.1). Der Index der allgemeinen Merkmale war in der Wahraussagebedingung nicht signifikant stärker ausgeprägt als in den Falschaussagebedingungen, in denen eine Wahrnehmungsgrundlage zur Verfügung stand; für die Hypothesen 2.2 und 2.3 mußte die Nullhypothese beibehalten werden.
Für die Gruppen III und IV konnte die erweiterte Undeutsch-Hypothese also nicht bestätigt werden. Für den Vergleich der Wahraussagebedingung (I) mit der Aussagebedingung IV zeigte sich allerdings mit p = .066 eine Tendenz in vorhergesagter Richtung (d = 0.42).
Bezüglich der Rangfolge der Ausprägung der allgemeinen Merkmale innerhalb der verschiedenen Falschaussagebedingungen konnte die Hypothese, daß die Aussagen der Phantasiebedingung (II) die geringste Ausprägung aufweisen würden, für den Vergleich mit Aussagebedingung III bestätigt werden (Hypothese 2.4). Der Unterschied zwischen den Gruppen II und IV wurde mit p = .057 nicht signifikant (Hypothese 2.5), eine Tendenz ließ sich jedoch nachweisen (d = 0.44).
Die Aussagebedingung, in der zusätzlich zur Wahrnehmungsgrundlage persönliche Unfallerfahrung gegeben war, erzielte keinen höheren Index als die Aussagebedingung, in der nicht auf persönliche Unfallerfahrung zurückgegriffen werden konnte. Hypothese 2.6 konnte also nicht bestätigt werden.
Berechnet man die Effektstärke d, so zeigt sich für den Unterschied zwischen den Gruppen I und II mit d = 0.83 ein starker Effekt, ebenso für den Vergleich der Gruppen II und III (d = 0.89).

Während die Kinder der Phantasiebedingung (II) hier die kognitiv sehr anspruchsvolle Aufgabe zu erfüllen hatten, eine detaillierte Schilderung eines erfundenen Geschehens in logisch konsistenter Weise zu präsentieren, hatten die wahraussagenden Kinder eine kognitiv wesentlich leichtere Aufgabe zu erfüllen und zeigten dementsprechend auch eine signifikant höhere Leistung. Wurden die Kinder durch die Darbietung einer Wahrnehmungsgrundlage kognitiv entlastet, so kam es zu einem deutlichen Leistungsanstieg. Der Index der allgemeinen Merkmale war in diesem Fall nicht mehr zur Diskrimination wahrer und falscher Aussagen geeignet.

8.5.3.2 Komplex nicht-motivationaler Merkmale (Index 2)

Für den Komplex der nicht-motivationalen Merkmale (Index 2) wurde die Summe der Absolutwerte der Merkmale 4 bis 14 gebildet. Abbildung 7 zeigt die Gruppenmittelwerte für Index 2 in den vier Aussagebedingungen.

Es wurden paarweise t-Tests für abhängige Stichproben durchgeführt. Die Ergebnisse der t-Tests sind Tabelle 20 zu entnehmen. Beim Vergleich der Wahraussagebedingung mit den drei Falschaussagebedingungen ergaben sich hypothesenkonform signifikante Unterschiede bezüglich aller Falschaussagebedingungen. Für den Index der nicht-motivationalen Merkmale konnte die erweiterte Undeutsch-Hypothese also bestätigt werden (Hypothesen 3.1, 3.2 und 3.3).

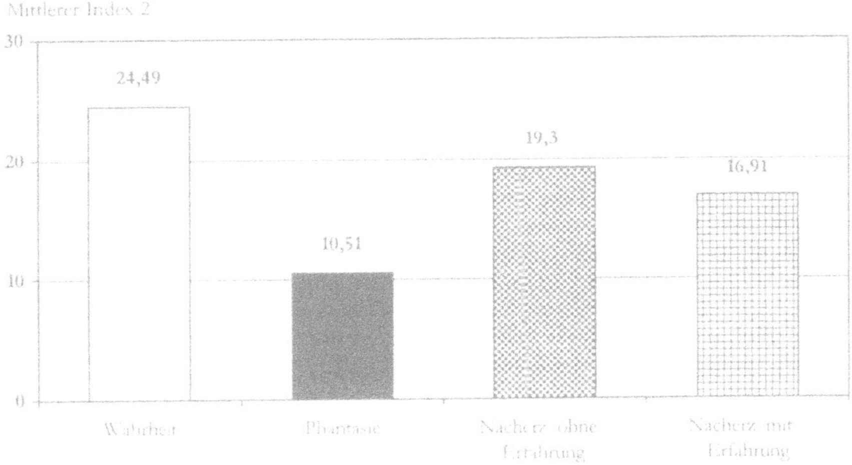

Abbildung 7
Gruppenmittelwerte für den Index nicht-motivationaler Merkmale pro Aussagebedingung

Es zeigte sich ein starker Effekt für den Vergleich der Wahraussagebedingung (I) mit den Aussagebedingungen II (Phantasie) und IV (Nacherzählung mit Unfallerfahrung) sowie ein mittlerer Effekt für den Vergleich zwischen Gruppe I und Gruppe III.

Tabelle 20
Ergebnisse der t-Tests für abhängige Stichproben und Effektstärken für den Index nicht-motivationaler Merkmale

t-Test-Paarungen	**Mittelwert**[b]	**Standardabweichung**[b]	**t**	**df**	**p**[c]	**d**
I vs. II [a]	13.98	16.80	5.260	39	< .001	1.18
I vs. III	5.19	11.48	2.857	39	.007	0.64
I vs. IV	7.58	12.95	3.700	39	.001	0.83
II vs. III	-8.79	10.39	-5.347	39	< .001	-1.20
II vs. IV	-6.40	9.29	-4.355	39	< .001	-0.97
III vs. IV	2.39	9.74	1.551	39	.129	0.35

Anmerkungen. [a] I vs. II bedeutet, daß die Aussagebedingungen I und II gegeneinander getestet werden. [b] Mittelwert und Standardabweichung beziehen sich auf die Differenzwerte der beiden Gruppen. [c] Aufgrund einer Bonferroni-Adjustierung gelten veränderte Signifikanzniveaus (vgl. Kapitel 7.4): t-Wert ist signifikant, wenn $p_{einseitig} < .017$.

Die Phantasiebedingung (II) wies wie erwartet eine signifikant niedrigere Ausprägung nicht-motivationaler Merkmale auf als die Nacherzählbedingungen ohne und mit Unfallerfahrung (Hypothesen 3.4 und 3.5). In beiden Fällen lagen starke Effekte vor. Hypothese 3.6 konnte hingegen nicht bestätigt werden; Gruppe IV erreichte keinen höheren Index als Gruppe III; bei Betrachtung der Effekte zeigte sich sogar ein kleiner Effekt (d = 0.35) in hypothesenwidriger Richtung, welcher sich jedoch inferenzstatistisch nicht absichern ließ.
Möglicherweise ist dieser leichte Vorteil der Gruppe III darauf zurückzuführen, daß den Spn in dieser Aussagebedingung die Interviewsituation vertrauter war als den Spn der Gruppe IV, welche nur einmal interviewt wurden. Dennoch verwundert selbst unter Berücksichtigung dieses möglichen „Übungseffektes"[35] der Umstand, daß persönliche Vorerfahrungen nicht von Vorteil waren. Möglicherweise konnten sich die erfahrenen Spn nicht mit dem Verkehrsunfallopfer der Geschichte identifizieren und stellten dementsprechend auch keinen Bezug zu ihrer eigenen Unfallerfahrung her. Dabei ist zu bedenken, daß die Unfallerlebnisse der falschaussagenden Kinder teilweise schon Jahre zurücklagen und diese Erlebnisse mit den im Rahmen dieser Untersuchung berichteten Unfällen nicht identisch waren.

Die Variation der Wahrnehmungsgrundlage wirkte sich deutlich auf das Ausmaß nicht-motivationaler Merkmale aus. Selbst Kindern, die über keine persönliche Erfahrung verfügten, gelang es, ihre Falschaussagen mit einer hohen Anzahl nicht-motivationaler Merkmale auszustatten, wenn sie zuvor den Bericht eines tatsächlich Betroffenen gehört hatten. Obschon mittels dieses Indexes inferenzstatistisch noch eine Abgrenzung der wahren Aussagen gegen verschiedene Falschaussagevarianten möglich war, bleibt festzuhalten, daß die Beeinflussung zu Effekten (II vs. III und IV) führte, die stärker waren als die Effekte zwischen der Wahraussagebedingung und den beiden Nacherzählbedingungen (I vs. III und IV), wobei hierbei allerdings die Varianzunterschiede zu beachten sind.

Welche Bedeutung dieses Ergebnis für die Beurteilung der Glaubhaftigkeit haben kann, wird noch zu zeigen sein. Einer abschließenden Diskussion soll an dieser Stelle nicht vorgegriffen werden.

8.5.3.3 Komplex motivationsbezogener Merkmale (Index 3)

Für Index 3 wurden die Absolutwerte der motivationsbezogenen Inhalte (Merkmale 15 bis 24) summiert.
Die Gruppenmittelwerte für die vier Aussagebedingungen sind Abbildung 8 zu entnehmen.

---

[35] Ein Übungseffekt im engeren Sinne dürfte kaum vorgelegen haben, da zum einen etwa 2 Monate Zeit zwischen den Interviewterminen lag und eine inhaltlich andere Aufgabe zu bewältigen war; zum anderen wurde den Spn der Nacherzählbedingung mit Unfallerfahrung der Ablauf des Interviews geschildert, um einer Benachteiligung vorzubeugen.

Die deutlich erkennbaren Unterschiede zwischen der Wahraussagebedingung (I) und den drei Falschaussagebedingungen erwiesen sich auch in den paarweise durchgeführten t-Tests für abhängige Stichproben als signifikant (vgl. Tab. 21).
Damit konnte die erweiterte Undeutsch-Hypothese für den Index der *motivationsbezogenen Inhalte* bestätigt werden (Hypothesen 4.1, 4.2 und 4.3).

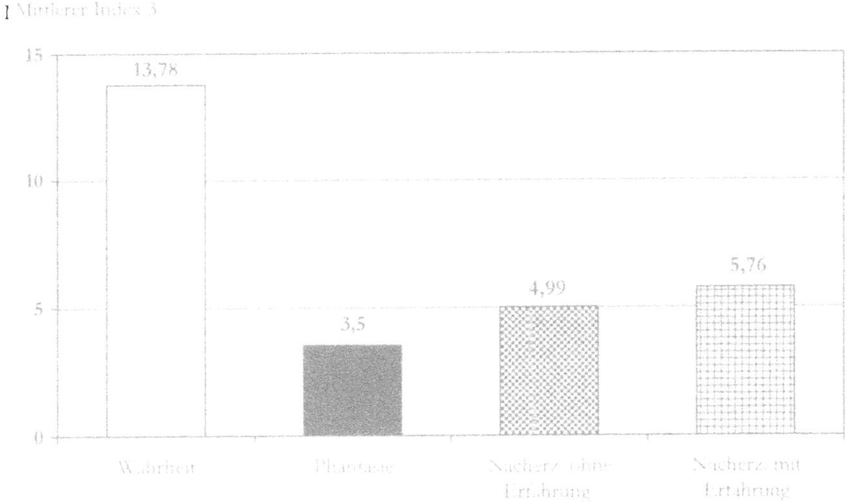

Abbildung 8
Gruppenmittelwerte für den Index motivationsbezogener Merkmale pro Aussagebedingung

Bei Betrachtung der Effektstärke zeigten sich für den Vergleich zwischen der Wahraussagebedingung und allen drei Falschaussagebedingungen starke Effekte.

Bezüglich der Rangfolge der Falschaussagebedingungen hinsichtlich des Ausprägungsgrades motivationsbezogener Merkmale ergab sich folgendes Bild:
Den geringsten Ausprägungsgrad wies die Phantasiebedingung (Gruppe II) auf, von der sich die Nacherzählbedingung mit Erfahrung (IV) mit $p = .008$ signifikant unterschied (Hypothese 4.5). Der tendenziell vorhandene Unterschied zwischen den Gruppen II und III verfehlte mit $p = .024$ die Signifikanz, schlug sich jedoch in einem mittleren Effekt ($d = 0.53$) nieder (Hypothese 4.4).

Für Hypothese 4.6 wurde die Nullhypothese beibehalten; wie erwartet zeigte sich inferenzstatistisch kein Unterschied zwischen den beiden Nacherzählbedingungen (III und IV), auch wenn ein kleiner Effekt ($d = 0.21$) zugunsten der Nacherzählbedingung mit Unfallerfahrung (IV) festzustellen war.

Tabelle 21
Ergebnisse der t-Tests für abhängige Stichproben und Effektstärken für den Index motivationsbezogener Merkmale

t-Test-Paarungen	Mittelwert[b]	Standardabweichung[b]	t	df	p[c]	d
I vs. II [a]	10.28	9.35	6.952	39	< .001	1.55
I vs. III	8.79	8.93	6.224	39	< .001	1.39
I vs. IV	8.01	9.02	5.615	39	< .001	1.26
II vs. III	-1.49	4.00	-2.354	39	.024	-0.53
II vs. IV	-2.26	5.08	-2.818	39	.008	-0.63
III vs. IV	-0.78	5.20	-0.942	39	.352	-0.21

Anmerkungen. [a] I vs. II bedeutet, daß die Aussagebedingungen I und II gegeneinander getestet werden. [b] Mittelwert und Standardabweichung beziehen sich auf die Differenzwerte der beiden Gruppen. [c] Aufgrund einer Bonferroni-Adjustierung gelten veränderte Signifikanzniveaus (vgl. Kapitel 7.4): t-Wert ist signifikant, wenn $p_{einseitig} < .017$.

Die Diskriminationsleistung der motivationsbezogenen Merkmale erwies sich in dieser Untersuchung als besonders hoch. Die Wahraussagen ließen sich mit Hilfe dieses Indexes nicht nur gegen frei erfundene Falschaussagen, sondern mit Effekten in der Stärke von 1.55 (I vs. II), 1.39 (I vs. III), 1.26 (I vs. IV) gegen alle drei Falschaussagevarianten abgrenzen. Da davon auszugehen war, daß den Spn in allen Falschaussagebedingungen bewußt war, daß sie nicht die volle Wahrheit erzählten, wurde eine Täuschungsintention erwartet.
Die Vermutung, daß sich die Darbietung einer Wahrnehmungsgrundlage mit einer entsprechenden Coverstory jedoch mittelbar auf die Auftretenswahrscheinlichkeit motivationsbezogener Merkmale auswirken könnte, fand ebenfalls Bestätigung durch die Unterschiede zwischen der Phantasiebedingung einerseits und den beiden Nacherzählbedingungen andererseits.
Insgesamt ist zu konstatieren, daß die Validität des Indexes motivationsbezogener Merkmale nicht nur bestätigt werden konnte, sondern daß sich dieser Index sogar besser als die zuvor dargestellten Indizes für eine Diskrimination zwischen wahren und falschen Aussagen eignete.

8.5.3.4 Komplex negativer Merkmale (Index 4)

Für den Komplexscore der negativen Merkmale (Index 4) wurde die Summe aus den Absolutwerten der Merkmale 25 bis 28 gebildet. Die Gruppenmittelwerte in den vier Aussagebedingungen sind Abbildung 9 zu entnehmen.

Vergleicht man die Wahraussagebedingung (Gruppe I) mit den drei Falschaussagebedingungen, so zeigt sich ein sehr heterogenes Bild.
Die Phantasiebedingung (Gruppe II) wies wie erwartet einen signifikant höheren Ausprägungsgrad negativer Merkmale auf als die Wahraussagebedingung (Hypothese 5.1).

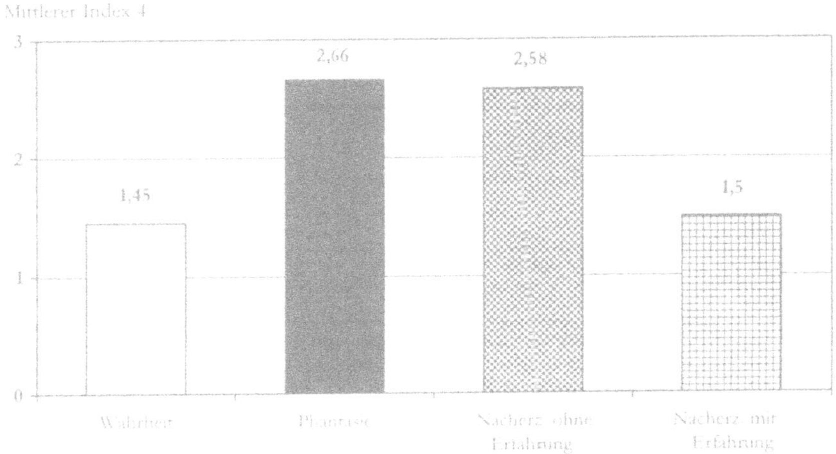

Abbildung 9
Gruppenmittelwerte für den Index negativer Merkmale pro Aussagebedingung

In der Nacherzählbedingung ohne Erfahrung (Gruppe III) war der Score der negativen Merkmale tendenziell stärker ausgeprägt als in der Wahraussagebedingung; der Unterschied verfehlte jedoch mit p = .028 die Signifikanz (Hypothese 5.2), obschon sich hypothesenkonform ein mittlerer Effekt zeigte (vgl. Tab. 22).
Wahraussagebedingung (I) und Nacherzählbedingung mit Erfahrung (IV) unterschieden sich jedoch nicht hinsichtlich des Ausprägungsgrades negativer Merkmale; Hypothese 5.3 konnte somit nicht bestätigt werden.
Auch der in Hypothese 5.4 postulierte Unterschied zwischen den Gruppen II und III hinsichtlich des Ausprägungsgrades negativer Merkmale konnte nicht bestätigt werden.
In der Nacherzählbedingung mit Erfahrung (IV) erreichte der Index der negativen Merkmale hypothesenkonform einen signifikant höheren Wert als in der Phantasiebedingung (Hypothese 5.5) und einen tendenziell höheren Wert als in der Nacherzählbedingung ohne Erfahrung (III); dieser Unterschied verfehlte jedoch mit p = .051 die Signifikanz (Hypothese 5.6).
Die Ergebnisse der paarweise durchgeführten t-Tests für abhängige Stichproben sowie die entsprechenden Effektstärken sind Tabelle 22 zu entnehmen.

Zunächst einmal ist festzustellen, daß der Index der negativen Merkmale diskriminieren konnte zwischen frei phantasierten und erlebnisbegründeten Aussagen sowie tendenziell auch zwischen erlebnisbegründeten Aussagen und Nacherzählungen ohne Unfallerfahrung. Die Stimulusaussagen der Nacherzählbedingung mit Unfallerfahrung schienen jedoch den Aussagen der Wahraussagebedingung hinsichtlich dieses Indexes sehr ähnlich zu sein.

Tabelle 22
Ergebnisse der t-Tests für abhängige Stichproben und Effektstärken für den Index negativer Merkmale

t-Test-Paarungen	**Mittelwert**[b]	**Standardabweichung**[b]	**t**	**df**	**p**[c]	**d**
I vs. II [a]	-1.21	2.60	-2.945	39	.005	-0.66
I vs. III	-1.13	3.13	-2.277	39	.028	-0.51
I vs. IV	-0.04	2.17	-0.109	39	.914	-0.02
II vs. III	0.09	3.30	0.168	39	.868	0.04
II vs. IV	1.18	2.80	2.654	39	.011	0.59
III vs. IV	1.09	3.42	2.009	39	.051	0.45

Anmerkungen. [a] I vs. II bedeutet, daß die Aussagebedingungen I und II gegeneinander getestet werden. [b] Mittelwert und Standardabweichung beziehen sich auf die Differenzwerte der beiden Gruppen. [c] Aufgrund einer Bonferroni-Adjustierung gelten veränderte Signifikanzniveaus (vgl. Kapitel 7.4): t-Wert ist signifikant, wenn $p_{einseitig} < .017$.

Zusammenfassend ist festzuhalten, daß die Ergebnisse zum Komplex negativer Merkmale ein uneinheitliches und schwer zu deutendes Bild bieten. Eine Interpretation der vorliegenden Daten erscheint auf dieser Ebene nicht sinnvoll. Möglicherweise kann eine Betrachtung der Ergebnisse auf Einzelmerkmalsebene weiteren Aufschluß geben.

8.5.4 Ergebnisse auf Einzelmerkmalsebene

Nach der Darstellung der Ergebnisse auf der Makroebene des Glaubhaftigkeitsindexes und der Indizes für die Merkmalskomplexe sollen im folgenden auf der Mikroebene die Ergebnisse für einzelne Merkmale betrachtet werden. Zusätzlich zu den p-Werten sind in den Tabellen stets auch die Effektstärken angegeben.
Wegen der Vielzahl an Einzelhypothesen sollen jedoch nicht wie im vorangegangenen Abschnitt die Ergebnisse für einzelne Hypothesen in numerischer Reihenfolge dargestellt werden. Um die Ergebnisdarstellung übersichtlicher zu gestalten, soll stattdessen innerhalb jedes Merkmalskomplexes nach Paarvergleichen geordnet vorgegangen werden. (Beispiel: Welche nicht-motivationalen Merkmale trugen zur Unterscheidung der Gruppen I und II bei, welche konnten zwischen I und III differenzieren usw.)
Diese Vorgehensweise ist möglich, sofern die Hypothesen zu den Einzelmerkmalen innerhalb eines Merkmalskomplexes identisch sind. Dies ist für den Komplex der nicht-motivationalen und großenteils für den der motivationsbezogenen Merkmale der Fall.
Innerhalb des Komplexes der negativen Merkmale können nur die Merkmale 25, 26 und 28 zusammengefaßt betrachtet werden, da für das Merkmal 27 eine andere Rangreihe vorhergesagt wurde.

8.5.4.1 Ergebnisse bezüglich der allgemeinen Merkmale

Bei der Besprechung der einzelnen Merkmale wird immer erst darauf eingegangen, inwieweit das jeweilige Merkmal differenzieren konnte zwischen Wahraussagebedingung und den drei Falschaussagevarianten (erweiterte Undeutsch-Hypothese), und anschließend das Verhältnis der Falschaussagen zueinander dargestellt.

Logische Konsistenz: **Hypothese 6.1** $\mu_{II} < \mu_{III} = \mu_{IV} < \mu_{I}$

Vergleicht man die Wahraussagebedingung (I) mit den drei Falschaussagebedingungen hinsichtlich des Ausprägungsgrades *Logischer Konsistenz*, so zeigt sich ein überraschendes Ergebnis: Es ließ sich kein Unterschied zwischen wahren Aussagen einerseits und falschen Aussagen der Gruppen II und IV feststellen (Hypothesen 6.1.1 und 6.1.3). Beim Vergleich der Wahraussagebedingung mit der Nacherzählbedingung ohne Unfallerfahrung (III) zeigte sich sogar ein hypothesenwidriger kleiner Effekt (d = 0.30; Hypothese 6.1.2), der jedoch nicht signifikant wurde. Für das Merkmal *Logische Konsistenz und Widerspruchsfreiheit* konnte somit weder die ursprüngliche noch die erweiterte Undeutsch-Hypothese bestätigt werden.

Innerhalb der Falschaussagebedingungen zeigten sich ebenfalls keine statistisch signifikanten Unterschiede. Wie erwartet unterschieden sich die beiden Nacherzählbedingungen (III und IV) nicht (Hypothese 6.1.6), obschon sich ein kleiner Effekt (d = 0.27) zugunsten der Gruppe III zeigte. Gruppe III zeigte hypothesenkonform eine tendenziell höhere Merkmalsausprägung als Gruppe II (Hypothese 6.1.4). Zwischen Phantasiebedingung (II) und Nacherzählbedingung mit Unfallerfahrung (IV) ließen sich wider Erwarten keine Unterschiede nachweisen (Hypothese 6.1.5). Die Ergebnisse der t-Tests für abhängige Stichproben sowie die Effektstärken sind Tabelle 23 zu entnehmen.

Die *Logische Konsistenz und Widerspruchsfreiheit* erscheint demnach auch bei einfachen Fallkonstellationen nicht diskriminationsfähig. Für dieses überraschende Ergebnis können verschiedene Umstände ursächlich sein. Zunächst muß in diesem Zusammenhang erwähnt werden, daß aufgrund methodischer Erwägungen (vgl. Kap. 4.3.4.3.2) aus insgesamt sechs Aussagen Verplapperer herausgeschnitten worden waren. Im Text belassen hätten sich diese vermutlich auf die Beurteilung der *Logischen Konsistenz* negativ ausgewirkt. In der Phantasiegruppe verplapperte sich allerdings nur ein Kind, so daß dieser Umstand zwar möglicherweise das gute Abschneiden der Nacherzählgruppen teilweise erklären kann, aber kaum eine hinreichende Erklärung für das unerwartet gute Abschneiden der Phantasiegruppe bieten kann. Eine andere mögliche Erklärung könnte die Variable *Wortanzahl* bieten. Je weniger ein Falschaussagender erzählt, umso geringer ist die Gefahr, daß er sich in Widersprüche verwikkelt (vgl. Kap. 2.1.1.1 und Kap. 2.1.2.3.1). Inwieweit sich die Stimuluspersonen der Falschaussagebedingungen dieser Strategie bedient haben könnten, wird im Zusammenhang mit den Ergebnissen zur Variable *Wortanzahl* zu zeigen sein (vgl. Kap. 8.6).

Dem stünde grundsätzlich jedoch die Tatsache entgegen, daß durch die Preisgabe von extrem wenig Information eigentlich auch große Teile des Geschehens unklar bleiben müßten, was im Sinne der gewählten Operationalisierung ebenfalls ein Beurteilungskriterium für das Merkmal *Logische Konsistenz* darstellte. Nun fallen logische Widersprüche eher ins Auge als Unklarheiten und wirken sich möglicherweise auch stärker auf die subjektive Beurteilung der logischen Konsistenz aus.
Eine weitere Erklärung könnte ein potentieller Beurteilerfehler bieten: Möglicherweise zeigten einige Beurteiler hinsichtlich dieses Merkmals eine zentrale Tendenz und vermieden extrem schlechte Beurteilungen. Eine letzte Erklärung liegt möglicherweise in einer Konfusion der Begriffe *Logische Konsistenz* und *Plausibilität*. Auch wenn während des Trainings sorgfältig darauf geachtet wurde, diese Begriffe zu trennen, so ist es in der Praxis sehr schwierig, eine subjektiv wenig plausible Schilderung trotzdem als logisch konsistent zu beurteilen. Beispielsweise unternehmen kindliche Verkehrsunfallopfer bisweilen im ersten Schock einen Fluchtversuch und müssen teilweise sogar eingefangen werden, auch wenn sie nicht unerheblich verletzt sind. Dieses schemainkonsistente Verhalten wurde möglicherweise als unplausibel empfunden und vorschnell als logisch inkonsistent beurteilt, ohne daß eine physikalische Unmöglichkeit geprüft wurde.
Es ist festzuhalten, daß eine eindeutige Klärung dieses Befundes anhand des vorliegenden Datenmaterials nicht möglich ist.

Tabelle 23
Ergebnisse der t-Tests für abhängige Stichproben und Effektstärken für das Merkmal Logische Konsistenz und Widerspruchsfreiheit

t-Test-Paarungen	Mittelwert[b]	Standardabweichung[b]	t	df	p[c]	d
I vs. II [a]	0.08	1.14	0.416	39	.680	0.09
I vs. III	-0.25	1.19	-1.325	39	.193	-0.30
I vs. IV	-0.04	1.20	-0.198	39	.844	-0.04
II vs. III	-0.33	1.07	-1.918	39	.062	-0.43
II vs. IV	-0.11	1.20	-0.595	39	.555	-0.13
III vs. IV	0.21	1.11	1.206	39	.235	0.27

Anmerkungen. [a] I vs. II bedeutet, daß die Aussagebedingungen I und II gegeneinander getestet werden. [b] Mittelwert und Standardabweichung beziehen sich auf die Differenzwerte der beiden Gruppen. [c] Aufgrund einer Bonferroni-Adjustierung gelten veränderte Signifikanzniveaus (vgl. Kapitel 7.4): t-Wert ist signifikant, wenn $p_{einseitig} < .017$.

***Unstrukturierte Darstellung*:** **Hypothese 6.2** $\mu_{II} < \mu_{III} = \mu_{IV} < \mu_{I}$

Das Merkmal *Unstrukturierte Darstellung* ermöglichte hypothesenkonform eine Abgrenzung der Wahraussagebedingung gegen alle Falschaussagebedingungen, wobei der Unterschied zur Phantasiebedingung (II) signifikant wurde und einen starken Effekt (d = 1.10) zeigte, während gegenüber den Gruppen III (mit p = .019) und IV

(mit p = .038) eine tendenzielle Abgrenzung möglich war (Hypothesen 6.2.1, 6.2.2 und 6.2.3).
Die erwartete Rangfolge der Falschaussagebedingungen konnte ebenfalls bestätigt werden: Die Nacherzählbedingungen mit und ohne Unfallerfahrung (IV und III) zeigten tendenziell eine höhere Merkmalsausprägung als die Phantasiebedingung (Hypothesen 6.2.4 und 6.2.5).
Die Gruppen III und IV unterschieden sich wie erwartet nicht hinsichtlich des Merkmals *Unstrukturierte Darstellung* (Hypothese 6.2.6). Ergebnisse der t-Tests für abhängige Stichproben und Effektstärken sind Tabelle 24 zu entnehmen.

Tabelle 24
Ergebnisse der t-Tests für abhängige Stichproben sowie Effektstärken für das Merkmal Unstrukturierte Darstellung

t-Test-Paarungen	**Mittelwert**[b]	**Standardabweichung**[b]	**t**	**df**	**p**[c]	**d**
I vs. II [a]	0.46	0.59	4.936	39	< .001	1.10
I vs. III	0.26	0.68	2.444	39	.019	0.55
I vs. IV	0.24	0.70	2.152	39	.038	0.48
II vs. III	-0.20	0.70	-1.817	39	.077	-0.41
II vs. IV	-0.23	0.73	-1.940	39	.060	-0.43
III vs. IV	-0.03	0.69	-0.230	39	.820	-0.05

Anmerkungen. [a] I vs. II bedeutet, daß die Aussagebedingungen I und II gegeneinander getestet werden. [b] Mittelwert und Standardabweichung beziehen sich auf die Differenzwerte der beiden Gruppen. [c] Aufgrund einer Bonferroni-Adjustierung gelten veränderte Signifikanzniveaus (vgl. Kapitel 7.4): t-Wert ist signifikant, wenn $p_{einseitig} < .017$.

Wie erwartet führten frei erfundene Falschaussagen in geordneter Weise unmittelbar zu ihrem Ziel. Auch die Falschaussagenden, welche auf Wahrnehmungsbedingungen zurückgreifen konnten, präsentierten ihre Schilderung in einer geordneten Weise, welche die natürliche Sprunghaftigkeit einer wahrheitsgemäßen Schilderung vermissen ließ.
Das erwartungsgemäß aufgetretene Phänomen, daß Nacherzählungen tendenziell weniger geordnet waren als frei erfundene Schilderungen, läßt sich darauf zurückführen, daß Teile der bisweilen recht umfangreichen Wahrnehmungsgrundlagen nicht sofort präsent waren, sondern im Laufe der Aussage eingestreut wurden, so daß auch diese Aussagen sprunghafter wirkten als die Phantasieaussagen und sich den Wahraussagen diesbezüglich annäherten.

Es ist zu konstatieren, daß das Merkmal *Unstrukturierte Darstellung* der Undeutsch-Hypothese entsprechend diskriminieren konnte zwischen erlebt versus frei erfunden, daß dieser Effekt durch die Präsentation einer Wahrnehmungsgrundlage jedoch erheblich beeinträchtigt wurde, da hier vermutlich ähnliche Erinnerungseffekte auftraten wie bei den Aussagen über tatsächliche Erlebnisse.

***Quantitativer Detailreichtum*: Hypothese 6.3** $\mu_{II} < \mu_{III} < \mu_{IV} < \mu_{I}$

Vergleicht man die Wahraussagebedingung mit den drei Falschaussagebedingungen hinsichtlich des *Detailreichtums*, so zeigt sich, daß dieses Merkmal in Gruppe I signifikant stärker ausgeprägt war als in Gruppe II ($p < .001$; $d = 1.08$) und tendenziell stärker ausgeprägt war als in Gruppe IV ($p = .022$), was sich in einem mittleren Effekt niederschlug (Hypothesen 6.3.1 und 6.3.3). Gegen Gruppe III konnte dieses Merkmal nicht abgrenzen, es zeigte sich aber ein kleiner Effekt ($d = 0.22$) in vorhergesagter Richtung (Hypothese 6.3.2).
Bezüglich des Verhältnisses der Falschaussagebedingungen zueinander können die Hypothesen 6.3.4 und 6.3.5 als bestätigt gelten; die Nacherzählbedingungen (III und IV) wiesen einen höheren Ausprägungsgrad an *Detailreichtum* auf als die Phantasiebedingung (vgl. Tab. 25). Für den Vergleich der Gruppen II und III zeigte sich ein starker Effekt ($d = 1.13$), für den Vergleich mit Gruppe IV ein mittlerer Effekt ($d = 0.58$). Dagegen erwiesen sich die Schilderungen der Gruppe IV nicht als detailreicher als die der Gruppe III; hier zeigte sich sogar ein kleiner Effekt ($d = 0.35$) in entgegengesetzter Richtung, der jedoch nicht signifikant wurde ($p = .130$). Hypothese 6.3.6 konnte somit nicht bestätigt werden.

Tabelle 25
Ergebnisse der t-Tests für abhängige Stichproben und Effektstärken für das Merkmal Quantitativer Detailreichtum

t-Test-Paarungen	Mittelwert[b]	Standardabweichung[b]	t	df	p[c]	d
I vs. II[a]	0.78	1.01	4.841	39	< .001	1.08
I vs. III	0.11	0.72	0.988	39	.329	0.22
I vs. IV	0.33	0.86	2.393	39	.022	0.54
II vs. III	-0.66	0.82	-5.065	39	< .001	-1.13
II vs. IV	-0.45	1.10	-2.582	39	.014	-0.58
III vs. IV	0.21	0.87	1.547	39	.130	0.35

Anmerkungen. [a] I vs. II bedeutet, daß die Aussagebedingungen I und II gegeneinander getestet werden. [b] Mittelwert und Standardabweichung beziehen sich auf die Differenzwerte der beiden Gruppen. [c] Aufgrund einer Bonferroni-Adjustierung gelten veränderte Signifikanzniveaus (vgl. Kapitel 7.4): t-Wert ist signifikant, wenn $p_{\text{einseitig}} < .017$.

Die Variation des Schwierigkeitsgrades der Falschaussage zeigte Auswirkungen auf die Diskriminationsfähigkeit des Merkmals *Quantitativer Detailreichtum*. Während sich frei erfundene Falschaussagen anhand des *Detailreichtums* gegenüber wahrheitsgemäßen Erlebnisberichten deutlich abgrenzen ließen, da das Ausdenken jedes einzelnen Details für die Spn dieser Aussagebedingung eine kognitive Anstrengung bedeutete, war dies nicht mehr oder nur noch sehr bedingt möglich, wenn den Falschaussagenden genügend Informationen zur Verfügung standen, die sie bei ihrer Falschaussage verwenden konnten. Zusätzliche persönliche Vorerfahrung steigerte diesen Effekt hingegen nicht.

8.5.4.2 ERGEBNISSE BEZÜGLICH NICHT-MOTIVATIONALER MERKMALE

Merkmale 4 bis 14: **Hypothese 7** $\mu_{II} < \mu_{III} < \mu_{IV} < \mu_{I}$

8.5.4.2.1 WAHRAUSSAGEBEDINGUNG VERSUS PHANTASIEBEDINGUNG

Vergleicht man die Wahraussagebedingung mit der Phantasiebedingung hinsichtlich des erzielten Ausprägungsgrades einzelner nicht-motivationaler Merkmale, so zeigt sich, daß die Merkmale 6, 7, 8, 9, 11, 12, 13 und 14 (*Verbales, Handlungskomplikationen, Ungewöhnliches, Überflüssiges, Assoziative Querverbindungen, Eigenpsychisches, Fremdpsychisches, Folgen*) statistisch signifikant zwischen diesen beiden Gruppen trennen konnten (Hypothesen 7.3.1, 7.4.1, 7.5.1, 7.6.1, 7.8.1, 7.9.1, 7.10.1 und 7.11.1). Für die Merkmale *Tatsächliche Folgen, Schilderung fremdpsychischer Zustände* und *Assoziative Querverbindungen* zeigten sich mittlere Effekte, für die übrigen fünf Merkmale starke Effekte (vgl. Tab. 26).

Tabelle 26
Gruppenmittelwerte, Standardabweichungen, Ergebnisse der t-Tests für abhängige Stichproben und Effektstärken für den Vergleich der Gruppen I und II bezüglich der Merkmale 4 bis 14

Merkmale	M_I	SD_I	M_{II}	SD_{II}	t	df	p[a]	d
4	4.61	2.75	3.65	2.42	2.024	39	.050	0.45
5	0.24	0.53	0.11	0.35	1.280	39	.208	0.29
6	9.30	10.64	2.59	2.47	3.970	39	< .001	0.89
7	0.91	1.38	0.09	0.30	3.846	39	< .001	0.86
8	0.51	0.69	0.01	0.08	4.655	39	< .001	1.04
9	0.75	1.07	0.11	0.29	3.673	39	.001	0.82
10	0.28	0.60	0.06	0.28	2.136	39	.039	0.48
11	0.58	1.05	0.01	0.08	3.346	39	.002	0.75
12	5.09	3.47	2.90	1.99	4.083	39	< .001	0.91
13	0.49	0.86	0.08	0.29	3.139	39	.003	0.70
14	1.74	1.52	0.90	1.26	2.834	39	.007	0.63

Anmerkungen. [a] Aufgrund einer Bonferroni-Adjustierung gelten veränderte Signifikanzniveaus (vgl. Kapitel 7.4): t-Wert ist signifikant, wenn $p_{einseitig} < .017$.

Im Sinne der Undeutsch-Hypothese vorhergesagte Tendenzen zeigten sich auch für die Merkmale *Kontextuelle Einbettung* (4) und *Phänomengemäße Schilderung unverstandener Handlungselemente* (10) (Hypothesen 7.1.1 und 7.7.1). Für beide Merkmale waren jedoch nur kleine Effekte nachzuweisen.

Bezüglich des Merkmals *Schilderung von Interaktionen* (5) ließ sich die Undeutsch-Hypothese mit p = .208 nicht bestätigen (Hypothese 7.2.1). Auch hier ließ sich jedoch ein kleiner Effekt (d = 0.29) in vorhergesagter Richtung nachweisen.

Die Mehrzahl nicht-motivationaler, spezieller Merkmale war demnach dazu geeignet, zwischen wahr und frei erfunden zu diskriminieren. Den Falschaussagenden gelang es insgesamt nicht, qualitativ hochwertige Schilderungen über ein erfundenes Geschehen zu präsentieren. Für *Kontexteinbettungen*, *Unverstandenes* und *Interaktionen* konnte die Undeutsch-Hypothese jedoch nicht bestätigt werden. Betrachtet man die absolute Auftretenshäufigkeit dieser Merkmale, so zeigt sich, daß *Interaktionen* und *Unverstandenes* insgesamt sehr selten auftraten, bei diesen Merkmalen also nicht auszuschließen ist, daß aus diesem Grunde mögliche Unterschiede nicht signifikant werden konnten. Eine Einbettung in den Kontext schien den frei Phantasierenden hingegen keine großen Schwierigkeiten zu bereiten.

8.5.4.2.2 WAHRAUSSAGEBEDINGUNG VERSUS NACHERZÄHLUNG OHNE PERSÖNLICHE UNFALLERFAHRUNG

Vergleicht man die Wahraussagebedingung mit der Nacherzählbedingung ohne Unfallerfahrung hinsichtlich des erzielten Ausprägungsgrades einzelner nicht-motivationaler Merkmale, so zeigt sich, daß in diesem Fall lediglich die Merkmale 4, 11 und 14 statistisch signifikant zwischen wahr und falsch trennen konnten (Hypothesen 7.1.2, 7.8.2 und 7.11.2). Für die *Schilderung tatsächlicher Folgen* zeigte sich hier ein starker Effekt (d = 0.88), für die Merkmale *Kontextuelle Einbettung* (4) und *Assoziative Querverbindungen* (11) mittlere Effekte (vgl. Tab. 27).

Im Sinne der erweiterten Undeutsch-Hypothese erwartete Tendenzen ergaben sich auch für die Merkmale *Wiedergabe verbaler Äußerungen* (6) und *Unerwartete Handlungskomplikationen* (7), die Effekte waren mit $d_6 = 0.46$ und $d_7 = 0.41$ jedoch klein (Hypothesen 7.3.2 und 7.4.2). Ein kleiner Effekt (d = 0.22) zeigte sich auch für die *Schilderung ungewöhnlicher Einzelheiten* (8), für den sich jedoch inferenzstatistisch mit p = .335 keine Tendenz feststellen ließ (Hypothese 7.5.2).

Wahraussagebedingung und Nacherzählbedingung ohne Erfahrung ließen sich nicht unterscheiden mit Hilfe der Merkmale 5, 9, 10, 12 und 13 (Hypothesen 7.2.2, 7.6.2, 7.7.2, 7.9.2 und 7.10.2). Für die Merkmale *Überflüssige Einzelheiten* (9) und *Schilderung fremdpsychischer Zustände* (13) wiesen die Mittelwerte in die vorhergesagte Richtung, für die Merkmale *Schilderung von Interaktionen* (5), *Phänomengemäße Schilderung unverstandener Handlungselemente* (10) und *Schilderung eigenpsychischer Vorgänge und Zustände* (12) hingegen wiesen die Mittelwerte in hypothesenwidrige Richtung (allerdings mit Effekten nahe Null).

Tabelle 27
Gruppenmittelwerte, Standardabweichungen, Ergebnisse der t-Tests für abhängige Stichproben und Effektstärken für den Vergleich der Gruppen I und III bezüglich der Merkmale 4 bis 14

Merkmale	M_I	SD_I	M_{III}	SD_{III}	t	df	p[a]	d
4	4.61	2.75	3.50	2.31	2.918	39	.006	0.65
5	0.24	0.53	0.29	0.55	-0.427	39	.672	-0.10
6	9.30	10.64	6.79	5.52	2.074	39	.045	0.46
7	0.91	1.38	0.59	0.82	1.848	39	.072	0.41
8	0.51	0.69	0.38	0.78	0.976	39	.335	0.22
9	0.75	1.07	0.61	0.81	0.713	39	.480	0.16
10	0.28	0.60	0.31	0.88	-0.272	39	.787	-0.06
11	0.58	1.05	0.14	0.39	2.712	39	.010	0.61
12	5.09	3.47	5.29	3.84	-0.381	39	.706	-0.09
13	0.49	0.86	0.48	0.88	0.098	39	.922	0.02
14	1.74	1.52	0.94	0.76	3.922	39	< .001	0.88

Anmerkungen. [a] Aufgrund einer Bonferroni-Adjustierung gelten veränderte Signifikanzniveaus (vgl. Kapitel 7.4): t-Wert ist signifikant, wenn $p_{einseitig} < .017$.

Wurde Falschaussagenden im Vorfeld eine Wahrnehmungsgrundlage präsentiert, so gelang eine signifikante Trennung zwischen wahr und falsch hier nur noch durch 3 der 11 nicht-motivationalen Merkmale; für *Kontexteinbettungen* und *Querverbindungen* zeigten sich mittlere Effekte; einen starken Effekt erzielte nur noch die *Schilderung tatsächlicher Folgen* – ein Merkmal, welches im traditionellen Merkmalssystem nicht enthalten ist, sondern für diese Untersuchung aus dem Realitätsüberwachungsansatz bzw. dem Ansatz der Wirklichkeitskontrolle abgeleitet wurde. Alle anderen Merkmale trugen bestenfalls noch mit schwachen Effekten zur Trennung wahrer und falscher Aussagen bei.
Interessant ist, daß die Darbietung der Schilderung eines tatsächlich Betroffenen nicht hinsichtlich aller Merkmale zu einer Qualitätssteigerung führte; den Falschaussagenden der Nacherzählbedingung ohne persönliche Vorerfahrung gelang es im Kontrast zur Phantasiegruppe nicht mehr, ihre Falschaussage kontextuell einzubetten. Dieser Befund bestätigt die Vermutung verschiedener Autoren, daß dieses Merkmal auch im Falle von beabsichtigten oder unbeabsichtigten Projektionen noch in der Lage sei, zwischen wahr und falsch zu trennen (vgl. Kap 2.1.2.3.1).

Insgesamt ist jedoch folgendes zu konstatieren: Wird Falschaussagenden ihre Täuschungsaufgabe durch Informationsvermittlung erleichtert, so kann dies weitreichende Auswirkungen auf die Diskriminationsfähigkeit von Glaubhaftigkeitsmerkmalen haben, denen die Konzeptualisierung einer Aussage als geistige Leistung zugrunde liegt.

8.5.4.2.3 Wahraussagebedingung versus Nacherzählung mit persönlicher Unfallerfahrung

Vergleicht man die Wahraussagebedingung mit der Nacherzählbedingung, der zusätzlich persönliche Unfallerfahrung zur Verfügung stand, hinsichtlich des erzielten Ausprägungsgrades einzelner nicht-motivationaler Merkmale, so zeigt sich, daß in diesem Fall ebenfalls die Merkmale 4, 11 und 14 statistisch signifikant zwischen wahr und falsch trennen konnten (Hypothesen 7.1.3, 7.8.3 und 7.11.3). Für die *Schilderung tatsächlicher Folgen* (14) und die *Kontextuelle Einbettung* (4) zeigten sich hier starke Effekte (d_4 = .96; d_{14} = 1.03), für das Merkmal *Assoziative Querverbindungen* (11) lag ein mittlerer Effekt (d = 0.75) vor.
Im Sinne der erweiterten Undeutsch-Hypothese erwartete Tendenzen ergaben sich auch für die Merkmale 6, 7 und 13 (Hypothesen 7.3.3, 7.4.3 und 7.10.3). Die Effekte waren für die *Wiedergabe verbaler Äußerungen* (6) mit d = 0.48, für *Unerwartete Handlungskomplikationen* (7) mit d = 0.49 sowie für die *Schilderung fremdpsychischer Zustände* (13) mit d = 0.40 jedoch noch als klein zu bezeichnen.
Kleine Effekte in vorhergesagter Richtung, für die sich statistisch betrachtet jedoch keine Tendenzen feststellen ließen (Hypothesen 7.5.3, 7.6.3, 7.7.3 und 7.9.3), zeigten sich auch für die Merkmale *Ungewöhnliche Einzelheiten* (8), *Überflüssige Einzelheiten* (9), *Phänomengemäße Schilderung unverstandener Handlungselemente* (10) und *Schilderung eigenpsychischer Vorgänge und Zustände* (12).
Bezüglich des Merkmals *Schilderung von Interaktionen* (5) ließen sich zwischen wahr und falsch in diesem Fall gar keine Unterschiede feststellen; die Mittelwerte wiesen in die vorhergesagte Richtung.

Die Ergebnisse der t-Tests für abhängige Stichproben und die Effektstärken sind Tabelle 28 zu entnehmen.

Hier zeigt sich ein ähnliches Bild wie beim zuvor dargestellten Vergleich der Gruppen I und III. Gruppe IV gelang es allerdings noch schlechter, das fingierte Erlebnis kontextuell einzubetten.
Eine Erklärung könnten möglicherweise Identifikationsprobleme des Aussagenden mit dem Geschilderten bieten. Während die frei phantasierenden Falschaussagenden ihre Schilderung auf sich selbst und ihre Lebenssituation „zuschneiden" konnten, gelang es möglicherweise den Nacherzählenden zwar, die Schilderung in der ersten Person wiederzugeben, jedoch gelang ihnen keine wirklich überzeugende Einbettung; offenbar waren die Stimuluspersonen der Gruppen III und IV auch nicht ohne weiteres dazu bereit, entsprechende Elemente einfach zu übernehmen, was zumindest im Rahmen dieser Untersuchung erfolgversprechend gewesen wäre, weil die Korrektheit dieser Informationen durch die Interviewerin nicht hätte überprüft werden können.

Unerwarteter Weise stellten die Kinder der Gruppe IV offenbar auch keine assoziativen Querverbindungen zu persönlichen Vorerfahrungen her (vgl. Kap. 8.5.3.2).

Tabelle 28
Gruppenmittelwerte, Standardabweichungen, Ergebnisse der t-Tests für abhängige Stichproben und Effektstärken für den Vergleich der Gruppen I und IV bezüglich der Merkmale 4 bis 14

Merkmale	M_I	SD_I	M_{IV}	SD_{IV}	t	df	p[a]	d
4	4.61	2.75	3.25	1.48	4.295	39	< .001	0.96
5	0.24	0.53	0.21	0.49	0.240	39	.812	0.05
6	9.30	10.64	6.06	5.85	2.150	39	.038	0.48
7	0.91	1.38	0.60	0.90	2.205	39	.033	0.49
8	0.51	0.69	0.30	0.61	1.538	39	.120	0.36
9	0.75	1.07	0.54	0.80	1.058	39	.297	0.24
10	0.28	0.60	0.10	0.32	1.617	39	.114	0.36
11	0.58	1.05	0.13	0.35	3.335	39	.002	0.75
12	5.09	3.47	4.60	3.33	1.006	39	.321	0.22
13	0.49	0.86	0.28	0.48	1.792	39	.081	0.40
14	1.74	1.52	0.85	1.08	4.593	39	< .001	1.03

Anmerkungen. [a] Aufgrund einer Bonferroni-Adjustierung gelten veränderte Signifikanzniveaus (vgl. Kapitel 7.4): t-Wert ist signifikant, wenn $p_{einseitig} < .017$.

Nach der Darstellung der Differenzierfähigkeit nicht-motivationaler Merkmale im Hinblick auf wahre Aussagen und verschiedene Falschaussagevarianten (erweiterte Undeutsch-Hypothese) soll im folgenden eher explorativ geprüft werden, inwieweit sich verschiedene Falschaussagevarianten mittels dieser Merkmale differenzieren ließen.

8.5.4.2.4 PHANTASIEBEDINGUNG VERSUS NACHERZÄHLUNG OHNE PERSÖNLICHE UNFALLERFAHRUNG

Vergleicht man die Phantasiebedingung mit der Nacherzählbedingung ohne persönliche Unfallerfahrung hinsichtlich des erzielten Ausprägungsgrades einzelner nicht-motivationaler Merkmale, so zeigt sich hypothesenkonform, daß die Merkmale 6, 7, 8, 9, 12 und 13 in der Nacherzählbedingung statistisch signifikant stärker ausgeprägt waren als in der Phantasiebedingung (Hypothesen 7.3.4, 7.4.4, 7.5.4, 7.6.4, 7.9.4 und 7.10.4). Dabei zeigten sich für die Merkmale *Wiedergabe verbaler Äußerungen* (6), *Unerwartete Handlungskomplikationen* (7), *Überflüssige Einzelheiten* (9) und *Schilderung eigenpsychischer Vorgänge und Zustände* (12) starke Effekte und für die Merkmale *Ungewöhnliche Einzelheiten* (8) und *Schilderung fremdpsychischer Zustände* (13) mittlere Effekte (vgl. Tab. 29).

Hypothesenkonforme Tendenzen waren für die Merkmale *Schilderung von Interaktionen* (5), *Phänomengemäße Schilderung unverstandener Handlungselemente* (10) sowie *Assoziative*

Querverbindungen (11) festzustellen, wobei für Merkmal 10 ein mittlerer Effekt und für die Merkmale 5 und 11 kleine Effekte vorlagen (Hypothesen 7.2.4, 7.7.4 und 7.8.4).

Nicht bestätigt werden konnten hingegen die Hypothesen bezüglich der Merkmale 4 und 14: Die Nacherzählbedingung ohne Unfallerfahrung wies keinen höheren Ausprägungsgrad der Merkmale *Kontextuelle Einbettung* (4) und *Schilderung tatsächlicher Folgen* (14) auf. Die Gruppenmittelwerte für Merkmal 4 wiesen sogar in die nicht erwartete Richtung, allerdings mit einem Effekt nahe Null (Hypothesen 7.1.4 und 7.11.4).

Tabelle 29
Gruppenmittelwerte, Standardabweichungen, Ergebnisse der t-Tests für abhängige Stichproben und Effektstärken für den Vergleich der Gruppen II und III bezüglich der Merkmale 4 bis 14

Merkmale	M_{II}	SD_{II}	M_{III}	SD_{III}	t	df	p[a]	d
4	3.65	2.42	3.50	2.31	0.404	39	.688	0.09
5	0.11	0.35	0.29	0.55	-1.713	39	.095	-0.38
6	2.59	2.47	6.79	5.52	-4.718	39	< .001	-1.05
7	0.09	0.30	0.59	0.82	-3.801	39	< .001	-0.85
8	0.01	0.08	0.38	0.78	-2.954	39	.005	-0.66
9	0.11	0.29	0.61	0.81	-3.667	39	.001	-0.82
10	0.06	0.28	0.31	0.88	-2.265	39	.029	-0.51
11	0.01	0.08	0.14	0.39	-1.955	39	.058	-0.44
12	2.90	1.99	5.29	3.84	-4.696	39	< .001	-1.05
13	0.08	0.29	0.48	0.88	-3.481	39	.001	-0.78
14	0.90	1.26	0.94	0.76	-0.182	39	.856	-0.04

Anmerkungen. [a] Aufgrund einer Bonferroni-Adjustierung gelten veränderte Signifikanzniveaus (vgl. Kapitel 7.4): t-Wert ist signifikant, wenn $p_{einseitig} < .017$.

Insbesondere vor dem Hintergrund, daß die Versuchspersonen der Gruppen II und III identisch waren, bietet sich dieser Vergleich an, um den Effekt der Darbietung einer Wahrnehmungsgrundlage zu verdeutlichen. Tabelle 29 ist zu entnehmen, daß lediglich die Merkmale *Folgen* und *Kontexteinbettung* durch die Darbietung nicht positiv beeinflußt wurden, wobei anscheinend auch *Assoziative Querverbindungen* relativ robust gegenüber Beeinflussungen waren. Im Hinblick auf alle anderen Merkmale dieses Komplexes kam es durch die Informationsvermittlung zu einer fatalen Qualitätssteigerung der Falschaussagen.

8.5.4.2.5 PHANTASIEBEDINGUNG VERSUS NACHERZÄHLUNG MIT PERSÖNLICHER UNFALLERFAHRUNG

Vergleicht man die Phantasiegruppe mit der Nacherzählgruppe, die über persönliche Unfallerfahrung verfügte, hinsichtlich des erzielten Ausprägungsgrades einzelner nicht-motivationaler Merkmale, so zeigt sich hypothesenkonform, daß die Merkmale 6, 7, 8, 9 und 12 in der Nacherzählbedingung mit Unfallerfahrung statistisch signifikant höher ausgeprägt waren als in der Phantasiebedingung (Hypothesen 7.3.5, 7.4.5, 7.5.5, 7.6.5 und 7.9.5). Für die *Wiedergabe verbaler Äußerungen* (6) lag ein starker Effekt vor, für die Merkmale *Unerwartete Handlungskomplikationen* (7), *Ungewöhnliche Einzelheiten* (8), *Überflüssige Einzelheiten* (9) und *Schilderung eigenpsychischer Vorgänge und Zustände* (12) zeigten sich mittlere Effekte (vgl. Tabelle 30).

Tabelle 30
Gruppenmittelwerte, Standardabweichungen, Ergebnisse der t-Tests für abhängige Stichproben und Effektstärken für den Vergleich der Gruppen II und IV bezüglich der Merkmale 4 bis 14

Merkmale	M_{II}	SD_{II}	M_{IV}	SD_{IV}	t	df	p[a]	d
4	3.65	2.42	3.25	1.48	1.038	39	.306	0.23
5	0.11	0.35	0.21	0.49	-0.984	39	.331	-0.22
6	2.59	2.47	6.06	5.85	-3.722	39	.001	-0.83
7	0.09	0.30	0.60	0.90	-3.424	39	.001	-0.77
8	0.01	0.08	0.30	0.61	-2.937	39	.006	-0.66
9	0.11	0.29	0.54	0.80	-3.157	39	.003	-0.71
10	0.06	0.28	0.10	0.32	-0.534	39	.596	-0.12
11	0.01	0.08	0.13	0.35	-1.940	39	.060	-0.43
12	2.90	1.99	4.60	3.33	-3.530	39	.001	-0.79
13	0.08	0.29	0.28	0.48	-2.449	39	.019	-0.55
14	0.90	1.26	0.85	1.08	0.184	39	.855	0.04

Anmerkungen. [a] Aufgrund einer Bonferroni-Adjustierung gelten veränderte Signifikanzniveaus (vgl. Kapitel 7.4): t-Wert ist signifikant, wenn $p_{einseitig} < .017$.

Hypothesenkonforme Tendenzen waren für die Merkmale *Assoziative Querverbindungen* (11) und *Schilderung fremdpsychischer Zustände* (13) festzustellen, wobei sich für Merkmal 13 ein mittlerer Effekt (d = 0.55) und für Merkmal 11 ein kleiner Effekt (d = 0.43) zeigte (Hypothesen 7.8.5 und 7.10.5).
Ein weiterer hypothesenkonformer kleiner Effekt, für den sich jedoch statistisch betrachtet keine Tendenz nachweisen ließ, zeigte sich mit d = 0.22 für die *Schilderung von Interaktionen* (5) (Hypothese 7.2.5).

Phantasieaussagen und Nacherzählungen mit persönlicher Unfallerfahrung unterschieden sich nicht bezüglich der Merkmale *Phänomengemäße Schilderung unverstandener Handlungselemente* (10) und *Schilderung tatsächlicher Folgen* (14); die Hypothesen 7.7.5 und 7.11.5 konnten somit nicht bestätigt werden, wobei die Mittelwerte für Merkmal 14 in die nicht vorhergesagte Richtung wiesen (der Effekt war allerdings nahe Null).
Für das Merkmal *Kontextuelle Einbettung* (4) zeigte sich hypothesenwidrig ein kleiner Effekt (d = 0.23) zugunsten der Phantasiegruppe (Hypothese 7.1.5).

Es zeigt sich ein ähnliches Bild wie beim Vergleich der Gruppen II und III; insgesamt ist eine deutliche Qualitätssteigerung der Aussagen festzustellen. Die Beeinflussung führte in diesem Fall jedoch nicht zu einer vermehrten *Schilderung unverstandener Handlungselemente.* Dieser Befund läßt sich möglicherweise dadurch erklären, daß die Kinder, welche bereits über Vorerfahrungen verfügten, in geringerem Maße Unverstandenes in ihre Schilderung übernahmen; stattdessen deuteten sie die phänomengemäßen Beschreibungen möglicherweise richtig, wodurch der Aspekt des Unverstandenen entfallen sein könnte. Dieser Befund kann allerdings anhand der vorliegenden Daten nicht geklärt werden; für eine Klärung wäre eine textvergleichende Auswertung notwendig.

8.5.4.2.6 NACHERZÄHLUNG OHNE VERSUS NACHERZÄHLUNG MIT PERSÖNLICHER UNFALLERFAHRUNG

Vergleicht man die beiden Nacherzählbedingungen mit und ohne persönliche Unfallerfahrung, so zeigt sich folgendes Bild: Für keines der Merkmale zeigte sich ein statistisch signifikanter Unterschied zwischen den Aussagebedingungen mit und ohne persönliche Vorerfahrung (vgl. Tab. 31).
Die Hypothesen 7.1-11.6. konnten somit nicht bestätigt werden.

Tabelle 31
Gruppenmittelwerte, Standardabweichungen, Ergebnisse der t-Tests für abhängige Stichproben und Effektstärken für den Vergleich der Gruppen III und IV bezüglich der Merkmale 4 bis 14

Merkmale	M_{III}	SD_{III}	M_{IV}	SD_{IV}	t	df	p^a	d
4	3.50	2.31	3.25	1.48	0.913	39	.367	0.20
5	0.29	0.55	0.21	0.49	0.734	39	.467	0.16
6	6.79	5.52	6.06	5.85	0.781	39	.439	0.17
7	0.59	0.82	0.60	0.90	-0.900	39	.929	-0.02
8	0.38	0.78	0.30	0.61	0.514	39	.610	0.11
9	0.61	0.81	0.54	0.80	0.438	39	.664	0.09
10	0.31	0.88	0.10	0.32	1.420	39	.164	0.32
11	0.14	0.39	0.13	0.35	0.147	39	.884	0.03
12	5.29	3.84	4.60	3.33	1.159	39	.253	0.26
13	0.48	0.88	0.28	0.48	1.399	39	.170	0.31
14	0.94	0.76	0.85	1.08	0.585	39	.562	0.13

Anmerkungen. [a] Aufgrund einer Bonferroni-Adjustierung gelten veränderte Signifikanzniveaus (vgl. Kapitel 7.4): t-Wert ist signifikant, wenn $p_{einseitig} < .017$.

Hinzu kommt, daß mit Ausnahme des Merkmals *Unerwartete Handlungskomplikationen* (7) alle Mittelwerte in die nicht vorhergesagte Richtung wiesen, was sich bei den Merkmalen 4, 10, 12 und 13 immerhin in Form kleiner Effekte zeigte, wenngleich

sich diese inferenzstatistisch nicht absichern ließen. Das heißt, die Merkmale *Kontextuelle Einbettung* (4), *Phänomengemäße Schilderung unverstandener Handlungselemente* (10), *Schilderung eigenpsychischer Vorgänge und Zustände* (12) und *Schilderung fremdpsychischer Zustände* (13) traten sogar eher in stärkerer Ausprägung in der Nacherzählbedingung auf, welche bei ihrer Falschaussage zwar auf eine Wahrnehmungsgrundlage, nicht aber auf persönliche Vorerfahrung zurückgreifen konnte.
Es ist festzuhalten, daß die zusätzliche persönliche Erfahrung sich nicht in erwarteter Weise effektverstärkend auswirkte. Die erfahrenen Kinder griffen für die Ausgestaltung ihrer Falschaussagen offenbar nicht auf persönliche Erfahrungen zurück (vgl. Kap. 8.5.3.2). Zumindest statistisch machte sich diese Erfahrung im Hinblick auf die nicht-motivationalen Merkmale nicht bemerkbar Inwieweit überhaupt Fremd-Elemente in die Aussagen übernommen wurden, ließe sich nur mittels eines genauen Textvergleichs feststellen, dessen Ergebnisse im Hinblick auf die Diskriminationsleistung der Glaubhaftigkeitsmerkmale kaum von Interesse sein dürften und daher in dieser Untersuchung keine Rolle spielen.

Nachdem im vorangegangenen Abschnitt die Ergebnisse bezüglich der *nicht-motivationalen* Merkmale vorgestellt und interpretiert wurden, soll es nun um die Diskriminationsleistung der *motivationsbezogenen* Merkmale gehen, von der eingangs angenommen wurde, daß diese durch die Variation der Wahrnehmungsbedingungen nicht direkt, aber möglicherweise mittelbar beeinflußt würden.

8.5.4.3 Ergebnisse bezüglich motivationsbezogener Merkmale

Merkmale 15 bis 24: **Hypothese 8** $\mu_{II} < \mu_{III} = \mu_{IV} < \mu_{I}$ [36]

Im folgenden geht es nun um die Ergebnisse bezüglich der motivationsbezogenen Einzelmerkmale. Da mit Ausnahme des Merkmals *Zugeben von Wissenslücken* für alle Merkmale dieses Komplexes die gleiche Rangfolge der Aussagebedingungen bezüglich der Merkmalsausprägungen vorhergesagt wurde, können die Ergebnisse wie im vorangegangenen Abschnitt nach Paarvergleichen zusammengefaßt dargestellt werden. Die Ergebnisse der paarweise durchgeführten t-Tests für abhängige Stichproben sowie die Effektstärken sind den Tabellen 32 bis 37 zu entnehmen.

8.5.4.3.1 Wahraussagebedingung versus Phantasiebedingung

Vergleicht man die Wahraussagebedingung mit der Phantasiebedingung hinsichtlich des erzielten Ausprägungsgrades einzelner motivationsbezogener Merkmale, so zeigt sich, daß die Merkmale 15, 16, 17, 19, 20 und 24 wie vorhergesagt statistisch signifikant zwischen wahr und falsch trennen konnten (Hypothesen 8.1.1, 8.2.1, 8.3.1, 8.5.1, 8.6.1 und 8.10.1). Für die Merkmale *Spontane Verbesserungen der eigenen Aussage* (15),

---

36 Eine Ausnahmeregelung gilt für das Merkmal *Zugeben von Wissenslücken:* $\mu_{III} = \mu_{IV} < \mu_{II} < \mu_{I}$

Erinnerungsbemühungen (17) und *Unsicherheit bezüglich der Richtigkeit eigener Angaben* (19) zeigten sich starke Effekte, für die Merkmale *Zugeben von Erinnerungslücken* (16), *Angabe von Gründen für Unsicherheiten, Erinnerungs- und Wissenslücken* (20) und *Inschutznahme des Täters* (24) mittlere Effekte (vgl. Tab. 32).
Im Sinne der Undeutsch-Hypothese vorhergesagte Tendenzen zeigten sich auch für die Merkmale *Zugeben von Wissenslücken* (18), *Schilderung von Versuchen der Wirklichkeitskontrolle* (22) und *Selbstbelastung des Opfers* (23), wobei die Merkmale 18 mit d = 0.52 sowie 23 mit d = 0.50 mittlere Effekte aufwiesen, und für Merkmal 22 mit d = 0.48 ein kleiner Effekt vorlag (Hypothesen 8.4.1, 8.8.1 und 8.9.1).
Das Merkmal *Einwände gegen die Glaubwürdigkeit der eigenen Aussage* (21) war das einzige *motivationsbezogene Merkmal*, welches keine Effekte zeigte. Betrachtet man jedoch die absolute Auftretenshäufigkeit dieses Merkmals, so zeigt sich, daß diese insgesamt extrem gering war, die Sensitivität dieses Merkmals somit gering war, *Einwände* jedoch in keiner phantasierten Aussage auftraten.

Tabelle 32
Gruppenmittelwerte, Standardabweichungen, Ergebnisse der t-Tests für abhängige Stichproben und Effektstärken für den Vergleich der Gruppen I und II bezüglich der Merkmale 15 bis 24

Merkmale	M_I	SD_I	M_{II}	SD_{II}	t	df	p[a]	d
15	2.31	1.97	0.46	0.69	5.944	39	< .001	1.33
16	2.18	3.69	0.34	0.82	3.013	39	.005	0.67
17	1.24	1.72	0.11	0.29	4.164	39	< .001	0.93
18	1.54	2.10	0.61	0.10	2.345	39	.024	0.52
19	2.51	2.46	0.61	1.10	5.047	39	< .001	1.13
20	1.21	1.63	0.33	0.72	3.060	39	.004	0.68
21	0.08	0.35	0.00	0.00	1.356	39	.183	[b]
22	0.40	0.75	0.10	0.38	2.132	39	.039	0.48
23	1.21	1.28	0.59	0.95	2.222	39	.032	0.50
24	1.10	1.19	0.35	0.56	3.541	39	.001	0.79

Anmerkungen. [a] Aufgrund einer Bonferroni-Adjustierung gelten veränderte Signifikanzniveaus (vgl. Kapitel 7.4): t-Wert ist signifikant, wenn $p_{einseitig} < .017$. [b] Die Effektstärke kann nicht berechnet werden.

Festzuhalten ist, daß die Mehrzahl der motivationsbezogenen Merkmale statistisch signifikant zwischen wahr und frei erfunden diskriminieren konnte. Die Falschaussagenden vermieden in signifikant stärkerem Maße, Inhalte in ihre Aussage aufzunehmen, die ihrer positiven Selbstpräsentation als glaubwürdige und kompetente Kommunikatoren hätten abträglich sein können. Die gewählten Rahmenbedingungen waren demnach geeignet, eine realitätsnahe Aussagemotivation zu evozieren, welche die Voraussetzungen für eine Validierung der motivationsbezogenen Merkmale erfüllte. Auch die neu aufgenommenen Merkmale (17, 18, 19, 20, 22) erwiesen sich in diesem Fall als sehr brauchbare Hinweise für die Wahrheitsfindung. Für das Merkmal der *Wirklichkeitskontrolle* zeigte sich allerdings nur ein kleiner Effekt.

8.5.4.3.2 WAHRAUSSAGEBEDINGUNG VERSUS NACHERZÄHLUNG OHNE PERSÖNLICHE UNFALLERFAHRUNG

Vergleicht man die Wahraussagebedingung mit der Nacherzählbedingung ohne persönliche Unfallerfahrung hinsichtlich des erzielten Ausprägungsgrades einzelner motivationsbezogener Merkmale, so zeigt sich, daß die Merkmale 15, 16, 17, 18, 19 und 24 statistisch signifikant zwischen wahr und falsch trennen konnten (Hypothesen 8.1.2, 8.2.2, 8.3.2, 8.4.2, 8.5.2 und 8.10.2). Für die Merkmale *Erinnerungsbemühungen* (17) und *Unsicherheit bezüglich der Richtigkeit eigener Angaben* (19) lagen starke Effekte vor, für die Merkmale *Spontane Verbesserungen der eigenen Aussage* (15), *Zugeben von Erinnerungslücken* (16), *Zugeben von Wissenslücken* (18) und *Inschutznahme des Täters* (24) mittlere Effekte (vgl. Tab. 33).
Im Sinne der erweiterten Undeutsch-Hypothese vorhergesagte Tendenzen zeigten sich auch für die Merkmale *Angabe von Gründen für Unsicherheiten und Lücken* (20) sowie *Schilderung von Versuchen der Wirklichkeitskontrolle* (22); für beide Merkmale lag ein mittlerer Effekt von d = 0.55 vor (Hypothesen 8.6.2 und 8.8.2).
Hypothesenkonform zeigte sich ein kleiner Effekt (d = 0.23) für die *Selbstbelastung des Opfers* (23), für den sich jedoch inferenzstatistisch betrachtet keine Tendenz nachweisen ließ (Hypothese 8.9.2).

Das Merkmal *Einwände gegen die Glaubwürdigkeit der eigenen Aussage* (21) konnte inferenzstatistisch betrachtet nicht zwischen wahr und falsch differenzieren (Hypothese 8.7.2). Anzumerken ist allerdings, daß dieses Merkmal in der Falschaussagebedingung überhaupt nicht vorkam.

Tabelle 33
Gruppenmittelwerte, Standardabweichungen, Ergebnisse der t-Tests für abhängige Stichproben und Effektstärken für den Vergleich der Gruppen I und III bezüglich der Merkmale 15 bis 24

Merkmale	M_I	SD_I	M_{III}	SD_{III}	t	df	p[a]	d
15	2.31	1.97	1.16	1.45	3.428	39	.001	0.77
16	2.18	3.69	0.44	0.83	2.995	39	.005	0.67
17	1.24	1.72	0.10	0.38	4.011	39	< .001	0.90
18	1.54	2.10	0.36	0.65	3.356	39	.002	0.75
19	2.51	2.46	0.83	1.72	4.290	39	< .001	0.96
20	1.21	1.63	0.48	0.85	2.466	39	.018	0.55
21	0.08	0.35	0.00	0.00	1.356	39	.183	[b]
22	0.40	0.75	0.08	0.33	2.481	39	.018	0.55
23	1.21	1.28	0.99	1.24	1.006	39	.320	0.23
24	1.10	1.19	0.56	0.83	2.660	39	.011	0.59

Anmerkungen. [a] Aufgrund einer Bonferroni-Adjustierung gelten veränderte Signifikanzniveaus (vgl. Kapitel 7.4): t-Wert ist signifikant, wenn $p_{einseitig} < .017$. [b] Die Effektstärke kann nicht berechnet werden.

Der Vergleich wahrer und falscher Aussagen führte in diesem Fall zu ähnlichen wie den in Kap. 8.5.4.3.1 dargestellten Ergebnissen. Die Mehrzahl motivationsbezogener Merkmale kam in signifikant stärkerem Ausmaß in wahren Aussagen vor als in der Nacherzählbedingung ohne persönliche Vorerfahrung. Daß sich für das Merkmal *Angabe von Gründen für Erinnerungs- und Wissenslücken und Unsicherheiten* kein signifikanter Unterschied mehr feststellen ließ, liegt vermutlich in folgendem begründet: Merkmal 20 wurde im Rahmen dieser Untersuchung dem Komplex der motivationsbezogenen Merkmale wegen seiner unmittelbaren inhaltlichen Verknüpfung mit dem Merkmal *Zugeben von Erinnerungslücken* zugeordnet. Nichtsdestotrotz enthält dieses Merkmal neben motivationalen Anteilen auch einen nicht geringen kognitiven Anteil. Für einen Falschaussagenden, der gezwungenermaßen eine Lücke zugibt, um sich nicht in unnötige Widersprüche zu verwickeln oder weil es ihm an Kreativität zur spontanen Erfindung einer Antwort mangelt, ist es eine kognitiv schwierige Aufgabe, *spontan* eine Begründung für diese Lücke zu präsentieren, welche nach Möglichkeit nicht nur allgemeingültig (z.B. „ist schon so lange her"), sondern spezifisch für den geschilderten Unfall ist und sich widerspruchslos in die bisherige Schilderung einpaßt. In diesem Fall wäre das Zugeben einer Lücke mit spontaner und guter Begründung kognitiv anstrengender als das Erfinden einer Antwort. Ist jedoch eine Wahrnehmungsgrundlage gegeben, welche die Ableitung einer überzeugenden Begründung ohne größere Anstrengung erlaubt, so kann es eher zu einer solchen Begründung kommen. Auf die Ausprägung dieses motivationsbezogenen Merkmals kann die Variation der Wahrnehmungsgrundlage also durchaus einen Einfluß haben.

Bemerkenswert ist auch, daß sich bei dieser Fallkonstellation das *Zugeben von Wissenslücken* als brauchbar erwiesen hat, signifikant zwischen wahr und falsch zu diskriminieren, was bei einem Vergleich der Phantasiegruppe mit der Wahraussagebedingung nicht der Fall war. Während die Falschaussagenden in der Phantasiebedingung aufgrund kognitiver Überforderung gezwungen waren, das Risiko einzugehen, die eine oder andere Wissenslücke zuzugeben, wurde hier auf die Wahrnehmungsgrundlage zurückgegriffen, um ein Zugeben von Wissenslücken zu vermeiden.

Das Merkmal *Selbstbelastungen des Opfers,* das noch bedingt geeignet war zur Diskrimination wahrer und frei erfundener Schilderungen, schien nach Präsentation der Schilderung eines tatsächlich Betroffenen nicht mehr zur Identifikation falscher Aussagen geeignet zu sein. Dieser Befund ist möglicherweise darauf zurückzuführen, daß die Spn dieser Gruppe in den Wahrnehmungsgrundlagen enthaltene *Selbstbelastungen* einfach übernahmen, ohne sich der imageschädigenden Wirkung bewußt zu sein, was zu der Frage führt, ob Kinder tatsächlich diese Vorstellung eines Glaubwürdigkeitsstereotyps besitzen.
In Anbetracht dessen, daß *Selbstbelastungen* auch im zuvor geschilderten Vergleich der Gruppen I und II nicht signifikant zur Trennung beitragen konnten, sollte die relativ geringe Veränderung jedoch nicht überinterpretiert werden.

8.5.4.3.3 WAHRAUSSAGEBEDINGUNG VERSUS NACHERZÄHLUNG MIT PERSÖNLICHER UNFALLERFAHRUNG

Bei einem Vergleich der Wahraussagebedingung mit der Nacherzählbedingung mit persönlicher Unfallerfahrung hinsichtlich des erzielten Ausprägungsgrades einzelner motivationsbezogener Merkmale zeigte sich, daß in diesem Fall die Merkmale 15, 18, 19, 20 und 22 statistisch signifikant zwischen wahr und falsch trennen konnten (Hypothesen 8.1.3, 8.4.3, 8.5.3, 8.6.3 und 8.8.3). In der Wahraussagebedingung waren diese Merkmale in stärkerem Maße vorhanden, was sich bei der *Unsicherheit bezüglich der Richtigkeit eigener Angaben* (19) in einem starken Effekt (d = 0.87) widerspiegelt und bei den übrigen Merkmalen in mittleren Effekten (vgl. Tab. 34).
Hypothesenkonforme Tendenzen zeigten sich auch für die Merkmale *Zugeben von Erinnerungslücken* (16), *Selbstbelastung des Opfers* (23) und *Inschutznahme des Täters* (24). Für die Merkmale 16 und 23 lagen mittlere Effekte, für 24 ein kleiner Effekt vor (Hypothesen 8.2.3, 8.9.3 und 8.10.3).
Für *Erinnerungsbemühungen* (17) und *Einwände gegen die Glaubwürdigkeit der eigenen Aussage* (21) ließen sich kleine Effekte in vorhergesagter Richtung nachweisen.

Tabelle 34
Gruppenmittelwerte, Standardabweichungen, Ergebnisse der t-Tests für abhängige Stichproben und Effektstärken für den Vergleich der Gruppen I und IV bezüglich der Merkmale 15 bis 24

Merkmale	M_I	SD_I	M_{IV}	SD_{IV}	t	df	p[a]	d
15	2.31	1.97	1.30	1.62	3.135	39	.003	0.70
16	2.18	3.69	0.80	1.43	2.267	39	.029	0.51
17	1.24	1.72	0.71	1.67	1.271	39	.211	0.28
18	1.54	2.10	0.40	0.64	3.123	39	.003	0.70
19	2.51	2.46	0.79	1.08	3.911	39	< .001	0.87
20	1.21	1.63	0.40	0.77	2.931	39	.006	0.66
21	0.08	0.35	0.01	0.08	1.094	39	.281	0.24
22	0.40	0.75	0.01	0.08	3.360	39	.002	0.75
23	1.21	1.28	0.73	0.88	2.450	39	.019	0.55
24	1.10	1.19	0.61	0.80	2.085	39	.044	0.47

Anmerkungen. [a] Aufgrund einer Bonferroni-Adjustierung gelten veränderte Signifikanzniveaus (vgl. Kapitel 7.4): t-Wert ist signifikant, wenn $p_{einseitig} < .017$.

Es ist festzuhalten, daß die Hälfte der motivationsbezogenen Merkmale auch unter Beeinflussungsbedingungen noch dazu geeignet war, signifikant zwischen wahr und falsch zu trennen.
Es ist jedoch gleichzeitig zu konstatieren, daß für drei Merkmale nur noch Tendenzen und für das Merkmal *Erinnerungsbemühungen* (17) nur noch ein kleiner Effekt nachgewiesen werden konnte. Die Wahrnehmungsgrundlagen bzw. die Aufgabe, welche die

Spn zu erfüllen hatten, lenkte möglicherweise die Aufmerksamkeit vom Aspekt der Selbstpräsentation ab.

Nach der Darstellung der Differenzierfähigkeit motivationsbezogener Merkmale im Hinblick auf wahre Aussagen und verschiedene Falschaussagevarianten (erweiterte Undeutsch-Hypothese) soll im folgenden referiert werden, inwieweit sich verschiedene Falschaussagevarianten mittels dieser Merkmale differenzieren ließen.

8.5.4.3.4 PHANTASIEBEDINGUNG VERSUS NACHERZÄHLUNG OHNE PERSÖNLICHE UNFALLERFAHRUNG

Vergleicht man die Phantasiebedingung mit der Nacherzählbedingung ohne persönliche Unfallerfahrung hinsichtlich des erzielten Ausprägungsgrades einzelner motivationsbezogener Merkmale, so ließ sich nur für das Merkmal *Spontane Verbesserungen der eigenen Aussage* (15) in der Nacherzählbedingung eine statistisch signifikant höhere Ausprägung nachweisen als in der Phantasiebedingung (Hypothese 8.1.4); hierfür lag ein mittlerer Effekt vor (vgl. Tab. 35).
Kleine Effekte in erwarteter Richtung zeigten sich für die Merkmale *Angabe von Gründen für Unsicherheiten, Erinnerungs- und Wissenslücken* (20), *Selbstbelastung des Opfers* (23) und *Inschutznahme des Täters* (24) (Hypothesen 8.6.4, 8.9.4 und 8.10.4).

Tabelle 35
Gruppenmittelwerte, Standardabweichungen, Ergebnisse der t-Tests für abhängige Stichproben und Effektstärken für den Vergleich der Gruppen II und III bezüglich der Merkmale 15 bis 24

Merkmale	M_{II}	SD_{II}	M_{III}	SD_{III}	t	df	p[a]	d
15	0.46	0.69	1.16	1.45	-3.093	39	.004	-0.69
16	0.34	0.82	0.44	0.83	-0.553	39	.584	-0.12
17	0.11	0.29	0.10	0.38	0.167	39	.868	0.04
18	0.61	0.10	0.36	0.65	1.456	39	.153	0.33
19	0.61	1.10	0.83	1.72	-0.751	39	.457	-0.17
20	0.33	0.72	0.48	0.85	-0.993	39	.327	-0.22
21	0.00	0.00	0.00	0.00	[b]	39	[b]	[b]
22	0.10	0.38	0.08	0.33	0.628	39	.534	0.14
23	0.59	0.95	0.99	1.24	-1.660	39	.105	-0.37
24	0.35	0.56	0.56	0.83	-1.245	39	.221	-0.28

Anmerkungen. [a] Aufgrund einer Bonferroni-Adjustierung gelten veränderte Signifikanzniveaus (vgl. Kapitel 7.4): t-Wert ist signifikant, wenn $p_{einseitig} < .017$. [b] Die Werte können nicht berechnet werden.

Die Hypothesen bezüglich der Merkmale *Zugeben von Erinnerungslücken* (16), *Erinnerungsbemühungen* (17), *Unsicherheit bezüglich der Richtigkeit eigener Angaben* (19), *Einwände gegen die Glaubwürdigkeit der eigenen Aussage* (21) und *Schilderung von Versuchen der Wirklichkeitskontrolle* (22) ließen sich durch die vorliegenden Daten nicht bestätigen; Phan-

tasiebedingung und Nacherzählbedingung ohne persönliche Erfahrung unterschieden sich nicht hinsichtlich der Ausprägung dieser Merkmale (Hypothesen 8.2.4, 8.3.4, 8.5.4, 8.7.4 und 8.8.4). Die Mittelwerte für die Merkmale 16, 19 und 21 wiesen in die erwartete, die Mittelwerte für die Merkmale 17 und 22 nicht in die erwartete Richtung (allerdings mit Effekten nahe Null).
Wissenslücken (18) traten hypothesenkonform tendenziell stärker in der Phantasiebedingung auf (d = 0.33) als in der Nacherzählgruppe (Hypothese 8.4.4).
Die Ergebnisse der t-Tests für abhängige Stichproben sowie die Effektstärken sind Tabelle 35 zu entnehmen.

Es ist zu konstatieren, daß sich die Darbietung einer Wahrnehmungsgrundlage innerhalb der motivationsbezogenen Merkmale wie erwartet in erster Linie auf den Ausprägungsgrad des Merkmals *Spontane Verbesserungen der eigenen Aussage* auswirkte. Zum einen zogen es die Spn der Nacherzählbedingung ohne Unfallerfahrung vor, ihre Aussagen zu präzisieren, was im Gegensatz zu einer einfachen Korrektur einer positiven Selbstpräsentation als kompetenter Kommunikator nicht zwangsläufig zuwiderläuft (Kap. 2.1.2.3.1). Zum anderen wurde bereits in Kap. 2.1.2.3.1 darauf hingewiesen, daß dieses Merkmal nicht nur den Aspekt der positiven Selbstpräsentation enthält; zwei ganz entscheidende Fragen lauten, auf welcher Basis ein Zeuge, dem keine Wahrnehmungsgrundlage zur Verfügung steht, seine Aussage verbessern sollte und warum er ohne entsprechende Rückmeldung seines Gegenübers überhaupt auf die Idee kommen sollte, eine Änderung vorzunehmen. Bei der Beantwortung der letzten Frage spielen Erinnerungsprozesse eine Rolle. Im Gegensatz zur Konstruktion der Aussage in der Phantasiebedingung waren den Spn der Nacherzählbedingung bei der Rekonstruktion ihrer Wahrnehmungsgrundlage aus dem Gedächtnis nicht sofort alle Informationen präsent, sondern wurden dem natürlichen Erinnerungsprozeß folgend – ähnlich wie in der Wahraussagebedingung – nachträglich unsystematisch eingestreut.
Leichte mittelbare Auswirkungen schien die Beeinflussung auch auf *Erklärungen für Lücken und Unsicherheiten* sowie *Selbstbelastungen* und *Fremdentlastungen* zu zeigen. Bezüglich der letzten beiden Merkmale rückten die Spn der Nacherzählbedingung möglicherweise von ihrem Schwarz-Weiß-Denken ab. Der kleine Effekt bezüglich des Merkmals *Zugeben von Wissenslücken* deutet an, daß die Falschaussagenden, sobald sie kognitiv nicht mehr überfordert waren mit der Beantwortung der Fragen, auf ein Zugeben von Wissenslücken wenn möglich lieber verzichteten. Der Ausprägungsgrad der übrigen Merkmale wurde durch die vorgenommene Beeinflussung nicht tangiert.

8.5.4.3.5 Phantasiebedingung versus Nacherzählung mit persönlicher Unfallerfahrung

Vergleicht man die Phantasiebedingung mit der Nacherzählbedingung, die über persönliche Unfallerfahrung verfügte, hinsichtlich des erzielten Ausprägungsgrades einzelner motivationsbezogener Merkmale, so zeigte sich hypothesenkonform eine signifikant höhere Ausprägung des Merkmals *Spontane Verbesserungen der eigenen Aussage* (15) in der Nacherzählgruppe mit persönlicher Unfallerfahrung (Hypothese 8.1.5).

Tendenzen in vorhergesagter Richtung zeigten sich auch für die Merkmale *Zugeben von Erinnerungslücken* (16), *Erinnerungsbemühungen* (17) und *Inschutznahme des Täters* (24) (Hypothesen 8.2.5, 8.3.5, und 8.10.5). *Wissenslücken* (18) traten wie erwartet tendenziell stärker in der Phantasiebedingung auf (Hypothese 8.4.5); es zeigte sich ein kleiner Effekt (vgl. Tab. 36).
Keine Unterschiede ließen sich bezüglich der Merkmale 19, 20, 21 und 23 nachweisen (Hypothesen 8.5.5, 8.6.5, 8.7.5 und 8.9.5).

Tabelle 36
Gruppenmittelwerte, Standardabweichungen, Ergebnisse der t-Tests für abhängige Stichproben und Effektstärken für den Vergleich der Gruppen II und IV bezüglich der Merkmale 15 bis 24

Merkmale	M_{II}	SD_{II}	M_{IV}	SD_{IV}	t	df	p[a]	d
15	0.46	0.69	1.30	1.62	-3.011	39	.005	-0.67
16	0.34	0.82	0.80	1.43	-1.773	39	.084	-0.40
17	0.11	0.29	0.71	1.67	-2.248	39	.030	-0.50
18	0.61	0.10	0.40	0.64	1.058	39	.297	0.24
19	0.61	1.10	0.79	1.08	-0.722	39	.475	-0.16
20	0.33	0.72	0.40	0.77	-0.467	39	.643	-0.10
21	0.00	0.00	0.01	0.08	-1.000	39	.323	[b]
22	0.10	0.38	0.01	0.08	1.418	39	.164	0.32
23	0.59	0.95	0.73	0.88	-0.625	39	.536	-0.14
24	0.35	0.56	0.61	0.80	-1.819	39	.077	-0.41

Anmerkungen. [a] Aufgrund einer Bonferroni-Adjustierung gelten veränderte Signifikanzniveaus (vgl. Kapitel 7.4): t-Wert ist signifikant, wenn $p_{einseitig} < .017$. [b] Die Effektstärke kann nicht berechnet werden.

Ein erwartungswidriger kleiner Effekt zeigte sich für *Schilderungen von Versuchen der Wirklichkeitskontrolle* (22), welche tendenziell stärker in der Phantasiebedingung auftraten (Hypothese 8.8.5).

Bezüglich der *Spontanen Verbesserungen der eigenen Aussage* waren bei diesem Vergleich die gleichen Auswirkungen festzustellen wie bei dem in Kap. 8.5.4.3.4 dargestellten Vergleich. Entsprechendes gilt für die Merkmale *Zugeben von Wissenslücken*, *Unsicherheiten bezüglich der Richtigkeit eigener Angaben* und *Einwände gegen die eigene Glaubwürdigkeit.*
Die Spn der Nacherzählbedingung mit Unfallerfahrung gaben im Vergleich zu denen der Phantasiebedingung tendenziell mehr Erinnerungslücken zu, bemühten sich stärker um Erinnerung und waren tendenziell eher dazu bereit, den Beschuldigten in Schutz zu nehmen. Vermehrte Erinnerungslücken und Bemühungen lassen sich dadurch erklären, daß die den Spn gestellte Aufgabe der Rekonstruktion der Geschichte

sich mit der angestrebten positiven Selbstpräsentation überlappte. Im Gegensatz zu Phantasierenden, die vermutlich nicht auch noch durch deutliche Erinnerungsbemühungen, die zudem mangels Wahrnehmungsgrundlage fruchtlos gewesen wären, auf mögliche Lücken aufmerksam machen wollten, erhofften sich die Spn dieser Nacherzählbedingung, durch verstärkte *Erinnerungsbemühungen* die Lücken schließen zu können, was offenbar nicht immer gelungen ist, wie man am Auftreten der *Erinnerungslücken* ablesen kann.
Im Hinblick auf die tendenziell stärker ausgeprägte *Inschutznahme des Beschuldigten* durch die Spn der Nacherzählbedingung ist zu vermuten, daß die Informationen über das Unfallgeschehen die Spn dieser Gruppe von einem Schwarz-Weiß-Denken abrücken ließen, und daß die induzierte leicht altruistische Aussagemotivation (dem tatsächlichen Opfer helfen zu wollen) der zielgerichteten Beschuldigung entgegenwirkte (vgl. Kap. 2.1.1).
Der kleine hypothesenwidrige Effekt bezüglich des Merkmals *Schilderung von Versuchen der Wirklichkeitskontrolle* läßt sich ohne weiteres nicht erklären. Möglicherweise können weitere Untersuchungen mit unterschiedlichen Aussagebedingungen Aufschluß über Auftretensbedingungen dieses Merkmals geben.

8.5.4.3.6 Nacherzählung ohne versus mit persönlicher Unfallerfahrung

Vergleicht man die beiden Nacherzählbedingungen mit und ohne persönliche Unfallerfahrung hinsichtlich der Ausprägung motivationsbezogener Merkmale, so zeigt sich folgendes Bild: Wie erwartet zeigte sich für keines der Merkmale ein statistisch signifikanter Unterschied zwischen den Gruppen III und IV (Hypothesen 8.1-10.6). Die Nullhypothesen konnten beibehalten werden (vgl. Tab. 37).
Das Merkmal *Erinnerungsbemühungen* (17) trat allerdings tendenziell stärker in der Nacherzählbedingung mit Unfallerfahrung auf, wobei für diesen Vergleich ein mittlerer Effekt nachweisbar war. Der Vergleich bezüglich des Merkmals *Zugeben von Erinnerungslücken* (16) erbrachte einen kleinen Effekt (d = 0.29) ebenfalls zugunsten der Gruppe IV.
Für die Merkmale *Schilderung von Versuchen der Wirklichkeitskontrolle* (22) und *Selbstbelastung des Opfers* (23) zeigten sich dagegen kleine Effekte (d = 0.26) zugunsten der Gruppe III.

Es bleibt festzuhalten, daß sich die beiden Nacherzählgruppen bezüglich keines motivationsbezogenen Merkmals signifikant unterschieden. Die Kinder mit persönlicher Vorerfahrung waren lediglich tendenziell eher als die Kinder ohne persönliche Vorerfahrung dazu bereit, *Erinnerungsbemühungen* zu zeigen. Der kleine Effekt bezüglich der *Selbstbelastungen* ließe sich möglicherweise dadurch erklären, daß Selbstbelastungen in den Augen der unfallerfahrenen Spn stärker kompromittierenden Charakter hatten; in Anbetracht des kleinen Effektes sollte diese Tendenz jedoch nicht überinterpretiert werden.

Tabelle 37
Gruppenmittelwerte, Standardabweichungen, Ergebnisse der t-Tests für abhängige Stichproben und Effektstärken für den Vergleich der Gruppen III und IV bezüglich der Merkmale 15 bis 24

Merkmale	M_{III}	SD_{III}	M_{IV}	SD_{IV}	t	df	p[a]	d
15	1.16	1.45	1.30	1.62	-0.441	39	.662	-0.10
16	0.44	0.83	0.80	1.43	-1.315	39	.196	-0.29
17	0.10	0.38	0.71	1.67	-2.229	39	.032	-0.50
18	0.36	0.65	0.40	0.64	-0.246	39	.807	-0.06
19	0.83	1.72	0.79	1.08	0.124	39	.902	0.03
20	0.48	0.85	0.40	0.77	0.431	39	.669	0.10
21	0.00	0.00	0.01	0.08	-1.000	39	.323	[b]
22	0.08	0.33	0.01	0.08	1.152	39	.256	0.26
23	0.99	1.24	0.73	0.88	1.142	39	.261	0.26
24	0.56	0.83	0.61	0.80	-0.282	39	.779	-0.06

Anmerkungen. [a] Aufgrund einer Bonferroni-Adjustierung gelten veränderte Signifikanzniveaus (vgl. Kapitel 7.4): t-Wert ist signifikant, wenn $p_{einseitig} < .017$. [b] Die Effektstärke kann nicht berechnet werden.

Insgesamt ist zu sagen, daß die Präsentation der Schilderung eines tatsächlich Betroffenen wie erwartet dazu führte, daß die Kinder beider Nacherzählbedingungen eher bereit waren, *spontane Verbesserungen ihrer eigenen Aussage* vorzunehmen, wobei es sich hierbei weniger um Verbesserungen im Sinne spontaner Korrekturen gehandelt haben dürfte, sondern um Ergänzungen der Schilderung durch verspätet auftauchende Erinnerungen. Hier lag möglicherweise ein ähnlicher Effekt vor wie bei der Rekonstruktion eines tatsächlichen Erlebnisses aus dem Gedächtnis. Während die wahrheitsgemäß Berichtenden bemüht waren, das wahrgenommene Ereignis zu rekonstruieren und ihnen währenddessen hin und wieder zusätzliche Teile einfielen, die ihnen beim ersten Rekonstruktionsversuch nicht sofort präsent waren, so versuchten auch die Falschaussagenden, welche die Möglichkeit hatten, auf eine – wenn auch bloß akustische – Wahrnehmungsgrundlage zurückzugreifen, das Wahrgenommene möglichst lückenlos zu rekonstruieren. Ähnlich wie die wahrheitsgemäß Aussagenden wurden die Schilderungen hin und wieder um vergessene Teile ergänzt, zumindest dann, wenn die Ergänzung inhaltlich so wichtig erschien, daß ein möglicher Kompetenzverlust dafür in Kauf genommen wurde. Letzteres ist allerdings auch im Alltagsverständnis von Glaubwürdigkeit kaum aufgrund von Ergänzungen und Präzisierungen zu befürchten; einen schlechten Eindruck macht nach Alltagsverständnis vermutlich eher eine Verbesserung der eigenen Angaben im Sinne der Korrektur einer zunächst falschen Angabe. Bei spontanen Ergänzungen und Präzisierungen spielt vermutlich weniger der Aspekt der Selbstpräsentation, sondern eher das Fehlen einer Wahrnehmungsgrundlage eine Rolle, aufgrund derer ein Falschaussagender eine Verbesserung seiner Aussage vornehmen könnte.

Im folgenden soll nun dargestellt werden, inwieweit die Inhalte, bezüglich derer eingangs vermutet wurde, daß es sich hierbei um negative Merkmale (also um Merkmale, welche in stärkerer Ausprägung in Falschaussagen auftreten sollten) handeln könnte, in der Lage waren, zwischen verschiedenen Aussagebedingungen zu diskriminieren. Bei den ersten drei Paarvergleichen können alle Merkmale dieses Komplexes gemeinsam betrachtet werden, für die Paarvergleiche der Falschaussagebedingungen untereinander werden zunächst die Merkmale 25, 26 und 28 zusammengefaßt und anschließend die Ergebnisse für Merkmal 27 separat betrachtet, da für Merkmal 27 eine andere Rangfolge des Ausprägungsgrades innerhalb der Falschaussagebedingungen vorhergesagt wurde.

8.5.4.4 ERGEBNISSE BEZÜGLICH NEGATIVER MERKMALE

Merkmale 25, 26, 28: **Hypothesen 9.1, 9.2 und 9.4** $\mu_I < \mu_{IV} < \mu_{III} < \mu_{II}$

8.5.4.4.1 WAHRAUSSAGEBEDINGUNG VERSUS PHANTASIEBEDINGUNG

Vergleicht man die Wahraussagebedingung mit der Phantasiebedingung hinsichtlich des erzielten Ausprägungsgrades einzelner negativer Merkmale, so zeigt sich, daß das Merkmal *Klischees* (28) wie vorhergesagt einen statistisch signifikant höheren Ausprägungsgrad in der Phantasiebedingung aufwies (Hypothese 9.4.1). Mit d = 0.71 lag für diesen Vergleich ein mittlerer Effekt vor (vgl. Tab. 38)
Hypothesenkonforme Tendenzen ließen sich auch mit p = .039 für das Merkmal *Vermutete Handlungsmotive des Angeschuldigten* (25) und mit einem kleinen Effekt (d = 0.25) für die *Zuschreibung überdauernder negativer Eigenschaften* (26) nachweisen (Hypothesen 9.1.1 und 9.2.1).
Nicht bestätigt werden konnte hingegen Hypothese 9.3.1 bezüglich des Merkmals 27. *Inhaltliche Wiederholungen* kamen in Phantasie- und Wahraussagen in gleicher Ausprägung vor, die Mittelwerte wiesen zudem nicht in die vorhergesagte Richtung (allerdings mit einem Effekt nahe Null).

Tabelle 38
Gruppenmittelwerte, Standardabweichungen, Ergebnisse der t-Tests für abhängige Stichproben und Effektstärken für den Vergleich der Gruppen I und II bezüglich der Merkmale 25 bis 28

Merkmale	M_I	SD_I	M_{II}	SD_{II}	t	df	p[a]	d
25	0.00	0.00	0.21	0.63	-2.136	39	.039	[b]
26	0.04	0.13	0.14	0.54	-1.113	39	.273	-0.25
27	0.71	1.06	0.65	1.01	0.268	39	.790	0.06
28	0.70	0.88	1.66	1.62	-3.177	39	.003	-0.71

Anmerkungen. [a] Aufgrund einer Bonferroni-Adjustierung gelten veränderte Signifikanzniveaus (vgl. Kapitel 7.4): t-Wert ist signifikant, wenn $p_{einseitig} < .017$. [b] Die Effektstärke kann nicht berechnet werden.

Während das Merkmal *Inhaltliche Wiederholungen* nicht zu einer Trennung erlebnisbegründeter und falscher Aussagen beitragen konnte, erwies sich in erster Linie das Merkmal *Klischees* als sehr nützlich. Die Aussagen der Phantasiebedingung enthielten deutlich mehr klischeehafte Äußerungen, stellten tendenziell mehr *Vermutungen über Handlungsmotive des Beschuldigten* an und schrieben ihm eher *überdauernde negative Eigenschaften* zu. Die Spn dieser Gruppe statteten ihre Aussagen demnach mit wenig Überprüfbarem aus.
Anzumerken ist zum einen, daß die wahrheitsgemäß Aussagenden dem Beschuldigten überhaupt keine Handlungsmotive unterstellten. Zum anderen trat eine *Zuschreibung überdauernder negativer Eigenschaften* insgesamt sehr selten auf.

8.5.4.4.2 WAHRAUSSAGEBEDINGUNG VERSUS NACHERZÄHLUNG OHNE PERSÖNLICHE UNFALLERFAHRUNG

Vergleicht man die Wahraussagebedingung mit der Nacherzählbedingung ohne persönliche Unfallerfahrung hinsichtlich des erzielten Ausprägungsgrades einzelner negativer Merkmale, so zeigt sich, daß alle Mittelwerte in die vorhergesagte Richtung wiesen, jedoch kein Merkmal statistisch signifikant zwischen wahr und falsch trennen konnte (vgl. Tab. 39).
Hypothesenkonforme Tendenzen ließen sich mit p = .045 für *Vermutete Handlungsmotive des Angeschuldigten* (25) sowie mit p = .057 für *Klischees* (28) nachweisen. Ein kleiner Effekt (d = 0.30) zeigte sich auch für die *Zuschreibung überdauernder negativer Eigenschaften* (26; Hypothesen 9.1.2, 9.2.2 und 9.4.2).
Inhaltliche Wiederholungen (27) kamen jedoch genauso häufig in Wahraussagen wie in Nacherzählungen ohne persönliche Erfahrung vor, der in Hypothese 9.3.2 postulierte Unterschied zeigte sich somit nicht.

Tabelle 39
Gruppenmittelwerte, Standardabweichungen, Ergebnisse der t-Tests für abhängige Stichproben und Effektstärken für den Vergleich der Gruppen I und III bezüglich der Merkmale 25 bis 28

Merkmale	M_I	SD_I	M_{III}	SD_{III}	t	df	p[a]	d
25	0.00	0.00	0.21	0.65	-2.070	39	.045	[b]
26	0.04	0.13	0.13	0.46	-1.361	39	.181	-0.30
27	0.71	1.06	0.79	1.12	-0.309	39	.759	-0.07
28	0.70	0.88	1.45	2.39	-1.958	39	.057	-0.44

Anmerkungen. [a] Aufgrund einer Bonferroni-Adjustierung gelten veränderte Signifikanzniveaus (vgl. Kapitel 7.4): t-Wert ist signifikant, wenn $p_{einseitig} < .017$. [b] Die Effektstärke kann nicht berechnet werden.

Es zeigte sich ein ähnliches Muster wie bei dem in Kap. 8.5.4.4.1 dargestellten Vergleich. Während die Spn der Nacherzählbedingung ohne Unfallerfahrung es wider Erwarten nicht nötig hatten, ihre Aussage aufgrund kognitiver Überlastung mit *Inhaltlichen Wiederholungen* anzureichern, konnten die übrigen negativen Merkmale zumindest tendenziell zwischen erlebnisbegründeten und falschen Aussagen trennen, auch wenn die Vermittlung der Wahrnehmungsgrundlage dazu führte, daß die Falschaussagenden für ihre Schilderungen in geringerem Maße auf *Klischees* zurückgriffen als die Spn der Phantasiebedingung.

8.5.4.4.3 WAHRAUSSAGEBEDINGUNG VERSUS NACHERZÄHLUNG MIT PERSÖNLICHER UNFALLERFAHRUNG

Bei einem Vergleich der Wahraussagebedingung mit der Nacherzählbedingung mit persönlicher Unfallerfahrung hinsichtlich des erzielten Ausprägungsgrades einzelner negativer Merkmale zeigt sich, daß keine der eingangs formulierten Hypothesen inferenzstatistisch bestätigt werden konnte (Hypothesen 9.[1-4].3).
Ein kleiner Effekt (d = 0.24) in erwarteter Richtung ließ sich lediglich für *Klischees* (28) nachweisen. *Vermutete Handlungsmotive des Angeschuldigten* (25) traten in keiner der beiden Gruppen auf (vgl. Tab. 40).
Die Mittelwerte für die Merkmale *Zuschreibung überdauernder negativer Eigenschaften* (26) und *Inhaltliche Wiederholungen* (27) wiesen in hypothesenwidrige Richtung, wobei sich für Merkmal 26 sogar eine Tendenz nachweisen ließ (p = .083). Wider Erwarten fand eine *Zuschreibung überdauernder negativer Eigenschaften* demnach tendenziell ausgeprägter in der Wahraussagebedingung statt als in der Nacherzählbedingung mit persönlicher Unfallerfahrung.

Tabelle 40
Gruppenmittelwerte, Standardabweichungen, Ergebnisse der t-Tests für abhängige Stichproben und Effektstärken für den Vergleich der Gruppen I und IV bezüglich der Merkmale 25 bis 28

Merkmale	M_I	SD_I	M_{IV}	SD_{IV}	t	df	p[a]	d
25	0.00	0.00	0.00	0.00	[b]	39	[b]	[b]
26	0.04	0.13	0.00	0.00	1.778	39	.083	[b]
27	0.71	1.06	0.54	0.76	0.862	39	.394	0.19
28	0.70	0.88	0.95	1.10	-1.062	39	.295	-0.24

Anmerkungen. [a] Aufgrund einer Bonferroni-Adjustierung gelten veränderte Signifikanzniveaus (vgl. Kapitel 7.4): t-Wert ist signifikant, wenn $p_{einseitig} < .017$. [b] Die Werte können nicht berechnet werden.

Die negativen Merkmale waren bei dieser Fallkonstellation offenbar nicht geeignet, zur Wahrheitsfindung beizutragen. Auch für *Klischees* ließ sich nur noch ein kleiner Effekt nachweisen; die Spn mit Unfallerfahrung griffen demnach kaum mehr als die Wahraussagenden auf Klischees zurück, was sich durch die Vermittlung von Informationen und durch eigene Erfahrungen erklären ließe. Das Nicht-Auftreten einer *Zuschreibung überdauernder negativer Eigenschaften* in Gruppe IV ließe sich möglicherweise dadurch erklären, daß die Aussagemotivation hier wegen der stärkeren Identifikation mit dem Opfer altruistischer war. Dem Ansatz der verhaltensorientierten Glaubhaftigkeitsdiagnostik folgend treten negative Äußerungen verstärkt aufgrund des negativen Affektes beim Täuschen auf, welcher abgeschwächt wird durch altruistische Täuschungsmotive. Die tatsächlichen Unfallopfer der Gruppe I waren möglicherweise noch so stark emotional belastet, daß sie sich eher zu negativen Äußerungen hinreißen ließen.

Insgesamt ist unter Bezugnahme auf die drei dargestellten Vergleiche zu konstatieren, daß die Ergebnisse zum Komplex der negativen Merkmale auch auf Einzelmerkmalsebene noch schwer zu interpretieren sind. *Inhaltliche Wiederholungen* waren in jedem Fall nicht geeignet, zwischen wahr und falsch zu diskriminieren. Dieses Ergebnis kann auch nicht durch eine geringe Auftretenshäufigkeit erklärt werden, sondern ist darauf zurückzuführen, daß wahrheitsgemäß Aussagende in gleichem Maße dazu neigten wie Falschaussagende, bestimmte Inhalte ihrer Schilderung mehrfach zu äußern. Möglicherweise könnte eine ausschließliche Betrachtung des freien Berichts Unterschiede zu Tage fördern. Vorerst ist jedoch festzuhalten, daß *Inhaltliche Wiederholungen* nach den vorliegenden Befunden nicht als Hinweis auf den Wahrheitsgehalt einer Aussage gesehen werden können.

Betrachtet man nur die Gruppen I, II und III, so erwiesen sich die übrigen drei negativen Merkmale durchaus als zumindest tendenziell nützlich zur Diskrimination wahrer und falscher Schilderungen, wobei klischeehafte Äußerungen hier am besten geeignet schienen. Schwer interpretierbar werden die Ergebnisse hingegen, wenn man die Nacherzählbedingung mit persönlicher Unfallerfahrung miteinbezieht. Die Schilderungen dieser Falschaussagebedingung waren denen der Wahraussagebedingung ähnlicher als denen der anderen Falschaussagebedingungen. Durchgängige Effekte in erwarteter Richtung zeigten sich für alle Vergleiche bezüglich des Merkmals *Klischees*.

Nach der Darstellung der Differenzierfähigkeit negativer Merkmale im Hinblick auf die Abgrenzung wahrer Aussagen und verschiedener Falschaussagevarianten soll im folgenden dargestellt werden, inwieweit sich verschiedene Falschaussagevarianten mittels der Merkmale 25, 26 und 28 unterscheiden ließen. Ergebnisse zu Merkmal 27 werden im Anschluß beschrieben (Hypothese 9.3).

8.5.4.4.4 Phantasiebedingung versus Nacherzählung ohne persönliche Unfallerfahrung

Vergleicht man die Phantasiebedingung mit der Nacherzählbedingung ohne persönliche Unfallerfahrung hinsichtlich des erzielten Ausprägungsgrades einzelner negativer Merkmale, so ließen sich bezüglich des Ausprägungsgrades der Merkmale 25, 26 und 28 keine Unterschiede feststellen (Hypothesen 9.1.4, 9.2.4 und 9.4.4).

Für die Merkmale *Zuschreibung überdauernder negativer Eigenschaften* (26) und *Klischees* (28) wiesen die Mittelwerte in die erwartete Richtung (vgl. Tab. 41).

Tabelle 41
Gruppenmittelwerte, Standardabweichungen, Ergebnisse der t-Tests für abhängige Stichproben und Effektstärken für den Vergleich der Gruppen II und III bezüglich der Merkmale 25, 26 und 28

Merkmale	M_{II}	SD_{II}	M_{III}	SD_{III}	t	df	p[a]	d
25	0.21	0.63	0.21	0.65	0.000	39	1.00	0.00
26	0.14	0.54	0.13	0.46	0.107	39	.915	0.02
28	1.66	1.62	1.45	2.39	0.523	39	.604	0.12

Anmerkungen. [a] Aufgrund einer Bonferroni-Adjustierung gelten veränderte Signifikanzniveaus (vgl. Kapitel 7.4): t-Wert ist signifikant, wenn $p_{einseitig} < .017$.

8.5.4.4.5 PHANTASIEBEDINGUNG VERSUS NACHERZÄHLUNG MIT PERSÖNLICHER UNFALLERFAHRUNG

Vergleicht man die Phantasiebedingung mit der Nacherzählbedingung mit persönlicher Unfallerfahrung hinsichtlich des erzielten Ausprägungsgrades einzelner negativer Merkmale, so ließen sich bezüglich des Ausprägungsgrades der Merkmale 25 und 28 hypothesenkonforme Tendenzen feststellen (Hypothesen 9.1.5, und 9.4.5). Für *Klischees* (28) lag ein mittlerer Effekt vor; für das Merkmal *Vermutete Handlungsmotive des Angeschuldigten* (25) konnte bei p = .039 keine Effektstärke berechnet werden, da dieses Merkmal in der Nacherzählbedingung gar nicht auftrat (vgl. Tab. 42).
Für die *Zuschreibung überdauernder negativer Eigenschaften* (26) ließ sich inferenzstatistisch kein Unterschied nachweisen; erwähnenswert ist jedoch, daß auch dieses Merkmal (innerhalb dieses Paarvergleichs) nur in der Phantasiebedingung auftrat. Die Mittelwerte wiesen somit in die erwartete Richtung (Hypothese 9.2.5); ein Effekt konnte nicht berechnet werden.

Tabelle 42
Mittelwerte, Standardabweichungen, Ergebnisse der t-Tests für abhängige Stichproben und Effektstärken für den Vergleich der Gruppen II und IV bezüglich der Merkmale 25, 26 und 28

Merkmale	M_{II}	SD_{II}	M_{IV}	SD_{IV}	t	df	p[a]	d
25	0.21	0.63	0.00	0.00	2.136	39	.040	[b]
26	0.14	0.54	0.00	0.00	1.602	39	.120	[b]
28	1.66	1.62	0.95	1.10	2.229	39	.030	.50

Anmerkungen. [a] Aufgrund einer Bonferroni-Adjustierung gelten veränderte Signifikanzniveaus (vgl. Kapitel 7.4): t-Wert ist signifikant, wenn $p_{einseitig} < .017$. [b] Die Effektstärke kann nicht berechnet werden.

8.5.4.4.6 NACHERZÄHLUNG MIT VERSUS OHNE PERSÖNLICHE UNFALLERFAHRUNG

Vergleicht man die beiden Nacherzählbedingungen mit und ohne persönliche Unfallerfahrung hinsichtlich der Ausprägung negativer Merkmale, so zeigt sich folgendes Bild: Alle Mittelwerte wiesen in die vorhergesagte Richtung (vgl. Tab. 43). Hypothe-

senkonforme Tendenzen ließen sich mit p = .045 für *Vermutete Handlungsmotive des Angeschuldigten* (25), mit p = .096 für die *Zuschreibung überdauernder negativer Eigenschaften* (26) und mit einem kleinen Effekt (d = 0.27) für *Klischees* (28) nachweisen (Hypothesen 9.1.6, 9.2.6 und 9.4.6).
Auch *Inhaltliche Wiederholungen* (27) traten mit d = 0.25 hypothesenkonform tendenziell stärker in Nacherzählungen ohne persönliche Unfallerfahrung auf (Hypothese 9.3.6).

Tabelle 43
Gruppenmittelwerte, Standardabweichungen, Ergebnisse der t-Tests für abhängige Stichproben und Effektstärken für den Vergleich der Gruppen III und IV bezüglich der Merkmale 25 bis 28

Merkmale	M_{III}	SD_{III}	M_{IV}	SD_{IV}	t	df	p[a]	d
25	0.21	0.65	0.00	0.00	2.070	39	.045	[b]
26	0.13	0.46	0.00	0.00	1.706	39	.096	[b]
27	0.79	1.12	0.54	0.76	1.136	39	.263	0.25
28	1.45	2.39	0.95	1.10	1.188	39	.242	0.27

Anmerkungen. [a] Aufgrund einer Bonferroni-Adjustierung gelten veränderte Signifikanzniveaus (vgl. Kapitel 7.4): t-Wert ist signifikant, wenn $p_{einseitig} < .017$. [b] Die Effektstärke kann nicht berechnet werden.

Inhaltliche Wiederholungen: Hypothesen 9.3.4 und 9.3.5 $\mu_I < \mu_{II} < \mu_{IV} < \mu_{III}$

Zu betrachten bleibt das Verhältnis der Phantasiebedingung zu den beiden Nacherzählbedingungen hinsichtlich des Ausprägungsgrades *Inhaltlicher Wiederholungen* (27), da diesbezüglich in Kap. 7.2 eine leicht veränderte Rangfolge postuliert wurde (Hypothesen 9.3.4 und 9.3.5).
Die Nacherzählbedingung ohne persönliche Unfallerfahrung zeigte keinen höheren Ausprägungsgrad hinsichtlich dieses Merkmals; die Mittelwerte wiesen in die erwartete Richtung (vgl. Tab. 44).
Auch die Nacherzählbedingung mit persönlicher Unfallerfahrung wies keinen höheren Ausprägungsgrad *Inhaltlicher Wiederholungen* auf; hier wiesen die Mittelwerte sogar in hypothesenwidrige Richtung (d = 0.13).

Tabelle 44
Gruppenmittelwerte, Standardabweichungen, Ergebnisse der t-Tests für abhängige Stichproben und Effektstärken für den Vergleich der Gruppen II und III sowie II und IV bezüglich des Merkmals Inhaltliche Wiederholungen

Gruppen	M_{II}	SD_{II}	M_{III}	SD_{III}	t	df	p[a]	d
II vs. III	0.65	1.01	0.79	1.12	-0.617	39	.541	-0.14
	M_{II}	SD_{II}	M_{IV}	SD_{IV}				
II vs. IV	0.65	1.01	0.54	0.76	0.575	39	.569	0.13

Anmerkungen. [a] Aufgrund einer Bonferroni-Adjustierung gelten veränderte Signifikanzniveaus (vgl. Kapitel 7.4): t-Wert ist signifikant, wenn $p_{einseitig} < .017$.

Insgesamt ist zu konstatieren, daß der Vergleich der Falschaussagebedingungen untereinander keine signifikanten Ergebnisse erbrachte; die vorhergesagte Rangfolge der Aussagebedingungen hinsichtlich des Ausprägungsgrades negativer Merkmale konnte zwar insgesamt bestätigt werden (vgl. Kap. 8.5.2.4), jedoch zeichnete sich eine schwer zu erklärende Gruppenbildung ab: Die Schilderungen der Wahraussagebedingung und die der Nacherzählbedingung mit Unfallerfahrung einerseits und die Schilderungen der Phantasiebedingung und der Nacherzählbedingung ohne Unfallerfahrung andererseits wiesen ähnliche Merkmalsmuster auf. Dieser Befund kann anhand der vorliegenden Daten letztlich nicht geklärt werden.

Abschließend sollen nach der Überprüfung der Hypothesen die verschiedenen Untergruppen differenzierter betrachtet werden. Für die einzelnen Untergruppen gelten die gleichen Hypothesen wie für die übergeordnete Ebene.

8.5.5 Differenziertere Betrachtung der Ergebnisse für verschiedene Untergruppen

8.5.5.1 Subgruppen einzelner Merkmale

Bei drei vorgenommenen Paarvergleichen wurde mittels einer Bonferroni-Adjustierung ein α-Niveau von .033 bestimmt. Im folgenden soll es jedoch weniger darum gehen, welche Merkmale signifikant zwischen wahr und falsch trennen konnten[37], sondern es soll vielmehr im Mittelpunkt des Interesses stehen, welche Aspekte eines Merkmals die Diskriminationsfähigkeit des Gesamtmerkmals positiv oder negativ beeinflußten.

Für die Merkmale *Kontextuelle Einbettung* (4), *Wiedergabe verbaler Äußerungen* (6), *Schilderung eigenpsychischer Vorgänge und Zustände* (12) und *Einwände gegen die eigene Glaubwürdigkeit* (21) wurden zwecks differenzierterer Betrachtung unterschiedlicher Aspekte dieser Merkmale Unterteilungen in Subgruppen vorgenommen. Die Ergebnisse zur Differenzierfähigkeit zwischen der Wahraussagebedingung und den drei Falschaussagebedingungen sind Tabelle 45 zu entnehmen.

Für das Merkmal *Einwände gegen die eigene Glaubwürdigkeit* (21) zeigte sich, daß *Einwände gegen die eigene Aussage* (21a) auch in der Gruppe IV auftraten, wohingegen *Einwände gegen die eigene Person* (21b) ausschließlich in der Wahraussagebedingung festgestellt wurden.

Das Merkmal *Wiedergabe von Gesprächen* (6b) war nicht differenzierfähiger als die *Wiedergabe von Einzeläußerungen* (6a). Die Spn der Wahraussagebedingung gaben insgesamt seltener Gespräche wieder als Einzeläußerungen, und die Spn der Nacherzählbedingungen konnten sich zusammenhängende Gespräche möglicherweise besser merken

[37] Da durch die Bildung der Subgruppen die Auftretenshäufigkeit insgesamt abnahm, zeigten sich nur für wenige Merkmale signifikante Ergebnisse.

als in der Wahrnehmungsgrundlage enthaltene Einzeläußerungen, so daß Unterschiede bezüglich wiedergegebener Gespräche weniger deutlich wurden.
Die Subgruppenbildung bei Merkmal 12 ergab, daß die *Schilderung des Nachdenkens über mögliche Folgen* (12d) in zwei Fällen gar nicht zur Diskrimination beitrug und in einem Fall (I vs. IV) einen kleinen Effekt in falscher Richtung bewirkte. In zwei Fällen erwies sich die *Schilderung physiologischer oder motorischer Abläufe* (12a) als diskriminierfähigster Aspekt, nämlich bei der Abgrenzung wahrer Aussagen gegen Phantasieaussagen bzw. Nacherzählungen mit Unfallerfahrung, für die Abgrenzung der Gruppe I gegen die Gruppe III erwies sich dagegen die *Schilderung erlebnisbezogener Gedanken* (12c) als nützlichster Aspekt. An dieser Stelle ist allerdings anzumerken, daß diese *Nützlichkeit* sich auf einen kleinen Effekt in hypothesenkonformer Richtung beschränkte, während im Kontrast dazu die Mittelwerte der drei übrigen Aspekte dieses Merkmals sogar in die falsche Richtung wiesen, also zur Wahrheitsfindung völlig ungeeignet waren.
Die Rangfolge der Subgruppen der *kontextuellen Einbettung* (4) entsprach für den Vergleich der Gruppen I und II dem vermuteten Schwierigkeitsgrad einer Simulation: Am leichtesten fiel den Phantasierenden eine *zeitliche Einordnung* (4a), gefolgt von einer *räumlichen Einordnung* (4b), und am schwierigsten war eine *Einordnung in Lebensgewohnheiten Beteiligter* (4c). Bei der Abgrenzung gegen die Gruppen III und IV erwiesen sich jedoch jeweils unterschiedliche Aspekte als nützlich (vgl. Tab. 45).

Tabelle 45
Gruppenmittelwerte, Standardabweichungen, Ergebnisse der t-Tests für abhängige Stichproben und Effektstärken für die Vergleiche der Gruppen I vs. II, I vs. III und I vs. IV bezüglich der Subgruppen der Merkmale 4, 6, 12 und 21

I vs. II

Merkmale	M_I	SD_I	M_{II}	SD_{II}	t	df	p[a]	d
4a	1.93	1.16	1.68	0.97	1.275	39	.210	0.29
4b	2.26	1.66	1.84	1.45	1.322	39	.194	0.30
4c	0.43	0.75	0.14	0.41	2.075	39	.045	0.46
6a	6.13	5.27	2.36	2.46	4.304	39	< .001	0.96
6b	1.59	3.04	0.11	0.38	3.029	39	.004	0.68
12a	1.01	0.92	0.39	0.66	3.348	39	.002	0.75
12b	3.29	2.47	2.06	1.53	2.750	39	.009	0.61
12c	0.64	0.82	0.33	0.55	2.205	39	.033	0.49
12d	0.15	0.46	0.13	0.37	0.255	39	.800	0.06
21a	0.03	0.16	0.00	0.00	1.000	39	.323	[b]
21b	0.05	0.32	0.00	0.00	1.000	39	.323	[b]

I vs. III

Merkmale	M_I	SD_I	M_{III}	SD_{III}	t	df	p[a]	d
4a	1.93	1.16	1.70	1.11	1.406	39	.168	0.31
4b	2.26	1.66	1.58	1.35	2.440	39	.019	0.55
4c	0.43	0.75	0.23	0.48	1.651	39	.107	0.37
6a	6.13	5.27	4.71	3.40	1.977	39	.055	0.44

Fortsetzung Tabelle 45

I vs. III

Merkmale	M_I	SD_I	M_{III}	SD_{III}	t	df	p^a	d
6b	1.59	3.04	1.04	1.67	1.574	39	.123	0.35
12a	1.01	0.92	1.08	1.07	-0.351	39	.728	-0.08
12b	3.29	2.47	3.53	2.75	-0.607	39	.547	-0.14
12c	0.64	0.82	0.50	0.83	1.097	39	.279	0.25
12d	0.15	0.46	0.19	0.46	-0.374	39	.711	-0.08
21a	0.03	0.16	0.00	0.00	1.000	39	.323	[b]
21b	0.05	0.32	0.00	0.00	1.000	39	.323	[b]

I vs. IV

Merkmale	M_I	SD_I	M_{IV}	SD_{IV}	t	df	p^a	d
4a	1.93	1.16	1.26	0.53	3.789	39	.001	0.85
4b	2.26	1.66	1.74	1.09	2.411	39	.021	0.54
4c	0.43	0.75	0.25	0.60	1.617	39	.114	0.36
6a	6.13	5.27	3.81	3.34	2.846	39	.007	0.64
6b	1.59	3.04	1.13	1.96	1.068	39	.292	0.24
12a	1.01	0.92	0.70	0.95	1.596	39	.119	0.36
12b	3.29	2.47	3.10	2.24	0.395	39	.695	0.09
12c	0.64	0.82	0.59	1.06	0.358	39	.722	0.08
12d	0.15	0.46	0.21	0.44	-0.927	39	.360	-0.21
21a	0.03	0.16	0.01	0.08	0.443	39	.660	0.10
21b	0.05	0.32	0.00	0.00	1.000	39	.323	[b]

Anmerkungen. [a] Die Bonferroni-Adjustierung für drei Paarvergleiche führte zu einem α-Niveau von .033; ein t-Wert ist signifikant, wenn $p_{einseitig} < .033$. [b] Die Effektstärke kann nicht berechnet werden.

8.5.5.2 Stark ausgeprägte Merkmale

Unterschiede zwischen verschiedenen Aussagebedingungen im Hinblick auf das Auftreten stark ausgeprägter Merkmale wurden wie folgt überprüft: Aus ökonomischen Gründen wurden im Sinne eines Screeningverfahrens alle Aussagebedingungen gemeinsam einem Friedmann-Test unterzogen. Da der Friedmann-Test lediglich angibt, ob zwischen Aussagebedingungen Unterschiede nachweisbar sind, jedoch keine Aussage darüber getroffen wird, welche Aussagebedingungen im einzelnen zu diesem Ergebnis beitragen, wurden bei gegebenem Anlaß zusätzlich paarweise t-Tests für abhängige Stichproben durchgeführt. Da Merkmale in starker Ausprägung wesentlich seltener auftraten und diese bei ausschließlicher Betrachtung der stark ausgeprägten Merkmale natürlich auch nicht doppelt in die Verrechnung eingingen, wurden wegen geringer Auftretenshäufigkeit vorhandene Unterschiede in vielen Fällen nicht signifikant. Für die Subgruppe der stark ausgeprägten Merkmale zeigte sich daher insgesamt ein ähnliches, nur weniger markantes Ergebnismuster. Wegen der ohnehin schon großen Datenmenge sollen im Sinne der Übersichtlichkeit die Ergebnisse nicht im einzelnen dargestellt werden. Der interessierte Leser findet eine Tabelle mit den Ergebnissen des Friedmann-Tests in Anhang E.

8.5.6 Überblick

Abschließend soll Tabelle 46 einen Überblick über die Ergebnisse zur differentiellen Validität einzelner Merkmale bieten. Dargestellt wird, welche Merkmale jeweils signifikant zwischen Wahrheitsbedingung und den verschiedenen Falschaussagebedingungen zu trennen vermochten. Die Reihenfolge richtet sich nach der Stärke der festgestellten Effekte.

Tabelle 46
Rangreihe der zur Diskrimination wahrer und falscher Aussagen der jeweiligen Fallkonstellationen geeigneter Merkmale mit Angabe der Effektstärke

Wahrheit vs. Phantasie	**Wahrheit vs. Nacherzählung ohne persönliche Erfahrung**	**Wahrheit vs. Nacherzählung mit persönlicher Erfahrung**
15 Spont. Verbesserung. (1.33)	**19** Unsicherheiten (0.96)	**14** Tatsächliche Folgen (1.03)
19 Unsicherheiten (1.13)	**17** Erinnerungsbemüh. (0.90)	**4** Kontext. Einbettung (0.96)
2 Unstrukt. Darstellung (1.10)	**14** Tatsächliche Folgen (0.88)	**19** Unsicherheiten (0.87)
3 Detailreichtum (1.08)	**15** Spont. Verbesserung. (0.77)	**4a** Zeitliche Einordnung (0.85)
8 Ungewöhnl. Einzelh. (1.04)	**18** Wissenslücken (0.75)	**11** Assoz. Querverbind. (0.75)
6a Einzeläußerungen (0.96)	**16** Erinnerungslücken (0.67)	**22** Wirklichkeitskontrolle (0.75)
17 Erinnerungsbemüh. (0.93)	**4** Kontext. Einbettung (0.65)	**15** Spont. Verbesserung. (0.70)
12 Eigenpsychisches (0.91)	**11** Assoz. Querverbind. (0.61)	**18** Wissenslücken (0.70)
6 Verbale Äußerungen (0.89)	**24** Inschutznahme (0.59)	**20** Gründe für Lücken (0.66)
7 Handlungskomplikat. (0.86)		**6a** Einzeläußerungen (0.64)
9 Überflüss. Einzelheiten (0.82)		
24 Inschutznahme (0.79)		
11 Assoziative Querverb. (0.75)		
12a Physiol. u. Motorik (0.75)		
28 Klischees (0.71)		
13 Fremdpsych. Zust. (0.70)		
20 Gründe für Lücken (0.68)		
6b Gesprächswiedergabe (0.68)		
16 Erinnerungslücken (0.67)		
14 Tatsächliche Folgen (0.63)		
12b Gefühlszustände (0.61)		

Anmerkungen. In Klammern wird die Effektstärke d angegeben.

Es wird zum einen deutlich, daß insbesondere bei der Diskriminierung zwischen erlebnisbegründeten Aussagen und Falschaussagen mit Wahrnehmungsgrundlage die *motivationsbezogenen Merkmale* im Vordergrund standen. Zum anderen ist festzustellen, daß die neu aufgenommenen Merkmale gerade bei diesen Fallkonstellationen einen wesentlichen Beitrag zur Unterscheidung wahrer und falscher Aussagen leisteten.

8.6 Ergebnisse zur abhängigen Variable Wortanzahl

Wortanzahl: **Hypothese 10** $\mu_{II} < \mu_{III} < \mu_{IV} < \mu_{I}$

Unabhängig von der Beurteilung inhaltlicher Merkmale durch die Rater wurde im nachhinein anhand der Transkripte die Wortanzahl aller Aussagen als Teil des Sprechverhaltens festgestellt (vgl. Kap. 2.1.1.1), wobei die Gesamtaussage abzüglich der Fragen der Interviewerin und abzüglich der Äußerungen, welche in keinem Zusammenhang zum Aussageinhalt standen (vgl. Kap. 4.3.4.3), erfaßt wurde. In Abbildung 10 ist die durchschnittliche Wortanzahl pro Aussagebedingung dargestellt.

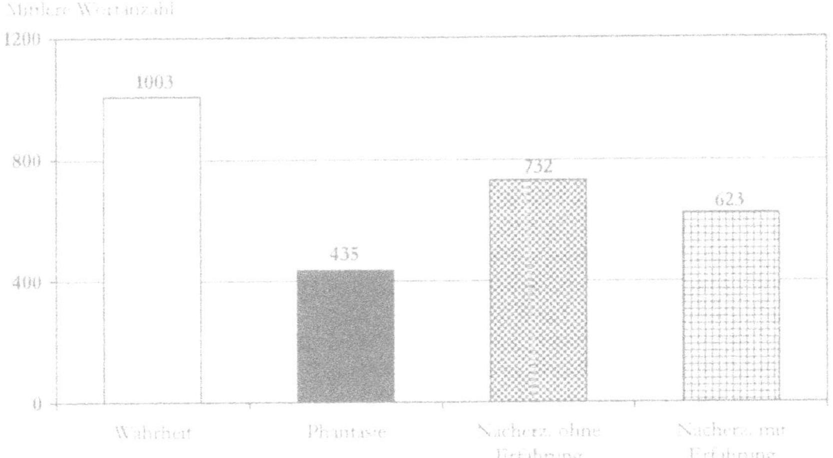

Abbildung 10
Mittlere Wortanzahl pro Aussagebedingung

Die Spn der Wahraussagebedingung produzierten im Durchschnitt 1 003 Wörter, wobei das Minimum bei 244 und das Maximum bei 2 425 Wörtern lag.
Die Wortanzahl bei den Schilderungen der Gruppe II streute von 92 bis 1 483, wobei der Mittelwert bei 435 Wörtern lag. Die Spn der Gruppe III erreichten eine mittlere Wortanzahl von 732. Die längste Aussage bestand aus 1 772 Wörtern, die kürzeste

aus 241 Wörtern. Die durchschnittliche Wortanzahl in der Gruppe IV lag bei 623, wobei das Minimum bei 86 und das Maximum bei 1 795 Wörtern lag.

Die Unterschiedshypothesen wurden mittels t-Tests für abhängige Stichproben überprüft. Die Ergebnisse der paarweisen t-Tests sowie die Effektstärken sind Tabelle 47 zu entnehmen.

Tabelle 47
Ergebnisse der t-Tests für abhängige Stichproben sowie Effektstärken bezüglich der AV Wortanzahl

t-Test-Paarungen[a]	**Mittelwert**[b]	**Standardabweichung**[b]	**t**	**df**	**p**[c]	**d**
I vs. II	568.40	562.68	6.389	39	< .001	1.43
I vs. III	270.63	421.72	4.059	39	< .001	0.91
I vs. IV	379.97	392.84	6.117	39	< .001	1.37
II vs. III	-297.77	279.33	-6.742	39	< .001	1.51
II vs. IV	-188.43	354.82	-3.359	39	.002	0.75
III vs. IV	109.35	283.10	2.443	39	.019	0.55

Anmerkungen. [a] I vs. II bedeutet, daß die Aussagebedingungen I und II gegeneinander getestet werden. [b] Mittelwert und Standardabweichung beziehen sich auf die Differenzwerte der beiden Gruppen. [c] Aufgrund einer Bonferroni-Adjustierung gelten veränderte Signifikanzniveaus (vgl. Kapitel 7.4): t-Wert ist signifikant, wenn $p_{einseitig} < .017$.

Es zeigten sich signifikante Unterschiede hinsichtlich der *Wortanzahl* in erwarteter Richtung beim Vergleich der Wahraussagebedingung mit allen drei Falschaussagebedingungen (Hypothesen 10.1, 10.2 und 10.3); für alle Vergleiche zeigten sich starke Effekte. Auch die postulierten Unterschiede zwischen den Falschaussagebedingungen mit Beeinflussung und der Phantasiebedingung erwiesen sich als signifikant (Hypothesen 10.4 und 10.5). Die Hypothese bezüglich des Unterschieds zwischen beeinflußten Falschaussagen mit und ohne persönliche Unfallerfahrung konnte hingegen nicht bestätigt werden (Hypothese 10.6). Wie bereits in Abb. 10 deutlich wurde, produzierten die Kinder ohne persönliche Unfallerfahrung erwartungswidrig eine höhere *Wortanzahl*; dieser Unterschied verfehlte knapp die Signifikanz, schlug sich jedoch in einem mittleren Effekt nieder (vgl. Tab. 47).

Zwar erwies sich das Verhaltenskorrelat der Antwortlänge, welches hier durch die absolute *Wortanzahl* operationalisiert wurde, als sehr gut geeignet zur Trennung wahrer Aussagen und verschiedener Falschaussagevarianten, bei näherer Betrachtung zeigte sich jedoch ein deutlicher Einfluß der Präsentation einer Wahrnehmungsgrundlage: Wurde Kindern ohne persönliche Vorerfahrung eine Wahrnehmungsgrundlage dargeboten, so schlug sich dies in einer enorm erhöhten *Wortanzahl* nieder. Beachtlich ist dabei, daß der Effekt zwischen Nacherzählgruppe (III) und Phantasiegruppe (II) noch stärker war als der zwischen Wahraussagebedingung (I) und Phantasiegruppe. Dieses Phänomen ist darauf zurückzuführen, daß die Varianz innerhalb der Falschaussagebedingungen geringer war als in der Wahraussagebedingung. Obschon sich die Wahrheitsbedingung anhand der *Wortanzahl* durchgängig mit stärkeren Effekten, als dies bei den anderen dargestellten Merkmalen der Fall war, gegen alle Falschaussagebedingungen abgrenzen ließ, bedeutet dies nicht, daß eine Abgrenzung im Einzelfall vergleichbar problemlos erfolgen konnte. Zur Veranschaulichung mag Abbildung 11 dienen.

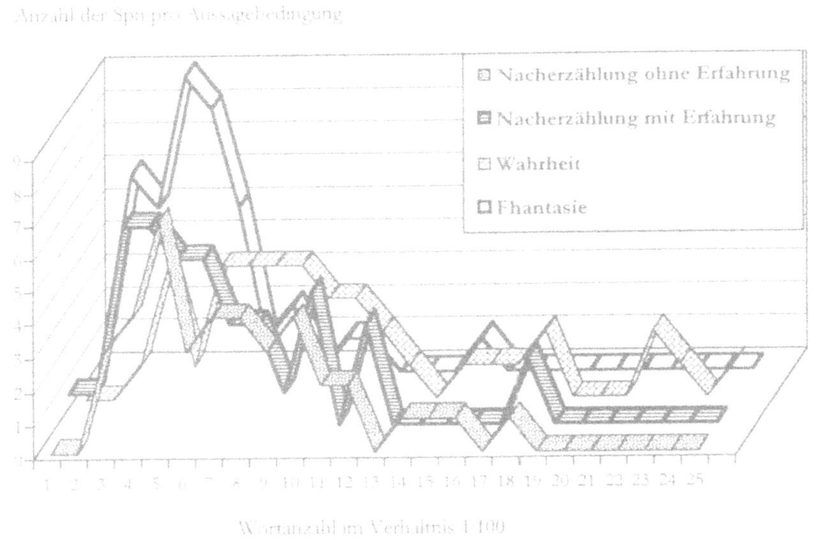

Abbildung 11
Verteilungen der Variable Wortanzahl in den verschiedenen Aussagebedingungen

Bei Betrachtung der Verteilungen der abhängigen Variable *Wortanzahl* wird deutlich, daß sich die Verteilung dieser Variable in der Phantasiebedingung zwar deutlich von der Verteilung in der Wahrheitsbedingung abgrenzen ließ, sich jedoch bezüglich der beiden Aussagebedingungen mit Wahrnehmungsgrundlage in weiten Teilen Überschneidungen zeigten, und die Wahraussagebedingung sich von diesen Falschaussagebedingungen in erster Linie durch drei Ausreißer im Bereich einer sehr hohen Wortanzahl (2 300 bis 2 500) unterschied. Was dieses Phänomen, welches beispielhaft für die *Wortanzahl* veranschaulicht wurde, prinzipiell aber auch den Index nichtmotivationaler Merkmale betraf, für die Glaubhaftigkeitsentscheidung im Einzelfall bedeuten kann, wird in Kap. 8.7 im Zusammenhang mit den erreichten Trefferquoten zu zeigen sein.

Bevor die Ergebnisse zur Nützlichkeit des Merkmalssystems als Diagnostikum dargestellt werden, soll jedoch an dieser Stelle ein Rückgriff auf die Interpretation der Ergebnisse zu den Hypothesen 6.1 und 6.3 erfolgen. Im Zusammenhang mit der Inter-

pretation der überraschenden Ergebnisse bezüglich der *Logischen Konsistenz*, hinsichtlich derer nicht einmal zwischen den Gruppen I und II ein signifikanter Unterschied festzustellen war, wurde als eine mögliche Erklärung angeführt, die Phantasiegruppe habe sich womöglich der Strategie[38] der Wortkargheit bedient, um sich nicht in Widersprüche zu verwickeln. Diese Vermutung wird durch das Ergebnis bezüglich der *Wortanzahl* gestützt; die Schilderungen der Phantasiebedingung zeichneten sich durch eine vergleichsweise geringe Wortanzahl aus.
Die vorliegenden starken Effekte für den Vergleich der Wahrheitsbedingung mit den drei Falschaussagebedingungen bezüglich der *Wortanzahl* scheinen hingegen im Widerspruch zu den Ergebnissen bezüglich der Hypothese 6.3 zu stehen; hier ließen sich die beeinflußten Gruppen nur noch bedingt hinsichtlich des *Detailreichtums* von der Gruppe I abgrenzen. Nun ist *Detailreichtum* nicht gleichzusetzen mit *Wortanzahl*. Da per definitionem nur wahrgenommene Details und auch keine Wiederholungen als Details gewertet wurden, ist es durchaus möglich, viel zu sagen, ohne detailreich zu berichten. Dies ist hier jedoch nicht im Sinne eines plumpen Ausschmückens gemeint, von dem Höfer (1995) im Zusammenhang mit Falschaussagen berichtet. Die Spn der Nacherzählbedingungen in der vorliegenden Untersuchung haben ihre Aussagen komprimierter dargeboten als die tatsächlichen Unfallopfer, dadurch daß sie weniger Unsicherheiten zeigten, weniger nachdachten, sich seltener verbesserten und weniger Lücken zugaben. Die aufgelisteten Äußerungen erhöhen zwar die Wortanzahl, gleichzeitig aber nicht den *Detailreichtum*. Auch durch *Unstrukturiertheit*, die in der Wahraussagebedingung ebenso wie die anderen genannten Merkmale in stärkerem Maße auftrat, wird die *Wortanzahl* erhöht, da Inhalte wieder neu eingeleitet werden müssen. Die Ergebnisse zur Variable *Wortanzahl* müssen somit nicht im Widerspruch stehen zu den Ergebnissen hinsichtlich des Detailreichtums.
Aufschluß könnte letztlich nur ein Auszählen einzelner Details geben, auf das im Rahmen dieser Arbeit aus ökonomischen Gründen verzichtet werden mußte.

8.7 Ergebnisse zur Nützlichkeit des Merkmalssystems als Diagnostikum

Im vorangegangenen Abschnitt ging es um Unterschiede zwischen den verschiedenen Aussagebedingungen hinsichtlich der in den Aussagen vorgefundenen Merkmalsausprägungen. Im folgenden soll der Frage nachgegangen werden, wie gut die trainierten Beurteiler in der Lage waren, sich diese Informationen im Einzelfall zunutze zu machen für ihr abschließendes Glaubhaftigkeitsurteil. Zunächst sollen die Trefferquoten der trainierten Beurteiler betrachtet werden, anschließend wird ein Vergleich mit den

---

[38] Der Begriff der Strategie ist möglicherweise irreführend; in vielen Fällen wird es sich weniger um eine bewußte Strategie, sondern vielmehr um eine kognitive Überforderung gehandelt haben.

Trefferquoten naiver Beurteiler vorgenommen. Den Abschluß bildet eine diskriminanzanalytische Betrachtung der Nützlichkeit des untersuchten Merkmalssystems.

8.7.1 Trefferquote der trainierten Beurteiler

Vor der Betrachtung der Trefferquoten ist zunächst einmal von Interesse, wie gut die Übereinstimmung der trainierten Beurteiler hinsichtlich des globalen Glaubhaftigkeitsurteils gewesen ist, und inwieweit sich die Beurteiler bei ihrem Urteil an den Merkmalsausprägungen orientiert haben.

8.7.1.1 Übereinstimmung der trainierten Beurteiler hinsichtlich des abschließenden Glaubhaftigkeitsurteils

Die trainierten Beurteiler gaben nach dem Rating jeder Aussage ein metrisches Urteil hinsichtlich der Glaubhaftigkeit auf einer vierstufigen Skala ab. Dieses metrische Urteil implizierte zugleich ein qualitatives Urteil, da bei einer vierstufigen Skala kein Skalenwert für Unentschiedenheit enthalten ist. Um den Beurteilern trotzdem die Gelegenheit zu geben, ihrer Unsicherheit hinsichtlich bestimmter Entscheidungen Ausdruck zu verleihen, hatten sie die Möglichkeit, zusätzlich auf einer Skala von 1 (sehr unsicher) bis 6 (sehr sicher) anzugeben, wie sicher sie sich in ihrem Urteil waren. Sie erhielten die Anweisung, sich bei ihrem Glaubhaftigkeitsurteil auf die vorgefundene Konstellation inhaltlicher Merkmale zu stützen und diese vor dem Hintergrund der Informationen über verbale Leistung, Alter, Geschlecht, Nationalität, Sprechgewohnheiten und Besonderheiten zu interpretieren.
Berechnet man eine Pearson-Korrelation zwischen den metrischen Urteilen der Beurteiler, so ergibt sich ein Wert von $r = .61$ ($p_{einseitig} < .01$). Die Beurteilerübereinstimmung hinsichtlich des abschließenden Glaubhaftigkeitsurteils lag somit im akzeptablen Bereich.
Bezüglich des qualitativen Glaubhaftigkeitsurteils gaben die Beurteiler in 123 von insgesamt 160 Urteilen ein übereinstimmendes Urteil ab, was einer prozentualen Übereinstimmung von 76.88% entspricht. Ein abweichendes Urteil kam in 37 von 160 Fällen (entspricht 23.13%) vor.
Die Übereinstimmung unter Berücksichtigung der Aussagebedingung ist Tabelle 48 zu entnehmen.

Tabelle 48
Prozentuale Beurteilerübereinstimmung hinsichtlich des qualitativen Glaubhaftigkeitsurteils – getrennt nach Aussagebedingungen

Urteil	Gruppe I	Gruppe II	Gruppe III	Gruppe IV	insgesamt
übereinstimmend	85%	85%	77.5%	60%	76.88%
abweichend	15%	15%	22.5%	40%	23.13%

Die Beurteiler erreichten hinsichtlich der Glaubhaftigkeitseinschätzung in den Gruppen I und II gute Übereinstimmungen. Bei der Einschätzung der Aussagen, die der Gruppe III zuzuordnen waren, war die Übereinstimmung etwas weniger gut. Am wenigsten einig waren sich die trainierten Beurteiler hinsichtlich der Aussagen der Gruppe IV, hier gelangten sie lediglich in 60% der zu beurteilenden Aussagen zu einem übereinstimmenden Urteil.
Insgesamt ist die Übereinstimmung der Beurteiler hinsichtlich ihrer Glaubhaftigkeitsurteile noch als zufriedenstellend zu bewerten.

8.7.1.2 GÜTE DER ABSCHLIEßENDEN GLAUBHAFTIGKEITS-BEURTEILUNGEN

Im folgenden soll es um die Güte der Urteile gehen. Die Beurteiler waren aufgefordert worden, ihr abschließendes Urteil auf die Ausprägung der inhaltlichen Merkmale zu stützen. Berechnet man eine Produkt-Moment-Korrelation zwischen dem Summenscore für das Rating aller Merkmale und dem abschließenden metrischen Glaubhaftigkeitsurteil, so ergibt sich eine signifikante Korrelation von $r = .75$ ($p_{einseitig} < .01$), ein Beleg dafür, daß die Rater sich in ihrem abschließenden Urteil von ihrer Beurteilung der Merkmale haben leiten lassen.
Über die Korrektheit der Klassifizierung der Aussagen als *wahr* bzw. *falsch* gibt Tabelle 49 Auskunft.

Tabelle 49
Treffer und Fehler bei der Wahr-Falsch-Klassifizierung der Aussagen der vier Aussagebedingungen

	Gruppe I	**Gruppe II**	**Gruppe III**	**Gruppe IV**
Beurteilung als **glaubhaft**	***Treffer***	Falscher Alarm	Falscher Alarm	Falscher Alarm
Beurteilung als **nicht glaubhaft**	Verpasser	***Treffer***	***Treffer***	***Treffer***

Es wird deutlich, daß nur in 25% aller Fälle das Urteil *glaubhaft* zu treffen war. Den Beurteilern, die bezüglich des Forschungsdesigns blind waren, war diese Verteilung nicht bekannt; sie erhielten lediglich die Information, daß die Aussagen nach dem Zufallsprinzip zugeteilt worden seien, so daß Vorannahmen über eine bestimmte Verteilung wahrer und falscher Aussagen nicht sinnvoll seien.

Da bei jeder Aussage ein Urteil *glaubhaft* oder *nicht glaubhaft* abgegeben werden mußte und sich demnach nur die Möglichkeiten *Treffer* oder *Fehler* ergaben, betrug die Zufallswahrscheinlichkeit eines richtigen Urteils 50%. Hätten die Beurteiler einfach geraten, statt sich bei ihrer Entscheidung auf die Ausprägung der Glaubhaftigkeitsmerkmale zu stützen, so hätten sie in 50% der Fälle richtig gelegen.

Mittels Binomialtests wurde überprüft, ob die Trefferquoten der Beurteiler signifikant besser waren als unter Zufallsbedingungen zu erwartende Trefferquoten.

Insgesamt nahmen die trainierten Beurteiler 195 von 320 Klassifizierungen korrekt vor. Die Aussagen gingen dabei doppelt in die Berechnungen ein, da jeweils zwei Beurteiler pro Aussage eine Klassifizierung als glaubhaft bzw. nicht glaubhaft abgaben; diese zusammengenommen ergaben die Gesamttrefferzahl. Die Gesamtzahl der korrekt vorgenommenen Klassifizierungen entspricht einer Trefferquote von 60.94%. Nur mit einer geringeren Wahrscheinlichkeit als 0.1% ist davon auszugehen, daß das Ergebnis der Beurteiler auch durch Raten zustande gekommen wäre ($p_{zweiseitig} < .001$). Die trainierten Beurteiler waren in ihrer Abschlußbeurteilung der Glaubhaftigkeit insgesamt also trotz der erschwerten Bedingungen, die durch das Herausschneiden der Verplapperer gegeben waren, signifikant besser als der Zufall.
Tabelle 50 zeigt die Trefferquoten der trainierten Beurteiler für die einzelnen Aussagebedingungen.

Tabelle 50
Trefferquoten der trainierten Beurteiler in den verschiedenen Aussagebedingungen

	Wahrheit	**Phantasie**	**Nacherzählung ohne Erfahrung**	**Nacherzählung mit Erfahrung**
Beurteilung als **glaubhaft**	***54***	18	45	36
Beurteilung als **nicht glaubhaft**	26	***62***	***35***	***44***
Prozentuale Trefferquote	67.5%	77.5%	43.75%	55%
Ergebnis des Binomialtests[a]	p = .003	p < .001	p = .314	p = .434
Wahrheitsbias	67.5%	18%	56.25%	45%

Anmerkungen. [a] Die Ergebnisse des Binomialtests geben an, mit welcher Wahrscheinlichkeit die jeweilige Trefferquote pro Aussagebedingung unter Zufallsbedingungen zu erwarten wäre.

Für die einzelnen Aussagebedingungen zeigte sich ein sehr heterogenes Bild. Die trainierten Beurteiler wiesen bei den beiden Extremgruppen (Wahrheit und Phantasie) recht hohe Trefferquoten auf. Erfreulich war vor allem die hohe Trefferquote von 77.5% in der Phantasiebedingung. Betrachtet man zur Vergleichbarkeit mit anderen Studien ausschließlich diese Extremgruppen, so erreichten die trainierten Beurteiler in dieser Untersuchung eine Gesamttrefferquote von 72.5%. Vor dem Hintergrund, daß die Trefferquoten in *Lie-detection*-Studien in der Regel zwischen 45 und 60% liegen (Fiedler, Reutemann, Höfer & Köhnken, 1999), ist dies als eine vergleichsweise gute Trefferquote anzusehen. Zudem wiesen die Entscheidungen der trainierten Beurteiler insgesamt keinen Wahrheitsbias auf.

Trefferquoten nicht oberhalb des Zufallsniveaus zeigten die trainierten Beurteiler hingegen bei den Schilderungen der beeinflußten Spn. Insbesondere die Spn der Nacherzählbedingung ohne Unfallerfahrung produzierten offenbar schwer zu identifizierende Falschaussagen. Aber auch die Trefferquote von 55% innerhalb der Nacherzählbedingung mit Unfallerfahrung war nicht signifikant besser als die unter Zufallsbedingungen zu erwartende Trefferquote. Abbildung 12 zeigt die Trefferquoten der trainierten Beurteiler für wahre (n = 80) und falsche Aussagen (n = 240).

Es wurde ein Binomialtest durchgeführt, um zu überprüfen, ob die Trefferquote der trainierten Beurteiler für die Gesamtgruppe der Falschaussagen ebenfalls über dem Zufallsniveau lag. Die trainierten Beurteiler wiesen auch die Falschaussagen insgesamt mit $p < .01$ signifikant besser korrekt zurück, als dies unter Zufallsbedingungen zu erwarten gewesen wäre.

Abbildung 12
Trefferquoten der trainierten Beurteiler bezüglich wahrer und falscher Aussagen

Es ist zu konstatieren, daß die trainierten Beurteiler unter Zuhilfenahme des Merkmalssystems sowohl hinsichtlich ihrer Gesamttrefferquote als auch hinsichtlich ihrer Beurteilung wahrer und falscher Aussagen signifikant besser als der Zufall urteilten.

Bei Betrachtung einzelner Aussagebedingungen ist allerdings festzustellen, daß den Beurteilern das Merkmalssystem keine Hilfe mehr war bei der Beurteilung der Aussagen, welche durch Beeinflussung zustande gekommen waren. Betrachtet man die Verteilung der *nicht-motivationalen* Merkmale (vgl. Kap. 8.5.2.2), so erscheint dieses Ergebnis wenig erstaunlich. Auch wenn sich die Gruppen inferenzstatistisch noch unterscheiden ließen, so fällt doch im Einzelfall eine Entscheidung gegen die Glaubhaftigkeit schwer, wenn man sich vor Augen führt, daß die Falschaussagenden der Gruppe III mit durchschnittlich 19 nicht-motivationalen Merkmalen ein überzeugendes Ausmaß inhaltlicher Merkmale produzierten. Betrachtet man zudem die Spearman-Korrelation des metrischen Glaubhaftigkeitsurteils mit der Ausprägung einzelner Merkmale, so zeigt sich, daß die Beurteiler an erster Stelle die Merkmale *Quantita-*

tiver Detailreichtum ($r_S = .64$; $p < .001$) und *Logische Konsistenz* ($r_S = .60$; $p < .001$) für ihre Entscheidung zu Rate zogen. Tatsächlich aber war in der vorliegenden Untersuchung das Merkmal *Detailreichtum* bedingt diskriminierfähig und das Merkmal *Logische Konsistenz* überhaupt nicht; letzteres zeigte in der Gruppe III seine höchste Ausprägung. Es überrascht somit nicht, daß die Beurteiler bei der korrekten Zurückweisung dieser Aussagen die größten Schwierigkeiten hatten.

Eine Tabelle der Korrelationen der Einzelmerkmale mit dem metrischen Glaubhaftigkeitsurteil der trainierten Beurteiler befindet sich in Anhang E.

8.7.2 Trefferquote der naiven Beurteiler

Um die Nützlichkeit eines Merkmalssystems als Diagnostikum zu überprüfen, ist neben der Anwendung von Binomialtests der Vergleich mit naiven Beurteilern erforderlich, denen die zu überprüfenden Merkmale nicht bekannt sind. Die naiven Beurteiler wurden dazu aufgefordert, ein intuitives Urteil hinsichtlich der Glaubhaftigkeit der Aussagen zu fällen.
Insgesamt nahmen die naiven Beurteiler 83 von 160 Klassifizierungen korrekt vor. Das entspricht einer Trefferquote von 51.88% ($p_{zweiseitig} = .693$). Die naiven Beurteiler erreichten demnach hinsichtlich der abschließenden Glaubhaftigkeitsbeurteilung insgesamt kein signifikant besseres Ergebnis als der Zufall erwarten ließe.

Tabelle 51 sind die Trefferquoten der naiven Beurteiler für die einzelnen Aussagebedingungen zu entnehmen.

Die naiven Beurteiler erreichten eine überzufällig hohe Trefferquote in der Wahraussagebedingung, die allerdings zum Teil auf einen allgemeinen Wahrheitsbias (56.88%) zurückzuführen ist. Sie waren dagegen nicht dazu in der Lage, die Falschaussagen überzufällig korrekt zurückzuweisen.

Tabelle 51
Trefferquoten der naiven Beurteiler für die einzelnen Aussagebedingungen

	Erlebnis	**Phantasie**	**Nacherzählung ohne Erfahrung**	**Nacherzählung mit Erfahrung**
Beurteilung als **glaubhaft**	***27***	20	23	21
Beurteilung als **nicht glaubhaft**	13	***20***	***17***	***19***
Prozentuale Trefferquote	67.5%	50%	42.5%	47.5%
Ergebnis des Binomialtests[a]	p = .040	p = 1.00	p = .429	p = .874
Wahrheitsbias	67.5%	50%	57.5%	52.5%

Anmerkungen. [a] Die Ergebnisse des Binomialtests geben an, mit welcher Wahrscheinlichkeit die jeweilige Trefferquote pro experimenteller Bedingung unter Zufallsbedingungen zu erwarten wäre

8.7.3 VERGLEICH DER TREFFERQUOTEN DER TRAINIERTEN UND DER NAIVEN BEURTEILER

Es wurden Chi-Quadrat-Tests durchgeführt, um zu prüfen, ob die trainierten Beurteiler signifikant höhere Trefferquoten aufwiesen als die naiven Beurteiler. In Tabelle 52 sind die Ergebnisse der Chi-Quadrat-Tests für die Gesamttrefferquoten sowie die Trefferquoten für wahre und für falsche Aussagen dargestellt.

Der χ^2-Test für den Vergleich der Gesamttrefferquoten der naiven und der trainierten Beurteiler verfehlte trotz einer Differenz von 9.1% knapp die Signifikanz. Insgesamt waren die trainierten Beurteiler demnach nicht statistisch signifikant besser als die naiven Beurteiler dazu in der Lage, den Wahrheitsstatus der Aussagen korrekt einzuschätzen.

Es fällt auf, daß bei der Beurteilung der wahren Aussagen beide Beurteiler-Gruppen gleich gut abschnitten. Sowohl die trainierten als auch die naiven Beurteiler wiesen eine überzufällig hohe Trefferquote von 67.5% auf. Dementsprechend zeigten sich im χ^2-Test für diese Aussagebedingung keine Unterschiede. Dagegen gelang den trainierten Beurteilern die Klassifizierung der Falschaussagen signifikant besser.

Tabelle 52
Ergebnisse der Chi-Quadrat-Tests für den Vergleich der Gesamttrefferquoten naiver und trainierter Beurteiler und der Trefferquoten für wahre und falsche Aussagen

	Trefferquote der trainierten Beurteiler (in Prozent)	**Trefferquote der naiven Beurteiler (in Prozent)**	**N**	χ^2	$p_{zweiseitig}$
Gesamt	60.94	51.88	480	3.59	> .05
Wahre Aussagen	67.50	67.50	120	0	> .05
Falsche Aussagen (gesamt)	58. 75	46.67	360	4.71	< .05

Die Trefferquoten sollen im folgenden differenzierter betrachtet werden. Tabelle 53 sind die Ergebnisse der χ^2-Tests für die Trefferquoten naiver und trainierter Beurteiler für die einzelnen Aussagebedingungen zu entnehmen.

Bei der Beurteilung der Phantasieaussagen unterschieden sich die Trefferquoten deutlich: Die Trefferquote der trainierten Beurteiler lag mit 77.5% um 27.5% höher als die der naiven Beurteiler. Die Trainingsgruppe war signifikant besser dazu in der Lage, Phantasieaussagen als unwahr zu identifizieren.

Betrachtet man nun die Trefferquoten bezüglich der Gruppe III, so zeigt sich, daß trainierte und naive Beurteiler sich hinsichtlich ihrer Treffsicherheit kaum unterschieden. Die Trefferquoten lagen mit 43.75% bei den trainierten und mit 42.5% bei den naiven Beurteilern in beiden Gruppen sehr niedrig. Bei der Beurteilung der Aussagen der Gruppe IV lag die Trefferquote der trainierten Beurteiler mit 55% um 7.5% höher als die der naiven Beurteiler, welche lediglich 47.5% der Aussagen korrekt als falsch klassifizierten. Dieser Unterschied wurde jedoch im χ^2-Test nicht signifikant (vgl. Tab. 53).

Tabelle 53
Trefferquoten trainierter versus naiver Beurteiler und Ergebnisse der Chi-Quadrat-Tests pro Aussagebedingung

Aussagebedingung	Trefferquote der trainierten Beurteiler (in Prozent)	Trefferquote der naiven Beurteiler (in Prozent)	N	χ^2	$p_{zweiseitig}$
Wahrheit	67.50	67.50	120	0	> .05
Phantasie	77.50	50.00	120	9.32	< .05
Nacherz. ohne Unfallerfahrung	43.75	42.50	120	0.02	> .05
Nacherz. mit Unfallerfahrung	55.00	47.50	120	0.60	> .05

Es ist zu konstatieren, daß die trainierten Beurteiler sowohl hinsichtlich ihrer Gesamttrefferquote als auch hinsichtlich ihrer Beurteilung wahrer und falscher Aussagen signifikant besser als der Zufall waren, wohingegen die naiven Beurteiler lediglich bei der Einschätzung der wahren Aussagen oberhalb des Zufallsniveaus lagen.

Die größten Probleme bereitete den Beurteilern beider Gruppen die Einschätzung der Aussagen der Nacherzählbedingung ohne Unfallerfahrung. Aus welchem Grunde die trainierten Beurteiler Schwierigkeiten hatten, diese Aussagen korrekt zurückzuweisen, wurde bereits in Kap. 8.7.1.2 erläutert. Wie konnte es jedoch zu dieser Übereinstimmung mit den naiven Beurteilern kommen, denen die inhaltlichen Merkmale unbekannt waren?
Eine Erklärung bietet die Strategie der trainierten Beurteiler, sich in erster Linie an den Merkmalen *Logische Konsistenz* und *Detailreichtum* zu orientieren. Diese beiden allgemeinen Merkmale gehören möglicherweise zu Aspekten, die auch bevorzugt von naiven Beurteilern als Strategie zur Wahrheitsfindung genutzt werden. Gestützt wird diese Vermutung durch die Urteilsbegründungen der naiven Beurteiler, welche als glaubhaft beurteilte Aussagen regelmäßig mit den Attributen *stimmig*, *realistisch*, *nachvollziehbar* und *ausführlich geschildert* versahen.
Auch *Gefühlsschilderungen* wurden von den naiven Beurteilern häufig als Entscheidungskriterium angeführt; dieses Merkmal stand bei den trainierten Beurteilern (r_S = .54; $p < .001$) an dritter Stelle und war inferenzstatistisch betrachtet ebenfalls nicht geeignet, Nacherzählungen von erlebnisbegründeten Aussagen zu trennen.

Die übereinstimmenden Probleme bei der korrekten Einordnung der Nacherzählungen, in denen diese Merkmale enthalten waren, sind vor diesem Hintergrund erklärbar.

8.7.4 DISKRIMINANZANALYTISCHE AUSWERTUNG

Im vorangegangenen Abschnitt wurde die diagnostische Leistungsfähigkeit des Merkmalssystems über die Trefferquote der trainierten Beurteiler operationalisiert.
Eine Möglichkeit, die Subjektivität zu reduzieren, die Diskriminationsleistung eines Merkmalssystems somit möglichst unabhängig von menschlicher Eindrucksbildung festzustellen[39], bieten diskriminanzanalytische Verfahren. Die Diskriminanzanalyse läßt sich als ein Verfahren charakterisieren, mit welchem die Abhängigkeit einer nominal skalierten Variable von metrisch skalierten Variablen untersucht wird (Backhaus, Erichson, Plinke & Weiber, 1996). Mittels einer Diskriminanzanalyse lassen sich Fragen folgender Art beantworten:

- Unterscheiden sich Gruppen (z.B. Wahraussagen versus Falschaussagen) hinsichtlich der inhaltlichen Merkmale signifikant voneinander?
- Welche Merkmale sind zur Unterscheidung der Gruppen besonders geeignet?
- In welche Gruppe ist eine Aussage aufgrund ihrer Merkmalsausprägungen einzuordnen?

Im folgenden sollen die Ergebnisse einer simultanen Diskriminanzanalyse sowie die Klassifikationsergebnisse dargestellt werden.

8.7.4.1 ERGEBNISSE DER SIMULTANEN DISKRIMINANZANALYSE

Im Hinblick auf die Fragestellung in der Praxis wurden zwei Gruppen definiert und zwar die Wahraussagen (Aussagebedingung I) einerseits und die Falschaussagen (Aussagebedingungen II bis IV) andererseits.
Die Diskriminanzanalyse wurde unter simultanem Einschluß aller Merkmale durchgeführt. Tabelle 54 sind die Gütemaße der Diskriminanzfunktion zu entnehmen.

Tabelle 54
Gütemaße der Diskriminanzfunktion der simultanen Diskriminanzanalyse

Eigenwert	Kanonische Korrelation	Wilks' Lambda	Chi-Quadrat	df	p
1.065	.718	.484	104.402	28	<.001

Der Eigenwert gilt als Maßstab für die durch den Faktor erklärte Varianz der Variablen. Hat man zwei Gruppen, so ist die kanonische Korrelation identisch mit der Korrelation zwischen den geschätzten Diskriminanzwerten und der Gruppierungsvariable. Die hier vorliegende Korrelation von .718 ist als zufriedenstellend anzusehen.

Wilks' Lambda stellt ein inversives Gütemaß für die Stärke der Gruppenunterschiede dar; kleinere Werte bedeuten höhere Trennkraft der Diskriminanzfunktion und umgekehrt. Wilks' Lambda läßt sich in eine probabilistische Variable transformieren und

[39] Es soll an dieser Stelle nicht weiter darauf eingegangen werden, daß auch die Beurteilung der Merkmalsausprägungen bereits Teil der Eindrucksbildung ist.

erlaubt damit Wahrscheinlichkeitsaussagen über die Unterschiedlichkeit von Gruppen. Dadurch wird eine inferenzstatistische Signifikanzprüfung der Diskriminanzfunktion möglich. Die Transformation liefert eine Variable, die angenähert χ^2 -verteilt ist. Der Chi-Quadrat-Wert wird mit kleinerem Lambda, also mit höherer Trennkraft der Diskriminanzfunktion, größer (vgl. Backhaus et al., 1996).
Die sich daraus entsprechend der 28 Freiheitsgrade ergebende Irrtumswahrscheinlichkeit beträgt $p < .001$. Die ermittelte Diskriminanzfunktion trug somit hoch signifikant zur Trennung der Gruppen bei.

Im folgenden soll es um die Beantwortung der Frage gehen, welche Merkmale zur Trennung der beiden Gruppen besonders geeignet waren. Zur Abschätzung der Bedeutung einzelner Merkmale gibt es mehrere Möglichkeiten, die zu unterschiedlichen Ergebnissen führen können. In Anlehnung an einen Vorschlag von Köhnken (1982) sollen sowohl die standardisierten Diskriminanzkoeffizienten als auch die Strukturkoeffizienten angegeben werden.
Diskriminanzkoeffizienten sind Ladungen der einzelnen Variablen (Merkmale) auf dem Diskriminanzfaktor und entsprechen den Korrelationen der ursprünglichen Variablen mit dem Diskriminanzfaktor. Ist die Ladung einer Variable hoch positiv oder hoch negativ, so besagt dies, daß die Variable charakteristisch für die Diskriminanzfunktion ist. Dem Vorzeichen der Ladung kann man entnehmen, ob Vergrößerungen der Variablenmeßwerte mit Vergrößerungen der Faktorwerte einhergehen (positive Ladung) oder ob größer werdende Variablenmeßwerte mit abnehmenden Faktorwerten verknüpft sind (negative Ladung) (vgl. Bortz, 1999). Da die Größe eines Diskriminanzkoeffizienten auch von Skalierungseffekten beeinflußt wird, müssen die Diskriminanzkoeffizienten durch Multiplikation mit der Standardabweichung der jeweiligen Merkmalsvariablen standardisiert werden. Je größer der Absolutbetrag des standardisierten Diskriminanzkoeffizienten ist, desto stärker führen Differenzen zwischen zwei Personen auf dieser Variablen zu hohen Differenzen in der Diskriminanzfunktion. Die in Tabelle 55 dargestellten standardisierten Diskriminanzkoeffizienten lassen die Wichtigkeit einzelner Merkmale innerhalb der Diskriminanzfunktion erkennen.
Bei der Interpretation bezüglich der Bedeutung einzelner Merkmale sollten zusätzlich die Strukturkoeffizienten berücksichtigt werden. Die Strukturkoeffizienten entsprechen den Korrelationen der Merkmale (als Prädiktorvariablen) mit der kanonischen Diskriminanzfunktion, sind also ein Maß für die Enge der Beziehung zwischen Prädiktor und Diskriminante. Je größer der Absolutbetrag des Strukturkoeffizienten eines Merkmals, desto größer ist seine Bedeutsamkeit für die Gruppentrennung (wahr vs. falsch). Um die relative Bedeutung der Prädiktorvariablen für die Gruppentrennung (wahr vs. falsch) zu verdeutlichen, ist in Tabelle 55 eine Rangreihe angegeben, welche die Merkmale bezüglich der Absolutbeträge der Strukturkoeffizienten sortiert, wobei die Zahl 1 für das Merkmal mit der größten relativen Bedeutsamkeit steht.
Der interessierte Leser kann Tabelle 55 den F-Wert als Ergebnis der univariaten Varianzanalyse entnehmen, welcher unabhängig von der Diskriminanzanalyse Auskunft über die Diskrimininationsfähigkeit einzelner Merkmale gibt.

Tabelle 55
Standardisierte Diskriminanzkoeffizienten, Strukturkoeffizienten, relative Bedeutung einzelner Merkmale sowie F-Werte der univariaten Varianzanalysen

Merkmale	Standardisierter Diskriminanz-koeffizient	Struktur-koeffizient	Relative Bedeutung des Merkmals (Rangreihe [a])	F (1; 158)
1 Logische Konsistenz	-0.16	-.006	28	0.006
2 Unstrukturierte Darstellung	0.13	.250	12	10.499**
3 Quantitativer Detailreichtum	0.03	.164	20	4.535*
4 Kontextuelle Einbettung	-0.16	.212	14	7.584**
5 Schilderung v. Interaktionen	-0.15	.029	26	0.140
6 Wiedergabe verbaler Äußer.	0.39	.253	11	10.798**
7 Handlungskomplikationen	0.14	.217	13	7.890**
8 Ungewöhnliche Einzelheiten	0.13	.194	15	6.322*
9 Überflüssige Einzelheiten	-0.14	.171	17	4.915*
10 Unverstandene Handlungselem.	0.07	.085	24	1.218
11 Assoziative Querverbindungen	0.35	.347	4	20.219***
12 Eigenpsychische Vorgänge	-0.32	.105	23	1.841
13 Fremdpsychische Zustände	-0.36	.131	21	2.886
14 Schilderung tatsächlicher Folgen	0.23	.301	9	15.232***
15 Spontane Verbesserungen	0.06	.369	2	22.901***
16 Zugeb. von Erinnerungslücken	0.23	.339	5	19.342***
17 Erinnerungsbemühungen	0.16	.316	7	16.835***
18 Zugeben von Wissenslücken	0.24	.366	3	22.533***
19 Unsicherheiten bezügl. Richtigkeit	0.46	.446	1	33.497***
20 Ang. v. Gründen für 16,17,18,19	-0.04	.326	6	17.856***
21 Einwände geg. eig. Glaubwürd.	0.14	.168	19	4.735*
22 Versuche d. Wirklichkeitskontrolle	0.34	.315	8	16.674***
23 Selbstbelastung des Opfers	0.06	.170	18	4.884*
24 Inschutznahme des Täters	0.23	.287	10	13.817***
25 Vermutete Handlungsmotive des A.	-0.19	-.131	22	2.875
26 Zuschreibung negativ. Eigenschaften	-0.02	-.058	25	0.564
27 Inhaltliche Wiederholungen	0.12	.023	27	0.089
28 Klischees	-0.46	-.171	16	4.916**

Anmerkungen. Kursiv werden neu aufgenommene Merkmale geschrieben. [a] Die Rangreihe wird bezüglich der Strukturkoeffizienten erstellt. * $p < .05$; ** $p < .01$; *** $p < .001$.

Den größten Einfluß auf die Gruppenzuordnung zeigte das Merkmal *Unsicherheiten bezüglich der Richtigkeit eigener Angaben* (19). Interessant ist zudem der niedrige Strukturkoeffizient der *Logischen Konsistenz*, welcher besagt, daß dieses Merkmal bei der Trennung wahrer und falscher Aussagen nicht hilfreich war. Dieser Befund steht in Einklang mit den Ergebnissen der paarweise vorgenommen t-Tests für abhängige Stichproben und bestätigt die Annahme, daß die Strategie der trainierten Beurteiler, der *Logischen Konsistenz* im Hinblick auf das abschließende Glaubhaftigkeitsurteil starke Bedeutung zuzumessen, die Trefferquote senkte.

Die Ergebnisse hinsichtlich der vorgenommenen Erweiterungen des traditionellen Merkmalssystems wurden bereits im Zusammenhang mit den Ergebnissen bezüglich traditioneller Merkmale referiert.
Die in Tabelle 55 dargestellte Rangreihe der relativen Bedeutung einzelner Merkmale soll jedoch noch einmal zum Anlaß genommen werden, um die Brauchbarkeit der neuen Merkmale zu betonen. Bei Betrachtung der dargestellten Rangreihe relativer Bedeutung der Merkmale für eine Trennung wahrer und falscher Aussagen zeigte sich, daß sechs neue Merkmale sich unter den ersten neun Rangplätzen befanden, somit also eine vergleichsweise sehr gute Diskriminationsfähigkeit aufwiesen.

8.7.4.1.1 Klassifikation der Aussagen

Zur Beantwortung der Frage, inwieweit sich einzelne Aussagen aufgrund ihrer Merkmalskombinationen mittels einer simultanen Diskriminanzanalyse korrekt ihrem tatsächlichen Wahrheitsstatus zuordnen ließen, sei auf Tabelle 56 verwiesen, der die relativen und die absoluten Häufigkeiten der bezüglich ihrer tatsächlichen Gruppenzugehörigkeit (wahr vs. falsch) korrekt und falsch klassifizierten Aussagen zu entnehmen sind.
Insgesamt konnten 144 und damit 90% der 160 Aussagen aufgrund der in ihnen vorhandenen Merkmalsausprägungen und -kombinationen korrekt klassifiziert werden.

Tabelle 56
Absolute und relative Anzahl korrekter und fehlerhafter Klassifikationen auf der Grundlage der simultanen Diskriminanzanalyse

		Vorhergesagte Gruppenzugehörigkeit	
	Wahrheitswert der Aussage	wahre Aussage	falsche Aussage
Tatsächliche Gruppenzugehörigkeit	wahre Aussage (in %)	30 (75 %)	10 (25 %)
	falsche Aussage (in %)	6 (5 %)	114 (95 %)

Anmerkungen. Insgesamt ließen sich 90% der Aussagen korrekt klassifizieren.

8.7.4.1.2 ERGEBNISSE DER KLASSIFIKATION NACH DER JACKKNIFE-METHODE

Die in Kap. 8.7.4.1.1 dargestellte Trefferquote ist überhöht, da sie auf Basis derselben Stichprobe berechnet wurde, die auch für die Schätzung der Diskriminanzfunktion verwendet wurde. Da die Diskriminanzfunktion so ermittelt wird, daß die Trefferquote in der verwendeten Stichprobe maximal wird, ist bei Anwendung auf eine andere Stichprobe mit einer niedrigeren Trefferquote zu rechnen.
Eine bereinigte Trefferquote läßt sich mittels der Jackknife-Methode gewinnen. Dabei wird die Stichprobe in eine Mehrzahl von k Unterstichproben aufgeteilt, von denen k-1 Unterstichproben für die Schätzung einer Diskriminanzfunktion verwendet werden, mit welcher die Elemente der k-ten Unterstichprobe klassifiziert werden. Dies läßt sich für jede Kombination von k-1 Unterstichproben wiederholen. Auf diese Weise läßt sich unter vollständiger Nutzung der vorhandenen Information eine unverzerrte Schätzung der Trefferquote wie auch der Klassifikationsmatrix erzielen (vgl. Backhaus et al., 1996). Die Ergebnisse der Klassifikation der Aussagen nach der Jackknife-Methode, die auch als *Leaving-one-out-Methode* bezeichnet wird, sind Tabelle 57 zu entnehmen.

Tabelle 57
Absolute und relative Anzahl korrekter und fehlerhafter Klassifikationen auf der Grundlage der simultanen Diskriminanzanalyse nach der Jackknife-Methode

		Vorhergesagte Gruppenzugehörigkeit	
	Wahrheitswert der Aussage	wahre Aussage	falsche Aussage
Tatsächliche Gruppenzugehörigkeit	wahre Aussage (in %)	25 (62.5 %)	15 (37.5 %)
	falsche Aussage (in %)	14 (11.7 %)	106 (88.3 %)

Anmerkungen. Insgesamt ließen sich 81.9% der Aussagen korrekt klassifizieren.

Die korrigierte Gesamttrefferquote betrug 81.9%. Bei näherer Betrachtung der Klassifikationsergebnisse für wahre und falsche Aussagen zeigt sich, daß die Falschaussagen mit einer Trefferquote von 88.3% besser zugeordnet werden konnten als die wahren Aussagen, die in nur 62.5% der Fälle korrekt klassifiziert wurden.
Insgesamt hat sich gezeigt, daß die Merkmalsbeurteilungen mittels der Diskriminanzanalyse zu guten Vorhersagen des Wahrheitsgehaltes der Aussagen führten und somit die Nützlichkeit des Merkmalssystems bestätigen konnten. Die diskriminanzanalytischen Vorhersagen sind den abschließenden Glaubhaftigkeitsbeurteilungen der Beurteiler insbesondere bei der korrekten Klassifizierung beeinflußter Aussagen überlegen. Die Trefferquoten der trainierten Beurteiler lagen bei den Aussagebedingungen III und IV, in denen eine Wahrnehmungsgrundlage gegeben war, im Zufallsbereich (vgl. Kap. 8.7.1.)

Den diskriminanzanalytischen Befunden läßt sich entnehmen, daß eine starke subjektive Gewichtung der *Logischen Konsistenz* bei der abschließenden Glaubhaftigkeitsbeurteilung eher zu Fehlurteilen führte und beispielsweise eine stärkere Berücksichtigung motivationsbezogener Merkmale, denen die trainierten Beurteiler weit weniger Beachtung geschenkt haben, zu höheren Trefferquoten hätte führen können. Die Ergebnisse der Diskriminanzanalyse bestätigen damit die Ergebnisse der t-Tests für abhängige Stichproben, die ebenfalls eine hohe Validität motivationsbezogener Merkmale zum Vorschein brachten.

9 DISKUSSION

Mit der vorliegenden Untersuchung wurde der Frage nachgegangen, inwieweit die in der Praxis der Glaubhaftigkeitsdiagnostik Anwendung findenden traditionellen inhaltlichen Glaubhaftigkeitsmerkmale und mögliche neue Merkmale auch dann noch zur Wahrheitsfindung beitragen können, wenn Zeugen bei ihrer Falschaussage auf Wahrnehmungsgrundlagen zurückgreifen können.
Hintergrund für die Konzeptionierung der Studie war die Tatsache, daß die Undeutsch-Hypothese mit Ausnahme der motivationsbezogenen Merkmale für Aussagen über frei phantasierte versus tatsächlich erlebte Ereignisse in einer veröffentlichten Simulationsstudie mit kindlichen Versuchspersonen (Steller et al., 1992) zwar grundsätzlich bestätigt werden konnte, weitgehend ausgespart jedoch die Frage der Anwendbarkeit bei Falschaussagen blieb, welche nicht frei phantasiert sind, sondern zumindest teilweise auf Wahrnehmungsgrundlagen basieren. Dieses Forschungsdesiderat erscheint in zweifacher Hinsicht problematisch: Zum einen ist in Verdachtsfällen sexuellen Kindesmißbrauchs die frei phantasierte, intendierte Falschaussage eher die Ausnahme, dagegen stellen Falschaussagen ein großes Problem dar, welche beispielsweise das Ergebnis suggestiver Beeinflussung sind, intentionale oder unbeabsichtigte Projektionen, Halbwahrheiten oder ähnliches darstellen. Die Validierung bezüglich frei phantasierter Aussagen dürfte somit für einen Großteil der Fälle nicht von Belang sein. Zum anderen handelt es sich bei der Gegenüberstellung erfundener und erlebter Ereignisse unter methodischen Gesichtspunkten um einen Extremgruppenvergleich, welcher die diagnostische Leistungsfähigkeit des Merkmalssystems überschätzt haben dürfte (vgl. Kap. 3). Desweiteren war festzustellen, daß die Validierung der *motivationsbezogenen* Merkmale in Simulationsstudien – mutmaßlich mangels Vergleichbarkeit realer und simulierter Aussagemotivation – nicht gelungen war, und die Formulierung präziser Definitionen und Operationalisierungsvorschriften sowie die Durchführung eines sorgfältigen Beurteilertrainings lange Zeit vernachlässigt wurden, diese Maßnahmen jedoch die Voraussetzung für eine zufriedenstellende Beurteilerübereinstimmung darstellen, welche wiederum die Grundlage für eine Validitätsprüfung bildet.

Wesentliches Ziel der vorliegenden Arbeit war, die differentielle Validität traditioneller und möglicher neuer Glaubhaftigkeits- und Unglaubhaftigkeitsmerkmale im Hinblick auf verschiedene Täuschungsbedingungen zu untersuchen und gleichzeitig eine hohe externe Validität zu gewährleisten. Die Grundlage bildete eine sorgfältige Operationalisierung der Merkmale sowie die Konzeptionierung und Durchführung eines umfangreichen Beurteilertrainings (vgl. Kap. 6). Bei der Wahl des Designs wurde versucht, aus diagnostischer Sicht möglichst problematische Falschaussagekonstellationen herzustellen, um die Diskriminationsfähigkeit des Merkmalssystems im Gegensatz zu den zum Zeitpunkt der Datenerhebung vorliegenden Studien einem strengen Test zu unterziehen. In einer Simulationsstudie mit kindlichen Verkehrsunfallopfern wurden einer Gruppe wahrheitsgemäß über das saliente traumatische Unfallerlebnis Aussagender drei Gruppen Falschaussagender gegenübergestellt, welche sich hinsichtlich der ihnen zur Verfügung stehenden Wahrnehmungsgrundlagen unterschieden: Während eine Gruppe über gar keine Wahrnehmungsgrundlage verfügte, diente das Hören der wahren Unfallgeschichte eines anderen Kindes den beiden anderen Gruppen als Wahrnehmungsgrundlage. Zusätzlich verfügte eine der beiden beeinflußten Gruppen über persönliche Unfallerfahrung. Auf diese Weise wurden unterschiedliche kognitive Anforderungen an die Aussagenden gestellt. Besonderer Wert wurde auf die Herstellung realitätsnaher Aussagemotivationen in den Täuschungsbedingungen gelegt, die über den Verzicht auf Spielatmosphäre und über geeignete Coverstories realisiert wurden. Die Transkripte der insgesamt 160 Interviews wurden anhand eines Merkmalssystems beurteilt, das eine Erweiterung des traditionellen Systems um 10 Merkmale darstellt. Mit der vorgenommen Erweiterung wurde das Ziel verfolgt, Schwachstellen des traditionellen Merkmalssystems durch die Berücksichtigung neuerer gedächtnispsychologischer, erkenntnis- und kommunikationstheoretischer Erkenntnisse zu verbessern und durch Aufnahme negativer Merkmale dem Positiv-Bias des Merkmalssystems entgegenzuwirken (vgl. Kap. 2.2). Die Beurteiler wurden in einem für diese Untersuchung konzipierten vierwöchigen Training mit den präzisen Operationalisierungsvorschriften der einzelnen Merkmale vertraut gemacht. Die Effektivität des Trainingsprogrammes wurde durch einen Merkmalssystemtest, einen Wissenstest und einen Ankertest kontrolliert und dokumentiert (vgl. Kap. 8.1). Um der Beurteilungssituation in der Praxis näher zu kommen, also eine sinnvolle Einbettung des Urteilsprozesses zu ermöglichen, ohne eine Konfundierung der Merkmalsbeurteilungen mit Hintergrundinformationen befürchten zu müssen, wurden den Beurteilern nach abgeschlossener Bewertung aller Merkmale erst für den letzten Schritt der abschließenden Glaubhaftigkeitsbeurteilung Informationen über verbale Fähigkeiten, Alter, Geschlecht, Nationalität, Erzählstil und Besonderheiten gegeben.

Vor einer Gesamtwürdigung der Untersuchungsergebnisse soll zunächst diskutiert werden, inwieweit die Voraussetzungen für eine Interpretation der Daten als erfüllt angesehen werden können. Im Anschluß soll auf die differentielle Validität traditioneller und neuer Merkmale eingegangen und die Nützlichkeit des verwendeten Merkmalssystems diskutiert werden. Abschließend soll es um Probleme der Generalisierbarkeit der Befunde und Implikationen für Praxis und Forschung gehen.

9.1 Voraussetzungen für die Interpretation der Ergebnisse

Bevor die Ergebnisse zur differentiellen Validität der untersuchten Merkmale diskutiert werden können, ist die Frage zu beantworten, inwieweit folgende wichtige Voraussetzungen gegeben waren: Zum einen mußte die Beurteilerübereinstimmung für eine weitere Verrechnung der Daten eine akzeptable Höhe erreichen, zum anderen sollte sichergestellt sein, daß die Stimuluspersonen in den Täuschungsbedingungen ihre Instruktion verstanden und befolgt haben. Bezüglich der ersten Voraussetzung ist zu sagen, daß die Beurteiler insgesamt eine sehr hohe Übereinstimmung erreichten. Die Erfassung der Merkmalsausprägungen über Absolutwerte führte zu einer

noch höheren Übereinstimmung als die Erfassung über Ratings, was die Vermutung stützt, daß mittels der in dieser Untersuchung verwendeten Strichlisten eine präzisere Erfassung möglich ist (vgl. Kap. 8.2).
Die zweite Voraussetzung, das Verstehen und Befolgen der Instruktion, wurde von dem jeweiligen Assistenten im Anschluß an das Interview nach Verlassen des Raumes durch eine Frage hinsichtlich der globalen Selbsteinschätzung der erbrachten Leistung überprüft. Bis auf einen Jungen gaben alle Kinder an, sie hätten ihre Sache gut gemacht. Jedoch verplapperten sich sechs Kinder im Laufe ihrer Aussage (besagter Junge gehörte nicht dazu). Diese Verplapperer sind vermutlich zum einen auf erhöhte kognitive Belastung zurückzuführen, der diese Kinder wenigstens zeitweise nicht standhalten konnten, und zum anderen auf Probleme, sich mit dem tatsächlichen Opfer zu identifizieren. Anscheinend hatten die Kinder selbst diese Entgleisungen gar nicht bemerkt oder gedacht, die Interviewerin hätte diese nicht bemerkt.
Insgesamt ist zu sagen, daß von einer sehr hohen Beurteilerübereinstimmung sowie davon ausgegangen werden kann, daß die Falschaussagenden ihre Instruktion verstanden hatten.

9.2 Differentielle Validität traditioneller und neuer inhaltlicher Merkmale

In der vorliegenden Arbeit wurde überprüft, ob die von Undeutsch postulierten Qualitätsunterschiede zwischen erlebnisbegründeten und frei erfundenen Schilderungen sich auch für den Vergleich mit problematischeren Falschaussagekonstellationen nachweisen lassen. Interessant für die Praxis der Glaubhaftigkeitsbegutachtung ist vor allem die Frage, welche untersuchten Merkmale geeignet waren, erlebnisbegründete Aussagen gegen *alle* Falschaussagevarianten abzugrenzen.
Insgesamt ist das in dieser Untersuchung verwendete Merkmalssystem sehr gut geeignet, zwischen erlebnisbegründeten und falschen Aussagen zu diskriminieren, auch dann noch, wenn Falschaussagende auf eine Wahrnehmungsgrundlage zurückgreifen können. Die einzelnen Merkmalskomplexe unterscheiden sich allerdings stark hinsichtlich ihrer Brauchbarkeit. Der Komplex der allgemeinen Merkmale scheint aufgrund der vorliegenden Befunde wenig geeignet zu sein für eine Abgrenzung erlebnisbegründeter und falscher Aussagen. Dieser Befund steht in Einklang mit der Forderung verschiedener Autoren (Arntzen, 1993; Greuel et al., 1998), die Merkmale *Logische Konsistenz* und *Detailreichtum* als notwendige aber nicht hinreichende Bedingung einer positiven Beurteilung der Glaubhaftigkeit anzusehen.
Positiv hervorzuheben ist innerhalb dieses Komplexes das Merkmal *Unstrukturierte Darstellung*, welches wenigstens tendenziell[40] gegen alle Falschaussagevarianten abgrenzen konnte. Mögliche Erklärungen für die schlechte Diskriminationsleistung des Merkmals *Logische Konsistenz* wurden bereits bei der Interpretation der Ergebnisse angesprochen (vgl. Kap. 8.5.4.1). Problematisch erscheint bei diesem Merkmal vor al-

---

40 gegen II mit $p < .001$, gegen III und IV mit $p < .10$

lem eine Konfusion mit dem Begriff der *Plausibilität.* Trotz intensiver Bemühungen der Trennung dieser Begrifflichkeiten fiel im Laufe des Trainings in der Argumentation der Beurteiler immer wieder eine Konfusion dieser Inhalte auf, die sich nicht ausräumen ließ. Ein Außerachtlassen des Aspektes der *Plausibilität* ist vermutlich so schwierig, weil ein solches Vorgehen contraintuitiv und infolgedessen schwer trainierbar ist.

Der Komplex der *nicht-motivationalen* Merkmale ist unter dem Blickwinkel differentieller Validität sehr gut zur Diskrimination wahrer und frei erfundener Aussagen geeignet. Insbesondere an *Ungewöhnlichen* und *Überflüssigen Einzelheiten*, *Handlungskomplikationen*, *Eigenpsychischem* und *Verbalen Äußerungen* mangelt es den schemageleiteten Phantasiekonstruktionen. Die Diskriminationsfähigkeit dieser Merkmale wird jedoch durch Beeinflussung erheblich geschwächt bzw. invalidiert. Interessanterweise lassen sich die beeinflußten Gruppen übereinstimmend anhand zweier anderer Merkmale von den erlebnisbegründeten Aussagen unterscheiden: Am leistungsstärksten ist in diesem Fall das neue Merkmal *Schilderung tatsächlicher Folgen*, gefolgt von *Kontextueller Einbettung.* Eine überzeugende Projektion der Wahrnehmungsgrundlage auf die eigene Person gelingt den Falschaussagenden Spn der Gruppen III und IV offenbar nicht; den Falschaussagenden der Phantasiegruppe gelingt die kontextuelle Einbettung ihrer Phantasieschilderung besser. Die Behauptung, dieses Merkmal sei besonders gut geeignet, um Projektionen eines Erlebnisses auf andere Personen auszuschließen, wird durch den vorliegenden Befund bestätigt. Insgesamt wird bei der Betrachtung der nicht-motivationalen Merkmale jedoch in beeindruckender Weise der Effekt der Darbietung einer Wahrnehmungsgrundlage deutlich: Nur noch ein Merkmal (*Schilderung tatsächlicher Folgen*), welches zudem im traditionellen Merkmalssystem nicht enthalten ist, weist in diesem Fall mit starken Effekten auf Gruppenunterschiede zwischen erlebnisbegründeten und falschen Aussagen hin.[41] Dieser Befund unterstreicht zum einen die Problematik der Manipulierbarkeit der Methodik und zum anderen die Notwendigkeit einer Ergänzung des traditionellen Merkmalssystems durch gedächtnispsychologische bzw. erkenntnistheoretische Elemente.

Der Komplex der *motivationsbezogenen* Merkmale erwies sich in dieser Untersuchung dagegen als ausgesprochen diskriminationsfähig. Besonders hervorzuheben ist hier das Merkmal *Unsicherheiten bezüglich der Richtigkeit eigener Angaben*, welches – ebenfalls als neu aufgenommenes Merkmal – mit starken Effekten erlebnisbegründete Schilderungen gegen alle drei Falschaussagevarianten abgrenzt. Aber auch viele andere motivationsbezogene Merkmale zeigen eine gute Diskriminationsleistung, wenngleich die Rangfolge für die Abgrenzung einzelner Falschaussagebedingungen variiert (vgl. Tabellen 46 und 55). Eine deutliche Beeinträchtigung durch die vorgenommene Beeinflussung ist nur für *Spontane Verbesserungen der eigenen Aussage* festzustellen (vgl. Kap. 8.5.4.3.4 und Kap. 8.5.4.3.6); hier zeigen sich für den Vergleich der Phantasiebedingung mit den beiden Nacherzählbedingungen mittlere Effekte. Die Beeinflussung führt jedoch nicht zur Invalidierung dieses Merkmals, welches auch im Falle

---

41 Bei einem Vergleich der Gruppe I mit Gruppe IV zeigt sich noch ein großer Effekt für das Merkmal *Kontextuelle Einbettung.*

einer Beeinflussung noch zur Diskriminierung zwischen erlebnisbegründet und falsch beiträgt.
Interessant ist im Hinblick auf die vorgenommene Erweiterung des traditionellen Merkmals *Zugeben von Erinnerungslücken*, daß die Spn der Phantasiebedingung aufgrund kognitiver Überforderung relativ häufig strategisch *Wissenslücken* einsetzen, wobei sie vermeiden, *Erinnerungslücken* zuzugeben, *Erinnerungsbemühungen* zu zeigen, *Unsicherheiten* zuzugeben, also Beschreibungsversuche vorzunehmen oder *Gründe für Lücken und Unsicherheiten* anzugeben. Differentialdiagnostisch ist hier interessant, daß auf ein Zugeben von Wissenslücken verzichtet wird, sobald die kognitive Anstrengung, eine Antwort zu produzieren, nicht mehr zu groß oder zu riskant erscheint. Für eine Abgrenzung der Nacherzählbedingungen gegenüber der Wahraussagebedingung ist somit das Merkmal *Zugeben von Wissenslücken* wieder brauchbar. Zu erwähnen ist in diesem Zusammenhang auch das neue Merkmal *Schilderung von Versuchen der Wirklichkeitskontrolle*, welches überraschend besser zur Diskrimination zwischen Nacherzählungen und Wahraussagen als zur Trennung wahrer und frei erfundener Aussagen beizutragen scheint. Da die Validität dieses Merkmals jedoch erstmalig untersucht wurde, sind für weitergehende Schlußfolgerungen die Ergebnisse weiterer Untersuchungen abzuwarten.
Der Komplex der neu aufgenommenen *negativen* Merkmale zeigt sich insgesamt in der Lage, die Wahraussagen mit mittleren Effekten gegen Schilderungen der Phantasiebedingung und der Nacherzählbedingung ohne Unfallerfahrung abzugrenzen, nicht jedoch gegen Nacherzählungen unfallerfahrener Kinder. Hervorzuheben ist, daß das Merkmal *Inhaltliche Wiederholungen* nach vorliegenden Befunden nicht als Hinweis auf den Wahrheitsgehalt einer Aussage gesehen werden kann, was sich in diesem Fall auch nicht durch geringe Sensitivität erklären läßt. Dieser Befund steht in Einklang mit dem Ergebnis einer Untersuchung von Köhnken, Schimossek, Aschermann und Höfer (1995), in der Wiederholungen in Aussagen von Erwachsenen ebenfalls nicht charakteristisch für Falschaussagen waren, sondern im Gegenteil sogar signifikant häufiger in wahren Aussagen auftraten.
Eine Verletzung des Prinzips kommunikativer Kooperation von Grice (1989; vgl. auch Kap. 2.2.3) in Gestalt von Vagheiten und klischeehaften Äußerungen scheint hingegen durchaus nützliche Hinweise auf den Wahrheitsgehalt einer Aussage zu liefern. Spekulationen über mögliche Handlungsmotive des Beschuldigten traten zwar insgesamt sehr selten auf, jedoch ausschließlich in Falschaussagen. Möglicherweise nutzen Erwachsene stärker als Kinder die Strategie, in Falschaussagen kaum Überprüfbares zu äußern. Dieser Frage sollte in weiteren Untersuchungen nachgegangen werden.

Die Befunde dieser Untersuchung machen deutlich, daß globale Aussagen über die Validität einzelner Glaubhaftigkeitsmerkmale wenig hilfreich und genau genommen für kaum ein Merkmal möglich sind. Stattdessen muß die Anwendbarkeit der Glaubhaftigkeitsmerkmale im Hinblick auf spezifische Anwendungsfälle betrachtet werden.

9.3 TREFFERQUOTEN

Die Trefferquote der trainierten Beurteiler und ein Vergleich mit der Trefferquote naiver Beurteiler, denen dieses Merkmalssystem völlig unbekannt ist, ermöglichen Aussagen darüber, inwieweit das Merkmalssystem bei der abschließenden Beurteilung der Glaubhaftigkeit hilfreich ist, erlauben also Aussagen über die Nützlichkeit der Methode – wie noch zu zeigen sein wird allerdings mit gewissen Einschränkungen. Dabei muß sich eine Methode an vorhandenen Alternativen messen lassen:

- Werden mit Hilfe dieser Methode bessere Ergebnisse erzielt als per Zufall?
- Führt die Anwendung zu besseren Ergebnissen als eine alltagspsychologische Einschätzung, wie sie beispielsweise von einem Richter vorgenommen würde?

Häufig wird davon ausgegangen, daß die naive Beurteilung letztlich nichts anderes sei als eine Ratestrategie. Dies muß jedoch nicht immer der Fall sein. Wird einer Untersuchung qualitativ schlechtes sekundäres Stimulusmaterial der Falschaussagebedingung zugrunde gelegt, das etwa eindeutig phantastische Elemente enthält, so würde ein trainierter Beurteiler diesbezüglich sicherlich eine Trefferquote erreichen, welche die Leistung eines Münzwurfes bei weitem überstiege; dieser Vergleich allein würde in diesem Fall jedoch wenig über die Nützlichkeit des überprüften Merkmalssystems aussagen, da ein naiver Beurteiler – auch ohne Anwendung der zu untersuchenden Methode – anhand der phantastischen Elemente ebenfalls eine Trefferquote erzielen würde, die deutlich über dem Zufallsniveau läge. Es sind daher grundsätzlich beide Aspekte zu überprüfen.
Zunächst einmal ist festzuhalten, daß die trainierten Beurteiler sich bei ihrem Urteil stark an der Ausprägung der Merkmale orientierten, was sich in der hohen Korrelation des Glaubhaftigkeitsscores (Rating) und des abschließenden metrischen Glaubhaftigkeitsurteils widerspiegelt. Insgesamt gelang es ihnen, überzufällig viele Aussagen korrekt hinsichtlich ihres Wahrheitsstatus' zu klassifizieren, wohingegen die naiven Beurteiler insgesamt keine überzufällig hohe Trefferquote erzielten. Interessant ist nun eine Betrachtung der Ergebnisse im Hinblick auf verschiedene Aussagebedingungen. Dabei zeigt sich, daß die Anwendung des Merkmalssystems den trainierten Beurteilern im Vergleich zu den naiven Beurteilern keinen Vorteil bei der korrekten Klassifizierung der wahren Aussagen brachte; beide Gruppen beurteilten diese Aussagen überzufällig häufig als glaubhaft, wobei dieses Ergebnis bei den naiven Beurteilern wenigstens zum Teil auf einen allgemeinen Positiv-Bias zurückzuführen ist, der bewirke, daß sie den Schilderungen tendenziell eher Glauben schenkten, wohingegen die trainierten Beurteiler dieser Untersuchung insgesamt keinen Positiv-Bias aufwiesen (vgl. Kap. 8.7.1.2 und Kap. 8.7.2).
Interessanterweise erwies sich das Merkmalssystem für die korrekte Zurückweisung falscher Aussagen als nützlich. Insgesamt gelang den trainierten Beurteilern eine korrekte Zurückweisung der Falschaussagen (des *falschen Alarms*) signifikant besser als den naiven Beurteilern. Am deutlichsten wird der Unterschied bei einem Vergleich der Trefferquoten in der Phantasiegruppe; die trainierten Beurteiler wiesen 77.5% der frei erfundenen Schilderungen korrekt zurück, wohingegen die naiven Beurteiler jede

zweite Aussage für glaubhaft hielten. Die hohe Trefferquote der Anwender des Merkmalssystems kann somit nicht darauf zurückgeführt werden, daß die frei erfundenen Schilderungen etwa phantastische Elemente enthielten und von daher besonders leicht identifizierbar gewesen wären. Auch die diskriminanzanalytische Auswertung führte zu einer besseren Trefferquote bei den Falschaussagen. Das bedeutet, unter Zuhilfenahme des Merkmalssystems verringert sich der Anteil *falschen Alarms*, die Wahrscheinlichkeit einer Verurteilung Unschuldiger nimmt also ab.[42] Vor dem Hintergrund des oftmals beklagten Positiv-Bias' der merkmalsorientierten Inhaltsanalyse ist dies als ein erfreuliches Ergebnis anzusehen. Zwar ist im Hinblick auf die Anwendung in der Praxis grundsätzlich anzustreben, daß Fehlurteile in beiden Richtungen vermieden werden, so daß es bedenklich erscheinen könnte, daß das Risiko, eine erlebnisbegründete Aussage als nicht glaubhaft zu beurteilen, höher ist als das Risiko eines Fehlurteils in umgekehrter Richtung, jedoch entspricht eine solche Gewichtung dem strafprozeßrechtlichen Grundsatz des *in dubio pro reo*. Da es zu einer Verurteilung nur kommen kann, wenn aus Sicht des Gerichts keine Zweifel mehr an der Schuld des Angeklagten bestehen, schätzt das Rechtssystem, welches diesen Grundsatz vertritt, die irrtümliche Verurteilung eines Unschuldigen (*falscher Alarm*) als schwerwiegender ein als einen Freispruch bei tatsächlicher Tatschuld (*Verpasser*). Ausgehend von diesem Grundsatz werden Diagnosefehler, die zu einer positiven Beurteilung der Glaubhaftigkeit einer nicht erlebnisbegründeten Aussage (*falscher Alarm*) führen, als schwerwiegender eingeschätzt. Diagnosefehler dieser Art lassen sich durch den Einsatz des untersuchten Merkmalssystems verringern.
Auffällig ist jedoch die schlechte Leistung aller Beurteiler im Hinblick auf die Falschaussagen der Kinder, welche im Vorfeld ihrer Aussage beeinflußt worden waren. Den Kindern in diesen Aussagebedingungen gelang es, sowohl oberflächlich überzeugende als auch mit inhaltlichen Glaubhaftigkeitsmerkmalen ausgestattete Schilderungen zu präsentieren. Vor diesem Hintergrund erstaunen die schlechten Trefferquoten nicht. Hieraus ergeben sich jedoch Implikationen für die Praxis der Glaubhaftigkeitsbegutachtung (vgl. Kap. 9.5).

Bei der Gesamtbewertung der bei Anwendung des Merkmalssystems erreichten Trefferquoten ist zu berücksichtigen, daß die Beurteiler im Vergleich zu anderen Untersuchungen hier vor eine schwierigere Aufgabe gestellt waren:
Zum einen waren aus sechs Falschaussagen Verplapperer (vgl. Kap. 4.3.4.3.2) entfernt worden, die, sofern sie in den Aussagen belassen worden wären, sehr wahrscheinlich zu einer korrekten Klassifizierung in weiteren 5% der Falschaussagen insgesamt geführt hätten. Allerdings ist anzunehmen, daß diese Entgleisungen auch von den naiven Beurteilern bemerkt worden wären, auf diese Weise also der Abstand zum Zufallsergebnis vergrößert worden wäre, sich dies jedoch nicht in einem Vorsprung gegenüber den naiven Beurteilern gezeigt hätte.

---

42 Diese Annahme ist zutreffend, wenn man davon ausgeht, daß eine positive Glaubhaftigkeitsbeurteilung des Opferzeugen zu einer Verurteilung des Beschuldigten führt.

Zum anderen wurden nicht wie in anderen Studien erlebnisbegründeten nur frei phantasierte Aussagen gegenübergestellt und dies zu gleichen Teilen, sondern es wurden zusätzlich zwei Aussagebedingungen geschaffen, welche die Leistungsfähigkeit des Merkmalssystems auf eine harte Probe stellen sollten. Bezöge man nur die beiden üblichen Extremgruppen in die Untersuchung mit ein, so läge die Gesamttrefferquote der trainierten Beurteiler wesentlich höher, nämlich bei 72.5%. Neben der Tatsache, daß die zusätzlich aufgenommenen Täuschungsbedingungen einen hohen Schwierigkeitsgrad (aus Sicht der Beurteiler) darstellten, lagen in dieser Untersuchung im Gegensatz zu anderen Studien ungleiche Verteilungen wahrer und falscher Aussagen vor, insofern als 75% der Aussagen korrekt als falsch hätten klassifiziert werden müssen. Den Beurteilern wurde zwar mitgeteilt, daß Vorannahmen über Verteilungen sinnlos seien, da die Aussagen per Zufall zugeteilt würden, trotzdem ist davon auszugehen, daß insbesondere die trainierten Beurteiler aufgrund der in der ersten Trainingsphase bearbeiteten Literatur implizite Vorstellungen bezüglich der Verteilung hatten, die eher einer der in anderen Studien üblichen Verteilung entsprachen. Daß unterschiedliche Basisraten sich auf die Güte der Beurteilung auswirken können, wird deutlich, wenn man sich folgenden Extremfall vor Augen führt: Wählt ein Beurteiler bei der gegebenen Basisrate die Strategie, alle Aussagen als glaubhaft zu klassifizieren, so erreicht er eine Trefferquote von nur 25%. Im Falle einer Gleichverteilung wahrer und falscher Aussagen würde diese Strategie zu einer Trefferquote von 50% führen. Wären die trainierten Beurteiler über das Verhältnis wahrer und falscher Aussagen informiert gewesen, hätte dies möglicherweise zu einer höheren Trefferquote geführt, weil sie vermutlich strengere Qualitätsmaßstäbe an die Aussagen angelegt hätten.

Neben den diskutierten Aspekten, die es den Beurteilern dieser Untersuchung schwerer gemacht haben als denen anderer Untersuchungen, ist eine weitere Schwierigkeit zu erwähnen, die für die Beurteiler in Studien eher besteht als für Gutachter in der Praxis. In der Begutachtungspraxis ist die Analyse der Aussagequalität eingebettet in einen hypothesengeleiteten Begutachtungsprozeß (vgl. Kap. 2.1.2.2). Im Rahmen dieses Prozesses werden vor dem Hintergrund erhältlicher Informationen (beispielsweise zur Aussageentstehung) für jeden zu begutachtenden Fall neben der Wirklichkeitshypothese verschiedene fallspezifische Alternativhypothesen aufgestellt, die im Laufe des Begutachtungsprozesses überprüft und – sofern möglich – verworfen werden. Zudem hat der Gutachter in der Praxis Informationen über aussagebegleitendes Verhalten, hat die Möglichkeit, an für ihn unklaren Stellen der Schilderung nachzuhaken und über mehrere Meßzeitpunkte hinweg die Konstanz der Aussage zu überprüfen. Den Beurteilern dieser Untersuchung wurde zwar die Gelegenheit gegeben, die Glaubhaftigkeit der Aussagen vor dem Hintergrund der Informationen über Alter, Geschlecht, verbale Fähigkeiten, Nationalität, Sprechgewohnheiten und möglicher Besonderheiten zu beurteilen, jedoch fehlten den Beurteilern Hintergrundinformationen, aus denen sich Alternativhypothesen hätten ableiten lassen. Bei mancher Aussage der Nacherzählbedingungen hätten sie womöglich Merkmalskombinationen anders bewertet, wenn sie die Hintergrundinformation gehabt hätten, daß das Kind vor seiner Aussage möglicherweise über einschlägige Erfahrung verfügte. So würde ein

Beurteiler in der Praxis bei einschlägiger Erfahrung eines Opferzeugen möglicherweise einen höheren Anspruch an die Aussagequalität stellen, eine mögliche Übertragung eines tatsächlichen Erlebnisses auf eine andere Täterperson eingehend prüfen und bei vorliegenden Hinweisen auf suggestive Beeinflussung im Vorfeld der Aussage unter Umständen zu dem Schluß kommen, daß die Glaubhaftigkeit der Aussage inhaltsanalytisch nicht mehr beurteilt werden kann, da nach bisherigem Kenntnisstand zu befürchten ist, daß die Qualitätsmerkmale in Fällen suggestiver Beeinflussung nicht mehr valide sind (vgl. Kap. 2.1.2.2, 2.1.2.5 und 9.6).
Diese dem Statement Validity Assessment inherenten Kontrollmöglichkeiten standen den Beurteilern im Rahmen dieser Untersuchung nicht zur Verfügung. Führt man sich zudem vor Augen, daß die Beurteiler über einen längeren Zeitraum hinweg etwa acht Stunden täglich ein Transkript nach dem anderen zu bearbeiten hatten, wird deutlich, daß die Situation der Beurteiler wesentlich von der des forensischen Gutachters abweicht in dem Sinne, daß in der realen Begutachtungssituation mit einer erheblich höheren Trefferquote zu rechnen ist.

Ein ganz wesentlicher Punkt im Zusammenhang mit den erreichten Trefferquoten ist die von den trainierten Beurteilern vorgenommene Gewichtung der inhaltlichen Merkmale. Die Korrelationen des metrischen Glaubhaftigkeitsurteils mit einzelnen Merkmalen verweisen darauf, daß die Beurteiler sich bei ihrem abschließenden Urteil in erster Linie auf die allgemeinen Merkmale *Logische Konsistenz* und *Detailreichtum* stützten. Die t-Tests für abhängige Stichproben haben jedoch gezeigt, daß das Merkmal *Logische Konsistenz und Widerspruchsfreiheit* tatsächlich gar nicht diskriminieren konnte zwischen erlebnisbegründeten und falschen Aussagen, und daß *Detailreichtum* lediglich zwischen erlebnisbegründet und frei phantasiert signifikant trennen konnte. Auch die diskriminanzanalytische Auswertung zeigt, daß die *Logische Konsistenz* keinerlei Erklärungswert aufweist. Vor dem Hintergrund, daß dieses Merkmal von den Beurteilern favorisiert wurde, war keine sehr hohe Trefferquote zu erwarten. Daraus läßt sich jedoch nicht ableiten, daß das Merkmalssystem ungeeignet zur Diskrimination erlebnisbegründeter und falscher Aussagen ist; dem stünden auch die Ergebnisse der diskriminanzanalytischen Auswertung entgegen. Vielmehr unterstreicht dieses Ergebnis die auch schon von anderen Autoren (Arntzen, 1993; Greuel et al., 1998) geäußerte Vermutung, daß es sich bei *Detailreichtum* und *Logischer Konsistenz* um Merkmale mit geringer Spezifität handelt, die eine notwendige aber nicht hinreichende Bedingung für eine positive Glaubhaftigkeitsbeurteilung darstellen.
Dennoch bleibt als ein wichtiges Ergebnis der vorliegenden Untersuchung festzuhalten, daß die Beurteiler trotz präziser Operationalisierung der Merkmale und sehr umfangreicher und erfolgreicher Trainingsmaßnahmen offenbar Schwierigkeiten hatten, unter Berücksichtigung aller Merkmale zu einem angemessenen Gesamturteil hinsichtlich der Glaubhaftigkeit zu kommen. Dies mag daran liegen, daß ihre Informationsverarbeitungskapazität durch die Vielzahl der Merkmale, Subgruppen und Kategorien, die in der vorliegenden Untersuchung erfaßt wurden, überlastet war, und sie sich bei ihrem Urteil letztlich in erster Linie auf allgemeine Merkmale stützten. Andererseits ist zu betonen, daß die Kinder in den Nacherzählbedingungen in hohem Ma-

ße Glaubhaftigkeitsmerkmale produzierten, so daß die Beurteiler es mit einer merkmalsorientierten Vorgehensweise bei der Beurteilung dieser Aussagen sehr schwer hatten.

9.4 Anmerkungen zum Problem der Generalisierbarkeit der Befunde

Mit der vorliegenden Arbeit wurde das Ziel verfolgt, einen Beitrag zur Lösung praktischer Probleme der Begutachtung in foro zu leisten. Vor dem Hintergrund einer stark anwendungsorientierten Fragestellung liegt die kritische Frage nahe, inwieweit die realisierten Versuchsbedingungen überhaupt vergleichbar sind mit den im entsprechenden Anwendungsfeld vorzufindenden Bedingungen.

Diese Frage der externen Validität kann niemals allgemeingültig, sondern nur unter Bezugnahme auf den konkret anvisierten Anwendungsbereich beantwortet werden. Die vorliegende Arbeit wurde explizit unter dem Blickwinkel der Anwendbarkeit in Verdachtsfällen sexuellen Kindesmißbrauchs konzipiert. Dabei bestand eine wesentliche Zielsetzung der Untersuchung darin, neben relativ einfach zu diagnostizierenden Fällen auch Fallkonstellationen zu simulieren, welche den Diagnostiker bzw. das Diagnostikum vor eine sehr schwierige Aufgabe stellen, sozusagen den Ernstfall proben sollten, um Aussagen über die differentielle Validität inhaltlicher Merkmale treffen zu können.

Von zentraler Bedeutung für die Beurteilung der externen Validität aussagepsychologischer Untersuchungen ist der gewählte Basissachverhalt. Hier kommt es darauf an, einen Sachverhalt zu finden, welcher die wesentlichen psychologischen Grunddimensionen des Erlebens eines Mißbrauchs so gut wie möglich erfüllt, ohne die Grenzen der Zumutbarkeit für die Spn zu überschreiten. Auf die Anforderungen, die bei aussagepsychologischen Untersuchungen an den Basissachverhalt zu stellen sind, und darauf, daß das Erlebnis des Angefahrenwerdens diese Anforderungen in hohem Maße erfüllt, wurde in Kap. 7.2.1 ausführlich eingegangen. Auch die Erfüllung der Anforderungen an die Herstellung des Aussagematerials wurde bereits ausführlich dargestellt. Eine weitere Erörterung erscheint an dieser Stelle nicht notwendig. Bei Untersuchungen zur differentiellen Validität inhaltlicher Glaubhaftigkeitsmerkmale ist jedoch nicht mehr nur nachzuweisen, daß der Basissachverhalt in ausreichendem Maße die psychologischen Grunddimensionen des Erlebens eines Mißbrauchs abbildet. Sobald untersucht wird, inwieweit es möglich ist, die Diskriminationsfähigkeit eines Merkmalssystems durch Manipulation der Falschaussagenden (z.B. durch Informationsvermittlung) außer Gefecht zu setzen, ist zunehmend von Interesse, inwieweit die Übertragbarkeit der erzielten Manipulationseffekte gewährleistet ist. Damit sind zwei Aspekte angesprochen: das notwendige Wissen zur Gestaltung einer Falschaussage und die Täuschungsmotivation. So stellt sich dem kritischen Leser möglicherweise die Frage, ob eine erfolgreiche Simulation des Opferstatus‘ im Falle von Verkehrsunfällen nicht wesentlich leichter falle als beim Thema des sexuellen Mißbrauchs, da Kindern kaum Informationen zu sexuellem Mißbrauch zugänglich seien, sie im Gegensatz dazu aber täglich im Straßenverkehr unterwegs seien, Ver-

kehrserziehung genössen, Actionfilme konsumierten etc. und somit in kaum vergleichbarem Ausmaß Zugriff auf Informationen hätten, die sie zur Konstruktion einer überzeugenden Falschaussage benötigten. Diese Frage ist durchaus berechtigt; geht man davon aus, daß Informationen, welche die Grundlage für eine Falschaussage bieten könnten, nicht zugänglich sind, dann dürfte auch die Beantwortung der Frage, inwieweit potentielle Falschaussagen durch diese (nicht erhältlichen) Informationen zu glaubhaften Aussagen werden könnten, kaum praktische Relevanz haben. Die aufgeworfene Frage betrifft das Problem der grundsätzlichen Zugänglichkeit relevanter Informationen, welche die notwendige Grundlage für jede Aussage bilden. Die Beantwortung dieser Frage hat Bedeutung für alle Falschaussagebedingungen. Für den Fall, daß die Vergleichbarkeit der Informationszugänglichkeit nicht gegeben ist in dem Sinne, daß Informationen zu sexuellem Mißbrauch nicht zugänglich sind, wäre die Untersuchung von Nacherzählbedingungen sinnlos und die Phantasiebedingung nur eingeschränkt vergleichbar.
Zum zweiten ist zu beantworten, ob die Realisierung der Täuschungssituation überhaupt vergleichbar und die Beeinflussung nicht zu massiv gewesen ist im Vergleich zu Beeinflussungen in der Realität.
Bezüglich der Zugänglichkeit entsprechender Informationen sind zwei Aspekte des Wissens zu betrachten: Zum einen ist für eine Falschaussage bezüglich sexuellen Mißbrauchs im wesentlichen sexuelles Wissen notwendig und möglicherweise auch hinreichend. Dabei ist es durchaus nicht notwendig, daß dieses Wissen vollständig ist, oder daß Informationen in allen Details verstanden werden; eine Wiedergabe unverstandener Details oder Handlungen auf phänomenaler Ebene wäre im Gegenteil unter dem Aspekt der Glaubhaftigkeit sogar positiv. Zum anderen ist Wissen um das Phänomen des sexuellen Kindesmißbrauchs förderlich, um die Opfersituation (Gefühle, Gedanken, Täterverhalten etc.) überzeugend darstellen zu können. Über ein ausreichendes Maß sexuellen Wissens zu verfügen, dürfte heutzutage auch einem Grundschulkind nicht mehr schwer fallen. Übertragen auf den Sachverhalt des Verkehrsunfalls entspricht dies dem Wissen, welches ein Kind sich durch die Teilnahme am Straßenverkehr, durch Verkehrsunterricht und Filme aneignen kann. Bezüglich sexuellen Mißbrauchs ist jedoch durch die häufige Thematisierung in den Medien sowie durch spezielle Präventionsprogramme und -filme zum Teil auch mit spezifischem Wissen bezüglich sexuellen Mißbrauchs zu rechnen.
Auch im Rahmen von *Aufdeckungsgesprächen*, in denen beispielsweise die *Als-ob-Technik* oder die *Geschichte vom anderen Kind* angewendet wird, werden neben suggestiven Erzählaufforderungen vor allem opferspezifische Informationen vermittelt (Steller, 1995). Zudem ist festzustellen, daß das Thema des sexuellen Mißbrauchs stärkere Medienpräsenz aufweist als das Thema des Verkehrsunfalls. Selbst wenn beispielsweise in Actionfilmen Unfälle vorkommen, so sind Unfälle, bei denen Fußgänger oder Fahrradfahrer angefahren werden, die Ausnahme; auch wird das Erleben des Opferwerdens in diesem Fall im Gegensatz zu Filmen, in denen sexueller Mißbrauch thematisiert wird, nicht dargestellt. Um ein noch selteneres Ereignis dürfte es sich dabei handeln, daß ein Kind unbeteiligter Augenzeuge eines Anfahrunfalls wird. Insgesamt ist zu sagen, daß der Sachverhalt des Verkehrsunfalls zwar im Gegensatz zu

dem des sexuellen Mißbrauchs nicht tabuisiert ist, Informationen zum Erleben des Opfers jedoch durchaus nicht leichter zugänglich sind.
Abschließend zur zweiten Frage der Realisierung der Manipulationssituation. In der vorliegenden Arbeit wurde besonders darauf geachtet, realitätsnahe Aussagemotivationen in den Täuschungsbedingungen herzustellen (vgl. Kap. 3). Die Kinder der Nacherzählgruppen wurden jeweils in einer Einzelsitzung instruiert. Die Länge dieser Informations- und Beeinflussungsphase richtete sich nach dem Umfang der jeweiligen Originalaussage, überschritt jedoch nie einen Zeitrahmen von einer halben Stunde. Zur Gewährleistung einer überzeugenden Coverstory und realitätsnahen Varianten der Aussagemotivation wurden die Wahrnehmungsgrundlagen den Kindern in einer suggestiven Art und Weise vermittelt. Diese Vorgehensweise zielte jedoch nicht darauf ab, den Kindern zu suggerieren, sie hätten ein traumatisches Ereignis erlebt, was aus ethischen Gesichtspunkten nicht vertretbar gewesen wäre (vgl. Kap. 3), sondern sie diente dazu, den Kindern die Identifikation mit dem Opfer zu erleichtern und sie davon zu überzeugen, daß die grundlegende Story tatsächlich wahr war. Daß ihm selbst dieses Ereignis nicht wirklich widerfahren war, war auch nach dieser Maßnahme noch jedem Kind bewußt.
Die Vermittlungsmethode war angelehnt an die suggestiven Befragungstechniken der *Geschichte vom anderen Kind* und der *Als-ob-Technik*. Bei diesen Befragungstechniken handelt es sich um zwei der zahlreichen und leider sehr wirksamen Suggestionsmethoden, die bisweilen in Verdachtsfällen sexuellen Kindesmißbrauchs Anwendung finden, um Kindern, von denen man vermutet, sie seien mißbraucht worden, würden sich jedoch nicht trauen, davon zu berichten, ihre Aussage zu erleichtern. Die *Geschichte vom anderen Kind* soll ihnen zum einen zeigen, daß sie nicht die einzigen sind, denen Ähnliches widerfährt, und ihnen zum anderen die Möglichkeit geben, die Thematik zum Anlaß zu nehmen, um von ihrem eigenen Erlebnis zu berichten (vgl. Kap. 2.1.2.2 und Kap. 2.1.2.5). Neben der starken Suggestivwirkung wird den Kindern bei Anwendung dieser Technik durch die Schilderung des sexuellen Mißbrauchs eines anderen Kindes zusätzlich eine Wahrnehmungsgrundlage dargeboten.
Im Rahmen der vorliegenden Untersuchung stand der Aspekt der Beeinflussung im Sinne einer wirksamen Suggestion nicht im Mittelpunkt des Interesses. Die angewendete Beeinflussung beschränkte sich im wesentlichen auf die Darbietung einer Wahrnehmungsgrundlage; bei der vorliegenden Untersuchung handelt es sich somit nicht um eine Suggestionsstudie im engeren Sinne. Insofern ist eine Übertragbarkeit der Beeinflussungssituation weniger relevant. Nichtsdestotrotz ist anzumerken, daß die verwendeten Techniken nicht für die vorliegende Untersuchung erfunden wurden, sondern in Anlehnung an Techniken der Aufdeckungspraxis vorgegangen wurde, und die Beeinflussung der Kinder in der vorliegenden Untersuchung allein schon aufgrund der Kürze des Beeinflussungszeitraumes als vergleichsweise mild anzusehen ist.

Insgesamt ist zu sagen, daß der für diese Untersuchung gewählte Basissachverhalt und das gewählte Versuchsdesign sowie die Herstellung des sekundären Stimulusmaterials die Anforderungen für eine Übertragbarkeit auf den Bereich sexuellen Mißbrauchs voll erfüllten. Die sorgfältige Umsetzung der in Kapitel 3 aufgestellten Anforderungen an die Aussagemotivation stellte zudem eine realitätsnahe Aussagemotivation in den Täuschungsbedingungen sicher (vgl. Kap. 4.2 und 4.3).

9.5 Bedeutung der Untersuchungsergebnisse für die Praxis der Glaubhaftigkeitsbegutachtung

Zunächst einmal ist festzuhalten, daß sich das Merkmalssystem grundsätzlich auch unter schwierigen Bedingungen bewährt hat. Beachtlich ist, daß zu diesem Ergebnis in erster Linie die motivationsbezogenen Merkmale beigetragen haben. Einige der neu aufgenommenen Merkmale wie beispielsweise *Unsicherheiten bezüglich der Richtigkeit eigener Angaben*, *Erinnerungsbemühungen*, *Angabe von Gründen für Lücken und Unsicherheiten* und die *Schilderung tatsächlicher Folgen* zeigten vielversprechende Diskriminationsleistungen.

Beunruhigend ist allerdings der Anstieg der Glaubhaftigkeitsindizes von der Phantasie- zur Nacherzählbedingung ohne Unfallerfahrung; die Darbietung einer Wahrnehmungsgrundlage führte hier zu einer fatalen Qualitätssteigerung der Falschaussagen. Auch unter Berücksichtigung der in Kap. 9.3 angeführten Einschränkungen der Übertragbarkeit der Beurteilungssituation weist die in Aussagebedingung III erzielte Trefferquote trainierter Beurteiler von 43.75% auf eine deutliche Schwachstelle, nämlich auf die Manipulierbarkeit des Merkmalssystems hin.

Zwar mag der Befund beruhigen, daß diese Gruppe sich im Mittel noch inferenzstatistisch von der Wahraussagebedingung abgrenzen ließ, doch muß man sich im Hinblick auf die Anwendung in der Praxis vor Augen führen, daß die Aussagenden in der Nacherzählbedingung ohne Unfallerfahrung im Mittel einen Gesamtsummenscore von 21.71 erreichten und im Durchschnitt 732 Wörter produzierten. Für sich genommen ist dies als ein beachtlicher Wert anzusehen. Hinzu kommt die große Streuung insbesondere innerhalb der Gruppe der Unfallopfer. Während drei Unfallkinder extrem hohe Leistungen bezüglich der Wortanzahl zeigten, überschnitt sich der Rest in weiten Teilen mit den Leistungen der Spn in den Nacherzählbedingungen (vgl. Abb. 11). Betrachtet man den Glaubhaftigkeitsscore auf „Quartett-Ebene", so zeigt sich, daß in 16 von 40 Fällen wenigstens eine der drei Falschaussagebedingungen einen Wert erreichte, der mindestens dem Wert der wahrheitsgemäßen Aussage entsprach[43].

Vor diesem Hintergrund wird deutlich, daß das Merkmalssystem sehr nützlich für die Identifizierung frei erfundener Aussagen ist, die Anwendbarkeit jedoch stark eingeschränkt ist, wenn Aussagende auf einschlägige Erfahrungen oder angeeignetes Wissen zurückgreifen können.

---

[43] Um Mißverständnissen vorzubeugen, sei darauf hingewiesen, daß besagte 16 Fälle sich auf 40 Vergleiche beziehen, denen jedoch 120 Falschaussagen zugrunde liegen.

9.6 FORSCHUNGSDESIDERATA

Im Hinblick auf die in Kap. 3 formulierten Untersuchungsziele ist folgendes zu konstatieren: Zum einen ist es gelungen, die einzelnen Merkmale präzise zu operationalisieren und die Beurteiler durch geeignete Trainingsmaßnahmen in die Lage zu versetzen, anhand dieser Operationalisierungsvorschriften vergleichsweise hohe Beurteilerübereinstimmungen zu erreichen.
Zum zweiten erwies sich die Mehrzahl der neu aufgenommenen Merkmale als nützlich zur Trennung wahrer und falscher Aussagen, mindestens aber zur Trennung erlebnisbegründeter und frei erfundener Aussagen. Die Ergänzung durch negative Merkmale erbrachte zwar recht uneinheitliche Ergebnisse, jedoch lassen sich auch einige Hinweise auf mögliche Unglaubhaftigkeitsmerkmale finden, denen in weiteren Untersuchungen nachgegangen werden sollte. Diese Hinweise verdichten sich vor allem für das Merkmal *Klischees*.
Zum dritten erbrachte die Untersuchung deutliche Hinweise auf die differentielle Validität traditioneller und neu aufgenommener Merkmale, wobei die Mehrzahl der traditionellen Merkmale eher geeignet scheint, zwischen frei erfundenen und erlebnisbegründeten Aussagen zu diskriminieren. Das Vorliegen einer Wahrnehmungsgrundlage führte zu einer Invalidierung der meisten nicht-motivationalen Merkmale. Besorgniserregend ist dieser Beeinflussungseffekt vor allem vor dem Hintergrund, daß die Beeinflussung wenig intensiv war.

Schließlich ist zu konstatieren, daß die angestrebte Simulation realitätsnaher Aussagemotivationen in den Täuschungsbedingungen durch einen Verzicht auf Spielatmosphäre offenbar gelungen ist. Auf diese Weise konnte nicht nur erstmals im Rahmen einer Simulationsstudie ein Validitätsnachweis motivationsbezogener Merkmale erbracht werden; der Komplex der motivationsbezogenen Merkmale war als leistungsstärkste Gruppierung in dieser Untersuchung sogar in der Lage, erlebnisbegründete Aussagen gegen alle Falschaussagevarianten mit starken Effekten abzugrenzen. Die in den USA laut werdende pauschale Ablehnung der Methode der merkmalsorientierten Inhaltsanalyse erscheint somit nicht gerechtfertigt. Den Ausgangspunkt für diese Kritik bildet wohl im wesentlichen die Feldstudie von Lamb et al. (1997), in welcher die Validität nur etwa der Hälfte der untersuchten Merkmale nachgewiesen werden konnte und insbesondere die Spezifität einiger Merkmale erheblich in Zweifel gezogen wurde, da diese Merkmale auch in einem hohen Prozentsatz von Falschaussagen registriert worden waren (vgl. Kap. 2.1.2.4.1). Insbesondere wegen der hohen Repräsentativität der untersuchten Stichprobe wurde von den Autoren die Brauchbarkeit der gesamten Methodik in Frage gestellt und vor einer voreiligen Anwendung in foro gewarnt. Eine solche Schlußfolgerung erscheint aus verschiedenen Gründen problematisch. Die methodischen Probleme der Untersuchung von Lamb et al. (1997) wurden an anderer Stelle bereits ausführlich diskutiert. Offen bleibt die Frage, welche Ergebnisse sich für den Komplex der *motivationsbezogenen* Merkmale gezeigt hätten, welche trotz der speziell für diese Merkmalsgruppe idealen Untersuchungsbedingungen (Feldstudie) nicht in die Untersuchung einbezogen wurden. Insbesondere vor dem Hintergrund der Ergebnisse der vorliegenden Simulationsstudie erscheint das Außerachtlassen eines gesamten Merkmalskomplexes, welcher eines der beiden grundlegenden Elemente des Systems, nämlich die Selbstpräsentation des Aussagenden abbildet, bedenklich. Problematisch erscheint jedoch vor allem die in den Staaten verbreitete Tendenz, den komplexen diagnostischen Vorgang der Glaubhaftigkeitsbegutachtung auf eine verkürzte Liste von Merkmalen zu reduzieren, deren Anwendung in Form einer Checkliste zudem als Wahrheitstest mißverstanden wird. Zwar bildet die Analyse der Aussagequalität auf der Basis einer merkmalsorientierten Inhaltsanalyse einen zentralen Bestandteil des aussagepsychologischen Vorgehens, doch darf das hypothesengeleitete Vorgehen bei der aussagepsychologischen Exploration nicht außer Acht gelassen werden, in welches die Analyse der Aussagequalität eingebettet ist.

Wenngleich eine pauschale Ablehnung der Methode nicht gerechtfertigt erscheint, so stützen die Befunde der vorliegenden Untersuchung durchaus die von Lamb et al. (1997) geäußerte Vermutung, gewisse Vorerfahrung könne inhaltliche Merkmale invalidieren. Vor dem Hintergrund der vorliegenden Befunde drängt sich zudem die Frage auf, wie sich Suggestionen im engeren Sinne auf die Anwendbarkeit der motivationsbezogenen Merkmale ausgewirkt hätten, die in dieser Untersuchung noch sehr gut zur Trennung erlebnisbegründeter und falscher Aussagen beitragen konnten. Aus ethischen Gründen wurde für die vorliegende Untersuchung die Suggestivwirkung im engeren Sinne von der Informationsvermittlung entkoppelt, da nicht riskiert werden konnte, einem Kind ein tatsächlich nicht erlebtes traumatisches Erlebnis ins autobiographische Gedächtnis zu „implantieren“ (vgl. Kap. 2.1.2.5 und 4.3.2). Ein anderer möglicher Kompromiß wäre, die Komponente der Suggestion zu betonen und auf ein nicht traumatisches Ereignis zurückzugreifen. Die Berücksichtigung beider Herangehensweisen ist für die Beurteilung der Brauchbarkeit des Merkmalssystems wichtig.

Erdmann und Volbert (1999) untersuchten in diesem Sinne kürzlich die Auswirkung von Suggestionen auf die Brauchbarkeit des traditionellen Systems der merkmalsorientierten Inhaltsanalyse. 67 Kinder im Alter von 6 bis 8 Jahren wurden über einen Zeitraum von vier Monaten fünf- bis sechsmal zu jeweils einem tatsächlich erlebten und einem fiktiven Ereignis befragt. Dabei wurden verschiedene suggestive Techniken wie beispielsweise wiederholte Befragungen, selektive Verstärkung und die *Als-ob-Technik* eingesetzt. Im Anschluß an diese Beeinflussung ließen sich nur noch leichte Unterschiede hinsichtlich des Merkmals *Quantitativer Detailreichtum* feststellen.

Berücksichtigt man gleichzeitig die Ergebnisse der vorliegenden Untersuchung, so muß aufgrund der derzeitigen Forschungslage davon ausgegangen werden, daß das Hineinfragen eines Mißbrauchserlebnisses in ein Kind, welches zur Mitteilung eines möglicherweise tatsächlich stattgefundenen Mißbrauchs noch nicht bereit ist, tragischer Weise auf die Zerstörung des einzigen Beweismittels, nämlich der unverfälschten Erinnerung des Kindes, hinausläuft (vgl. Scholz & Endres, 1995), da die merk-

malsorientierte Inhaltsanalyse in diesen Fällen vermutlich nicht mehr aussagekräftig ist.
Eine restlose Klärung dieser Frage ist aus ethischen Gründen schwierig. Betrachtet man das traditionelle Merkmalssystem in seiner aktuellen Form, so erscheinen Äußerungen bezüglich quasi uneingeschränkter Anwendbarkeit der Methodik wie jene von Arntzen (1995; vgl. Kap. 2.1.2.5) jedenfalls vor dem Hintergrund empirischer Erkenntnisse nicht nachvollziehbar.

Grenzen des Systems sind auch für eine andere Varianten der Manipulation zu vermuten. So räumt Köhnken (1990) ein, die der positiven Selbstpräsentation dienenden Merkmale seien nicht generell zur Unterscheidung wahrer und falscher Aussagen brauchbar. Im Falle einer besonders gut ausgeprägten Fähigkeit zum Perspektivenwechsel seitens des Falschaussagenden könnten sich die Glaubhaftigkeitsmerkmale in ihr Gegenteil verkehren. Ein ähnlicher Effekt dürfte auch ohne ausgeprägte Empathiefähigkeit zu erwarten sein, wenn die bei der Begutachtung verwendeten Merkmale einen höheren Bekanntheitsgrad hätten. So merken Bender und Nack (1995) im Anschluß an eine Auflistung von Glaubhaftigkeitsmerkmalen nicht ohne Selbstironie an: „Wenn Sie in einer Aussage zahlreiche ‚schöne' Realitätskriterien gefunden haben, dann ist es möglich, daß die Auskunftsperson unser Buch gelesen hat" (Bender & Nack, 1995, S. 150, Hervorhebung im Original). Inwieweit diese Befürchtung tatsächlich zutrifft, müssen experimentelle Untersuchungen zeigen. In zwei laufenden Untersuchungen (Raichle, in Vorbereitung; Volbert & Rutta, in Vorbereitung) wird u.a. der Frage nachgegangen, inwieweit die Falschaussagen Erwachsener, denen die Glaubhaftigkeitsmerkmale vertraut sind, sich noch als Falschaussagen identifizieren lassen.

Neben der Frage der Trainierbarkeit glaubhafter Äußerungen wäre eine weitere interessante Fragestellung im Hinblick auf die Anwendbarkeit *motivationsbezogener* Merkmale, ab welchem Alter davon auszugehen ist, daß Kinder über entsprechende Lügenstereotype verfügen und dieses Wissen nutzen.

Insgesamt macht die vorliegende Arbeit im Hinblick auf zukünftige aussagepsychologische Forschung folgendes deutlich: Grundlegend ist die Formulierung präziser Operationalisierungsvorschriften sowie die Durchführung umfangreicher Trainingsmaßnahmen. Neben dieser grundlegenden Forderung ist eine Modifizierung des traditionellen Merkmalssystems unter Berücksichtigung anderer Forschungsansätze anzustreben, um Schwachstellen entgegenzuwirken. Auch das Problem der Sensitivität und Spezifität einzelner Merkmale ist hierbei zu berücksichtigen. Einige der traditionellen Merkmale stellen eher notwendige Bedingungen als Qualitätsmerkmale dar, können somit für sich genommen kaum einen Erlebnisbezug belegen (Greuel et al., 1998). Bei der Umsetzung ist auf eine angemessene Realisierung der Täuschungsmotivation sowie auf die Möglichkeit einer Meßwiederholung zu achten, um auch Aussagen über das Merkmal der *Konstanz* treffen zu können.

Als wichtiges Ergebnis der vorliegenden Untersuchung ist die Notwendigkeit einer differentialdiagnostischen Herangehensweise hervorzuheben. Vorhandene Ergebnisse unterschiedlicher Studien sollten unter diesem Blickwinkel systematisiert werden. Dabei sollte eine Systematik gefunden werden, welche einen Überblick über die differentielle Validität der Glaubhaftigkeitsmerkmale für verschiedene Anwendungsfälle bietet. Für eine Validierung im Hinblick auf verschiedene Anwendungsfälle müßte ein Design gefunden werden, welches eine angemessene Realisierung der Täuschungsmotivation sowie eine Simulation unterschiedlicher Anwendungsfälle erlaubt. Bei der Umsetzung kann es themenabhängig sehr schwierig werden, forschungsethische Grundsätze bei Erfüllung hoher externer Validität nicht zu verletzen. Die vorliegende Untersuchung bewegt sich diesbezüglich an der Grenze des Vertretbaren (vgl. Kap. 4.3.2.1 und 4.3.2.2).
Wichtig erscheint bei der Wahl der Basissachverhalte zukünftiger Untersuchungen zudem die Vermeidung eines Interviewer-Bias', welcher aufgrund des für die vorliegende Untersuchung gewählten Basissachverhalts nur eingeschränkt, nicht aber verhindert werden konnte (vgl. Kap. 4.3.3.1.5).

Zukünftig sollte das Merkmalssystem auch losgelöst von der Thematik des sexuellen Mißbrauchs betrachtet und auf diese Weise nutzbar gemacht werden für verschiedene Anwendungsbereiche. Die Tatsache, daß die öffentliche Diskussion über Methoden der Glaubhaftigkeitsdiagnostik im Zusammenhang mit dem Thema des sexuellen Kindesmißbrauchs geführt worden ist, ist u.a. darauf zurückzuführen, daß in einem hohen Prozentsatz dieser Fälle der in der Einleitung beschriebene worst case (keine Sachbeweise, keine unbeteiligten Tatzeugen) eintritt. Dies läßt aber keineswegs den Schluß zu, daß die Anwendbarkeit der Glaubhaftigkeitsdiagnostik auf diesen Bereich begrenzt sein muß. Aus psychologischer Sicht ist die Anwendung von Erkenntnissen der Glaubhaftigkeitsdiagnostik bei verschiedensten rechtlichen Problemstellungen sinnvoll (Fabian, Greuel & Stadler, 1996; Greuel et al., 1998). Im strafrechtlichen Bereich werden derzeit auch Zeugenaussagen bei Tötungsdelikten, Raubdelikten, schwerer Körperverletzung o.a. begutachtet, nur handelt es sich hier um aktuell weniger öffentlichkeitswirksame Themen als bei Verdachtsfällen sexuellen Kindesmißbrauchs.
Fabian und Wetzels (1991) weisen zudem auf die Möglichkeit von Glaubhaftigkeitsbegutachtungen im Kontext zivilrechtlicher Fragestellungen hin (vgl. auch Rüßmann, 1997; Wetzels, 1990), auch wenn bisherige empirische Studien sich thematisch noch nicht für eine Übertragung auf diese Bereiche eignen. Ein wesentliches Ziel zukünftiger Forschung auf diesem Gebiet sollte daher sein, der Themenspezifität einzelner Qualitätsmerkmale nachzugehen, um themenunspezifische und -spezifische Merkmale zu trennen und somit eine Übertragung dieser Methode auf unterschiedliche Bereiche zu ermöglichen.

Schließlich erscheint es nach nunmehr zehnjähriger Forschung zur Anwendbarkeit der merkmalsorientierten Inhaltsanalyse gerade vor dem Hintergrund, daß der Bundesgerichtshof in seinem Urteil vom 30. Juli 1999 (1 StR 618/98) die merkmalsorientierte Inhaltsanalyse als die Methode der Wahl für Glaubhaftigkeitsbegutachtungen bestätigt hat, dringend geboten, die vielfältigen Einzelergebnisse zu systematisieren und den Hinweisen auf Themen-, Alters- und Bedingungsspezifität einzelner Merkmale nachzugehen sowie unter Berücksichtigung gedächtnispsychologischer, erkenntnistheoretischer und sprachwissenschaftlicher Erkenntnisse eine Weiterentwicklung des Merkmalssystems anzustreben, um die Erkenntnisfortschritte für die Begutachtungspraxis nutzbar zu machen, eine differentialdiagnostische Optimierung der Begutachtungsmethode für verschiedene Anwendungsfälle zu erreichen und auf diese Weise einen Beitrag zu einem fairen Verfahren zu leisten.

ZUSAMMENFASSUNG

Die merkmalsorientierte Inhaltsanalyse war als wichtiger Bestandteil des in Deutschland führenden Verfahrens der Glaubhaftigkeitsbegutachtung kindlicher Zeugenaussagen in Verdachtsfällen sexuellen Mißbrauchs Gegenstand verschiedener Untersuchungen. Die der Methodik zugrundeliegende Annahme über Qualitätsunterschiede erlebnisbegründeter und nicht erlebnisbegründeter Aussagen konnte für Aussagen über tatsächlich erlebte versus frei erfundene Ereignisse mit Ausnahme der motivationsbezogenen Merkmale grundsätzlich experimentell bestätigt werden. Weitgehend ausgespart blieb jedoch die Frage der Anwendbarkeit bei Falschaussagen, welche nicht frei phantasiert sind, sondern zumindest teilweise auf Wahrnehmungsgrundlagen basieren. Auch konnten mangels angemessener Simulation der Täuschungsbedingungen keine Aussagen über die Validität der *motivationsbezogenen* Merkmale getroffen werden. Zudem weist das traditionelle Merkmalssystem einige Schwachstellen wie beispielsweise einen starken Positiv-Bias auf.

In einer Simulationsstudie mit kindlichen Verkehrsunfallopfern (6-11 Jahre; n = 40) wurden einer wahrheitsgemäß aussagenden Erlebnisgruppe drei Gruppen Falschaussagender gegenübergestellt, die sich hinsichtlich der ihnen zur Verfügung stehenden Wahrnehmungsgrundlage unterschieden. Einer Phantasiegruppe stand keine Wahrnehmungsgrundlage zur Verfügung. Den Kindern der beiden anderen Falschaussagegruppen diente das Hören des wahrheitsgemäßen Erlebnisberichts eines anderen Kindes als Wahrnehmungsgrundlage. Zusätzlich verfügte eine dieser beiden Gruppen über persönliche Unfallerfahrung. Dabei wurde eine Parallelisierung bezüglich verbaler Fähigkeiten, Alter und Geschlecht vorgenommen. Besonderer Wert wurde auf die Simulation einer realitätsnahen Aussagemotivation in den Täuschungsbedingungen gelegt.

Insgesamt wurden 160 Interviews durchgeführt, deren Transkripte anhand eines Systems inhaltlicher Merkmale beurteilt wurden, welches eine Erweiterung des traditionellen Systems (Steller & Köhnken, 1989) um zehn Merkmale darstellte. In einem vierwöchigen Training wurden Beurteiler, welche blind waren hinsichtlich des Untersuchungsdesigns und des Wahrheitsstatus‘ der Aussagen, ganztägig in der Anwendung dieses Merkmalssystems geschult.

Das modifizierte Merkmalssystem konnte insgesamt gut zwischen erlebnisbegründeten und falschen Aussagen diskriminieren. Insbesondere der Komplex der *motivationsbezogenen* Merkmale zeigte eine sehr gute Diskriminationsleistung über alle Aussagebedingungen hinweg. Auch einige neu aufgenommene Merkmale erwiesen sich als äußerst diskriminationsfähig. Jedoch produzierten selbst Kinder ohne persönliche Erfahrung ein überzeugendes Ausmaß *nicht-motivationaler* Glaubhaftigkeitsmerkmale, wenn sie im Vorfeld beeinflußt worden waren und bei ihrer Falschaussage auf eine entsprechende Wahrnehmungsgrundlage zurückgreifen konnten.

Die Ergebnisse dieser Untersuchung unterstreichen zum einen die Notwendigkeit einer differentiellen Betrachtungsweise hinsichtlich der Validität inhaltlicher Glaubhaftigkeitsmerkmale und legen zum anderen eine Modifizierung des traditionellen Merkmalssystems nahe.

Abkürzungsverzeichnis

BGH	Bundesgerichtshof
NJW	Neue Juristische Wochenschrift
StGB	Strafgesetzbuch
StPO	Strafprozeßordnung
StR	Strafrecht
StVG	Straßenverkehrsgesetz
StVO	Straßenverkehrsordnung
ZPO	Zivilprozeßordnung

LITERATUR

Alonso-Quecuty, M. L. (1992). Deception detection and reality monitoring: A new answer to an old question? In F. Lösel, D. Bender & T. Bliesener (Eds.), *Psychology and law* (pp. 335-344). Berlin: de Gruyter.

Anson, D. A., Golding, S. L. & Gully, K. J. (1993). Child sexual abuse allegations. Reliability of criteria-based content analysis. *Law and Human Behavior, 17*, 331-341.

Arnold, W. (1952). Die psychologische Begutachtung der Zeugentüchtigkeit und Glaubwürdigkeit bei Kindern und Jugendlichen. *Psychologische Rundschau, 3*, 265-280.

Arntzen, F. (1970). *Psychologie der Zeugenaussage* (1. Aufl.). Göttingen: Hogrefe.

Arntzen, F. (1978). *Vernehmungspsychologie.* München: Beck.

Arntzen, F. (1982). Die Situation der Forensischen Aussagepsychologie in der BRD. In A. Trankell (Ed.), *Reconstructing the past* (pp. 107-119). Stockholm, Sweden: P A Norstedt & Söners förlag.

Arntzen, F. (1983). Die Grenzen experimenteller Verfahren in der Forensischen Aussagepsychologie. *Zeitschrift für experimentelle und angewandte Psychologie, 30*, 523-528.

Arntzen, F. (1987). Forensische Aussagepsychologie. *Psychologische Rundschau, 38*, 165-166.

Arntzen, F. (1993). *Psychologie der Zeugenaussage* (3. Aufl.). München: Beck.

Arntzen, F. (1995). Zu Berichten des amerikanischen Autors Ceci über Suggestionsexperimente. *Praxis der Rechtspsychologie, 5*, 30-32.

Arntzen, F. & Michaelis, E. (1970). *Psychologie der Kindervernehmung.* Schriftenreihe des Bundeskriminalamtes Wiesbaden. Neu-Isenburg: Bundesdruckerei.

Asendorpf, J. & Wallbott, H. G. (1979). Maße der Beobachterübereinstimmung: Ein systematischer Vergleich. *Zeitschrift für Sozialpsychologie, 10*, 243-252.

Bachmann, K., Rogner, J. & Niehaus, S. (in Vorb.). *Coping kindlicher Verkehrsunfallopfer.*

Backhaus, K., Erichson, B., Plinke, W. & Weiber, R. (1996). *Multivariate Analysemethoden.* Berlin: Springer.

Bandura, A. (1980). Self-referent thought: A developmental analysis of self-efficacy. *Gestalt theory, 2,* 147-174.

Baumann, M., Krems, J. F. & Johnson, T. (1996). *Reihungseffekte in der Urteilsbildung.* Beitrag zur 38. Tagung experimentell arbeitender Psychologen.

Bekerian, D. A. & Dennett, J. L. (1990). The truth in content analysis of a child's testimony. In F. Lösel, D. Bender & T. Bliesener (Eds.), *Psychology and law* (pp. 335-344). Berlin: de Gruyter.

Bekerian, D. A. & Dennett, J. L. (1993). The cognitive interview technique: Reviving the issues. *Applied Cognitive Psychology, 7,* 275-297.

Bender, R. (1982). Die Aussagepsychologie in der gerichtlichen Praxis. In A. Trankell (Ed.), *Reconstructing the past* (pp. 121-125). Stockholm, Sweden: P A Norstedt & Söners förlag.

Bender, R. & Nack, A. (1995). *Tatsachenfeststellung vor Gericht. Band 1: Glaubwürdigkeits- und Beweislehre* (2. Aufl.). München: Beck.

Bender, R., Röder, S. & Nack, A. (1981). *Tatsachenfeststellung vor Gericht. Band 1: Glaubwürdigkeits- und Beweislehre* (1. Aufl.). München: Beck.

Berger, M. (1979). Zur Glaubwürdigkeitsbegutachtung von Kindern und Jugendlichen in Sittlichkeitsprozessen. *Monatsschrift für Kriminologie und Strafrechtsreform, 62,* 149-156.

Berkowitz, L. & Donnerstein, E. (1982). Internal validity is more than skin deep. Some answers to criticisms of laboratory experiments. *American Psychologist, 37,* 245-257.

Bernet, W. (1993). False statements and the differential diagnosis of abuse allegations. *Journal of the American Academy of Child and Adolescent Psychiatry, 32,* 903-910.

Berz, U. (1998). Tagungsbericht vom 36. Deutschen Verkehrsgerichtstag. *Neue Zeitschrift für Verkehrsrecht, 4,* 144-146.

Biermann, I. (1973). *Glaubwürdigkeit von Kinderaussagen in Sittlichkeitsprozessen.* Unveröffentlichte Dissertation, Eberhard-Karls-Universität zu Tübingen, Fachbereich Klinische Medizin.

Binet, A. (1897). Description d' un objet. *Annee Psychologique, 3*, 296-332.

Binet, A. (1900). *La Suggestibilité.* Paris: Schleicher Frères.

Bortz, J. (1999). *Statistik. Für Sozialwissenschaftler* (4. Aufl.). Berlin: Springer-Verlag.

Bortz, J. & Döring, N. (1995). *Forschungsmethoden und Evaluation.* Berlin: Springer-Verlag.

Bortz, J., Lienert, G. A. & Boehnke K. (1990). *Verteilungsfreie Methoden in der Biostatistik.* Berlin: Springer-Verlag.

Bottoms, B. L. & Goodman, G. S. (1996). *International perspectives on child abuse and children's testimony.* Thousand Oaks, CA: Sage.

Boychuk, T. (1991). *Criteria-based content analysis of children's statements about sexual abuse: A field-based validation study.* Unpublished doctoral dissertation, Arizona State University, Tempe, AZ.

Brauer, W. (1841). Über die Unzuverlässigkeit des direkten Zeugenbeweises. *Annalen der deutschen und ausländischen Criminal-Rechtspflege, 14*, 1-34.

Breuking, H. (1910). Über die Erziehbarkeit der Aussage. *Zeitschrift für Angewandte Psychologie, 3*, 32-87.

Brewer, W. F. & Dupree, D. A. (1983). Use of plan schemata in the recall and recognition of goaldirected actions. *Journal of Experimental Psychology: Learning, Memory and Cognition, 9*, 117-129.

Bruck, M., Ceci, S. J., Francoeur, E. & Barr, R. (1995). „I hardly cried when I got my shot!" Influencing children's reports about a visit to their pediatrician. *Child Development, 66*, 193-208.

Buckhout, R. (1974). Eyewitness testimony. *Scientific American, 231*, 23-31.

Buckhout, R. (1980). Nearly 2,000 witnesses can be wrong. *Bulletin of the Psychonomic Society, 16*, 307-310.

Bussey, K. (1992). Children's lying and truthfulness: Implications for children's testimony. In S. J. Ceci, M. Leichtman & M. Putnick (Eds.), *Cognitive and social factors in preschoolers' deception* (pp. 89-110). Hillsdale, NJ: Erlbaum.

Carver, C. S. & Scheier, M. F. (1981). *Attention and self-regulation: A control-theory approach to human behavior.* New York: Springer.

Ceci, S. J. & Bruck, M. (1993). The suggestibility of the child witness: A historical review and synthesis. *Psychological Bulletin, 113*, 403-439.

Ceci, S. J. & Bruck, M. (1995). *Jeopardy in the courtroom.* Washington, DC: American Psychological Association.

Ceci, S. J., Huffman, M. L. C., Smith, E. & Loftus, E. W. (1994). Repeatedly thinking about a non-event: Source misattributions among preschoolers. *Consciousness and Cognition, 3*, 388-407.

Ceci, S. J., Leichtman, M. & Putnick, M. (Eds.) (1992). *Cognitive and social factors in early deception.* Hillsdale, NJ: Lawrence Erlbaum.

Ceci, S. J., Loftus, E. W., Leichtman, M. D. & Bruck, M. (1994). The possible role of source misattributions in the creation of false beliefs among preschoolers. *International Journal of Clinical and Experimental Hypnosis, 42*, 304-320.

Christie, R. & Geis, F. L. (Eds.) (1970). *Studies in machiavellianism.* New York: Academic Press.

Cohen, J. (1960). A coefficient of agreement for nominal scales. *Educational and Psychological Measurement, 20*, 37-46.

Cohen, J. (1968). Weighted kappa: Nominal scale agreement with provision for scaled disagreement or partial credit. *Psychological Bulletin, 70*, 213-220.

Cohen, J. (1988). *Statistical power analysis for the behavioral sciences* (Second Edition). Hillsdale: Lawrence Erlbaum.

Cohn, J. & Dieffenbacher, J. (1911). Untersuchungen über Geschlechts-, Alters- und Begabungsunterschiede bei Schülern. In W. Stern & O. Lipmann (Hrsg.), *Beihefte zur Zeitschrift für angewandte Psychologie und psychologische Sammelforschung* (S. 49-211). Leipzig: Verlag von Johann Ambrosius Barth.

Dahle, K.-P. (1997). Wege zu einem linguistischen Wahrheitstest? Perspektiven einer einzelfallexperimentellen Weiterentwicklung der Kriterienorientierten Aussageanalyse für die forensisch-psychologische Glaubwürdigkeitsdiagnostik. *Diagnostica, 43*, 3-26.

Dahle, K.-P. & Wolf, P. (1997). Realkennzeichen im Einzelfall. In L. Greuel, T. Fabian & M. Stadler (Hrsg.), *Psychologie der Zeugenaussage* (S. 23-32). Weinheim: Beltz.

Danielsdottir, G., Sigurgeirsdottir, S., Einarsdottir, H. R. & Haraldsson, E. (1993). Interrogative suggestibility in children and its relationship with memory and vocabulary. *Personality and Individual Differences, 14*, 499-502.

Davis, R. C. (1961). Physiological responses as a means of evaluating information. In A. D. Biderman & H. Zimmer (Eds.), *The manipulation of human behavior* (pp. 142-168). New York: Wiley.

Deegener, G. (1998). *Kindesmißbrauch – erkennen, helfen, vorbeugen.* Weinheim: Beltz.

Dent, H. R. (1982). The effects of interviewing strategies on the results of interviews with child witnesses. In A. Trankell (Ed.), *Reconstructing the past* (pp. 279-297). Stockholm, Sweden: P A Norstedt & Söners förlag.

Dent, H. R. (1992). The effects of age and intelligence on eyewitnessing ability. In H. Dent & R. Flin (Eds.), *Children as witnesses* (pp. 1-13). Chichester: John Wiley & Sons.

DePaulo, B. M. & Jordan, A. (1982). Age changes in deceiving and detecting deceit. In R. S. Feldman (Ed.), *Development of nonverbal behavior in children* (pp. 151-180). New York: Springer.

DePaulo, B. M., Lanier, K. & Davis, T. (1983). Detecting the deceit of the motivated liar. *Journal of Personality and Social Psychology, 45*, 1096-1103.

DePaulo, B. M., Rosenthal, R., Rosenkrantz, J. & Green, C. R. (1982). Actual and perceived cues to deception: A closer look at speech. *Basic and Applied Social Psychology, 3*, 291-312.

DePaulo, B. M., Stone, J. I. & Lassiter, G. D. (1985). Telling ingratiating lies: Effects of target sex and target attractiveness on verbal and nonverbal deceptive success. *Journal of Personality and Social Psychology, 48*, 1191-1203.

Dettenborn, H., Fröhlich, H.-H. & Szewczyk, H. (1984). *Forensische Psychologie.* Berlin: VEB Deutscher Verlag der Wissenschaften.

Deutsche Gesellschaft für Psychologie e. V. & der Berufsverband Deutscher Psychologinnen und Psychologen e. V. (1999). *Ethische Richtlinien der Deutschen Gesellschaft für Psychologie e. V. und des Berufsverbands Deutscher Psychologinnen und Psy-*

chologen e. V (Fassung vom 29. September 1998). Verfügbar [6.3.2000] unter: http://www.dgps.de/gesellschaft/ mitteilungen/ethikrichtlinien.html

Duhm, E. (1962). Die Erstbekundungen jugendlicher Zeugen bei Sittlichkeitsdelikten. In G. Blau & E. Müller-Luckmann (Hrsg.), *Gerichtliche Psychologie.* Neuwied: Verlag Luchterhand.

Dunning, D. (1989). Research on children's eyewitness testimony: Perspectives on its past and future. In S. J. Ceci, M. Toglia & D. Ross (Eds.), *Perspectives on children's testimony* (pp. 230-247). New York: Springer.

Duval, S. & Wicklund, R. A. (1972). *A theory of objective self awareness.* New York: Academic Press.

Ehlers, A. (1999). Posttraumatische Belastungsstörung. In D. Schulte, K. Grawe, K. Hahlweg & D. Vaitl (Hrsg.), *Fortschritte der Psychotherapie, Bd. 8.* Göttingen: Hogrefe.

Ekman, P. (1981). Mistakes when deceiving. *Annals of the New York Academy of Sciences, 364*, 269-278.

Ekman, P. (1985). *Telling lies.* New York: W. W. Norton.

Ekman, P. & Friesen, W. V. (1969). Nonverbal leakage and clues to deception. *Psychiatry, 32*, 88-105.

Ekman, P. (1989). Why lies fail and what behaviors betray a lie. In J. C. Yuille (Ed.), *Credibility assessment* (pp. 71-81). Dordrecht: Kluwer Academic Publishers.

Ekman, P. & Friesen, W. V. (1972). Hand movements. *Journal of Communication, 22*, 353-374.

Ekman, P., Friesen, W. V. & Scherer, K. R. (1976). Body movement and voice pitch in deceptive interaction. *Semiotica, 16*, 23-27.

Enders, U. (1991). *Zart war ich – bitter war's. Sexueller Mißbrauch an Jungen und Mädchen* (6. Aufl.). Köln: Volksverlag.

Endres, J. & Scholz, O. B. (1994). Sexueller Mißbrauch aus psychologischer Sicht. *Neue Zeitschrift für Strafrecht, 10*, 466-473.

Endres, J., Scholz, O. B. & Summa, D. (1997). Aussagesuggestibilität bei Kindern - Vorstellung eines neuen diagnostischen Verfahrens und erste Ergebnisse. In M. Stadler, T. Fabian & L. Greuel (Hrsg.), *Psychologie der Zeugenaussage* (S. 190-204). Weinheim: PVU.

Erdmann, K. & Volbert, R. (1999). *Entwicklung und Qualität von suggerierten Aussagen im Vergleich zu erlebnisbegründeten Aussagen von Kindern.* Vortrag auf der 8. Arbeitstagung der Fachgruppe Rechtspsychologie der Deutschen Gesellschaft für Psychologie in Nürnberg.

Fabian, T. & Wetzels, P. (1991). Zur gegenwärtigen Praxis von forensischen Psychologen und Psychologinnen. Ergebnisse einer Befragung. *Praxis der Forensischen Psychologie, 1,* 10-17.

Fabian, T., Greuel, L. & Stadler, M. (1996). Möglichkeiten und Grenzen aussagepsychologischer Glaubwürdigkeitsbegutachtung. *Strafverteidiger, 16,* 347-351.

Fabian, T., Greuel, L. & Stadler, M. (1997). Fallbezogene wirklichkeitsnahe Experimente. In L. Greuel, T. Fabian & M. Stadler (Hrsg.), *Psychologie der Zeugenaussage* (S. 23-32). Weinheim: Beltz.

Faller, K. C. (1988). Criteria for judging the credibility of children's statements about their sexual abuse. *Child Welfare, 67,* 389-395.

Feldmann, R. S., Jenkins, L. & Popoola, O. (1979). Detection of deception in adults and children via facial expressions. *Child Development, 50,* 350-355.

Feldmann, R. S. & White, J. B. (1980). Detecting deception in children. *Journal of Communication, 30,* 121-128.

Feuerbach, A. Ritter von (1847). *Lehrbuch des gemeinen in Deutschland gültigen Peinlichen Rechts.* Gießen: Georg Friedrich Heyer's Verlag.

Fiedler, K. & Walka, I. (1993). Training lie detectors to use valid cue systems instead of simple heuristics. *Human Communication Research, 20,* 199-233.

Fiedler, M., Reutemann, M., Höfer, E. & Köhnken, G. (1999). *Glaubwürdigkeitsbeurteilung durch erfahrene Polizeibeamte.* Vortrag auf der 8. Arbeitstagung der Fachgruppe Rechtspsychologie der Deutschen Gesellschaft für Psychologie e.V. in Nürnberg.

Fisher, R. P. & Geiselman, R. E. (1992). *Memory-enhancing techniques for investigative interviewing: The cognitive interview.* Springfield: Charles C. Thomas.

Fisher, R. P. Geiselman, R. E., Raymond, D., Jurkevich, L. & Wahrhaftig, M. (1987). Enhancing enhanced eyewitness memory: Refining the cognitive interview. *Journal of Police Science and Administration, 15*, 291-296.

Fisseni, H.-J. (1990). *Lehrbuch der psychologischen Diagnostik.* Göttingen: Hogrefe.

Fivush, R. & Shukat, J. R. (1995). Content, consistency and coherence of early autobiographical recall. In M. S. Zaragoza, J. R. Graham, G. C. N. Hall, R. Hirschman & Y. S. Ben-Porath (Eds.), *Applied psychology: Individual, social, and community issues* (pp. 5-23). Thousand Oaks: Sage Publications.

Flavell, J. H. (1979). *Kognitive Entwicklung.* Stuttgart: Klett-Cotta.

Fleiss, J. L. (1971). Measuring nominal scale agreement among many raters. *Psychological Bulletin, 76*, 378-382.

Fleiss, J. L. (1981). *Statistical methods for rates and proportions* (2nd ed.). New York: John Wiley & Sons.

Fleiss, J. L., Cohen, J. & Everitt, B. S. (1969). Large sample standard errors of kappa and weighted kappa. *Psychological Bulletin, 72*, 323-327.

Friedrichs, H. (1967). Die aussagepsychologische Exploration. In U. Undeutsch (Hrsg.), *Handbuch der Psychologie: Band 11: Forensische Psychologie* (S. 3-25). Göttingen: Hogrefe.

Fürniss, T. (1991). *The multiprofessional handbook of child sexual abuse. Integrated management, therapy and legal intervention.* London: Routledge.

Fürniss, T. (1993). Kinder und Familien im traumaorganisierten System von Sexringen. *Familiendynamik, 18*, 264-286.

Gahlinger, P. M. & Abramson, J. H. (2000). *PEPI. Statistical programs for epidemiologists.* Verfügbar unter: http://www.usd-inc.com/pepi.html [26.4.2000].

Ganal, R. (1962). Zur Problematik des Begriffes der Glaubwürdigkeit und seiner Beurteilung. In W. Villinger & H. Stutte (Hrsg.), *Jahrbuch für Jugendpsychiatrie und ihre Grenzgebiete, Bd. 3* (S. 94-99). Bern: Huber.

Geiselmann, R. E. & Fisher, R. P. (1989). The cognitive interview technique for victims and witnesses of crime. In D. C. Raskin (Ed.), *Psychological methods in criminal investigation and evidence* (pp. 191-215). New York: Springer.

& J. Drinkwater (Eds.), *The child witness: Do the courts abuse children?* (pp. 37-45). Division of Legal Criminological Psychology, Occ. Paper No. 13.

Köhnken, G. & Wegener, H. (1982). Zur Glaubwürdigkeit von Zeugenaussagen: Experimentelle Überprüfung ausgewählter Glaubwürdigkeitskriterien. *Zeitschrift für experimentelle und angewandte Psychologie, 29*, 92-111.

Köhnken, G. & Wegener, H. (1985). Zum Stellenwert des Experiments in der Forensischen Aussagepsychologie. *Zeitschrift für experimentelle und angewandte Psychologie, 32*, 104-119.

Krahé, B. & Kundrotas, S. (1992). Glaubwürdigkeitsbeurteilung bei Vergewaltigungsanzeigen: Ein aussageanalytisches Feldexperiment. *Zeitschrift für Experimentelle und Angewandte Psychologie, 39*, 598-620.

Krause, A. (in Vorbereitung). *Belastungen von Lehrern aus arbeitspsychologischer Sicht.*

Krause, S. (1997). *Konzeption und Evaluation der Validität des Kieler Trainingsprogrammes zur Beurteilung der Glaubwürdigkeit von Zeugenaussagen.* Unveröffentlichte Diplomarbeit, Universität Kiel.

Kraut, R. E. (1978). Verbal and nonverbal cues in the perception of lying. *Journal of Personality and Social Psychology, 36*, 380-391.

Kraut, R. E. (1980). Humans as lie detectors: Some second thoughts. *Journal of communication, 30*, 209-216.

Krauth, J. (1995). *Testkonstruktion und Testtheorie.* Weinheim: Beltz.

Kühn, E. (1943). Über sexuelle Falschbeschuldigungen durch weibliche Jugendliche. *Archiv für Kriminologie, 113*, 105-116.

Kühne, A. (1997). Historisch-psychologische Betrachtungen der Zeugenaussage: William Stern und die Folgen für die psychologische Forschung und Rechtspraxis. In L. Greuel, T. Fabian & M. Stadler (Hrsg.), *Psychologie der Zeugenaussage.* Weinheim: Beltz.

Küpper, B. & Sporer, S. L. (1995). Beurteilerübereinstimmung bei Glaubwürdigkeitsmerkmalen: Eine empirische Studie. In G. Bierbrauer, W. Gottwald & B. Birnbreier-Stahlberger (Hrsg.), *Verfahrensgerechtigkeit – Rechtspsychologische Forschungsbeiträge für die Justizpraxis* (S. 187-213). Köln: Schmidt.

Lamb, M. E., Hershkowitz, I., Sternberg, K. J., Esplin, P. W., Hovav, M., Manor, T. & Yudilevitch, L. (1996). Effects of investigative utterance types on Israeli children's responces. *International Journal of Behavioral Development, 19*, 627-637.

Lamb, M. E., Sternberg, K. J. & Esplin, P. W. (1994). Factors influencing the reliability and validity of statements made by young victims of sexual maltreatment. *Journal of Applied Developmental Psychology, 15*, 255-280.

Lamb, M. E., Sternberg, K. J., Esplin, P. W., Hershkowitz, I., Orbach, Y. & Hovav, M. (1997). Criterion-based content analysis: A field validation study. *Child Abuse & Neglect, 21*, 255-264.

Landry, K. L. & Brigham, J. C. (1992). The effect of training in criteria-based content analysis on the ability of detect deception in adults. *Law and Human Behavior, 16*, 663-676.

Langer, I. & Schulz von Thun, F. (1974). *Messung komplexer Merkmale in Psychologie und Pädagogik*. München: Reinhardt.

Leichtmann, M. D. & Ceci, S. J. (1995). The effects of stereotypes and suggestions on preschoolers' reports. *Developmental Psychology, 31*, 568-578.

Lempp, R., Schütze, G. &. Köhnken, G. (Hrsg.) (1999). *Forensische Psychiatrie und Psychologie des Kindes- und Jugendalters*. Darmstadt: Steinkopff.

Leonhardt, C. (1930). Psychologische Beweisführung in Ansehung existenzstreitiger Vorgänge. *Archiv für die gesamte Psychologie, 75*, 545-558.

Leonhardt, C. (1931). Beitrag zur psychologischen Beweisführung in Ansehung existenzstreitiger Vorgänge. *Archiv für die gesamte Psychologie, 78*, 95-102.

Leonhardt, C. (1934). Psychologische Beweisführung in Ansehung existenzstreitiger Vorgänge. *Zeitschrift für angewandte Psychologie, 46*, 229-245.

Liebel, H. & Uslar, W. von (1975). *Forensische Psychologie*. Stuttgart: Kohlhammer.

Lindsay, D. S., Gonzales, V. & Eso, K. (1995). Aware and unaware uses of memories of postevent suggestion. In M. S. Zaragoza, J. R. Graham, G. C. N. Hall, R. Hirschman & Y. S. Ben-Porath (Eds.), *Memory and testimony in the child witness* (pp. 86-108). Thousand Oaks, California: Sage.

Littmann, E. & Szewczyk, H. (1983). Zu einigen Kriterien und Ergebnissen forensisch-psychologischer Glaubwürdigkeitsbegutachtung von sexuell mißbrauchten Kindern und Jugendlichen. *Forensia, 4*, 55-72.

Maccoby, E. E. & Maccoby, N. (1954). The interview: A tool of social science. In G. Lindzey (Ed.), *Handbook of social psychology*, Vol. 1 (pp. 449-487). Cambridge, Mass.: Addison-Wesley.

Manns, M., Herrmann, C., Schultze, J. & Westmeyer, H. (1987). *Beobachtungsverfahren in der Verhaltensdiagnostik.* Salzburg: Otto Müller.

Markman, E. M. (1981). Comprehension monitoring. In W. P. Dickson (Ed.), *Children's oral communication skills* (pp. 61-83). New York: Academic Press.

McCornack, S. A. (1992). Information manipulation theory. *Communication Monographs, 59*, 1-16.

McCornack, S. A., Levine, T. R., Solowcsuk, K. A., Torres, H. & Campbell, S. (1992). When the alterion of information is viewed as an deception: An empirical test of information manipulation theory. *Communication Monographs, 59*, 17-29.

Mehrabian, R. (1971). Nonverbal betrayal of feeling. *Journal of Experimental Research in Personality, 5*, 64-73.

Melkman, R. (1988). *The Construction of objectivity. A new look at the first months of life.* Basel: Karger.

Memon, A. & Köhnken, G. (1992). Helping witnesses to remember more: the cognitive interview. *Expert Evidence, 1*, 39-48.

Metzger, W. (1935). Tiefenerscheinungen in optischen Bewegungsfeldern. *Psychologische Forschung, 20*, 195-260.

Michaelis-Arntzen, E. (1987). Unglaubwürdige Zeugenaussagen. *Forensia, 8*, 73-80.

Miller, G. R., DeTurck, M. A. & Kalbfleisch, P. J. (1983). Self-monitoring, rehearsal and deceptive communication. *Human Communication Research, 10*, 97-117.

Miller, G. R. & Stiff, J. B. (1993). *Deceptive communication.* Newbury Park, CA: Sage.

Mittermaier, C. J. A. (1835). *Die Lehre vom Beweise im deutschen Strafprozesse.* Darmstadt: Heyer.

Moll, A. (1908). Die forensische Bedeutung der modernen Forschung über die Aussagepsychologie. *Ärztliche Sachverständigenzeitung, 14*, 85-89.

Möllhoff, G. (1975). Glaubwürdigkeit von Zeugen. Unter besonderer Berücksichtigung der Untersuchung von Kindern und Jugendlichen in Sexualprozessen. In B. Müller (Hrsg.), *Gerichtliche Medizin* (S. 1112-1120). Berlin: Springer.

Mönkemöller, O. (1930). *Psychologie und Psychopathologie der Aussage*. Heidelberg: Winters.

Morency, N. L. & Krauss, R. M. (1982). Children's nonverbal encoding and decoding of affect in first and fifth graders. In R. S. Feldmann (Ed.), *Development of nonverbal behavior in children* (pp. 181-202). New York: Springer.

Morton, J. (1988). When can lying start? In G. Davies & J. Drinkwater (Eds.), *The child witness: Do the courts abuse children?* (pp. 35-36). Division of Legal Criminological Psychology, Occ. Paper No. 13.

Müller-Heß, V. & Nau, E. (1930). Die Bewertung von Aussagen Jugendlicher in Sittlichkeitsprozessen. *Jahreskurse für Ärztliche Fortbildung, 9*, 48-72.

Müller-Luckmann, E. (1959). *Über die Glaubwürdigkeit kindlicher und jugendlicher Zeuginnen bei Sexualdelikten*. Stuttgart: Enke.

Müller-Luckmann, E. (1962). Die psychologische Begutachtung der Glaubwürdigkeit insbesondere in Jugendschutzsachen. In G. Blau & E. Müller-Luckmann (Hrsg.), *Gerichtliche Psychologie* (S. 100-145). Berlin: Luchterhand.

Müller-Luckmann, E. (1963). *Über die Glaubwürdigkeit kindlicher und jugendlicher Zeuginnen bei Sexualdelikten* (2. Aufl.). Stuttgart: Enke.

Müller-Luckmann, E. (1967). Aussagepsychologie. In A. Ponsold (Hrsg.), *Lehrbuch der gerichtlichen Medizin* (3. Aufl., S. 109-115). Stuttgart: Enke.

Nau, E. (1962). Die Glaubwürdigkeitsbegutachtung kindlicher und jugendlicher Zeugen. In W. Villinger & H. Stutte (Hrsg.), *Jahrbuch für Jugendpsychiatrie und ihre Grenzgebiete, Bd. 3* (S. 75-89). Bern: Huber.

Naus, M. J. & Ornstein, P. A. (1983). Development of memory strategies: Analysis, questions, and issues. *Contributions to Human Development, 9*, 1-30.

Nelson, K. (1993). Explaining the emergence of autobiographical memory in early childhood. In A. F. Collins, S. A. Gathercole, M. A. Conway & P. E. Morris (Eds.), *Theories of memory* (pp. 355-385). Hove, UK: Lawrence Erlbaum.

Oerter, R. & Montada, L. (1987). *Entwicklungspsychologie* (2., neu bearbeitete Aufl.). Weinheim: Psychologie Verlags Union.

Oestern, H.-J. & Kabus, K. (1997). Klassifikation Schwer- und Mehrfachverletzter – was hat sich bewährt? *Chirurg, 68*, 1059-1065.

Offe, H. & Offe, S. (1994). Anforderungen an die Begutachtung der Glaubwürdigkeit von Zeugenaussagen beim Verdacht des sexuellen Mißbrauchs. *Praxis der Rechtspsychologie, 4*, 24-37.

O'Hair, H. D., Cody, M. J. & McLaughlin, M. L. (1981). Prepared lies, spontaneous lies, machiavellianism and nonverbal communication. *Human Communication Research, 7*, 325-339.

Olechowski, R. (1967). Experimente über den Stimm- und Sprechausdruck beim Lügen. *Zeitschrift für Experimentelle und Angewandte Psychologie, 14*, 474-482.

Ornstein, P. A.., Gordon, B. N. & Lazarus, D. (1992). Children´s memory for a personally experienced event: Implications for testimony. *Applied Cognitive Psychology, 6*, 49-60.

Ornstein, P. A., Naus, M. J. & Stone, B. P. (1977). Rehearsal training and developmental differences in memory. *Developmental Psychology, 13*, 15-24.

Ornstein, P. A., Stone, B. P., Medlin, R. G. & Naus, M. J. (1985). Retrieving from rehearsal: An analysis of active rehearsal in children's memory. *Developmental Psychology, 21*, 633-641.

Pardey, F. (1998). Gesteigerter Schutz von Kindern bei ihrer Teilnahme am Straßenverkehr. *Deutsches Autorecht, 1*, 1-7.

Perky, C. W. (1910). An experimental study of imagination. *American Journal of Psychology, 21*, 422-452.

Peters, K. (1972). *Fehlerquellen im Strafprozeß.* Karlsruhe: Müller.

Petersen, R. (1997). *Konzeption und Evaluation der Reliabilität des Kieler Trainingsprogrammes zur Beurteilung der Glaubwürdigkeit von Zeugenaussagen.* Unveröffentlichte Diplomarbeit, Universität Kiel.

Piaget, J. (1932). *The moral judgment of the child.* London: Routledge & Kegan Paul.

Piaget, J. (1957). *Gesammelte Werke.* Stuttgart: Fischer.

Piaget, J. (1972). Sprache und intellektuelle Operationen. In H. G. Furth (Hrsg.), *Intelligenz und Erkennen. Die Grundlagen der genetischen Erkenntnistheorie Piaget's* (S. 176-190). Frankfurt: Suhrkamp.

Piaget, J. (1975). *Der Aufbau der Wirklichkeit beim Kinde. Gesammelte Werke, Bd. 2.* Stuttgart: Klett.

Plaut, P. (1929). *Aussage und Umwelt in Sittlichkeitsprozessen.* Halle/Saale: Carl Marhold Verlagsbuchhandlung.

Plaut, P. (1931). *Der Zeuge und seine Vernehmung im Strafprozeß.* Leipzig: Thieme.

Plaut, P. (1932). Psychologische Gutachten in Strafprozessen. In W. Stern, O. Lipmann (Hrsg.), *Beihefte zur Zeitschrift für angewandte Psychologie, Beiheft 65.*

Poldrack, A., Maercker, A. & Margraf, J. (1998). *Posttraumatische Belastungssymptomatik unmittelbar nach Verkehrsunfällen.* Posterpräsentation auf dem 41. Kongreß der Deutschen Gesellschaft für Psychologie in Dresden.

Poole, D. A. & White, L. T. (1995). Tell me again and again: Stability and change in the repeated testimonies of children and adults. In M. S. Zaragoza, J. R. Graham, G. C. N. Hall, R. Hirschman & Y. S. Ben-Porath (Eds.), *Memory and testimony in the child witness* (pp. 24-43). Thousand Oaks, California: Sage.

Prahm, H. (1972). *Die ärztlich-psychologische Beurteilung der Glaubwürdigkeit Minderjähriger und ihre Berücksichtigung im Gerichtsverfahren.* Göttingen: Otto Schwartz & Co.

Raichle, N. (in Vorbereitung). *Einfluß von Wissen über Realkennzeichen und Täuschungsverhalten auf die Glaubwürdigkeit von Aussagen.*

Raskin, D. C. & Esplin, P. W. (1991a). Assessment of children's statements of sexual abuse. In J. Doris (Ed.), *The suggestibility of children's recollections* (pp. 153-164). Washington D. C.: American Psychological Association.

Raskin, D. C. & Esplin, P. W. (1991b). Statement validity assessment: Interview procedures and content analysis of children's statements of sexual abuse. *Behavioral Assessment, 13,* 265-291.

Raskin, D. C. & Steller, M. (1989). Assessing credibility of allegations of child sexual abuse: Polygraph examinations and statement analysis. In H. Wegener, F. Loesel & J. Haisch (Eds.), *Criminal behavior and the justice system: Psychological perspectives* (pp. 290-302). New York: Springer.

Raskin, D. C. & Yuille, J. C. (1989). Problems in evaluating interviews of children in sexual abuse cases. In S. Ceci, D. Ross & M. Toglia (Eds.), *Perspectives on children's testimony* (pp. 184-207). New York: Springer.

Reichmann, I., Aufmolk, M., Neudeck, F., Bardenheuer, M., Schmit-Neuerburg, K. P. & Obertacke, U. (1998). Vergleich schwerer Mehrfachverletzungen im Kindes- und Erwachsenenalter. *Unfallchirurg, 101*, 919-927.

Remmers, D., Regel, G., Neumann, C., Pape, H.-C., Post-Stanke, A. & Tscherne, H. (1998). Das polytraumatisierte Kind. Ein retrospektiver Vergleich zwischen polytraumatisierten Kindern, Jugendlichen und Erwachsenen. *Unfallchirurg, 101*, 388-394.

Rogner, O., Frey, D. & Havemann, D. (1987). Der Genesungsverlauf von Unfallpatienten aus kognitionspsychologischer Sicht. *Zeitschrift für Klinische Psychologie, 16* (1), 11-28.

Rosenthal, R. & DePaulo, B. M. (1979). Sex differences in eavesdropping on nonverbal cues. *Journal of Personality and Social Psychology, 37*, 273-285.

Ruby, C. L. & Brigham, J. C. (1997). The usefulness of the criteria-based content analysis technique in distinguishing between truthful an fabricated allegations – A critical review. *Psychology, Public Policy and Law, 3*, 705-737.

Ruby, C. L. & Brigham, J. C. (1998). Can criteria-based content analysis distinguish between true and false statements of African-American speakers? *Law and Human Behavior, 22*, 369-388.

Rüßmann, H. (1997). Fragen der Umsetzung und Handhabung von Glaubwürdigkeitskriterien im Gerichtssaal. In L. Greuel, T. Fabian & M. Stadler (Hrsg.), *Psychologie der Zeugenaussage* (S. 151-160). Weinheim: Psychologie Verlags Union.

Rüth-Bemelmanns, E. (1984). *Experimentelle Erprobung der Kriterien zur Aussageanalyse.* Unveröffentlichte Diplomarbeit, Universität zu Köln.

Saacke, I. (1995). *Aussagequalität und kognitiver Entwicklungsstand: Eine Studie zur Überprüfung des Zusammenhangs zwischen Auftretenshäufigkeit der Realkennzeichen in kindli-*

chen Erlebnisberichten und der kognitiven Entwicklung im Kindesalter. Unveröffentlichte Diplomarbeit, FU Berlin.

Sachs, L. (1988). *Statistische Methoden: Planung und Auswertung.* Berlin: Springer.

Saywitz, K. J. (1995). Improving children's testimony: The question, the answer and the environment. In M. S. Zaragoza, J. R. Graham, G. C. N. Hall, R. Hirschman & Y. S. Ben-Porath (Eds.), *Memory and testimony in the child witness* (pp. 112-139). Thousand Oaks, California: Sage.

Saywitz, K. J., Geiselmann, R. E. & Bornstein, G. K. (1992). Effects of cognitive interviewing and practice on children's recall performance. *Journal of Applied Psychology, 77*, 744-756.

Saywitz, K. J., Goodman, G. S., Nicholas, E. & Moan, S. F. (1991). Children's memories of a physical examination involving genital touch: Implications for reports of child sexual abuse. *Journal of Consulting and Clinical Psychology, 59,* 682-691.

Scheinberger, R. (1993). *Inhaltliche Realkennzeichen in Aussagen von Erwachsenen: Eine Simulationsstudie zur Evaluation der Kriterienorientierten Aussageanalyse.* Unveröffentlichte Diplomarbeit, FU Berlin.

Schlothauer, R. (1997). Strafprozessuale Folgen der Glaubwürdigkeitsbegutachtung von Zeugen durch psychologische Sachverständige. In L. Greuel, T. Fabian & M. Stadler (Hrsg.) *Psychologie der Zeugenaussage* (S. 143-149). Weinheim: Beltz.

Schneider, H. J. (1997). Sexueller Mißbrauch an Kindern. *Kriminalistik, 7*, 458-469.

Schnetz, H. (1960). *Das Kind als klassischer Zeuge bei Sexualdelikten.* Darmstadt: Stoytscheff.

Scholz, O. B. & Endres, J. (1995). Aufgaben des psychologischen Sachverständigen beim Verdacht des sexuellen Kindesmißbrauchs – Befunde, Diagnostik, Begutachtung. *Neue Zeitschrift für Strafrecht, 15*, 6-12.

Schooler, J. W., Gerhard, D. & Loftus, E. F. (1986). Qualities of the unreal. *Journal of Experimental Psychology: Learning, Memory and Cognition, 12*, 171-181.

Schreier, M. (1997). *Das Erkennen sprachlicher Täuschung. Über Absichtlichkeitsindikatoren beim unintegren Argumentieren.* Münster: Aschendorff Verlag.

Schwarz, N. (1985). Theorien konzeptgesteuerter Informationsverarbeitung. In D. Frey & M. Irle (Hrsg.), *Theorien der Sozialpsychologie, Bd. 3: Motivations- und Informationsverarbeitungstheorien* (S. 269-292). Bern: Huber.

Segal, S. J. (1971). Processing of the stimulus in imagery and perception. In S. J. Segal (Eds.), *Imagery: Current cognitive approaches* (pp. 69-100). New York: Academic Press.

Semin, G. & Fiedler, K. (1988). The cognitive function of linguistic categories in describing persons: Social cognition and language. *Journal of Personality and Social Psychology, 54*, 558-568.

Semin, G. & Fiedler, K. (1991). The linguistic category model, its bases, applications and range. In W. Stroebe & M. Hewstone (Eds.), *European review of social psychology, 2* (1-26). New York: John Wiley & Sons.

Shatz, M. (1983). Communication. In P. Mussen (Ed.), *Handbook of child psychology, 3: Cognitive development* (pp. 841-889). New York: John Wiley & Sons.

Siegal, M. (1991). *Knowing children: experiments in conversation and cognition.* Hove and London: Lawrence Erlbaum.

Snyder, M. (1974). The self-monitoring of expressive behavior. *Journal of Personality and Social Psychology, 30*, 526-537.

Snyder, M. (1979). Self-monitoring processes. In L. Berkowitz (Ed.), *Advances in experimental social psychology, 12*, 85-128. New York: Academic Press.

Spencer, J. R. & Flin, R. (1990). *The evidence of children. The law and the psychology* (2nd ed.). London: Blackstone.

Sporer, S. L. (1982). A brief history of the psychology of testimony. *Current Psychological Reviews, 2*, 323-340.

Sporer, S. L. (1993). *Münchhausen's Zopf: Zur Diskrimination wahrer und erfundener Geschichten.* Vortrag auf der 35. Tagung experimentell arbeitender Psychologen in Münster.

Sporer, S. L. (1997). Realitätsüberwachungskriterien und forensische Glaubwürdigkeitskriterien im Vergleich: Validitätsüberprüfung anhand selbsterlebter und erfundener Geschichten. In L. Greuel, T. Fabian & M. Stadler (Hrsg.), *Psychologie der Zeugenaussage* (S. 71-85). Weinheim: Psychologie Verlags Union.

Sporer, S. L. & Bursch, S. E. (1997). Kinder vor Gericht: Soziale und kognitive Voraussetzungen der Aussagen von Kindern. *Psychologische Rundschau, 48*, 141-162.

Sporer, S. L. & Franzen, S. (1994). Zeugenvernehmungen mit dem Kognitiven Interview: Empirische Belege. In S. L. Sporer & D. Meurer (Hrsg.), *Die Beeinflußbarkeit von Zeugenaussagen* (S. 284-320). Marburg: Elwert.

Sporer, S. L. & Küpper, B. (1995). Realitätsüberwachung und die Beurteilung des Wahrheitsgehaltes von Erzählungen: Eine experimentelle Studie. *Zeitschrift für Sozialpsychologie, 26*, 173-193.

Stadler, M. (1997). Realitätskriterien und Wirklichkeitskriterien. In L. Greuel, T. Fabian & M. Stadler (Hrsg.), *Psychologie der Zeugenaussage. Ergebnisse der rechtspsychologischen Forschung* (S. 59-70). Weinheim: Beltz.

Stadler, M. & Kruse, P. (1986). Gestalttheorie und Theorie der Selbstorganisation. *Gestalt Theory, 8*, 75-98.

Stadler, M. & Kruse, P. (1990). Über Wirklichkeitskriterien. In V. Riegas & C. Vetter (Hrsg.), *Zur Biologie der Kognition* (S. 133-158). Frankfurt am Main: Suhrkamp.

Statistisches Bundesamt Gruppe VC „Verkehr" (1998). *Kinderunfälle im Straßenverkehr 1998*. Wiesbaden: Metzler Poeschel.

Steller, M. (1987). *Psychophysiologische Aussagebeurteilung - Zur Verwendung psychophysiologischer Aktivierungsdiagnostik bei der Erfassung intraindividueller Bedeutungsunterschiede von Kognitionen*. Göttingen: Hogrefe.

Steller, M. (1988). Die vierte Phase der Aussagepsychologie. *Forensia, 9*, 23-28.

Steller, M. (1989). Recent developments in statement analysis. In J. Yuille (Ed.), *Credibility assessment. Proceedings of the NATO Advanced Study Institute on Credibility Assessment. A unified theoretical and research perspective* (pp. 135-154). Dordrecht: Kluwer Academic Publishers.

Steller, M. (1991). Strategien zur Verbesserung der forensischen Diagnostik – Überlegungen zur Überwindung des Elends. In R. Egg (Hrsg.), *Brennpunkte der Rechtspsychologie* (S. 385-399). Bonn: Forum.

Steller, M. (1995). Verdacht des sexuellen Mißbrauchs - Begutachtung in familien- und vormundschaftlichen Verfahren. *Familie, Partnerschaft, Recht, 1*, 60-62.

Steller, M. & Boychuk, T. (1992). Children as witnesses in sexual abuse cases: Investigative interview and assessment techniques. In H. Dent & R. Flin (Eds.), *Children as witnesses* (pp. 47-71). Chichester: John Wiley.

Steller, M. & Köhnken, G. (1989). Criteria-based statement analysis. In D. C. Raskin (Ed.), *Psychological methods in criminal investigation and evidence* (pp. 217-245). New York: Springer.

Steller, M. & Volbert, R. (1997). Glaubwürdigkeitsbegutachtung. In M. Steller & R. Volbert (Hrsg.), *Psychologie im Strafverfahren* (S. 12-39). Bern: Huber.

Steller, M., Volbert, R. & Wellershaus, P. (1993). Zur Beurteilung von Zeugenaussagen: Aussagepsychologische Konstrukte und methodische Strategien. In L. Montada (Hrsg.), *Bericht über den 38. Kongreß der Deutschen Gesellschaft für Psychologie in Trier 1992, Bd. 2*, 367-376.

Steller, M., Wellershaus, P. & Wolf, T. (1992). Realkennzeichen in Kinderaussagen: Empirische Grundlagen der Kriterienorientierten Aussageanalyse. *Zeitschrift für experimentelle und angewandte Psychologie, 39,* 151-170.

Stern, C. & Stern, W. (1931). *Monographien über die seelische Entwicklung des Kindes* (2. Bd.). Leipzig: Verlag von Johann Ambrosius Barth.

Stern, L. B. & Dunning, D. (1994). Distinguishing accurate from inaccurate eyewitness identifications: A reality monitoring approach. In D. Ross, J. D. Read & M. P. Toglia (Eds.), *Adult eyewitness testimony: Current trends and developments* (pp. 273-299). New York: Springer.

Stern, W. (1902). Zur Psychologie der Aussage. *Zeitschrift für die gesamte Strafrechtswissenschaft, 22*, 315-370.

Stern, W. (1903-1906). *Beiträge zur Psychologie der Aussage.* Leipzig: J. A. Barth.

Stern, W. (1903). Aussagestudium. *Beiträge zur Psychologie der Aussage, Band 1* (S. 46-78). Leipzig: J. A. Barth.

Stern, W. (1904). Die Aussage als geistige Leistung und Verhörsprodukt. *Beiträge zur Psychologie der Aussage, Bd. 1* (Heft 3). Leipzig: J. A. Barth.

Stern, W. (1926). *Jugendliche Zeugen in Sittlichkeitsprozessen.* Leipzig: Quelle & Meyer.

Stöhr, A. (1911). Psychologie der Aussage. In F. Kobler (Hrsg.), *Das Recht, Bd. 9-10.* Berlin: Puttkammer & Mühlbrecht.

Suengas, A. G. & Johnson, M. K. (1988). Qualitative effects of rehearsal on memories for perceived and imagined complex events. *Journal of Experimental Psychology, 117*, 377-389.

Szewczyk, H. (1973). Kriterien der Beurteilung kindlicher Zeugenaussagen. *Probleme und Ergebnisse der Psychologie, 46*, 47-66.

Szewczyk, H. (1974). Zur Beurteilung der Aussage von Kindern und Jugendlichen bei Sittlichkeitsdelikten. *Kriminalistik und Forensische Wissenschaften, 13*, 79-98.

Szewczyk, H. & Littmann, E. (1982). Untersuchungen zur Glaubwürdigkeitsbeurteilung kindlicher Zeugen. In A. Trankell (Ed.), *Reconstructing the past. The role of psychologists in criminal trials* (pp. 73-103). Stockholm: Norstedts.

Tate, C. S., Warren, A. R. & Hess, T. H. (1992). Adults' liability for children's „lie-ability": Can adults coach children to lie successfully? In S. C. Ceci, M. Leichtman & M. Putnick (Eds.), *Cognitive and social factors in early deception* (pp. 69-88). Hillsdale, NJ: Erlbaum.

Tewes, U. (Hrsg.) (1985). *Hamburg-Wechsler-Intelligenztest für Kinder – Revision 1983. Handbuch und Testanweisung* (3., korrigierte Aufl.). Bern: Verlag Hans Huber.

Thorndike, E. L. (1920). A constant error in psychological rating. *Journal of Applied Psychology, 4*, 25-29.

Tramer, M. (1945). Zur kinderpsychiatrischen Methodik der Begutachtung der Glaubwürdigkeit von Aussagen Minderjähriger. *Zeitschrift für Kinderpsychiatrie, 12*, 116-118.

Trankell, A. (1971). *Der Realitätsgehalt von Zeugenaussagen.* Göttingen: Vandenhoeck & Ruprecht.

Trankell, A. (1982) (Ed.). *Reconstructing the past. The role of psychologists in criminal trials.* Stockholm: Norstedts.

Uebersax, J. S. (1987). Diversity of decision-making models and the measurement of interrater agreement. *Psychological Bulletin, 101*, 140-146.

Ulrich, M. (1988). Die Glaubwürdigkeit von Zeugenaussagen Jugendlicher und Kinder zu homosexuellen Delikten. *Monatsschrift für Kriminologie, 71*, 391-394.

Undeutsch, U. (1954). Die Entwicklung der gerichtspsychologischen Gutachtertätigkeit. *Bericht über den 19. Kongreß der Deutschen Gesellschaft für Psychologie in Köln 1953* (S. 132-154). Göttingen: Hogrefe.

Undeutsch, U. (1957). Aussagepsychologie. In A. Ponsold (Hrsg.), *Lehrbuch der gerichtlichen Medizin* (S. 191-219). Stuttgart: Georg Thieme Verlag.

Undeutsch, U. (1967). Beurteilung der Glaubhaftigkeit von Aussagen. In U. Undeutsch (Hrsg.), *Handbuch der Psychologie, Bd. 11: Forensische Psychologie* (S. 26-181). Göttingen: Hogrefe.

Undeutsch, U. (1982). Die Beurteilung des Realitätsgehalts von Zeugenaussagen. In A. Trankell (Ed.), *Reconstructing the past. The role of psychologists in criminal trials* (pp. 27-56). Stockholm: Norstedts.

Undeutsch, U. (1984). Courtroom evaluation of eyewitness testimony. *International Review of Applied Psychology, 33*, 51-67.

Undeutsch, U. (1989). The development of statement reality analysis. In J. Yuille (Ed.), *Credibility assessment. Proceedings of the NATO Advanced Study Institute on Credibility Assessment. A unified theoretical and research perspective* (pp. 101-120). Dordrecht: Kluwer Academic Publishers.

Undeutsch, U. (1993). Die aussagepsychologische Realitätsprüfung bei Behauptung sexuellen Mißbrauchs. In S. Kraheck-Brägelmann (Hrsg.), *Die Professionalisierung der Vernehmung. Anregungen und Hilfen für den Praktiker. Band 1: Die Anhörung von Kindern als Opfer sexuellen Mißbrauchs* (S. 69-162). Rostock: Hanseatischer Fachverlag für Wirtschaft.

Undeutsch, U. (1994). Die Beurteilung des Wahrheitsgehaltes angeblich geschändeter kindlicher und jugendlicher Zeugen im Wandel der Zeiten. In K. Rutschky & R. Wolff (Hrsg.), *Handbuch Sexueller Mißbrauch*. Hamburg: Ingrid Klein Verlag.

Van Krevelen, D. A. (1962). Begutachtung von Kindern als Zeugen in Sittlichkeitsprozessen. In W. Villinger & H. Stutte (Hrsg.), *Jahrbuch für Jugendpsychiatrie und ihre Grenzgebiete*, Bd. 3 (S. 90-93). Bern: Huber.

Volbert, R. (1992). Sexueller Mißbrauch von Kindern: Empirische Befunde und psychosoziale Trends. *Psychomed, 4*, 8-12.

Volbert, R. (1997). Suggestibilität kindlicher Zeugen. In M. Steller & R. Volbert (Hrsg.). *Psychologie im Strafverfahren* (S. 40-62). Bern: Huber.

Volbert, R. & Pieters, V. (1996). Suggestive Beeinflussungen von Kinderaussagen. *Psychologische Rundschau, 47*, 183-198.

Volbert, R. & Rutta, I. (in Vorbereitung). *Qualitative Unterschiede in Aussagen naiver und merkmalskundiger Personen.*

Warren, A. R. & McGough, L. S. (1996). Research on children's suggestibility. In B. L. Bottoms & G. S. Goodman (Eds.), *International perspectives on child abuse and children's testimony* (pp. 12-44). Thousand Oaks, CA: Sage.

Wegener, H. (1981). *Einführung in die forensische Psychologie.* Darmstadt: Wissenschaftliche Buchgesellschaft.

Wegener, H. (1989a). Forensische Aussagepsychologie – Grundlagenforschung und Anwendung. In J. Salzgeber, M. Stadler, G. Drechsel & C. Vogel (Hrsg.), *Glaubwürdigkeitsbegutachtung.* München: Profil.

Wegener, H. (1989b). The present state of statement analysis. In J. Yuille (Ed.), *Credibility assessment. Proceedings of the NATO Advanced Study Institute on Credibility Assessment. A unified theoretical and research perspective* (pp. 121-134). Dordrecht: Kluwer Academic Publishers.

Wegener, H. (1997). Die Entwicklung der experimentellen Rechtspsychologie. In L. Greuel, T. Fabian & M Stadler (Hrsg.), *Psychologie der Zeugenaussage* (S. 13-21). Weinheim: Psychologie Verlags Union.

Wegener, H., Köhnken, G. & Steller, M. (1988). Recht. In D. Frey, C. Graf Hoyos & D. Stahlberg (Hrsg.), *Angewandte Psychologie* (S. 342-362). München: Psychologie-Verlags-Union.

Wegener, H. & Steller, M. (1986). Psychologische Diagnostik vor Gericht – Methodische und ethische Probleme forensisch-psychologischer Diagnostik. *Zeitschrift für Differentielle und Diagnostische Psychologie, 7*, 103-126.

Weinstein, E. (1969). The development of interpersonal competence. In D. A. Goslin (Ed.), *Handbook of sozialization theory and research* (pp. 753-775). Chicago: Rand McNally.

Wellershaus, P. (1992). Glaubhaftigkeit kindlicher Zeugenaussagen: Zur Begutachtung in Fällen des sexuellen Kindesmißbrauchs. *Psychomed, 4*, 20-24.

Wellershaus, P. & Wolf, T. (1989). *Kriterienorientierte Aussageanalyse. Empirische Überprüfung der diagnostischen Leistungsfähigkeit inhaltlicher Realkennzeichen zur Trennung wah-*

rer und unwahrer Zeugenaussagen. Unveröffentlichte Diplomarbeit, Universität Kiel.

Wells, G. L. & Loftus, E. F. (1991). Is this child fabricating? Reactions to a new assessment technique. In J. Doris (Ed.), *The suggestibility of children's recollections: Implications for eyewitness testimony* (pp. 168-171). Washington, D.C.: American Psychological Association.

Westhoff, K. (1992). *Entscheidungsorientierte Diagnostik.* Bonn: Deutscher Psychologenverlag.

Westhoff, K. & Kluck, M.-L. (1992). Anwendung der entscheidungsorientierten Diagnostik in der Forensischen Psychologie. In K. Westhoff (Hrsg.), *Entscheidungsorientierte Diagnostik* (S. 28-44). Bonn: Deutscher Psychologenverlag.

Wetzels, P. (1990). Psychologische Glaubwürdigkeitsbegutachtung im Zivilverfahren: Ergebnisse einer Sachverständigenbefragung. *Rundbrief der Sektion Forensische und Kriminalpsychologie im BDP, 2,* 13-19.

Whipple, G. M. (1911). The psychology of testimony. *Psychological Bulletin, 8,* 307-309.

Wick, M., Ekkernkamp, A. & Muhr, G. (1997). Epidemiologie des Polytraumas. *Chirurg, 68*, 1053-1058.

Wittkowski, J. (1994). *Das Interview in der Psychologie.* Opladen: Westdeutscher Verlag.

Wolf, P. & Steller, M. (1993). *Realkennzeichen in Aussagen von Frauen: Zur Validierung der Kriterienorientierten Aussageanalyse für Zeugenaussagen von Vergewaltigungsopfern.* Vortrag auf der 5. Arbeitstagung der Fachgruppe Rechtspsychologie der Deutschen Gesellschaft für Psychologie in Osnabrück.

Wolf, P. & Steller, M. (1997). Realkennzeichen in Aussagen von Frauen. Zur Validierung der Kriterienorientierten Aussageanalyse für Zeugenaussagen von Vergewaltigungsopfern. In L. Greuel, T. Fabian & M. Stadler (Hrsg.), *Psychologie der Zeugenaussage* (S. 122-130). Weinheim: Psychologie Verlags Union.

Wyer, R. S. & Scrull, T. K. (1980). The processing of social stimulus information.: A conceptual integration. In R. Hastie, T. M. Ostrom, E. B. Ebbesen, R. S. Wyer, D. Hamilton & D. E. Carlston (Eds.), *Person memory: The cognitive basis of social perception* (227-300). Hillsdale, N. J.: Erlbaum.

Yuille, J. C. (1988). The systematic assessment of children's testimony. *Canadian Psychology, 29,* 247-262.

Yuille, J. C. & Cutshall, J. (1989). Analysis of the statements of victims, witnesses and suspects. In J. Yuille (Ed.), *Credibility assessment. Proceedings of the NATO Advanced Study Institute on Credibility Assessment. A unified theoretical and research perspective* (pp. 175-191). Dordrecht: Kluwer Academic Publishers.

Zaparniuk, J., Yuille, J. C. & Taylor, S. (1995). Assessing the credibility of true and false statements. *International Journal of Law and Psychiatry, 18*, 343-352.

Zaragoza, M. S., Graham, J. R., Hall, G. C. N., Hirschman, R. & Ben-Porath, Y. S. (1995). *Memory and testimony in the child witness.* Thousand Oaks, CA: Sage.

Zierl, G. (1995). *Staatsbürgertaschenbuch.* München: C.H. Beck´sche Verlagsbuchhandlung.

Zuckerman, M., DePaulo, B. M. & Rosenthal, R. (1981). Verbal and nonverbal communication of deception. In L. Berkowitz (Ed.), *Advances in Experimental Social Psychology, 14,* 1-59. New York: Academic Press.

Zuckerman, M. & Driver, R. E. (1985). Telling lies: Verbal and nonverbal correlates of deception. In A. W. Siegman & S. Feldstein (Eds.), *Multichannel integrations of nonverbal behavior* (pp. 129-147). Hillsdale: Erlbaum.

Zuckerman, M., Koestner, R. & Driver, R. E. (1981). Beliefs about cues associated with deception. *Journal of Nonverbal Behavior, 6*, 105-114.

ANHANG A

Herstellung des Aussagematerials

Anhang A 1.1: Instruktion für die Kinder der Phantasiebedingung

Du mußt mir jetzt gut zuhören, denn was ich Dir erklären will, ist für mich und auch für Dich sehr wichtig. Stell' Dir mal vor, Du hättest einen Verkehrsunfall gehabt. Was da genau passiert sein soll, das kannst Du Dir ausdenken. Du kannst als Fußgänger oder als Fahrradfahrer oder sonst irgendwie verunglückt sein, das sollst Du Dir ausdenken. Du kannst Dir auch aussuchen, ob das andere Fahrzeug ein Auto, ein Motorrad, ein Bus, ein LKW oder was auch immer war. Kannst Du Dir so einen Verkehrsunfall vorstellen? Du sollst Dir den Unfall so gut ausdenken und davon erzählen, daß Fremde, die davon hören, glauben, daß Dir dieser Unfall wirklich passiert ist. Von Deinem Verkehrsunfall sollst Du nämlich übermorgen einer Frau erzählen. Danach wird sie Dir viele Fragen stellen, um zu prüfen, ob Du wirklich einen Unfall hattest.

Du hast zwei Tage Zeit, Dir eine Unfallgeschichte auszudenken. Es ist ganz wichtig, daß die Frau auf keinen Fall merkt, daß Du in Wirklichkeit gar keinen Unfall hattest, was Du erzählst, muß sich unbedingt wahr anhören. Du darfst also auf keinen Fall übertreiben oder irgendwelchen Quatsch erzählen, sonst merkt die Frau natürlich sofort, daß das gar nicht stimmt, was Du erzählst, und sie würde merken, daß Du in Wirklichkeit noch nie einen Verkehrsunfall gehabt hast.
Für die Frau ist das nämlich ein wichtiger Test. Sie soll herausfinden, ob Du wirklich einen Unfall hattest oder nicht. Deine Aufgabe ist es, es ihr so schwer wie möglich zu machen. Ich freue mich nämlich, wenn die Frau den Test nicht besteht, weil sie mal sehr gemein zu mir gewesen ist.
Nur wenn Du es schaffst, daß die Frau Dir glaubt, daß Du wirklich verunglückt bist, dann hast Du eine Chance, ein schönes Geschenk von mir zu bekommen. Hast Du alles verstanden? Möchtest Du das tun? Kannst Du nochmal sagen, was Du tun sollst?
Eins ist noch wichtig, nämlich, daß Du mit niemandem über diese Sache sprichst; was wir hier besprochen haben, muß unbedingt unser Geheimnis bleiben. Du darfst auch nicht mit den anderen Kindern darüber sprechen, wenn sie Dich fragen, was ich von Dir wollte.

(Schokoladenbonbon)

Anhang A 1.2: Instruktion für die Kinder der Nacherzählbedingung ohne Unfallerfahrung

Du hast Dir ja letztes Mal eine Unfallgeschichte ausgedacht. Ich erzähle Dir jetzt eine wahre Unfallgeschichte. Die Geschichte handelt von einem Jungen, der genauso alt ist wie Du. Der Junge heißt .... und er hatte einen Verkehrsunfall. Dieser Unfall ist wirklich passiert. Das war sehr schlimm für ..... Aber noch viel schlimmer war, daß die Frau, die Du ja auch kennst,.... nicht glauben wollte, daß er diesen Verkehrsunfall wirklich erlebt hat. Und dann hat er sich nicht mehr getraut, jemandem davon so richtig zu erzählen.
Das ist jetzt Deine Aufgabe. Du sollst Dir die Unfallgeschichte gut merken, denn Du sollst sie übermorgen der Frau erzählen. Dabei sollst Du aber wieder so tun, als ob Dir selbst dieser Unfall passiert ist, die Frau soll nämlich endlich glauben, daß diese Unfallgeschichte wahr ist. Möchtest Du mir und..... helfen?
Ich lese Dir jetzt mal vor, was ....mir von seinem Unfall erzählt hat:

1. Vorlesen der Geschichte

Das ist wirklich alles genauso passiert. Ganz schön schlimm für ...., was? Jetzt stell' Dir mal vor, Du bist dieser Junge. Du mußt Dir richtig vorstellen, wie das alles so passiert ist, was ich Dir vorgelesen habe. Kannst Du Dir das vorstellen? Kannst Du die Geschichte erzählen? Kannst Du die Geschichte so erzählen, wie der Junge den Unfall gesehen hat, also in Ich-Form, so als ob Dir dieser Unfall passiert wäre?
Schließlich ist die Geschichte ja auch wirklich wahr, dieser Unfall ist ja passiert. Du kennst das Interview ja schon vom letzten Mal. Die Frau hat den Test beim letzten Mal nicht bestanden und jetzt darf sie es nochmal versuchen. Die Frau war aber schon wieder so gemein, weil sie ..... nicht glauben wollte. Das war wirklich unfair. Deswegen soll sie den Test diesmal wieder nicht schaffen. Wir wollen es ihr noch schwerer machen. Es ist besonders wichtig, daß Du die Geschichte so gut nacherzählst, daß die Frau glaubt, daß Du diesen Verkehrsunfall wirklich selbst erlebt hast.
Wenn Du es schaffst, daß die Frau die Unfallgeschichte glaubt, kannst Du wieder ein schönes Geschenk von mir bekommen. Ich freue mich nämlich, wenn die Frau .....`s Geschichte endlich glaubt. Du brauchst Dir auch keine Sorgen zu machen, daß sie Dich wiedererkennen könnte. Die Frau hat so viele Kinder befragt, daß sie sich an kein Kind mehr erinnern kann. Willst Du das tun? Ich lese Dir die Geschichte nochmal vor:

2. Vorlesen der Geschichte

Gut, bis übermorgen hast Du ja Zeit, das zu üben. Wichtig ist auf jeden Fall, daß die Frau Dir glaubt, daß diese Unfallgeschichte wahr ist, und daß Dir dieser Unfall passiert ist. Die Geschichte ist ja auch wahr. Das ist ja wirklich alles genauso passiert.

Das ist jetzt unser Geheimnis! (Schokoladenbonbon)

Anhang A 1.3: Instruktion für die Kinder der Nacherzählbedingung mit Unfallerfahrung

Ich möchte mit Dir jetzt über einen Verkehrsunfall sprechen. Du hast ja selbst schon sowas erlebt....[1] Wenn einem sowas passiert, das ist ja ganz schön schlimm - aber das weißt Du ja selbst, wie schlimm das ist.
Du mußt mir jetzt gut zuhören, denn was ich Dir erklären will, ist für mich und auch für Dich sehr wichtig. Ich erzähle Dir jetzt eine wahre Unfallgeschichte. Die Geschichte handelt von einem Mädchen, das genauso alt ist wie Du. Das Mädchen heißt .... und hatte einen Verkehrsunfall. Dieser Unfall ist wirklich passiert. Das war sehr schlimm für.... Aber noch viel schlimmer war, daß .... niemand glauben wollte, daß sie diesen Verkehrsunfall wirklich erlebt hat, und dann hat sich nicht mehr getraut, jemandem davon so richtig zu erzählen.
Das ist jetzt Deine Aufgabe. Du sollst Dir die Unfallgeschichte gut merken, denn Du sollst sie übermorgen einer Frau erzählen. Dabei sollst Du aber so tun, als ob Dir selbst dieser Unfall passiert ist, die Frau soll nämlich endlich glauben, daß diese Unfallgeschichte wahr ist. Möchtest Du mir und .... helfen?
Ich lese Dir jetzt mal vor, was .... mir von ihrem Unfall erzählt hat:

1. Vorlesen der Geschichte

Das ist wirklich alles genauso passiert. Ganz schön schlimm für ...., was? Jetzt stell' Dir mal vor, Du bist dieses Mädchen. Du mußt Dir richtig vorstellen, wie das alles so passiert ist, was ich Dir vorgelesen habe. Kannst Du Dir das vorstellen? Kannst Du die Geschichte erzählen? Kannst Du die Geschichte so erzählen, wie das Mädchen den Unfall gesehen hat, also in Ich-Form, so als ob Dir dieser Unfall passiert wäre?
Schließlich ist die Geschichte ja auch wirklich wahr, dieser Unfall ist ja passiert. Wenn Du der Frau die Geschichte übermorgen erzählt hast, wird sie Dir auch viele Fragen stellen. Für die Frau ist das nämlich ein wichtiger Test. Ihre Aufgabe ist es, herauszufinden, ob Dir dieser Unfall tatsächlich selbst passiert ist. Es ist besonders wichtig, daß Du die Geschichte so gut nacherzählst, daß die Frau glaubt, daß Du diesen Verkehrsunfall wirklich selbst gehabt hast.
Wenn Du es schaffst, daß die Frau die Unfallgeschichte glaubt, bekommst Du ein schönes Geschenk von mir. Ich freue mich nämlich, wenn die Frau ......`s Geschichte endlich glaubt und den Test nicht besteht, sie war nämlich auch mal gemein zu mir. Willst Du das tun?
Ich lese Dir die Geschichte noch einmal vor.

2. Vorlesen der Geschichte

Gut, bis übermorgen hast Du noch Zeit, das zu üben. Es macht auch nichts, wenn Du z.B. nicht mehr weißt, wie die Namen waren oder was im Krankenhaus passiert ist oder wenn Du irgendetwas vom Unfall nicht mehr weißt. Du kennst Dich ja selbst mit Unfällen aus...Du weißt ja, wie das so ist, wie man sich da so fühlt, und was da so passiert. Das kannst Du ja dann einfach ausschmücken. Wichtig ist auf jeden Fall, daß die Frau Dir glaubt, daß diese Unfallgeschichte wahr ist und daß Dir dieser Unfall passiert ist. Die Geschichte ist ja auch wahr. Das ist ja wirklich alles genauso passiert.

Das ist jetzt unser Geheimnis! (Schokoladenbonbon)

---

[1] Der Assistent versucht an dieser Stelle, mit den jeweils vorhandenen Informationen aus dem Elternfragebogen ein kurzes Gespräch über die persönliche Unfallerfahrung des Kindes zu führen, welches dazu dienen soll, Erinnerungen an eigene Erfahrungen zu wecken.

Anhang A 1.4: Instruktionen am Tag des Interviews

Phantasiebedingung
Hinweg:
Weißt Du noch, was Du tun sollst?
Die Frau muß unbedingt glauben, daß Du wirklich einen Unfall erlebt hast. Du darfst also nicht total übertreiben oder Quatsch erzählen, sonst merkt sie sofort, daß das nicht stimmt.

Rückweg:
Wie ist es gelaufen?
Das ist jetzt unser Geheimnis! (Schokoladenbonbon)

Nacherzählbedingung ohne Unfallerfahrung
Hinweg:
Erinnerst Du Dich noch an Deine Unfallgeschichte?
Ich lese sie Dir nochmal kurz vor:

Vorlesen

Ganz schön schlimm, was? Du mußt Dir das so richtig vorstellen, wie das alles passiert ist, wie Du Dich dabei gefühlt hast, o.k.? Und jetzt erzählst Du der Frau die Geschichte ganz lebendig, sie muß ja glauben, daß Dir der Unfall wirklich passiert ist. Die Geschichte ist ja auch wirklich wahr. Das ist ja alles genauso passiert.

Rückweg:
Wie ist es gelaufen?
Das ist jetzt unser Geheimnis! (Schokoladenbonbon)

Nacherzählbedingung mit Unfallerfahrung
Hinweg:
Erinnerst Du Dich noch an Deine Unfallgeschichte?
Da drinnen fragt die Frau Dich gleich erstmal, wann Du heute oder gestern aufgestanden bist und was Du so alles seitdem gemacht hast. Da geht es noch nicht um den Unfall, das ist einfach nur zum Sprechenüben. Erzähl einfach, was Du so gemacht hast.
Danach fragt sie Dich erst nach Deiner Unfallgeschichte. Dann erzählst Du ihr die Geschichte, und wenn Du damit fertig bist, stellt sie Dir noch ein paar Fragen zu Deiner Geschichte[2]. Ich lese Dir Deine Unfallgeschichte nochmal kurz vor.

Vorlesen

Ganz schön schlimm, was? Du mußt Dir das so richtig vorstellen, wie das alles passiert ist, wie Du Dich dabei gefühlt hast, o.k.? Wenn Du irgendwas nicht mehr weißt, macht das nichts. Du weißt ja, wie das ist, wenn ein Unfall passiert. Dann kannst Du die Geschichte ja ausschmücken. Und jetzt erzählst Du der Frau die Geschichte ganz lebendig, sie muß ja glauben, daß Dir der Unfall wirklich passiert ist. Die Geschichte ist ja auch wirklich wahr. Das ist ja alles genauso passiert.

Rückweg:
Wie ist es gelaufen?
Das ist jetzt unser Geheimnis! (Schokoladenbonbon)

---

2 Dies soll nur den Kindern der Nacherzählgruppe **mit** Unfallerfahrung erzählt werden, weil es für sie das erste Interview ist, während die Kinder der Nacherzählbedingung ohne Unfallerfahrung den Ablauf des Interviews im Prinzip schon kennen.

Anhang A 2: Interviewleitfaden

1. Wann bist Du denn heute morgen (wahlweise gestern) aufgestanden?

2. Erzähl mal so genau wie möglich, was seit heute morgen bis jetzt gerade so alles passiert ist!

Aufmunternde Rückmeldungen (hmm, und dann...)

3. So, Du wolltest mir ja Deine Unfallgeschichte erzählen. Ja, dann fang mal an und erzähl einfach alles, was Dir einfällt; was ist denn da so alles passiert?

...............*und dann, wie ging es dann weiter*.......

...*und war sonst noch was*....

4. Ja toll, Du hast mir ja jetzt schon ganz schön viel erzählt. Aber, was ich eben noch nicht verstanden habe war........

5. Was war eigentlich, bevor der Unfall passierte - erzähl mal, was hast Du da gemacht?

6. Zu welcher Tageszeit war das so?

   War das morgens oder abends oder nachmittags oder wann?

7. Du hast schon erzählt dann ist .... Wie hast Du Dich in dem Moment gefühlt? Erzähl mal!

8. Hast Du Dich bei dem Unfall verletzt ?

   Erzähl mal bitte, was genau ist da passiert!

9. Du hast erzählt .... Was war das denn eigentlich für ein Fahrzeug, das Dich angefahren hat?

   Beschreib mir das bitte mal genau - wie hat das ausgesehen?

10. Wer hat denn in dem ... gesessen?

    Beschreib die/den mal genau, wie hat er/sie ausgesehen?

11. Und was hat er/sie gemacht, nachdem der Unfall passiert war?

12. Hat er/sie etwas gesagt?

    Und was?

    und hast Du etwas gesagt? Was?

13. Wie hat das an der Unfallstelle um Dich herum so ausgesehen ? Erzähl mal, was Du da gesehen hast!

    Waren da noch andere Leute?

    Was haben die gemacht?

Haben die etwas gesagt? Was?

14. Und wie ging es dann nach dem Unfall weiter?

mußtest Du ins Krankenhaus?

wie bist Du dahin gekommen - zu Fuß, mit dem Fahrrad oder bist

Du mit dem Auto dahin gefahren worden oder wie war das?

15. Wie war das für Dich, als Du auf dem Weg ins Krankenhaus warst, wie hast Du Dich da gefühlt - erzähl mal!

16. Was meinst Du, wer war schuld daran, daß der Unfall passiert ist?

17. Ja gut, fällt Dir sonst noch irgendwas ein?

---

18. Ja, wie war das für Dich, als Du in der Notaufnahme des Krankenhauses gewesen bist?

19. Sind die Ärzte und Schwestern nett zu Dir gewesen oder wie war das?

20. Hattest Du Angst ?

21. Gibt es etwas, was besonders schlimm war für Dich?

22. Falls Du irgendwann nochmal krank wirst, was wir natürlich nicht hoffen, möchtest Du dann wieder in dieses Krankenhaus gehen?

Anhang A 3.1: Elternfragebogen (Krankenhäuser)

UNIVERSITÄT OSNABRÜCK

Liebe Eltern,

für die Studie ist es notwendig, daß Sie uns noch einige Informationen geben. Bitte lesen Sie sich die Fragen sorgfältig durch, beantworten Sie sie der Reihe nach und lassen Sie keine Frage aus. Bitte kreuzen Sie das für Sie Zutreffende an bzw. antworten Sie kurz auf die Fragen.

Selbstverständlich werden diese Daten von uns anonymisiert und dienen ausschließlich wissenschaftlichen Zwecken, werden also nicht an Dritte weitergegeben.

1. Geburtsdatum Ihrer Tochter ___ . ___ . 19___

2. Anzahl der Geschwister keine ❒ 1 ❒ 2 ❒ mehr als 2 ❒

3. Datum des Unfalls ___ . ___ . 19___

4. Von wem haben Sie erfahren, daß Ihre Tochter einen Unfall hatte ?
   Polizei ❒ Schule ❒ Krankenhaus ❒ Tochter ❒ selbst gesehen ❒
   ❒ andere Informationsquelle, nämlich____

5. Wo ist der Unfall passiert ?
   Straße ❒ Hof ❒ Gehweg ❒ Fußgängerzone ❒ Parkplatz ❒
   Bushaltestelle ❒ anderer Ort ❒, nämlich____________________________________

6. Wie kam es zu dem Unfall (z.B. ...auf dem Weg zur Schule an einer gefährlichen Stelle unachtsam.....)?

   ____

   ____

   ____

7. Waren noch andere Personen an dem Unfall beteiligt ? ja ❒ nein ❒

8. Falls andere Personen beteiligt waren, wieviele ___________ und welche Personen (z.B. eine Frau, zwei Männer, ein anderes Kind usw.)

____

9. Wieviele Fahrzeuge waren an dem Unfall beteiligt ? 1 ❐ 2 ❐ 3 ❐ mehr als 3 ❐

10. Welche Art von Fahrzeugen waren an dem Unfall beteiligt ?
Auto ❐ Motorrad ❐ LKW ❐ Bus ❐ Zug ❐ Sonstige ❐, nämlich___________

11. Was genau ist bei dem Unfall passiert (Unfallhergang in kurzen Worten) ?

____

____

____

____

12. Welche Folgen hatte der Unfall für Ihre Tochter ?
❐ mit dem Schrecken davon gekommen....
❐ ambulante Behandlung im Krankenhaus war erforderlich: leichtv.❐ schwerv.❐
❐ stationäre Behandlung im Krankenhaus war erforderlich: leichtv.❐ schwerv.❐
❐ schwere Verletzungen, die bleibende Schäden hinterlassen haben

13. Hatte Ihre Tochter vorher schon einmal einen Verkehrsunfall ? ja ❐ nein ❐

14. Hatte ein anderes Mitglied der Familie schon einmal einen Verkehrsunfall ? nein ❐

ja ❐, nämlich: Mutter ❐ Vater ❐ Bruder ❐ Schwester ❐ Opa ❐ Oma ❐

15. Haben Sie die Situation im Krankenhaus miterlebt ? nein ❐ ja ❐

Wenn ja, wie haben Sie die Situation empfunden?
Kreuzen Sie bitte in jeder Zeile Ihre Antwort auf einem „Gesicht" (☹, 😐 oder ☺) an. Beispiel: Wenn Sie die Situation im Krankenhaus als sehr unangenehm empfunden haben, dann machen Sie in der ersten Zeile Ihr Kreuz auf dem schlecht gelaunten Gesicht ☹.
Wenn die Situation für Sie hingegen weder unangenehm noch besonders angenehm war, dann kreuzen Sie das neutrale Gesicht 😐 an, usw.).

sehr unangenehm	☹	😐	☺	sehr angenehm
sehr hektisch	☹	😐	☺	sehr ruhig
schlechte medizinische Versorgung	☹	😐	☺	gute medizinische Versorgung
lange Wartezeit	☹	😐	☺	kurze Wartezeit
Umgebung ist nicht kindgerecht	☹	😐	☺	kinderfreundliche Atmosphäre
wir wurden schlecht informiert	☹	😐	☺	gute medizinische Information
das Personal war unfreundlich	☹	😐	☺	wir wurden nett behandelt

Anmerkungen und Verbesserungsvorschläge: ______________________________

____

16. Hat Ihre Tochter etwas von dem Unfall erzählt ? nein ❐ ja ❐

wenn ja, was hat sie erzählt:
- ❐ den gesamten Unfallhergang
- ❐ von Personen
- ❐ bestimmte Einzelheiten, nämlich

____
- ❐ davon, wie sie sich gefühlt hat, was sie gedacht hat während des Unfalls
- ❐ sie konnte sich an den Unfall so gut wie gar nicht erinnern

17. Wie hat Ihre Tochter Ihrer Meinung nach die Situation im Krankenhaus erlebt ?

sehr unangenehm	☹	😐	☺	sehr angenehm
sehr hektisch	☹	😐	☺	sehr ruhig
das Personal war unfreundlich	☹	😐	☺	sie wurde nett behandelt
sie hatte Angst	☹	😐	☺	sie hatte keine Angst
sie war dadurch verunsichert	☹	😐	☺	sie zeigte sich kaum beeindruckt

Anmerkungen: ____

18. Hat Ihre Tochter später verändert auf Arztbesuche reagiert ?
nein ❒ ja ❒, nämlich

____

19. Hat sie sich gut von dem Unfall erholt (körperlich und psychisch) ? ja ❒ nein ❒

20. Wird in der Schule Ihrer Tochter Verkehrserziehung angeboten ? ja ❒ nein ❒

21. Welche Freizeitbeschäftigungen bevorzugt Ihre Tochter ?

____

____

22. Wieviele Stunden pro Tag sieht Ihre Tochter durchschnittlich fern ?
weniger als 1 ❒ 1 ❒ 2 ❒ 3 ❒ mehr als 3 ❒ Stunden

23. Was für Filme sieht Ihre Tochter am liebsten ?
Actionfilm ❒ Komödie ❒ Horror ❒ Fantasyfilm ❒ Zeichentrickfilm ❒ Western ❒ Sciencefiction ❒ Krimi ❒ Abenteuerfilm ❒ Sport ❒ Tierfilm ❒ Märchen ❒

24. Gibt es bestimmte Sendungen, die sie immer sieht ? nein ❒ ja ❒, nämlich: ___

____

____

25. Wie schätzen Sie Ihre Tochter ein ?

Kreuzen Sie bitte in jeder Zeile Ihre Antwort auf der Skala von 1 bis 5 an.
Beispiele: Ist Ihre Tochter durchschnittlich lebhaft bzw. ruhig, dann kreuzen Sie in der ersten Zeile ③ an.
Wenn Ihre Tochter im Vergleich zu Gleichaltrigen hingegen eher ruhig ist, dann kreuzen Sie bitte die ② an.
Ist sie Ihrer Meinung sehr ruhig, dann kreuzen Sie die ① ganz links an. Je lebhafter sie ist, um so weiter rechts kreuzen Sie an.
Geben Sie bitte in jeder Zeile ein Urteil ab.

Meine Tochter ist normalerweise ...

sehr ruhig	①	②	③	④	⑤	sehr lebhaft
sehr schüchtern	①	②	③	④	⑤	sehr selbstbewußt
wenig phantasievoll	①	②	③	④	⑤	sehr phantasievoll
sehr verschlossen	①	②	③	④	⑤	sehr offen
sehr still/schweigsam	①	②	③	④	⑤	redet sehr viel
hat Sprachprobleme	①	②	③	④	⑤	sehr wortgewandt

Vielen Dank für Ihre Mitarbeit !

Anhang A 3.2: Elternfragebogen (Schulen)

UNIVERSITÄT OSNABRÜCK

Liebe Eltern,

für die Studie ist es notwendig, daß Sie uns noch einige Informationen geben. Bitte lesen Sie sich die Fragen sorgfältig durch, beantworten Sie sie der Reihe nach und lassen Sie keine Frage aus. Bitte kreuzen Sie das für Sie Zutreffende an bzw. antworten Sie kurz auf die Fragen.

Selbstverständlich werden diese Daten anonymisiert und dienen ausschließlich wissenschaftlichen Zwecken, werden also nicht an Dritte weitergegeben.

1. Name:______________________ Klasse:__________ Geburtsdatum:__________

   Geschlecht: männlich ❐ weiblich❐

2. Anzahl der Geschwister keine ❐ 1 ❐ 2 ❐ mehr als 2 ❐

3. Im folgenden geht es darum, wieviel Erfahrung Ihr Kind bereits mit Verkehrsunfällen hat.

   ❐ Er/sie war **noch nie** Opfer eines Verkehrsunfalls, hat auch **nie** bei einem Verkehrsunfall mit im Auto gesessen und ist auch **noch nie** mit dem Fahrrad, Skateboard o.ä. so gestürzt, daß er/sie im Krankenhaus behandelt werden mußte.

   ❐ Er/sie ist schon einmal mit dem Fahrrad, Skateboard o.ä. (ohne Beteiligung einer zweiten Person) so gestürzt, daß er/sie im Krankenhaus behandelt werden mußte.

   ❐ Er/sie ist schonmal Opfer eines Verkehrsunfalls gewesen, nämlich als

   Fußgänger❐ Fahrradfahrer❐ Beifahrer❐.
   Dieser Unfall ist passiert im Jahre

   1998, und zwar im Monat________ ❐ 1997❐ 1996❐ 1995 oder früher❐

4. Hatte ein anderes Mitglied der Familie schon einmal einen Verkehrsunfall ? nein ❐

   ja ❐, nämlich: Mutter ❐ Vater ❐ Bruder ❐ Schwester ❐ Opa ❐ Oma ❐

5. Welche Freizeitbeschäftigungen bevorzugt Ihr Kind ?

   ____

   Wieviele Stunden pro Tag sieht Ihr Kind durchschnittlich fern ?
   weniger als 1❐ 1❐ 2❐ 3❐ mehr als 3 ❐

6. Was für Filme sieht Ihr Kind am liebsten ?

Actionfilm ❐ Komödie ❐ Horror ❐ Fantasyfilm ❐ Zeichentrickfilm ❐ Western ❐ Sciencefiction ❐ Krimi ❐ Abenteuerfilm ❐ Sport ❐ Tierfilm ❐ Märchen ❐

7. Wie schätzen Sie Ihr Kind ein ?

Kreuzen Sie bitte in jeder Zeile Ihre Antwort auf der Skala von 1 bis 5 an.
Beispiele: Ist Ihr Kind durchschnittlich lebhaft bzw. ruhig, dann kreuzen Sie in der ersten Zeile ③ an.
Wenn Ihr Kind im Vergleich zu Gleichaltrigen hingegen eher ruhig ist, dann kreuzen Sie bitte die ② an.
Ist er/sie Ihrer Meinung sehr ruhig, dann kreuzen Sie die ① ganz links an. Je lebhafter er/sie ist, um so weiter rechts kreuzen Sie an.
Geben Sie bitte in jeder Zeile ein Urteil ab.

Mein Kind ist normalerweise ...

sehr ruhig	①	②	③	④	⑤	sehr lebhaft
sehr schüchtern	①	②	③	④	⑤	sehr selbstbewußt
wenig phantasievoll	①	②	③	④	⑤	sehr phantasievoll
sehr verschlossen	①	②	③	④	⑤	sehr offen
sehr still/schweigsam	①	②	③	④	⑤	redet sehr viel
hat Sprachprobleme	①	②	③	④	⑤	sehr wortgewandt

Vielen Dank für Ihre Mitarbeit !

Anhang A 4.1: Kontaktaufnahme mit einem Krankenhaus

Krankenhaus X

...

Psychologische Diagnostik
Dipl.-Psych.
Susanna Niehaus

(Adresse)
(Telefon)
(Fax)

(Datum)

Wissenschaftliche Studie mit Verkehrsunfallopfern im Grundschulalter

Sehr geehrte Frau ....,

in Zusammenarbeit mit dem Fachbereich Psychologie der Universität Osnabrück wird seit Juli 1997 eine psychologische Studie durchgeführt, die sich mit den Erlebnisberichten von Verkehrsunfallopfern im Grundschulalter befaßt.
Diese Studie wird wesentlicher Bestandteil meiner Dissertation sein, die durch ein staatliches Promotionsstipendium gefördert wird.
Die Durchführbarkeit dieses Projektes ist von Ihrer Unterstützung abhängig. Im Namen der Universität Osnabrück möchte ich Sie deshalb herzlich um Ihre Mitarbeit bitten.
Die Datenerhebung ist so geplant, daß sie keine zusätzliche Arbeitsbelastung für die Krankenhausbediensteten darstellt, das Krankenhaus nimmt lediglich eine Vermittler-Rolle ein.
Diese Vermittler-Rolle wird darin bestehen, Kontakt zu den Eltern verunglückter Kinder im Alter von 6-11 Jahren herzustellen, die als Opfer eines Verkehrsunfalls in .... eingeliefert werden. Genauer gesagt sollen die Eltern kurz vor der Entlassung des Kindes aus der stationären oder ambulanten Behandlung - wenn möglich vom behandelnden Arzt - darüber informiert werden, daß z. Zt. eine wissenschaftliche Untersuchung stattfindet, und es soll ihnen der von mir verfaßte Informationsbrief ausgehändigt werden. Dieser Vorgang wird nicht mehr als 1 Minute in Anspruch nehmen.
In regelmäßigen Abständen werde ich mich dann nach den Telefonnummern der Eltern erkundigen, die ihre Einwilligung zur Teilnahme an der Untersuchung gegeben haben, um mit ihnen und ihrem Kind nach Abschluß der Heilbehandlung Kontakt aufzunehmen.

Ein persönliches Gespräch zum nächstmöglichen Zeitpunkt, zur genaueren Information und zur Klärung offener Fragen, halte ich für wünschenswert und sinnvoll, dazu stehe ich Ihnen selbstverständlich jederzeit zur Verfügung. Ich würde mich sehr freuen, wenn sie Kontakt mit mir aufnehmen, sonst werde ich mich Anfang März bei Ihnen melden.
Ich bedanke mich im Voraus für Ihre Unterstützung und hoffe auf eine Zusammenarbeit.

Mit freundlichen Grüßen

....

(Susanna Niehaus, Doktorandin) (Prof. Josef Rogner, Betreuer)

Anhang A 4.2: Informationsschreiben für das Personal eines Krankenhauses:

UNIVERSITÄT OSNABRÜCK

Krankenhaus X

...

Psychologische Diagnostik
Dipl.-Psych.
Susanna Niehaus

(Adresse)
(Telefon)
(Fax)

(Datum)

Wissenschaftliche Studie mit Verkehrsunfallopfern im Grundschulalter (geboren: 1987-1992)

Sehr geehrter Herr ....,

ich freue mich, daß Sie bereit sind, mich bei meinem Forschungsvorhaben zu unterstützen. Das geplante Vorgehen wird im folgenden detailliert erklärt; das, was in den Aufgabenbereich des Krankenhauses fällt, bzw. für Sie wichtig ist, habe ich zur Verdeutlichung teilweise fett gedruckt.

Im Rahmen meiner Doktorarbeit im Fach Psychologie der Universität Osnabrück führe ich eine psychologische Studie durch, die sich mit den Erlebnisberichten von Verkehrsunfallopfern im Grundschulalter befaßt.
Da ein Verkehrsunfall für ein Kind und dessen Eltern ein einschneidendes Erlebnis darstellt, ist ein Ziel der Studie, herauszufinden, wie Kinder dieser Entwicklungsstufe (6-11 Jahre) Verkehrsunfälle wahrnehmen, erleben und verarbeiten, um Anregungen zu bekommen, wie wir zukünftige Unfallopfer bei der Verarbeitung dieses Erlebnisses unterstützen können. Desweiteren ist von Interesse, wie gut sie sich an dieses Ereignis erinnern und ihre Erinnerung in Sprache umsetzen können.
Zu diesem Zweck werden verunglückte Kinder von mir nach ihrer Genesung (also außerhalb des Krankenhauses) interviewt. Sie sollen von ihrem Unfallerlebnis berichten - was passiert ist, wie sie sich gefühlt haben etc.
Das Interview dauert ca. 30 Minuten und wird zum Zwecke der Auswertung per Tonband aufgezeichnet. Anschließend werden unabhängige Beurteiler die Aufzeichnungen unter verschiedenen Gesichtspunkten auswerten.
Die Daten werden selbstverständlich nicht an Dritte weitergegeben, sondern ausschließlich zu Forschungszwecken verwendet werden.

So viel zum Hintergrund, denn mit all dem, was ich gerade geschrieben habe, wird das Krankenhaus nur indirekt etwas zu tun haben.
Die Datenerhebung ist so geplant, daß sie keine zusätzliche Arbeitsbelastung für Krankenhausbedienstete darstellt. Das Krankenhaus nimmt lediglich eine **Vermittler-Rolle** ein. Diese

Vermittler-Rolle wird darin bestehen, Kontakt zu den Eltern verunglückter Kinder im **Alter von 6-11 Jahren** herzustellen, die als Opfer eines Verkehrsunfalls in .... eingeliefert werden. Genauer gesagt sollen **die Eltern kurz vor der Entlassung des Kindes aus der stationären oder ambulanten Behandlung vom behandelnden Arzt oder vom Pflegepersonal** darüber informiert werden, daß z.Zt. eine wissenschaftliche Untersuchung stattfindet, und es soll ihnen der von mir verfaßte **Informationsbrief zur Unterschrift** ausgehändigt werden. **Dieser Vorgang wird nicht mehr als 1 Minute in Anspruch nehmen, trotzdem handelt es sich dabei um den entscheidenden Punkt, denn die Eltern werden nur zustimmen, wenn der Überbringer der Nachricht der Studie grundsätzlich positiv gegenüber steht.**

Der Bogen sollte an Ort und Stelle unterschrieben und abgegeben werden, da die Rücklaufquote erfahrungsgemäß sehr gering wird, wenn Bögen zu Hause ausgefüllt werden.
Es hat sich gezeigt, daß idealer Weise **eine Person dafür Sorge tragen sollte, daß die Bögen ausgefüllt und an mich zurückgesandt werden**.
Die Kontaktaufnahme meinerseits sowie das Interview mit dem Kind werden nicht im Krankenhaus, sondern privat (d.h. bei den Familien zu Hause) stattfinden, wenn das Kind wieder gesund ist und sich vom Unfall erholt hat.

Die Kinder, die an dieser Studie teilnehmen, müssen sich aus methodischen Gründen auf einer Entwicklungsstufe befinden und vergleichbare Unfälle erlebt haben. Deshalb interessieren mich in diesem Zusammenhang **nur die Geburtsjahrgänge von 1987 bis 1992 und nur Verkehrsunfälle, bei denen ein Kraftfahrzeug irgendwie beteiligt war.** Ob das Kind dabei zu Fuß oder auf dem Fahrrad oder auf Rollschuhen oder o.a. unterwegs war, ist egal; ebenso ist egal, wieviel bei dem Unfall objektiv passiert ist, da die individuelle Wahrnehmung und Bewertung des Geschehnisses ohnehin subjektiv ist.
Wichtig ist zudem, daß das **Kind** (falls es sich um ein ausländisches Kind handelt) **der deutschen Sprache mächtig ist,** damit das sprachliche Niveau der Interviewantworten vergleichbar ist.

Zusammenfassend ist also folgendes wichtig:

- **Die verunglückten Kinder müssen den Geburtsjahrgängen 1987-1992 angehören.**
- **Ein Verkehrsmittel muß irgendwie an dem Unfall beteiligt gewesen sein (idealer Weise soll es sich um Anfahrunfälle handeln)**
- **Es ist egal, wie schwer der Unfall war und ob eine stationäre oder nur eine ambulante Behandlung notwendig war.**
- **Der Brief an die Eltern sollte an Ort und Stelle unterschrieben und in dem dafür vorgesehenen frankierten Rückumschlag gleich abgeschickt werden.**
- **Meine Kontaktaufnahme mit dem Kind bzw. den Eltern findet erst später, außerhalb des Krankenhauses statt.**

Die Informationsbriefe an die Eltern sowie die frankierten Rückumschläge füge ich bei.
Ich bedanke mich herzlich für Ihre freundliche Unterstützung und verbleibe mit freundlichen Grüßen.

Ihre

Susanna Niehaus

Anhang A 4.3: Informationsschreiben an die Eltern verunglückter Kinder (Beispiel 1)

Universität Osnabrück - FB Psychologie - D-49069 Osnabrück

Psychologische Diagnostik
Dipl.-Psych.
Susanna Niehaus
(Adresse)
(Telefon)

Liebe Eltern,

im Rahmen meiner Doktorarbeit im Fachbereich Psychologie der Universität Osnabrück führe ich seit Anfang Juli 1997 eine psychologische Studie durch, die sich mit den Erlebnisberichten von Verkehrsunfallopfern im Grundschulalter befaßt.
Die Durchführbarkeit dieses Projektes ist wesentlich von Ihrem Einverständnis abhängig, daß Ihr Sohn / Ihre Tochter an der Untersuchung teilnehmen darf.
Die Teilnahme wird für Sie bzw. Ihr Kind nur mit wenig Zeitaufwand verbunden sein (insgesamt nur etwa eine Stunde).

Da ein Verkehrsunfall für ein Kind und dessen Eltern ein einschneidendes Erlebnis darstellt, ist ein Ziel der Studie, herauszufinden, wie Kinder in diesem Alter Unfälle wahrnehmen, erleben und verarbeiten, um Anregungen zu bekommen, wie wir zukünftige Unfallopfer bei der Verarbeitung dieses Erlebnisses unterstützen können. Des weiteren ist von Interesse, auf welche Art Kinder ihre Erfahrungen mitteilen.
Zu diesem Zweck werden Unfallopfer im Alter von 6-11 Jahren von mir interviewt. Sie sollen von ihrem Unfallerlebnis berichten - was passiert ist, wie sie sich gefühlt haben etc.
Das Interview dauert ca. 30 Minuten und wird zum Zwecke der Auswertung per Tonband aufgenommen.
Damit ist der Teil der Untersuchung, an dem Ihr Sohn / Ihre Tochter teilnehmen wird, schon beendet.
Im Anschluß daran werden unabhängige Beurteiler die Tonbandaufnahmen unter verschiedenen Gesichtspunkten auswerten.

Ich hoffe, hiermit Ihr Interesse geweckt zu haben, so daß Sie Ihrem Sohn / Ihrer Tochter erlauben, an der Studie teilzunehmen. Wenn Sie damit einverstanden sind, daß Ihre Telefonnummer an mich weitergegeben wird, damit ich nach Abschluß der Heilbehandlung Kontakt mit Ihnen aufnehmen kann, füllen Sie bitte den unteren Abschnitt aus und geben den Bogen dem behandelnden Arzt.

Ich garantiere Ihnen, daß die Daten nicht an Dritte weitergegeben, sondern ausschließlich zu Forschungszwecken verwendet werden.

Ich bedanke mich im Voraus für Ihre Unterstützung und verbleibe bis dahin mit freundlichen Grüßen

....
(Susanna Niehaus, Doktorandin) (Prof. Josef Rogner, Betreuer)

....

Ich bin damit einverstanden, daß meine Telefonnummer (zwecks Kontaktaufnahme) der Universität Osnabrück weitergegeben wird.

....
(Unterschrift eines Erziehungsberechtigten)

....
Vor-u.Nachname des Kindes Adresse Telefon

Anhang A 4.4: Informationsschreiben an die Eltern verunglückter Kinder (Beispiel 2)

Universität Osnabrück - FB Psychologie - D-49069 Osnabrück

Psychologische Diagnostik
Dipl.-Psych.
Susanna Niehaus
(Adresse)
(Telefon)

Liebe Eltern,

Sie erhalten diesen Brief, weil Ihr Kind innerhalb der letzten Monate Opfer eines Verkehrsunfalls gewesen ist.
Im Rahmen meiner Doktorarbeit im Fachbereich Psychologie der Universität Osnabrück führe ich seit Anfang Juli 1997 in Zusammenarbeit mit Krankenhäusern in Osnabrück, Hannover und Flensburg eine psychologische Studie durch, die sich mit den Erlebnisberichten von Verkehrsunfallopfern im Grundschulalter befaßt.
Die Durchführbarkeit dieses Projektes ist wesentlich von Ihrem Einverständnis abhängig, daß Ihr Sohn an der Untersuchung teilnehmen darf.
Die Teilnahme wird für Sie bzw. Ihr Kind nur mit wenig Zeitaufwand verbunden sein (insgesamt nur etwa eine Stunde).

Da ein Verkehrsunfall für ein Kind und dessen Eltern ein einschneidendes Erlebnis darstellt, ist ein Ziel der Studie, herauszufinden, wie Kinder in diesem Alter Unfälle wahrnehmen, erleben und verarbeiten, um Anregungen zu bekommen, wie wir zukünftige Unfallopfer bei der Verarbeitung dieses Erlebnisses unterstützen können. Des weiteren ist von Interesse, auf welche Art Kinder ihre Erfahrungen mitteilen.
Zu diesem Zweck werden Unfallopfer im Alter von 6-11 Jahren von mir interviewt. Sie sollen von ihrem Unfallerlebnis berichten - was passiert ist, wie sie sich gefühlt haben etc.
Das Interview dauert ca. 30 Minuten und wird zum Zwecke der Auswertung mit dem Tonband aufgenommen. Damit ist der Teil der Untersuchung, an dem Ihr Sohn teilnehmen wird, schon beendet.
Im Anschluß daran werden unabhängige Beurteiler die Tonbandaufnahmen unter verschiedenen Gesichtspunkten auswerten.

Ich hoffe, hiermit Ihr Interesse geweckt zu haben, so daß Sie Ihrem Sohn erlauben, an der Studie teilzunehmen, und ich werde mich in nächster Zeit telefonisch bei Ihnen melden, damit mögliche Fragen geklärt werden können.
Ich garantiere Ihnen, daß die Daten nicht an Dritte weitergegeben, sondern ausschließlich zu Forschungszwecken verwendet werden.

Ich bedanke mich im Voraus für Ihre Unterstützung und verbleibe bis dahin mit freundlichen Grüßen

....	....
(Susanna Niehaus, Doktorandin)	(Prof. Josef Rogner, Betreuer)

Anhang A 4.5: Informationsveranstaltung für Lehrer

Begrüßung, Vorstellung
Ich bin Psychologin und arbeite für die Universität Osnabrück. Unser Fachbereich interessiert sich im Rahmen eines Forschungsprojektes für die Entwicklung von Vorstellungsvermögen und verbalen Fähigkeiten im Grundschulalter.
Inhaltlich geht es um die Fähigkeit von Kindern, Phantasiegeschichten und Nacherzählungen zu produzieren – thematisch geht es bei den Geschichten um Verkehrsunfälle.

Genauer gesagt werden wir uns mit folgenden Fragestellungen befassen:
- Unterscheiden sich Kinder unterschiedlichen Alters in der Fähigkeit, Phantasiegeschichten und Nacherzählungen zu produzieren?
- Lassen sich auf sprachlicher bzw. inhaltlicher Ebene Unterschiede zwischen Nacherzählung und Phantasiegeschichte feststellen?

Die Beantwortung dieser Fragen ist auch für die psychologische Aussageforschung im Hinblick auf kindliche Zeugenaussagen von großem Interesse.

Soviel erst einmal zum Hintergrund, aber was bedeutet das jetzt konkret:

- Den Kindern wird zunächst ein **Informationsbrief** sowie ein **Fragebogen** für die Eltern mitgegeben mit dem Auftrag, letzteren ausgefüllt wieder mitzubringen.
- Die Bögen werden klassenweise wieder eingesammelt und von uns **abgeholt**.
- Die Assistenten machen sich zu Beginn einmal klassenweise mit den Kindern **bekannt.** Im Anschluß werden alle Kinder, deren Eltern sich mit der Untersuchung einverstanden erklärt haben, hinsichtlich ihrer verbalen Fähigkeiten getestet; diese Vorgang dauert für jedes Kind - je nach Leistung - 10 bis 30 Minuten.
- Zu einem späteren Termin geben die Assistenten den Kindern, sobald sie mit ihnen warm geworden sind, die **Instruktion** zum Ausdenken einer Phantasiegeschichte. Das wird pro Klasse etwa 20 bis 30 Minuten dauern und in einem separaten Raum stattfinden, da währenddessen kein Lehrer anwesend sein sollte, damit deutlich wird, daß die Erzählleistung nichts mit der schulischen Leistung zu tun hat, sich also nicht auf die Noten auswirkt.

- Die **Erhebung der Geschichten** soll dann in zwei Blöcken erfolgen, damit der normale Schulbetrieb so wenig wie möglich beeinträchtigt wird.

- **Block I** soll vor Weihnachten stattfinden. Die Assistenten holen während der Unterrichtszeit die Kinder einzeln der Reihe nach aus ihrer Klasse, bringen sie in einen separaten Raum, in dem sie mir ihre Phantasiegeschichte auf Tonband sprechen, und bringen sie anschließend wieder zum Unterricht zurück, wobei sinnvollerweise auch hier klassenweise verfahren wird. Ein Interview dauert ca. 25 Minuten.

- **Block II** der Datenerhebung soll dann im kommenden Jahr und zwar Ende Januar bzw. Anfang Februar stattfinden. Diese Datenerhebung läuft formal gesehen genauso ab wie die erste, inhaltlich gesehen bekommen die Kinder eine andere Instruktion (Nacherzählung).

- Insgesamt sollen etwa **60 Kinder** an dieser Schule[3] interviewt werden (die Hälfte davon zweimal). Es können nicht alle Kinder teilnehmen, aber damit sich keiner benachteiligt fühlt, werden die Teilnehmer **ausgelost**.

---

[3] Die genaue Anzahl der zu interviewenden Kinder pro Institution konnte erst nach Sichtung der Elternfragebögen und der Testergebnisse bestimmt werden. Eine hochgegriffene Schätzung sollte verhindern, daß später eine höhere als die anfangs angegebene Schülerzahl benötigt und die Lehrer aufgrund dessen verärgert würden.

Anhang A 4.6: Informationsschreiben an die Eltern einer Grundschule

An die Eltern unserer Schüler und Schülerinnen der 1. bis 4. Klassen

Liebe Eltern!

Unsere Schule nimmt an einer Studie teil, die vom Fachbereich Psychologie der Universität Osnabrück durchgeführt wird. Diese Studie untersucht, ob und wie sich die Fähigkeit von Kindern, Phantasiegeschichten und Nacherzählungen zu produzieren, im Laufe der Entwicklung verändert. Die Beantwortung dieser Frage ist auch für die psychologische Aussageforschung in Hinblick auf kindliche Zeugenaussagen von großem Interesse.
Ihre Kinder sollen während der Unterrichtszeit eine Phantasiegeschichte oder eine Nacherzählung oder beides in Anwesenheit eines Interviewers auf Tonband sprechen. Die Zuteilung zu verschiedenen Gruppen erfolgt nach Losverfahren. Das Thema, um das es in allen Geschichten geht, ist ein Verkehrsunfall. Dieses Thema wurde im Hinblick auf das Ziel der Untersuchung bewußt ausgesucht.
Für die Auswertung werden noch einige Angaben benötigt, z.B. wieviel Erfahrung Ihre Kinder schon mit Unfällen haben (real oder durch Fernsehfilme).
Ich bitte Sie, unser Vorhaben zu unterstützen und Ihre Einwilligung durch das Ausfüllen des mitgegebenen Fragebogens kundzutun.
Ich versichere Ihnen, daß die Namen nach der statistischen Auswertung gelöscht werden, und daß alle Ergebnisse nach der Auswertung durch die Universität Osnabrück sofort anonymisiert werden.
Sollten Sie noch Fragen zu der Untersuchung haben, so steht Ihnen Frau am , den von - Uhr unter der Rufnummer zur Verfügung.

Mit freundlichem Gruß

Rektorin

Anhang A 5: Transkriptionsregeln

1. Schriftbild
   Der Text wird gemäß der konventionellen Orthographie verschriftlicht.
   Fragen und Kommentare der Interviewerin werden linksbündig und kursiv geschrieben.
   Antworten des Kindes werden eingerückt und im Blocksatz geschrieben.
   Der Text wird einzeilig geschrieben und bei jedem Sprecherwechsel wird eine Leerzeile eingefügt.

   ***Beispiel*:**

   Und was ist dann passiert?

   Dann war da noch ein Beifahrer, der hat den Krankenwagen gerufen, ja, der ist mit viel Lärm gekommen und hat mich abgeholt.

2. Zahlen
   Zahlen werden immer ausgeschrieben, Dezimalzahlen werden durch Bindestrich ohne Leertasten zusammengefaßt (z.B. Null-Komma-Zwei-Fünf).

3. Abkürzungen
   Gesprochene Abkürzungen werden beibehalten und in der üblichen Weise verschriftlicht (z.B. „PKW"). Nur in der Orthographie übliche Abkürzungen (z.B. „Dr.") werden ausgeschrieben: „Doktor".

4. Satzzeichen
   Auf Anführungszeichen wird verzichtet. Der anfängliche freie Bericht und jede Antwort endet mit einem Punkt. Der dazwischenliegende Text wird durch Kommata gegliedert. Der Abschluß einer Frage wird mit einem Fragezeichen gekennzeichnet.

5. Pausen
   Kurzpausen (bis 3 Sekunden) werden durch drei Punkte gekennzeichnet:
   also ... ich weiß nicht mehr, wie das war.
   Längere Pausen werden durch folgendes Zeichen gekennzeichnet: also ...*... ich

6. Gleichzeitiges Reden
   Gleichzeitiges Reden von Interviewerin und Kind wird markiert durch Doppelkreuze.
   Beispiel:
   #Wann war denn das ?#
   #Montag bin ich ins Krankenhaus gekommen#

7. <u>Verschriftlichung phonetischer Erscheinungen</u>
Mit satzphonetischen Erscheinungen der gesprochenen Sprache wird in der Verschriftlichung folgendermaßen umgegangen.
Zusammenziehung von Präpositionen und Artikeln in folgenden Fällen:
am, beim, im, vom, zum, zur, ins, aufs ...

Dagegen werden Reduktionsformen des Artikels immer ausgeschrieben:
z.B. „s" = das, „ne" = eine, „nen" = einen, „n" = ein.

Ebenfalls ausgeschrieben werden die folgenden und ähnlich gelagerte Fälle:
„s" = es, „is" = ist, „nich" = nicht, „nu" = nun, „som" = so einem , „nix" = nichts, „nee/nö" = nein, „un" = und, „fürn" = für den, „durche" = durch die.

Bei der Ausschreibung verkürzt gesprochener Wörter ist darauf zu achten, daß identisch gesprochene Wortfragmente je nach dem Kontext, in dem sie auftreten, unterschiedliche Bedeutung haben können (z.B. „nee" = nein, aber das kurze „ne" (als Form für „nicht wahr?") bleibt als „ne" stehen.

8. <u>Sprach- und Artikulationsprobleme</u>
Satzbau- und grammatikalische Fehler werden **nicht korrigiert**. Genauso wird mit Stottern und Wortwiederholungen verfahren.
Ist ein Wort nicht zu verstehen, wird dieses Wort durch folgendes Zeichen ersetzt: „und dann hat er *X* in den...".
Sind mehrere Wörter nicht zu verstehen, wird jedes weitere fehlende Wort durch ein weiteres Zeichen ersetzt.

9. <u>Gefüllte Pausen</u>
Laute, die keinen Wortsinn haben, werden genauso verschriftlicht wie alle übrigen Worte. Die häufigsten Formen sind:
„äh", „eh", „ähm", „öh", „ehm", „öhm", „mhm", „uh", „oh", „ffff".

10. <u>Abbruch eines Wortes oder Satzes</u>
Wird ein Wort oder ein Satz abgebrochen, wird dieser Abbruch im Text folgendermaßen gekennzeichnet: „und am Montag kam ich ins Kranken/ "

ANHANG B

Aussagematerial

Anhang B: Beispielaussage eines Neunjährigen der Aussagebedingung I

Ja, okay. Und dann wolltest du mir jetzt deine Unfallgeschichte erzählen. Dann fang mal an und erzähl einfach alles, was dir einfällt dazu. Was ist denn da so alles passiert?

Also ... wir sind ja gefahren, da hat Stefan, da haben Stefan und Jessica sich noch die Uhren vergleicht, welche richtig geht ... und dann hat ... kam da halt der Penner von vorne ... oder der Halb-Penner und der hat ja geträumt und fuhr wumm wumm wummm ist Mama ja ausgewichen und dann hat man nur noch gehört, wie Stefan „Scheiße!" gesagt hat , dann ist ... sind wir erst mal in den Graben gefahren. Haben uns ... übersch/ haben wir uns überschlagen, wie oft hab ich nicht gezählt. Und dann weiß ich nicht wo unten durch welche Fensterscheibe ich rausgeflogen bin . Mama und Jessica wissen das auch nicht. Jessi, Petra hatte sich angeschnallt und Stefan hatte sich an diesem Seitending festgehalten, ich saß ja in der Mitte, ich konnte mich an keinem Ding festhalten ... und dann haue ich mich erst mal mit dem Kopf auf den Boden, ich weiß aber nicht, ob das im Auto oder schon auf dem Feld war, dann bin ich auf auf dem Feld erst mal aufge/ ähm habe ich erstmal die Augen aufgemacht, hab nur Petra gehört. ... Wie sie geschrien hat ... und dann bin ich halt aufgestanden hatte nur ein Veilchen, Stefan ist gleich ausgestiegen, ... hat da ge/ hat ... da sind zwei Autos, wuwuwu gemacht und dann ... sind da halt zwei Autos angehalten und der andere, der hat das erst bemerkt, als wir uns überschlagen hatten und ist dann wieder zurückgefahren. Da hatten die anderen schon den Krankenwagen verständigt und er hatte dann noch ge/ hinterher gerufen: „ Soll ich den Kankenwagen rufen, ich hab ein Handy im Auto?" ... und dann ... haben die halt gesagt „Nein, ist schon!" dann hab ich mich hinten in ein anderes Auto erstmal gesetzt und sollte da erst mal warten und da saß auch schon ein anderer Junge, mit dem hab ich mich unterhalten. ... Und dann ... bin ich halt einfach ausgestiegen, als ich Mama und Jessica da liegen lagen seh ... oder liegen gesehen oder ... weiß ich nicht. Und dann kam halt später auch schon der erste Krankenwagen, der hat Jessica und Stefan mitgenommen ... obwohl Stefan eigentlich nicht so viel passiert ist, nur später war halt sein Fuß dann dick, haben die auch erst im Krankenhaus bemerkt. Und Mama war mit dem zweiten auch schon weg und ich war bin mit dem letzten alleine gefahren. Mama, Petra wollte unbedingt bei Mama bleiben. Dann bin ich alleine mit meins gefahren. Und dann hat er mich noch abgefragt, hat er mich gefragt, „Wie nennt man von den Hasen den die Ohren?", hab ich gesagt „Löffel!" und „Wie nennt man das Büschelchen hintendran?" hab ich gesagt „Weiß ich nicht!" hat er gesagt „Rose" und die Beine hab ich gesagt „Klopf-Klopf" und das heißt Klöpfer. ... Und dann waren wir dann hat er mich auch noch mehr abgefragt, zum Beispiel was ich zum Frühstück und sowas gegessen habe, haben wir gesprochen noch über mehreres und dann waren wir später schon im Krankenhaus und da lag denn Stefan auch mit einem dicken Fuß. ... Und dann im Krankenhaus mußten wir alle nachher gucken, weil ob da was gebrochen hatte. Jessica hatte hier Kreuzbein ihr angebrochen. Nicht gebrochen, nur angebrochen, ich hatte mir ich mußte gar nicht untersucht werden, bin ich nur ein Veilchen und ein paar blaue Flecke hatte ... und dann ... und dann mußte Mama noch einen länger bleiben einen, also nein zwei Tage länger bleiben, Jes für Jessica wurde das gerade ausge/ ausgestimmt, ob sie auch noch ein Tag länger bleiben muß, aber mußte sie doch nicht. Und dann haben wir und dann hatten wir halt von Klinik aus bei Traude angerufen, das ist eine Freundin von Mama, und die hat uns dann abgeholt. ... Da sind wir dann da hat sie uns nach Hause gebracht. ... Mama und denn mußte als Mama rauskam, mußte sie auf Krücken laufen und Stefan auch. ... Und ein paar manchmal haben wir Mama noch besucht im Krankenhaus. ... Und da lag noch ein Mädchen neben ihr. Das hatte sich da den Fut ihren Fuß gebrochen, als sie mit der Seilbahn gefahren ist. ... Mmm ja, mmm ... Und dann ging es halt alle Tage so weiter.

Ja super. Hast ja schon ganz schön viel erzählt. Fällt dir sonst noch irgendwas zu dem Unfall ein?

... Ja, äh, wie immer wir wußten nicht, wie das unser Auto, das war ja so kaputt und das hatte oben so eine Spitze und wir wußten nicht, wie das gekommen war, ... und da fast viertausend Mark für das Auto gekriegt. Nein, nicht viertausend, fast vierhundert und dafür konnten wir uns schon das andere Auto kaufen. ... Ja.
Und drei Fensterscheiben sind eingeschlagen und drei sind heil geblieben. ... Ja.

Ja, also hast ganz toll erzählt. Was ich eben noch nicht so ganz verstanden hab, was war eigentlich, bevor der Unfall passiert ist, was habt ihr da gemacht, erzähl mal!

Ja, da haben Stefan und Jessica sich so die Uhren vergleicht, welche richtig geht, weil die Küchenuhr da geht richtig, hat Stefan gesagt „meine geht“, weil die waren sieben Minuten Unterschied, hat Stefan gesagt „meine geht sieben Mi/, meine geht genau nach der Küchenuhr“, hat, hat Jessica gesagt „Meine auch!“ und das waren ja sieben Minuten Unterschied, und die geht ja genau richtig, und dann haben die sich da noch weiter gestritten und wir wollten gerade zu Ingeborg. ... Und dann war das zwei und wir fahren immer zu Ingeborg, weil wir wir, weil, damit wir sch/ mehr stre/ damit wir weniger streiten. ... Ja, und mehr fällt mir nicht ein ... Außer, daß wir so so so knapp an so einem dicken an so einem dicken hier ... Gulli vor vorbei gefahren sind, und der der hätte uns bestimmt allen nochmal den Hals gebrochen, wenn wir dagegen gefahren wären. ... Hatten wir Glück gehabt. ... Auch so, weil uns ist ja eigentlich nicht so viel passiert. ... Bis auf Jessica und Mama, mein ich. ...Ja. Und mehr fällt mir nicht ein.

Ja. Und ähm, zu welcher Tageszeit war das ... als der Unfall passiert ist?

Mittwoch, glaub ich.

Und war das vormittags oder morgens oder mittags oder/?

Vormitt/ ähm, nachmit/ mittag mittags , vormittags oder glaub ich. Nein quatsch mitmittag ... Nachmittag , mittags oder vormittags auf jeden Fall war das nicht früh morgens, vielleicht auch ganz spät morgens, aber das glaub ich nicht, ich glaub dann mehr vormittag.

Und ähm, hast du schon erzählt, dann kam euch dieser Mann entgegen, der so komisch gefahren ist, ne?

Ja, das war einer vom Amt. Der hat ja geträumt, der kam und dann kam er ja erst mal rückwärts an, dann hat er gefragt wie ääh, „habt ihr wo soll ich die Poli/ den Krankenwagen best/ verständigen, ich hab einen ...“, nein, von den Stadtwerken war der. Hat der gesagt „Soll ich die Pol/ soll ich die hier Krankenwagen rufen, ich hab ein Handy im Auto!“ und das war ja schon gelängst gerufen.

Ja, und aber äh, als ihr das so als euch das so entgegen gekommen ist das Auto ähm, in in dem Moment, wie hast du dich da gefühlt? Erzähl mal!

Ich hab das gar nicht gesehen, ich hab die ganze Zeit nur auf den Boden geguckt. ... Mußt du Mama fragen, wie gefühlt sich hat.

Und in dem Moment in dem der Unfall passiert ist, ähm/?

Da hatte ich da hatte ich mich ganz ruhig verhalten und ganz ruhig sitzen geblieben mal gucken, ob wir wieder auf die Straße kommen, weil Mama hatte ja die Kontrolle dann verloren und ist denn rein gefahren, da hab ich erstmal gewartet, ob wir wieder auf die Straße kommen und dann haben wir auch später dann überschlagen bin ich runtergefallen.

Und und wie hast du dich da gefühlt?

Als ich runtergefallen , rausgeflogen bin? ... Da hatte ich halt die Augen zu gemacht und hatte gehofft, daß nichts passiert. ...

Und ähm, du hast schon erzählt, du hast dich nur so ein bißchen verletzt, ne? # Am Auge. #

Ja, nur ein Veilchen hier oben so am Auge.

Kannst du mal beschreiben, wie das passiert ist?

Das weiß ich nicht. ... Vielleicht war das, weil ich auf das Feld geknallt bin, vielleicht weil ich gegen das Auto gegen geflogen bin. Ich weiß nicht wie.

Mmm. Und ähm, was war das eigentlich für ein Auto, also wie hat das ausgesehen?

Das war ein Fiat, ein weißer Fiat.

Und ähm, du hast schon gesagt, da hat ein Mann drin gesessen, ne?

Stefan, der Freund von Mama. ...

Ähm ...

Ach du meinst von den Stadtwerken!

Ja, ich mein das andere Auto , # also das Gegenauto. #

Ja, da war ein Mann drinne.

Mmm. Und ähm, beschreib mal bitte genau, wie hat der ausgesehen eigentlich, der Mann?

Der, das weiß ich nicht mehr. Der war groß, hatte kurze so kurze Haare ungefähr. Also wenn der wenn der jetzt hier ein großen Kopf wie ich hätte , dann hätte, wären seine Haare ungefähr bis hier so, und er hatte ... ich glaub, das waren braune Haare glaube ich, weiß ich nicht genau und hatte er eine große Nase und war groß fast zwei Meter glaub ich ... und war halt ein bißchen breiter, so breit ungefähr. ... Und sonst war er relativ dünn so. ...

Und äh, du hast schon gesagt, der ist dann erst nochmal zurück gefahren, ne, und hat gefragt, ob er einen Krankenwagen holen/. Hat er sonst noch irgendwas gemacht oder gesagt?

Sonst ist er nur dahin gerannt ... und Jessica ... na ja , das kann sie dir selber erzählen, auch die hat sich auch voll gewehrt gegen Doktor hier ... Doktor Kent. Die ha also so so geschrien obwohl sie ihr so doll hier der alles weh tat, da haben sie geschrien „Sie gehen mal schön weg hier, sie sind sowieso ein Arschloch, ne!“ ... hat sie geschrien „Sie lassen hier mal schön die Finger von mir. Sie sind sowieso ein Arschloch. Gehen Sie mal schön weg hier!“ ... Mich hat er zum Glück ja sowieso nicht angefaßt, ich bin, weil wir mögen den alle nicht. ...

Und ähm, hat, also gab es da sonst noch Gespräche, also hat sonst noch jemand irgendwas gesagt?

... Alle haben so mit, ich so mit, ich mußte ja erst Petra trösten mit wegen ihrem Schock, ich hatte ja keinen Schock, ich bin einfach rausgeflogen und dann nur erstmal da draufgefaßt, um zu gucken, ob ich blute, habe ich gedacht, oh, aber ich habe nicht geblutet und denn ... hab ich halt später noch Petra getröstet. Weil sie so ein dollen Schock gekriegt hat.

Und hast du da was gesagt?

Ich hab gesagt, daß war ja auch mein erster Unfall. Na ja, eigentlich war das schon unser zweiter, aber der erste war gar nicht so schlimm , der da sind wir einfach nur im Winter ins Schleudern gekommen und gleich wieder auf die Straße rauf und weitergefahren.

Mmm ... Und die anderen, haben die was gesagt?

... Petra hat geweint ... und Jessica, die lag da halt ... auf dem Feld. ... Und Mama , die hat auch gesa/ hat auch ein bißchen zu Jessica gesagt „Beherrsch dich bitte!“ ... glaub ich, ich hab ... mein, daß irgendsowas hat sie gesagt, so was ähnliches glaub ich, ich hab das ja nicht genau verstanden, ich war ja etwas weiter weg. ...

Und da, wo der Unfall passiert ist, was hast du da um dich herum gesehen, also wie sieht das da aus? Erzähl mal!

Das war so, ich weiß nicht wie das heißt, das war so ein so ein grüner also grün ist ja alles, unten und denn war da so gelb oben. ... Äh, das war noch ganz klein. ...

Und sonst?

Aber zum noch war da noch war da kein gelbes bei, da war erst später, als ich wieder noch mal hingefahren bin und Stefans Dreihundert-Mark-Sonnenbrille zu suchen. ... Haben wir aber nicht gefunden. ...

Ja und ähm, da waren ja eine ganze Menge Leute, hast du schon erzählt, ne, also Arzt und der Mann , ne?

Und die Krankenwagenleute. Also die Leut/, also fast alle zusammen vielleicht ungefähr achtundzwanzig ... mit den Leuten mit den zwei Leuten beim Auto und dem Arzt. Und da waren auch waren zwei Polizisten.

Mmm. Und ähm/

Und drei Krankenwagen.

Boah, ganz schön# viel!#

#Weil zwei für#, zwei für für Jessica, also einer für Jessica und Stefan, einer für Mama und Petra und einer für mich.

Und was haben die so gemacht und oder gesagt? ... Also, haben die irgendwas #gesagt?#

#Die haben# die haben die haben mich lang da Sachen gefragt, um z um zu gucken, ob ich mich noch an ganz viel erinnere. ...

Und was haben die da so/

Und ein bißchen geschnackt haben die mit mir, aber also dir hab ich ja schon erzählt, so haben mich gefragt, was ich gefrühstückt hab, und mit Löffel und sowas. Und eigentlich hat er fast nur mit mir geredet, eigentlich hat er mich gar nicht so viel gefragt. ...

Ja, und dann nach dem Unfall mußtet ihr alle ins Krankenhaus, ne, seid ihr ja mit dem Krankenwagen dahingekommen. Hast du schon erzählt auch. Wie war das denn für dich, als du auf dem Weg ins Krankenhaus warst, als du so im Krankenwagen gelegen hast, erzähl mal!

Ich lag da so ganz gemütlich, ich hatte ja gar keine Angst vor dem Fahren, weil ich ja gar nichts gesehen habe ich hab ja nur so gelegen da. ...

Wie hast du dich da so gefühlt, erz/

Ich lag da einfach auf der Liege und hab gar nicht erst nach draußen geguckt. ... Und dann hab ich halt mal vorne und manchmal an die Decke geguckt, und überall mal auch manchmal hab ich ihn gefragt, wofür da oben zum Beispiel die Stangen sind und dann hat er gesagt, da müssen sich die Ärzte festhalten dran, falls die jemand operieren wollen, also damit die auch nicht wegrutschen oder falls die auch noch mal ein Unfall bauen, daß den Ärzten nicht so viel passiert ...

Ja gut. Und was meinst du, wer war schuld daran, daß der Unfall passiert ist?

Der andere. ...Und hier ich ha er hat auch noch so ein irgendso ein Zeichen in seinem Pullover als er seine Uniform ausgezogen hat da, hatte er so ein Zeichen am Pullover und das ... hat er einfach abgerissen ... und denn hab ich gefragt, ob ich das haben kann, hat er mir das gegeben. ... Das Zeichen, das waren zwei, da waren zwei Löwen und eine Kuh drauf aber die hab ich im Krankenhaus verloren. ...

Ja, fällt dir sonst noch irgendetwas ein zu dem Unfall? ... Was du noch nicht erzählt hast? ...

Mmm, nein, aber mir fällt aber noch im Krankenhaus ein, als ich hier da saß, da war noch so eine Frau, die hatte ihren Ring hier rumgemacht, und hat ihn nicht mehr abgekriegt und mußte ins Krankenhaus und und den abmachen lassen. ... Und da waren noch so ein paar Behinderte mit bei drinne. Und da war so ein Arzt, der hat zu zu seiner, zu der einen gesagt, zu der alten Frau gesagt so „Ha oh Mama, was hast du denn gemacht!“... Der hat da selber gearbeitet. ...

Ja, und wie war das für dich, als du da im Krankenhaus warst?

Langweilig.

Langweilig?

Bis auf das eine Comic, das war gut.

Und sind die Ärzte und Schwestern nett zu dir gewesen, oder wie war das?

Oah, ich hab gar nicht, hab ich gar nicht so viele gesehen. ... Die meistens nur aufgerufen.

Aha. Und hattest du Angst da im Krankenhaus?

Nein, ich hab nur ich hab eine ich hab mich nur gelangweilt, hab gewartet bis Stefan und Mama kommen ... #oder Petra und Jessica.#

#Gibt es #denn irgendwas, was besonders schlimm war für dich im Krankenhaus, oder/

Ja, daß Mama dableiben mußte, ... fand ich nicht so schön.
Aber ich konnte Petra immer ärgern, die hatte hier so eine große Beule, hab ich immer zu ihr Außerirdische gesagt, da hat sie sich immer schön geärgert. Oder der Arzt, Petra und ich waren ja gleichzeitig da drinne bei so einem Arzt, dann hat er gefragt, „ich glaub ich hab hier geooa vo/ vorne oben an der Stirn eine ganz große Beule", hat er gefragt „wo denn, links oder rechts?" und faßt ihr voll rauf. ...Der war aber auch voll dumm, der Arzt da. Der hat auch zu Jessica gesagt ... „Ja, die Schmerzen sind weg, ja wenn sie weg sind. ...

Okay, vielen Dank!

Warming-up-Phase

Sag' mal, wann bist du denn gestern aufgestanden?

Also hab ich nicht auf die Uhr geguckt.

Na ja, so ungefähr.

... ungefähr ... halb sieben... bin ich zu Mama gekommen ... hab ja bis um halb elf geschlafen.

Dann erzähl mir mal so genau wie du kannst, was alles passiert ist, oder was du gemacht hast, seit du aufgestanden bist bis mittags so. So genau wie möglich.

... Ich bin halt aufgestanden, ... hab noch zwei Minuten gewartet ... ich weiß nicht so auf was, dann bin ich ... aus dem Bett rausgekrochen, und bin ich nach unten gegangen ... und dann bin ich zu Mama ins Bett gekommen.

Aha. Und dann?

Hat sie mir Decke abgegeben und dann sind bin ich wieder eingeschlafen.

Aha. Und wann bist du dann aufgewacht?

Um halb elf.

Ahja, dann erzähl mir mal so genau wie möglich, was du dann bis mittags so gemacht hast.

Um halb elf bin ich, hab ich mich noch fünf Minuten, bin ich noch fünf Minuten liegengeblieben ... bin ich aufgestanden, hab auf die Uhr geguckt, da war es schon fünf nach halb elf. ... Und dann ... ja, dann hab ich ... bin ich mal kurz nach oben gegangen ... hab mal kurz mit meinen Autos gespielt und dann bin ich wieder runtergegangen und hab gefrühstückt. ... Und dann ... habe ich mit meiner Schwester Karten gespielt ... und weil das so laut war, haben wir Ärger gekriegt ... und dann mußten wir alle in unser Zimmer und dann hat Mama noch mal hinterhergerufen „Aber alle in eine sei ihr eigenes!" aber wir ha sind nicht alle in unser eigenes gegangen. Alle in meins an den Computer. Und haben wir dann gespielt und laß ich ja auch dann Computer die ganze Zeit bin noch einmal nach unten in die Küche gegangen und hab mir Käse stibitzt. Mmm.

ANHANG C

Operationalisierungsvorschriften

Anhang C: Operationalisierungsvorschriften der Glaubhaftigkeitsmerkmale

Allgemeine Merkmale

Der Komplex „Allgemeine Merkmale" umfaßt Glaubhaftigkeitsmerkmale, die eine Zeugenaussage in ihrer Gesamtheit charakterisieren. Die Bewertung der Merkmalsausprägungen erfolgt dementsprechend nicht durch eine Signierung einzelner Textstellen, sondern vor dem Hintergrund der Betrachtung der Gesamtaussage. Dabei wird in einem abschließenden Urteil die Ausprägung der allgemeinen Merkmale auf einer fünfstufigen Skala (0 = nicht gegeben, 1 = schwach, 2 = deutlich, 3 = stark und 4 = sehr stark ausgeprägt) beurteilt.

1. Logische Konsistenz und Widerspruchsfreiheit

In dieser Kategorie soll festgestellt werden, ob der Aussagende eine **folgerichtige** Schilderung des Geschehens liefert, die **frei von inneren und äußeren Widersprüchen** ist. Eine Darstellung kann dann als widerspruchsfrei bezeichnet werden, wenn sich ihre inhaltlichen Details ohne Unstimmigkeiten zu einem Ganzen zusammenschließen lassen.
Äußere Widersprüche entstehen, wenn der Inhalt der Aussage objektivierbaren Tatsachen wie etwa Gesetzen der Naturwissenschaft widerspricht. Dies wäre der Fall, wenn die geschilderte Handlung unmöglich wäre. **Nicht folgerichtig** ist eine Aussage dann, wenn durch neu hinzukommende Details Unklarheiten entstehen, die im Laufe der Aussage nicht aufgelöst werden. Es bestehen dann Widersprüche innerhalb der Aussage; der Inhalt der Aussage ist in sich nicht mehr stimmig.
Widersprüche können schwerwiegend oder unbedeutend sein. Als unbedeutend können Widersprüche eingeordnet werden, die sich im Nebengeschehen ergeben, also mit dem Hauptgeschehen in keinem unmittelbaren Zusammenhang stehen. Als ebenso unbedeutend können Widersprüche angesehen werden, die sich auf Nebensächlichkeiten (im Hauptgeschehen) beziehen, die für das eigentliche Geschehen irrelevant sind.
Bedeutend sind dagegen Widersprüche, die das Hauptgeschehen betreffen oder sich auf Details und Nebensächlichkeiten beziehen, die im weiteren Handlungsverlauf an Bedeutung gewinnen. Sehr schwerwiegende Widersprüche liegen vor, wenn wesentliche Teile des Hauptgeschehens betroffen sind, sich daraus weitere Widersprüche ergeben oder Interaktionen widersprüchlich dargestellt werden.

„Widerspruchsfreiheit" ist:

gegeben, wenn	**nicht** gegeben, wenn
- das Hauptgeschehen stimmig ist, - alle wesentlichen Details sich zu einem homogenen Ganzen zusammenfügen, - die Aussage auf Nachfrage des Interviewers logisch folgerichtig ergänzt werden kann, - zum Ende der Aussage keine wesentlichen Unklarheiten bezüglich des Hauptgeschehens bestehen bleiben.	- elementare Aussageteile objektivierbaren Gegebenheiten (wie z.B. dem Gesetz der Schwerkraft) widersprechen, - Aussageergänzungen logisch nicht folgerichtig sind, - die gesamte Aussage in sich nicht stimmig ist, - die Darstellung grobe Verstöße gegen menschliche Logik enthält, - Unklarheiten bestehen bleiben.

2. Unstrukturierte Darstellung

In dieser Kategorie soll beurteilt werden, ob der Handlungsverlauf mit einer natürlichen Sprunghaftigkeit dargestellt wird. Hier geht es um die **Anordnung einzelner Inhalte innerhalb der Aussage**. Die Darstellung ist in diesem Falle nicht chronologisch, wirkt mitunter unzusammenhängend und läßt sich trotzdem zu einem widerspruchsfreien Ganzen zusammenführen.

Unstrukturiertheit läßt sich daran erkennen, daß Teile eines Themenkomplexes bruchstückhaft über die gesamte Aussage verstreut sind, daß die Chronologie des Handlungsablaufes mehrfach durchbrochen wird, Teile des Geschehens zunächst nur gestreift, später aber präzisiert werden und sich letztlich alle Aussageteile widerspruchsfrei zu einem geschlossenen Bild zusammenfügen lassen. Bei extremer Ausprägung dieses Merkmals bleibt die Darstellung lange Zeit unverständlich.

Liegen jedoch gleichzeitig Verstöße gegen das Merkmal der Logischen Konsistenz vor, die sich bis zum Ende der Aussage nicht auflösen, dann kann das Merkmal der „Unstrukturierten Darstellung" **nicht** als erfüllt angesehen werden.

Beispiel

Ja, da sind wir so da lang gefahren, waren auf dem Weg zur Schule, dann bin ich links abgebogen, weil ich gedacht habe, wir wollten vor der Schule noch zu diesem Plattenladen fahren, und dann bin ich angefahren worden. Vorher, als wir gerade losgefahren waren, hatten wir noch auf den Stadtplan geguckt, weil wir nicht genau wußten, wo der liegt. Naja, dann sind wir jedenfalls da langgefahren und ich wollte links abbiegen, hab aber vergessen, den Arm rauszustrecken, hab auch nicht geguckt, und dann kam von hinten ein Auto, das wollte uns in dem Moment überholen, da hat es mich angefahren.

Kommentar: Hier fallen zwei Aspekte auf. Zum einen wird zunächst kurz der Handlungsverlauf geschildert und dann zeitlich zurückgegriffen (Stadtplan). Wieder bei der Entstehung des Unfallgeschehens angelangt, findet dann zum zweiten eine ausführliche Präzisierung des vorher Berichteten statt. Dadurch wird verständlich, wie es zu dem Unfall kommen konnte. Durch die Präzisierung oder den zeitlichen Rückgriff kommt es zu keinen logischen Inkonsistenzen. Die neue Information paßt sich perfekt in die Erstinformation ein.

„Unstrukturierte Darstellung" ist:

gegeben, wenn	**nicht** gegeben, wenn
- **die Darstellung widerspruchsfrei und folgerichtig ist,** - **sich alle Aussageelemente wie ein Puzzle zusammensetzen lassen,** - die Schilderung inhaltlich ungeordnet wirkt, - die chronologische Abfolge nicht beachtet wird, - der Aussagende innerhalb der Schilderung hin und her springt, - zeitliche Rück- oder Vorgriffe erfolgen, - die Darstellung lange Zeit unverständlich bleibt, - unzusammenhängend geschildert wird, - Handlungsteile zunächst nur gestreift und später präzisiert werden, - Bruchstücke eines Sachverhaltes über die Gesamtaussage verstreut sind.	- Verstöße gegen die logische Konsistenz vorliegen, - die Chronologie des Handlungsverlaufes nur aufgrund der Interviewtechnik unterbrochen wird, - die Darstellung zwar durch Stottern, Sprach- oder Formulierungsschwierigkeiten zerissen wirkt, die inhaltliche Ordnung der Schilderung bei genauerer Betrachtung aber nicht gestört wird, - zwar scheinbar Bruchstücke über die gesamte Schilderung verstreut sind, es sich aber lediglich um inhaltliche Wiederholungen handelt, die immer wieder eingestreut werden.

3. Quantitativer Detailreichtum

In dieser Kategorie soll bewertet werden, wieviele Details die Schilderung enthält. Werden zahlreiche Einzelheiten geschildert und präzise Angaben zum Handlungsverlauf gemacht, dann sind die Anforderungen an das Merkmal des Detailreichtums erfüllt.
Das läßt sich daran ablesen, daß nicht nur in groben Zügen das Hauptgeschehen dargestellt wird, sondern die aussagende Person auch auf nebensächliche Umstände und auf Rahmenbedingungen eingeht, daß präzise Orts- und Zeitangaben gemacht, Gespräche wiedergegeben, Beteiligte und Gegenstände in verschiedener Hinsicht beschrieben und Handlungen Schritt für Schritt dargestellt werden.
Ein Detail kann ein Sachverhalt sein, der in einem ganzen Satz beschrieben wird, aber auch ein einzelnes Wort kann als Detail gewertet werden. So kann beispielsweise auch eine einfache Verneinung, sofern sie einen Informationswert hat, als Detail bezeichnet werden.
Es werden jedoch nur **beobachtete** Details gezählt und nur solche, die neu hinzukommen. Inhaltliche Wiederholungen bereits geschilderter Einzelheiten werden in dieser Kategorie nicht gezählt, es sei denn, es werden die bereits erwähnten Details mit neuer Information verknüpft. In diesem Falle zählen die neu hinzugekommenen Informationen als Details.

Beispiel für eine...

extrem detailarme Schilderung:

Ich wollte über die Straße laufen, da kam das Auto und hat mich umgefahren. Dann mußte ich ins Krankenhaus. Dann war ich wieder zu Hause.

sehr detailreiche Schilderung:

Ich wollte da, wo die Marienstraße vierspurig ist, rüberlaufen zu dem Kiosk auf der anderen Seite, weil ich da nachmittags um vier Uhr für meine Mutter immer Zigaretten kaufe. An der Stelle ist zwar eine Ampel, die ist aber immer so lange rot, daß ich immer einfach so rüber laufe. Und in dem Moment kam plötzlich dieser alte, rote Mercedes auf mich zu und hat mich voll erwischt. Der Mann ist gleich rausgesprungen und zu mir gerannt. Der hatte einen Schnurrbart, schwarze Haare und total viele Sommersprossen. Und der hat mich gefragt: „Ist dir was passiert?", und ich habe geantwortet: „Mein Bein tut total weh". Und dann hat er sein Handy, das war so ein ganz winziges, blaues, rausgeholt und hat der Polizei gesagt, daß er in der Marienstraße ein Kind angefahren hat. Der Krankenwagen kam dann auch bald; die haben mich auf so eine Liege gepackt und reingeschoben, dabei haben sie gesagt: „Keine Angst, das wird schon wieder alles gut!"....

Kommentar: Dieses Beispiel soll verdeutlichen, wie unterschiedlich im Hinblick auf den Detailreichtum dieselbe Handlung erzählt werden kann. Dabei sei darauf hingewiesen, daß es sich hier natürlich nur um einen Ausschnitt handelt, und daß detailreiche Schilderungen in dieser extremen Ausprägung (Version 2) - insbesondere bei jüngeren Kindern - sehr selten zu finden sind.

„Quantitativer Detailreichtum" ist:

gegeben, wenn	**nicht** gegeben, wenn
- präzise Orts- und Zeitangaben gemacht werden, - Handlungen Schritt für Schritt wiedergegeben werden (was nicht bedeuten soll, daß im Laufe der Aussage keine zeitlichen Rückgriffe erfolgen), - Personen und Gegenstände genau beschrieben werden, - auch Nebensächlichkeiten berichtet werden, - Gespräche genau wiedergegeben werden, - die Handlung einen Rahmen bekommt.	- bereits erwähnte Einzelheiten wiederholt genannt werden (nur neu hinzukommende Details haben einen Informationswert), - das Hauptgeschehen nur skelettartig dargestellt wird, - die Schilderung sehr vage bleibt.

Spezielle Inhalte

Der Komplex „Spezielle Inhalte" beantwortet die Frage, in welcher Art und Weise der Inhalt dargeboten, wie das Geschehen geschildert wird. Die Merkmale dieses Komplexes lassen sich (im Gegensatz zum 1. Komplex) konkret an bestimmten Textstellen festmachen und kennzeichnen. Sie sind in der Regel auch ohne Kenntnis des Gesamtzusammenhangs bewertbar. Die entsprechenden Textstellen werden signiert, und neben der numerischen Kategorien-Bezeichnung wird zusätzlich in Klammern der jeweilige Ausprägungsgrad am Textrand vermerkt.

4. Kontextuelle Einbettung

In dieser Kategorie soll festgehalten werden, ob in der Darstellung des Hauptgeschehens Bezüge zu **örtlichen** Verhältnissen, **zeitlichen** Gegebenheiten, **Gewohnheiten** und **Lebensumständen** des Aussagenden selbst oder seiner Verwandtschaft und Bekanntschaft hergestellt werden. Das Geschehen **wird nicht losgelöst vom Lebensraum und der Lebensgestaltung des Aussagenden** (und des Angeschuldigten) dargestellt, sondern als (wenn auch nur vorübergehender) **Teil dieses Lebens** erlebt und beschrieben.

Dieses Merkmal soll aufgrund seiner Komplexität im folgenden differenzierter betrachtet und dafür in drei Subkategorien unterteilt werden: „Zeitliche Einordnung" (4a), „Räumliche Einordnung" (4b), „Einordnung in Lebensgewohnheiten/-umstände Beteiligter" (4c)". Da jedoch nicht davon ausgegangen wird, daß die drei Aspekte völlig unabhängig voneinander sind, können innerhalb der Kategorie 4 Mehrfachkodierungen erfolgen.

4a. Zeitliche Einordnung

In dieser Subkategorie wird registriert, ob der Aussagende das Hauptgeschehen zeitlich einordnet. Diese Einordnung kann sowohl mit Hilfe **abstrakter** zeitlicher Begriffe erfolgen (durch Angabe von Datum, Kalenderjahr, Uhrzeit), als auch durch **konkrete** Zeitbegriffe (kurz vor Weihnachten, vor den Ferien, nach meinem 7. Geburtstag).

In dieser Kategorie wird auch die Angabe einer **Handlungsdauer** signiert. Wichtig ist, daß vage Zeitangaben nicht berücksichtigt werden.

Das Merkmal 4a läßt sich insofern qualitativ als einfach (1) und stark ausgeprägt (2) differenzieren, als es sich bei Merkmal 4a (1) um eine ungefähre oder schlichte zeitliche Einordnung handelt, während für die Signierung als 4a (2) sehr präzise Angaben, die über die Frage hinaus gehen, oder eine Kombination abstrakter und konkreter Zeitbegriffe erforderlich sind.

Beispiele:

- Das war am [Donnerstag vor den großen Ferien]. 4a (2)

Kommentar: Hier findet die Einordnung auf abstrakter (Donnerstag) und konkreter (vor den großen Ferien) Ebene statt. Das Merkmal ist stark ausgeprägt.

- Das war am [vierten sechsten um elf Uhr dreißig]. 4a (2)

Kommentar: Die zeitliche Einordnung ist sehr präzise, daher ist das Merkmal stark ausgeprägt.

- Das dauerte so [drei, vier Stunden] und dann konnte ich nach Hause. 4a (1)

Kommentar: Hier liegt eine einfache Schätzung der Zeitdauer vor. Das Merkmal ist einfach ausgeprägt.

- Das war [morgens]. 4a (1)

Kommentar: Hier liegt eine schlichte zeitliche Einordnung auf abstrakter Ebene statt. Das Merkmal ist einfach ausgeprägt.

- Ja und das hat dann ziemlich lange gedauert, bis ich nach Hause konnte. Keine Signierung!
- So morgens oder mittags ist das passiert. Keine Signierung!

Kommentar: Diese Zeitangaben sind zu vage. Das Merkmal ist nicht vorhanden.

„Zeitliche Einordnung" ist:

zu signieren, wenn	**nicht** zu signieren, wenn
- Zeitangaben abstrakter Art gemacht werden, - konkrete Zeitangaben gemacht werden, - der Aussagende genaue Angaben über die Dauer einer Handlung oder eines Handlungsabschnittes macht, - der Aussagende einen Zeitpunkt oder eine Zeitdauer schätzt, ohne sich dabei auf vage Angaben zu beschränken.	- sehr vage Zeitangaben gemacht werden, - stereotype Angaben zur Dauer oder zur Tageszeit gemacht werden, - der Aussagende zwar eine Schätzung ankündigt, dann jedoch den Rahmen der Schätzung so weit spannt, daß die Angaben keinen Informationswert mehr haben.

4b. RÄUMLICHE EINORDNUNG

In dieser Subkategorie soll festgehalten werden, ob der Handlungsablauf mit **örtlichen Verhältnissen** verknüpft wird. Beispielsweise können Landschafts- oder Gebäudegegebenheiten oder die Anordnung des Mobiliars im Zusammenhang mit dem Handlungsverlauf geschildert werden.
Entscheidend ist, daß nur räumliche Details signiert werden, die vom Aussagenden mit der Handlung verknüpft werden. Eine ausführliche Beschreibung eines vertrauten Handlungsortes beispielsweise, bei der Details aufgezählt werden, die der Aussagende täglich sieht, die aber nicht mit der Handlung verknüpft werden, wird nicht in dieser Kategorie registriert, sondern erhöht den quantitativen Detailreichtum (Merkmal 3). Die Verknüpfung kann auch durch eine Frage des Interviewers erfolgen.
Das Merkmal 4b läßt sich insofern qualitativ als einfach (1) und stark ausgeprägt (2) differenzieren, als es sich bei Merkmal 4b (1) um eine kurze Erwähnung einer mit der Handlung in Zusammenhang stehenden Örtlichkeit handeln kann, während für die Signierung als 4b (2) eine ausführlichere Erläuterung erforderlich ist.

Beispiele:

- In dem [Raum da stand so ein Sofa], da hat er mich dann draufgelegt. 4b (1)

Kommentar: Hier wird eine Beschreibung der Räumlichkeit mit dem Handlungsverlauf verknüpft. Eine ausführliche Beschreibung erfolgt nicht. Das Merkmal liegt in einfacher Ausprägung vor.

- Also da ist [hinter der Fabrik so ein Garten, da kann man durchfahren, dann ist da eine hohe Wand und daneben führt ein Durchgang direkt auf die Straße und wenn man an der Stelle rauskommt, kann man nicht viel sehen, an der Stelle bin ich dann angefahren worden]. 4b (2)

Kommentar: Die räumliche Anordnung wird hier sehr konkret geschildert und selbständig eine Verknüpfung zum Geschehen hergestellt. Auf der Grundlage dieser Beschreibung kann man sich die Örtlichkeiten plastisch vorstellen. Wenn man einen Film über den Unfall drehen wollte, könnte man anhand dieser Beschreibung problemlos die Kulisse aufbauen. Das Merkmal ist stark (eigentlich sogar extrem) ausgeprägt.

- Wie soll das da schon ausgesehen haben, Straße, Boden, Autos, Schilder, Laternen. Keine Signierung!
- Ich bin auf der Straße von einem Auto überfahren worden. Keine Signierung!

Kommentar: Die Beschreibung ist (im ersten Fall) eher vage bis klischeehaft. Man hat nicht den Eindruck, daß der Aussagende ein Bild vor Augen hat. Im zweiten Fall handelt es sich um eine Selbstverständlichkeit. Das Merkmal ist nicht vorhanden.

- *An der Stelle, wo das passiert ist, wie hat die Umgebung da ausgesehen?* Da war auch eine [Bushaltestelle und so eine Parkuhr]. 4b (1)

Kommentar: Es wird eine relativ schlichte Beschreibung der Örtlichkeiten geliefert, die Verknüpfung mit dem Geschehen findet durch die Frage statt. Das Merkmal ist einfach ausgeprägt.

„Räumliche Einordnung" ist:

zu signieren, wenn	**nicht** zu signieren, wenn
- von Einzelheiten des Handlungsortes berichtet wird, die mit der Handlung in Verbindung gebracht werden, - örtliche Verhältnisse wie z.B. Landschafts- oder Gebäudegegebenheiten oder die Anordnung des Mobiliars beschrieben werden, denen im weiteren Handlungsverlauf noch eine Bedeutung zukommt.	- zwar eine Vielzahl von räumlichen Details wiedergegeben wird, diese aber nicht mit der infragestehenden Haupthandlung verknüpft werden, - stereotype Einbettungsversuche unternommen werden, der Aussagende also versucht, fehlende Information dem Alltagswissen zu entnehmen und in seine Darstellung einzubauen.

4c. Einordnung in Lebensgewohnheiten Beteiligter

In dieser Subkategorie soll festgestellt werden, ob der Aussagende das Geschehen in sein eigenes Leben einordnet. Hierhin gehören eigene Lebensgewohnheiten und -verhältnisse und die des Verwandten- und Bekanntenkreises. Auch Lebensgewohnheiten des Angeschuldigten werden in dieser Kategorie signiert.

Das Merkmal 4c läßt sich insofern qualitativ als einfach (1) und stark ausgeprägt (2) differenzieren, als für Merkmal 4c (1) nur ein einfacher Bezug hergestellt werden muß, während für die Signierung als 4c (2) der Bezug zu Lebensgewohnheiten oder momentanen Lebensumständen Beteiligter näher ausgeführt wird.

Beispiele:

- Das ist passiert, als ich auf dem Weg zum [Klavierunterricht] war. 4c (1)
- Ich [fahre immer mit dem Fahrrad zur Schule]und auf dem Weg... 4c (1)
- [Wir schnallen uns nie an im Auto] deswegen sind wir so rumgeflogen. 4c (1)

Kommentar: Dies sind einfache Bezüge zu Lebensgewohnheiten Beteiligter. Das Merkmal ist einfach ausgeprägt, wird aber nicht näher ausgeführt.

- Wir machen eine [Familientherapie, weil Papa so viel trinkt und er uns dann immer so verprügelt; da fahren wir jedes Wochenende hin] und auf dem Weg ist das dann passiert. 4c (2)

Kommentar: Hier liegt eine Einbettung in sehr spezielle Lebensumstände und –Gewohnheiten vor, der Bezug wird näher ausgeführt (4 Aspekte!). Das Merkmal ist stark ausgeprägt.

- Das war zur [Hortzeit]. 4c (1) + 4a (1)

Kommentar: Hier ist eine Doppelkodierung erlaubt. Es handelt sich sowohl um Lebensumstände (nachmittags bin ich im Hort), als auch um eine konkrete zeitliche Einordnung (nachmittags). Beide Aspekte sind einfach ausgeprägt.

- Am liebsten spiele ich Nintendo. Keine Signierung!

Kommentar: Hier handelt es sich zwar um eine Neigung des Aussagenden, diese ist jedoch für das in Frage stehende Ereignis irrelevant.

- Ich bin zum Schwimmen gefahren. Keine Signierung!

Kommentar: Hier handelt es sich nicht um eine Lebensgewohnheit, da kein Hinweis darauf gegeben wird, daß der Aussagende regelmäßig zum Schwimmen geht. Zudem wird kein Zusammenhang zum Geschehen hergestellt.

„Lebensgewohnheiten/-Verhältnisse Beteiligter" sind:

zu signieren, wenn	**nicht** zu signieren, wenn
- Verknüpfungen mit persönlichen Lebensumständen des Aussagenden oder seiner Verwandtschaft oder Bekanntschaft vorgenommen werden, - Verknüpfungen mit den Lebensumständen des Angeschuldigten vorgenommen werden, - Angewohnheiten oder Schrullen Beteiligter wiedergegeben werden.	- stereotype Einbettungsversuche unternommen werden, der Aussagende also versucht, mögliche Informationslücken durch Alltagserfahrung zu füllen, - einfache Einleitungen der Geschichte vorliegen, die keine „lebensspezifische" Verknüpfung darstellen (z.B. Ich wollte zum Schwimmen fahren), - irrelevante Gewohnheiten geschildert werden.

5. Schilderung von Interaktionen

In dieser Kategorie soll überprüft werden, ob Handlungen geschildert werden, die sich im Sinne von **Aktion und Reaktion** gegenseitig bedingen und aufeinander beziehen. Im Gegensatz zur folgenden Gesprächskategorie geht es hier um **nonverbale** Interaktionen. Entscheidend ist, daß konkret geschildert wird, wer was auf welche Art und Weise tut.
Von Interesse sind insbesondere **Handlungsketten**. Diese sind definiert als ursächlich verbundene Handlungsketten von mindestens zwei Personen, wobei eindeutig erkennbar sein muß, von welcher Person welche Handlung ausgeführt wurde. Handlungsketten setzen sich aus mindestens drei Handlungselementen zusammen, aus **Aktion, Reaktion und Re-Reaktion**. Interaktionen sind als sehr konkret zu bezeichnen, wenn Aktionen sehr detailliert und ausführlich geschildert werden, so daß die Schilderung sehr plastisch wirkt, und man als Zuhörer in der Lage wäre, die Szene nachzustellen.
Das Merkmal 5 läßt sich insofern qualitativ als einfach (1) und stark ausgeprägt (2) differenzieren, als es für die Signierung als 5 (1) genügt, daß eine Aktion und eine Reaktion geschildert werden, während für die Signierung als 5 (2) die flüssige Schilderung einer ursächlichen Handlungskette erforderlich ist. Flüssig vorgetragen ist eine Handlungskette dann, wenn Aktion, Reaktion und Re-Reaktion ohne Unterbrechung durch den Interviewer oder den Aussagenden selbst vorgetragen werden.

Beispiele:

- Da war auch eine Frau, die hat auf mich aufgepaßt, und der Mann ist zur Telefonzelle gerannt, um die Polizei zu rufen. Keine Signierung!

Kommentar: Die Handlungen der Beteiligten sind nicht aufeinander bezogen, sondern laufen parallel zueinander ab. Das Merkmal ist nicht vorhanden.

- Dann hat ein Mann mir [seine Jacke hingelegt, und ich habe mich draufgesetzt]. 5 (1)

Kommentar: Die Handlungen lassen sich bestimmten Personen zuordnen und sind aufeinander bezogen. Hier liegt eine Interaktion einfacher Ausprägung vor.

- Und dann sind alle ineinander gefahren und wir haben uns überschlagen. Keine Signierung!

Kommentar: Hier wird nicht deutlich, wer was macht. Das Merkmal ist nicht vorhanden.

- [Der hat mich so am Handgelenk festgehalten, um mir eine Spritze zu geben, da hab ich versucht, meinen Arm so rauszuwinden, da hat er mich noch fester gehalten]. 5 (2)

Kommentar: Bei diesem Beispiel sind die Mindestanforderungen an eine Handlungskette erfüllt: Die Kausalkette aus Aktion, Reaktion und Re-Reaktion ist erkennbar und einzelnen Personen zuzuordnen. Die Szene ist gut vorstellbar. Damit ist das Merkmal stark ausgeprägt.

„Interaktionen" sind:

zu signieren, wenn	**nicht** zu signieren, wenn
- **Handlungen von mindestens zwei Personen geschildert werden, die sich gegenseitig bedingen,** - **sowohl Aktion als auch Reaktion beschrieben werden,** - **vom Aussagenden jede Handlung eindeutig einer bestimmten Person zugeordnet wird,** - Handlungen konkret beschrieben werden, - ursächliche Handlungsketten geschildert werden, - die räumliche Position der beteiligten Personen zueinander durch die Schilderung vorstellbar wird.	- nicht erkennbar ist, welcher Person welche Handlung zuzuordnen ist, - zwar die Reaktion, nicht aber die Aktion geschildert wird und /oder eindeutig zugeordnet werden kann, - mehrere Handlungen verschiedener Personen geschildert werden, die zum gleichen Zeitpunkt ausgeführt wurden, die aber nicht ursächlich miteinander verknüpft sind, - Handlungen nur grob angedeutet werden und nicht klar wird, wer was wie gemacht hat.

6. Wiedergabe verbaler Äußerungen

Verbale Äußerungen umfassen sowohl Einzeläußerungen als auch Dialoge. Beide sollen zwecks differenzierterer Betrachtung in getrennten Subkategorien registriert werden.

6a. Wiedergabe von Einzeläußerungen

Einzeläußerungen können sowohl in direkter als auch in indirekter Rede wiedergegeben werden, wobei die Wiedergabe direkter Rede konkreter ist. Dabei muß die Äußerung einer bestimmten Person zugeordnet werden können. Werden längere Monologe mehrerer Einzeläußerungen einer Person reproduziert, dann wird jedes inhaltlich neue Thema als Einzeläußerung signiert. Einwortäußerungen, die eine schlichte Bejahung oder Verneinung beinhalten, werden in dieser Kategorie nicht signiert, sie werden als Details eingeordnet (Merkmal 3).

Bei der Schilderung eines Turbulenzgeschehens kann man insbesondere von jüngeren Kindern nicht erwarten, daß immer differenziert angegeben wird, welche Einzelperson welchen Satz gesagt hat. Die Polizei oder die Ärzte oder die Helfer werden in einer turbulenten Situation möglicherweise nicht als Einzelpersonen, sondern eher als Einheit, als Vertreter einer Gruppe gesehen, so daß es nicht verwunderlich ist, wenn ausgesagt wird, daß „*die* Polizei" oder „*die* Ärzte" Einzeläußerungen von sich gegeben haben. Ist trotz der undifferenzierteren Ausdrucksweise zu erkennen, welche Partei was geäußert hat, dann gilt das Merkmal als vorhanden.

Das Merkmal 6a läßt sich insofern qualitativ als einfach ausgeprägt (1) und stark ausgeprägt (2) differenzieren, als es sich bei Merkmal 6a (1) um eine einfache, wenig konkrete Wiedergabe eines Gesprächsinhalts handelt, während für die Signierung als 6a (2) eine größere Konkretheit gegeben sein soll. **Konkret** kann eine Äußerung beispielsweise dadurch werden, daß **wortwörtlich zitiert** oder die Äußerung in **direkter Rede** wiedergegeben wird, **daß milieuspezifisches Vokabular** verwendet wird oder **unterschiedliche Haltungen Beteiligter** deutlich werden.

Beispiele:

- Und dann rief er: [„Das nächste Mal paßt du gefälligst etwas besser auf!"] 6a (2)
- Wo der Polizist sie gefragt hat, [hat sie gesagt, sie hätte mich nicht gesehen, ich hätte kein Licht angehabt. Hatte ich aber.] 6a (2)

Kommentar: Hier liegen Einzeläußerungen starker Ausprägung vor. Beim ersten Beispiel ergibt sich der Ausprägungsgrad aus der Konkretheit der Äußerung, beim zweiten Beispiel dadurch, daß unterschiedliche Haltungen Beteiligter deutlich werden.

- Er hat mich [gefragt, wie das passiert ist]. 6a (1)

Kommentar: Es wird deutlich, wer etwas geäußert hat, die Äußerung ist wenig konkret. Damit ist das Merkmal einfach ausgeprägt.

- *Und hast du irgendwas gesagt?* Ich habe „nein" gesagt. Keine Signierung!

Kommentar: Eine einfache Verneinung auf Nachfrage gilt nicht als Einzeläußerung.

- Der hat auch sowas Komisches zu mir gesagt, das kann ich gar nicht aussprechen. Keine Signierung!
- Die hat die ganze Zeit so Sachen gefragt. Keine Signierung!

Kommentar: Über den Inhalt der Äußerungen wird in beiden Fällen nichts ausgesagt.

- Die haben [gesagt, daß ich da mal hinfahren soll]. 6a (1)

Kommentar: Sofern aus dem hier nicht vorhandenen Kontext deutlich wird, wer mit „die" gemeint ist, liegt eine schwache Ausprägung des Merkmals vor.

„Einzeläußerungen" sind:

zu signieren, wenn	**nicht** zu signieren, wenn
- **Gesprächsinhalte klar einzelnen Personen (mindestens aber abgrenzbaren Parteien) zuzuordnen sind,** - Einzeläußerungen in direkter oder indirekter Rede geschildert werden, - Einzeläußerungen mehr enthalten als eine einfache Verneinung oder ein Bejahen der Interviewerfragen.	- zwar ausgesagt wird, daß eine Unterhaltung stattgefunden hat, aber keine Angaben über Inhalte gemacht werden können, - Gesprächsinhalte wiedergegeben werden, ohne daß erkennbar ist, welcher Person oder Partei diese Äußerung zuzuordnen ist, - ein schlichtes Bejahen oder eine Verneinung als Äußerung angegeben wird, - ein Gespräch (Merkmal 6b) stattfindet.

6b. Wiedergabe von Gesprächen

Die Wiedergabe von Gesprächsinhalten kann in direkter wie in indirekter Rede erfolgen. Entscheidend ist, daß klar erkennbar ist, welche Gesprächsinhalte von welcher Person geäußert wurden. Für eine Signierung innerhalb dieser Kategorie bedarf es **mindestens zwei abgrenzbarer Einzeläußerungen unterschiedlicher Personen**, die sich im Sinne von Frage und Antwort oder Äußerung und Erwiderung **aufeinander beziehen**.
Handelt es sich bei der Antwort um ein schlichtes Bejahen oder Verneinen, so gelten diese Äußerungen nur dann als (schwacher) Dialog, wenn sie flüssig berichtet werden. Muß vom Interviewer nachgebohrt werden, dann reicht eine solche Antwort für die Erfüllung der Merkmalsanforderungen nicht aus. Wird der Dialog aber ausführlicher weitergeführt, dann ist das Merkmal vorhanden.
Stehen die Einzeläußerungen zweier Personen offensichtlich beziehungslos nebeneinander, dann handelt es sich nicht um ein Gespräch im definierten Sinne. Derartige Äußerungen werden dementsprechend in dieser Subkategorie nicht berücksichtigt, sondern als Einzeläußerungen (zweimal 6a) registriert.
Werden längere Unterhaltungen ohne Unterbrechung geschildert, dann wird **bei jedem Themenwechsel ein neues Gespräch** signiert.
Das Merkmal 6b läßt sich insofern qualitativ als einfach (1) und stark ausgeprägt (2) differenzieren, als es sich bei Merkmal 6b (1) um einen einfachen Dialog handelt, während für die Signierung als 6b (2) die Wiedergabe einer Dialogkette oder eines außergewöhnlich konkreten Dialoges erforderlich ist.

Beispiele:

- [Der hat mich gefragt, ob ich Schmerzen habe, da habe ich gesagt: „Ja, mein Bein tut weh."] 6b (1)

Kommentar: Die Gesprächsbeiträge lassen sich einzelnen Personen zuordnen. Damit ist das Merkmal einfach ausgeprägt.

- [Sie hat mich gefragt, ob meine Mutter auch da ist, und ich hab gesagt: „Ja."] 6b (1)

Kommentar: Die Antwort ist zwar ein schlichtes Bejahen, wird aber flüssig geschildert. Damit ist das Merkmal einfach ausgeprägt.

- [Der Polizist hat gesagt, er soll seinen Führerschein zeigen, da hat er gesagt: „Ich hab gar keinen." Da hat der Polizist gemeint, daß er auf's Revier mit muß, wenn er keinen hat. Da hat der Mann gesagt: „Ich hab ja einen, ich hab ihn bloß nicht mit."] 6b (2)

Kommentar: Hier wird eine Dialogkette geschildert, in der deutlich wird, welche Person was gesagt hat. Zudem ist die Schilderung durch teilweise wörtliche Rede sehr konkret. Das Merkmal ist dementsprechend stark ausgeprägt.

- Und dann haben die sich darüber unterhalten, was jetzt passieren soll. Keine Signierung!

Kommentar: Hier wird nicht klar, welche Person was zum Gespräch beigetragen haben soll. Das Merkmal ist nicht vorhanden.

„Gespräche" sind:

zu signieren, wenn	**nicht** zu signieren, wenn
- **Gesprächsinhalte klar einzelnen beteiligten Personen oder Institutionen zuzuordnen sind,** - **mindestens zwei Einzeläußerungen verschiedener Personen wiedergegeben werden, die sich aufeinander beziehen,** - Dialoge in direkter Rede geschildert werden, - Dialoge in indirekter Rede geschildert werden.	- zwar ausgesagt wird, daß eine Unterhaltung stattgefunden hat, aber keine Angaben über Inhalte gemacht werden können, - Gesprächsinhalte wiedergegeben werden, ohne daß erkennbar ist, welcher Person (Partei) welche Äußerung zuzuordnen ist, - mehrere Einzeläußerungen zusammenhangslos nebeneinander stehen, - nur der Inhalt einer Äußerung deutlich wird, - nur der Inhalt einer Äußerung eindeutig einer Partei zugeordnet werden kann

7. UNERWARTETE HANDLUNGSKOMPLIKATIONEN

In dieser Kategorie soll bewertet werden, ob es im Verlauf der Handlung zu unvorhergesehenen Komplikationen kommt. Als „Komplikationen" gelten plötzlich auftauchende Hindernisse, vergebliche Bemühungen, wiederholte Versuche, enttäuschte Erwartungen, Mißerfolge im Handlungsfortgang, Äußerungen, durch die etwas erreicht werden sollte, die sich später aber als bloßer Vorwand herausstellen, unerwartete Vorgänge oder Äußerungen, die nicht den gewünschten Erfolg zeigen (beispielsweise widersetzt sich das Opfer den Forderungen).
Die Komplikation tritt für den Täter oder das Opfer oder für beide überraschend ein. Komplikationen zeichnen sich dadurch aus, daß der **Handlungsablauf** dadurch abgebrochen oder **zumindest kurzfristig unterbrochen** wird und/oder die Handlung anschließend einen **anderen als den ursprünglich geplanten Verlauf** nimmt.
Dabei muß beachtet werden, daß das plötzliche Eintreten eines Unfalls Teil des Unfallgeschehens ist und ansich keine Handlungskomplikation darstellt.
Handlungskomplikationen werden im Hauptgeschehen signiert; im Nebengeschehen nur dann, wenn sie eine Bedeutung für den Handlungsverlauf haben.
Das Merkmal 7 läßt sich insofern qualitativ als einfach (1) und stark ausgeprägt (2) differenzieren, als es sich bei Merkmal 7 (1) um einfache Komplikationen handelt, während für die Signierung als 7 (2) länger dauernde oder ausführlicher geschilderte Komplikationen (Versuch – Abbruch – erneuter Versuch) notwendig sind.

Beispiele:

- Und der Krankenwagenfahrer hat dann kurz vor Osnabrück noch [die falsche Abfahrt genommen, da mußten wir wieder umkehren und nochmal auf die Autobahn drauf fahren.] Aber beim zweiten Mal ist er richtig abgefahren. 7 (2)
- [Erst haben sie mir am rechten Arm Blut abnehmen wollen, aber das klappte nicht. Dann haben sie die Nadel da wieder rausgezogen und sie am anderen Arm nochmal reingepiekt.] 7 (2)

Kommentar: Bei diesen Aussagen werden die Handlungskomplikationen ausführlich geschildert; Versuch, Abbruch und erneuter Versuch sind deutlich erkennbar. Der Handlungsverlauf ist gestört, jedoch nicht abgebrochen. In beiden Beispielen ist das Merkmal stark ausgeprägt.

- Die wollten mich ins Krankenhaus bringen, [da hab ich mich losgerissen und bin weggerannt, weil ich nicht ins Krankenhaus wollte. Die haben mich dann aber doch wieder eingefangen] und hingebracht. 7 (2)

Kommentar: Hier wird der Handlungsverlauf durch die unerwartete Flucht unterbrochen.

- Wir sind so ganz gemütlich da lang gefahren und dann kam plötzlich aus einer Ecke ein roter Wagen rausgeschossen und hat mich voll erwischt. Keine Signierung!

Kommentar: Hier wird das überraschende Eintreten des Unfallereignisses selbst dargestellt. Es liegt keine Komplikation vor.

- Sie wollte mich trösten, aber ich wollte das nicht, ich habe ganz laut geschrien, da hat sie es gelassen.] 7 (1)
- Der Motorradfahrer [wollte erst abhauen, aber dann hat der Mann ihn aufgehalten.] 7 (1)
- Eigentlich wollten sie mir einen Verband machen, [aber dann hatten sie keinen mehr.] 7 (1)

Kommentar: Hier werden Komplikationen einfachen Ausprägungsgrades geschildert. In beiden Fällen handelt es sich um Störungen des Handlungsverläufes, die Handlung nimmt im Anschluß einen anderen Verlauf.

- Ich wollte über die Straße fahren, aber da kam ein Auto, [deshalb bin ich stehen geblieben. Das Auto ist aber auch stehen geblieben, da bin ich wieder losgefahren,] aber der ist gleichzeitig auch losgefahren. 7 (2)

Kommentar: Hier liegt eine erwartungswidrige Komplikation des Handlungsfortganges vor, die ausführlich und anschaulich geschildert wird. Das Merkmal ist stark ausgeprägt und in dieser Ausprägung für sich genommen schon ein starker Hinweis auf den Erlebnishintergrund einer Aussage.

„Unerwartete Handlungskomplikationen" sind:

zu signieren, wenn	**nicht** zu signieren, wenn
- gestörte oder abgebrochene Handlungsverläufe geschildert werden, - plötzlich Hindernisse auftauchen, - vergebliche Bemühungen zur Verhinderung des Handlungsfortganges geschildert werden, - von wiederholten Versuchen, den Handlungsverlauf abzuwenden, berichtet wird, - es zu unerwarteten Vorgängen kommt, - Mißerfolge im Handlungsfortgang berichtet werden, - Äußerungen nicht die gewünschte Wirkung zeigen, - sich Äußerungen als Vorwand herausstellen.	- der Beginn des Unfallereignisses als plötzlich und überraschend geschildert wird, - Komplikationen im Nebengeschehen geschildert werden, die keinen Einfluß auf den weiteren Verlauf der Haupthandlung haben, - ungewöhnliche Details geschildert werden (8), - unverstandene Handlungselemente geschildert werden (10), - nicht wahrgenommene Handlungen, sondern Motive, Intentionen o.ä. geschildert wird.

Inhaltliche Besonderheiten

Der Komplex „Inhaltliche Besonderheiten“ umfaßt Merkmale, die insbesondere Auskunft über qualitative Aspekte einer Aussage geben sollen. Die Merkmale dieses Komplexes lassen sich an konkreten Textstellen festmachen. Die entsprechenden Textstellen werden signiert, und neben der numerischen Kategorienbezeichnung wird zusätzlich in Klammern der jeweilige Ausprägungsgrad am Textrand vermerkt.

8. Ungewöhnliche Einzelheiten

In dieser Kategorie wird bewertet, ob die aussagende Person auch ausgefallene Details in ihre Darstellung einfließen läßt. Dabei dürfen diese jedoch nicht unmöglich oder offensichtlich unrealistisch sein. Die Details sollten außergewöhnlich sein in dem Sinne, daß man sie in dem geschilderten Zusammenhang der Alltagserfahrung nach nicht erwarten würde, sie **nicht zum Schemawissen** über einen Verkehrsunfall und seine Folgen gehören. Details können sich auf Gegenstände, Personenbeschreibungen, Handlungen, Gesprächsbeiträge etc. beziehen. Wichtig ist, daß nur **wahrgenommene Details** gelten.
Das Merkmal 8 läßt sich insofern qualitativ als einfach (1) und stark ausgeprägt (2) differenzieren, als für eine Signierung als 8 (1) die kurze Erwähnung einer schemainkonsistenten Einzelheit genügt, während für die Signierung als 8 (2) der ungewöhnliche Aspekt näher ausgeführt werden oder wirklich außergewöhnlich sein muß.

Beispiele:

- Dann hat die Ärztin ihren Notarzt-Koffer aufgemacht und hat da ein [Stofftier] rausgeholt. Das hat sie mir geschenkt. 8 (1)

Kommentar: Diese Einzelheit ist denkbar und schemainkonsistent.

- Dann haben die [Straßenreiniger], die gerade da waren, angeboten, mich ins Krankenhaus zu fahren, die mußten nämlich sowieso zurück in die Stadt und kommen am Krankenhaus vorbei. 8 (2)

Kommentar: Hier liegt ein außergewöhnliches Detail vor, das noch näher ausgeführt wird. Das Merkmal ist stark ausgeprägt.

- Ja und der Mann hatte ein grünes Hemd an und trug eine Sonnenbrille und hatte einen Verbandskasten im Auto, der war klein und hatte ein Kreuz drauf. Keine Signierung!

Kommentar: Hier werden viele beobachtete Details berichtet, die jedoch nicht schemainkonsistent sind. Sie erhöhen den Detailreichtum, sind aber nicht ungewöhnlich.

„Ungewöhnliche Einzelheiten“ sind:

zu signieren, wenn	**nicht** zu signieren, wenn
- Details erwähnt werden, die nicht zum Alltagswissen über Verkehrsunfälle gehören, diesem möglicherweise sogar widersprechen, - der Aussagende Einzelheiten schildert, die in diesem Zusammenhang überraschen, - eigentümliche oder originelle Details geschildert werden, die gleichzeitig aber denkbar und nicht unrealistisch sind.	- die geschilderten Details nicht wahrgenommen wurden, - die Einzelheiten offensichtlich unrealistisch oder unmöglich sind, - die Details dem Schemawissen entsprechen, - der Eindruck von Originalität durch die Verwendung ungewöhnlicher Begriffe entsteht, - es sich um überflüssige aber nicht originelle Details handelt.

9. Überflüssige Einzelheiten

In dieser Kategorie sollen Details registriert werden, die **mit dem Handlungsverlauf** an sich **nichts zu tun** haben, die für die Darstellung und Erläuterung des Hauptgeschehens somit unnötig sind (was nicht gleichzusetzen ist damit, daß der Aussagende selbst die Schilderung dieser Details für unnötig hält), die aber in der Schilderung des Hauptgeschehens enthalten sind. Nebensächliche Einzelheiten können nur im Hauptgeschehen vorkommen.
Signiert werden nur solche Details, die *nicht* schemainkonsistent sind, ungewöhnliche Details werden in dieser Kategorie *nicht* registriert.
Das Merkmal 9 läßt sich insofern qualitativ als einfach (1) und stark ausgeprägt (2) differenzieren, als es sich bei Merkmal 9 (1) um eine kurze Erwähnung eines überflüssigen Sachverhaltes oder Details handelt, während für die Signierung als 9 (2) genauer (nicht ausschweifender!) darauf eingegangen werden muß.

Beispiele:

- In der Notaufnahme gab es da, wo wir warten mußten, einen [Automaten mit Tee]. 9 (1)

Kommentar: Der Teeautomat ist überflüssig, wird aber (gerade noch) im Zuge des Hauptgeschehens erwähnt.

- Der Arzt, der mich behandeln sollte, war vorher gerade mit Inlineskates zum Krankenhaus gekommen. Keine Signierung!

Kommentar: Die Inlineskates sind zwar für die Schilderung des Hauptgeschehens unnötig, gleichzeitig aber nicht schemakonsistent. Es handelt sich also um ein ungewöhnliches Detail, welches nicht in die Kategorie der überflüssigen Details gehört.

- Da, wo ich auf der Straße gesessen habe, lagen am Rand so [Zigarettenkippen rum, wo Lippenstift dran] war. 9 (2)

Kommentar: Hier ein wahrgenommenes nebensächliches Detail sehr genau, jedoch nicht ausschweifend beschrieben. Damit ist das Merkmal stark ausgeprägt.

„Überflüssige Einzelheiten" sind:

zu signieren, wenn	**nicht** zu signieren, wenn
- **beobachtete Details** geschildert werden, **die mit dem Handlungsverlauf selbst nichts zu tun haben, aber im Zusammenhang mit dem Hauptgeschehen erwähnt werden,** - **Einzelheiten** geschildert werden, **die überflüssig, dabei aber nicht überraschend sind,** - präzise Beobachtungen geschildert werden, ohne daß der Aussagende weitschweifig vom eigentlichen Thema abdriftet.	- geschilderte Details schemainkonsistent sind, - es sich um Einzelheiten handelt, die einen Bezug zum Handlungsverlauf haben, - geschilderte Details unmöglich sind, - es sich um Details handelt, denen im weiteren Verlauf der Handlung doch noch eine Bedeutung zukommt, - einfach das Thema gewechselt wird, ohne daß ein erkennbarer Zusammenhang zwischen den Themen besteht, - Nebengeschehen detailreich geschildert wird.

10. Phänomengemäße Schilderung unverstandener Handlungselemente

Eine Kodierung innerhalb dieser Kategorie soll dann erfolgen, wenn beobachtete Handlungen ihrem Erscheinungsbild nach beschrieben werden, gleichzeitig aber klar wird, daß der Aussagende die Bedeutung dieser Handlungen bis zum Zeitpunkt der Aussage nicht verstanden hat. Dessen muß die aussagende Person sich nicht bewußt sein; häufig bringen Kinder mit größter Überzeugung ihre eigenen (falschen) Erklärungen für Phänomene vor. Diese falschen Interpretationen von Beobachtungen werden ebenso als „phänomengemäße Schilderung unverstandener Handlungselemente" gekennzeichnet, wie Äußerungen, die deutlich machen, daß der Aussagende sich die wahrgenommenen Geschehnisse selbst nicht erklären kann.
Voraussetzung für eine Kodierung ist dann, daß die aussagende Person trotzdem **fest davon überzeugt** ist, das Geschilderte **tatsächlich genau so wahrgenommen** zu haben. Deshalb sollte die Schilderung des Wahrgenommenen nicht vage, sondern konkret sein. **Nicht** in diese Kategorie gehören Äußerungen von Unverständnis, die auf **mangelnde Aufmerksamkeit, Wahrnehmungsdefizite** oder **Erinnerungslücken** zurückgeführt werden können.
Das Merkmal 10 läßt sich insofern qualitativ als einfach (1) und stark ausgeprägt (2) differenzieren, als es sich bei Merkmal 10 (1) um eine kurze Erwähnung eines nicht verstandenen Sachverhaltes oder um die Beschreibung eines halbverstandenen Sachverhaltes handeln kann (der Begriff korrekt wiedergegeben wird, ohne daß jedoch verstanden wurde, worum es dabei genau geht), während für die Signierung als 10 (2) eine konkretere Beschreibung vorliegen und klar werden muß, daß die Bedeutung nicht verstanden wurde.

Beispiele:

- Da kriegt man so [Saugnäpfe dran mit vielen Kabeln, wie haben die das nochmal genannt, EKG oder so.] 10 (1)

Kommentar: Der unverstandene Vorgang wird mäßig genau beschrieben. Es wird deutlich, daß der Sachverhalt nicht verstanden wurde, obwohl die korrekte Bezeichnung genannt wird. Das Merkmal ist einfach ausgeprägt.

- Dann haben die mir da noch [so einen roten Schleim drauf gemacht.] 10 (1)

Kommentar: Das unverstandene Handlungselement wird kurz erwähnt. Das Merkmal ist einfach ausgeprägt.

- Da hat mir die Frau mein [Bein mit so roter Farbe angemalt. Die hat sie aus so einer Flasche gehabt, hat die auf Watte gemacht und dann damit mein Bein angemalt. Das hat gebrannt, sah aber lustig aus.] 10 (2)

Kommentar: Der unverstandene Vorgang wird konkret geschildert und eine falsche Deutung vorgenommen. Daher ist das Merkmal stark ausgeprägt.

- Die haben was mit so einem komischen Gerät gemacht, da hab ich nicht so aufgepaßt. keine Signierung!

Kommentar: Hier läßt sich das Unverständnis auf mangelnde Aufmerksamkeit zurückführen, zudem wäre die Beschreibung auch sonst zu vage. Das Merkmal liegt nicht vor.

- Es ist dann bei mir untersucht worden, ob mit meinem Herz alles in Ordnung ist. Das haben die mit diesem KGB gemacht. Keine Signierung!

Kommentar: Hier wird deutlich, daß der Aussagende die Bedeutung des EKG's verstanden hat, die korrekte Bezeichnung aber nicht kennt. In diesem Fall liegt kein unverstandenes Handlungselement vor.

„Unverstandene Handlungselemente" sind:

zu signieren, wenn	**nicht** zu signieren, wenn
- **die unverstandene Handlung konkret geschildert wird,** - **die aussagende Person von ihren Wahrnehmungen überzeugt ist,** - eindeutig ist, daß die Bedeutung einer Handlung oder Interaktion nicht verstanden wurde, - eine Handlung oder Interaktion falsch interpretiert wurde.	- Unklarheiten bestehen, weil der Aussagende sich nicht richtig erinnern kann, die Handlung nicht richtig mitbekommen hat oder nicht genau beobachten konnte, - die Darstellung nur sehr vage ist, - der Aussagende sich unglücklich ausdrückt, die Bedeutung der Handlung aber verstanden hat.

11. ASSOZIATIVE QUERVERBINDUNGEN

In dieser Kategorie soll beurteilt werden, ob assoziative Querverbindungen zwischen dem Hauptgeschehen und Handlungen herstellt werden, die dem Hauptgeschehen ähnlich sind aber zu anderer Zeit stattgefunden haben und insofern für die Schilderung des infragestehenden Geschehens nicht von Bedeutung sind.
Wichtig ist, daß diese **Handlungen dem Hauptgeschehen oder Teilen des Hauptgeschehens inhaltlich ähnlich** sind. Sie können vom Opfer selbst mit derselben Täterperson, **aber in einem anderen Zusammenhang**, oder mit einer anderen Täterperson erlebt worden sein. Sie können zeitlich gesehen vor und auch nach dem infragestehenden Erlebnis stattgefunden haben.
Die ähnliche Handlung muß auch nicht selbst erlebt sein, sie kann auch durch Gespräche oder Filme erfahren sein, also mit anderen Personen stattgefunden haben; entscheidend ist dabei, daß die Handlungen dem Hauptgeschehen inhaltlich ähnlich sind und nicht einem Teil des Nebengeschehens.
Das Merkmal 11 läßt sich insofern qualitativ als einfach (1) und stark ausgeprägt (2) differenzieren, als es sich bei Merkmal 11 (1) um eine einfache Querverbindung handelt, während für die Signierung als 11 (2) eine genauere Ausführung dieser assoziativen Querverbindung erforderlich ist.

Beispiele:

- [Als ich noch ein ganz kleines Kind war, hab ich mir schonmal das Bein gebrochen, da war das aber viel schneller wieder gut gewesen, weil das bei kleinen Knochen nicht so schlimm ist.] 11 (2)

Kommentar: Hier wird geschildert, daß der Aussagende einen Teil des Hauptgeschehens selbst früher schon einmal erlebt hat. Dabei handelt es sich nicht nur um eine kurze Andeutung, sondern die Assoziation wird genauer ausgeführt. Daher ist das Merkmal stark ausgeprägt.

- [Mein Vater hatte ein paar Wochen vorher schon meine Schwester ins Krankenhaus bringen müssen, die hatte so eine Platzwunde am Kopf, deswegen kannte er sich schon gut aus.] 11 (2)

Kommentar: Hier wird geschildert, daß eine andere Person zu einem anderen Zeitpunkt einen Teil des Hauptgeschehens (den Transport zum Krankenhaus) schon einmal erlebt hat. Da diese Assoziation genauer ausgeführt wird, ist das Merkmal stark ausgeprägt.

- [Mein Bruder hatte neulich auch einen Autounfall.] 11 (1)
- [Ich bin schon einmal mit einem Krankenwagen ins Krankenhaus gefahren worden, da war ich hingefallen.] 11 (1)

Kommentar: Bei beiden Beispielen liegt eine einfach ausgeprägte Assoziation vor, die sich im ersten Fall auf das gleiche Hauptgeschehen mit einer anderen Person und im zweiten Fall auf einen Teil des Hauptgeschehens, den dieselbe Person zu einem anderen Zeitpunkt erlebt hat, bezieht. Die Assoziation wird in beiden Fällen nicht näher ausgeführt. Das Merkmal ist einfach ausgeprägt.

- [Wir hatten schon einmal einen Autounfall, das war aber nicht so schlimm. Da sind wir einem hinten draufgefahren, hatten aber nur das Nummernschild ein bißchen verbogen.] 11 (2)

Kommentar: Hier ist ein Großteil des Hauptgeschehens in ähnlicher Form zu einem früheren Zeitpunkt erlebt worden. Diese Assoziation wird sehr genau ausgeführt. Daher ist das Merkmal stark ausgeprägt.

- [Später ist mir das fast nochmal passiert, aber ich konnte gerade noch bremsen.] 11 (1)

Kommentar: Hier wird von einer (Beinahe-) Wiederholung des Hauptgeschehens gesprochen, die nicht genauer ausgeführt wird. Das Merkmal ist einfach ausgeprägt.

- Ich hab ja schonmal im Krankenhaus gelegen, da mußten meine Mandeln raus. Keine Signierung!

Kommentar: Die Assoziation *Krankenhausaufenthalt* bezieht sich nicht auf Teile des Hauptgeschehens.

- Ich hatte schonmal einen [Film gesehen mit Mel Gibson, dem war in dem Film auch so ein Unfall passiert.] 11 (1)

Kommentar: Hier wird eine einfache Querverbindung zwischen dem selbst erlebten Hauptgeschehen und dem Filmgeschehen hergestellt, die nicht weiter ausgeführt wird. Das Merkmal ist einfach ausgeprägt.

„Assoziative Querverbindungen" sind:

zu signieren, wenn	**nicht** zu signieren, wenn
- **Handlungen geschildert werden, die dem Hauptgeschehen oder wesentlichen Teilen ähnlich sind,** - **die Handlungen zu einem anderen Zeitpunkt stattfanden,** - **andere Personen beteiligt waren oder dieselben Personen in einem anderen Zusammenhang**	- die geschilderten Handlungen nur Handlungsteilen des Nebengeschehens ähnlich sind, - unkonkrete Andeutungen gemacht werden, daß „so etwas passieren kann" oder daß man „sowas ja immer im Fernsehen sieht."

12. Schilderung eigenpsychischer Vorgänge und Zustände

In dieser Kategorie soll geprüft werden, ob die aussagende Person nicht nur den äußeren Geschehensablauf, sondern auch **Gefühle** und **erlebnisbezogene psychische Vorgänge** schildert, die den Zustand beschreiben, in dem sie sich **zum Zeitpunkt des Geschehens** befand. Die Beschreibungen können sich im Ausmaß ihrer Konkretheit und Anschaulichkeit unterscheiden. Entscheidend ist, daß alle beschriebenen Vorgänge wahrgenommen und erlebnisbezogen sind. Um die verschiedenen Aspekte dieser Kategorie genauer betrachten zu können, werden vier Subkategorien gebildet, innerhalb derer Mehrfachkodierungen erlaubt sind (davon ausgenommen ist die Doppelkodierung c + d).

12a. Schilderung physiologischer oder motorischer Abläufe

In dieser Subkategorie wird registriert, ob **Gefühlszustände konkret** auf der körperlichen oder der Verhaltensebene beschrieben werden. Es geht dabei sowohl um äußerlich beobachtbare Abläufe (Zittern, schreien, weinen etc.) als auch um Abläufe, die nur introspektiv wahrgenommen werden können (Schwindelgefühl, Grummeln im Bauch o.ä.).

Das Merkmal 12a läßt sich insofern qualitativ als einfach (1) und stark ausgeprägt (2) differenzieren, als es sich bei Merkmal 12a (1) um eine einfache Beschreibung handelt, während für die Signierung als 12a (2) mehrere Aspekte oder verschiedene Ebenen geschildert werden müssen.

Beispiele:

- Mir war ganz [schwindelig]. 12a (1)
- Ich konnte alles nur noch ganz [verschwommen sehen]. 12a (1)
- Als ich da auf die Trage gekommen bin, habe ich [nicht richtig Luft gekriegt]. 12a (1)

Kommentar: Hier werden physiologische Abläufe beschrieben, die nur introspektiv wahrgenommen werden können. Es wird jeweils ein Aspekt auf einer Ebene geschildert. Daher ist das Merkmal in einfacher Ausprägung vorhanden.

- Ich hab am ganzen Körper [gezittert und mir war abwechselnd warm und kalt]. 12a (2)

Kommentar: Hier findet eine Schilderung mehrerer Aspekte auf zwei Ebenen statt. Das Merkmal ist stark ausgeprägt.

- Ich hatte einen roten Kopf, weil ich vorher so schnell gerannt war, um den Bus zu erreichen. Keine Signierung!

Kommentar: Der physiologische Ablauf steht in keinem Zusammenhang mit dem Geschehen.

- Da hab ich ganz schnell meine [Augen zugekniffen]. 12a (1)
- Ich hab ganz doll [geweint]. 12a (1)

Kommentar: Hier wird auf motorischer (erstes Beispiel) oder physiologischer (zweites Beispiel) Ebene eine einfache Zustandsbeschreibung abgegeben.

- Und dann bin ich [weggerannt und hab ganz laut geschrien.] 12a (2)

Kommentar: In diesem Fall bleibt die Beschreibung zwar auf einer Ebene (der motorischen Reaktionen), es werden aber unterschiedliche Aspekte geschildert. Das Merkmal ist daher als stark ausgeprägt zu bezeichnen.

„Physiologische oder motorische Abläufe" sind:

zu signieren, wenn	**nicht** zu signieren, wenn
- **der Zustand auf das Geschehen zurückgeführt werden kann.** - emotionsbegründete motorische Abläufe beschrieben werden, - emotionsbegründete physiologische Abläufe geschildert werden, die äußerlich beobachtbar sind, - emotionsbegründete physiologische Abläufe beschrieben werden, die nur introspektiv feststellbar sind.	- die Ursache für die geschilderten Abläufe nicht das infragestehende Geschehen ist, - motorische Abläufe beschrieben werden, die nicht emotionsbegründet sind.

12b. Beschreibung eines Gefühlszustandes

In diese Subkategorie werden kategorisierende Gefühlsbezeichnungen (z.B. Angst, Freude, Schmerz) ebenso eingeordnet wie Beschreibungen von Gefühlen auf abstrakter Ebene (Ich hab mich gefühlt wie ein Stein). Ein schlichtes „Ja" auf die Frage „Hattest Du Angst?" wird in dieser Kategorie *nicht* signiert.

Das Merkmal 12b läßt sich insofern qualitativ als einfach (1) und stark ausgeprägt (2) differenzieren, als es sich bei Merkmal 12b (1) um eine schlichte Kategorisierung handelt, während für die Signierung als 12b (2) eine qualitativ hochwertigere Schilderung gefordert wird, die beispielsweise durch die Schilderung einer Emotionsentwicklung oder durch eine sehr eindringliche Schilderung erreicht wird.

Beispiele:

- Ich hab immer ganz viel [Angst] um ihn gehabt. 12b (1)
- Das war doch eine ziemliche [Unverschämtheit], fand ich. 12b (1)
- Da war ich so [nervös]. 12b (1)
- Da war ich sehr [ruhig]. 12b (1)
- Das war ganz [schrecklich]. 12b (1)
- Das war so [eklig]. 12b (1)

Kommentar: Bei allen Beispielen liegt eine Gefühlsschilderung einfacher Ausprägung vor.

- Ich hatte [starke Schmerzen, hab mich so elend gefühlt, das kann ich gar nicht beschreiben]. 12b (2)

Kommentar: Hier wird der Gefühlszustand so eindringlich geschildert, daß das Merkmal als stark ausgeprägt signiert wird.

- [Zuerst war ich ängstlich, aber als ich dann im Krankenwagen lag, war ich ganz ruhig.] 12b (2)

Kommentar: Hier führt die Schilderung einer Erlebnissentwicklung zur Signierung einer starken Merkmalsausprägung.

- Das war doof. Keine Signierung!
- Da war ich neugierig. Keine Signierung!

Kommentar: „Doof" und „neugierig" sind keine Gefühlszustände.

„Beschreibung eines Gefühlszustandes" ist:

zu signieren, wenn	**nicht** zu signieren, wenn
- Gefühlszustände auf sehr abstrakter Ebene (in Form von Metaphern) geschildert werden, - kategorisierende Emotionsbezeichnungen gebraucht werden, - Emotionsentwicklungen geschildert werden, - Ungewöhnliche Gefühlsregungen beschrieben werden.	- Begriffe genannt werden, die keinen Gefühlszustand widerspiegeln, - es sich um klischeehafte Äußerungen wie „wie man sich dann so fühlt" handelt, - die Frage nach Angst schlicht bejaht wird, ohne daß eine selbständige Erweiterung folgt.

12c. Schilderung erlebnisbezogener Gedanken

In dieser Subkategorie wird festgehalten, ob Gedanken geschildert werden, die den Aussagenden zum Zeitpunkt des Geschehens beschäftigt haben. Typisch sind beispielsweise **Fluchtgedanken**, in denen der Aussagende darüber nachdenkt, wie er das Geschehen im Vorfeld abwenden oder der unangenehmen Situation möglicherweise entkommen könnte. Aber auch andere Gedankengänge, die das Geschehen begleiten, gehören in diese Kategorie. Entscheidend ist, daß hier nur solche Gedanken signiert werden, die sich auf den **Handlungsverlauf beziehen** oder den durch das Geschehen hervorgerufenen **Gefühlszustand** widerspiegeln.
Das Merkmal 12c läßt sich insofern qualitativ als einfach (1) und stark ausgeprägt (2) differenzieren, als es sich bei Merkmal 12c (1) um die Erwähnung eines einfachen Gedankens handelt, während für die Signierung als 12c (2) eine Folge oder Entwicklung von Gedankengängen geschildert werden muß.

Beispiele:

- Ich hab noch [gedacht, ich kann vielleicht irgendwie ausweichen.] 12c (1)

Kommentar: Hier zeigt sich ein Fluchtgedanke; es wird über Möglichkeiten nachgedacht, wie das Geschehen abzuwenden wäre. Dabei bleibt es bei einer einfachen Ausprägung des Merkmals.

- Ich hab gedacht, ich habe ganz vergessen, meine Hausaufgaben einzupacken. Keine Signierung!

Kommentar: Der geschilderte Gedanke hat mit dem Geschehen nichts zu tun. Das Merkmal ist nicht vorhanden.

- Ja, ich [dachte, jetzt fliege ich so herum.] 12c (1)

Kommentar: Hier wird ein einfacher Gedanke geschildert, der das Geschehen begleitet. Das Merkmal ist einfach ausgeprägt.

- Ich habe [überlegt, wenn ich ganz schnell bin, schaffe ich das vielleicht noch, der fährt ja nicht so schnell, aber dann habe ich gemerkt, daß ich es doch nicht mehr schaffe.] 12c (2)

Kommentar: Hier zeigt sich wieder der Fluchtgedanke, allerdings wird eine qualitativ hochwertige Entwicklung von Gedankengängen geschildert; damit liegt das Merkmal in starker Ausprägung vor.

„Erlebnisbezogene Gedanken" sind:

zu signieren, wenn	**nicht** zu signieren, wenn
- **sich die geschilderten Gedanken auf das Geschehen beziehen oder es begleiten,** - Gedanken geschildert werden, die den Gefühlszustand widerspiegeln, - Fluchtgedanken beschrieben werden.	- die Gedanken mit dem Geschehen nichts zu tun haben, - über mögliche Folgen nachgedacht wird (12 d), - der Gedankengang nicht zum Zeitpunkt des Hauptgeschehens, sondern später, z.B. während des Interviews ablief.

12d. Schilderung des Nachdenkens über mögliche Folgen

In dieser Subkategorie wird festgehalten, ob der Aussagende sich (zum Zeitpunkt des Ereignisses) Gedanken über mögliche Folgen gemacht hat, die das Geschehen nach sich ziehen könnte. Diese **befürchteten Folgen** müssen nicht ausschließlich den Aussagenden betreffen, es werden in dieser Subkategorie auch Gedanken registriert, die sich mit möglichen Handlungsfolgen für andere Geschehensbeteiligte beschäftigen.
Wichtig ist, daß es hier lediglich um die gedankliche Beschäftigung mit **möglichen Folgen** zum Zeitpunkt des Geschehens geht; **tatsächliche Folgen** werden hier **nicht** signiert.
Das Merkmal 12d läßt sich insofern qualitativ als einfach (1) und stark ausgeprägt (2) differenzieren, als für die Signierung als 12d (1) dem Aussagenden kurz ein Gedanke über mögliche Folgen in den Sinn gekommen ist (zumindest so kurz geschildert wird), während für die Signierung als 12d (2) eine ausführlichere Beschäftigung mit diesem Thema stattgefunden haben muß, bzw. Gedankengänge konkreter ausgeführt werden müssen.

Beispiele:

- Ich [dachte, ich müßte sterben.] 12d (1)
- Ich hab [gedacht, ich müßte jetzt operiert werden.] 12d (1)
- Ich [wußte nicht, wie es jetzt weiter gehen sollte.] 12d (1)

Kommentar: Hier wird ein Gedanke kurz geschildert, aber nicht näher ausgeführt und auch nicht konkret beschrieben. Das Merkmal ist jeweils einfach ausgeprägt.

- Ich hatte [Angst, daß da noch was passieren wird]. 12b (1) + 12d (1)

Kommentar: Hier ist eine einfache Schilderung eines unkonkreten Folgegedankens sowie eine Emotionsbeschreibung enthalten. Das Merkmal ist jeweils einfach ausgeprägt.

- Da hab ich [gedacht, daß vielleicht meine Wirbelsäule gebrochen ist, daß ich nie mehr laufen könnte.] 12d (2)

Kommentar: Hier werden ganz konkrete Ausführungen über mögliche Folgen gemacht. Dabei werden sowohl Langzeitauswirkungen auf das Leben, als auch unmittelbare Unfallfolgen beschrieben, die letztlich doch nicht eingetreten sind. Das Merkmal ist stark ausgeprägt.

- Da hab ich gedacht, jetzt habe ich diesen blöden Gips. Keine Signierung!

Kommentar: Hier wird nicht über potentielle Folgen nachgedacht.

„Nachdenken über mögliche Folgen" ist:

zu signieren, wenn	**nicht** zu signieren, wenn
- **Gedanken über mögliche Folgen des Geschehens geschildert werden,** - **diese Folgen zum Zeitpunkt des Nachdenkens noch nicht eingetreten sind.**	- Gedankengänge geschildert werden, die mit tatsächlichen Geschehensfolgen zusammenhängen, - Gedanken geschildert werden, die zwar mit dem Geschehen zusammenhängen, sich aber nicht mit befürchteten Folgen beschäftigen (12c).

13. SCHILDERUNG FREMDPSYCHISCHER ZUSTÄNDE

In dieser Kategorie soll festgehalten werden, ob etwas über den Zustand des Angeschuldigten oder den Beteiligter ausgesagt wird. Zustände können durch **gefühlsbezogene motorische** oder **gefühlsbezogene physiologische Abläufe** beschrieben werden.
Entscheidend ist, daß diese Zustände durch das infragestehende Erlebnis hervorgerufen wurden, und daß die Einordnung dieser Zustände durch die aussagende Person ausschließlich auf der Grundlage eigener Wahrnehmungen erfolgt.
Mutmaßungen über fremdpsychische Vorgänge sollen hier nicht registriert werden. Schlußfolgerungen werden nur dann registriert, wenn sie auf Beobachtungen beruhen.
Das Merkmal 13 läßt sich insofern qualitativ als einfach (1) und stark ausgeprägt (2) differenzieren, als es sich bei Merkmal 13 (1) um eine einfache Zustandsbeschreibung handelt, während für die Signierung als 13 (2) eine Beschreibung mehrerer Aspekte oder verschiedener Ebenen erforderlich ist.

Beispiele:

- Dann hat mein Bruder ganz laut [geschrien]. 13 (1)
- Sie [lief so verwirrt rum, hat sich wahrscheinlich auch erschreckt.] 13 (1)

Kommentar: Hier werden gefühlsbezogene motorische Abläufe geschildert. Es handelt sich um eine einfache Zustandsbeschreibung.

- Die Frau hat auch etwas [geweint]. 13 (1)

Kommentar: Hier findet eine einfache Zustandsbeschreibung auf physiologischer Ebene statt.

- Und dann [sagte er ganz fröhlich]:... 13 (1)

Kommentar: Entscheidend für die Signierung dieser einfachen Zustandsbeschreibung ist, daß das Wort „fröhlich" mit der Art des Sprechens in Verbindung gebracht wird. Dadurch wird deutlich, daß diese Zustandsbeschreibung auf der Beobachtung des Ausdrucksverhaltens basiert.

- Schätze, die hatte Schmerzen. Keine Signierung!
- Der Lastwagenfahrer hatte natürlich Angst. Keine Signierung!

Kommentar: Bei diesen Aussagen handelt es sich um Vermutungen und Interpretationen, die nicht an Beobachtungen des äußeren Erscheinungsbildes festgemacht werden.

- Die [sah ganz aufgelöst aus, ist aufgeregt hin und hergelaufen und hat sich dauernd bei mir entschuldigt.] 13 (2)

Kommentar: Hier ist das Merkmal stark ausgeprägt, da der Zustand der Beteiligten anhand mehrerer Aspekte beschrieben wird.

- Wie man sich eben so fühlt, wenn man jemanden umgefahren hat, natürlich schlecht. Keine Signierung!

Kommentar: Diese Äußerung gehört in die Kategorie „Klischees"!

„Fremdpsychische Zustände" sind:

zu signieren, wenn	**nicht** zu signieren, wenn
- **die geschilderten Abläufe unmittelbar mit dem Geschehen zusammenhängen,** - **die Schlußfolgerungen auf Beobachtungen des Verhaltens oder des Erscheinungsbildes basieren,** - motorische Abläufe beschrieben werden, die Gefühlszustände reflektieren, - physiologische, äußerlich beobachtbare Abläufe beschrieben werden, die Gefühlszustände reflektieren.	- es sich dabei um Mutmaßungen des Aussagenden handelt, - stereotype Interpretationsversuche unternommen werden, - diesbezüglich von keiner Wahrnehmungsgrundlage berichtet wird, die eine Basis für derartige Vermutungen darstellen könnte, - beobachtete motorische oder physiologische Abläufe nicht gefühlsbezogen sind oder in keinem Zusammenhang mit dem Geschehen stehen.

14. Schilderung tatsächlicher Folgen

In dieser Kategorie soll überprüft werden, ob der Aussagende darstellt, welche Folgen das Geschehen für ihn selbst und mögliche andere Geschehensbeteiligte hatte. Die Folgen können sowohl körperlicher als auch psychischer Art sein, in jedem Fall sollten sie von einiger Erheblichkeit sein, d.h. es müssen **ernsthafte Folgen** geschildert werden. Die Folgen müssen konkret angegeben werden; **vage Äußerungen, aus denen die konkreten Folgen nicht hervorgehen, werden nicht signiert.**
Hier werden nur tatsächliche Unfallfolgen signiert. Das Nachdenken über mögliche Folgen zum Zeitpunkt des Unfalles oder des Interviews wird in dieser Kategorie nicht signiert.

Das Merkmal läßt sich insofern qualitativ als einfach (1) und stark ausgeprägt (2) differenzieren, als es sich bei Merkmal 14 (1) um eine einfache Schilderung ernsthafter Folgen handelt, während für die Signierung als 14 (2) von längerfristigen oder sehr schweren (in der Regel identisch) körperlichen oder psychischen Unfallfolgen oder von Auswirkungen auf das gewohnte Leben oder auf Lebensziele berichtet werden muß.

Beispiele:

- Und dann bin ich [operiert worden, weil mein Bein gebrochen] war. 14 (1)

Kommentar: Hier wird eine ernsthafte Folge geschildert, die nicht näher ausgeführt wird. Das Merkmal ist einfach ausgeprägt.

- Durch den Unfall kann ich [nie mehr Fußball spielen.] 14 (2)

Kommentar: Hier wird von konkreten Folgen gesprochen, die sich (negativ) auf Lebensziele des Aussagenden auswirken. Das Merkmal liegt in starker Ausprägung vor.

- Dann wurde ich halt operiert und dann bin ich nach Hause gegangen. Keine Signierung!

Kommentar: Die ernsthafte Folge bleibt sehr vage. Man weiß nicht einmal andeutungsweise, was operiert wird. Zudem wirft die zweite Satzhälfte eine logische Inkonsistenz auf.

„Tatsächliche Folgen" sind:

zu signieren, wenn	**nicht** zu signieren, wenn
- **der Unfall für das Opfer oder andere Beteiligte erhebliche Folgen nach sich gezogen hat,** - der Aussagende äußert, unter den Folgen des Unfalls zum Zeitpunkt des Interviews noch zu leiden, - von wochenlangen Anschlußbehandlungen berichtet wird, - geäußert wird, daß durch die Unfallfolgen (kurzfristige) Lebensziele nicht erreicht werden können.	- Überlegungen zu möglichen Unfallfolgen geschildert werden, die den Aussagenden während des Unfalls beschäftigt haben, - im Nachhinein darüber spekuliert wird, was alles hätte passieren können, - zwar (kurzfristige) Folgen geschildert werden, die der Unfall mit sich gebracht haben soll, gleichzeitig aber durch den Fortgang der Schilderung diese Folgen oder zumindest deren Erheblichkeit in Frage gestellt werden (hier ergeben sich im Extremfall auch logische Inkonsistenzen), - unerhebliche oder vage Folgen geschildert werden

Motivationsbezogene Inhalte

Der Komplex „Motivationsbezogene Inhalte“ umfaßt Merkmale, die Auskunft über die Motivation des Aussagenden geben, ohne daß eine gezielte Exploration bezüglich der Aussagemotivation stattfindet. Es wird also allein vom Inhalt der Aussage auf die zugrundeliegende Motivation geschlossen. Dabei wird davon ausgegangen, daß ein falschaussagender Zeuge bemüht ist, mittels einer positiven Selbstpräsentation einen glaubwürdigen Eindruck zu vermitteln. Um sein Ziel zu erreichen, wird er seine eigene Rolle möglichst positiv darstellen und solche Inhalte vermeiden, die bei seinem Gegenüber Zweifel an seiner Glaubwürdigkeit hervorrufen könnten.

In dem folgenden Komplex sind Merkmale aufgeführt, die **nach Alltagsverständnis die Glaubwürdigkeit in Frage stellen**. Lassen sich die inhaltlichen Merkmale dieses Komplexes in einer Aussage finden, spricht dies **jedoch für die Glaubwürdigkeit**. Dem Gutachter stellt sich hier die Frage: **Wie wahrscheinlich ist es, daß eine bewußt faschaussagende Person Inhalte dieser Art in ihre Aussage aufnehmen würde?**

Auch die Merkmale dieses Komplexes lassen sich an konkreten Textstellen festmachen. Die entsprechenden Textstellen werden signiert, und neben der numerischen Kategorienbezeichnung wird zusätzlich in Klammern der jeweilige Ausprägungsgrad am Textrand vermerkt.

15. SPONTANE VERBESSERUNGEN DER EIGENEN AUSSAGE

In dieser Kategorie gilt es zu beurteilen, ob der Inhalt der Aussage **spontan präzisiert oder berichtigt** wird. Spontan ist hier nicht gleichbedeutend mit augenblicklich; entscheidend ist, daß die Verbesserung ohne Aufforderung, also **aus eigener Initiative** und nicht als eine Reaktion auf das Interviewerverhalten erfolgt. In diesem Sinne könnte auch am nächsten Tag noch eine spontane Verbesserung vorgenommen werden, wenn in der Zwischenzeit neue, klarere Erinnerungen aufgetaucht sind.
In dieser Kategorie sollen nicht nur Verbesserungen im Sinne von Richtigstellungen, sondern auch Präzisierungen bereits erwähnter Geschehenselemente (Anreicherung bereits erwähnter Sachverhalte) als „spontane Verbesserungen“ signiert werden. Nach Petersen (1997) beinhaltet Verbesserung deswegen „nicht nur Korrektur, sondern **Verbesserung im Sinne von Nachbesserung“.**
Wichtig ist, daß inhaltliche Aspekte verbessert werden; Stottern, Versprecher, abgebrochene Sätze oder grammatikalische Verbesserungen gehören nicht in diese Kategorie.
Verbesserungen der Aussage sind auch dann nicht zu signieren, wenn es dadurch zu inhaltlichen Widersprüchen in der Aussage kommt, die Nachbesserung inhaltlich nicht folgerichtig ist.

Ein **Tip**: Verbesserungen werden oft durch eine kurze Sprechpause (Denkpause) und durch Formulierungen wie „das heißt...“, „äh, nein...“, „vielmehr...“, „nein, stimmt ja gar nicht...“ oder „also...“ eingeleitet. Präzisierungen, die zu einem späteren Zeitpunkt des Interviews vorgenommen werden, können dem Leser leicht entgehen; man sollte daher aufmerksam sein, wenn Inhalte wiederholt werden.

Das Merkmal 15 läßt sich insofern qualitativ als einfach (1) und stark ausgeprägt (2) differenzieren, als es sich bei Merkmal 15 (1) um eine schlichte Korrektur oder eine Präzisierung handelt, während für die Signierung als 15 (2) eine nähere Ausführung oder Erklärung erforderlich ist.

Beispiele:

- **Wir standen neben seinem Auto und dann hat er mich nach Hause gebracht ... [also wir sind zu Fuß gegangen und er hat meine Jacke getragen.]** 15 (2)
- **Da hab ich ihn geschlagen, [das heißt ich hab versucht, ihn zu schlagen, hab' ihn aber knapp verpaßt.]** 15 (2)
- **Und dann sind wir, [nein also dann ist Meike rübergegangen, und ich bin noch stehengeblieben, weil ein Auto kam, und dann bin ich erst rübergelaufen.]** 15 (2)

Kommentar: Hier liegen spontane Verbesserungen starker Ausprägung vor. Vorher Geäußertes wird nicht nur korrigiert, sondern die Präzisierung wird näher ausgeführt.

- Da war ich in der vierten [... dritten] Klasse. 15 (1)
- Das war dahinten bei Plus, [nein gar nicht bei Plus, dahinten bei der Einfahrt.] 15 (1)
- Da bin ich gleich ausgerutscht, [das Skateboard jedenfalls.] 15 (1)
- Das war am Montag vor zwei Wochen, [nein, vor einer Woche.] 15 (1)

Kommentar: Hier werden spontane Verbesserungen (erstes und letztes Beispiel) oder Präzisierungen (zweites und drittes Beispiel) vorgenommen. Diese sind einfach ausgeprägt, da keine näheren Ausführungen oder Erklärungen gegeben werden.

- Das war am am Die/ Donnerstag. Keine Signierung!

Kommentar: Hier handelt es sich um einen Versprecher.

„Spontane Verbesserungen der Aussage" sind:

zu signieren, wenn	**nicht** zu signieren, wenn
- **die eigene Aussage inhaltlich verbessert wird,** - **die Eigeninitiative des Aussagenden deutlich wird,** - die Aussage durch die Verbesserung inhaltlich präzisiert wird, - die Verbesserung einen bis zu diesem Zeitpunkt unklaren oder widersprüchlichen Teil der Aussage korrigiert oder klarer werden läßt.	- die Korrektur logisch nicht mit der bisherigen Aussage vereinbar ist, - es sich um die Korrektur von Versprechern, grammatikalischen Fehlern oder Stammeln handelt, - deutlich wird, daß der Aussagende die Verbesserung vornimmt, weil er glaubt, daß dies vom Interviewer erwartet wird.

16. Zugeben von Erinnerungslücken

In dieser Kategorie soll signiert werden, ob der Aussagende zugibt, sich an bestimmte Einzelheiten, wie z.B. Namen, Daten, Äußerlichkeiten, oder auch an ganze Handlungsabschnitte nicht mehr erinnern zu können.

Entscheidend ist, daß es sich um eine **Gedächtnislücke** handelt, daß also schon einmal dagewesene Information zum Zeitpunkt der Aussage nicht mehr abrufbar ist. Diese Informationslücke muß vom Aussagenden **explizit als Erinnerungsverlust eingeordnet** werden. Wissenslücken, Ungenauigkeiten, Unsicherheiten, ausweichende Antworten oder wortloses Achselzucken werden in dieser Kategorie nicht registriert.

Das Merkmal 16 läßt sich insofern qualitativ als einfach (1) und stark ausgeprägt (2) differenzieren, als es sich bei Merkmal 16 (1) um eine Erinnerungslücke geringerer Bedeutung handelt, während für die Signierung als 16 (2) eine Erinnerungslücke zugegeben werden muß, die mehr als ein nebensächliches Detail, die im Extremfall einen ganzen Handlungsabschnitt betrifft.

Beispiele:

- [Was der anhatte, das habe ich schon wieder vergessen.] 16 (1)
- Der [Name fällt mir im Moment nicht ein.] 16 (1)
- Die [Farbe erinnere ich nicht.] 16 (1)

Kommentar: Hier liegen Erinnerungslücken einfacher Ausprägung vor, da die vergessene Information für die Schilderung des Handlungsverlaufes unerheblich ist.

- [Wie ich ins Krankenhaus gekommen bin, weiß ich nicht mehr.] 16 (2)
- [Wie das passiert ist, daran kann ich mich nicht erinnern.] 16 (2)

Kommentar: Hier liegen Erinnerungslücken starker Ausprägung vor, da erhebliche Handlungsteile betroffen sind.

- Keine Ahnung. Keine Signierung!
- Puuh, das weiß ich nicht. Keine Signierung!

Kommentar: Hier handelt es sich um Wissenslücken (unbekannten Ausprägungsgrades), da mit keinem Wort angedeutet wird, daß die Information zu einem anderen Zeitpunkt vorhanden war.

„Zugeben von Erinnerungslücken" ist:

zu signieren, wenn	**nicht** zu signieren, wenn
- **zum Zeitpunkt der Wahrnehmung vorhandene Information zum Zeitpunkt der Befragung nicht (mehr) abrufbar ist,** - **die Informationslücke vom Aussagenden explizit als Gedächtnislücke bezeichnet wird,** - **zu dem Erfragten gar keine Information gegeben werden kann, also eine echte Lücke vorliegt.**	- zwar Schilderungsversuche unternommen werden, der Aussagende sich der Richtigkeit seiner Schilderung aber nicht sicher ist, - der Aussagende gar nichts sagt oder inhaltlich nicht auf die Frage eingeht, - dem Aussagenden die erfragte Information niemals zur Verfügung stand, - nur ungenau geschildert wird, - die Frage „Fällt dir noch was dazu ein?" verneint wird.

Anmerkung: Das Bewerten von Erinnerungslücken ist eine Gratwanderung. Werden so viele Erinnerungslücken geäußert, daß der Handlungsverlauf nicht mehr rekonstruierbar ist, oder werden Erinnerungslücken geltend gemacht, deren Vorkommen an der speziellen Stelle (auch aus kindlicher Perspektive!) unvorstellbar ist (z.B.: Ob mich ein Motorrad oder ein Auto angefahren hat, weiß ich nicht mehr), ist fraglich, ob dadurch nicht die logische Konsistenz derart in Mitleidenschaft gezogen wird, daß die Aussage nicht mehr als glaubwürdig beurteilt werden kann. Zurückhaltend sind solche unerklärlichen „Aussetzer" allerdings dann zu bewerten, wenn von einem medikamentös induzierten Dämmerzustand oder von zeitweise aufgetretener Bewußtlosigkeit berichtet wird.

17. Erinnerungsbemühungen

In dieser Kategorie soll beurteilt werden, ob die aussagende Person **ernsthafte Versuche** unternimmt, sich an das infragestehende Geschehen zu erinnern und Erinnerungslücken zu schließen. Die Versuche müssen nicht zum Erfolg führen, entscheidend ist, daß ein Bemühen um Erinnerung deutlich wird.
Mit Hilfe dieses Merkmals sollen Aussagestrategien ausgeschlossen werden, bei denen Erinnerungslücken gezielt eingesetzt werden, um das als unangenehm empfundene Interview so schnell wie möglich enden zu lassen (auch bei Wahraussagen) oder um auf einfache Art und Weise zu verhindern, daß durch immer neue Details der Überblick über das bisher Ausgesagte

verloren geht, wodurch die aussagende Person Gefahr liefe, sich in inhaltliche Widersprüche zu verwickeln (bei Falschaussagen).
Das Merkmal 17 läßt sich insofern qualitativ als einfach (1) und stark ausgeprägt (2) differenzieren, als es sich bei Merkmal 17 (1) um eine längere Aussagepause handelt, während für die Signierung als 17 (2) das Bemühen selbst verbalisiert werden muß.
Erinnerungsbemühungen der Ausprägung 1 werden nur signiert, wenn sie in unmittelbarer Nähe zu Unsicherheiten, Erinnerungs- oder Wissenslücken auftreten. Erinnerungsbemühungen der Ausprägung 2 werden grundsätzlich signiert.

Beispiele:

- Äh ... die Straße heißt ... [wie heißt die nochmal] ... weiß ich nicht mehr. 17 (2)

Kommentar: Hier wird das Bemühen um Erinnerung verbalisiert, damit ist das Merkmal stark ausgeprägt. Zusätzlich liegt eine Erinnerungslücke einfacher Ausprägung vor.

- Ich [überlege mal gerade] ... ja, da war noch der... 17 (2)

Kommentar: Die Erinnerungsbemühungen werden verbalisiert, das Merkmal ist stark ausgeprägt.

- Mm ... [wie war das noch] ...so genau weiß ich es nicht, ich denke klein. 17 (2)

Kommentar: Die Erinnerungsbemühungen werden verbalisiert, damit ist das Merkmal stark ausgeprägt; zusätzlich liegt eine stark ausgeprägte Unsicherheit vor.

- [Hm ...*...] das weiß ich nicht mehr. 17 (1)

Kommentar: Hier liegt eine längere Sprechpause, kombiniert mit Lauten, die auf Denkprozesse hindeuten, vor. Die Sprechpause wird durch eine Erinnerungslücke (deren Ausprägung ohne Zusammenhang unbekannt ist) beendet; damit ist das Merkmal einfach ausgeprägt.

- [Warte mal ...] äh, ja genau, das war in so einem Ding drin... 17 (2)

Kommentar: Das Bemühen um Erinnerung wird verbalisiert, das Merkmal ist stark ausgeprägt.

- ...tja und das war es eigentlich ...*... keine Signierung!

Kommentar: Hier wird kein Bemühen um Erinnerung deutlich.

- Mm ... [das sollte ich eigentlich wissen] ... 17 (2)

Kommentar: Das Bemühen um Erinnerung wird verbalisiert.

- Mm ...weiß nicht mehr. Keine Signierung!

Kommentar: Hier liegt eine kurze Sprechpause vor. Und natürlich eine Erinnerungslücke.

- Äh, dings, ...wie heißt es jetzt... Keine Signierung!

Kommentar: Hier fehlt dem Aussagenden eine Begrifflichkeit; das ist nicht gleichzusetzen mit einem Bemühen um Erinnerung an das Geschehen.

„Erinnerungsbemühungen" sind:

zu signieren, wenn	**nicht** zu signieren, wenn
- das Bemühen um Erinnerung verbalisiert wird, - innerhalb einer Sprechphase längere Sprechpausen mit oder ohne entsprechende Laute vorkommen, die auf kognitive Prozesse hindeuten, **und** - sich eine Erinnerungslücke, eine Unsicherheit oder eine Wissenslükke in unmittelbarer Nähe findet.	- kurze Sprechpausen mit oder ohne Lautäußerung innerhalb einer Sprechphase auftreten, - im Anschluß an eine Sprechphase eine längere Sprechpause eintritt, - eine kurze Sprechpause mit oder ohne Lautäußerung vor der Beantwortung einer Frage auftritt, - der Aussagende stottert oder stammelt, - kurze Sprechpausen zusammen mit Erinnerungs-oder Wissenslücken oder Unsicherheiten auftreten.

18. ZUGEBEN VON WISSENSLÜCKEN

In dieser Kategorie soll beurteilt werden, ob der Aussagende zugibt, bestimmte Einzelheiten, wie z.B. Namen, Daten, Äußerlichkeiten, oder auch ganze Handlungsabschnitte nicht zu kennen. Entscheidend ist, daß es sich um eine Wissenslücke handelt, daß der Aussagende also nie, auch nicht zu einem früheren Zeitpunkt, über die erfragte Information verfügt hat. Die Information ist hier nicht im Laufe der Zeit verloren gegangen, sondern war aus irgendeinem Grunde nie vorhanden.
Das Merkmal 18 läßt sich insofern qualitativ als einfach (1) und stark ausgeprägt (2) differenzieren, als es sich bei Merkmal 18 (1) um eine unbedeutende Wissenslücke handelt, während für die Signierung als 18 (2) bedeutende Wissenslücken zugegeben werden müssen.

Beispiele:

- [Keine Ahnung], welche Farbe das Auto hatte. 18 (1)

Kommentar: Der Aussagende gesteht eine Wissenslücke ein, die fehlende Information hat keine große Bedeutung für das Geschehen. Daher ist das Merkmal einfach ausgeprägt.

- Das [weiß ich im Moment nicht.] Keine Signierung!

Kommentar: Hier liegt eine Erinnerungslücke vor; die Information war vorhanden, ist lediglich momentan nicht abrufbar.

- *Und wie bist du ins Krankenhaus gekommen?* [Weiß nicht]. 18 (2)

Kommentar: Die zugegebene Wissenslücke bezieht sich auf einen erheblichen Handlungsteil. Das Merkmal ist damit stark ausgeprägt.

- Den [Namen von dem kenne ich nicht]. 18 (1)

Kommentar: Es wird eine Wissenslücke zugegeben, die für den Handlungsverlauf unerheblich ist.

„Zugeben von Wissenslücken" ist:

zu signieren, wenn	**nicht** zu signieren, wenn
- **keine Wahrnehmungsgrundlage vorhanden ist,** - **nichts geäußert wird, was darauf schließen ließe, daß der Aussagende über das erfragte Wissen zu anderer Zeit verfügen konnte,** - der Aussagende zugibt, daß er ein Detail oder eine Handlungssequenz nicht richtig beobachtet oder mitbekommen hat.	- eine entsprechende Wahrnehmungsgrundlage zum Zeitpunkt des Geschehens vorhanden war, - die Information nur vorübergehend nicht abrufbar ist, - die Information durch Gedächtnisprozesse verlorengegangen ist, - eine Gegenfrage gestellt wird, - das Gesprächsthema gewechselt wird, - auf die Schuldfrage ein „weiß ich nicht" folgt.

19. UNSICHERHEIT BEZÜGLICH DER RICHTIGKEIT EIGENER ANGABEN

In dieser Kategorie soll beurteilt werden, ob die aussagende Person Unsicherheiten im Hinblick auf die Richtigkeit ihrer Darstellung zeigt. Ein bestimmter Aspekt oder ein Handlungsteil werden beschrieben, gleichzeitig aber zugegeben, daß Unsicherheit bezüglich der Richtigkeit der Angaben besteht. Der Aussagende glaubt zwar, daß es so war, ist sich aber nicht hundertprozentig sicher.
Entscheidend ist, daß hier im Gegensatz zum „Zugeben von Erinnerungslücken" und „Zugeben von Wissenslücken" **trotz aller Unsicherheiten letztlich doch eine Beschreibung abgegeben wird.**
Das Merkmal 19 läßt sich insofern qualitativ als einfach (1) und stark ausgeprägt (2) differenzieren, als es sich bei Merkmal 19 (1) um eine kurze Andeutung von Unsicherheit handelt, die im sprachlichen Ausdruck deutlich wird, während für die Signierung als 19 (2) die Unsicherheit nicht nur indirekt angedeutet, sondern ausgesprochen werden muß.

Beispiele:

- [Ähm ... ein BMW, ähm weiß nicht. Ein etwas älterer und ... auch ein großer, aber ich weiß nicht so genau, was für ein BMW das war.] 19 (2)

Kommentar: Die Unsicherheit wird ausgesprochen und es liegt ein (eigentlich ziemlich präziser) Beschreibungsversuch vor Damit ist das Merkmal stark ausgeprägt.

- Ich [schätze mal so um fünf rum.] 19 (1)

Kommentar: Es liegt eine recht genaue Zeitangabe vor, gleichzeitig vermittelt der sprachliche Ausdruck indirekt Unsicherheit Damit ist das Merkmal einfach ausgeprägt.

- [Wenn ich mich recht erinnere, ... waren da zwei Leute im Auto.] 19 (1)

Kommentar: Die Ausdrucksweise vermittelt Unsicherheit, eine Beschreibung liegt vor, damit ist das Merkmal einfach ausgeprägt.

- Das war ein Mercedes oder so. Keine Signierung!

Kommentar: Das angehängte „oder so" vermittelt den Eindruck von Vagheit.

- Also, so ganz genau kann ich das nicht sagen. Keine Signierung!

Kommentar: Es liegt kein Beschreibungsversuch vor.

- Also, so [ganz genau kann ich das nicht sagen, ich versuche es mal,] also da waren... 19 (2)

Kommentar: Die Unsicherheit wird ausgesprochen, es folgt ein Beschreibungsversuch, damit ist das Merkmal stark ausgeprägt.

„Unsicherheiten bezüglich der Richtigkeit eigener Angaben" sind:

zu signieren, wenn	**nicht** zu signieren, wenn
- der Aussagende explizit oder indirekt durch Verwendung bestimmter Ausdrükke darauf hinweist, daß er zwar glaubt, daß es wie geschildert gewesen ist, er sich seiner Sache aber nicht ganz sicher ist, - **trotz bestehender Unsicherheiten Beschreibungsversuche unternommen werden, also letztlich Beschreibungen vorliegen,** - der Versuch unternommen wird, so präzise Schätzungen wie möglich abzugeben.	- ein umgangssprachliches „oder so" oder „irgendwie so" an Sätze angehängt wird, ohne daß vorher oder anschließend Zweifel an der Richtigkeit dieser Angaben artikuliert werden, (Vagheit) - es Hinweise darauf gibt, daß eine derartige Ausdrucksweise zum Sprachstil des Aussagenden gehört, - letztlich doch kein ernsthafter Beschreibungsversuch unternommen wird.

20. Angabe von Gründen für Unsicherheiten, Erinnerungs- und Wissenslücken

In dieser Kategorie soll vermerkt werden, ob die aussagende Person spontan Erklärungen dafür anbietet, daß sie bestimmte Einzelheiten nicht weiß, sich an einzelne Handlungssequenzen nicht mehr erinnern kann oder sich unsicher ist, ob ihre Erinnerung und Darstellung richtig ist. Erinnerungslücken, Wissenslücken und Unsicherheiten werden begründet. Diese Begründungen können sowohl externaler als auch internaler Art sein.
Nicht in dieser Kategorie registriert werden Begründungen, die im Widerspruch zur bisherigen Aussage stehen, sich nicht folgerichtig in das bisher Geschilderte einpassen.

Das Merkmal 20 läßt sich insofern qualitativ als einfach (1) und stark ausgeprägt (2) differenzieren, als es sich bei Merkmal 20 (1) um eine allgemein gehaltene, naheliegende Begründung handelt, die zu jedem Verkehrsunfall passen könnte, während für die Signierung als 20 (2) Begründungen erforderlich sind, die nicht unabhängig vom Geschehenszusammenhang sind, deren Erwähnung dementsprechend nicht in jeder Geschichte folgerichtig wäre.

Beispiele:

- Das [ging alles so schnell.] 20 (1)
- [Darauf habe ich gar nicht so geachtet.] 20 (1)
- Ich erinnere mich nicht, es ist [schon so lange her.] 20 (1)

Kommentar: Diese Begründungen passen zu jedem Verkehrsunfall. Sie sind damit völlig unspezifisch.

- Weil ich das ja gar nicht wissen kann. keine Signierung!

Kommentar: Das ist keine Begründung.

- Ich war ja ein [Stück weit weg, das habe ich nicht gehört.] 20 (2)
- Den hab ich [nicht gesehen, der stand die ganze Zeit hinter dem Lastwagen.] 20 (2)
- Das [Medikament war so stark, daß ich gar nicht mehr richtig gucken konnte.] 20 (2)
- Das weiß ich nicht, da [habe ich ja geschlafen.] 20 (2)
- Das weiß ich nicht so genau, ich hab das [nur ganz kurz gesehen, dann war es ja auch schon weg.] 20 (2)
- Die [Sonne hat so geblendet, ich konnte niemanden erkennen.] 20 (2)

Kommentar: Diese Begründungen sind nicht unabhängig vom geschilderten Zusammenhang, weil sie spezifische inhaltliche Aspekte enthalten, die sich nicht in jede beliebige Schilderung einpassen ließen.

„Gründe für Unsicherheiten, Wissens- und Erinnerungslücken" sind:

zu signieren, wenn	**nicht** zu signieren, wenn
- **extrinsische oder intrinsische Gründe dafür angegeben werden, daß Unsicherheiten hinsichtlich der Richtigkeit der Angaben, daß Wissens- oder Erinnerungslücken bestehen,** - **Gründe spontan vorgebracht werden.**	- die Begründung nicht folgerichtig ist, dadurch Widersprüche zum Inhalt der Aussage entstehen, - die Begründung unplausibel ist, (die Begründung eigentlich keine ist), - die Begründung auf Vorhaltungen seitens des Interviewers folgt.

21. Einwände gegen die Glaubwürdigkeit der eigenen Aussage

In dieser Kategorie soll festgestellt werden, ob die aussagende Person mögliche Einwände ihres Gegenübers bezüglich der Glaubhaftigkeit ihrer eigenen Aussage selbst vorwegnimmt. Mit der Vorwegnahme dieser Einwände stellt die aussagende Person gewissermaßen die eigene Glaubwürdigkeit in Frage. Diese Kategorie umfaßt sowohl „Einwände gegen die Glaubhaftigkeit der eigenen Aussage", als auch „Einwände gegen die Glaubwürdigkeit der eigenen Person". Diese beiden Aspekte sollen differenzierter betrachtet und deshalb im folgenden in getrennten Subkategorien bewertet werden:

21a. Einwände gegen die eigene Aussage

**In dieser Subkategorie soll überprüft werden, ob die aussagende Person ihre Darstellung selbst als unplausibel empfindet und äußert, daß ihre eigene Schilderung merkwürdig anmute, sie sich gleichzeitig aber ganz sicher ist, alles wie geschildert beobachtet bzw. erlebt zu haben.
Das Merkmal 21a läßt sich insofern qualitativ als einfach (1) und stark ausgeprägt (2) differenzieren, als es sich bei Merkmal 21a (1) um einen einfachen Einwand handelt, während für die Signierung als 21a (2) dieser Einwand näher ausgeführt oder begründet werden oder schwerwiegend sein muß.**

Beispiele:

- [Ich weiß, daß sich das komisch anhört, aber es war nun einmal so.] 21a (1)

Kommentar: Hier liegt ein einfacher Einwand gegen die Plausibilität der eigenen Aussage vor. Das Merkmal ist einfach ausgeprägt.

- [Wenn mir das jemand anders erzählen würde, würde ich das auch nicht glauben, wenn ich es nicht selbst erlebt hätte.] 21a (2)

Kommentar: Der Einwand wird hier näher ausgeführt und begründet. Das Merkmal ist daher stark ausgeprägt.

- Ich [begreife es ja selbst nicht, aber genauso ist es passiert.] 21a (1)

Kommentar: Der Aussagende gibt zu, sich das Geschehen selbst nicht erklären zu können. Nähere Ausführungen oder Begründungen erfolgen aber nicht. Daher gilt das Merkmal als einfach ausgeprägt.

- Ich finde das ja auch total komisch, vielleicht erinnere ich mich ja auch nicht richtig. Keine Signierung!
- Ich bin mir da auch nicht ganz sicher, ist schon irgendwie seltsam. Keine Signierung!

Kommentar: Hier ist der Aussagende selbst nicht von der Richtigkeit seiner Angaben überzeugt. Unsicherheit zum Zeitpunkt der Aussage ist ein Ausschlußkriterium für die Signierung dieses Merkmals!

„Einwände gegen die eigene Aussage" sind:

zu signieren, wenn	**nicht** zu signieren, wenn
- **sich der Aussagende trotz aller geäußerten Zweifel ganz sicher ist, das Geschilderte genauso beobachtet bzw. erlebt zu haben,** - der Aussagende die Glaubwürdigkeit einiger Aussageteile selbst in Frage stellt, - der Aussagende äußert, daß er Teile seiner Aussage selbst als unplausibel oder merkwürdig empfindet, - Einwände gegen die Glaubwürdigkeit der Aussage selbst vorweggenommen werden,	- der Aussagende Zweifel an der Richtigkeit seiner Wahrnehmungen oder Erinnerungen zum Ausdruck bringt, - der Aussagende es zum Zeitpunkt der Aussage für möglich hält, daß er sich zum Zeitpunkt der Wahrnehmung in einem anderen Bewußtseinszustand befunden haben könnte, - der Aussagende das Dargestellte zum Zeitpunkt des Geschehens merkwürdig fand, zum Zeitpunkt der Aussage aber nicht mehr (in diesem Fall handelt es sich eher um Merkmal 22)

21b. Einwände gegen die eigene Person

In dieser Kategorie werden Äußerungen registriert, mit denen die aussagende Person Gefahr läuft, die **Glaubwürdigkeit der eigenen Person** und die **eigene Zeugentüchtigkeit** in Mißkredit zu bringen. Es wird sich hierbei in der Regel um überdauernde (im Sinne der Zeugentüchtigkeit und Glaubwürdigkeit) negative Eigenschaften der eigenen Person handeln.
Entscheidend ist, daß die aussagende Person trotz dieser Eigenschaften (Merkmale), von denen sie zugibt, daß sie ihr von anderen (oder von sich selbst) bisweilen zugeschrieben werden, felsenfest davon überzeugt ist, in diesem Falle das infragestehende Geschehen oder entsprechende Teile tatsächlich beobachtet bzw. erlebt zu haben.

Das Merkmal 21b läßt sich insofern qualitativ als einfach (1) und stark ausgeprägt (2) differenzieren, als es sich bei Merkmal 21b (1) um einen einfachen Einwand handelt, während für die Signierung als 21b (2) dieser Einwand näher ausgeführt oder begründet werden oder schwerwiegend sein muß.

Beispiele:

- [Ich habe in den letzten Jahren schon oft gelogen und werde von vielen als notorischer Lügner bezeichnet, aber was ich jetzt erzählt habe, ist mir wirklich genauso passiert.] 21b (2)

Kommentar: Der Einwand gegen die Aussageehrlichkeit der eigenen Person ist hier sehr schwerwiegend und wird auch näher ausgeführt. Daher ist das Merkmal stark ausgeprägt.

- Ja, ich [übertreibe auch gerne mal ein bißchen. Richtig schlimm war es ja nicht, aber passiert ist es so, wie ich gesagt habe]. 21b (1)

Kommentar: Der Einwand gegen die eigene Person ist wesentlich weniger schwerwiegend, wird vor allem durch die Wortwahl (auch mal ein bißchen) stark abgeschwächt.

- Ich bin total kurzsichtig, vielleicht ist das auch nicht so abgelaufen. Keine Signierung!

Kommentar: Der Aussagende ist sich seiner Zeugentüchtigkeit in diesem Falle selbst nicht sicher.

„Einwände gegen die eigene Person" sind:

zu signieren, wenn	**nicht** zu signieren, wenn
- **der Aussagende zweifelsfrei davon überzeugt ist, in diesem speziellen Falle die infragestehenden Wahrnehmungen tatsächlich bezeugen zu können,** - eingeräumt wird, daß es um die eigene Aussageehrlichkeit nicht immer gut bestellt gewesen ist, - der Aussagende zugibt, Eigenschaften zu besitzen, die der Zeugentüchtigkeit unter Umständen abträglich sein könnten.	- der Aussagende selbst nicht hundertprozentig davon überzeugt ist, in diesem Falle eine zuverlässige Schilderung des Geschehens geliefert zu haben, - sich der Einwand gegen die Plausibilität des Aussageinhaltes wendet (21a).

22. Schilderung von Versuchen der Wirklichkeitskontrolle

In dieser Kategorie soll festgehalten werden, ob die aussagende Person von Versuchen der Wirklichkeitskontrolle **zum Zeitpunkt des Geschehens** berichtet. Sie beschreibt beispielsweise den eigenen Zustand der Orientierungslosigkeit, verbunden mit dem Versuch, Anhaltspunkte zur Orientierung zu erlangen. Es wird die Möglichkeit angedeutet, daß das Geschehen auf einer **anderen Wirklichkeitsebene** (Traum, Phantasie) stattgefunden haben könnte, gleichzeitig wird aber durch die Formulierung deutlich, daß diese Möglichkeit **durch Kontrolle ausgeschlossen** wurde.
Entscheidend ist, daß **zum Zeitpunkt der Aussage kein Zweifel bezüglich der Wachwirklichkeit des Erlebten** mehr besteht.
Das Merkmal 22 läßt sich insofern qualitativ als einfach (1) und stark ausgeprägt (2) differenzieren, als es sich bei Merkmal 22 (1) um eine einfache Beschreibung von Orientierungslosigkeit handelt, während für die Signierung als 22 (2) Kontrollversuche geschildert oder eine andere Wirklichkeitsebene explizit genannt und durch den Sprachgebrauch deutlich wird, daß der Aussagende zwischen Wach-, Traum- und Phantasieerleben unterscheidet, und daß dieser Zustand nur für kurze Zeit zum Zeitpunkt des Geschehens bestanden hat, dann jedoch die Wachwirklichkeit des Erlebnisses erkannt wurde.

Beispiele:

- Und dann habe ich [zuerst gedacht, das wäre bloß ein Traum.] 22 (2)
- Ich hab [gedacht: Träum ich das jetzt?] 22 (2)
- Ich hab [gedacht, ich wäre verrückt geworden, daß ich mir das nur einbilde. Aber dann habe ich mir auf den Kopf gefaßt, und da war alles voll Blut.] 22 (2)

Kommentar: Eine andere Wirklichkeitsebene als die Wachwirklichkeit wird in allen Beispielen expliziert, und durch die Vergangenheitsform klar, daß der Vorgang zum Zeitpunkt des Geschehens stattgefunden hat. Im ersten Beispiel wird durch die Formulierung (*zuerst, wäre*) deutlich, daß festgestellt wurde, daß das Ereignis in der Wachwirklichkeit stattgefunden hat. Im zweiten Beispiel wird sogar der Kontrollversuch expliziert. Im dritten wird schließlich das Kontrollergebnis geschildert. Das Merkmal ist stark ausgeprägt.

- Ich [habe im ersten Moment nur da gesessen und überhaupt nichts mehr begriffen, hab gedacht, was ist denn hier los?] 22 (1)

Kommentar: Hier wird ein Zustand der völligen Orientierungslosigkeit beschrieben. Durch die Vergangenheitsform wird deutlich, daß dieser Zustand im Moment des Geschehens vorlag. Damit ist das Merkmal ansatzweise vorhanden.

- Das habe ich alles gar nicht so richtig wahrgenommen, vielleicht habe ich es mir ja auch nur eingebildet. Keine Signierung!

Kommentar: Zum Zeitpunkt der Aussage besteht keine absolute Gewißheit, daß das Geschehen nicht in der Phantasiewirklichkeit stattgefunden hat.

- Das [kam mir da erst so unecht vor, so wie in einem Film.] 22 (2)

Kommentar: Es wird eine andere als die Wachwirklichkeitsebene angesprochen. Durch die Formulierung (Vergangenheit + *erst* + *so wie*) wird deutlich, daß der Aussagende sich darüber im Klaren ist, daß das Geschehen nicht auf dieser Ebene, sondern in die Wachwirklichkeit einzuordnen ist. Das Merkmal ist stark ausgeprägt.

- Ich [hab gefragt, ob ich noch lebe.] 22 (2)

Kommentar: Hier wird von einem Kontrollversuch berichtet.

- Ich glaube, das war ein Alptraum. Keine Signierung!

Kommentar: Der Aussagende ist sich zum Zeitpunkt der Aussage der Wachwirklichkeit des Erlebnisses nicht sicher.

- Das [war für mich wie in einem schlechten Traum.] 22 (2)

Kommentar: Hier wird die Möglichkeit einer Traumwirklichkeit erwähnt und gleichzeitig durch den Ausdruck *war...wie* deutlich, daß zum Zeitpunkt der Aussage keine Zweifel bestehen bezüglich der Wachwirklichkeit.

- Ich habe ganz häufig Tagträume, phantasiere dann so vor mich hin, ich kann das dann auch nicht immer so auseinanderhalten. Keine Signierung!

Kommentar: Der Aussagende ist sich zum Zeitpunkt der Aussage nicht sicher, ob das Erlebnis der Wachwirklichkeit zuzuordnen ist.

„Versuche der Wirklichkeitskontrolle“ sind:

zu signieren, wenn	**nicht** zu signieren, wenn
- **für den Zeugen zum Zeitpunkt seiner Aussage zweifelsfrei feststeht, daß er das Geschehen im Wachzustand wahrgenommen hat,** - vom Aussagenden ein Zustand der Orientierungslosigkeit beschrieben wird, - Verhaltensweisen geschildert werden, die den Versuch widerspiegeln, den Zustand der Orientierungslosigkeit zu beenden, - geschildert wird, daß zumindest für einen Moment die Möglichkeit in Erwägung gezogen wurde, alles nur geträumt oder phantasiert zu haben.	- die aussagende Person sich auch zum Zeitpunkt der Aussage noch unsicher ist, ob das wahrgenommene Geschehen der Wachwirklichkeit zuzurechnen ist, - die aussagende Person einräumt, bisweilen Schwierigkeiten damit zu haben, zwischen verschiedenen Wirklichkeitsebenen zu unterscheiden **und sich auch in diesem Falle** nicht ganz sicher zu sein.

23. SELBSTBELASTUNG DES OPFERS

In dieser Kategorie geht es um die Frage, ob die aussagende Person sich selbst in bezug auf den Tatverlauf in ein schlechtes Licht rückt. Das kann sich darin zeigen, daß das Opfer eigenes **vermeintliches Fehlverhalten** schildert, das den ungünstigen Handlungsverlauf nicht verhindert oder möglicherweise sogar begünstigt hat. Die eigene Rolle innerhalb des Handlungsverlaufes wird kritisch betrachtet. Möglicherweise werden Zustimmung, Mitwirkung oder Eigeninitiative eingeräumt. Das Opfer versucht, den negativen Verlauf der Handlung auch durch eigenes Fehlverhalten zu entschuldigen. Im Extremfall gibt sich das Opfer die alleinige Schuld am Geschehen.
Das Merkmal 23 läßt sich insofern qualitativ als einfach (1) und stark ausgeprägt (2) differenzieren, als es sich bei Merkmal 23 (1) um das Eingeständnis einer Teilschuld handelt, während für die Signierung als 23 (2) direkt oder indirekt zugegeben werden muß, den ungünstigen Handlungsverlauf durch eigenes Fehlverhalten verursacht zu haben.

Beispiele:

- Und dann bin ich [unvernünftigerweise] ganz nah an dem Lastwagen vorbei gefahren. Der konnte mich gar nicht sehen. 23 (2)

Kommentar: Der Aussagende gibt damit zu, daß allein sein eigenes Fehlverhalten das Geschehen verursacht hat. Die Selbstbelastung ist daher stark ausgeprägt. Anschließend wird der Angeschuldigte auch noch entlastet.

- Da [kam ja kein Auto, da bin ich einfach nur rübergerannt.] 23(1)

Kommentar: Es wird eine Teilschuld am Geschensverlauf übernommen, aber darauf hingewiesen, daß ja kein Auto kam.

- Ich glaub, ich [war wohl auch mit meinen Gedanken ganz woanders und hab nicht so richtig aufgepaßt.] 23 (1)

Kommentar: Auch hier wird eine Teilschuld übernommen: Kann sein, daß ich auch nicht so richtig aufgepaßt habe...

- Das war aber auch schon dunkel, da konnte ich den gar nicht sehen. Keine Signierung!

Kommentar: Hier wird keine Schuld übernommen, sondern die äußeren Umstände werden verantwortlich gemacht.

- Dann bin ich [über die rote Ampel] gegangen. 23 (2)

Kommentar: Der Aussagende gesteht Fehlverhalten ein, das eindeutig die Ursache für das Geschehen darstellt.

- Ich habe zwar nach links und rechts geguckt, [vielleicht hätte ich aber noch etwas besser hingucken sollen.] 23 (1)

Kommentar: Teilschuld wird übernommen. Der Aussagende gesteht ein, sich möglicherweise nicht korrekt verhalten zu haben.

- Wir hatten [beide schuld]. 23 (1)

Kommentar: Eine Teilschuld wird übernommen.

- [Ich hatte schuld]. 23 (2)

Kommentar: Der Aussagende gibt sich die alleinige Schuld.

- Ich weiß nicht, wer schuld hat. Keine Signierung!

Kommentar: Hier handelt es sich nicht um ein Schuldeingeständnis, sondern um einen Verzicht auf Mehrbelastung des Angeschuldigten.

„Selbstbelastungen des Opfers" sind:

zu signieren, wenn	**nicht** zu signieren, wenn
- der Aussagende sich selbst die Schuld gibt, - der Aussagende eine Teilschuld übernimmt, - Selbstvorwürfe deutlich werden, - vermeintliches eigenes Fehlverhalten geschildert wird, das sich negativ auf den weiteren Handlungsverlauf ausgewirkt haben könnte, - die Schilderung Eingeständnisse enthält, wonach der Handlungsverlauf auch durch Zustimmung oder Mitwirkung des Opfers beeinflußt sein könnte, - der Aussagende sich selbst in Bezug auf das Geschehen in ein schlechtes Licht rückt.	- lediglich eine Entlastung des Angeschuldigten vorgenommen wird (24), - auf eine sich anbietende weitere Belastung des Angeschuldigten verzichtet wird (24), - die Schuldfrage gar nicht oder mit „ich weiß nicht" beantwortet wird (24), - die Umstände verantwortlich gemacht werden (24), - die Glaubwürdigkeit oder Zeugentüchtigkeit der eigenen Person angezweifelt wird (21).

24. Inschutznahme des Täters

In dieser Kategorie soll beurteilt werden, ob die aussagende Person bemüht ist, eine differenzierte Darstellung des Geschehens zu liefern und nicht jede Gelegenheit zu nutzen, um den mutmaßlichen Täter gezielt in ein schlechtes Licht zu rücken. Inschutznahme kann einmal bedeuten, daß der mutmaßliche Täter entschuldigt, also **explizit entlastet** wird.
Zum anderen kann er in Schutz genommen werden, indem **auf eine naheliegende Mehrbelastung verzichtet** wird. Ein solcher Verzicht zeigt sich besonders deutlich, wenn eine Belastungsmöglichkeit vom Interviewer angeboten wird. Als ein solches „Angebot" sind die Schuldfrage und die Frage, ob etwas besonders schlimm war, zu verstehen.

Es wird davon ausgegangen, daß der Verzicht auf Mehrbelastung und die Entlastung des Angeschuldigten zwei Ausprägungsgrade der Inschutznahme darstellen, die auf einer Dimension liegen. Das Merkmal 24 läßt sich daher qualitativ als einfach (1) und stark ausgeprägt (2) differenzieren. Bei Merkmal 24 (1) handelt es sich um einen Verzicht auf Mehrbelastung (eher passiv), während für die Signierung als 24 (2) eine explizite Entlastung des Täters notwendig ist (aktiv).

Beispiele:

- *Wer war schuld?* [Weiß ich nicht.] 24 (1)

Kommentar: Es wird auf angebotene Mehrbelastung verzichtet.

- [So viel ist mir eigentlich gar nicht passiert] dabei. 24 (1)

Kommentar: Hier wird auf eine naheliegende Mehrbelastung verzichtet.

- Der ist ausgestiegen und hat geguckt, was passiert ist, ist dann dageblieben und hat Krankenwagen und Polizei gerufen. Keine Signierung!

Kommentar: Das geschilderte Verhalten ist noch nicht als positiv zu werten, sondern ist selbstverständlich. Die Tatsache allein, daß der Angeschuldigte nicht als fahrerflüchtig dargestellt wird, ist noch kein Verzicht auf Belastung und auch keine Entlastung.

- Der [kann ja nichts dafür, der war ja schon ganz langsam gefahren.] 24 (2)

Kommentar: Hier wird explizit eine Entlastung vorgenommen und zusätzlich begründet.

- Die hat sich [total nett um mich gekümmert, hat mich getröstet und gefragt, wie es mir geht, und später hat die mir auch noch was geschenkt, weil es ihr so leid tat.] 24 (2)

Kommentar: In diesem Beispiel wird das Verhalten der Angeschuldigten betont positiv geschildert und zusätzlich angedeutet, daß die Angeschuldigte Betroffenheit bezüglich der Geschehensfolgen zeigt. Die Angeschuldigte wird dadurch aktiv entlastet.

- [Die ist wahrscheinlich gerade von ihrem Freund abgelenkt worden und dann war sie vielleicht kurz unkonzentriert, das ist ja jeder Mensch hin und wieder.] 24 (2)

Kommentar: Hier wird nach einer möglichen Erklärung für das Verhalten der Angeschuldigten gesucht, verbunden mit einem expliziten Zeigen von Verständnis für das Verhalten der Angeschuldigten. Damit ist das Merkmal der Inschutznahme sehr stark ausgeprägt.

„Inschutznahme des Täters" ist:

zu signieren, wenn

- überdauernde positive Eigenschaften des Angeschuldigten erwähnt werden,
- positive Verhaltensweisen geschildert werden, die der Angeschuldigte während des Handlungsverlaufes gezeigt haben soll,
- entschuldigende Erklärungen für das Verhalten des Angeschuldigten geäußert werden,
- der Angeschuldigte explizit von Schuld freigesprochen wird,
- der Angeschuldigte nicht noch mehr belastet wird, obwohl sich die Gelegenheit für eine solche Belastung bietet,
- die Schuldfrage nicht oder mit „ich weiß nicht" beantwortet wird,
- die Folgen des Geschehens heruntergespielt werden,
- äußere Umstände verantwortlich gemacht werden.

nicht zu signieren, wenn

- der Aussagende sich selbst die Schuld oder Teilschuld am ungünstigen Handlungsverlauf gibt (23),
- der Aussagende lediglich darauf verzichtet, den Angeschuldigten als fahrerflüchtig zu beschreiben,
- Entlastungen durch nachfolgenden Vorwurf hinsichtlich Fehlverhaltens zurückgenommen werden.

Negative Merkmale

Dieser Merkmalskomplex umfaßt Aussagecharakteristika, deren Auftreten im Gegensatz zu den vorher aufgeführten Merkmalen negativ bewertet werden soll. Dabei wird davon ausgegangen, daß **Falschaussagen sich durch besondere Zielgerichtetheit auszeichen**, die sich in folgenden Aussagemerkmalen äußert.
Die entsprechenden Textstellen werden signiert, und neben der numerischen Kategorienbezeichnung wird zusätzlich in Klammern der jeweilige Ausprägungsgrad am Textrand vermerkt.

25. Vermutete Handlungsmotive des Angeschuldigten

In dieser Kategorie wird vermerkt, ob die aussagende Person Vermutungen über Tatmotive, **Pläne oder schlechte Absichten des Angeschuldigten** äußert oder **Intentionen unterstellt**. Entscheidend ist hierbei, daß diese **Vermutungen nicht auf beobachtbaren Verhaltensweisen und Handlungen** des mutmaßlichen Täters **beruhen**. Es wird nichts beschrieben, was der aussagenden Person als beobachtbarer Anhaltspunkt für die Spekulationen dienen könnte.
Im Gegensatz zum folgenden Merkmal (Zuschreibung überdauernder negativer Eigenschaften) beziehen sich die vermuteten Motive und Intentionen auf die Situation des Geschehens.

Das Merkmal 25 läßt sich insofern qualitativ als einfach (1) und stark ausgeprägt (2) differenzieren, als es sich bei Merkmal 25 (1) um die Unterstellung selbstschützender Motive (im Anschluß an den Unfall) handelt, während für die Signierung als 25 (2) Äußerungen erforderlich sind, aus denen hervorgeht, daß dem Angeschuldigten (vor dem Unfallereignis) eine Schädigungsabsicht oder zumindest ein bewußtes Inkaufnehmen der möglichen Folgen für den Aussagenden unterstellt wird.

Beispiele:

- Der hat mich [mit Absicht] umgefahren. 25 (2)

Kommentar: Hier wird eine Schädigungsabsicht unterstellt.

- Dem war das [total egal, daß ich da gelegen habe, der ist schnell weitergefahren, damit er nicht geschnappt werden konnte.] 25 (1)

Kommentar: Hier werden selbstschützende Motive im Anschluß an den Unfall unterstellt.

- Der hat sich wieder auf sein Motorrad gesetzt und es angelassen, wollte wohl wegfahren, aber der Busfahrer hat ihn aufhalten können. Keine Signierung!

Kommentar: Diese Vermutung beruht auf Beobachtungen. Stattdessen liegt hier eine Handlungskomplikation vor.

- Der hat einfach nicht gebremst, [obwohl der genau gesehen hat, daß ich da war.] 25 (2)

Kommentar: Eine bewußte Inkaufnahme möglicher Folgen für das Opfer wird unterstellt.

„Vermutete Handlungsmotive" sind:

zu signieren, wenn	**nicht** zu signieren, wenn
- dem Angeschuldigten Motive und Pläne unterstellt werden, - die Intention des Angeschuldigten betont wird, - **das geschilderte Verhalten keine Anhaltspunkte für eine derartige Vermutung bietet,** - Selbstschutzmotive unterstellt werden.	- es sich um Schlußfolgerungen handelt, die auf in der Geschehenssituation beobachtetem Verhalten des Angeschuldigten basieren, - entsprechende Äußerungen des Angeschuldigten hinsichtlich seiner Motive geschildert werden.

26. Zuschreibung überdauernder negativer Eigenschaften

In dieser Kategorie soll beurteilt werden, ob dem mutmaßlichen Täter negative Eigenschaften zugeschrieben werden, die über die Tatsituation hinausgehen und somit als überdauernde Eigenschaften seiner Person angesehen werden, ohne daß erkennbar wird, ob diese Zuschreibung beispielsweise aufgrund langjähriger Erfahrung mit dem Angeschuldigten berechtigt sein könnte. Möglicherweise versucht die aussagende Person auf diese Weise, ihr Gegenüber von der Schlechtigkeit der vermeintlichen Täterperson zu überzeugen. Dabei kann es sich um Eigenschaften im engeren Sinne, um Verhaltensweisen, Einstellungen und Gewohnheiten handeln. Wichtig ist, daß keine Erfahrungsgrundlage angedeutet wird.
Nicht in diese Kategorie gehören spontane emotionale Äußerungen, die in direktem Zusammenhang mit Handlungen des Angeschuldigten vorgebracht werden, und bei denen gleichzeitig keine Pauschalisierung erkennbar ist.
Das Merkmal 26 läßt sich insofern qualitativ als einfach (1) und stark ausgeprägt (2) differenzieren, als es sich bei Merkmal 26 (1) um Andeutungen handelt, während für die Signierung als 26 (2) eine überzeugte Zuschreibung sehr negativer Eigenschaften oder Einstellungen oder eine unzulässige Pauschalisierung notwendig wird.

Beispiele:

- [Er ist ein schlechter Mensch.] 26 (2)
- [Der Frau ist das ganz egal, ob die jemanden umfährt.] 26 (2)

Kommentar: In beiden Fällen wird der Person eine extrem schlechte Eigenschaft zugeschrieben, die situationsunabhängig pauschalisierend ist. Damit ist das Merkmal qualitativ stark ausgeprägt. Im zweiten Beispiel wird dabei eine negative Einstellung unterstellt.

- Der hat sich [wie ein Idiot benommen.] Keine Signierung!
- Der ist [gefahren wie ein Irrer.] Keine Signierung!

Kommentar: Die Bezeichnungen „Idiot" und „Irrer" beziehen sich eindeutig auf das konkrete Verhalten in der infragestehenden Situation.

- Das ist ja kein Wunder, [wenn einer immer besoffen Auto fährt.] 26 (2)

Kommentar: Im Nebensatz wird das negative Verhalten als Gewohnheit bezeichnet und so zu einem situationsübergreifenden Fehlverhalten. Diese schwere Anschuldigung läßt sich nicht auf Erfahrungswerte zurückführen. Das Merkmal ist qualitativ stark ausgeprägt.

- Das war [sowieso so ein ganz komischer Typ.] 26 (1)

Kommentar: Hier ist eine Andeutung erkennbar. Es findet keine extrem negative Eigenschaftszuschreibung statt. Daher ist das Merkmal lediglich als einfach ausgeprägt anzusehen. Wichtig ist, daß trotz der schwachen Ausprägung ein Pauschalisierungsansatz erkennbar ist, und daß keine einleuchtende Erläuterung der *Seltsamkeit* auf der Beobachtungsebene folgt.

- Und dann ist er einfach weitergefahren. ...Blödes Schwein! Keine Signierung!

Kommentar: Hier handelt es sich um einen spontanen Emotionsausbruch, der in direktem Zusammenhang mit dem Verhalten steht.

„Zuschreibungen überdauernder negativer Eigenschaften" sind:

zu signieren, wenn	**nicht** zu signieren, wenn
- dem Angeschuldigten dauerhafte negative Eigenschaften zugeschrieben werden, - von dem in der Situation des Geschehens gezeigten Verhalten auf situationsübergreifende Verhaltensweisen geschlossen wird, - keine Wahrnehmungsgrundlage für derartige Verallgemeinerungen vorhanden ist (im Extremfall über eine fremde Person gesprochen wird), - negative Einstellungen unterstellt werden, ohne daß hierzu Erfahrungswerte herangezogen werden.	- es sich um die Beurteilung einer Person handelt, die der Aussagende so gut kennt, daß die Verallgemeinerungen auf Erfahrungswerten beruhen, - sich die Zuschreibung negativer Verhaltensweisen nur auf die infragestehende Situation bezieht, - eine Wahrnehmungsgrundlage für Verallgemeinerungen vorhanden ist, negative Eigenschaften ausschließlich auf der Basis beobachteter Verhaltensweisen zugeschrieben werden, - an anderer Stelle deutlich Positives über den Angeschuldigten gesagt wird.

27. Inhaltliche Wiederholungen (Stereotypie)

In dieser Kategorie soll festgehalten werden, ob in der Aussage inhaltliche Wiederholungen enthalten sind. Entscheidend für die Signierung einer Wiederholung ist, daß damit die wiederholten Aussageteile nicht präzisiert, inhaltlich verändert oder ergänzt werden; jede wenn auch geringe Veränderung kann unter Umständen einen Informationswert haben. Jedoch muß diese Veränderung inhaltlicher Art sein. Wird ein Aussageabschnitt wiederholt und dabei ein Ausdruck lediglich durch eine andere Formulierung ersetzt, mit der aber im Prinzip das Gleiche zum Ausdruck gebracht wird, oder werden einzelne Wörter bei der Wiederholung weggelassen, dann liegt keine Veränderung inhaltlicher Art vor, sondern eine Wiederholung, die in dieser Kategorie auch als solche gekennzeichnet wird.
Eine Extremform inhaltlicher Wiederholungen liegt vor, wenn ganze Textpassagen nahezu wortwörtlich wiederholt werden. Bei derartigen Wiederholungen kann von einer regelrechten Stereotypie der Aussage gesprochen werden. Dabei hat man den Eindruck, daß ein auswendig gelernter Text auf ein Stichwort erneut wiedergegeben wird und unter Umständen weit über eine „Beantwortung" der Frage hinaus aufgesagt wird oder zum Inhalt der Frage gar nicht paßt.

Das Merkmal 27 läßt sich insofern qualitativ als einfach (1) und stark ausgeprägt (2) differenzieren, als es sich bei Merkmal 27 (1) um die inhaltliche Wiederholung eines Satzes handelt, während für die Signierung als 27 (2) notwendig wird, daß eine ganze Textpassage, also mehrere Sachverhalte inhaltlich identisch oder gar wörtlich wiederholt werden.

Beispiele:

- Da kam ganz plötzlich ein Auto aus der Garage und ich konnte nicht ausweichen, da gab es einen großen Knall, und ich bin mit dem Auto zusammengefahren. *Also, das habe ich jetzt nicht richtig verstanden, kannst du das mal ein bißchen genauer erzählen, was ist da genau passiert?* [Ich konnte nicht ausweichen, da gab es einen großen Knall, und ich bin mit dem Auto zusammengestoßen.]
  27 (1)

Kommentar: Hier wird ein Satz inhaltlich wiederholt, es wird keine Veränderung (im Sinne von Erweiterung, Verbesserung, Präzisierung...) vorgenommen. Die Wiederholung ist auf einen Sachverhalt beschränkt, geht nicht über die Beantwortung der Frage hinaus oder an der Frage vorbei. Zu berücksichtigen ist ferner, daß die zweite Version unmittelbar der ersten folgt; eine Satzwiederholung ist daher nicht verwunderlich.

- Da kam plötzlich ein Auto aus der Garage, da gab es einen großen Knall, und ich bin mit dem Auto zusammengefahren. *Also, das habe ich jetzt nicht richtig verstanden, kannst du das mal ein bißchen genauer erzählen, wie ist das genau passiert?* Ich konnte nicht ausweichen, da gab es einen großen Knall, ich bin mit dem Auto zusammengefahren und habe das Vorderlicht an mein Knie bekommen.
  Keine Signierung!

Kommentar: Hier wird eine Präzisierung vorgenommen, welche allerdings nicht als Präzisierung signiert wird, da sie nicht spontan erfolgt.

- Da kam ganz plötzlich ein Auto aus der Garage und ich konnte nicht ausweichen, da gab es einen großen Knall, und ich bin mit dem Auto zusammengefahren. Und dann ist der Autofahrer ausgestiegen und hat mich in sein Auto gesetzt und mich nach Hause gefahren. *(Im weiteren Verlauf des Interviews) Und hast du dich bei dem Unfall verletzt?* Ja. *Wie ist denn das genau passiert? Erzähl mal!*

  [Da kam ganz plötzlich ein Auto aus der Garage und ich konnte nicht ausweichen, da gab es einen großen Knall, und ich bin mit dem Auto zusammengefahren. Und dann ist der Autofahrer ausgestiegen und hat mich in sein Auto gesetzt und mich nach Hause gefahren.] 27 (2)

Kommentar: Hier werden mehrere Sachverhalte später im Verlaufe des Interviews wörtlich wiederholt. Hier entsteht der Eindruck, daß eine auswendig gelernte Textpassage einfach nochmal aufgesagt wird. Die Antwort geht am Erfragten vorbei. Die inhaltliche Wiederholung wird zu einer Stereotypie des Aussageverhaltens.

„Inhaltliche Wiederholungen" sind:

zu signieren, wenn	**nicht** zu signieren, wenn
- ganze Textpassagen wortwörtlich wiederholt werden, - ein Aussageinhalt wiederholt wird, ohne daß neue Information hinzukommt, - der Eindruck entsteht, daß auf Nachfrage ein auswendig gelernter Text runtergespult wird, - auf eine Frage nicht angemessen eingegangen wird in dem Sinne, daß eine inhaltliche (im Extremfall wörtliche) Wiederholung bereits geschilderter Handlungsteile erfolgt, die inhaltlich nicht auf die Frage eingeht oder in stereotyper Weise weit über den Inhalt der Frage hinausgeht.	- neben der Wiederholung ein neues Detail genannt wird, dem ein Informationswert zukommt, - zwar inhaltlich betrachtet eine Wiederholung vorliegt, der Inhalt aber aus einem anderen Blickwinkel wiedergegeben oder anders formuliert wird, so daß sich auf diese Weise ein neuer Aspekte ergibt, - Einzelwörter und kurze Textstücke wiederholt werden (zumal dies durch Nachfragen des Interviewers provoziert wird), - deutlich wird, daß die Frage des Interviewers dahingehend mißverstanden wurde, daß er die Aussage akustisch nicht verstanden habe.

28. KLISCHEES

In dieser Kategorie soll beurteilt werden, ob die Aussage klischeehafte Äußerungen enthält. Dazu zählen stereotype Einbettungsversuche, Pauschalisierungen, vage und schemageleitete Schilderungen des Handlungsverlaufes und stereotype Personenbeschreibungen. Der Abstraktheitsgrad der Sprache ist hoch, Präzisierungen werden vermieden und der Aussagende versucht, die fehlende Wahrnehmungsgrundlage durch Alltagserfahrung und vorherrschende Stereotype und Schemata zu ersetzen.
Das Merkmal 28 läßt sich insofern qualitativ als einfach (1) und stark ausgeprägt (2) differenzieren, als es sich bei Merkmal 28 (1) um Vagheiten (nicht zu verwechseln mit Unsicherheiten!) handelt, während für die Signierung als 28 (2) notwendig wird, daß regelrechte Klischees bedient werden.

Beispiele:

- [Wie Autos eben so aussehen]. 28 (2)

Kommentar: Hier wird kein Beschreibungsversuch unternommen, stattdessen auf ein Schema verwiesen und eigentlich gar nicht geantwortet. Das Merkmal ist stark ausgeprägt.

- Was Ärzte halt immer so machen; er hat mir mit Watte so eine Flüssigkeit auf mein Knie getupft und danach einen Verband drumgewickelt. Keine Signierung!

Kommentar: In diesem Fall bleibt es nicht bei der klischeehaften Formulierung; es folgt eine Beschreibung der speziellen Situation.

- Dann bin ich vom Auto angefahren worden [oder so]. 28 (1)

Kommentar: Hier wird eine Formulierung an eine Aussage angehängt, durch die der Eindruck von Vagheit entsteht, ohne daß in diesem Zusammenhang eine Unsicherheit erwähnt oder die Vagheit begründet wird. Zudem würde eine Unsicherheit nicht zum Sachverhalt passen, da kaum vorstellbar ist, daß jemand nicht weiß, ob er beispielsweise von einem Auto oder von einem Motorrad angefahren wurde.

- Ich glaube, der hieß Mittermaier oder so. Keine Signierung!

Kommentar: Im Gegensatz zum vorangegangenen Beispiel wird hier die eigene Unsicherheit verbalisiert, der das *oder so* zuzuordnen ist. Zudem schließt sich dieser Ausdruck an eine Information an, hinsichtlich derer eine Unsicherheit plausibel ist. So erscheint es durchaus plausibel, daß ein Aussagender sich nicht ganz genau an einen Namen oder ein Datum erinnert, Geschwindigkeiten o.ä. nur ungefähr einschätzen kann. In diesem Beispiel möchte der Aussagende vermutlich deutlich machen, daß die Person den Namen Mittermaier oder einen ähnlichen Namen trug.

- [Wie soll das da schon ausgesehen haben, Straße, Boden, Autos, Schilder, Laternen.] 28 (1)

Kommentar: Hier wird keine situationsspezifische Information gegeben, sondern schemageleitet ein räumlicher Kontext konstruiert. Das Merkmal ist einfach ausgeprägt.

- [Wie man sich eben so fühlt, wenn man jemanden umgefahren hat], natürlich schlecht. 28 (2)

Kommentar: Hier wird keine Auskunft über Beobachtungen hinsichtlich der Befindlichkeit des Täters gegeben, sondern beim Gegenüber eine Vorstellung induziert, die dem allgemeinen Schema entspricht. Der Abstraktheitsgrad der Sprache ist hoch, das Merkmal stark ausgeprägt.

- [Was soll man dazu sagen? Mehr oder weniger was man halt so denkt] in so einer Situation. 28 (2)

Kommentar: Der Aussagende verwendet völlig inhaltsleere Floskeln; der Abstraktheitsgrad der Sprache ist sehr hoch, das Merkmal stark ausgeprägt.

„Klischees" sind:

zu signieren, wenn	**nicht** zu signieren, wenn
- anstelle tatsächlicher Beschreibungen stereotype Äußerungen zu Sachverhalten, Personen, Gegenständen etc. vorgebracht werden, ohne daß eine fallspezifische Differenzierung erfolgt, - konkrete Antworten vermieden und Vagheiten bevorzugt werden, - inhaltsleere Floskeln verwendet werden.	- diese Ausdrucksform zum Sprachstil gehört, - zwar zunächst eine Floskel verwendet wird, im Anschluß aber spontan eine Beschreibung des speziellen Falles nachgeliefert wird, also trotzdem eine detailreiche Schilderung vorliegt, - Unsicherheiten bezüglich der Richtigkeit eigener Angaben geäußert werden.

ANHANG D

Trainingsmaterial

<u>Anhang D 1:</u> Skalierungshilfe

Alle Merkmale sollen auf einer fünfstufigen Skala eingeratet werden:

-Stufe 0 = Das Merkmal ist nicht vorhanden
-Stufe 1 = Das Merkmal ist unter qualitativen, quantitativen oder beiden Aspekten schwach ausgeprägt.
-Stufe 2 = Das Merkmal ist unter qualitativen, quantitativen oder beiden Aspekten deutlich, jedoch noch nicht stark ausgeprägt.
-Stufe 3 = Das Merkmal ist unter qualitativen, quantitativen oder beiden Aspekten stark ausgeprägt.
-Stufe 4 = Das Merkmal ist unter qualitativen, quantitativen oder beiden Aspekten sehr stark ausgeprägt.

Zunächst wird die Entscheidung getroffen, ob das Merkmal vorhanden ist oder nicht. Wenn es vorhanden ist, dann folgt eine Tendenzentscheidung der Ausprägung:

Das Merkmal ist gar nicht vorhanden.	Das Merkmal ist leicht zu übersehen, es ist schwach ausgeprägt, es kommt nur einmal vor, es kommt nur im Nebengeschehen vor und hat keine Bedeutung für das Hauptgeschehen.	Das Merkmal ist deutlich ausgeprägt, findet sich im Hauptgeschehen. Es ist in erster Linie quantitativ gut ausgeprägt. Es ist aber im Hinblick auf die Gesamtaussage nicht auffällig.	Das Merkmal ist stark ausgeprägt, es ist nicht zu übersehen bei der Bearbeitung der Aussage. Es ist quantitativ stark und qualitativ geringer ausgeprägt, ist aber (vor allem qualitativ) noch nicht so extrem ausgeprägt, daß der mittlere Skalierungsbereich überschritten werden kann.	Das Merkmal ist so stark ausgeprägt, daß es innerhalb der Gesamtaussage sehr stark auffällt. Es ist ein typisches Beispiel für dieses Merkmal enthalten. Auch bei nur einmaligem Vorkommen, aber besonderer Qualität eines Merkmals, kann der höchste Skalenwert gegeben werden.
0 gar nicht	1 schwach	2 mittel	3 stark	4 sehr stark

Bei Entscheidungsschwierigkeiten zwischen zwei Skalenwerten werden noch einmal Häufigkeit und Intensität betrachtet: Ist die Häufigkeit bestimmend, dann entscheidet man sich eher für den kleineren Skalenwert. Ist die Intensität (Qualität) entscheidend, dann entscheidet man sich eher für den höheren Skalenwert.

Anhang D 2: Strichliste

	Hauptgeschehen		Nebengeschehen	
	einfach ausgeprägt	stark ausgeprägt	einfach ausgeprägt	stark ausgeprägt
4a Zeitliche Einordnung				
4b Räumliche Einordnung				
4c Lebensgewohnheiten/ -umstände				
5 Schilderung von Interaktionen				
6a Wiedergabe von Einzeläußerungen				
6b Wiedergabe von Gesprächen				
7 Unerwart. Handlungskomplikationen				
8 Ungewöhnliche Einzelheiten				
9 Überflüssige Einzelheiten				
10 Unverstandene Handlungselemente				
11 Assoziative Querverbindungen				
12a Physiologie und Motorik				
12b Gefühlszustand				
12c Erlebnisbezogene Gedanken				
12d Nachdenken über potentielle Folgen				
13 Fremdpsychische Zustände				
14 Tatsächliche Folgen				
15 Spontane Verbesserungen				
16 Erinnerungslücken				
17 Erinnerungsbemühungen				
18 Wissenslücken				
19 Unsicherheiten				
20 Gründe für Unsicherheiten				
21a Einwände gegen die eigene Aussage				
21b Einwände gegen die eigene Person				
22 Versuche der Wirklichkeitskontrolle				
23 Selbstbelastung des Opfers				
24 Inschutznahme des Täters				
25 Vermutete Motive des Täters				
26 Zuschreibung neg. Eigenschaften				
27 Inhaltliche Wiederholungen				
28 Klischees				

	Hauptgeschehen					***Nebengeschehen***				
Logische Konsistenz und Widerspruchsfreiheit	0	1	2	3	4	0	1	2	3	4
Quantitat. Detailreichtum	0	1	2	3	4	0	1	2	3	4

Anhang D 3.1: Vorläufiger Ratingbogen

	nicht vorhanden	schwach ausgeprägt	mittel bis stark ausgeprägt	sehr stark ausgeprägt
1. Logische Konsistenz	0	1	2 — 3	4
2. Unstrukturierte Darstellung	0	1	2 — 3	4
3. Quantitativer Detailreichtum	0	1	2 — 3	4
4 Kontextuelle Einbettung	0	1	2 — 3	4
5 Schilderung von Interaktionen	0	1	2 — 3	4
6 Wiedergabe verbaler Äußerungen	0	1	2 — 3	4
7 Unerw. Handlungskomplikationen	0	1	2 — 3	4
8 Ungewöhnliche Einzelheiten	0	1	2 — 3	4
9 Überflüssige Einzelheiten	0	1	2 — 3	4
10 Unverstand. Handlungselemente	0	1	2 — 3	4
11 Assoziative Querverbindungen	0	1	2 — 3	4
12 Eigenpsychische Vorg. U. Zustände	0	1	2 — 3	4
13 Fremdpsychische Zustände	0	1	2 — 3	4
14 Schilderung tatsächlicher Folgen	0	1	2 — 3	4
15 Spontane Verbesserungen	0	1	2 — 3	4
16 Zugeben von Erinnerungslücken	0	1	2 — 3	4
17 Erinnerungsbemühungen	0	1	2 — 3	4
18 Zugeben von Wissenslücken	0	1	2 — 3	4
19 Unsicherheiten bez. Richtigkeit	0	1	2 — 3	4
20 Angabe v. Gründen für 16,17,18,19	0	1	2 — 3	4
21 Einwände gegen die eigene Glaubw.	0	1	2 — 3	4
22 Versuche d. Wirklichkeitskontrolle	0	1	2 — 3	4
23 Selbstbelastung des Opfers	0	1	2 — 3	4
24 Inschutznahme des Täters	0	1	2 — 3	4
25 Vermutete Motive des Täters	0	1	2 — 3	4
26 Zuschreibung neg. Eigenschaften	0	1	2 — 3	4
27 Inhaltliche Wiederholungen	0	1	2 — 3	4
28 Klischees	0	1	2 — 3	4

Anhang D 3.2: Endgültiger Ratingbogen

Rater: **Geschichte Nr.:** ☐

Allgemeine Merkmale **Bitte ankreuzen:**

1. Logische Konsistenz & Widerspruchsfreiheit	nicht vorhanden 0	schwach ausgeprägt 1	mittel ausgeprägt 2	stark ausgeprägt 3	sehr stark ausgeprägt 4

Es soll beurteilt werden, ob die Aussage in sich stimmig und ohne Widersprüche ist.

2. Unstrukturierte Darstellung	nicht vorhanden 0	schwach ausgeprägt 1	mittel ausgeprägt 2	stark ausgeprägt 3	sehr stark ausgeprägt 4

Es soll beurteilt werden, ob eine sprunghafte, unzusammenhängende, nicht chronologische Darstellung ohne Widersprüche vorliegt.

3. Quantitativer Detailreichtum	nicht vorhanden 0	schwach ausgeprägt 1	mittel ausgeprägt 2	stark ausgeprägt 3	sehr stark ausgeprägt 4

Es soll beurteilt werden, wieviele Einzelheiten die Aussage enthält.

Spezielle Inhalte **Bitte ankreuzen:**

4. Kontextuelle Einbettung	nicht vorhanden 0	schwach ausgeprägt 1	mittel ausgeprägt 2	stark ausgeprägt 3	sehr stark ausgeprägt 4

Es soll beurteilt werden, ob eine zeitliche, örtliche und lebensgewohnheitsmäßige Einbettung vorliegt.

5. Beschreibung nonverbaler Interaktionen	nicht vorhanden 0	schwach ausgeprägt 1	mittel ausgeprägt 2	stark ausgeprägt 3	sehr stark ausgeprägt 4

Es soll beurteilt werden, ob nonverbale Interaktionen geschildert werden.

6. Wiedergabe verbaler Äußerungen	nicht vorhanden 0	schwach ausgeprägt 1	mittel ausgeprägt 2	stark ausgeprägt 3	sehr stark ausgeprägt 4

Es soll beurteilt werden, ob in der Aussage konkrete Inhalte stattgefundener Gespräche und Einzeläußerungen wiedergegeben werden.

7. Unerwartete Handlungskomplikationen	nicht vorhanden 0	schwach ausgeprägt 1	mittel ausgeprägt 2	stark ausgeprägt 3	sehr stark ausgeprägt 4

Es soll beurteilt werden, ob die Aussage Schilderungen unerwarteter Komplikationen im dargestellten Handlungsverlauf enthält.

Inhaltliche Besonderheiten **Bitte ankreuzen:**

8. Ungewöhnliche Einzelheiten	nicht vorhanden 0	schwach ausgeprägt 1	mittel ausgeprägt 2	stark ausgeprägt 3	sehr stark ausgeprägt 4

Es soll beurteilt werden, ob in der Aussage ausgefallene, schemainkonsistente Details vorkommen.

9. Überflüssige Einzelheiten	nicht vorhanden 0	schwach ausgeprägt 1	mittel ausgeprägt 2	stark ausgeprägt 3	sehr stark ausgeprägt 4

Es soll beurteilt werden, ob in der Aussage Details vorkommen, die mit dem Tathergang selbst nichts zu tun haben, aber zusammen mit dem Hauptgeschehen erwähnt werden.

10. Phänomengemäße Schilderung unverstandener Handlungselemente	nicht vorhanden 0	schwach ausgeprägt 1	mittel ausgeprägt 2	stark ausgeprägt 3	sehr stark ausgeprägt 4

Es soll beurteilt werden, ob der Aussagende unverstandene Geschehensabläufe schildert.

11. Assoziative Querverbindungen	nicht vorhanden 0	schwach ausgeprägt 1	mittel ausgeprägt 2	stark ausgeprägt 3	sehr stark ausgeprägt 4

Es soll beurteilt werden, ob inhaltliche Querverbindungen von wesentlichen Teilen des Hauptgeschehens zu ähnlichen Handlungen hergestellt werden, die zu anderer Zeit stattfanden.

12. Schilderung eigenpsychischer Vorgänge und Zustände	nicht vorhanden 0	schwach ausgeprägt 1	mittel ausgeprägt 2	stark ausgeprägt 3	sehr stark ausgeprägt 4

Es soll beurteilt werden, ob die aussagende Person eigene psychische, physiologische oder motorische Vorgänge beschreibt.

13. Schilderung fremdpsychischer Zustände	nicht vorhanden 0	schwach ausgeprägt 1	mittel ausgeprägt 2	stark ausgeprägt 3	sehr stark ausgeprägt 4

Es soll beurteilt werden, ob die aussagende Person gefühlsbezogene motorische oder physiologische Abläufe Beteiligter beschreibt.

14. Schilderung tatsächlicher Folgen	nicht vorhanden 0	schwach ausgeprägt 1	mittel ausgeprägt 2	stark ausgeprägt 3	sehr stark ausgeprägt 4

Es soll beurteilt werden, ob der Aussagende von erheblichen Folgen berichtet, die das Geschehen nach sich gezogen hat.

Motivationsbezogene Inhalte **Bitte ankreuzen:**

15. Spontane Verbesserungen der eigenen Aussage	nicht vorhanden 0	schwach ausgeprägt 1	mittel ausgeprägt 2	stark ausgeprägt 3	sehr stark ausgeprägt 4

Es soll beurteilt werden, ob die aussagende Person spontan ihre inhaltliche Darstellung verbessert oder präzisiert.

16. Zugeben von Erinnerungslücken	nicht vorhanden 0	schwach ausgeprägt 1	mittel ausgeprägt 2	stark ausgeprägt 3	sehr stark ausgeprägt 4

Es soll beurteilt werden, ob die aussagende Person Erinnerungslücken angibt.

17. Zugeben von Erinnerungsbemühungen	nicht vorhanden 0	schwach ausgeprägt 1	mittel ausgeprägt 2	stark ausgeprägt 3	sehr stark ausgeprägt 4

Es soll beurteilt werden, ob ein Bemühen um Erinnerung deutlich wird.

18. Zugeben von Wissenslücken	nicht vorhanden 0	schwach ausgeprägt 1	mittel ausgeprägt 2	stark ausgeprägt 3	sehr stark ausgeprägt 4

Es soll beurteilt werden, ob die aussagende Person Wissenslücken zugibt.

19. Unsicherheiten bezüglich der Richtigkeit eigener Angaben	nicht vorhanden 0	schwach ausgeprägt 1	mittel ausgeprägt 2	stark ausgeprägt 3	sehr stark ausgeprägt 4

Es soll beurteilt werden, ob der Aussagende sich wegen der Richtigkeit seiner Angaben unsicher ist.

20. Angabe von Gründen für Unsicherheiten, Wissens- und Erinnerungslücken	nicht vorhanden 0	schwach ausgeprägt 1	mittel ausgeprägt 2	stark ausgeprägt 3	sehr stark ausgeprägt 4

Es soll beurteilt werden, ob Gründe für Informationslücken oder Unsicherheiten angegeben werden.

21. Einwände gegen die Glaubwürdigkeit der eig. Aussage	nicht vorhanden 0	schwach ausgeprägt 1	mittel ausgeprägt 2	stark ausgeprägt 3	sehr stark ausgeprägt 4

Es soll beurteilt werden, ob die aussagende Person Einwände gegen die eigene Person oder die eigene Aussage vorwegnimmt.

22. Schilderung von Versuchen der Wirklichkeitskontrolle	nicht vorhanden 0	schwach ausgeprägt 1	mittel ausgeprägt 2	stark ausgeprägt 3	sehr stark ausgeprägt 4

Es soll beurteilt werden, ob Ansätze von Wirklichkeitskontrollen zum Zeitpunkt des Geschehens stattgefunden haben.

23. Selbstbelastung des Opfers	nicht vorhanden 0	schwach ausgeprägt 1	mittel ausgeprägt 2	stark ausgeprägt 3	sehr stark ausgeprägt 4

Es soll beurteilt werden, ob sich das Opfer selbst die Schuld oder eine Teilschuld am Geschehen gibt.

24. Inschutznahme des Täters	nicht vorhanden 0	schwach ausgeprägt 1	mittel ausgeprägt 2	stark ausgeprägt 3	sehr stark ausgeprägt 4

Es soll beurteilt werden, ob auf eine naheliegende Mehrbelastung verzichtet oder der Angeschuldigte entschuldigt wird.

Bei den folgenden Merkmalen handelt es sich um negative Merkmale.

Negative Merkmale **Bitte ankreuzen:**

25. Vermutete Tatmotive des Angeschuldigten	nicht vorhanden 0	schwach ausgeprägt 1	mittel ausgeprägt 2	stark ausgeprägt 3	sehr stark ausgeprägt 4

Es soll beurteilt werden, ob dem Angeschuldigten vom Opfer Motive, schlechte Absichten oder Intentionen unterstellt werden, die nicht auf Beobachtungen basieren.

26. Zuschreibung überdauern der negativer Eigenschaften	nicht vorhanden 0	schwach ausgeprägt 1	mittel ausgeprägt 2	stark ausgeprägt 3	sehr stark ausgeprägt 4

Es soll beurteilt werden, ob dem Angeschuldigten überdauernde negative Eigenschaften oder Einstellungen zugeschrieben werden, die über die Handlungssituation hinausgehen.

27. Inhaltliche Wiederholungen	nicht vorhanden 0	schwach ausgeprägt 1	mittel ausgeprägt 2	stark ausgeprägt 3	sehr stark ausgeprägt 4

Es soll beurteilt werden, ob Sachverhalte oder ganze Textpassagen ohne weitere Präzisierung wiederholt werden.

28. Klischees	nicht vorhanden 0	schwach ausgeprägt 1	mittel ausgeprägt 2	stark ausgeprägt 3	sehr stark ausgeprägt 4

Es soll beurteilt werden, ob die Aussage klischeehafte Äußerungen enthält.

Anhang D 4: Informationen über den Aussagenden

Alter in Jahren: 4 5 6 ~~7~~ 8 9 10 11

Geschlecht: weiblich ~~männlich~~

Verbale Intelligenz:

~~unter dem altersgemäßen Durchschnitt~~	altersgemäß durchschnittlich	über dem altersgemäßen Durchschnitt

Besonderheiten: Sprachprobleme (halbseitig taub)

Erzählstil:[4]

Sag mal, wann bist Du denn heute morgen eigentlich aufgestanden?

Mm, ganz früh.

Mhm und äh, dann erzähl mir mal so genau wie möglich alles, was passiert ist, von heute morgen bis jetzt. Was ist da alles los gewesen, was hast Du da gemacht? Erzähl mal!

Äh, gar nichts, nur Fernsehen geguckt.

Joa, ähm, was für Sendungen waren das so?

X.

Den ganzen Tag?

Ja.

Du hast den ganzen Tag eine Sendung gesehen.

Aber, aber, aber trotzdem ferngesehen.

Und sonst, nachdem Du aufgestanden bist, da/

Auch nur fernsehen.

Hm, ja und ähm, und nachdem Du aufgestanden bist, wahrscheinlich hast Du auch dann was gegessen zwischendurch?

Wir haben nichts. Wir haben nur eins.

Was denn?

Salami.

Bitte beantworten Sie vor diesem Hintergrund folgende Fragen (bitte ankreuzen):

1. Ich halte die Aussage für:

unglaubwürdig	eher unglaubwürdig	eher glaubwürdig	glaubwürdig

2. Wie sicher sind Sie sich in Ihrem Urteil ?

1 2 3 4 5 6

sehr unsicher **sehr sicher**

Vielen Dank für Ihre Mitarbeit !

4 Es wird deutlich, daß dem Kind in diesem recht extremen Beispiel kein normales Gespräch über seinen Tagesablauf zu entlocken war.

Anhang D 5: Beurteilerfehler

BEURTEILERFEHLER	
Beurteilerfehler, die auf die Wechselwirkung zwischen Beurteiler und Meßinstrument zurückzuführen sind	
Zentrale Tendenz	Neigung, generell eine mittlere Ausprägung anzugeben und Extremwerte zu vermeiden
Tendenz zu Extremurteilen	Umkehrung der zentralen Tendenz
Beurteilerfehler, die auf eine Wechselwirkung zwischen Beobachter und Objekt zurückzuführen sind	
Milde-Fehler	Objekt wird systematisch zu positiv eingeschätzt
Härte-Fehler	Objekt wird systematisch zu negativ beurteilt
Halo-Effekt	Tendenz, die Einschätzung mehrerer Merkmale eines Objektes von einem globalen Pauschalurteil abhängig zu machen
Kontrast-Fehler	Tendenz, ein beim Beobachter selbst stark ausgeprägtes Merkmal zu unterschätzen oder umgekehrt
Ähnlichkeitsfehler	Tendenz, ein beim Beobachter selbst stark ausgeprägtes Merkmal bei anderen zu überschätzen
Primacy-Effekt	Zu Beginn gemachte Beobachtungen beeinflussen die Einschätzung der nachfolgenden Informationen
Recency-Effekt	Zum Schluß gemachte Beobachtungen bestimmen das Gesamturteil
Generalisierungs-Fehler	Tendenz, ein situationsabhängig auftretendes Merkmal als situationsunabhängig zu beurteilen
Rosenthal-Effekt	Merkmale, deren Auftreten erwartet wird, werden häufiger registriert, als sie tatsächlich auftreten

Anhang D 6: Trainingsablauf

Phase 1 – Literaturstudium (1. Woche)

1.-5. Tag	**Montag, 15.03. bis Freitag, 19.03.1999**
	Selbständiges Literaturstudium in freier Zeiteinteilung

Phase 2 – Intensivtraining (2. und 3. Woche)

6. Tag	**Montag, 22.03.1999**
9.00-9.30	Vorstellen der Trainingsteilnehmer, Vorstellen des Trainingsprogrammes; Betonen der Notwendigkeit des intensiven Übens; Organisatorisches
9.30-10.15	Literaturbesprechung (Einbettung der Merkmalsorientierten Aussageanalyse in den Alltag der forensischen Praxis, Forschungsproblematik der Forensischen Psychologie, Eingehen auf mögliche Fragen zur Literatur) Angegebenes Ziel der Schulung: "Gute Übereinstimmung innerhalb der Gruppe und mit dem Expertenurteil"
10.15-10.30	Wissenstest
10.30-10.45	Pause
10.45-11.00	Allgemeine Beobachtungsfehler und -fallen (Handout); Alltagsverständnis von Glaubwürdigkeitshinweisen
11.00-11.30	Überblicksartige Vorstellung einzelner Kategorien und Merkmalskomplexe (Folie + Handout)
11.30-12.00	Vorlesen der 1. Übungsgeschichte Aufgabe: Was fällt hier auf?
12.00-13.00	Mittagspause
13.00-14.15	Schriftliche Vorgabe der ersten Übungsgeschichte (gemeinsame Suche nach Merkmalen und bei jedem entdeckten Merkmal eine Aufforderung zu einem Definitionsversuch)
14.15-15.45	Vorstellen der Operationalisierungsvorschriften des Merkmalskomplexes „Allgemeine Merkmale“
15.45-16.00	Zusammenfassung dessen, was am ersten Tag erarbeitet wurde

7. Tag	**Dienstag, 23.03.1999**
9.00-9.30	Einzelne Merkmalskomplexe werden im Großformat gut sichtbar im Raum verteilt aufgehängt. Merkmale werden einzeln Stück für Stück durchgegangen und von Trainingsteilnehmern definiert. Zum Schluß wird im Blickmittelpunkt eine Übersicht aufgehängt.
9.30-10.00	Wiederholung des Komplexes „Allgemeine Merkmale“ mit Operationalisierungsvorschriften
10.00-11.30	Vorstellen des Merkmalskomplexes „Spezielle Inhalte“ mit Definitionen, Operationalisierungsvorschriften und Beispielen; Vorführen der Signierungstechnik (Folie)
11.40-12.45	Einzelarbeit: Lesen der Übungsgeschichte & Auffinden der bisher gelernten Merkmale im Text

12.45-14.00	Mittagspause
14.00-14.30	Besprechen der Übungsgeschichte
14.30-16.00	Merkmalskomplex „Inhaltliche Besonderheiten" zur Hälfte mit Definitionen, Operationalisierungsvorschriften und Beispielen
16.10-17.00	Einzelarbeit: Auffinden der „Inhaltlichen Besonderheiten" im Text
17.00-17.15	Zusammenfassen des Gelernten

8. Tag	**Mittwoch, 24.03.1999**
9.00-9.45	Abfragen der Merkmale der ersten 2 ½ Komplexe in umgekehrter Reihenfolge; die Teilnehmer erklären kurz, worum es bei den Merkmalen geht, und bringen ein Beispiel. Wenn nötig, werden die Erklärungen von anderen Teilnehmern oder von der Trainingsleiterin präzisiert.
9.45-10.30	Besprechen der Ergebnisse der Einzelarbeit des Vortages
10.40-12.15	Vorstellen der zweiten Hälfte der „Inhaltlichen Besonderheiten"; Vorstellen des Merkmalskomplexes „Motivationsbezogene Inhalte" mit Definitionen, Operationalisierungsvorschriften und Beispielen
12.15-13.45	Mittagspause
13.45-14.30	Kurze Wiederholung der Operationalisierungsvorschriften (aller) bisher gelernter Merkmale
14.30-15.30	Einzelarbeit: bekanntes Übungsmaterial auf neu gelernte Merkmale hin untersuchen (¾ Stunde); anschließend Partnerarbeit: Vergleich der dichotomen Urteile und Textstellen mit dem Ziel der Einigung
15.45-16.30	Besprechen der Ergebnisse der Textarbeit und der „Einigungsarbeit"
16.30-16.50	Einzelarbeit: Kurzbeispiele Merkmalen zuordnen; Kurzbeispiele enthalten alle bisher gelernten Merkmale
16.50-17.30	Besprechen der Ergebnisse; Diskussion über Differenzen mit anschließender Einigung
17.30-17.45	Zusammenfassen des Gelernten
Hausaufgabe	Neues Übungsmaterial nach allen bisher gelernten Merkmalen durchsehen und dichotomes Urteil abgegeben

9. Tag	**Donnerstag, 25.03.1999**
9.00-10.00	Abfragen der Merkmale der ersten 4 Komplexe in normaler Reihenfolge; die Teilnehmer erklären kurz, worum es bei den Merkmalen geht, und bringen ein Beispiel; falls nötig, werden die Erklärungen von anderen Teilnehmern oder von der Trainingsleiterin präzisiert
10.00-11.00	Besprechen der Hausaufgabe (Urteils-Vergleich und Einigung)
11.15-12.00	Vorstellen des Komplexes der „Negativen Merkmale" mit Definitionen, Operationalisierungsvorschriften und Beispielen.
12.00-12.45	Einzelarbeit: Kurzbeispiele werden Merkmalen zugeordnet
12.45-13.45	Mittagspause
13.45-14.30	Besprechen der Kurzbeispiele; sofern mehrere Merkmale in einem Beispiel vorhanden sind, wird beurteilt, welches das zentrale Merkmal ist
14.30-15.00	Einzelarbeit: Auffinden der neu gelernten Negativ-Merkmale in bekanntem Übungsmaterial
15.00-15.15	Besprechen der Ergebnisse
15.30-16.15	Kleingruppenarbeit (3x3): Alle Merkmale (ausgenommen Merkmalskomplex

	1) werden ausgelost, und jede Gruppe denkt sich 3 Beispiele aus, wobei das Merkmal deutlich erkennbar sein soll
16.15-17.00	Jede Gruppe stellt ihre Merkmale vermengt vor; die Mitglieder der beiden verbleibenden Gruppen sollen das jeweilige Merkmal erkennen
Haus-aufgabe	Für die restlichen Merkmale sollen jeweils zwei Beispiele gefunden werden: Merkmal deutlich vorhanden (wie gehabt) und Merkmal nur angetäuscht, aber den Operationalisierungsvorschriften entsprechend nicht vorhanden

10. Tag	**Freitag, 26.03.1999**
9.00-9.30	Schriftliche Lernkontrolle (Wissenstest & Merkmalssystemtest)
9.30-10.30	Besprechen der Hausaufgabe: Wo sind Merkmale deutlich vorhanden, wo schwach, wo gar nicht? Überleitung zur differenzierteren Beurteilung der Merkmale: Feststellung des Ausprägungsgrades
10.40-12.00	Vorstellen der „vollständigen" Operationalisierungsvorschriften im Hinblick auf den Ausprägungsgrad anhand vielfältiger Beispiele; die Teilnehmer sollen sich mit der Erfassung per Strichliste vertraut machen
12.00-13.00	Mittagspause
13.00-14.00	Einzelarbeit: Bearbeitung von Übungsmaterial anhand des neuen Bewertungssystems
14.00-14.15	Partnerarbeit: Vergleich der Beurteilung mit dem Ziel der Einigung.
14.15-14.30	Besprechen der Ergebnisse in der Großgruppe
14.45-15.45	Simultantraining: In Einzelarbeit wird eine neue Übungsaussage bearbeitet
15.45-16.00	Es soll eine Rangreihe der Merkmalsausprägungen im Hinblick auf die Gesamtaussage gebildet werden
16.00-16.30	Diskussion der Ergebnisse; Versuch der Annäherung der Urteile
16.30-17.00	Zusammenfassen dessen, was in der ersten Woche gelernt wurde
Haus-aufgabe	Wiederholen der Operationalisierungsvorschriften, Bearbeitung einer Aussage

11. Tag	**Montag, 29.03.1999**
9.00-10.30	Zusammenfassung dessen, was in der ersten Woche erarbeitet wurde; Abfragen aller Merkmale samt Definitionen, Operationalisierungsvorschriften und Beispielen in umgekehrter Reihenfolge; abgefragt wird grundsätzlich so, daß die Teilnehmer die Poster mit den Informationen zum Merkmalssystem nicht sehen können
10.30-11.00	Rückmeldung der Ergebnisse im Wissenstest und Merkmalssystemtest; Diskussion der Diskrepanzen
11.10-12.00	Besprechen der Hausaufgabe: Der Text wird Schritt für Schritt durchgegangen. Ziel ist, sichere Übereinstimmung im dichotomen Urteil und zumindest mäßige Übereinstimmung hinsichtlich des jeweiligen Ausprägungsgrades zu erreichen
12.00-13.00	Mittagspause
13.00-13.45	Einführung des Ratings der Gesamtaussage auf der vorläufigen Ratingskala (grobe Skalierung); Austeilen der Skalierungshilfe (Handout)
13.45-14.45	Bearbeitung von zwei Übungsaussagen in Einzelarbeit; die Aussagen werden eingesammelt
14.45-15.00	Pause

15.00-17.00	Diskriminationstraining für schwierige Merkmalspaare: Was unterscheidet Merkmal X von Merkmal Y? Einzelarbeit: Kurzbeispiele sollen Merkmalen zugeordnet werden. Dabei handelt es sich um Merkmale, die im Sinne des Diskriminationstrainings schwierig von einander zu trennen sind. Partnerarbeit: Vergleich auf Kategorie-Ebene und anschließend Ausprägungsvergleich mit dem Ziel der Einigung, zumindest aber Annäherung (um höchstens einen Punkt)
17.15-18.00	Zusammenfassen des Gelernten, kurze Wiederholung der Operationalisierungsvorschriften

12. Tag	**Dienstag, 30.03.1999**
9.00-9.30	Abfragen aller Komplexe und Merkmale (kurz)
9.30-10.15	Darstellung der Interraterübereinstimmung vom Vortag; Diskussion der Diskrepanzen
10.30-12.30	Einbettung des bisher Gelernten in den Begutachtungskontext; Ziel: abschließendes Glaubhaftigkeitsurteil vor dem Hintergrund der Informationen über Alter, Intelligenz, Nationalität, Geschlecht, Textlänge, Komplexität des Geschehens, Erzählstil ⇒ Betonen der Wichtigkeit des intraindividuellen Vergleichs; Hinweis auf die extremen interindividuellen Unterschiede, die keinen interindividuellen Vergleich zulassen; Vorstellen der „Metaregeln"
12.30-14.00	Mittagspause
14.00-15.00	Einzelarbeit: vollständige Bearbeitung neuen Materials mit abschließendem Urteil unter Berücksichtigung aller Hintergrundinformationen; die Darbietungsform entspricht jetzt der endgültigen Form
15.00-16.00	Besprechen der Ergebnisse mit dem Ziel der Annäherung um höchstens einen Punkt (mit Bleistift); Material wird eingesammelt
16.15-18.00	Merkmale werden ausgelost und in Partnerarbeit denken sich die Teilnehmer 3 Textbeispiele für jedes Merkmal aus: stark ausgeprägt, schwach ausgeprägt und nur angetäuscht; anschließend werden die Beispiele ungeordnet in der Großgruppe vorgestellt, und die anderen Teilnehmer müssen Merkmal und Ausprägungsgrad identifizieren
Haus-aufgabe	Fragen überlegen; Bearbeitung einer Aussage

13. Tag	**Mittwoch, 31.03.1999**
9.00-10.00	Abfragen der Merkmalskomplexe, Kategorien und Operationalisierungsvorschriften
10.00-10.30	Rückmeldung und Darstellung der Interraterübereinstimmungen der Übung vom Vortag; Diskussion der Diskrepanzen
10.40-12.00	Besprechen der Hausaufgabe (Fragen); Besprechen der zweiten Hausaufgabe (Aussagebeurteilung): Zunächst werden die Ergebnisse auf der Makroebene betrachtet und schrittweise zu Vergleichen der Ergebnisse auf der Mikroebene übergegangen; Eingehen auf soziodemographische Variablen
12.00-13.30	Mittagspause
13.30-15.00	Ankertraining (Aussagematerial wird in Einzelarbeit ausgewertet und eingesammelt); Diskriminationstraining (Kurzbeispiele)

15.15-16.00	Abfragen der Metaregeln und der Handlungsschritte beim Rating von Aussagen
16.00-17.00	Besprechen der Ergebnisse (Kurzbeispiele) in der Gruppe mit dem Ziel der Einigung hinsichtlich des Vorhandenseins und des Ausprägungsgrades
Haus-aufgabe	Wiederholen der Operationalisierungsvorschriften; Ausdenken von Textbeispielen unterschiedlichen Ausprägungsgrades

14. Tag	**Donnerstag, 01.04.1999**
9.00-9.30	Schriftliche Lernkontrolle (Wissenstest, Merkmalssystemtest)
9.30-11.00	Rückmeldung der Beurteilerübereinstimmung bei der Bearbeitung des Ankermaterials; eingehende Diskussion der Diskrepanzen mit dem Ziel der Einigung (soweit möglich)
11.15-12.00	Besprechen der Hausaufgabe; Diskussion der Güte der Beispiele; was müßte man ändern, um einen anderen Ausprägungsgrad zu erhalten?
12.00-13.00	Mittagspause
13.00-14.00	Bearbeitung von Aussagematerial in Einzelarbeit und anschließende Diskussion in der Gruppe
14.00-16.00	Spezielles Training bezüglich der „Problemmerkmale“
16.15-17.00	Abfragen der Operationalisierungsvorschriften; Wiederholung der Metaregeln und Skalierungshilfen
Haus-aufgabe	Operationalisierungsvorschriften wiederholen, Metaregeln & Beispiele lernen; Übungsaussagen bearbeiten

Phase 3 – Anwendungsphase (4. Woche)

15.-21. Tag	**Montag, 05.04. bis Sonntag, 11.04.1999**
Montag 9.00-10.30	Wiederholen der Operationalisierungsvorschriften und Skalierungshinweise; Besprechen der Hausaufgabe
10.30-10.45	Pause
10.45	Ankertest 1
ganztägige Beurteilung des zugeteilten Aussagematerials unter Aufsicht; individuelle Pauseneinteilung	
Donnerstag 9.00	Ankertest 2
ganztägige Beurteilung des zugeteilten Aussagematerials unter Aufsicht; individuelle Pauseneinteilung	
Sonntag	Ankertest 3 Von jedem Teilnehmer wird individuell nach Abschluß seiner Beurteilungsaufgabe der Ankertest 3 bearbeitet.

Anhang D 7: Beispiel einer Trainingsaussage (Phantasiegeschichte eines Zehnjährigen)

Okay, du wolltest mir ja deine Unfallgeschichte erzählen, dann fang mal an und erzähl einfach alles, was da so passiert ist! Was war da so alles?

Also wir waren in Griechenland, und da war so eine Ausstellung, und äm da sind wir über eine Ampel gegangen mein Bruder und ich, wir hatten ein Bilderbuch, und dann ist ein Autofahrer voll in uns reingebrettert, also wir haben uns an der Hand gefaßt, und dann ist er hier zwischen durch gegangen, und wir sind hingeflogen und hatten, wir hatten auch Wunden und alles... und dann der Motorradfahrer, der hat sich auch erschreckt und ist, und hat sich, hat sich so gedreht und ist äm, also das war an einer Kreuzung, das war eine Straße von der Kreuzung, dann ist der auf die Kreuzung gerutscht, und der hat auch hier das Hemd oben hatte der auch auf, und wir, ja wir, ich hatte mit meinem Bruder, hatten wir auch ganz viele Macken und so, haben auch überall geblutet und ja, und dann war da so eine Frau, die hat äm äm so solche Kühldings gegeben, solche kalte Flaschen aus dem Supermarkt, und weil wir mit Freunden im Urlaub waren, die konnten das alles genau übersetzen, das war eigentlich gut. Ja, und dann sind wir danach noch in die Ausstellung gegangen.

Ja, hast ja schon ganz schön viel erzählt, was ich jetzt noch nicht richtig verstanden habe, war, was war eigentlich, bevor der Unfall passiert ist? Was habt ihr da gemacht? Erzähl' mal!

Also erst das war in, ich weiß nicht, wie der heißt der Ort, da haben wir erst, da sind wir in eine Eisdiele gegangen, und äm ja dann sind wir dahin gegangen und mein Bruder und ich, wir hatten da ja ein Bilderbuch gekriegt, haben uns das angeguckt, aber dann haben wir gesagt jetzt nicht, jetzt gehen wir über die Straße, haben das genommen und darum sind auch mein Bruder und ich zusammen rüber gegangen, und dann ist er uns reingebrettert. ...*...

Mhm, und zu welcher Tageszeit war das so?

Das war mittags. Also nach dem Mittagessen.

*Mhm, und in dem Moment, in dem das Fahrzeug *X*X*/*

Ja, ein kleiner Roller.

Und in dem Moment, in dem der Roller so angekommen ist, wie hast du dich da gefühlt? Erzähl mal!

Oh, da hab ich gedacht, was was sagt der jetzt? Warum , wenn der jetzt reinbrettert, warum hält der nicht an? Weil wir hatten grün und der hatte rot. Der hat auch gesagt, sein Vater wäre gerade am Sterben, der wäre im Krankenhaus, und darum müßte er ganz schnell hin und ist auch so richtig, das war mindestens vierzig oder so?...*...

Mhm, hmm, und äm ja, hast du dich bei dem Unfall verletzt?

Ja, ich hab hier das Bein, das tat ganz doll weh und hier auch und mein mein Finger, hier hab ich mir hier aufgekratzt. ...*...

Und ähm, ja, du hast schon gesagt, das war ein Motorrad. Beschreib bitte mal genau, wie hat das ausgesehen?

Das war weiß, und man kann sich ja drauf setzen und dann ist da unten, kann man da unten die Füße richtig drauf stellen. Dann ist ein kleiner Roller, da ist vorne Licht dran, also das ist ein ganz kleines Teil...gewesen. ...*...

Und ähm, ja du hast schon gesagt, das hat ein Mann gefahren. Erzähl mal, wie hat der denn ausgesehen?

Der hatte hier oben ja auch mit dem Hemd weh getan, und der war ganz völlig verzweifelt, ja er hatte jetzt nicht, er hätte das nicht extra gemacht, sein Vater wäre nämlich gerade am Sterben im Krankenhaus, und er müßte ganz schnell hin, und sein Sohn ist dann auch noch gefahren und der hat gesagt, ja, sein Sohn, sein *X* wäre gerade am Sterben und äm, und sie müßten jetzt ganz schnell hin, aber der ist ganz langsam gefahren, also der ist nicht die volle Kanne gebrrrrr.

Hmm, ja, was hat der gemacht, nachdem der Unfall passiert war?

Ja, also der hat gesagt,... ja der hat gesagt, daß ihm das alles leid täte, und daß er das nicht wieder macht, und er fährt jetzt langsam und so. Jo...

Hat er sonst noch irgendwas gesagt?

...der hat nicht mal Entschuldigung gesagt, der der hat nichts gemacht, der hat einfach nur gesagt, das wär keine Absicht gewesen und so.

Ja, und habt ihr irgendwas gesagt?

Also mein Papa, der fand das ganz schön un/ ungerecht, wie der das gemacht hat, und dann haben wir erst gesagt, da haben wir die Autonummer, also die die die äm Kennzeichen aufgeschrieben, bevor wir, wenn wir ja noch eine Anzeige gemacht haben. Weil wir wollten erst eine Anzeige machen, haben wir aber dann doch nicht gemacht. ...*...

Und da, wo der Unfall passiert ist, wie hat da die Umgebung ausgesehen? Erzähl mal!

Also die Umgebung, wie gesagt, das war schon eine Kreuzung, und da war eine ganz volle Kreuzung, da hatte er eigentlich Glück, daß wir ihn nicht überfahren haben und ja, da stand auch so ein Schild von der Ausstellung, solche runden Teile und ja, dann war da noch so ein kleiner *X*, sondern ein Schiebwagen, und da konnte man so eine Treppe runter gehen, und dann war war die Anlage da äm wo, wo eben die *X**X* sein sollen. Museum.

Und waren da auch noch andere Leute an der Stelle?

Ja, also wie schon gesagt, da kam eine Frau, die hatte so kälte, kalten Flaschen und hat das mir hier dran gehalten und meinem Bruder auch. Und erst hab ich gedacht, oh, ich sterbe jetzt, als ich da auf der Straße lag, und dann, dann kam der Mann, der kam dann ja auch noch, und ja, der hat gesagt, daß er eigentlich Geld bezahlen muß, Krankengeld, das wollten wir nicht, und weil das war nicht so schlimm, also es war, es war wohl schlimm, aber das mußte nicht.

Und wie ging das dann nach dem Unfall weiter? Mußtest du ins Krankenhaus?

Nein das mußte ich nicht, aber wir haben das erst mal, wir haben das erst mal an der frischen Luft gelassen und dann, das ging auch dann wieder. Dann das tat nicht mehr so ganz doll weh.

Und was meinst du, wer war schuld daran, daß der Unfall passiert ist?

Also eigentlich meint ich, war das der, weil wir sind über grün rüber gegangen, und er ist, er ist über rot rüber gefahren, und ist uns reingebrettert.

Ja, gut, fällt dir sonst noch etwas ein zu dem Unfall?

Nein.

Gibt es denn irgendetwas, was besonders schlimm war für dich daran?

Ja, das war blöd, weil ich nach dem Urlaub hatte ich ein Fußballtournier, und dann war ich nicht ganz fit, dann konnte ich auch nicht mitspielen, das war eine Stadtmeisterschaft, und dann konnte ich da nicht mitspielen. Das fand ich ganz schön blöd.

Hmm, ja, danke.

Anhang D 8: Wissenstest

Rater:

Bitte Ankreuzen:

1.	Die Darstellung eines Sachverhaltes läßt sich ohne Unstimmigkeiten zu einem Ganzen zusammenschließen. Bei welchem Merkmal wird das bewertet ?	Ungewöhnliche Einzelheiten	Unerwartete Handlungskomplikationen	Kontextuelle Einbettung	Logische Konsistenz	Unstrukturierte Darstellung
2.	Sind grammatikalische Verbesserungen Bestandteil des Merkmals „Spontane Verbesserungen" ?	ja	nein			
3.	Wo werden eigene ungewöhnliche Gefühlsregungen berichtet?	Unstrukturierte Darstellung	Interaktionen	Eigenpsychische Vorgänge	Verbale Äußerung	bei keinem Merkmal
4.	Müssen Schilderungen zu psychischen Vorgängen Beteiligter auf Beobachtungen beruhen ?	ja, sie müssen	nein, sie müssen nicht			
5.	Finden sich „Überflüssige Details" gehäuft im Nebengeschehen ?	ja, sie sind vor allem im Nebengeschehen enthalten	sowohl im Hauptgeschehen als auch im Nebengeschehen	nein, überflüssige Details gibt es ausschließlich im Hauptgeschehen		
6.	Die Aussage: „Dann hat die mir da mit roter Farbe meinen Bauch angemalt, das hat total gebrannt" ist ein Beispiel für.....?	Unverstandene Handlungselemente	Schilderung von Interaktionen	Überflüssige Einzelheiten	Ungewöhnliche Einzelheiten	für kein Merkmal
7.	Welches sind Merkmale aus dem Bereich der „Inhaltlichen Besonderheiten" ?	Detailreichtum	Schilderung von Interaktionen	Überflüssige Einzelheiten	Ungewöhnliche Einzelheiten	Assoziative Querverbindungen
8.	„Spontane Verbesserung der eigenen Aussage" gehört zu welchem Merkmalskomplex ?	Motivationsbezogene Aussageinhalte	Inhaltliche Besonderheiten	Negative Merkmale	Allgemeine Merkmale	in keinen Bereich
9.	Welches sind Merkmale, die die Gesamtaussage betreffen?	Logische Konsistenz	Unstrukturierte Darstellung	Kontextuelle Einbettung	keine Merkmale	Gesprächswiedergabe
10.	Welches sind Merkmale, die eher ***gegen*** die Glaubhaftigkeit sprechen?	Unsicherheiten	Inhaltliche Wiederholungen	Selbstbelastungen des Opfers	Verbesserungen der Aussage	Klischees
11.	In welche Kategorie gehört die Aussage „das war alles so wie in einem Traum"?	Einwände gegen die eigene Glaubhaftigkeit	Versuche der Wirklichkeitskontrolle	Zugeben von Erinnerungslücken	Klischees	Unsicherheiten bezüglich der Richtigkeit d. Angaben
12.	Es werden in der Aussage Verknüpfungen mit persönlichen Lebensumständen vorgenommen. Dies ist Bestandteil des Merkmals ....?	Detailreichtum	Überflüssige Einzelheit	Kontextuelle Einbettung	Assoziative Querverbindungen	von keinem Merkmal
13.	Die Aussage: "Tja, und dann kam es zu einem Handgemenge" erfüllt das Merkmal ....?	Schilderung von Interaktionen	Inhaltliche Besonderheiten	Handlungskomplikationen	keines	
14.	Spricht es gegen die Glaubhaftigkeit, wenn Wissenslücken begründet werden?	Ja, Begründungen deuten auf eine Falschaussage hin	Begründungen sind für die Glaubhaftigkeit unerheblich	Nein, Begründungen von Wissenslücken sind positiv zu werten		
15.	Wo wird folgende Aussage eingeordnet: „Und dann habe ich überlegt, was da passieren könnte, daß ich nie wieder laufen könnte" ?	Schilderung eigenpsychischer Vorgänge und Zustände	Folgen	Phänomengemäße Schilderung unverstandener Handlungselemente		
16.	Müssen Gesprächswiedergaben in direkter oder in indirekter Rede erfolgen, um das Merkmal „Wiedergabe von Gesprächen" zu erfüllen?	nur direkte Rede	sowohl direkte als auch indirekte Rede	nur indirekte Rede		
17.	Handlungsabbrüche werden wo geratet?	Ungewöhnliche Einzelheiten	Unstrukturierte Darstellung	Überflüssige Einzelheiten	Unerwartete Komplikationen	
18.	Die Aussage: "Die war ganz blaß und dann hat sie angefangen zu schreien" ist ein Beispiel für?	Inhaltliche Besonderheiten	Fremdpsychische Vorgänge	Allgemeine Merkmale	Vermutete Motive des Angeschuldigten	für kein Merkmal

19.	„Obwohl der mich gesehen hat, hat der nicht gebremst!“ Welches Merkmal ist hier vorhanden?	Vermutete Motive des Angeschuldigten	Zuschreibung überdauernder negativer Eigenschaften	Schilderung von Interaktionen	Unerwartete Handlungskomplikationen	Schilderung fremdpsychischer Zustände
20.	Unstrukturierte Darstellungen können nie volle logische Konsistenz erreichen	stimmt	stimmt nicht			
21.	Die Kategorie „Assoziative Querverbindungen“ gehört zu welchem Merkmalskomplex?	Motivationsbezogene Aussageinhalte	Inhaltliche Besonderheiten	Negative Merkmale	Allgemeine Merkmale	in keine Kategorie
22.	In einer Zeugenaussage werden „Einwände gegen die Richtigkeit der eigenen Aussage“ vorgebracht. Spricht dies für die Glaubhaftigkeit dieser Aussage?	Ja, spricht für die Glaubwürdigkeit der Aussage	Nein, hat in diesem Zusammenhang keine Bedeutung für die Glaubhaftigkeit	Nein, spricht gegen die Glaubhaftigkeit der Aussage		
23.	Das Opfer gibt an, eigenes Fehlverhalten habe für den Handlungsverlauf eine Rolle gespielt. Spricht das für die Glaubhaftigkeit?	Nein, hat keinen Einfluß auf die Glaubhaftigkeit	Nein, spricht gegen die Glaubhaftigkeit	Ja, spricht für die Glaubhaftigkeit		
24.	Handlungen werden in Raum und Zeit eingeordnet geschildert. Dies ist Bestandteil des Merkmals....?	Kontextuelle Einbettung	Unerwartete Komplikationen	Ungewöhnliche Einzelheiten	Inhaltliche Besonderheiten	keines Merkmals
25.	Zu welchem Merkmal paßt das Stichwort „Schemainkonsistenz“?	zu keinem	Unstrukturierte Darstellung	Ungewöhnliche Einzelheiten	Tatsächliche Folgen	
26.	Wieviele Merkmale (ohne Subkategorien) gibt es in der Kategorisierung von Niehaus (1999) insgesamt, die ***für*** die Glaubhaftigkeit sprechen?	21	19	23	24	20

Anhang D 9: Ankertest

Rater: Ankertest 3

1. Da hat die Frau mein Bein mit roter Farbe angemalt, die hat sie aus einer Flasche gehabt, hat sie auf Watte gemacht und auf mein Bein. Das hat gebrannt.

2. Wir sind da lang gefahren, da war es schon ziemlich spät, aber wir konnten ja nichts dafür, wir wollten uns ja beeilen, aber es hat halt so lange gedauert.

3. Das war am Freitag vor den großen Ferien.

4. Ich bin auf der Straße von einem Auto überfahren worden.

5. Ich hab jetzt noch Schmerzen.

6. Der ist es egal, ob die jemanden umfährt.

7. Äh, dings...wie heißt es jetzt...

8. Wir sind in einer Beratungsstelle, weil wir immer so einen Streß zu Hause haben, weil meine Schwester Adipositas hat, da gehen wir einmal in der Woche hin. Und als wir gerade auf dem Weg waren, passierte der Unfall.

9. Normalerweise fahre ich immer mit dem Bus zur Schule aber an dem Tag bin ich noch hingerannt, der ist aber gerade abgefahren, als ich ankam. Und weil ich auf keinen Fall zu spät kommen wollte, wollte ich schnell zurück, um mein Fahrrad zu holen, bin über die Straße, und da kam das Auto.

10. Der hat mich so am Handgelenk festgehalten, um mir eine Spritze zu geben, da hab ich versucht, meinen Arm so rauszuwinden, da hat er mich noch fester gehalten.

11. Er hat mich gefragt, wie das passiert ist.

12. Sie hat sich zu mir runtergebeugt und mir die Hand entgegen gestreckt, und ich habe zugegriffen und habe mich hochgezogen.

13. Ich konnte wegen des Unfalls nicht mehr an dem Tournier teilnehmen.

14. Übrigens mußte ich neulich schonmal mit einem Krankenwagen fahren, als ich mir den Kopf aufgeschlagen hatte.

15. Ich wollte über die Straße fahren, aber da kam ein Auto, da bin ich stehengeblieben, das Auto ist aber auch stehengeblieben, dann sind wir beide gleichzeitig losgefahren, da ist es passiert.

16. Als ich da lag, das war so wie in einem Traum so, sowas hatte ich noch nie vorher erlebt.

17. Der Polizist hat gesagt, er soll seinen Führerschein zeigen, da hat er gesagt: „Ich hab gar keinen.“ Da hat der Polizist gemeint, daß er auf's Revier mit muß.

18. Der Autofahrer hat vielleicht gerade den Weg auf dem Stadtplan gesucht, deshalb für einen Moment nicht geguckt, und dann war es ja auch schon passiert. Das kann ja manchmal ganz schnell passieren.

19. Dann haben die Straßenreiniger, die gerade da waren, angeboten, mich ins Krankenhaus zu bringen, die mußten nämlich sowieso zurück in die Stadt.

20. Wir haben so auf der Straße gespielt, und dann kam da ein rotes Auto an. Der ist auf mich zu gefahren, ohne zu bremsen, obwohl der genau gesehen hat, daß ich da stand.

21. Das war so...*...mm...ich erinnere mich nicht mehr. Ich bin immer so vergeßlich.

22. In der Notaufnahme, wo wir warten mußten, gab es einen Automaten mit Tee.

23. Neulich bin ich vom Auto angefahren worden. Das ist passiert, da wo Aldi ist, direkt vor der Tür.

24. Ja, da bin ich, ja wie soll das gewesen sein, wie das halt so ist, wenn man im Krankenwagen fährt.

25. Äh der Fahrer, der war ziemlich klein, hatte eine rote Jacke an und hat war halt ein Idiot.

26. Und während ich so durch die Luft geflogen bin, habe ich gedacht: Oh Gott, was wenn ich mir jetzt die Zähne ausschlage?

27. Die standen da um die Unfallstelle drumherum und haben sich über den Unfall unterhalten. Die Fahrerin hat geweint und die anderen haben sie getröstet.

28. Wir hatten schonmal so einen ähnlichen Unfall, das war aber nicht so schlimm. Da sind wir einem hinten drauf gefahren, hatten aber nur das Nummernschild hinten ein bißchen verbogen.

29. Ja, wann ist das passiert?...mal überlegen..., ich meine, das war Freitag vor zwei Wochen.

30. Ich war da eigentlich ganz ruhig.

31. Als das Auto auf mich zu kam, fing mein Herz ganz laut zu pochen an.

32. Als der Fahrer ausgestiegen ist, habe ich gesehen, daß der eine Badehose angehabt hat.

33. Die Männer vom Krankenwagen haben sich noch über Computerspiele unterhalten.

34. Ich hab gedacht, wann ist das endlich vorbei!

35. Die haben mich auf die Trage gelegt, um mich in den Krankenwagen zu bringen, die ist dann aber durchgebrochen, weil ich zu schwer war.

36. Wo der Unfall passiert ist, weiß ich nicht.

37. Wäre ich nicht so spät dran gewesen, dann wäre ich auch nicht so hektisch über die Straße gerannt, sondern hätte besser aufgepaßt.

38. Naja, seltsam finde ich das auch, aber so ist es nun gewesen.

39. Das kannst du dir nicht vorstellen, ich bin so wütend auf den gewesen, das habe ich bislang noch nicht erlebt.

40. Ich hab noch gedacht, ich kann vielleicht irgendwie ausweichen.

41. Im Krankenhaus habe ich auf einer Liege gelegen, da haben die mich an so ein Gerät angeschlossen mit Kabeln überall und so kleinen Dingern zum festkleben. Aus dem Apparat kam unten ein ganz langes Stück Papier raus, wo so Linien zu sehen waren. Das war schon seltsam.

42. Ich bin vom Auto angefahren worden oder so.

43. Ich konnte danach lange Zeit nicht laufen, mußte das richtig wieder lernen.

44. Ich bin auf einer Seite taub, trotzdem bin ich mir sicher, daß er gesagt hat, daß ich verschwinden soll.

45. Ich schätze mal, da waren drei Leute im Auto.

46. Ich konnte dann auch alles nur ganz verschwommen sehen.

47. Das Auto hat mich angefahren und ich bin hingeflogen. ...Also, das Auto hat mich angestoßen, dann bin ich gestauchelt, habe versucht, mein Gleichgewicht zu halten, bin dann aber doch ausgerutscht und hingefallen.

48. Wir hatten beide schuld.

49. Dem war das total egal, daß ich da liege, der wollte nicht von der Polizei geschnappt werden

Anhang D 10: Metaregeln

Metaregeln & Definitionen

1. Das **Hauptgeschehen** beginnt inhaltlich gesehen kurz bevor der Unfall sich ereignet und endet, wenn die Erstversorgung abgeschlossen ist. Mit anderen Worten zählen die Handlungen, die unittelbar zu dem Unfall führen oder diesen einleiten, der Unfall selbst (hierbei handelt es sich in der Regel nur um einen kurzen Moment), der Handlungsverlauf bis zum Eintreffen des Rettungswagens, der Transport zum Krankenhaus sowie die unmittelbar auf den Unfall folgenden Behandlungsmaßnahmen zum Hauptgeschehen. Das „inhaltlich" sei deshalb betont, weil natürlich gut möglich ist, daß innerhalb der Erzählreihenfolge auch zwischendurch Nebengeschehen geschildert wird.
Was gehört nicht dazu: Ist die Erstbehandlung abgeschlossen, wird der Patient, sofern es sich um eine stationäre Behandlung handelt, in sein Zimmer gebracht, sofern nur eine ambulante Behandlung erforderlich war, wird er das Krankenhaus verlassen. Alles, was diesen Zeitpunkten folgt, gehört nicht mehr zum Hauptgeschehen, sondern ist **Nebengeschehen** bzw. Randgeschehen. Manchmal werden der Krankenhausaufenthalt oder ambulante mehrwöchige Behandlungsmaßnahmen sehr ausführlich beschrieben oder es wird ausführlich darauf eingegangen, wie die aussagende Person vom Krankenhaus abgeholt, nach Hause gebracht und dort empfangen wurde. Derartige Schilderungen zählen **nicht** zum Hauptgeschehen.

2. Verschiedene Merkmale können unterschiedlich wichtig für die Glaubhaftigkeitsentscheidung sein. So kommen manche Merkmale extrem selten in Aussagen vor, wenn sie aber auftauchen, dann ist das als wichtiger Hinweis auf Glaubhaftigkeit zu werten. Z.B. werden Unverstandene Handlungselemente, Wirklichkeitskontrolle, Handlungskomplikationen von einigen Autoren zu diesen selten anzutreffenden und gleichzeitig aussagekräftigen Merkmalen gezählt:

Greuel et al. (1988):
Handlungskomplikationen
Unverstandenes
Ungewöhnliches
Interaktions*ketten*
Wirklichkeitskontrolle
Spontane Präzisierbarkeit

Hommers (1997):
Unverstandenes
Handlungskomplikationen
Verschachtelungen

Dagegen sind nach Hommers (1997) leicht simulierbar: Details, Eigenseelisches, Täterseelisches, Zugeben von Lücken, Logische Konsistenz, Handlungsketten, Verbesserungen, Selbstbelastung.

3. Bei jüngeren Kindern lassen sich in der Regel Aussagen von geringerem Umfang finden, die dementsprechend auch weniger Merkmale enthalten. Bei der abschließenden Beurteilung ist daher das Alter des Aussagenden zu berücksichtigen.
Die Daten werden vor dem Hintergrund der soziodemographischen Information interpretiert:
Wie Komplex ist das Geschehen? ⇒ Ist es unter Bezugnahme auf Intelligenz, Alter, Nationalität, Geschlecht und Erzählstil denkbar, daß das betreffende Kind diese Geschichte schildern kann, ohne sie wirklich erlebt zu haben? ⇒ Wie wahrscheinlich ist das?

Kinder haben nicht das gleiche Verständnis von Logik wie Erwachsene. Beim Auftreten von Widersprüchen sollte man daher darauf achten, welcher Art diese Widersprüche sind. Desweiteren ist darauf zu achten, ob die vermeintlichen Widersprüche durch Mißverständnisse zwischen Interviewer und Kind entstanden sein könnten. Die wichtigste Frage ist jedoch: Handelt es sich hier um einen zentralen Punkt der Aussage oder widerspricht sich das Kind in unwesentlichen Details.
Bei der logischen Konsistenz geht man anders vor als bei den übrigen Merkmalen: Man geht von voller Ausprägung aus und macht bei auftretenden Unklarheiten oder Widersprüchen Abstriche. **Wichtig: Logische Konsistenz ≠ Plausibilität!!!**

4. Vermeiden von Doppel- oder gar Mehrfachkodierungen innerhalb der Gruppe der nichtmotivationalen Merkmale! Doppelkodierungen sollten die Ausnahme darstellen. Im Zweifel wird das dominante Merkmal signiert.
Die Extremausprägung (beim Abschlußurteil) nur wählen, wenn das Merkmal so auffällig stark ausgeprägt ist, daß man fast schon aufgrund dieses einzelnen Merkmals zu einem positiven Glaubhaftigkeitsurteil kommen könnte. Kann man sich nicht entscheiden, ob ein Merkmal vorhanden ist oder nicht, entscheidet man sich im Zweifel dagegen.

5. Beurteilungshilfe:
Stell' dir vor, du würdest einen Film über das Geschehen drehen wollen. Wäre das mit den Angaben gut möglich?

Es gibt wahrscheinlich keine Aussage, schon gar keine Kinderaussage, die alle Merkmale enthält. Darum geht es auch gar nicht. Man sollte vielmehr ein Auge auf die Kombination vorhandener Merkmale werfen, wobei die logische Konsistenz nie ohne ersichtlichen Grund (z.B. Bewußtlosigkeit) in dem Maße verletzt sein darf, daß sie mit **0** bewertet werden muß.
Die positiven Aspekte werden durch das Auftreten von negativen Merkmalen geschwächt. Das heißt, das Auftreten eines Negativmerkmales sagt nicht aus, daß die Aussage gelogen ist. Sind gleichzeitig nicht einige positive Merkmale so deutlich vorhanden, daß das Gesamtbild trotzdem positiv bleibt, handelt es sich um eine ungünstige Merkmalskombination.

ANHANG E

Ergebnistabellen

Anhang E 1: Deskriptive Statistik

Tabelle E 1

Mittelwert, Standardabweichung, Minimum und Maximum für den Ausprägungsgrad einzelner Merkmale, für die Indizes und die Wortanzahl pro Aussagebedingung

Merkmal	Gruppe	Mittelwert	Standardabweichung	Min.	Max.
1 Logische Konsistenz und Widerspruchsfreiheit	I	2.6750	0.9443	0.00	4.00
	II	2.6000	0.9949	0.50	4.00
	III	2.9250	0.7725	1.50	4.00
	IV	2.7125	0.8312	0.50	4.00
2 Unstrukturierte Darstellung	I	0.7750	0.5057	0.00	2.00
	II	0.3125	0.4339	0.00	1.50
	III	0.5125	0.6043	0.00	2.50
	IV	0.5375	0.5926	0.00	2.00
3 Quantitativer Detailreichtum	I	2.5250	0.9932	0.50	4.00
	II	1.7500	0.7338	0.50	3.50
	III	2.4125	0.8979	1.00	4.00
	IV	2.2000	0.9527	0.00	4.00
4 Kontextuelle Einbettung	I	4.6125	2.7468	1.00	13.00
	II	3.6500	2.4211	1.00	11.50
	III	3.5000	2.3122	0.00	10.50
	IV	3.2500	1.4850	1.00	6.50
4a Zeitliche Einordnung	I	1.9250	1.1577	0.00	5.00
	II	1.6750	0.9711	0.50	5.50
	III	1.7000	1.1082	0.00	5.50
	IV	1.2625	0.5309	0.00	2.50
4b Räumliche Einordnung	I	2.2625	1.6602	0.00	7.50
	II	1.8375	1.4517	0.00	6.00
	III	1.5750	1.3519	0.00	5.50
	IV	1.7375	1.0919	0.00	4.00
4c Einordnung in Lebensgewohnheiten Beteiligter	I	0.4250	0.7472	0.00	3.00
	II	0.1375	0.4081	0.00	2.00
	III	0.2250	0.4797	0.00	2.00
	IV	0.2500	0.5991	0.00	2.50
5 Schilderung von Interaktionen	I	0.2375	0.5309	0.00	2.00
	II	0.1125	0.3488	0.00	1.50
	III	0.2875	0.5534	0.00	2.50
	IV	0.2125	0.4921	0.00	2.00
6 Wiedergabe verbalerÄußerungen	I	9.3000	10.6361	0.00	49.00
	II	2.5875	2.4700	0.00	12.00
	III	6.7875	5.5214	0.00	30.50
	IV	6.0625	5.8476	0.00	29.00
6a Wiedergabe von Einzeläußerungen	I	6.1250	5.2669	0.00	26.00
	II	2.3625	2.4625	0.00	12.00
	III	4.7125	3.3985	0.00	12.00
	IV	3.8125	3.3449	0.00	13.00

Merkmal	Gruppe	Mittelwert	Standardabweichung	Min.	Max.
6b Wiedergabe von Gesprächen	I	1.5875	3.0380	0.00	13.00
	II	0.1125	0.3838	0.00	2.00
	III	1.0375	1.6733	0.00	9.00
	IV	1.1250	1.9603	0.00	8.00
7 Unerwartete Handlungskomplikationen	I	0.9125	1.3816	0.00	6.50
	II	8.750E-02[a]	0.2972	0.00	1.50
	III	0.5875	0.8234	0.00	3.00
	IV	0.6000	0.9001	0.00	4.00
8 Ungewöhnliche Einzelheiten	I	0.5125	0.6933	0.00	3.00
	II	1.250E-02[a]	7.906E-02[a]	0.00	0.50
	III	0.3750	0.7824	0.00	3.50
	IV	0.3000	0.6076	0.00	2.50
9 Überflüssige Einzelheiten	I	0.7500	1.0742	0.00	5.00
	II	0.1125	0.2884	0.00	1.00
	III	0.6125	0.8125	0.00	2.50
	IV	0.5375	0.7957	0.00	4.00
10 Phänomengemäße Schilderung unverstandener Handlungselemente	I	0.2750	0.5986	0.00	3.00
	II	6.250E-02[a]	0.2817	0.00	1.50
	III	0.3125	0.8821	0.00	5.00
	IV	0.1000	0.3242	0.00	1.50
11 Assoziative Querverbindungen	I	0.5750	1.0543	0.00	3.50
	II	1.250E-02[a]	7.906E-02[a]	0.00	0.50
	III	0.1375	0.3920	0.00	1.50
	IV	0.1250	0.3536	0.00	1.50
12 Schilderung eigenpsychischer Vorgänge und Zustände	I	5.0875	3.4694	0.00	14.50
	II	2.9000	1.9910	0.00	7.00
	III	5.2875	3.8396	0.00	14.00
	IV	4.6000	3.3305	0.00	13.50
12a Schilderung physiologischer oder motorischer Abläufe	I	1.0125	0.9233	0.00	3.50
	II	0.3875	0.6649	0.00	3.00
	III	1.0750	1.0715	0.00	4.50
	IV	0.7000	0.9527	0.00	3.50
12b Beschreibung eines Gefühlszustandes	I	3.2875	2.4674	0.00	13.00
	II	2.0625	1.5325	0.00	5.00
	III	3.5250	2.7502	0.00	11.50
	IV	3.1000	2.2424	0.00	9.50
12c Schilderung erlebnisbezogener Gedanken	I	0.6375	0.8242	0.00	2.50
	II	0.3250	0.5495	0.00	2.00
	III	0.5000	0.8321	0.00	3.00
	IV	0.5875	1.0554	0.00	4.00
12d Schilderung des Nachdenkens über mögliche Folgen	I	0.1500	0.4557	0.00	2.00
	II	0.1250	0.3712	0.00	2.00
	III	0.1875	0.4625	0.00	2.00
	IV	0.2125	0.4369	0.00	1.50

Merkmal	Gruppe	Mittelwert	Standardabweichung	Min.	Max.
13 Schilderung fremdpsychischer Zustände	I	0.4875	0.8585	0.00	3.00
	II	7.500E-02 [a]	0.2898	0.00	1.50
	III	0.4750	0.8767	0.00	4.50
	IV	0.2750	0.4797	0.00	2.00
14 Schilderung tatsächlicher Folgen	I	1.7375	1.5233	0.00	6.00
	II	0.9000	1.2568	0.00	6.00
	III	0.9375	0.7611	0.00	3.50
	IV	0.8500	1.0813	0.00	4.50
15 Spontane Verbesserungen der eigenen Aussage	I	2.3125	1.9699	0.00	7.50
	II	0.4625	0.6923	0.00	3.00
	III	1.1625	1.4473	0.00	7.00
	IV	1.3000	1.6204	0.00	8.50
16 Zugeben von Erinnerungslücken	I	2.1750	3.6856	0.00	19.50
	II	0.3375	0.8195	0.00	3.50
	III	0.4375	0.8335	0.00	3.00
	IV	0.8000	1.4268	0.00	8.00
17 Erinnerungsbemühungen	I	1.2375	1.7246	0.00	6.50
	II	0.1125	0.2884	0.00	1.00
	III	0.1000	0.3789	0.00	2.00
	IV	0.7125	1.6675	0.00	9.00
18 Zugeben von Wissenslücken	I	1.5375	2.1012	0.00	10.00
	II	0.6125	0.9967	0.00	4.50
	III	0.3625	0.6503	0.00	2.00
	IV	0.4000	0.6425	0.00	2.00
19 Unsicherheiten bezüglich der Richtigkeit der eigenen Angaben	I	2.5125	2.4560	0.00	10.50
	II	0.6125	1.1006	0.00	5.00
	III	0.8250	1.7155	0.00	8.00
	IV	0.7875	1.0795	0.00	5.00
20 Angabe von Gründen für Lücken und Unsicherheiten	I	1.2125	1.6286	0.00	5.00
	II	0.3250	0.7210	0.00	3.00
	III	0.4750	0.8469	0.00	4.00
	IV	0.4000	0.7696	0.00	2.50
21 Einwände gegen die Glaubwürdigkeit der eigenen Aussage	I	7.500E-02 [a]	0.3499	0.00	2.00
	II	0.0000	0.0000	0.00	0.00
	III	0.0000	0.0000	0.00	0.00
	IV	1.250E-02 [a]	7.906E-02 [a]	0.00	0.50
21a Einwände gegen die eigene Aussage	I	2.500E-02	0.1581	0.00	1.00
	II	0.0000	0.0000	0.00	0.00
	III	0.0000	0.0000	0.00	0.00
	IV	1.250E-02 [a]	7.906E-02 [a]	0.00	0.50
21b Einwände gegen die eigene Person	I	5.000E-02 [a]	0.3162	0.00	2.00
	II	0.0000	0.0000	0.00	0.00
	III	0.0000	0.0000	0.00	0.00
	IV	0.0000	0.0000	0.00	0.00

Merkmal	Gruppe	Mittelwert	Standardabweichung	Min.	Max.
22 Schilderung von Versuchen der Wirklichkeitskontrolle	I	0.4000	0.7528	0.00	2.00
	II	0.1000	0.3789	0.00	2.00
	III	7.500E-02 [a]	0.3311	0.00	2.00
	IV	1.250E-02 [a]	7.906E-02 [a]	0.00	0.50
23 Selbstbelastung des Opfers	I	1.2125	1.2805	0.00	5.00
	II	0.5875	0.9466	0.00	3.00
	III	0.9875	1.2429	0.00	4.00
	IV	0.7250	0.8840	0.00	3.00
24 Inschutznahme des Täters	I	1.1000	1.1886	0.00	4.00
	II	0.3500	0.5570	0.00	1.50
	III	0.5625	0.8258	0.00	3.50
	IV	0.6125	0.7965	0.00	3.50
25 Vermutete Handlungsmotive des Täters	I	0.0000	0.0000	0.00	0.00
	II	0.2125	0.6293	0.00	3.00
	III	0.2125	0.6493	0.00	3.00
	IV	0.0000	0.0000	0.00	0.00
26 Zuschreibung überdauernder negativer Eigenschaften	I	3.750E-02 [a]	0.1334	0.00	0.50
	II	0.1375	0.5429	0.00	3.00
	III	0.1250	0.4634	0.00	2.00
	IV	0.0000	0.0000	0.00	0.00
27 Inhaltliche Wiederholungen	I	0.7125	1.0554	0.00	5.50
	II	0.6500	1.0140	0.00	3.50
	III	0.7875	1.1203	0.00	5.50
	IV	0.5375	0.7628	0.00	3.00
28 Klischees	I	0.7000	0.8829	0.00	3.00
	II	1.6625	1.6188	0.00	6.00
	III	1.4500	2.3880	0.00	13.50
	IV	0.9500	1.0966	0.00	4.00
Index 1 (allgemeine Merkmale)	I	5.9875	2.0048	1.50	9.50
	II	4.7125	1.7863	1.50	8.50
	III	5.8750	1.7088	2.50	9.00
	IV	5.3875	1.7595	1.50	9.00
Index 2 (nicht-motivationale Merkmale)	I	24.4875	17.1114	5.00	94.00
	II	10.5125	5.7940	3.50	30.50
	III	19.3000	11.8807	2.50	63.50
	IV	16.9125	10.0886	3.00	51.50
Index 3 (motivationsbezogene Merkmale)	I	13.7750	9.1034	2.50	44.00
	II	3.5000	2.6602	0.00	10.00
	III	4.9875	3.4015	0.00	17.50
	IV	5.7625	4.4231	0.00	22.50
Index 4 (negative Merkmale)	I	1.4500	1.3719	0.00	5.50
	II	2.6625	2.1285	0.00	7.50
	III	2.5750	2.9145	0.00	14.50
	IV	1.4875	1.5169	0.00	5.50

Merkmal	Gruppe	Mittelwert	Standardabweichung	Min.	Max.
Glaubhaftigkeitsindex (ohne allgemeine Merkmale)	I	36.8125	20.4791	14.00	117.50
	II	11.3500	6.9173	0.50	31.00
	III	21.7125	14.4736	1.00	74.00
	IV	21.1875	11.7624	2.00	60.50
Wortanzahl	I	1002.93	580.63	244	2425
	II	434.53	268.67	92	1483
	III	732.30	376.38	241	1772
	IV	622.95	391.49	86	1795

Anmerkungen. Angaben bezüglich der ersten drei Merkmale und bezüglich des Indexes 1 beziehen sich auf Ratings, Angaben zu den übrigen Merkmalen und Indizes auf Absolutwerte, die der Strichliste entnommen wurden.

[a] Es wird die in SPSS übliche Darstellung von Werten mit kleinen Beträgen übernommen. Zum Beispiel entspricht der Wert 8.75E-02 auch $8.75*10^{-2}$ bzw. 0.0875.

Anhang E 2: Beurteiler-Experten-Übereinstimmung

Tabelle E 2.1

Prozentuale Übereinstimmung der Beurteiler mit dem Experteneurteil zum Meßzeitpunkt 1

	Beurteiler 1		Beurteiler 2		Beurteiler 3		Beurteiler 4		Beurteiler 5		Beurteiler 6		Beurteiler 7		Beurteiler 8		Beurteiler 9		mittlere Übereinstimmung
	Anzahl	%	Anzahl	%	Anzahl	%	Anzahl	%	Anzahl	%	Anzahl	%	Anzahl	%	Anzahl	%	Anzahl	%	
Verpasser					3	5,5%			1	1,8%	1	1,8%			1	1,8%	2	3,6%	
Treffer	55	100%	51	92,7%	47	85,5%	54	98,2%	49	89.1%	52	94,5%	53	96,4%	51	92,7%	44	80%	92.1%
Halber Treffer			3	5,5%	3	5,5%			5	9.1%	2	3,6%			3	5,5%	9	16,4%	
Alternative			1	1,8%	1	1,8%	1	1,8%					1	1,8%					
Halbe Alternative					1	1,8%													
Zusatz													1	1,8%					
Treffer & halbe Treffer	55	100%	54	98,2%	50	91%	54	98,2%	54	98,2%	54	98.1%	53	96,4%	54	98,2%	53	96,4%	97,2%

Tabelle E 2.2

Prozentuale Übereinstimmung der Beurteiler mit dem Experteneurteil zum Meßzeitpunkt 2

	Beurteiler 1		Beurteiler 2		Beurteiler 3		Beurteiler 4		Beurteiler 5		Beurteiler 6		Beurteiler 7		Beurteiler 8		Beurteiler 9		mittlere Übereinstimmung
	Anzahl	%	Anzahl	%	Anzahl	%	Anzahl	%	Anzahl	%	Anzahl	%	Anzahl	%	Anzahl	%	Anzahl	%	
Verpasser	1	1,8%	2	3,6%	4	7,3%	2	3,6%	1	1,8%			1	1,8%	2	3,6%	1	1,8%	
Treffer	54	98,2%	52	94,5%	39	70,9%	51	92,7%	49	89.1%	51	92,7%	51	92,7%	52	94,5%	43	78,2%	89,3%
Halber Treffer			1	1,8%	9	16,4%	2	3,6%	4	7,3%	4	7,3%			1	1,8%	10	18,25	
Alternative					3	5,5%							1	1,8%			1	1,8%	
Zusatz									1	1,8%			2	3,6%					
Treffer & halbe Treffer	54	98,2%	52	96,2%	48	87,3%	53	96,3%	53	96,4%	55	100%	51	92,7%	53	96,3%	53	96,4%	95,5%

Tabelle E 2.3

Prozentuale Übereinstimmung der Beurteiler mit dem Experturteil zum Meßzeitpunkt 3

	Beurteiler 1		Beurteiler 2		Beurteiler 3		Beurteiler 4		Beurteiler 5		Beurteiler 6		Beurteiler 7		Beurteiler 8		Beurteiler 9		mittlere Überein-stimmung
	Anzahl	%	Anzahl	%	Anzahl	%	Anzahl	%	Anzahl	%	Anzahl	%	Anzahl	%	Anzahl	%	Anzahl	%	
Verpasser	1	1,8%			3	5,5%	2	3,6%	1	1,8%			1	1,8%	2	3,6%			
Treffer	54	98,2%	52	94,5%	44	80%	49	89.1%	48	87,3%	55	100%	51	92,7%	53	96,4%	44	80%	90%
Halber Treffer			3	5,5%	7	12,7%	3	5,5%	5	9.1%							11	20%	
Alternative					1	1,8%			1	1,8%			2	3,6%					
Zusatz													1	1,8%					
Extra							1	1,8%											
Treffer & halbe Treffer	54	98,2%	55	100%	51	92,7%	52	94,6%	53	96,4%	55	100%	51	92,7%	53	96,4%	55	100%	96,8%

Anhang E 3: Reliabilität: Beurteilerübereinstimmung hinsichtlich der Absolutwerte

Tabelle E 3.1

Mittelwert und Standardabweichung der Merkmalsbeurteilungen durch Rater 1 und Rater 2 pro Merkmal bzw. Index, Pearson-Korrelation als Übereinstimmungsmaß und zugehörige Irrtumswahrscheinlichkeiten

Merkmal	Mittelwert Rater 1	Standard-abweichung Rater 1	Mittelwert Rater 2	Standardab-weichung Rater 2	Korrela-tion Pearson	$p_{einseitig}$
1 Logische Konsistenz	2.78	1.00	2.68	1.02	.542	< .001
2 Unstrukturierte Darstellung	0.54	0.66	0.53	0.72	.308	< .001
3 Quantitativ. Detailreichtum	2.28	0.98	2.16	1.03	.744	< .001
4 Kontextuelle Einbettung	3.78	2.32	3.73	2.46	.888	< .001
4a Zeitliche Einordnung	1.66	1.07	1.62	1.03	.788	< .001
4b Räumliche Einordnung	1.87	1.37	1.84	1.57	.839	< .001
4c Lebensgewohnheiten	0.25	0.57	0.27	0.62	.871	< .001
5 Interaktionsschilderungen	0.21	0.52	0.22	0.56	.653	< .001
6 Wiederg. verb. Äußerungen	6.19	7.09	6.18	7.31	.965	< .001
6a Einzeläußerungen	4.26	4.11	4.24	4.05	.893	< .001
6b Gespräche	0.97	2.21	0.96	2.00	.906	< .001
7 Handlungskomplikationen	0.56	1.00	0.53	1.00	.878	< .001
8 Ungewöhnliche Einzelheiten	0.29	0.63	0.31	0.72	.732	< .001
9 Überflüssige Einzelheiten	0.52	0.94	0.49	0.90	.598	< .001
10 Unverstandene Handlungsel.	0.17	0.53	0.21	0.66	.885	< .001
11 Assoziative Querverbindung.	0.21	0.63	0.21	0.65	.908	< .001
12 Eigenpsychische Vor. u. Zust.	4.41	3.09	4.53	3.73	.916	< .001
12a Physiologische Reaktionen	0.78	0.96	0.81	1.02	.829	< .001
12b Emotionen	2.96	2.15	3.03	2.68	.874	< .001
12c Gedanken	0.51	0.86	0.52	0.90	.806	< .001
12d Potentielle Folgen	0.16	0.43	0.18	0.54	.588	< .001
13 Fremdpsychische Zustände	0.29	0.71	0.36	0.73	.841	< .001
14 Schilder. tatsächlicher Folgen	1.06	1.22	1.15	1.33	.878	< .001
15 Spontane Verbesserungen	1.29	1.53	1.33	1.88	.837	< .001
16 Zugeb. v. Erinnerungslücken	0.99	2.62	0.89	1.87	.863	< .001
17 Erinnerungsbemühungen	0.54	1.28	0.54	1.36	.946	< .001
18 Zugeben von Wissenslücken	0.68	1.32	0.78	1.46	.814	< .001
19 Unsicherheiten bez. Richtigk.	1.19	1.92	1.18	1.83	.928	< .001
20 Ang. v. Gründen f. 16,17,18,19	0.57	1.10	0.63	1.17	.903	< .001
21 Einwände g. eig. Glaubwürd.	1.88E-02 [a]	0.18	2.50E-02 [a]	0.19	.912	< .001
22 Vers. Wirklichkeitskontrolle	0.14	0.47	0.15	0.49	.933	< .001
23 Selbstbelastung des Opfers	0.84	1.06	0.92	1.24	.889	< .001
24 Inschutznahme des Täters	0.69	1.02	0.62	0.92	.747	< .001
25 Verm. Handlungsmotive	0.10	0.44	0.11	0.50	.924	< .001
26 Zuschreib. neg. Eigenschaften	8.13E-02 [a]	0.35	6.88E-02 [a]	0.41	.835	< .001
27 Inhaltliche Wiederholungen	0.66	0.98	0.68	1.12	.782	< .001
28 Klischees	1.18	1.81	1.21	1.59	.842	< .001
Index 1 (allgemeine Merkmale)	5.61	2.00	5.37	2.09	.670	< .001
Index 2 (nicht-motivationale Merkmale)	17.69	12.43	17.92	13.45	.971	< .001
Index 3 (motivationsbezogene Merkmale)	6.94	6.90	7.07	6.78	.953	< .001

Fortsetzung Tabelle E 3.1

Index	Mittelwert Rater 1	Standard-abweichung Rater 1	Mittelwert Rater 2	Standardab-weichung Rater 2	Korrela-tion Pearson	$p_{einseitig}$
Index 4 (negative Merkmale)	2.02	2.31	2.07	2.14	.841	<.001
Glaubhaftigkeitsindex (ohne allgemeine Merkmale)	22.61	16.36	22.92	17.59	.966	<.001
Glaubhaftigkeitsscore (Summe der Ratings aller Merkmale)	16.64	7.33	16.47	8.02	.848	<.001

Anmerkungen. Angaben bezüglich der ersten drei Merkmale und bezüglich des Indexes 1 und des Glaubhaftigkeitsscores beziehen sich auf Ratings und wurden zum Vergleich mitaufgenommen; Angaben zu den übrigen Merkmalen und Indizes beziehen sich auf Absolutwerte, die der Strichliste entnommen wurden.
[a] Es wird die in SPSS übliche Darstellung von Werten mit kleinen Beträgen übernommen. Zum Beispiel entspricht der Wert 8.75E-02 auch $8.75*10^{-2}$ bzw. 0.0875.

Tabelle E 3.2

Mittelwert und Standardabweichung der Merkmalsbeurteilungen durch Rater 1 und Rater 2 pro Merkmal der Untergruppen stark und einfach ausgeprägter Merkmale, Pearson-Korrelation als Übereinstimmungsmaß und zugehörige Irrtumswahrscheinlichkeiten

Merkmal	Mittelwert Rater 1	Standardab-weichung Rater 1	Mittelwert Rater 2	Standardab-weichung Rater 2	Korrelation Pearson	$p_{einseitig}$
4a stark ausgeprägt	0.24	0.43	0.23	0.47	.439	<.001
4a einfach ausgeprägt	1.18	0.91	1.16	0.79	.628	<.001
4b stark ausgeprägt	0.23	0.49	0.28	0.57	.514	<.001
4b einfach ausgeprägt	1.42	1.04	1.27	1.13	.602	<.001
4c stark ausgeprägt	3.75E-02	1.19	4.38E-02	0.21	.923	<.001
4c einfach ausgeprägt	0.18	0.46	0.18	0.47	.783	<.001
5 Hauptg. stark ausgeprägt	1.25E-02	0.11	2.50E-02	0.16	.703	<.001
5 Hauptg. einfach ausgeprägt	0.17	0.42	0.14	0.40	.574	<.001
6a Hauptg. stark ausgeprägt	1.14	1.48	1.17	1.43	.769	<.001
6a Hauptg. einfach ausgepr.	1.69	2.09	1.46	1.76	.835	<.001
6b Hauptg. stark ausgeprägt	0.28	0.82	0.30	0.95	.778	<.001
6b Hauptg. einfach ausgepr.	0.27	0.63	0.26	0.62	.613	<.001
7 Hauptg. stark ausgeprägt	8.75E-02	0.34	9.38E-02	0.31	.800	<.001
7 Hauptg. einfach ausgeprägt	0.34	0.57	0.33	0.63	.725	<.001
8 stark ausgeprägt	2.50E-02	0.16	4.38E-02	0.21	.357	<.001
8 einfach ausgeprägt	0.24	0.54	0.23	0.54	.527	<.001
9 stark ausgeprägt	7.50E-02	0.26	8.13E-02	0.27	.350	<.001
9 einfach ausgeprägt	0.37	0.65	0.33	0.60	.610	<.001
10 stark ausgeprägt	1.88E-02	0.14	3.13E-02	0.17	.770	<.001
10 einfach ausgeprägt	0.13	0.37	0.14	0.46	.730	<.001
11stark ausgeprägt	5.00E-02	0.25	7.50E-02	0.29	.749	<.001
11 einfach ausgeprägt	0.11	0.32	6.25E-02	0.24	.562	<.001
12a stark ausgeprägt	5.63E-02	0.23	8.13E-02	0.30	.300	<.001
12a einfach ausgeprägt	0.67	0.87	0.64	0.80	.691	<.001
12b stark ausgeprägt	0.34	0.59	0.43	0.85	.394	<.001
12b einfach ausgeprägt	2.28	1.65	2.17	1.68	.720	<.001
12c stark ausgeprägt	5.00E-02	0.25	7.50E-02	0.31	.449	<.001
12c einfach ausgeprägt	0.41	0.75	0.37	0.68	.758	<.001
12d stark ausgeprägt	1.25E-02	0.11	3.13E-02	0.17	.303	<.001
12d einfach ausgeprägt	0.13	0.37	0.12	0.39	.576	<.001

Fortsetzung Tabelle E 3.2

Merkmal	Mittelwert Rater 1	Standardabweichung Rater 1	Mittelwert Rater 2	Standardabweichung Rater 2	Korrelation Pearson	$p_{einseitig}$
12c einfach ausgeprägt	0.41	0.75	0.37	0.68	.758	<.001
12d stark ausgeprägt	1.25E-02	0.11	3.13E-02	0.17	.303	<.001
12d einfach ausgeprägt	0.13	0.37	0.12	0.39	.576	<.001
13 stark ausgeprägt	1.25E-02	0.11	3.13E-02	0.17	.303	<.001
13 einfach ausgeprägt	0.27	0.66	0.30	0.61	.856	<.001
14 stark ausgeprägt	0.11	0.32	0.16	0.43	.554	<.001
14 einfach ausgeprägt	0.84	1.00	0.83	1.00	.818	<.001
15 stark ausgeprägt	9.38E-02	0.31	0.11	0.40	.475	<.001
15 einfach ausgeprägt	1.10	1.29	1.12	1.55	.776	<.001
16 stark ausgeprägt	0.24	1.10	0.18	0.63	.669	<.001
16 einfach ausgeprägt	0.50	0.88	0.53	1.02	.752	<.001
17 stark ausgeprägt	8.13E-02	0.30	8.13E-02	0.32	.935	<.001
17 einfach ausgeprägt	0.38	0.94	0.38	0.93	.932	<.001
18 stark ausgeprägt	8.75E-02	0.28	0.11	0.37	.396	<.001
18 einfach ausgeprägt	0.50	1.06	0.57	0.96	.702	<.001
19 stark ausgeprägt	0.16	0.57	0.19	0.56	.707	<.001
19 einfach ausgeprägt	0.86	1.35	0.81	1.27	.840	<.001
20 stark ausgeprägt	0.13	0.44	0.16	0.47	.697	<.001
20 einfach ausgeprägt	0.31	0.60	0.32	0.63	.724	<.001
21a stark ausgeprägt	0.00	0.00	0.00	0.00	[a]	[a]
21a einfach ausgeprägt	6.25E-03	7.91E-02	1.25E-02	0.11	.705	<.001
21b stark ausgeprägt	6.25E-03	7.91E-02	6.25E-03	7.91E-02	1.000	<.001
21b einfach ausgeprägt	0.00	0.00	0.00	0.00	[a]	[a]
22 stark ausgeprägt	5.00E-02	0.22	5.63E-02	0.23	.940	<.001
22 einfach ausgeprägt	4.38E-02	0.21	3.75E-02	0.19	.601	<.001
23 stark ausgeprägt	0.27	0.49	0.30	0.57	.776	<.001
23 einfach ausgeprägt	0.30	0.57	0.32	0.55	.632	<.001
24 stark ausgeprägt	0.15	0.41	0.14	0.38	.475	<.001
24 einfach ausgeprägt	0.39	0.66	0.34	0.59	.643	<.001
25 stark ausgeprägt	3.13E-02	0.17	3.75E-02	0.22	.947	<.001
25 einfach ausgeprägt	3.75E-02	0.22	3.75E-02	0.19	.862	<.001
26 stark ausgeprägt	2.50E-02	0.16	2.50E-02	0.19	.813	<.001
26 einfach ausgeprägt	3.13E-02	0.17	1.88E-02	0.14	.505	<.001
27 stark ausgeprägt	6.88E-02	0.28	5.63E-02	0.30	.629	<.001
27 einfach ausgeprägt	0.53	0.81	0.57	0.90	.718	<.001
28 stark ausgeprägt	0.11	0.32	0.18	0.48	.651	<.001
28 einfach ausgeprägt	0.95	1.62	0.86	1.10	.630	<.001

Anmerkungen. Es wird die in SPSS übliche Darstellung von Werten mit kleinen Beträgen übernommen. Zum Beispiel entspricht der Wert 8.75E-02 auch $8.75 \cdot 10^{-2}$ bzw. 0.0875. [a] Fehlende Werte können nicht berechnet werden.

Anhang E 4: Validität – Ergebnisse zu stark ausgeprägten Merkmalen

Tabelle E 4

Ergebnisse des Friedmann-Tests für stark ausgeprägte Merkmale (mittlere Ränge der Gruppen 1 bis 4, Chi-Quadrat und zugehörige Irrtumswahrscheinlichkeiten)

Merkmal	Mittlerer Rang Gruppe I	Mittlerer Rang Gruppe II	Mittlerer Rang Gruppe III	Mittlerer Rang Gruppe IV	Chi-Quadrat	p zweiseitig
4a Zeitliche Einordnung	2.55	2.55	2.63	2.28	3.39	.336
4b Räumliche Einordnung	2.75	2.59	2.49	2.17	8.36	.039
4c Lebensgewohnheiten	2.61	2.41	2.46	2.51	7.00	.072
5 Schilder. von Interaktionen	2.55	2.50	2.50	2.45	2.00	.572
6a Einzeläußerungen	2.85	2.03	2.72	2.40	12.07	.007
6b Gespräche	2.69	2.13	2.63	2.56	11.65	.009
7 Handlungskomplikationen	2.64	2.35	2.51	2.50	5.78	.123
8 Ungewöhnliche Einzelh.	2.55	2.39	2.59	2.47	4.41	.220
9 Überflüssige Einzelheiten	2.70	2.25	2.65	2.40	11.57	.009
10 Unverstandene Handl.	2.49	2.47	2.60	2.44	5.22	.156
11 Assoziative Querverbind.	2.79	2.36	2.45	2.40	18.25	.000
12a Physiologisches	2.54	2.34	2.54	2.59	4.02	.259
12b Gefühle	2.65	2.06	2.72	2.56	11.25	.010
12c Gedanken	2.53	2.36	2.53	2.59	3.66	.301
12d Gedanken zu pot. Folgen	2.54	2.42	2.53	2.51	2.59	.460
13 Fremdpsychische Zuständ.	2.54	2.47	2.51	2.47	0.93	.818
14 Schilder. tatsächl. Folgen	2.88	2.33	2.39	2.41	13.14	.004
15 Spontane Verbesserungen	2.69	2.22	2.47	2.61	10.54	.014
16 Zug. v. Erinnerungslücken	2.76	2.36	2.40	2.47	7.75	.052
17 Erinnerungsbemühungen	2.75	2.35	2.35	2.55	14.67	.002
18 Zug. v. Wissenslücken	2.72	2.47	2.42	2.38	5.44	.142
19 Unsicherheiten bez. Richt.	2.85	2.24	2.49	2.42	15.14	.002
20 Gründe für 16,17,18,19	2.84	2.29	2.41	2.46	14.67	.002
21a Einwände g. eig. Aussage	2.50	2.50	2.50	2.50	0.00	1.00
21b Einwände g. eig. Person	2.54	2.49	2.49	2.49	3.00	.392
22 Wirklichkeitskontrolle	2.74	2.44	2.44	2.39	14.76	.002
23 Selbstbelastung d. Opfers	2.59	2.38	2.63	2.41	2.16	.540
24 Inschutznahme des Täters	2.63	2.26	2.59	2.53	5.14	.162
25 Verm. Handlungsmotive	2.44	2.53	2.60	2.44	7.70	.053
26 Zuschr. neg. Eigenschaft.	2.45	2.55	2.55	2.45	4.00	.261
27 Inhaltl. Wiederholungen	2.49	2.42	2.60	2.49	2.04	.564
28 Klischees	2.30	2.65	2.44	2.61	5.71	.127

Anhang E 5: Zusammenhang zwischen metrischem Glaubhaftigkeitsurteil und Merkmalseinschätzungen

Tabelle E 5

Spearman Korrelationen für die Darstellung des Zusammenhangs zwischen Ratings und Glaubhaftigkeitsurteil und Pearson Korrelationen für die Darstellung des Zusammenhangs zwischen Absolutwerten und Glaubhaftigkeitsurteil sowie zugehörige Irrtumswahrscheinlichkeiten

	Ratings		Absolutwerte (Strichliste)	
Merkmal	$r_{Spearman}$	$p_{zweiseitig}$	$r_{Pearson}$	$p_{zweiseitig}$
1 Logische Konsistenz	.601	< .001	[a]	[a]
2 Unstrukturierte Darstellung	.421	< .001	[a]	[a]
3 Quantitativer Detailreichtum	.636	< .001	[a]	[a]
4 Kontextuelle Einbettung	.455	< .001	.470	< .001
5 Schilderung von Interaktionen	.268	<.001	.274	< .001
6 Wiedergabe verb. Äußerungen	.525	< .001	.495	< .001
7 Handlungskomplikationen	.263	< .001	.278	< .001
8 Ungewöhnliche Einzelheiten	.223	.005	.241	.002
9 Überflüssige Einzelheiten	.351	< .001	.354	< .001
10 Unverstandene Handlungsteile	.335	< .001	.299	< .001
11 Assoziative Querverbindungen	.317	< .001	.297	< .001
12 Eigenpsychische Vor. u. Zust.	.537	< .001	.542	< .001
13 Fremdpsychische Zustände	.303	< .001	.323	< .001
14 Schilder. tatsächlicher Folgen	.371	< .001	.387	< .001
15 Spontane Verbesserungen	.364	< .001	.399	< .001
16 Zugeben v. Erinnerungslücken	.067	.400	-.089	.261
17 Erinnerungsbemühungen	-.047	.552	.001	.988
18 Zugeben von Wissenslücken	.159	.044	.158	.046
19 Unsicherheiten bez. Richtigk.	.313	< .001	.355	< .001
20 Ang. v. Gründen f. 16,17,18,19	.272	< .001	.272	.001
21 Einwände g. Glaubwürdigkeit	.180	.023	.216	.006
22 Vers. d. Wirklichkeitskontrolle	.165	.037	.180	.023
23 Selbstbelastungen des Opfers	.134	.091	.174	.027
24 Inschutznahme des Täters	.224	.004	.236	.003
25 Vermutete Handlungsmotive	-.030	.710	-.009	.909
26 Zuschreib. neg. Eigenschaften	-.069	.388	-.101	.202
27 Inhaltliche Wiederholungen	-.087	.272	-.159	.045
28 Klischees	-.286	< .001	-.224	.004

Anmerkungen. [a] Für die Merkmale 1, 2 und 3 liegen keine Absolutwerte vor.